Business and Administrative Communication

商务与管理沟通

12th Edition / 原书第12版

[美]

基蒂·O. 洛克(Kitty O. Locker)

乔·麦基维茨(Jo Mackiewicz)

珍妮·埃利斯·奥妮(Jeanine Elise Aune)　著

唐娜·S. 金茨勒(Donna S. Kienzler)

张华　赵银德　管叶峰　等译

机械工业出版社

CHINA MACHINE PRESS

Kitty O. Locker, Jo Mackiewicz, Jeanine Elise Aune, Donna S. Kienzler.

Business and Administrative Communication, 12th Edition.

ISBN 978-1-259-58062-8

图书在版编目（CIP）数据

商务与管理沟通：原书第 12 版 /（美）基蒂·O. 洛克 (Kitty O. Locker) 等著；张华等译 . -- 北京：机械工业出版社，2024.9（2025.9 重印）. -- ISBN 978-7-111-76535-6

Ⅰ. F715

中国国家版本馆 CIP 数据核字第 2024UC8023 号

机械工业出版社（北京市百万庄大街 22 号　邮政编码 100037）
策划编辑：杨　青　　　　　　　　　责任编辑：杨　青　吴亚军
责任校对：孙明慧　杨　霞　景　飞　　责任印制：单爱军
保定市中画美凯印刷有限公司印刷
2025 年 9 月第 1 版第 5 次印刷
186mm × 240mm · 31 印张 · 3 插页 · 675 千字
标准书号：ISBN 978-7-111-76535-6
定价：199.00 元

电话服务　　　　　　　　　　网络服务
客服电话：010-88361066　　　机　工　官　网：www.cmpbook.com
　　　　　010-88379833　　　机　工　官　博：weibo.com/cmp1952
　　　　　010-68326294　　　金　书　网：www.golden-book.com
封底无防伪标均为盗版　　　　机工教育服务网：www.cmpedu.com

　　一直以来，基蒂·O. 洛克的《商务与管理沟通》为商务沟通教学提供了高标准的学习资源和方法。在坚守传统的基础上，第 12 版对各章内容和组织结构进行了全新修订，从而使新版内容更简练，更贴近当今读者的需要。读者不仅可以从书中汲取更多的知识，而且能更好地适应快节奏的数字化商业世界。本书运用修辞 / 情景方法来处理商务沟通，各章都强调从受众、目的和环境三个维度分析每一个沟通情景的重要性。这种方法有利于培养读者在多种沟通情景下选择最适合的体裁并撰写出有效文案的能力。

第 12 版中的新变化

　　作为新加盟的共同作者，能有机会与基蒂·O. 洛克和唐娜·S. 金茨勒成为《商务与管理沟通》第 12 版的合著者，着实令我们激动万分。相信读者也能感受到，我们在坚守本书传统的同时，坚持以最大的努力来更新内容，完善篇章设计。

　　与第 11 版相比，第 12 版做了大量的修订。例如，我们对内容进行了重新组织，把有关报告的内容整合为单独的一章。在重新组织时，我们对内容做了大幅精简，删除了那些多余的以及与商务沟通并不直接相关的内容。我们相信这将有助于读者更为有效地把握商务沟通的内容。与过往各版一样，我们对案例和参考文献进行了更新，努力使内容更贴近读者。各章中的具体变化列表如下。

第 1 章	• 开篇案例采用了关于奈飞所面临的沟通困境的新案例 • 将第 11 版第 4 章中的一些内容并入本章，如关于伦理的一节
第 2 章	• 开篇案例采用了温迪国际快餐连锁店运用 Twitter 成功推广其品牌的新案例 • 在"分析受众"一节中增加了分析问题 • 更新了为影响受众而选择恰当渠道的信息
第 3 章	• 开篇案例采用了亚马逊成功运用 Prime 会员服务在客户心目中树立起良好信誉的新案例 • 新增了一节关于国际受众文化差异的内容
第 4 章	• 将第 11 版第 4 章的一些内容分别并入第 12 版的第 1 章、第 6 章和第 7 章中 • 更新了牛肉制品公司"粉红肉渣"这一案例

（续）

第 5 章	• 开篇案例采用了在 2017 年奥斯卡颁奖典礼上因信封设计糟糕而招致尴尬的新案例 • 全章增加了众多近几年发生的案例
第 6 章	• 开篇案例采用了麦当劳通过文化分析和文化灵活性将麦咖啡品牌全新定位为"街头"咖啡店的新案例 • 增加了一节关于避免偏见和刻板印象的内容 • 增加了数节关于文化意识、跨文化能力和全球英语的内容 • 对全章内容进行了修订和更新，包括非语言沟通，如肢体语言、个人空间和时间观
第 7 章	• 开篇案例采用了萨提亚·纳德拉在微软公司打造以团队为重点的公司文化的新案例 • 新增了一节为团队工作确定基本原则的内容 • 修订并更新了有关冲突处理、有效的会议和团队中的技术工具的内容
第 8 章	• 开篇案例采用了个人和组织在飓风哈维到来之前是如何利用社交媒体来告知民众，以及在飓风哈维到来之后又是如何利用社交媒体来筹集资金的新案例 • 新增了如何有效运用电子邮件、短信、社交媒体的内容 • 新增了利用技术工具树立良好信誉的内容 • 增加了一节利用技术共享文案原因的内容
第 9 章	• 开篇案例采用了联合航空公司总裁奥斯卡·穆诺兹对公众所做的无效道歉的新案例 • 扩充了道歉一节的内容 • 增加了一节伦理问题与否定性文案的内容
第 10 章	• 开篇案例采用了维基百科成功运用说服性文案募集资金的新案例 • 利用最新研究成果更新了本章中的例子
第 11 章	• 开篇案例采用了求职申请材料造假所带来后果的新案例 • 融入了第 11 版中第 12 章和第 13 章的内容
第 12 章	• 开篇案例采用了对面试中的新趋势（提问一些需要被面试者即兴回答的问题）进行说明的新案例 • 利用最新研究成果更新了本章中的例子（来自第 11 版中第 14 章的内容）
第 13 章	• 开篇案例采用了颠覆草甘膦作为相对安全的除草剂图示的新案例 • 新增了有效创建地图和信息图形方法的内容 • 利用最新研究成果更新了本章中的例子 • 增加了众多新的图形例子
第 14 章	• 为了集中介绍建议书而融入了第 11 版中第 15 章和第 17 章的相关内容 • 开篇案例采用了哈维飓风后美国国家科学基金会请求建议的新案例，替代了之前的开篇案例 • 更新了建议书的风格一节的内容 • 增加了资助申请书一节的内容
第 15 章	• 为了集中介绍报告而融入了第 11 版中第 15 章、第 17 章和第 18 章的相关内容 • 开篇案例采用了美国教育部与美国研究学会合作完成 STEM 教育报告的新案例 • 利用最新研究成果更新了本章中的例子
第 16 章	• 开篇案例采用了智能机器人被授予公民身份的新案例 • 增加了总体目的与具体目的的比较、引言和结论部分的构成，以及"时近效应"的新内容 • 增加了众多用以说明本章要点的新图片

前言

第1篇　撰写优秀文案的基础

第3篇　基本商务文案

第8章　运用合适技术共享告知性文案和肯定性文案　/ 170

第4篇 求职

㊀　附录至拓展练习等书后内容，请扫描二维码查看。

Business and Administrative
Communication

—

第 1 篇

撰写优秀文案的基础

第 1 章

富有成效的商务沟通

| 开篇案例 |

奈飞的麻烦：招致巨大损失的沟通失误

商务沟通不慎往往会招致严重的后果。对于这方面的教训，奈飞公司（Netflix）深有体会。当时，奈飞公司决定将其麾下的 DVD 业务与流媒体业务进行分拆。结果，因沟通计划不佳，奈飞遭遇了以下麻烦：

- 流失了约 80 万的订阅用户；
- 公司股票市值在四个月内跌了 77%；
- 内部架构调整给公司凭空制造了一个从未存在过的衍生公司 Qwikster；
- 公司声誉和客户忠诚度大幅下降。

问题的根源主要在于信息传递的手段上。由于发布的博文措辞欠妥，未能达到降低信息负面作用的目的。事实上，博文结尾写的是请用户取消订阅。而且，其评论区充满了客户对该计划的负面看法。最后，公司 CEO 发布了致歉博文，还联名发布了股东声明以宽慰投资者，同时将预期国内客户订阅量下调 100 万。

资料来源：Nick Wingfield and Brian Stelter, "How Netflix Lost 800,000 Members, and Good Will," *The New York Times*, October 24, 2011, http://www.nytimes.com/ 2011/10/25/technology/netflix-lost-800000-members-with-price-rise-and-split-plan.html?mcubz=1.

Greg Sandoval, "Netflix's Lost Year: The Inside Story of the Price-Hike Train Wreck," *CNET*, July 11, 2012., https://www.cnet.cm/news/netflixs-lost-year-the-inside-story-of-the-price-hike-train-wreck/.

"5 Business Lessons from the Netflix Pricing Debacle," *Forbes*, December 28, 2011, https://www.forbes.com/sites/theyec/2011/12/28/5-business-lessons-from-the- netflix-pricing-debacle/#32c4020ed2a7.

James B. Stewart, "Netflix Looks Back on Its Near-Death Spiral," *The New York Times*, April 26, 2013, https://www.nytimes.com/2013/04/27/business/netflix-looks-back-on-its-near-death-spiral.html.

Rian Barrett, Jason Parham, Brian Raftery, Peter Rubin, and Angela Watercutter, "Netflix Is Turning 20–But Its Birthday Doesn't Matter," *Wired*, August 29, 2017, https://www.wired.com/story/netflix-20th-anniversary/.

"15 Years After IPO, Netflix Has Changed Drastically—And Is Worth Nearly 22,000% More," *MarketWatch*, May 24, 2017, https://www.marketwatch.com/story/15-years-after-ipo-netflix-has-changed-drasticallyand-is-worth-nearly-22000-more-2017-05-23.

沟通是商务的核心内容。商务沟通处理不当会给公司造成数百万乃至数十亿美元的损失。

商务沟通业务规模之大可谓令人难以置信。以美国邮政服务公司（U.S. Postal Service）为例，该公司 2012 年处理的邮件多达 1 600 亿份，其中半数以上属于商务沟通领域。广告邮件达 795 亿份；特快邮件为 687 亿份[1]，其中大部分属于账单和保险单之类的商务沟通邮件。考虑到绝大多数商务沟通都是通过电子或口头形式进行的，那么就不难意识到我们有海量的商务沟通文案需要写作、聆听和阅读。

此外，越来越多的沟通，包括职业沟通和人员沟通，转向采用电子媒体手段。

- 《哈佛商业评论》（*Harvard Business Review*）报道称，"在过去十年里，全球每天发送的电子邮件数量从 120 亿份增加到 2 470 亿份"。[2]
- 2014 年 6 月，全球共发送 5 610 亿个文本文件。[3]
- 2017 年，Twitter 的月度用户已经超过 3.3 亿。[4]

商务工作离不开沟通。无论是对产品与服务的计划，职员的雇用、培训与激励，生产与交货的协调，还是对顾客的推销以及货款结算，人们都必须依赖沟通。事实上，对众多企业及非营利性政府组织而言，"产品"所指的并非那些有形的东西，而是信息或服务。信息或服务的创造与提供是通过沟通来实现的。对任何组织而言，沟通就是让他人理解自己的观点并借此完成任务。

沟通有多种形式，如面对面交谈、电话交流、非正式会面、展示或演讲、电子邮件往来、书信联络、备忘录、汇报、博客、推文、文字信息、社交媒体、网络等。这些沟通形式均属语言沟通（verbal communication）形式，即通过话语所进行的沟通。非语言沟通（nonverbal communication）则借助于图片、电脑图表、公司标识等非语言形式。人际沟通的非语言信号包括会议的座次安排、办公室的大小，以及让来访客人等待的时间长短等。

1.1　具备良好沟通能力所带来的利益

良好沟通需要投入时间和资金，但这些投入绝对是物有所值的。最近，有机构对 335 家美国和加拿大公司的沟通行为进行了研究。这些公司的雇员人数平均为 13 000 名，年营收中值达 18 亿美元。研究发现，那些与雇员有着良好沟通的公司享有"更高的员工敬业度和认同感、更高的员工保留率和生产力，当然还有更好的财务业绩……"

- 这些公司的市场溢价要比其他公司高出 19.4%（即公司市值超过其资产价值的程度）。
- 这些公司雇员的敬业程度高的概率要比其他公司高出 4.5 倍。
- 这些公司雇员的流动率低的概率要比其他公司高 20%。[5]

良好沟通能力也能让你个人受益匪浅。你也许在工作中有些好点子，但除非你就这些点子与相关人员充分沟通，否则它们就毫无用处。事实上，在许多专家看来，沟通能力——对复杂事务进行说服、解释并使信息适合特定受众的能力——是职场中最为关键的技能，而且这种技能是无法用电脑来替代的。

即便是初入职场，你也得与人沟通。你得阅读资料、接受指令，你得提问，你还得与团队中的其他成员协作来解决问题。即便是入门级职位，也要求就职者具备高水平的分析、计算与沟通能力。因此，雇主在录用大学毕业生时，沟通能力总是他们最为看重的素质之一。[6]沃伦·巴菲特（Warren Buffett）是伯克希尔 – 哈撒韦公司（Berkshire Hathaway）董事会主席，也是全球顶尖富豪之一，他曾告诫哥伦比亚商学院（Columbia Business School）的学生：通过掌握沟通技能，他们的身价可以增加50%，而他们中的很多人并不懂得沟通方面的技能。[7]

国家写作委员会（National Commission on Writing）对雇员总数近800万的120家大公司做了调查。结果表明，近70%的被调查者承认，至少三分之二的员工职位对写作有具体的要求。这些写作要求包括：

- 电子邮件（所有员工）。
- 借助视觉工具的展示演讲，如PPT（所有员工）。
- 备忘录与信函（70%）。
- 正式报告（62%）。
- 技术性报告（59%）。

此外，被调查者还提到，沟通职能几乎无法进行外包。[8]

鉴于沟通能力的重要性，善于沟通者往往能够获益。研究发现，在那些取得两年制和四年制学位的学生中，写作能力最强的前20%的平均收入是写作能力最差的后20%的三倍以上。[9]商业咨询师兼商业畅销书作者杰弗里·吉托默（Jeffery Gitomer）指出，在商界赚得名气的秘诀有三个，且都属于沟通技能：写作能力；电子杂志发行能力（他每周新增130 000名订阅用户）；演讲能力。在杰弗里·吉托默看来："写作通向财富。"[10]

1.2　"我无须动笔，因为……"

虽然写作在工作中常常用到，且总体沟通技能也很重要，但大学毕业生在求职时常常缺乏必要的写作能力。全美学院与大学协会（Association of American Colleges and Universities）对雇主的调查发现，大学毕业生掌握最差的能力之一就是写作。[11]另一大型调查发现，对于入门级职位的求职者而言，即便拥有大学学历，其最大的不足仍是缺乏有效的商务沟通能力。[12]

学生们常常有如下观点，然而这些观点是完全错误的。

观点1：　　　秘书可以替我承担一切写作事宜。

真实情形： 鉴于办公自动化的普及和办公事务的调整，办公室职位的工作职责已经发生了
　　　　　　变化。如今，许多办公室不再配有打字员。秘书成了行政助理，需要处理一些
　　　　　　更为复杂的事务，如培训工作、调查研究并替多位管理者进行数据库管理。管
　　　　　　理者可能得自己写作、录入数据和打电话。

观点 2： 需要自己动笔时，可以参考范文或模板。

真实情形： 范文仅适用于日常事务，大多用电脑生成或来自外部。另外，随着职位的晋升，
　　　　　　所要处理的例行性事务会变少，创新性事务会增加。

观点 3： 我受雇的是会计师岗位，而不是来当文书的。

真实情形： 几乎各种入门级专业岗位或管理岗位都要求从业者能写电子邮件，能进行小组
　　　　　　演讲，能起草文件，并能对自己的工作做年度回顾。所以无论是消防队员、安
　　　　　　全专家，还是建筑项目经理，都必须提升他们的写作与演讲技能。[13]

观点 4： 我只要接听电话就行。

真实情形： 接听完重要电话，你常常还得写后续信函或是发送一封电子邮件。在组织中，
　　　　　　人们常常要把事情用文字记录下来，要建立档案材料，要报送各种数据，要整
　　　　　　理资料以方便读者，要少花钱多办事，当然也要能有效地表达自己的思想。在
　　　　　　许多公司，"如果不会写作，那就什么都干不了"。因此，写作是与人取得一致、
　　　　　　让自己得到重视并让他人了解自己成就的必然途径。

1.3　工作中的沟通

　　沟通有口头沟通、非语言沟通和书面沟通之分，沟通对象则不外乎内部受众和外部受众。内
部受众（internal audiences）是指同一组织内的其他人员，如下属、上司、同僚等。外部受众
（external audiences）是指该组织外的人员，如顾客、供应商、分销商、工会、股东、潜在雇员、
商会、特殊利益集团、政府机构、媒体和公众。

　　在任何组织中，人们都得与种类繁多的文件打交道。表 1-1 和表 1-2 给出了美国瑞森公司
（Ryerson）的若干具体文件。瑞森公司从事钢材、铝材、其他金属材料及塑料制品的生产加工，
并向各种类型的工业客户进行销售，其销售业务遍布美国、加拿大和中国。

表 1-1　内部沟通用文件

文件	内容	目的
转送函	附在文件前的备忘录，告知对方转送文件的原因	告知信息；说服读者阅读文件；树立良好信誉
月度报告、季度报告	用来总结该期间公司的利润、生产和问题情况的报告；用作制订下期间计划的参考依据	告知信息；树立良好信誉（报告内容准确、完整；撰写者了解公司的情况）

（续）

文件	内容	目的
政策和规章类公告	关于公司政策和规定的声明（如怎样订货、如何进行消防演习等）	告知信息；树立良好信誉（政策和规章是合理的）
修订公司政策和规章类公告的申请	说服对方相信在具体情况下，非常规措施比公司现行的政策和规章更为有效的说服性文件	说服对方；树立良好信誉（申请是合理的；撰写者是为公司利益着想）
业绩评估报告	对员工的表现进行评估	告知信息；说服员工不断提高自己的水平
贺信	祝贺获奖、升职等	树立良好信誉

表 1-2　外部沟通用文件

文件	内容	目的
报价单	提供某种产品和服务价格的文件	告知信息；树立良好信誉（价格合理）
索赔协调书	受理或拒绝顾客因产品受损而提出赔偿要求的文件	告知信息；树立良好信誉
职责说明	描述某一职位的工作性质和职责要求，用于业绩评估、工资评定和聘用考核	告知信息；说服有能力的候选人应聘；树立良好信誉
10-K 报告	在美国证券交易委员会备案的详细财务报告	告知信息
年度报告	向股东所做的总结全年财务情况的报告	告知信息；劝说股东继续持有该股票或投资者购买该股票；树立良好信誉
感谢信	写给供应商、客户或任何帮助过公司和公司员工的个人或组织的信函	树立良好信誉

表 1-1 和表 1-2 所给出的全部文件至少都涉及组织写作的三大目的之一。组织写作的三大目的是：告知信息、请求或说服、树立良好信誉。事实上，绝大多数文件往往包含多重目的。例如，在回答提问时，你就是在告知信息，不过你也可以通过让对方相信你的回答圆满正确、让对方相信你富有才智，从而树立良好信誉。

1.4　沟通所需付出的成本

写作是有成本的。比如，即便考虑到规模经济因素，邮寄年度社会保障报表的费用仍然高达7 000 万美元。[14] 这其中还不包括雇员起草及处理这些报表的时间成本，而这笔开支往往占大头。

文件收发程序或手续也会使成本增加。在许多组织里，所有的对外文件须经批准后方可对外发布。ISO 9000 质量管理体系规定，对内和对外文件都要有批准手续。[15] 一份文件在最终获得批准之前，可能得按照"起草者—上司—起草者—另一上司—起草者"的程序来回传阅十多次。大型文件的起草需要多方面的参与，耗时会长达数月。

大型组织因为要处理的文件数量巨大，所以即便沟通惯例出现微小的变化，所引起的成本往往也高达数百万美元。欧洲施乐全球服务（Xerox Global Services Europe）公司称公司可为那些雇员数超过 4 000 人的组织每年节省 100 万欧元的费用，只要对方使用其打印服务。[16] 为了减少废纸产生、厉行节约，联邦电子挑战（Federal Electronics Challenge）计划制定了一系列格式设置准则。[17]

另一项重要的沟通成本发生在电子邮件储存方面。不仅电子邮件数量在以几何级数增加，而且其本身的容量也在不断扩大。此外，许多电子邮件带有附件。企业多用服务器来储存这些信息。不过，硬件成本仅占储存成本的一小部分，大部分的成本支出主要来自文件的管理与维护，包括系统发生故障时的停工损失、丢失或损毁文件的恢复等。[18]

1.5　沟通不良所带来的损失

如果沟通不良，就有可能招致数十亿美元的损失。

- "卡特里娜"飓风造成了数十亿美元的损失，而联邦政府、州政府与民间救助机构间糟糕的沟通更是使得灾难造成的后果雪上加霜。美国联邦应急管理署（Federal Emergency Management Agency）声称，其数天后才了解到新奥尔良会展中心（New Orleans Convention Center）有数千人。沟通系统不匹配，由此而引起的协调和沟通不足致使最为急需的救援遭到延误，造成更多人面临危险。直升机上的救援人员甚至无法与船上的救援人员进行联络。国民警卫队甚至得通过跑步来进行联络。相互矛盾的信息使州救援队与当地救援队无所适从。[19] 对于"卡特里娜"飓风期间出现的众多严重的沟通问题，美国国会众议院在报告中用了整整一章来描述。
- 波音 787 梦幻客机的延迟交付在很大程度上起因于内外部沟通问题，这导致波音（Boeing）公司不仅要承担数十亿美元的罚金，客户也转而购买空中客车（Airbus）公司的产品。[20]
- 葛兰素史克（GlaxoSmithKline）公司曾被罚款 30 亿美元，可谓制药企业遭遇的最大罚单。公司被罚是因为未能正确发布一些大众药物的安全数据，以及对其他药物的使用进行了误导。[21]
- 英国石油（British Petroleum）公司对其在墨西哥湾石油溢出事故中的责任同意支付 40 亿美元的罚款。此前，公司已承诺支付 365 亿美元，用于清污、人员和企业的搬迁开支。根据总统委员会的有关文件，英国石油公司、哈里伯顿公司和瑞士越洋钻探公司之间，以及各家公司内的沟通不畅是导致石油溢出事故的重要因素，结果给墨西哥湾沿海地区带来了重大损失和人员伤亡。[22]

沟通不良所产生的损失不仅仅体现在经济方面。如前所述，英国石油公司的油井事故就导致了人员伤亡。在"卡特里娜"飓风灾难中，媒体关于抢劫的不实报道使得一些民众不做撤离打算，以便待在家里保护财产；而关于枪击直升机之类的不实新闻也致使一些州不愿意出动专业救援队。

沟通成本并非总是如此巨大的。不过，一旦沟通没能达到预期的水平，那么你和你的组织就要付出一定的代价，如时间浪费、精力耗损、信誉丧失、官司缠身等。

1.5.1 时间浪费

第一，蹩脚的文章读起来费时费神。阅读速度的快慢取决于文章主题的难易程度、文章的组织及写作风格。

第二，蹩脚的文章有时还需要重写。蹩脚的文章常常得转请他人帮忙，结果就是浪费了他人的时间。

第三，无效的沟通会使所要阐述的观点变得晦涩难懂，从而导致不必要的讨论和决策。

第四，如果信息模糊不清或不完整，那么读者理解时就得收集更多的信息。而有些读者可能不愿意这么做，结果做出了错误的决定或者未能采取行动。

1.5.2 精力耗损

无效的沟通不会有任何效果。如果读者在读公文时必须猜测其意义，当然就会出现误解。当文件、备忘录缺乏说服力，或者让读者有被冒犯之感时，读者是不会按公文的内容照办的。

如众多商务项目一样，火星气候探测器项目涉及众多人员，这些人员在许多不同的地方从事着众多相关的工作。其中，那些负责设计发动机控制软件的程序师在英国工作，他们采用公制计量单位，而负责火星气候探测器制造的工程师在美国工作并采用英制计量单位。双方都想当然地以为所采用的是同一计量标准，结果双方都未进行任何检查，进而都未发现这一差错。由于项目失败，美国国家航空航天局不仅损失了价值 1.25 亿美元的卫星，浪费了历时数载的心血，而且陷入了遭受公众质疑的窘境。[23]

1.5.3 信誉丧失

无论写的是什么内容，任何形式的沟通对于沟通者的形象都起着或是破坏或是美化的作用。

树立良好信誉的重要手段之一，就是努力使撰写的文稿准确无误。即使是对着装没有要求的机构，也希望文稿写得专业又准确，没有拼写和语法方面的错误。

如果对读者分析不足，并且写作风格不当，信函也会损害撰写者在读者心目中的形象。如图 1-1 所示，该信函语言乏味，态度倨傲。结合图 1-1 中的批注，该信函的不足之处可以总结如下。

- **语言生硬古板**。只写"Gentlemen"有性别歧视之意，而"Please be advised""herein"等词则已不再使用。

- **语气自私自利**。完全从作者个人的角度来发表建议，看不出对读者有何益处。（尽管作者说关照到了读者的利益，但一点也看不出来，难以服人。）
- **要点不明确**。信函的要点被隐含在第一段的一大堆啰唆的叙述中。要知道，段落的中间部分往往是最不重要的。
- **要求含糊不清**。供货商要多少证明人？只有卖方证明人够不够？其他的信用证明人如银行是否可以？只有证明人的名字就够了吗？是否也应明确具体内容，如信用额度、平均余额、当前余额、信用期限等？供货商要的"其他财务信息"是什么？是年度报告、银行余额，还是税收申报表？可见，信函中所提的要求不仅不符合商业惯例，而且听上去有侵犯个人隐私之嫌。
- **误用词语**。误用"herein"来替代"therein"，表明或是作者粗心，或是作者对写作内容及读者的感受关注不够。

图 1-1　一封令顾客愤怒的信函

1.5.4　官司缠身

沟通方式选择不当会使个人和组织官司缠身，这类例子不胜枚举。例如，因为受客户滥发文本广告的指控，棒约翰比萨（Papa John's pizza）遭遇了 2.5 亿美元的诉讼案。[24] 作为大型信用卡公司，美国第一资本金融（Capital One Financial）公司同意支付 2.1 亿美元以应对所遭遇的指控，即公司的电话销售中心强迫客户购买诸如信用卡监控之类的信用卡保护类产品或服务。[25]

私人沟通不良同样可能带来官司。底特律市长夸梅·基尔帕特里克（Kwame Kilpatrick）与其助手之间的性丑闻就是因暧昧的书信往来而曝光的。这些书信与丑闻显然违背了他就任市长时的誓言，其结果是夸梅·基尔帕特里克不仅失去了市长职务，入了狱，而且被处以 100 万美元罚款。

来自佛罗里达州的美国国会议员马克·佛利（Mark Foley）在他给国会的即时通信曝光后被迫辞职。因电子邮件而黯然下台的人物还包括：

- 安然（Enron）公司高层。
- 惠普董事会主席帕特里夏·邓恩（Patricia Dunn）。
- 沃尔玛（Walmart）副总裁朱丽·罗西姆（Julie Roehm）与肖恩·沃玛克（Sean Womack）。
- 美国中央情报局局长大卫·彼德雷乌斯（David Petraeus）。

旧金山一家律师事务所称，这些事件中 70% 的例行证据来自电子邮件。[26]

特别地，信函、备忘录、电子邮件及即时通信会给公司带来法律责任。当公司被起诉时，原告律师有权调阅由该公司雇员所撰写的文件。这些文件可能被引作证据。例如，雇主在没有充分告知雇员的情况下将其解雇，或者公司明明知道存在安全缺陷，却无动于衷。

即便是那些并非出自作者本意的文件也可能被引作证据。这就意味着粗心的作者可能会给公司带来本不该承担的责任。例如，公司经理因为考虑到安全问题而拒绝孩子们参观工厂的信函可能被工人用作赔偿诉讼的证据。[27]

谨慎的作者和演讲者会考虑到其言辞背后更广泛的社会环境，如这些言辞对业界其他人、对法官和陪审团，以及对普通受众可能意味着什么。

1.6　有效沟通的基本判别标准

优秀的商业或行政公文应具备五个基本标准：清晰、完整、准确、节省读者的时间，以及树立良好信誉。

- **清晰**。有效的公文应当能清晰地传递其含义，读者不用猜测就可领会作者的意图。用词不当、不正确都会妨碍读者的理解。通常，需要对公文中的整个句子进行修改，采用更正确或更恰当的词语。
- **完整**。读者所有的疑问都能得到回答。读者能获得足够的信息以便对沟通信息做出判断并付诸行动。
- **准确**。公文信息应做到准确无误，标点、拼写、语法、词序及句子结构均应无误。
- **节省读者的时间**。公文的体裁、组织架构及其视觉或听觉效果应有助于读者尽快地读懂或听明白，并据此采取行动。有效的公文常常采用预测性陈述，如"员工持股计划（ESOP）有四大好处"。这样陈述可以告知读者后续将是什么内容。此外，有效的公文多采用过渡性词语或句子，如"第 2 个因素是……""本计划的替代方案是……"等，以告知读者主题是否有变。

- 树立良好信誉。公文应有助于树立作者及其所代表的公司的良好形象和信誉。应充分尊重读者，从而在作者与读者之间真正建立起良好的友谊。

公文能否达到上述五项标准，取决于作者、读者、行文目的以及所处情境这四者的相互作用。没有一套语言能够适用于所有的沟通情境。

1.7 遵守惯例

惯例（conventions）是指日常生活中经常遇到的公认的做法。普通的商务沟通也有惯例。这些惯例有助于人们理解、形成并解释各种类型的沟通。本书的每一章都会给读者介绍传统商务文件中的惯例。例如，第 11 章讨论了求职信中的惯例，第 16 章则讨论了口头陈述中的惯例。

惯例并非一成不变。考虑一下生活中有关电影和电视的惯例的变化就能明白这一点。与过去相比，如今的电影和电视容忍了更多的性和暴力场面。类似地，商业惯例也在不断变化。纸质备忘录几乎完全被电子邮件替代，而有些电子邮件正在被手机短信替代。

有效使用惯例的关键在于牢记惯例的应用必须符合具体环境，要根据特定的受众、背景和目的进行适当的调整。例如，第 9 章给出了关于如何写作否定性文案的指导。然而，你得根据公司写作否定性文案的惯例来应用这些建议。有些公司会采用比其他公司更正式的方式，有些公司会直率地写作否定性文案，有些公司则会采取比较委婉的方式。

因为每家公司都遵从不同的惯例，所以本书只对不同风格下的共同要素进行阐述。针对你所在公司的具体要求，有必要进行调整。

掌握具体工作场所的惯例的最好方法就是观察其他人是怎么做的。他们之间如何进行沟通？当他们与上司沟通时，其做法是否不同？他们发送的是什么类型的信件和电子邮件？他们发送了多少电子邮件？他们偏爱用什么样的语气？密切观察有助于使你的沟通方式适应雇主的惯例。

1.8 了解并分析商务沟通情境

出色的沟通者既了解沟通的情境，又明白他们有哪些沟通的方式可供选择。为此，不妨回答下列问题：

- 关键问题是什么——听众是谁？不仅要考虑你个人的要求，也要顾及上司和读者的需要。想让信息传递得最有效，就必须要考虑公司的各个方面，还得了解股东、客户和管理层。沟通各方的利害关系越大，就越要全面考虑客观事实并顾及各方人士的感情因素。
- 该不该传递信息？有时，特别是当你刚刚走马上任时，沉默往往是最佳策略。不过，要把握住那些能学到新东西、产生影响和证明自己能力的机会。

- 使用什么样的沟通渠道？公文和书面报告显得正式，而且内容可控。发电子邮件、发短信、发推文、打电话或顺访人家办公室就显得不太正式。口头沟通渠道适合于集体讨论决策的场合，以便较快地消除误解，而且这种方式也比较个性化。有时，你可能需要采用多重渠道来传递一条以上的信息。

- 沟通什么内容？信息的内容可能不是那么明显。该详细到什么程度呢？要不要把对方已知的信息重复一下呢？问题的答案取决于公文的种类、你的目的、受众情况及企业文化。你得自己琢磨这一切，没有详细的指导。

- 如何传递有关信息？如何阐明观点？采用什么样的先后顺序？你的措辞也会影响读者对你的观点的反应。

1.9 伦理原则

伦理问题已成为商务环境中的一大关注点。AIG、贝尔斯登（Bear Sterns）、雷曼兄弟（Lehman Brothers）、美林集团（Merrill Lynch）、美联银行（Wachovia）、华盛顿共同基金（Washington Mutual）等金融大鳄先后破产。银行、公司管理人员和信用评级机构都因非伦理行为而遭到起诉。例如，美国证券交易委员会指控高盛（Goldman Sachs）在次贷证券方面犯有欺诈罪，高盛最后寻求庭外和解，支付了5亿多美元的罚款。

在另一起更大的案子中，瑞士信贷银行（Credit Suisse）因捆绑抵押证券损失112亿美元而被起诉。根据纽约首席检察官的指控，"瑞士信贷银行没有告知投资者银行在审核程序及贷款方面存在缺陷"，即在商务沟通方面存在重大疏忽。此外，在有关何时回购问题贷款方面，瑞士信贷银行因在向美国证券交易委员会提供的文件中错误陈述信息而遭到指控。[28]

违反伦理的行为也使其他组织遭受了数百万乃至数十亿美元的损失。

- 葛兰素史克公司因未提供药物安全数据而被罚款30亿美元。之前，该公司承认故意销售假药，包括治疗抑郁症的 Paxil，为此支付了7.5亿美元的罚款。[29]

- 西门子（Siemens）公司因为贿赂案向政府支付了8亿美元的罚款。而且，仅仅文件审查费用就额外支出了1亿美元。[30]

- 2013年，美国政府起诉信用评级机构标准普尔（Standard & Poor's），声称该机构夸大了对捆绑抵押证券的信用评级，要求其赔偿50亿美元。[31]

- 2015年，大众（Volkswagen）公司承认在柴油汽车的美国排放标准方面作假。[32] 2016年，法院判定大众赔偿147亿美元。[33]

伦理资源中心（Ethics Resource Center）是美国历史最悠久的非营利组织，致力于伦理行为研究。根据该中心《2011年度全美商业伦理调查报告》，被调查者中有45%声称自己亲眼看到过非伦理或非法行为。在这些亲历者中，有 35% 声称自己并没有进行报告。最普遍的非伦理行为包括上班时间干私活、行为粗鲁、欺骗、滥用公司资源、违反公司互联网使用规定、歧视、利益冲突、不当使用社交网络、偷窃、违反健康或安全规定、时间信息作假、违反福利规定，以及性骚扰。[34]

人们不愿报告非伦理行为的原因包括：对非伦理行为已经习以为常；影响小而不值一提；并非自己的职责所在（年轻雇员更是如此认为）；对同事/经理/公司要忠诚，所以不能报告（消极地说，是怕承担后果）。[35]

当然，事物有两个方面。积极的伦理效应也在吸引大家的关注。例如，全球最大的推进企业社会责任和可持续发展的组织——联合国全球契约组织（United Nations Global Compact）关注的是人权、劳工、环境和反腐败措施，参与的企业来自 170 多个国家或地区，企业数达到 20 000 多家。[36] "克林顿全球倡议"（Clinton Global Initiative）聚集了 150 名国家领导人、20 名诺贝尔奖获得者和数百名 CEO，他们承诺的出资总额达到 630 亿美元。这些钱的受益人口已经达到 4 亿，来自多达 180 个国家或地区。[37]

企业伦理所涉及的内容当然远不止公司的欲望、国际公约和慈善。企业伦理的很多内容涉及日常行为，而且许多行为与沟通有关。如何使我们与客户和供应商签订的协议更易于理解？如何与员工进行更为有效的沟通？医院应该在何种程度上披露感染率信息？

许多基本的日常决策也涉及伦理方面的内容。

- 是否考虑到受众所需要的全部信息？
- 是否采用了便于受众理解的表达方式？
- 所采用的格式是否有助于受众快速把握内容？
- 是否考虑到各种类型受众所需要的信息？
- 是否正确引用了从其他渠道获得的信息？
- 是否给出了资料来源？

表 1-3 给出了商务沟通中伦理因素的具体情况。如表 1-3 所示，构成任何商务沟通基本内容的语言、图表和文本设计都可能被操控或出现伦理问题。作为商务沟通工作的核心，对客户、同事和下属进行说服并获得认同的过程，既可能展现出对对方的尊重，也可能展现出对对方的轻蔑。

鉴于如今的沟通速度很快，与组织一样，个人的行为必须符合伦理规范，不然就会带来不良后果，毕竟同事/员工如今有多种渠道来报告你的非伦理行为。

当然，也有其他正面因素要求你的行为符合伦理规范。这方面除了道德因素之外也有商业因素。正如伦理资源中心所注意到的那样，客户和员工喜欢那些注重伦理的公司。哈佛商学院教授罗莎贝斯·莫斯·坎特（Rosabeth Moss Kanter）在她的著作《超级公司：先导公司的创新、利润、增长和社会事业》（*Supercorp: How Vanguard Companies Create Innovation, Profits, Growth, and*

Social Good）中指出，那些希望从事社会事业的公司往往具有某种比较优势。事实上，从事慈善事业意味着企业必须从更广阔的视野来看社会。这样，企业就能通过解决新问题发现新的增长和创新机遇。

表 1-3   商务沟通中的伦理问题

信息的传递方式	信息的质量	信息的主要组织环境
• 语言表达是否清晰？是否尊重受众 • 文字内容是否既考虑到公司展示最好一面的权利，也考虑到公司诚实提供信息的责任 • 图片是有助于受众的理解还是会使受众分神或迷惑 • 文案设计是使阅读更为容易还是会使读者错过重点	• 文案是否符合伦理规范？内容是否真实？是否考虑到利益相关者的需要 • 利益相关者是否积极参与有关工作 • 受众是否获得了有效决策所需的全部信息？信息是否有保留 • 信息沟通是否便于受众的理解？是否只有成堆的数字而没有相关解释 • 论证是否符合逻辑？证据是否充分 • 动之以情的做法是否公正？是增强了逻辑性还是与逻辑相悖 • 文案的组织形式是否存在操纵受众的成分 • 文案的信息来源是否恰当？引用是否真实？是否有文献佐证	• 公司如何对待员工？员工之间的关系如何 • 是否注意到了利益相关者的需要，如居住在工厂、仓库和办公室附近的居民 • 是否提倡并支持员工的诚实、公平和伦理行为 • 公司在产品制造、原材料购买、产品和服务销售方面的行为是否经得起伦理考验 • 是否为良好的企业公民？是有益还是有害于所在社区 • 公司的产品或服务是否充分使用了稀缺资源

许多哲学家给出了如何做到符合伦理规范的忠告。人们较为熟悉的忠告包括：倡导"己所不欲，勿施于人"的黄金准则，以及推崇"为最大多数人带来最多幸福"的功利主义原则。许多商业领袖也提出了一些伦理准则。美捷步（Zappos）公司的 CEO 和创始人谢家华（Tony Hsieh）在其著作《传递幸福：追求利润、激情和目标之路》（*Delivering Happiness: A Path to Profits, Passion, and Purpose*）中给出了以下实用的伦理准则：

> 作为我自己做一切事情的原则，我总要问自己这些问题：如果地球上大家的行为都讲伦理，那么结果会怎样呢？世界又会变得怎样呢？大家的总体幸福指数会增加多少呢？
>
> 这种思维方式对于我思考美捷步公司里的一些问题很有用。例如，大家该如何分享在公司所做的一切？如果女服务员不小心弄错了我的订单，我是否应该生气？如果某位来自外地的陌生人上门寻求帮助，我是否应该开门欢迎呢？

1.10   公司文化

公司文化是影响商务沟通情境的另一个重要因素。第 2 章介绍了分析公司文化的方法。公司文化千差万别，既可以指独立办公室、夹克着装和层级式组织结构，也可以指开放式办公室、休闲着装以及扁平式组织结构。公司文化的特征通常包括弹性工作制、利润分享、信息共享、良好的培训、健康保险和福利计划。

无论是大公司还是小公司，其公司文化都得到了积极的宣传。

- 谷歌（Google）公司的健身房、货品充足的快餐店、餐厅和休闲式工作服很有名气。
- 奥美（中国）(Ogilvy & Mather's Caton, China) 公司的办公室装饰采用嘉年华主题，目的是提醒员工牢记"不断创新"的公司使命。采用的装饰品包括旋转木马、马戏灯具和仿制的摩天轮，还把摩天轮轿厢作为小型会议室。[38]
- Dealer.com 公司的咖啡厅提供用本地有机食材做的配餐，举办锻炼与压力缓解方面的健康研讨会，提供自行车出租服务，还设有网球与篮球场、健身中心及收费减半的滑雪场。该公司还为运动队提供赞助，涉及垒球、排球、足球、保龄球和赛龙舟等运动。[39]

同一领域的两家公司也会呈现迥然不同的文化。宝洁（Procter & Gamble）公司在收购吉列（Gillette）公司时，期待世界第一大牙刷生产商欧乐 B(Oral-B) 和第二大牙膏生产商佳洁士（Crest）能够顺利联姻。不过，企业之间的文化差异还是带来了一些问题：吉列雇员发现宝洁公司的企业文化刻板，决策缓慢。此外，吉列雇员还得花时间了解宝洁公司那些著名的缩略语，比如 CIB（consumer is boss，顾客是上帝）和 FMOT（first moment of truth，第一接触印象）。宝洁雇员注重发送备忘录，而吉列雇员则强调召开会议。[40]

此外，精明的公司会借助有效的公司文化来留住小时工。Joie de Vivre Hospitality 酒店的员工流失率仅为行业平均值的一半。该酒店的 CEO 认为其低流失率得益于公司的文化：倾听员工心声，采纳员工的合理化建议，并设法增加工作的趣味性。除了提供奖励之外，公司还出资举办派对、年度荣休会，定期举行晚宴。此外，公司还开办免费课程培训。[41]

1.11　如何解决商务沟通中的难题

在遇到商务沟通问题时，需要找到既能解决组织存在的问题，又能满足有关各方的心理需要的解决方案。以下介绍的各项策略不仅适用于解决本书所列举的问题，而且可以用于解决你在实际工作中所遇到的困难。不妨按照这个过程来实现有效沟通。

- 了解情况并通过集思广益来寻求解决方案。
- 回答表 1-4 列出的 5 个分析性问题。
- 针对受众、沟通目的及沟通情境来组织信息。
- 公文设计应赏心悦目。
- 修改公文使其语气友好、行文专业、态度积极。
- 编辑公文使其符合英文的拼写、语法和标点规范，名称与数据应再三加以核对。
- 运用反馈信息以改进今后的写作。

表 1-4 分析性问题

序号	问题
1	沟通对象是谁
2	沟通的目的是什么
3	沟通必须包含哪些信息
4	如何才能获得受众的同意和支持？哪些因素或受众利益能说服受众支持你
5	整体环境中的哪些方面会影响受众的反应

1.11.1 了解情况并通过集思广益来寻求解决方案

问题的解决开始于了解情况。事实是什么？从所获取的信息中能推断出什么？还有哪些信息有助于了解情况？从哪里可以得到这些信息？涉及哪些复杂微妙的情感？这些信息通常意味着某些解决方案。不过，你想到的第一个方案不一定就是最佳方案。你需要有意识地多找几种方案，然后针对具体的沟通目的和受众，确定哪个方案最为有效。第 15 章和第 8 章将分别就了解情况和集思广益做深入分析。

1.11.2 回答 5 个分析性问题

表 1-4 中的 5 个分析性问题可以帮助你分析受众、沟通目的和沟通情境。

1. 沟通对象是谁

受众的哪些特征与此次沟通有关？如果受众不止一个，那么这些受众间有哪些差异？受众对你所谈论的话题了解多少？会如何反应？会有什么异议？

受众特征中有些与此次沟通无关，所以应关注那些相关的特征。在谈及人群或团体时，要设法了解他们在经济、文化或沟通情境方面的差异，这些差异会影响到各个亚群体对你所传递信息的反应。第 2 章对此进行了全面的分析。

2. 沟通的目的是什么

如何传递信息才有助于解决公司的问题？如何才能同时满足自己的需求？希望受众做出怎样的反应？如何理解或感受？把全部目的列出，包括主要的和次要的。

即便是简单的沟通也会包含若干相关目的：发布一项新的政策并介绍该政策的规定和要求，要让受众感到这是一项好政策、公司在关心员工的利益，以及你是一位高素质的撰稿人和管理者。

3. 沟通必须包含哪些信息

列出沟通应包含的信息，并审核草稿是否包含了这些信息。对于不做强调的内容，可写在段落中间，语言越简洁越好。

4．如何才能获得受众的同意和支持？哪些因素或受众利益能说服受众支持你

利用头脑风暴法总结出进行决策的原因、论据及受众采纳你的建议所获得的利益。这些原因或利益不一定以金钱的形式来体现。让受众感到轻松愉快也是一种利益。对于告知性文案或说服性文案，应该列出多方面的利益。要尽量列举那些容易想到的原因和利益。

当然，所列举的利益要与受众相适应，否则会导致员工与公司产生利益分歧。只有将所节余的资金和利润直接用在员工身上，才能真正让员工享受到公司政策的利益。不过，节余的资金和利润事实上常常被用来支付股东的红利、管理层的奖金、厂房和设备的投资或研发投入。

5．整体环境中的哪些方面会影响受众的反应

是经济状况、行业周期、企业伦理规范，还是某些特殊情况？公司也许正处于蓬勃发展或举步维艰的时期；公司可能刚刚经历重组或正经营稳健。所有的沟通情境都会影响沟通的内容和方式。

新闻、经济与气候，特别是公司情况与政策环境，都会对公司产生影响。因此，对这些因素要考虑周全。要尽可能地立足于现实，要考虑到利率、经营环境、经济状况等因素。所在的行业经营状况如何？涉及的政府部门能否得到公众的广泛支持？时机的选择是否合适？例如，如果是在秋季写作，那么企业是正经历着夏天旺季后的季节性萧条，还是正蓄势等待着冬季圣诞节的购物热潮，抑或是经营平稳，根本不受季节变化的影响？

要根据你的经验、所学的课程和常识来回答这些问题。不妨读一读《华尔街日报》（*Wall Street Journal*），浏览一下公司的网站，有时甚至需要致电当地经销商以获取信息。

1.11.3　针对受众、沟通目的及沟通情境来组织信息

本书第 8 章、第 9 章与第 10 章介绍了若干种组织行为模式。在此，有必要记住以下三条原则：

- 先讲好消息。
- 一般而言，先给出主旨或问题，并将其置于主题句或首个段落，以便让读者清楚地了解所写内容对他们的重要性。
- 对于有成见的读者，可以不遵循第二条原则，选择婉转的方式来阐明主题。

1.11.4　公文设计应赏心悦目

公文设计得赏心悦目，既便于阅读，又能树立亲切的形象。要使公文赏心悦目，必须：

- 运用主题句快速吸引读者的注意。
- 运用小标题来概括相关观点。
- 运用列表或缩进格式来强调分观点和例证。

- 对必须按序排列的观点进行标号。
- 使用短小的段落，通常为8行或更短。

在动笔写作前考虑到以上这些设计因素，不仅可以节省时间，而且可以使所完成的文案显得赏心悦目。

公文的最佳设计格式取决于其用途。例如，经常需要更新的公文要用活页夹装订，这样便于读者随时拿走旧页，换入新页。第5章与第13章对此将做全面分析。

1.11.5 修改公文使其语气友好、行文专业、态度积极

除了公司员工或公司的客户外，受众也会对公文有同样的感受。因此写作时要时刻想着读者，并运用换位思考（you-attitude）的方式（参见第3章）。要站在读者的角度将文案反复读上几遍，并且试着问自己：我要是读者，收到这样的文案会有何感受？

出色的商务与管理公文既要语气友好，又要行文专业。如果语气过于生硬，会拉大与读者之间的距离；如果过于亲密，又会显得不太专业。写给陌生读者时，要用简洁、常用的语句，让传递的信息尽可能显得友好且个性化。写给朋友时，要记住材料会归档，有一些你根本没听说过的人会阅读材料，因此要避免使用俚语、套话或开玩笑。

有时你不得不提到局限性、缺点或其他负面因素，但不要详述。如果你表现得信心十足，人们对你和公司就会比较信任。多想成功，少提失败。如果连你都不相信自己所传递的是个好消息，怎么能让读者相信呢？

可以按以下做法来强调积极面：

- 先提正面信息并加以详述，或者用缩进格式使之醒目。
- 尽可能避免提及负面信息。
- 强调可能的方面，少提不可能的方面。

1.11.6 编辑公文使其符合英文的拼写、语法和标点规范，名称与数据应反复加以核对

商务工作者十分重视英文的拼写、语法和标点的准确性。如果这些方面掌握得不好，且母语不是英语，那你就需要掌握英语的语法规则，也许还得参考合适的书或找老师帮忙。即使运用计算机拼写和语法检查软件，也需要撰写者进行最终判断。如果你知道正确的写作方法，只是没时间做到，请从现在开始，认真编辑和校对稿件，减少粗心大意所引起的错误。附录B就正确使用措辞、标点符号和语法进行了讨论。

发送公文前一定要校对，要再三复核受众的名字、有关的数据、首段和末段。第5章对此将做全面分析。

1.11.7　运用反馈信息以改进今后的写作

评估所获得的反馈信息（feedback）或反应。在真正检验每一次沟通时，不妨问这样一个问题：这是否达到了你想要的效果？如果答案是否定的，那么无论语法多么准确、用词多么优美、构思多么巧妙，沟通仍然是失败的。一旦失败，就要想办法找出原因。

当然，对成功的沟通也要加以认真分析。你得了解为什么会成功。如果你能找到答案，那么你就能取得更多、更大的成功。

❖ 本章回顾 ❖

- 具备良好沟通能力所带来的利益

  沟通帮助公司及其雇员实现其目标。公文有助于记录事件、传递复杂数据、方便读者阅读、节省资金，并能更有效地传递信息。

- 必须具备良好沟通能力的原因

  （1）商务与管理沟通的三个基本目的是：告知信息、请求或说服、树立良好信誉。大多数公文有多重目的。

  （2）随着个人在公司中职位的晋升，良好沟通能力的重要性也不断提高。

- 沟通所需付出的成本

  沟通成本一般包括文案撰写、收发、印刷、邮寄，以及电子存档等耗费的成本。

- 沟通不良所带来的损失

  拙劣的公文既浪费时间与精力，也损害信誉。

- 有效沟通的基本判别标准

  好的商务与管理公文应满足五个基本标准：清晰、完整、准确、节省读者的时间，并能树立良好信誉。

- 商务沟通中惯例所起的作用

  与组织相仿，普通商务沟通中也存在惯例。商务工作者必须清楚如何使惯例与具体受众、沟通目的及沟通情境相适应。

- 伦理在商务沟通中如此重要的原因

  财经新闻对商业伦理丧失问题一直很关注。不过，对积极的伦理行为的关注也在日益增加。

- 公司文化对商务沟通情境的影响

  公司文化包括正式文化与非正式文化。公司文化会对多个领域产生影响，包括员工的业绩和企业的销售情况。

- 如何解决商务沟通中的难题

  （1）为了对具体文案进行有效评估，我们必须弄清楚撰写人、读者、文案目的，以及相关背景之间的关系。针对不同背景下的读者，采用单一的话语模式往往不可取。

  （2）要了解商务沟通情境，不妨回答以下问题：关键问题是什么——受众是谁？该不该传递信息？使用什么样的沟通渠道？沟通什么内容？如何传递有关信息？

  （3）实现高效沟通的过程：了解情况并通过集思广益来寻求解决方案；回答 5 个分析性问题；针对受众、沟通目的及沟通情境来组织信息；公文设计应赏心悦目；修改公文使其语气友好、行文专业、态度积极；编辑公文使其符合英文拼写、语法和标点规范，名称与数据应再三加以核对；运用反馈信息以改进今后的写作。

第 2 章

文案传递应适合受众

为赚取免费炸鸡块而创造的 Twitter 转发纪录

社交媒体网站及应用程序（App）为公司与千禧一代这一最大的社交媒体用户群体建立直接联系提供了独特的平台。仅仅就美国而言，18～29 岁年龄段的人口中使用社交媒体的人数占比高达 90%。[1]

借助传统广告形式的数字版，或是为那些形象刻板的大公司注入幽默及个性特质，公司不仅可以有效应对个别顾客的投诉或问询，而且可以同时推广其品牌，促销其产品。特别是，社交媒体中有意采用的幽默大多针对年轻的用户群体，是公司吸引那些公认的难以触及的用户注意的新手段。

2017 年 4 月，一个叫卡特·威尔克森（Carter Wilkerson）的青年在温迪（Wendy's）国际快餐连锁店的网站上发了一条推文，提了一个问题：他需要转发多少条推文才可以免费享用一年的炸鸡块？

温迪国际快餐连锁店以开玩笑的口吻回应称"需要转发 1 800 万"。随后，威尔克森请他的 Twitter 好友和炸鸡块爱好者帮忙转发，以帮助他达成目标。同时，他还开始销售印有"#NuggsforCarter"字样的 T 恤衫，而且承诺将所赚的利润捐献给戴夫·托马斯领养基金会（Dave Thomas Foundation for Adoption）。虽然最终转发量没有达到 1 800 万，但威尔克森凭借超过 347 万的转发量打破了当时的推文转发纪录。温迪国际快餐连锁店公开承认了卡特·威尔克森的成绩，不仅送他免费炸鸡块，而且向戴夫·托马斯领养基金会捐款 10 万美元。

资料来源：Laura Roman, "Quest for Free Chicken Nuggets Inspires Twitter's Most Retweeted Tweet," *NPR*, May 9 2017, http://www.npr.org/sections/thetwo-way/2017/05/09/527597422/quest-for-free-chicken-nuggets-inspires-twitters-most-retweeted-tweet.

了解谈话对象是成功沟通的基础。沟通时，你不仅需要确定受众，了解他们的动机，而且要选择最有效且最合适的沟通渠道或媒介。

2.1　确定受众

分析受众的第一步就是要确定受众是谁。公司信息沟通具有多元受众。

1. 看门人

看门人（gatekeeper）有权阻止将你的文案传递给其他受众，因此控制着你的文案能否被传递至主要受众。有时，看门人是让你起草文案的主管；有时，看门人是公司的高层管理者；有时，看门人也可能来自公司外部。

2. 主要受众

主要受众（primary audience）可以决定是否接受你的建议或者是否按你的提议行动。各种文案只有传递到主要受众，才能达到预期的目的。

3. 次要受众

次要受众（secondary audience）可能受邀对你的提议发表意见，或者在你的提议获得批准后负责具体实施。次要受众也包括律师，他们可能在多年后利用你的提议，作为公司文化和政策的证明。

4. 辅助受众

辅助受众（auxiliary audience）可能会接触到你的这些提议，但不会做出反应。辅助受众包括"只读型"受众。

5. 监控型受众

监控型受众（watchdog audience）虽然无权阻止文案的传递，也不直接参与文案的实施，但他们拥有政治、社会和经济方面的权力。监控型受众密切关注着你与主要受众间的信息沟通，并会依据对信息的评估来决定是否采取行动。

下面的两个例子表明，一个人可以充当两个受众角色。通常，主管既是主要受众，又是看门人。

唐是一家广告公司的客户经理助理。上司让她起草一份客户新推出的一款产品的市场营销计划书。她的主要受众是客户公司的执行委员会，由他们决定是否采用她的计划书。次要受众为客户公司的市场营销人员，他们会被征求意见，其他次要受众还包括广告策划人员、文案撰写者和发布广告的媒体，这些人在方案获得批准后会负责具体实施。在她将计划书交给客户之前，需经上司批准，所以她的上司是看门人。阅读该计划书的同事则是她的辅助受众。

乔在一家大型金融机构的信息技术部门工作。他需要撰写一封电子邮件来说明软件方面的重大变化。这里，他的上司是看门人，各个部门的软件用户是主要受众。次要受众包括那些负责帮助主要受众安装并调试新软件的技术人员。辅助受众包括部门的项目助理，他们负责向各个部门的相关人员发送电子邮件。这里的监控型受众为公司的董事会。

2.2 分析受众

受众分析最重要的工具就是常识和移情。移情（empathy）就是从对方的角度来考虑问题，就是与对方有同感。要利用对人和对公司的了解来预测对方最可能的反应。分析受众时，弄清楚以下内容往往很有用：

（1）受众对文案的初始反应。

（2）受众对文案信息的需求量。

（3）需要克服的障碍。

（4）需要强调的积极面。

（5）受众对文案语言、内容及结构的期望。

（6）受众运用文案的情况。

2.2.1 分析个体受众

在与公司内外一起共事的人进行交谈或书面沟通时，你可能会将他们作为个体加以分析。你或许早就与受众相识，或者可以轻松地获得关于他们的更多信息。你或许了解到公司的某位经理不喜欢打电话，自然知道得用电子邮件来说明你的请求。另一位经理因常常在周五否决别人的请求而出名，因此你知道得提前做些准备。

迈尔斯 - 布里格斯性格类型指标（Myers-Briggs type indicator）是开展受众分析的一个有用工具。该工具采用四对对立因素来测度人际性格差异。[2] 外向型 - 内向型用来衡量个人偏爱以何种方式来集中注意力和获得活力。外向型个人通过与他人互动来获得活力，内向型个人的活力则来自自身。

感觉型 - 直觉型所衡量的是个人获取信息的方式。感觉型个人通过感知来获取信息，直觉型个人注重事物间的联系。

理性型 - 情感型所描述的是个人做出决策的方法。理性型个人做决策时会理性考虑选择或行动所带来的逻辑结果，情感型个人则依据影响来进行决策，考虑的是对他们自己或相关人员而言重要的东西。

果断型 - 谨慎型描述的是个人如何应对外部世界。果断型个人讲究计划性，喜欢有秩序并寻求统一，谨慎型个人讲究灵活性和自发性，寻求可能性。

以上对对立因素的描述反映了人们的某种偏好，就像写字时人们使用左手还是右手各有偏好一样。必要时，我们可以强迫自己逆偏好而行，但是毕竟本性难移，改起来并不容易。

你可以去学校的学生服务办公室或咨询中心做迈尔斯 - 布里格斯性格类型测试，了解一下自己的性格类型。有些公司出于构建团队或帮助个人发展的目的，也让全体员工参加迈尔斯 - 布里格斯性格类型测试。

2.2.2 分析群体成员

在许多组织背景下，你是以群体成员而不是以个体的形式来分析受众。在撰写文案时，首先需要确定受众与公司之间的关系，明确他们与大众之间的区别。例如，"必须通知欠缴很多所得税的纳税人""使用我们提供的会计服务的客户""有小孩的员工"等，这些提法关注的都是群体成员间的共同点。确定了受众与公司之间的关系后，就应当聚焦于这些受众成员的共同点。[3]尽管简单的概括不一定能涵盖群体中的每一位成员，但在对所有成员传递同一信息时，必须将其共同之处概括出来。有时，不必做调研就能很容易地推断出那些欠缴大量所得税的人员的心态；有时，数据库可以提供有用的信息；有时，需要考虑进行原始调研。

1. 人口统计学特征

借助数据库，我们可以用人口统计指标和心理统计指标来描述顾客或雇员的特征。人口统计学特征（demographic characteristics）是指那些可以客观测量的特征，如年龄、性别、种族、宗教信仰、受教育程度、收入等。

有时人口统计学信息可能无关紧要，有时却十分重要。受教育程度重要吗？重要的并不是读者从东部州立大学而非哈佛大学获得学位，相反，重要的可能是他们对会计知识的掌握程度。识字率重要吗？美国大约有 3 000 万，即占比 14% 的成年人缺乏基本的阅读能力。[4]家庭结构重要吗？有时，家庭结构的确重要。一些宾馆和旅游景点为新婚夫妇提供一揽子服务，包括照看婴儿、提供多间卧室及组织儿童活动。

当然，年龄也很重要。年龄方面面临较大压力的是公司里的代际差异。表 2-1 给出了一些常常被提及的年龄方面的差异特性。虽然了解代际差异有助于沟通，但在这方面也要防止存在刻板印象。许多婴儿潮一代也喜欢经常性的积极反馈信息，而且几乎每个人都喜欢有机会做出改变。

表 2-1 职场中的代际差异

	婴儿潮一代	X 一代与千禧一代
出生日期	1946—1964 年	1965 年及之后
工作伦理	乐于在办公室长时间工作 保守公司机密 长期忠诚于公司	喜欢弹性工作方式 容易在博客或 Twitter 上吐槽公司的负面情况 会多次更换工作单位
价值观	勤奋工作 注重一致性 注重隐私保护 讲究层级 角色明确 对被认可的能力保有自信 工作认真	寻求工作与生活的平衡 注重弹性 强调分享 看重自主性和平等 喜欢各种挑战 对个人能力过于自信 喜欢有趣的工作环境
喜欢的沟通渠道	面对面沟通，电子邮件	手机短信，社交网络
动机	对公司的责任	个人利益，任务的重要性

（续）

	婴儿潮一代	X一代与千禧一代
沟通方式	通过渠道与层级关系，接受年度评价	喜欢发表看法，包括对上级和同级；希望引人注意并获得表扬；希望对方快速给予答复或反馈
礼仪习惯	遵循传统的商务礼仪	需要提醒才会注意基本的商务礼仪

资料来源："Millennials, Gen X and Baby Boomers: Who's Working at Your Company and What Do They Think about Ethics?" Ethics Resource Center, 2010, http://ethics.org/files/u5/Gen-Diff.pdf; and Jen Wieczner, "10 Things Millennials Won't Tell You," *Market Watch*, June 24, 2013, http://finance.yahoo.com/news/10-things-millennials-won-t-113327583.html?page=all.

对大多数公司来说，收入是一个重要的人口统计方面的指标。2011年，在尝试了其他政策之后，沃尔玛公司悄悄地重新执行"每日低价"政策。不过，新的定价政策对那些深陷财务危机的沃尔玛的客户并没有吸引力。

地点是另一个重要的人口统计方面的指标。不难想象，不同地区的受众之间、来自城市与农村的受众之间，很可能存在多种差异。第6章将对不同文化背景下的受众进行深入分析。

2. 心理统计学特征

心理统计学特征（psychographic characteristics）属于定性而非定量方面的特征，包括价值观、信仰、目标和生活方式等。了解受众关心的重点，你就可以选择最能说服受众的信息和利益。

营销公司正在将消费者的上网记录与私人离线数据进行综合分析，这些离线数据大多来自人口统计局、尼尔森（Nielson）之类的消费者调研公司、信用卡消费记录、房地产与汽车购买记录等。借助这些综合数据，营销人员就可以面向特定受众开展营销。

2.2.3　分析组织文化和话语群体

对受众工作所处的文化环境和受众所属的话语群体务必保持敏感性。**组织文化**（organizational culture）指的是该组织一整套的价值观、态度和理念。借助语言形式，组织文化体现在组织的传奇经历、故事和英雄人物中，也体现在员工手册之类的文件中。当然，组织文化也以非语言的形式体现在空间、资金和权力的分配中。**话语群体**（discourse community）是指在沟通渠道、方式与风格、讨论的主题和形式，以及证据内容等方面存在共同点的群体。

在崇尚平等和个人主义的公司，你可以直接写信给首席执行官，并如普通同事一般对待他。但在有些公司，你得严格遵守一系列的命令。有些公司鼓励使用简短的文案，有些公司则要求使用又长又完整的文案。符合组织文化的文案更有可能获得成功。

可以通过回答下列问题来分析组织文化：

- 该组织架构是层级式的还是扁平式的？首席执行官与基层员工之间间隔多少阶层？
- 组织的升迁原则是什么？奖励的依据是资历、受教育程度、个人威望、成本节约还是对客户的服务态度？奖励范围是只限于少数高层人物，还是机会人人均等？

- 组织是鼓励差别化，还是追求平均主义？是强调独立性和创造性，还是提倡随大流、听从指挥？
- 内部有哪些故事？谁是领军人物？谁是落后分子？
- 友谊和社交有多重要？员工对目标认同的一致程度和对共同追求的专注程度如何？
- 行为、语言和着装的正式程度如何？
- 工作空间是什么样子的？雇员是在办公室、小房间还是大房间工作？
- 组织的目标是什么？是赚钱，还是为顾客或客户服务？是传播知识，还是为社区做贡献？

可以通过回答下列问题来分析话语群体：

- 信息传递应采用什么样的渠道、方式和风格？
- 人们谈论什么？哪些话题不被讨论？
- 何种和多充分的论据才有说服力？

2.3　选择针对受众的沟通渠道

沟通渠道（channel）就是传递信息的媒介。沟通渠道在信息传递的速度、准确度、成本、传递的信息量、信息接收者数量、效率及促进商誉能力等方面存在差异。

如今，采用电子渠道的情况与日俱增。就在撰写本书之时，全球网络用户已达 37 亿，网站数量达到 12.5 亿个，每天发送的电子邮件达到 1 850 亿封。[6]

渠道的演变会给企业带来巨大的影响。如今，在线零售商亚马逊（Amazon）公司已经成为传统实体零售商最大的对手。借助于亚马逊 Alexa 数字助理的易下单服务、在一些地区推出的 Prime 优送或免费 48 小时送达服务，以及无收银台商店计划，亚马逊公司正在带领其他零售商在数字经济时代找到富有创意的解决方案，以保持竞争力和独立生存能力。目前，亚马逊公司的市场份额超过了其他大多数实体商店的市场份额之和。[7]

渠道好坏或合适程度取决于受众、沟通目的、沟通情境等因素。公司常常同时采用互联网和电视两种销售渠道，这主要考虑到它们各自的特点和不同的适用情形。互联网渠道最适用于那些清楚自己要购买什么（如书籍或飞机票）的消费者，而电视销售适用于引导消费者关注并在未来遇到时会去购买。[8]宝洁公司建立了 BeingGirl.com 网站，女性客户可以在该网站上分享女性卫生用品的使用体验，也可以交流相关问题。宝洁公司声称，从投入产出来看，这一沟通渠道的效果四倍于电视渠道。[9]

书面文案比较适合于：

- 提供大量或复杂的数据资料。

- 说明众多具体的细节。
- 减少不必要的情绪宣泄。
- 跟踪细节和协议。

口头文案比较适合于：

- 动之以情来说服受众。
- 让受众关注特定问题。
- 解决冲突并达成共识。
- 修改计划。
- 让受众迅速采取行动或做出答复。

有时，要选择正确的渠道可能比较困难。当卡特里娜飓风逼近墨西哥湾沿岸时，美国飓风中心才发现应对飓风所带来冲击的电子沟通设备明显不足。中心工作人员只好通过电话通知沿岸各州的州长和各城市的市长做好防灾准备工作。[10]

即使是在办公室里，为了有效传递信息，你也面临着多种选择，比如电子邮件、短信、电话、访谈、贴在同事电脑上的便条等。在不规范的情况下，渠道选择颇具挑战性。

- 作为帮助成年人识字的小型非营利性扫盲机构的负责人，你应该如何将信息传递给客户呢？你无力承担电视广告费，他们也不可能读懂诸如传单之类的印刷品上的内容。
- 作为企业安全部门的主管，你应该如何发布产品召回通知？在出售产品时，谁负责将这些联系卡归档？
- 作为一家大型制造企业的福利经理，你如何向上千名一线员工传递新的福利计划信息？他们上班时不用电脑，下班回家后也可能无法上网。

如今的公司对于利用各种渠道越来越精明。广告资金已经退出了平面媒体和电视频道，转而流入网络广告领域。2012年，网络广告投入总计达到了395亿美元。[11]

如今，公司通过Facebook、Twitter、YouTube和Flicker来宣传产品和服务。许多公司设有互动的沟通网站和论坛，客户可以借此了解产品信息并进行交流。亚马逊就是一个典型的例子。生产商通过向博客作者提供奖励来鼓励他们讨论其产品；警方也通过在Pinterest网站上张贴通缉犯图片来办案。非营利性组织也通过其Facebook主页来发布活动消息、联系志愿者，以及安排志愿者服务。如今，所有此类社交网络上的交流都可以通过语义分析软件进行深度挖掘，进而为广告商提供关于产品和受众的反馈意见。

即便是传统的纸质渠道也在转向网络。出版商开始将旅行类书籍转为电子书和手机读物。新闻报纸也开始引入博客、播客和聊天室，毕竟通过移动平台和社交网络来接收新闻的人越来越多了。事实上，沃伦·巴菲特就警告过他担任董事的《华盛顿邮报》（*Washington Post*），只做纸质媒体已不再可行了。[12]

根据皮尤（Pew）调研中心的资料，在过去 20 年里：

- 经常观看本地电视新闻的美国人占比从大约 80% 下降到 48%。
- 观看晚间网络新闻的美国人占比从 60% 下降到 27%。
- 每天阅读报纸的美国人占比从大约 60% 下降到 38%。[13]

黄金时段电视的收视率一直呈下降趋势，因为受众转向观看 DVR、流媒体和影视点播。黄金时段电视广告对公司的吸引力也出现了一定程度的下滑。[14]

受众对渠道的偏好程度也呈现出年龄段特点。50 岁及以上的美国人偏好传统渠道，如电视、收音机和报纸，30 岁以下的美国人偏好数字化渠道。《特雷弗·诺阿每日秀》（*The Daily Show with Trevor Noah*）等喜剧节目在年轻受众中更有号召力，《汉尼提》（*Hannity*）等有线电视脱口秀节目在 65 岁及以上的老年受众中更有市场。[15]

受众对一些渠道的偏好也呈现出性别特点。就《华尔街日报》《经济学人》《彭博商业周刊》等商业杂志的读者而言，男性占 70% 以上。相反，在《艾伦秀》（*Ellen DeGeneres'*）等日间脱口秀节目的观众中，女性占 70% 以上。[16]

事实上，渠道的创新应用比比皆是。

- 广告会出现在地铁隧道、消防栓、杂货店收银台传送带、人行道、厕所门挡等位置，甚至出现在清洁工挂衬衫的衣架上。[17]
- 玩具公司 Mattel 利用 Facebook、Twitter 和 8 集的网络剧来庆祝芭比娃娃的男朋友肯的 50 岁生日。通过网络剧，Mattel 公司可以使受众包括青少年和那些对玩具有感情并可能收藏的成年人。[18]
- 哥伦比亚广播公司（CBS）的推广活动用了 3 500 万个印有标志和双关语的鸡蛋，该活动被称为"鸡蛋广告"。[19]
- 美国电视网（USA Network）把公司某个节目的宣传单贴在 1 美元钞票上，作为广告券发放了 5 万张。[20]
- 科学家们用电脑游戏来寻求非科学家的帮助；EyeWire 游戏项目招募玩家来绘制眼球中的神经连接；Foldit 招募玩家来解决蛋白质如何折叠的问题。[21]
- 奥地利首都维也纳通过开通电话热线来为其主要的公共图书馆筹集资金。拨打付费电话你就会听到由著名女演员朗读的一段文章，内容则来自图书馆收藏的 18—20 世纪的小说。[22]

2.4 借助受众分析使文案适应受众

将合适的文案传递给合适的受众常常是成功之道。如果对受众了如指掌，且语言表达能力强，那么受众分析和信息整合通常是无意识地完成的。如果对受众了解不多，或当该文案十分重要时，就一定要花些时间正式地做受众分析，并据此对文案进行修改。需要牢记的是，受众情况往往随时间推移而不断变化，有时甚至会出现巨大的变化。例如，自 20 世纪五六十年代以来，大学生的情况就发生了巨大变化。进行受众分析时，不妨围绕表 2-2 所列的问题来展开。

表 2-2　受众分析

1. 受众对文案的初始反应
2. 受众对文案信息的需求量
3. 需要克服的障碍
4. 需要强调的积极面
5. 受众对文案语言、内容及结构的期望
6. 受众使用文案的情况

在回答针对具体受众的问题时，必须考虑到该受众所在组织的文化。无论怎样，受众的反应不仅会受个人情感和偏好的影响，还会受到所在组织的政治环境、经济状况及最新事件的影响。

2.4.1　受众对文案的初始反应

1. 受众会高度重视这一文案吗

对自身事业发展很重要的信息，受众不但会关心，还会采取行动；反之，他们可能会忽视。如果受众有可能忽视你提供的文案，那么你必须：

- 在主题句或首段开门见山地向受众说明该文案不仅重要，并且与他们相关。
- 尽可能地简化行动步骤。
- 设定可行的行动期限。
- 使文案简洁明了。

2. 文案由你提供这个事实会怎样影响受众的反应

受众与你本人或与你所在的组织的交往会左右受众对新文案的反应。如果受众对你本人及你所在组织怀有好感，其反应就会比较积极；反之，受众就会对文案内容和表达方式吹毛求疵。

如果受众对你本人、你所在的组织或你的立场存在负面看法，那么你必须：

- 努力避免使用那些让人感觉居高临下、傲慢、粗鲁、有敌意或冷漠的词语。
- 通过强调积极面来减少受众的抵触情绪（参见第 3 章）。
- 以理服人，强调受众利益。

2.4.2　受众对文案信息的需求量

1. 受众对这个主题的了解程度如何

受众所拥有的知识很容易被高估。对于你所在部门外的人而言，他们可能并不真正了解你所从事的工作。即使对曾经在你所在部门工作过的人而言，也有可能已经忘记了具体细节，因为他们从事的是日常管理工作。对于公司外的人而言，那就更不用说了。

如果你所提供的信息对受众来说是全新的，那么你必须：

- 通过术语界定、概念解释、举例及避免缩写等方法将信息内容尽量表达清楚。
- 将新信息与受众已经掌握的信息联系起来。
- 通过分段和加标题等方式归类新信息，以便受众理解。
- 让你的读者或部分目标受众对文案草稿进行试读，以便了解他们能否领会和运用你所写的内容。

2. 受众的知识是否需要更新或纠正

个人经验对我们的期望和行动有支配作用。不过，有时你需要做些纠正。如果想改变受众对某件事情的认识，那么你必须：

- 在文案开头先对受众的最初认识予以认可。
- 用例子、统计数据或其他证据来说明变革的必要性，或者说明受众的经验在此不适用。
- 在不伤及面子的前提下，提示受众情况已变，态度和方法也应有所改变。

3. 为了获得受众的赞同，必须让受众了解主题哪些方面的内容

为了获得受众的赞同，在受众必须了解背景或过往信息时，你可以：

- 采用"如你所知""正如你记得的那样"等开场白，以避免让对方觉得你认为他们根本不懂你在说什么。
- 采用从句来表达那些旧的或显而易见的信息。例如，"因为我们最近已经将运输业务扩展到中美洲地区，所以我们必须考虑将包装改换成隔热的"。

2.4.3 需要克服的障碍

1. 受众反对你必须要讲述的内容吗

已下定决心的人通常反对改变。如果受众反对你要讲述的内容，那么你需要：

- 在开头先讲与受众的共同点或共同立场。
- 尽量使观点清楚明确。有时，中立的受众认为很清楚的观点，反对者仍会误解。
- 避免使用会让受众愤怒的言论。
- 尽量减少关于说明或要求方面的篇幅。可能的话，在下次沟通时再提此类内容。
- 说明你的建议是现有最好的解决方案，尽管不是十全十美的。

2. 能否轻易地让受众按你的要求行事

每个人都有自己的看法、习惯和心目中的自我形象。要让一个人做与此相悖的事，首先得说

服对方，让对方改变看法、习惯和自我形象。然而，人们往往不愿意改变。

如果你的要求费时、复杂或者会让受众遭遇生理和心理方面的障碍，那么你必须：

- 尽量简化要求。例如，使用能快速填好的表格，写信时附上一个贴好邮票并印有回信地址的信封等。
- 将复杂要求细化成清单，以便受众在完成时进行核对。这一清单也有助于得到完整的答复。
- 说明你的要求与受众的想法一致的地方。
- 说明这样做不仅对你和你的公司有好处，而且对受众也有好处。

2.4.4 需要强调的积极面

1. 你的提议能给受众带来哪些利益

受众利益有助于说服受众相信你的提议是好主意，因此，要充分利用你所要传递的信息中的那些利益。

- 将好消息放在文章的首段。
- 受众利益远不止那些普通的好消息。

2. 与受众有哪些共同的经历、兴趣、目标和价值观

团结一致的感觉有时比文案内容更能说服对方。如果受众与你拥有共同的经历、兴趣、目标和价值观，那么你可以：

- 考虑运用生动有趣的事例谈论与受众的共同之处。细节部分应该有趣新颖，否则听起来会像做报告。
- 文案的开头敬语和结束语要让受众对这个正式或非正式群体产生归属感。

2.4.5 受众对文案语言、内容及结构的期望

1. 受众喜欢怎样的写作风格

优秀的撰写者应根据受众的偏好来调整其写作风格。有些读者认为采用缩写形式显得太随便，有些读者认为传统商务写作风格显得过于生硬。写作时，必须：

- 根据对读者的了解，选用关系不远不近、气氛友善有度的风格。
- 如果在打电话和面谈时直呼其名的话，文案的敬语也可以用名字称呼对方。

2. 是否存在会引起受众反感的敏感性或禁忌性词语

你根本没有时间向受众解释文案中的某个词语比他理解的要更加广义或中性。若需要得到受众的同意或认可，那么你必须：

- 避免使用令多数受众产生过激情绪的词语，如罪犯、非美国人、女权主义者、极端主义者、自由主义者等。
- 根据与对方的交往经历，替换那些会使对方敏感的词语。

3. 受众需要了解多少细节

如果受众认为所提供的信息不够具体或不符合其需要，那么信息传递就不会成功。若与受众相识，可以直接问清楚对方希望了解细节的程度。如果是写给不太认识的受众的，则应当：

- 尽可能提供所有的具体信息，以便对方了解并据此采取行动。
- 将所有信息按标题分类，以便读者迅速找到他们最感兴趣的内容。
- 确保篇幅相对较短的文案，内容上能包含基本观点；而篇幅较长的文案则要避免废话连篇、没完没了。

4. 受众对直接或间接行文结构的偏好如何

因受众个性和文化背景不同，所偏好的行文结构也会有所不同。若遵循受众偏好的行文结构，就能取得事半功倍的效果。

2.4.6　受众使用文案的情况

1. 受众在何种实际环境下使用文案

在安静的办公室里可以安心阅读文案。但若在上下班的交通工具上或电梯里阅读文案，因要留心有关指令，其实际效果可想而知。因此，实际环境决定了阅读文案的难易程度。

为了便于受众在办公室之外的地方阅读文案，有必要：

- 在文稿上留下足够的空白处。
- 文稿设计应便于单手携带。
- 将内容编号。这样即便被打断，也能马上找到停顿处。

2. 受众是否会把文案当作一般性证明或是具体的指南

了解受众会如何利用文案，有助于正确选择最合适的行文结构和详细程度。

如果文案被用作一般性证明，那么有必要：

- 设置主题句以便于存档和查询。如果是在线文案，则要使用若干关键词，以便在数据库中搜索该文案。
- 使用小标题以方便读者选择。
- 提供联系人和办公室电话，以便读者在需要咨询时能联络到相关人员。
- 对那些现在看起来简单但半年或一年后易被忘记的细节要一一列明。

如果文案被用作具体的指南或说明，那么有必要：

- 确保每一个步骤按时间顺序排列。
- 对每一个步骤进行编号或附上可在相关方格内打钩的框，这样便于读者核对哪些步骤已操作完成。
- 当单一步骤很多时，可将其归类为 5～7 个分步骤。
- 将注意事项置于文案的开头，在应用具体步骤前，再加以复述。

2.5   受众分析的作用

受众分析是一种强有力的工具。在线零售商亚马逊通过跟踪用户的在线购物记录来提供用户可能购买某些商品的建议。宠物食品供应商（PetFlow）在宠物食品供应行业找到了自己的细分市场，那就是为在线订购宠物食品的客户提供送货上门服务。公司的客户大多是那些不想亲自搬运一袋袋沉重的宠物食品回家的群体。[23]

任天堂（Nintendo）公司认为，其成功很大程度上是因为拓展了受众的概念。公司受众的一个重要组成部分是超级游戏玩家。如果任天堂公司仅仅倾听他们的意见，那么公司的受众可能只有这些。任天堂公司通过开发 Wii 游戏机扩大了受众的范围。Wii 是超级游戏玩家从未想象过的一种游戏机，聚集了那些从未想过拥有一台游戏机的众多新用户。[24] 随着 Wii Fit 的上市，任天堂公司的受众开始扩大至更多的女性和老年人。

英国最大的零售商特易购（Tesco PLC）鼓励消费者注册会员卡。这种卡不仅为消费者提供打折优惠，还能为公司提供受众分析信息。在顾客初次购买尿布时，他们会获得购买一般儿童产品诸如玩具之类的优惠券，也可能获得购买啤酒的优惠券，因为受众分析表明刚做父亲的人会买更多的啤酒。[25]

2.6   有用的受众利益的特点

运用受众分析可以创造出有效的受众利益（audience benefits），即受众在接受你的服务、购买你的产品、执行你的政策或听取你的意见后所得到的好处。在告知性文案中，可以用受众利益来解释为何要遵循你所公布的政策，并说明该政策是好的。在说服性文案中，可以用受众利益来阐明采取行动的原因，并有助于克服受众的抵触情绪。在否定性文案中则不使用受众利益。

有用的受众利益应符合四条标准。每条标准都对应着受众利益写作的技巧。

2.6.1　适应受众的需要

针对不同受众的写作应该强调不同的受众利益。假设你从事产品生产并试图说服经销商来经销该产品。你在商品广告中展现了面向顾客的种种优点，诸如颜色漂亮、线条流畅、使用方便、经久耐用、价格公道等，不过，这些优点难以说服经销商。商店中的货位是很稀缺的，没有哪家经销商会乐于承揽经销某产品的所有品牌和型号。那么，经销商又为什么会选中你的产品呢？为了增强说服力，从经销商的角度来看的利益有营业额、利润、旨在唤起消费者认同和兴趣的全国性广告宣传，以及旨在吸引客户的特别展示等。

2.6.2　内在激励与外在激励并重

内在激励（intrinsic motivators）因素是指那些因使用某种产品或做了某事而自动产生的利益。外在激励（extrinsic motivators）因素则是"附加"利益，并不一定是因为使用了产品或做了事情，而是有人凭借权力决定给予你这种利益。表 2-3 给出了三项活动中的外在激励因素和内在激励因素。

表 2-3　外在激励因素与内在激励因素

活动	外在激励因素	内在激励因素
推销	获得佣金	说服对方的愉悦，运用聪明才智想出策略并付诸实施的自豪感
向公司的建议收集部门提出自己的建议	如果建议获得采纳和实施，就可以得到物质奖励	解决工作中的问题，使工作环境稍加改善
撰写报告以解决公司的难题	受到表扬，取得良好的业绩评估，可能获得升职	对公司产生一定影响带来的愉悦，运用自身能力解决问题产生的自豪感，问题最终得以解决

内在激励因素或利益优于外在激励因素。原因有二：

- 想让他人做事，并非每次都有那么多的外在激励因素。对于客户订货，你不可能每次都提供优惠；下属做了应做的工作，你也不可能每次都给予奖励。
- 研究发现，外在激励因素事实上会使人们不再满意所购的产品，或不愿继续遵循过去的做法。

在对专业人士的一次大规模调查中，弗雷德里克·赫茨伯格（Frederick Herzberg）发现，当被调查者谈及对工作的满意度时，谈到的都是内在激励因素——成功后的自豪感、工作本身的快乐和责任感。工资待遇、公司政策等外在激励因素有时会被作为不喜欢的事情而提到，没有人承认这些是激发工作热情和提高满意度的主要因素。那些挣钱多的人也不认为高薪代表工作或公司的优势。[26]

2.6.3　对利益进行逻辑证明和细节解释

所谓受众利益是一个声明或主张，告诉受众通过做某事可以获得好处。因此，说服受众需要两个步骤：一是阐明利益必定会产生；二是向受众解释利益。

如果所宣称的利益存在逻辑错误或缺乏正确性，就难以令人信服。因此，有必要对其进行修改，以使其具有逻辑性。

逻辑错误：将客户资料导入 Excel 软件可以节省你的时间。

分　　析：假如你之前没有使用过 Excel 软件，那么短期内你需要花费更长的时间来处理客户资料。也许使用旧系统是一个不错的主意。

修　　改：将客户资料导入 Excel 软件，只需轻点几下鼠标就可以准备好月度预算。

逻辑正确只是一个方面，同样重要的是让受众清楚逻辑推理的过程，并提供足够的证据向受众证明所说的利益必然会产生。描述时要做到生动、具体和准确。对于下列情况，有必要提供更多的细节：

- 受众在之前也许从未考虑过这种利益。
- 利益有长期和短期之分。
- 受众难以被说服，必须通过细节把利益描述得生动、感人。

服装行业正在积极寻求中年客户及婴儿潮一代的客户，主要借助重视细节来吸引这些受众。例如带松紧设计的牛仔裤，可以起到保护臀部和大腿的作用。女性服装市场的潜在规模很大，年销售额达上千亿美元。其中，35 岁以上女性的支出占了一半以上。[27]

有时，客户愿意为心仪的产品支付更高的价格。星巴克咖啡实施高定价，但允许客户在店里待上数小时。不过，客户并非总是愿意为他们喜欢甚至需要的利益多付钱。银行尝试对客户使用银行的出纳服务收费，但结果都失败了。客户讨厌花钱跟别人谈论自己的钱，尽管从经济上讲，相比于按某个费率统一收费或接受低利率，按服务次数付费对个人更为有利。[28]

2.6.4　从受众的角度来描述利益

如果不从受众的角度来考虑利益（参见第 3 章），那么这些利益听起来会显得有些自私，也不会达到应有的效果。在构思时，如何组织受众利益并不重要，但在定稿时，一定要从受众的角度来描述利益。

没有换位思考：全城我们的价格最低。

采用换位思考：在哈里查克汽车公司，你可以获得全城最低价格。

2.7　受众利益的确定与设计

通过头脑风暴，你可以想出许多受众利益，也许是你所需要的两倍。接着，你可以从中挑选出那些对受众最有效的利益，或者你最容易设计的利益。不过，最先想到的利益不一定就是最佳的。

有时，受众利益很容易想到，也很好解释。如果受众利益很难确定或很难设计，不妨采用以下步骤来确定并设计受众利益。

2.7.1　确定激励受众的因素：需求、欲望和感受

人人都有着基本的需求，而且大多数人是通过拥有财物或无形的东西来满足这些需求的。我们需要足够的食物来满足营养之需，不过也可能需要通过减肥来使自己更加性感。我们需要基本的遮蔽之所，也有希望住所温暖、豪华或环保的想法。我们可能认为坐在昂贵的车中更为安全，即便研究表明昂贵的汽车并不一定比便宜的汽车更安全。

2.7.2　确保产品或公司政策符合所确定需求的客观特色

有时，只要列出受众需求，就能很明显地找到哪一个特色符合特定的受众需求；有时，则需要有多个特色共同满足某一需求。因此，考虑时要力求全面。

假设你想劝说人们到你经营的饭店消费。的确，人人都要吃饭，不过，仅仅告诉人们到你的饭店可以解决饥饿问题，他们是不会去的，因为他们可以去别的地方或者干脆在家里吃饭。你需要找出饭店的特色以吸引下述消费子群体（见表 2-4）。

表 2-4　饭店的特色示例

消费子群体	特色
外出打工族	快餐式午饭，适合同事聚会、客户洽谈的休息场所
有小孩的家长	高座椅、儿童餐，以及候餐时供孩子们嬉戏的娱乐设施
经常在外用餐者	多样化的食品和内饰
囊中羞涩者	经济食品，不用付小费（咖啡馆或快餐店）
特殊饮食习惯者	低盐、低热量食物，素食
将外出用餐作为晚间消遣的人	音乐伴奏或歌舞表演，幽雅的环境，餐后观看表演的订座服务，看完表演仍可就餐的晚间服务

如果向受众宣传的特色并非你的公司独有，明智的做法是在描述这些特色所带来的受众利益的同时，也强调与你所在公司做生意的利益。否则，一味强调儿童餐菜单中的健康新款的好处，而只字未提你自己对餐品的更新，客人们就可能去别的饭店了！

2.7.3 说明这些产品或公司政策特色如何满足受众的需求

仅强调特色未必能对受众产生激励作用。只有把特色同受众的需求相结合，提供必要的细节，才能使受众利益显得生动并产生良好的效果。

欠具体：可以得到快捷的服务。

较具体：如果午餐时间只有一个小时，不妨试一试商务自助餐。花上几分钟时间，就可以从众多菜品中选择主食、蔬菜、自制三明治加沙拉等。餐量多少由自己决定，用餐时间充裕且不会耽误上班。

2.8 受众利益的作用

适当运用受众利益可以带来很多好处，企业也值得花大量的时间和金钱去识别并开发受众利益。

- 宾馆会研究哪些受众利益是货真价实的。假日宾馆（Holiday Inn）配有餐厅和酒吧，尽管这些餐厅和酒吧可能会赔钱。宿之桥套房（Staybridge Suites）酒店虽然很少打扫，却会时不时地展示慷慨，如提供一顿免费的饭菜、一次社交活动等。[29]

- 点评网 Yelp 为其最佳点评师提供独家社交活动，包括博物馆鸡尾酒派对、狂欢节等。这些精英点评师不仅会继续撰写点评文章来维持其声誉，而且点评文章数量要比其他点评师多出 100 篇左右。精英点评师的点评文章约占 Yelp 总点评文章的 25%。[30]

- 美国运通（American Express）公司开办了社交网站 Connectodex，主要面向公司 OPEN 信用卡的持有人（多为小企业主）。加入该社交网站的小企业超过了 15 000 家。成员企业可以在网站上发帖子，公布服务和需求，开展商务联系。据成员企业称，相比领英（LinkedIn），它们更喜欢 Connectodex，因为与其建立联系的小企业都经过了运通公司的审核。[31] 由于这一服务明显减少了客户的担忧，运通公司也从中获得了利益。

- 为了应对网购的竞争，许多零售连锁企业实施了忠诚客户计划，面向买家开展购物奖券、免费购买、购物退款等奖励活动。一些连锁店实施精英会员制：买得越多，奖得越多。不过，为了鼓励客户持续购买，规定精英身份的期限为一年。

- 汽车制造商深知，品牌忠诚度能保证赚钱。除了忠诚客户折扣之外，汽车制造商现在也开始转向以服务来奖励并留住客户。通用汽车推出了"通用汽车最佳车主"计划。只要选择在经销商处接受汽车服务，购车客户就可办理信用卡，享有维修及购买新车的优惠。宝马对买家推出为期 4 年的免费维修保养服务，经销商可以利用这段时间与客户建立起稳定的关系。[32]

请牢记，受众利益必须适应受众才能发挥作用。泰诺公司开展了新的广告宣传，即"泰诺产品加入了我们的爱"。那些受过泰诺氰化物伤害的客户声称，他们不希望任何人在泰诺产品中加入任何东西。[33]

有时，很难弄清楚客户究竟需要什么。这方面的一个经典事例就是电子产品的那些"功能过剩"。遗憾的是，消费者购买时似乎希望产品拥有更多功能，但常常搞不清如何使用这些功能，结果就会出现退货。在美国，每年的退货金额超过 1 000 亿美元。[34] 研究表明，退回的产品中有一半完全没有问题，只是消费者不懂得如何操作而已。[35]

2.9　针对具有不同需求的多元受众的书面或口头沟通

许多商务与管理文案并不是针对单个受众，而是面向多元受众的。如果这些受众具有共同的兴趣和知识水平，就可以应用前面所给出的针对个人或同类群体的原则。不过，不同的受众成员常常具有不同的需求。

研究员雷切尔·斯皮尔卡（Rachel Spilka）说过，多与公司内外的受众面谈、接触，对于提高公司工程师的文案写作水平大有帮助。与受众及评论家交谈，可以促使撰写者在构思时考虑读者因素，了解不同读者的政治和社会关系，通过口头而非只是采用文案形式来协调彼此之间的冲突。这样，撰写者既会考虑内容，又会顾及结构和风格，还会强调一些读者共有的观点和立场（如减少浪费，提高生产力），从而减少定稿前修改的次数。[36]

如果无法满足所有人的需求，那么不妨先满足看门人和决策者的需求。表 2-5 给出了面向多元受众的文案创作策略。

表 2-5　面向多元受众的文案创作策略

内容及细节选择
- 对只想了解要点的读者提供摘要或总结
- 在文案的正文部分，尽量为决策者和有可能否决你的建议的人提供细节
- 对于那些决策者不需要但其他受众需要的细节，可以用附录、统计表格、前期报告或别的方式列出

文案的组织
- 采用小标题和目录以方便读者选择他们感兴趣的内容
- 根据决策者的态度来组织文案

正式程度
- 避免使用个性化的人称代词。当文案有多个读者时，"你"字就失去了特指的含义
- 如果文案同时供公司内部和外部读者使用，那么风格应较纯内部文案略正式些为宜
- 针对国外读者的文案，要采用较正式的风格

技术层面
- 在文案的主体部分，对决策者的知识水平应有所估计
- 用小标题标注背景资料和理论。这样，读者就可以根据标题和目录的含义来决定所要阅读和跳读的部分
- 如果决策者的知识水平高于其他受众，不妨提供术语表，而且在文案一开始就要让读者知道有这样一个术语表

在与多元受众的沟通中，虽然有可能采用不同的创作风格，有时甚至会包含不同的内容，但必须确保核心思想统一。与管理者相比，工程师更需要技术方面的信息。不过，他们接收到的核心思想仍然应该与管理者接收到的核心思想一致。

❖ 本章回顾 ❖

- **如何确定受众**

  主要受众可以决定是否接受你的建议或者是否按你的提议行动。次要受众可能受邀对你的提议发表意见，或者在你的提议获得批准后负责具体实施。辅助受众可能会接触到你的这些提议，但不会做出反应。看门人控制着你的文案能否被传递至主要受众。监控型受众拥有政治、社会和经济方面的权力，会依据对信息的评估来决定是否采取行动。

- **如何分析各类受众**

  受众分析的最重要工具包括常识和移情。可以用迈尔斯－布里格斯性格类型指标分析受众个体。分析受众群体时可以采用人口统计学特征分析法和心理统计学特征分析法。

- **如何选择针对受众的沟通渠道**

  沟通渠道是指信息发出者将信息传递给受众的方式。不同的沟通渠道具有不同的优缺点，具体选择取决于沟通渠道与受众的匹配性。

- **如何使文案适应受众**

  以下问题有助于你开展受众分析：受众对文案的初始反应；受众对文案信息的需求量；需要克服的障碍；需要强调的积极面；受众对文案的语言、内容及结构的期望；受众使用文案的情况。

- **如何解释有用的受众利益的特点**

  受众利益指的是受众在接受你的服务、购买你的产品、执行你的政策或听取你的意见后所得到的好处。受众利益可以是政策和意见，也可以是产品和服务。有用的受众利益应适应受众的需要，应建立在内在激励因素而非外在激励因素之上，应进行逻辑证明并做细节解释，还应从受众的角度来描述利益。外在激励因素不能保证对每个期望行为都给予回报，甚至会减弱人们对工作本身的满意度。

- **如何创造受众利益**

  为了创造受众利益，必须：确定激励受众的因素——需求、欲望和感受；确定产品或公司政策符合所确定需求的客观特色；说明这些产品或公司政策特色如何满足受众的需求。

- **如何与多元受众开展沟通**

  如果针对的是多元受众，应根据主要受众的需求来确定详略程度、公文的组织、正式程度，以及术语与理论的运用。

第 3 章

树立良好信誉

| 开篇案例 |

亚马逊的客户关系

可靠、便利和高质量的客户服务是公司打造客户关系、树立良好信誉的关键要素。凭借这些方面给消费者带来的超群品质，亚马逊公司可谓傲视群雄。在同行中，亚马逊公司享有产品和服务种类齐全、退货方便容易、送货快捷免费、定价公道合理的美誉，使得它可以摆脱那些如仓库员工的工作环境恶劣、有可能从第三方市场销售假冒产品等负面问题带来的影响。如果是同行卷入了诸如剥削工人、销售假冒产品之类的话题，很可能就会遭受重大损失。不过，对于亚马逊而言，仍然会有多达 55% 的网上购物者在亚马逊网站上搜寻商品，无论其最终是否在亚马逊购买。

除了提供两日内免费送达的服务之外，亚马逊为 Prime 会员不仅提供媒体服务，而且提供诸如杂货配送、无限免费有声读物等服务。这些服务使得亚马逊收取的 99 美元订阅费显得颇为划算。事实上，向 Prime 会员提供免费送货服务的成本超过了公司所收取的订阅费收入。不过，亚马逊 CEO 杰夫·贝佐斯（Jeff Bezos）关心的并非这个，他更关心的是基于收入增长而非利润率的商业模式。所有这些便利服务都是为了强化公司在客户心目中所打造的良好信誉，而这种信誉非常强大，不仅足以让亚马逊渡过那些其他任何公司都无法渡过的危机，而且足以让亚马逊在每年度的购物狂欢日销售火爆。

资料来源: Noah Robischon, " Why Amazon Is the World's Most Innovative Company of 2017," *Fast Company*, February 13, 2017, https://www.fastcompany.com/3067455/why-amazon-is-the-worlds-most-innovative-company-of-2017; Krystina Gustafson, " More Shoppers Are Starting Their Online Search on Amazon," *CNBC*, September 27, 2016, https://www.cnbc.com/2016/09/27/amazon-is-the-first-place-most-online-shoppers-visit.html; and Nanette Byrnes, " How Amazon Loses on Prime and Still Wins," *MIT Technology Review*, July 12, 2016, https://www.technologyreview.com/s/601889/how-amazon-loses-on-prime-and-still-wins/.

良好的信誉有助于组织应对商务管理中的种种挑战。商家早就明白这样一个道理：善待顾客一定能带来销售和利润的增长。如今，我们处在一个服务经济时代，绝大多数的工作来自服务领域，信誉自然比以往任何时候都显得重要。[1]

- 亚马逊称其使命为："竭诚为四大类客户——顾客、卖家、企业和内容创造者——提供最好的服务。"亚马逊创始人兼CEO杰夫·贝佐斯在YouTube上有一则标题为"我所知道的一切"的视频。在视频中，他谈到了三点：热爱顾客、为顾客创新、长期为顾客着想。如此，你就能更好地服务顾客。[2]
- 谢家华创建了强调客户服务的卖鞋网站美捷步，其中包括对供应商的服务。
- 范德堡大学的研究发现，美国消费者满意度指数（American Consumer Satisfaction Index, ACSI）超过全国平均值的公司组，其业绩远超过市场水平。在10年期里，该组企业的业绩增幅达212%，而同期标普500股票指数只上升了105%。[3]

良好的信誉无论是对内还是对外都很重要。越来越多的企业也认识到，善待自己的员工，无论从经济效益还是从道德上讲都是明智之举。员工快乐了，员工流失就会减少，招聘和培训成本就会降低。研究表明，优先关注员工的满意度可使单位小时的生产率增加6.6%。[4] 2015年，从事支付交易的重力支付（Gravity Payments）公司的首席执行官丹·普赖斯（Dan Prices）重磅宣布，将员工最低工资提高到7万美元，这直接提升了员工的保留率和满意度，使得公司2016年的营业收入大幅增加，利润接近翻番。[5]

换位思考、强调积极面、信任和使用无偏见语言是帮助树立良好信誉的主要方法。它们都可以帮助你达到目的，使你传递的信息更友善、更具说服力、更专业和更富人情味。这也意味着：你不能只关心钱，也要关注你的顾客、雇员和同胞的利益及需求。

3.1 换位思考

换位思考是从受众的角度来看待事物的一种沟通方式，它强调受众想了解的内容，尊重受众的聪明才智并保护受众的自尊心。通常，我们会从客户服务的角度来看待这一概念。事实上，公司越来越强调完善客户关系，其重要性甚至超过了企业的经营效率。例如，美国的沃尔格林（Walgreens）公司加强了对药剂师的培训，以便他们与慢性疾病患者有更密切的配合。为了有助于治疗，药剂师对患者的探视时间从平常的3～5分钟增加到20～45分钟。美国运通公司正在对公司呼叫中心客服进行培训，要求他们注重建立客户忠诚而不是快速处理呼叫服务。为了解决在客户服务方面一直面临的负面问题，康卡斯特（Comcast）公司也对其24 000名呼叫中心客服加强了培训。[6] 这些公司做出调整的目的不是增加盈利，而是希望通过预期客户的需求来提升客户的体验感和幸福感，进而提高客户的保留率和满意度。只有客户满意了、幸福了，他们才更有可能将公司产品或服务推荐给他们的朋友和家人，而且来自信任者的口碑推荐往往比广告或营销活动更有效果。[7]

3.1.1 与国际受众沟通中的文化差异

在与国际受众沟通时，必须熟悉社交规范方面的差异。对一些简单的行为举止，我们往往存在想当然的观念。事实上，对此类行为必须加以调研，以免在国际沟通中产生误解。在不同国家，即便是在同一国家的不同地区，人们在职场也会有不同的问候方式，如握手、鞠躬、拥抱、亲吻或它们的某种组合。[8]

除了问候方面的差异，计量系统也不尽相同。美国、利比里亚、缅甸等国仍坚持采用英制单位，而世界上其他国家和地区早已放弃英制单位，转而采用公制单位。[9]因此，如果所撰写公文的读者为国际受众，那么最好采用公制单位。

甚至对代词和方位词也必须重视。例如，"We"这个词在具有不同假设和背景的受众听来可能包容性不够，德国波恩的读者对"Here"这个词的理解可能完全不同于美国科罗拉多州博尔德的读者。

3.1.2 换位思考能力的培养

以换位思考的方式来表达你的思想，是顾及受众需求并向受众传递关心的重要措施。下面是具体应用换位思考沟通方式的五种技巧：

（1）要谈及受众而非自己。

（2）要谈及受众的具体要求或订单。

（3）除非要表示祝贺或同情，否则应少谈情感。

（4）涉及正面情形时，多用"你"而少用"我"；如果涉及受众，就要用"我们"。

（5）涉及负面情形时，避免使用"你"，以保护受众的自尊心；用被动语态或无人称表达形式来避免责备之意。

改用换位思考沟通方式不会改变句子的基本意思。然而，这样做往往会使句子变长，这是因为应用换位思考的句子所包含的信息不仅更具体，而且更多。当然，长的句子不一定就是冗长的。冗长（wordiness）是指所用的话语超过了表达意义的需要。我们可以在提供更多信息的同时保持文章的简洁。

1. 要谈及受众而非自己

受众想知道他们是如何受益的，或者会受到怎样的影响。在提供这样的信息时，一定要将信息表达得既完整又具有吸引力。

缺乏换位思考：与爱贝施汽车出租公司达成协议，租车时可享受折扣。

换位思考：　　　作为苏切兰特的雇员，从爱贝施公司租车，可享受20%的折扣。

2. 要谈及受众的具体要求或订单

在谈及顾客的订单或保单时，要具体指明而不要泛泛地称"你的订单或保单"，以示顾客对你的重要性。如果顾客为个人或小企业，那么具体指明订单内容的做法会显得更友善；如果与你打交道的是大公司，而且双方有着大量的生意往来，那么就需要列出发票或订单号码。

缺乏换位思考：　　　　你方订单……

换位思考（对个人）：　你方订购的课桌椅……

换位思考（对大公司）：贵方号码为783292的发票……

3. 除非要表示祝贺或同情，否则应少谈情感

在大多数商务场合，情感与业务无关，故应不谈。

缺乏换位思考：我们很高兴把你的信用额度增加到15 000美元。

换位思考：　　用你的美国运通信用卡，最高可透支15 000美元。

在祝贺信和慰问函中表露个人的情感是合适的。

换位思考：祝贺你荣升为地区经理。这个消息真令我高兴。

不要谈论受众的情感，尤其当撰写者的判断有误时，谈论受众的情感会疏远撰写者与受众的关系。

缺乏换位思考：你会很高兴听到无遮拦人行通道已符合职业安全卫生监察局的要求。

换位思考：　　无遮拦人行通道已符合职业安全卫生监察局的要求。

也许受众默认你销售的产品都符合政府的要求。如果受众对你的产品期望较高，那么就会对上述事实感到失望。要直接介绍产品的性能和实际情况，而不要预测受众的反应。

如有好消息要告诉受众，不妨直截了当地说出来。

缺乏换位思考：你会很高兴得知你再次获得了奖学金。

换位思考：　　祝贺你，再次获得奖学金！

4. 涉及正面情形时，多用"你"而少用"我"；如果涉及受众，就要用"我们"

要谈及的是受众而不是你或你的公司。

缺乏换位思考：我们为全部员工提供健康保险。

换位思考：作为宝洁公司的全职员工，你可以享受健康保险。

对电子邮件中使用口语化的"我"字，大多数读者是能容忍的。不过，在修改公文时，要尽可能地少用或不用这个字眼。"我"这个字眼表明你只关心你个人的问题，而不关心组织的问题、需求和机会。如果文章内容涉及读者，那么就要用"我们"；如果不涉及读者，就要避免使用"我们"。例如，在写给客户或供货商的信件，或者关于"我们"管理层希望"你"干什么的电子邮件里，就要避免用"我们"。

5. 涉及负面情形时，避免使用"你"，以保护受众的自尊心；用被动语态或无人称表达形式来避免责备之意

在报告负面信息或不足时，用受众所属群体的名词代替"你"，因为"你"字会让人觉得这是专门针对他们的。

缺乏换位思考：在发表任何以在该机构工作经历为背景的文章或回忆录前，你必须征得主任的同意。

换位思考：　　本机构的工作人员在发表以此工作经历为背景的回忆录时，必须征得主任的同意。

使用被动语态和无人称表达法来避免责备之意。被动态动词（passive verb）表述一个动作发生但不必说明施动者为谁。如果主语是动作的对象，那么动词要采用被动语态（passive voice）。被动语态的格式通常是"be+动词的过去分词"。

- 一般过去时被动语态：were obtained
- 一般现在时被动语态：is endorsed
- 一般将来时被动语态：will be fulfilled

大多数情况下，运用主动语态比较好。但当受众方面有过失时，用被动语态可以避免让受众产生受责备的感觉。

无人称表达（impersonal expression）不涉及人，只谈及事情本身。通常，涉及人的沟通才会生动；当所写内容与受众相关时，受众就会感兴趣。不过，当你不得不向受众通报失误或坏消息时，可以用无人称表达法来就事论事，不涉及具体的人，以保护受众的自尊心。

缺乏换位思考：　　　　你在预算中没有考虑到通货膨胀问题。
换位思考（被动语态）：通货膨胀的影响未被考虑在该预算中。
换位思考（无人称）：　预算中没有考虑通货膨胀问题。

强调语法的人会认为无人称表达法不符合逻辑。例如，预算是无生命的，不可能"做"什么事。然而，在实用商务写作中，无人称表达法常常可以帮助你委婉地传递批评意见。

3.1.3　超越句子层面的换位思考

优秀文案不仅在遣词造句方面，而且在确定文案内容、篇章组织及行文风格等方面都要运用换位思考的沟通方式，以树立良好信誉。

为了树立良好信誉，文案内容要：

- 完整。如果要提供大量的资料，可以考虑把一部分细节安排在附录中以便以后阅读。
- 对受众可能提出的问题进行预期并作答。
- 阐明所列出但受众未提及的问题的重要性。
- 向受众说明文案主旨对他们的影响。

为了树立良好信誉，篇章组织要：

- 先介绍受众最感兴趣的内容。
- 根据受众的需要而不是撰写者的需要来组织内容。
- 用平行式标题或列表来帮助读者快速抓住重点。

采用平行式标题或列表可以方便读者理解文案。这里的标题和列表有着相同的语法结构。例如，在题为《增强志愿者承诺和动机的措施》的报告中，所有的小标题都是以动词开头的短语：

- 增加培训机会。
- 强化监督机制。
- 提供情感帮助。
- 建立并维护双向信息沟通机制。

这里的标题和列表也可以采用名词短语：

- 更多的培训机会。
- 完善的监督机制。
- 更多的情感帮助。
- 双向的信息沟通机制。

请阅读图3-1中的电子邮件。画线处的标注表明该电子邮件中的很多句子没有运用换位思考。电子邮件中的句子经过改动后，会显得好一些。该电子邮件的确需要重写。

图3-2给出了该电子邮件的修改方案。经改动后，电子邮件变得更清晰、更易懂且更友善。值得注意的是，列表中的动词都采用一般时态，如"give""have""gave"等。

图 3-1　一封缺乏换位思考的电子邮件

3.2　强调积极面

如果要告知读者诸如解聘、次品召回、降薪等坏消息，直截了当地陈述负面内容有助于树立信誉（参见第 9 章有关如何传递坏消息的内容）。有时为了让人们严肃对待某些问题，有必要提及负面信息。在纪律处分、不良业绩评估等文案中，提及负面信息的目的之一就是明晰问题。但即便是这种情况，也要避免侮辱或攻击受众的人格或尊严。

不过，在大多数情况下还是强调积极面为好。研究人员发现，生意人对肯定性言语比对否定性言语的反应更积极，而且更有可能对措辞积极的要求采取行动。[10] 马丁・塞利格曼（Martin

Seligman）在其为大都会人寿保险公司所做的研究中发现：态度乐观的推销员能比态度悲观的推销员多卖出 37% 的保单。因此，大都会人寿保险公司只雇用性情乐观者，尽管有时他们达不到公司的一些其他要求。这些"不合格的"乐观者的推销额在第一年超出悲观者 21%，而第二年则超出 57%。[11]

　　强调积极面是看待事物的一种方式，如：瓶子是半满的，还是半空的？你可以通过文字、信息、组织或版面设计来做到对积极面的强调。对于寻找全职工作者而言，"兼职工作"也许来得负面，但对那些处于求学状态而寻找非全职工作的大学生而言，"兼职工作"就不是负面的了。如果上班时间富有弹性，那么该"兼职工作"可能更是好事了。

图 3-2　一封修改后体现换位思考的电子邮件

3.2.1　如何强调积极面

可以采用下面五种方法来强调积极面：

（1）避免使用负面词或带有负面含义的词。

（2）要注意那些隐秘的负面含义类词。

（3）要强调受众能做的，不要强调局限性。

（4）通过陈述理由或者结合受众利益来说明负面信息的合理性。

（5）将负面信息置于文案的中间并做简洁明了的阐述。

要选择那些能使所撰写的句子清晰、精确的方法。

1. 避免使用负面词或带有负面含义的词

表 3-1 列出了一些常见的负面含义类词。尽量用肯定含义类词替代初稿中的负面含义类词。当非用负面含义类词不可时，也要尽量使用那些负面意味最弱的词。

表 3-1　应避免的负面含义类词

害怕的（afraid）	不可能的（impossible）	狡猾的（dishonest）
焦急的（anxious）	缺乏（lacking）	不满意的（dissatisfied）
回避（avoid）	损失（loss）	不合适的（inadequate）
有害的（bad）	疏忽（neglect）	不完整的（incomplete）
粗心的（careless）	永不（never）	不方便的（inconvenient）
伤害（damage）	不（no）	不忠实的（insincere）
延误（delay）	不是（not）	受伤（injury）
失职的（delinquent）	反对（objection）	不幸（misfortune）
否认（deny）	问题（problem）	缺少（missing）
困难（difficulty）	否定（reject）	错误（mistake）
消除（eliminate）	抱歉的（sorry）	不清楚的（unclear）
差错（error）	可怕的（terrible）	不公的（unfair）
除外（except）	琐碎的（trivial）	不幸的（unfortunate）
失败（fail）	麻烦（trouble）	不幸地（unfortunately）
错误（fault）	等候（wait）	不高兴的（unpleasant）
畏惧（fear）	弱点（weakness）	不讲理的（unreasonable）
犹豫（hesitate）	担心（worry）	不可靠的（unreliable）
无知的（ignorant）	错误的（wrong）	无把握的（unsure）
忽视（ignore）	反对（disapprove）	

负面：　　　我们完成盘货的计划失败了。

较好的表达：我们没能完成盘货。

更好的表达：周五我们会完成盘货。

负面：　　　如果你不明白这个解释，请随时给我打电话。

较好的表达：如仍有问题，请给我来电。

更好的表达：省略该句。

如果句子中有两个负面含义类词，不妨用一个肯定含义类词来代替。

负面：　　　千万不要忘了给磁盘备份。
更好的表达：记住给磁盘备份。

如果必须使用负面含义类词，那就要用恰当的、否定意味最弱的词。

负面：　　　你该还拖欠的 835 美元了。
更好的表达：你的 835 美元余额已超过期限。

减少使用负面含义类词可以增加文章的易读性。相反，带有三四个负面含义类词的句子往往让人很难理解。[12]

2. 要注意那些隐秘的负面含义类词

有些词本身并不是负面含义类词，但会在上下文中具有负面意味。例如，"但是"和"然而"表示转折，如果接在肯定含义类句子之后就表示否定之意；"我希望"和"我相信"这两种说法表明你并没有把握；"耐心"听起来是个优点，但只有在处理慢节奏的事情时，耐心才是优点；在赞扬某种产品和服务时，如果暗示过去的产品和服务很差，那么这种赞扬就会适得其反。

负面：　　　我希望这就是你想要的资料。（意味着你没有把握。）
较好的表达：随信附上 2019 年的道路修缮手册。
更好的表达：手册包含了所有计划在 2019 年间要修缮的道路和桥梁、开工的具体时间和改行路线。
负面：　　　在切换到自动系统时，敬请保持耐心。（意味着你预计会有故障发生。）
较好的表达：在切换到自动系统时，若有问题请致电梅丽莎·摩根。
更好的表达：自动系统投入使用后，你就能及时了解到所有上市房屋的资料。在切换到自动系统时，若有任何问题，欢迎致电梅丽莎·摩根。
负面：　　　现在的妙脆角味道好多了。（意味着从前的味道很差。）
较好的表达：现在的妙脆角味道更好了。

去掉负面含义类词时，不能显得傲慢或盛气凌人。

负面：　　　我希望你对此满意并继续订货。
傲慢：　　　我盼望能承揽你今后所有的业务。
更好的表达：若需要电脑芯片，请致电墨丘利。

删去负面含义类词时，要保证原文的准确性。完全对应的词通常可能不准确，要通过具体描述来达到既肯定又准确的目的。

负面：　　健身自行车没有终身保修。

不真实：健身自行车终身保修。

真实：　　健身自行车保修 10 年。

对于大多数读者而言，法律用语也可能有负面含义。因此，要尽量避免使用法律用语。

3. 要强调受众能做的，不要强调局限性

如果存在限制或有些选择不可行，就强调那些可行的选择。

负面：　　　　我们不允许你用 Visa 卡透支 5 000 美元以上的款项。

更好的表达：你可以用新 Visa 卡透支 5 000 美元。

或者：　　　　新 Visa 卡可以让你在全美数千家商店享有 5 000 美元的信用额度。

在强调即将发生的事情时，要注意运用换位思考的方式。在上面的例子中，如果说成"我们允许你有 5 000 美元的信用额度"，虽然是肯定的，但是缺乏换位思考。

当提及受众利益和为了获得利益而必须达到的要求时，如果把受众利益放在句子的开头，那么通常句子会显得更积极。

负面：　　　　除非你是全日制学生，否则你就没有资格享受每年 55 美元的学生会员费。

更好的表达：如果你是全日制学生，便可享受每年 55 美元的学生会员费。

4. 通过陈述理由或者结合受众利益来说明负面信息的合理性

理由陈述有助于受众认识到该信息的必要性；受众利益可以表明利大于弊。然而，要注意理由陈述一定要逻辑清晰，不留疏漏。

负面：　　我们不零售文件夹。

有疏漏：为了节省包装、运输和提货的费用，我们按 12 个一整包出售文件夹。

假设有顾客说："我来承担额外的运费和提货费。我要 6 个。"假设你真的只能按 12 个一整包来出售文件夹，你应该按如下方式表达。

更好的表达：为了降低包装成本，同时为了帮助顾客节约运输及提货费用，本公司只按 12 个一整包来出售文件夹。

如果要把负面因素与某个利益相联系，应该先确认这是不是受众乐于接受的利益。不要告

诉受众你做的一切都是"为了他们的利益"，因为他们对所谓自身利益的看法未必与你一致。你可能以为限制顾客的信用额度是帮了他们的忙，这样他们就不会因债台高筑而破产。不过，他们可能认为如果信用额度放宽些，他们会拥有更多的资金，就可以做更多的生意，获得更多的利润。

5. 将负面信息置于文案的中间并做简洁明了的阐述

只有当要强调负面信息时，才将负面信息放在开头或结尾。为了削弱负面信息的影响：应把负面信息放在段落中央，而不要放在段落的首句或尾句；要把负面信息放在文案的中间，而不要放在文案的首段或尾段。

如果信函或备忘录的篇幅不止一页，切记：首页的页底处也是表示强调的地方，即便该处刚好是段落的中央位置（首页处在文案的最上面，容易引起读者的注意，有时读者在不经意间也会看上几行；如果放在后面各页的顶部或底部，就不会那样醒目了）。尽量不要在第一页的底部出现负面信息。

信息所占篇幅越大越表示强调的意义。因此，如果不想强调负面信息，那就让它的篇幅尽可能短小，甚至只出现一次。尽量不要纵向列举负面信息，因为这样很占篇幅，会显得着重强调。

3.2.2　如何核实积极面

以上列出的五种方法可以用来强调积极面。当然，你应该自始至终地检查该积极面强调得是否恰当、真诚和现实。

正如你在本节开始时读到的那样，对积极面的强调不一定总是恰当的。有些坏消息很严重，如果用积极的基调来表达，就会显得要么有违伦理，要么麻木不仁。裁员、减薪、产品缺陷等都属于这类议题。

有些积极面如果强调得过分，就会显得缺乏诚意。例如，有些销售锈迹斑斑的二手汽车的推销员总是用伪善的陈词滥调。而对于大多数商界人士来说，一个常见的例子是同事咬紧牙关向你恭贺升迁。大多数人都经历过类似的事情，我们可以很轻易地看穿那份伪善的诚意。

对积极面强调得过分，也可能导致事实被掩盖。如果你们公司有两人进入销售奖的最后角逐，但只有一人能获奖，不设第二名，这就意味着失败者不能获得次等奖。如果所有销售人员都赢得了相同的奖励，表现好的人会感到不受重视。奖励过多会使平庸的雇员认为他们自己做得很好。所以，沟通一定要实事求是。

克制能使对积极面的强调更富有效果。指挥家奥托·克伦佩雷尔（Otto Klemperer）以不表扬他的管弦乐队著称。某天，他对一次特别好的排练很满意，就不假思索地说出了"好"。他手下的音乐家感到很吃惊，自发地爆出了掌声。克伦佩雷尔用指挥棒敲击乐谱架让他们保持安静，并说"还不够好"。[13]

3.3　积极心理学

作为心理学的分支，**积极心理学**（positive psychology）研究的是如何帮助人们健康成长，其目标是增进希望，即取得发展、增进福利和实现快乐。这一目标与信誉、换位思考、积极的态度有着密切的联系，而且都有助于增加幸福感。在职场，如果组织文化强调员工的参与和感受，赞美和信誉成为日常沟通的一部分，那么这种文化就会有利于员工的健康和增加幸福感。《哈佛商业评论》曾用整期版面发表过关于积极心理学的研究，来自众多领域的调查发现，员工的幸福感与企业业绩之间存在明显的正向联系。[14] 就连美国联邦储备委员会前主席本·伯南克（Ben Bernanke）都指出，幸福感是衡量经济进步的重要指标。[15]

公司为什么必须关注其员工的幸福感？原因就在于，员工幸福感的增加有助于公司创造更多的利润，以及达成盈利之外的目标。

- 密歇根大学（University of Michigan）的研究发现，相比没有幸福感的员工，具有幸福感的员工的焦虑程度要低 125%，对工作的满足感要高出 46%，对公司的忠诚度要高出 32%。此外，根据所在部门经理的反映，他们的业绩要高出 16%。这些结论在各个行业、各种类型的职业中都成立。[16]
- 伊利诺伊大学（University of Illinois）对 225 项研究的整合分析表明，相比没有幸福感的员工，具有幸福感的员工的生产效率要高出 31%，销售收入要高出 37%，创新能力要高出 3 倍。[17]
- 研究人员在对某连锁商店的研究中发现，相比其他商店，那些员工具有幸福感的商店单位平方英尺⊖零售店面所创造的收入要高出 21 美元，从而为该连锁店多创造了 3 200 万美元的利润。[18]

充满幸福感的员工不仅身体更健康，而且精力更充沛，使命感更强，对其他优秀员工具有号召力。[19]

那么，企业应该如何促进员工的幸福感呢？主要方法之一就是让员工从事富有挑战意义的各种任务，使他们在岗位上能不断学习，而且有机会围绕工作进行决策。[20] 此外，企业要会换位思考，帮助所有的员工理解其日常工作意义重大。

促进员工幸福感的另一重要方法就是加强相互支持。团队工作、导师指导等社会因素，以及休息室、锻炼场所等环境因素，都有助于加强员工之间的社交联系。事实上，社交联系并不一定需要耗费大量时间。某大型健康护理中心拥有 11 000 名员工，该中心制定了旨在加强员工与病人之间相互支持的"10/5 规则"：只要在 10 英尺范围之内，员工与病人相互之间必须进行眼神交流并微笑致意；一旦在 5 英尺范围之内，员工与病人相互之间必须口头问候。通过实施这一规则，

⊖　1 平方英尺 = 0.092 903 平方米。

不仅病人的满意度得到提高，而且医疗水平得分也显著提高。[21]

无论是在工作中，还是在个人生活中，正面经历的频次较其强度更能反映幸福感。职场的幸福感也许来源于日常的经历，如有趣的工作任务、与同事的愉快交往和来自经理的表扬，这种影响要大于诸如工资、头衔等物质利益。[22]

3.4 语气、权力和礼貌

语气（tone）隐含着沟通者对受众的态度。如果文案措辞带有优越感或者显得粗鲁，那么语气可能有问题。礼貌规范随文化和时代不同而变化，也可能随着办公环境变化而变化。

语气很微妙，它受语境和权力的影响。某个群体能接受的语言，换作另一群体可能就无法忍受。上级对下级显得友善的话语，如果用于下级对上级，就会显得盛气凌人。类似地，同事之间沟通时可能是中性的话语，若用在上级对下级之间的沟通中则显得比较负面。

对企业来说，同雇员沟通时使用适当的语气会产生巨大的经济影响。相比以往，不满意的雇员现在会更多地选择起诉。有关工资或工作时间的纠纷经常被提起集体诉讼，结果是代价更为高昂。[23]

适合商务文案写作的语气应该专业但不生硬，友善但不虚伪，自信但不傲慢，礼貌但不卑微。下列指导方针有助于你把握文案写作的语气。

3.4.1 用礼貌头衔称呼不熟识人士

在大多数的美国组织中，不论对方的年龄和地位如何，人们都喜欢直呼其名。可有些人不愿意让不熟识的人或年龄比自己小的人称呼他们的名字。在与组织外的人士交谈或通信时，只有在你们之间已建立了良好的私人关系的情况下，才能直呼对方的名字。如果不太了解对方，还是用礼貌称呼和头衔为宜。

3.4.2 注意所用措辞的权力含义

"谢谢你的合作"通常是上级对下级的一种有雅量的话语。但反过来，下级对上级这样说就并不合适。不同的行为要求方式传递着不同程度的礼貌语气。[24]

命令：（最不礼貌）   周一把你的考勤卡交上来。
礼貌的命令：（比较礼貌）请将你的考勤卡于周一交上来。
间接要求：（很礼貌）   考勤卡周一该交了。
提问：（最礼貌）   周一能把你的考勤卡交上来吗？

很礼貌的请求可能会表达不清。有时，提问听起来像是索取资料的请求，对方可以回答"不可以"；有时，提问根本就是命令，只不过是通过礼貌的形式来表达。

当你要求对方所做的事会给其添麻烦，或者会给你带来比他多的利益时，你需要运用颇有礼貌的语气。一般来说，如果你要求对方做的事微不足道、较为普通或出于为对方的利益考虑，那就不必太讲究礼貌。不过，对于有些话语群体，即便是小小的要求，你也应运用很礼貌的语气。

3.5 信任

商业世界缺乏信任是由金融危机、互联网欺诈、劣质商品和服务等因素共同导致的。信任是信誉的重要构成要素，无论是对公司还是对个人都不可缺少。《信任的决定：领导者如何创建高信任度公司》(*The Decision to Trust: How Leaders Can Create High Trust Companies*)一书的作者罗伯特·赫利（Robert Hurley）指出："信任来自每天兑现自己的承诺，对管理者、员工和公司莫不如此。信任涉及持续不断的团队任务、沟通和协作。"[25]

信任主要依赖于诚实守信和符合伦理。不过，只有这些并不充分。正如罗伯特·赫利指出的，信任也有赖于兑现承诺。从你开始从事新工作，到之后在公司的职位不断提升，兑现承诺总是很重要的。你所做的是否符合他人对你的期望？你说了会做什么？你许诺的是否多于你可能兑现的？兑现承诺对公司同样重要。例如，公司能否时刻做到其产品和服务的质量符合客户的期望？

信任也有赖于本章所介绍的旨在树立良好信誉的沟通能力，尤其是换位思考的能力。你是否善于体察或顾及他人的利益？是否会以公正和符合伦理的方式来提供或宣传这些利益？

清晰、公开而及时的沟通往往有助于建立并维持信任关系。

3.6 运用技术工具来树立良好信誉

为了建立并维持在顾客、客户和员工中的良好信誉，绝大多数公司都会应用基于技术的沟通手段。事实上，公司早就在沟通中应用一些技术手段了，如针对员工的内部用电子通信方式、便于客户提问的电子邮件地址等。

如今，绝大多数企业拥有自己的网站和 Facebook 主页，用于展示公司的新产品和服务，介绍其产品和服务的用途，以及方便客户交流。玩具企业还会介绍如何创新应用其产品。新闻领域的组织会通过博客来发表评论。许多公司通过 Facebook 来开展与客户的交流，借助 Twitter 来快速处理顾客的投诉，甚至通过 YouTube 短视频来发布产品说明，介绍产品或服务的幽默内容。2013年，就连美国证券交易委员会也开始同意公司在 Twitter 和 Facebook 上发布公司新闻，前提是公司必须告知其投资者会采用哪种信息发布渠道。[26]

许多公司都通过创新运用技术手段来提升公司的信誉。

- 宝洁旗下的魅力（Charmin）品牌推出了 SitOrSquat 应用软件，可以帮助用户寻找附近的公共厕所，而且用户可以对厕所进行清洁度评级。此外，该品牌还在 Twitter 上创建了一个叫 tweetfromtheseat 的话题标签。[27]

- 作为极限运动的赞助商，功能饮料业的红牛公司通过 YouTube 转播了极限运动员菲利克斯·鲍姆加特纳（Felix Baumgartner）打破声障纪录的高空俯冲跳伞活动。[28]

- 人们也可以在社交媒体找到传统的愚人节玩笑了。这些玩笑包括：发布在 Facebook 上的宜家家居自组装割草机；发布在维珍大西洋航空（Virgin Atlantic Airways）公司创始人理查德·布兰森（Richard Branson）博客上的"舱底透明飞机创造飞行新体验"；Twitter 关于用户不缴费就不可使用元音字母的广告。[29]

正如某广告咨询师所说："只要能给他人带来笑声，那么就能为你的品牌建立起良好信誉。"[30]

3.7　减少商务沟通中的偏见

根据美国人口统计局的资料，美国的人口构成结构一直处于变化中。

- 女性人口超过了男性人口。
- 取得大学肄业、学士学位和硕士学位的女性人口多于男性人口。
- 超过 16 岁的人中，女性从事管理岗、专业人员及相关职位的比例（41.7%）要高于男性（35.11%）。
- 美国的拉美裔人口数量增长最快，2010 年人口普查中的拉美裔人口达到 5 050 万。加利福尼亚、夏威夷、新墨西哥、得克萨斯和哥伦比亚特区的人口中的少数族裔人口已占大多数，占比超过了 50%。
- 根据预测，2040 年之后不久，非拉美裔白人将成为美国的少数民族。
- 65 岁及以上人口也在快速增长，目前已经超过 4 100 万，而且其中 650 万仍在工作。[31]

此外，这些数据意味着雇员构成的日益多元化，因此沟通时也必须采用合适的语言。

无偏见语言（bias-free language）是指言语中不以性别、身体特征、种族、年龄、宗教等为依据来对受众表示歧视。无偏见语言对所有读者应一视同仁，应有助于维护组织的良好信誉，公平、友好、守法。

仔细检查以确保你的语言不带偏见。这样做不仅符合伦理，而且可以避免产生大问题和诉讼。

- 德意志银行（Deutsche Bank）总裁约瑟夫·阿克曼（Josef Ackermann）因在记者招待会上支持清一色男性董事遭到国际媒体讥笑。鉴于该银行当时正在游说政府取消限制措施，结果招致媒体对银行的不信任。[32]

- 在与一位非洲裔美籍访问者交谈时，稳健型咨询专家 Laura Schlessinger 博士多次用到有种族歧视的言语，结果引起众多非议，最后只好狼狈地从综合广播节目离职。
- 著名广播节目明星唐·伊穆斯（Don Imus）对罗格斯大学的女子篮球队发表歧视性评论，结果很快就被 CBS 解雇。

3.7.1　力避性别歧视语言

非性别歧视语言（nonsexist language）要求对两性一视同仁。因此，要认真检查并确保在以下四个方面避免出现性别歧视语言：工作头衔、礼貌称谓、代名词及其他遣字用词。

1. 工作头衔

要使用中性的工作头衔，即看不出工作人员是男性还是女性的头衔（见表 3-2）。如今很多工作头衔已经中性化，如会计、银行家、医生、工程师、检察官、经理、护士、飞行员、秘书、技师等。有些工作头衔可能暗示性别差异，因此要做调换。

表 3-2　工作头衔一览表

不用	可用
商人（businessman）	具体头衔，如经理（executive）、会计（accountant）、部门主任（department head）、小企业主（owner of small business）、商界人士（men and women in business）、商人（businessperson）
主席（chairman）	主席（chair, chairperson or moderator）
消防队员（fireman）	消防人员（firefighter）
工头（foreman）	工头（supervisor）
邮差（mailman）	邮差（mail carrier）
销售员（salesman）	销售员（salesperson, sales representative）
女招待（waitress）	服务员（server）
女律师（woman lawyer）	律师（lawyer）
工人（workman）	员工（worker）、雇员（employee）或具体头衔，如起重机驾驶员（crane operator）、泥瓦工（bricklayer）等

2. 礼貌称谓

给认识的人发送的电子邮件中，人们通常使用不带礼貌称谓的姓名。不过，除非你已与读者达成共识可以直呼其名，否则信函和电子邮件中要用礼貌的称谓，这样显得关系更正式。（参见附录 A 中有关电子邮件和信函格式的范例。）

如果知道读者的姓名和性别，要用不表明婚姻状况的礼貌称谓：男性称先生（Mr.），女性称女士（Ms.）。当不清楚女性的婚姻情况时，女士（Ms.）这个称谓尤其有用。当然，即使你恰巧知道女性的婚姻情况，不管是已婚还是单身，仍然可以用女士（Ms.）这个称谓，除非你知道对方更喜欢哪种称谓。但是，有两种例外情况。

（1）如果该女士有专业头衔，那么就用称呼男性的对应头衔来称呼该女士。

克里斯丁·索伦森医生是我们单位新来的医生。

伊丽莎白·汤斯利修女做了祷告。

（2）如果该女士乐意被称为太太或小姐，就用她喜欢的头衔，不要称她为女士。（换位思考原则优先于非性别歧视语言原则：优先选择读者偏爱的称呼。）可以通过以下方式了解该女士是否喜欢传统的称谓：

- 参考以往通信中的签名部分。如果她把自己的姓名写为伊莱恩·爱迪生小姐或凯·罗伊斯特太太，你同样照搬就是了。
- 注意女士打电话时自我介绍的称呼。如果她说：这是罗宾·斯泰恩，你写信时就用女士称呼她。如果她说：这是斯泰恩太太，你就称她为太太。
- 写求职信或重要信函时，最好致电给那家公司，询问接待员采用哪种称谓比较合适。

除了运用相对称的头衔外，姓名的格式也需要对称（见表3-3）。

表3-3　对称姓名格式

不对称	对称
委员会成员有琼斯先生（Mr. Jones）、亚科恩先生（Mr. Yacone）和利萨（Lisa）	委员会成员有琼斯先生（Mr. Jones）、亚科恩先生（Mr. Yacone）和梅尔顿先生（Mr. Melton），或委员会成员有欧文（Irving）、特德（Ted）和利萨（Lisa）

如果知道读者的姓名但不知道性别，可以：

- 致电给那家公司，询问接待员。
- 在称谓中用读者的全名：

  亲爱的克里斯·库洛威尔

  亲爱的 J. C. 米斯

在对对方的姓名和性别均一无所知的情况下，你有三种选择。

- 省略开头的称谓，换用主题句（参见附录中的 AMS 简化格式）。

  主题：关于本·万德尔的推荐信

- 使用读者的职位或工作头衔：

  尊敬的贷款部主任

  尊敬的注册官

- 使用读者所属的群体：

  尊敬的投资者

  尊敬的招生委员会

3. 代名词

当指代具体某个人时，要用与其性别相吻合的人称代词：

在他的演讲中，约翰·琼斯说……
在她的演讲中，朱迪·琼斯说……

当不是特指某个人而是指所有可能处于某个岗位的人时，传统的人称代词一般含有性别歧视色彩。

带有性别歧视：①每位主管必须证实他所在部门提交的时间表准确无误。（Each supervisor must certify that the time sheet for his department is correct.）

带有性别歧视：②护士填写事故报告表后，她应该送一份给中央分区办公室备案。（When the nurse fills out the accident report form, she should send one copy to the Central Division Office.）

商务沟通中可以用四种方法来消除带有性别歧视色彩的普通代词：用复数；用第二人称"你"；修改句子以省略代词；用成对的代词。如果有两种和多种组词造句的方法，应该选用最稳妥且性别歧视色彩最不明显的方法。

以下是用这些方法修改上述例句①和②的范例。

（1）方法一：用复数名词和代词。

无性别歧视：①各位主管必须证实他们所在部门提交的时间表准确无误。（Supervisors must certify that the time sheets for their departments are correct.）

注意：在用复数形式的名词和代词时，句子中的其他词也应该随之变为复数。上例中，主管变复数后，时间表和部门全变复数了。

应避免混淆单数名词和复数代词。

无性别歧视但前后不一致：②护士填写事故报告表后，他们应该送一份给中央分区办公室备案。（When the nurse fills out the accident report form, they should send one copy to the Central Division Office.）

由于"护士"是单数，用"他们"来指代就不正确。这种前后不一致，口语中有时无所谓，但在书面语中是不允许的。可以运用其他修改方法来使句子不带有性别歧视。

（2）方法二：用第二人称"你"。

无性别歧视：①你必须证实你所在部门提交的时间表准确无误。（You must certify that the

time sheet for your department is correct.）

无性别歧视：②你填完事故报告表后，送一份给中央分区办公室备案。（When you fill out an accident report form, send one copy to the Central Division Office.）

用"你"在命令或指明对方的职责时是特别恰当的。

（3）方法三：用冠词（a、an 或 the）代替代词或修改句子，从而避免使用代词。

无性别歧视：①主管必须证实所在部门提交的时间表准确无误。（The supervisor must certify that the time sheet for the department is correct.）

无性别歧视：②护士应：填写事故报告表/将该表送一份给中央分区办公室备案。（The nurse will: Fill out the accident report form. Send one copy to the Central Division Office.）

（4）方法四：当必须强调个人行为时，使用成对的代词。

无性别歧视：①主管必须证实他或她交上来的时间表准确无误。（The supervisor must certify that the time sheet for his or her department is correct.）

无性别歧视：②护士填写事故报告表后，他或她应送一份给中央分区办公室备案。（When the nurse fills out the accident report form, he or she should send one copy to the Central Division Office.）

4. 其他遣字用词

如表 3-4 所示，如果你的文案中出现第一栏中的词，要用第二栏中的词代替它们。

不是所有带"man"的字眼都有性别歧视之意。例如，"manager"一词就没有性别歧视倾向。该词源自拉丁语"manus"，意思是手，与男性之意毫无关联。

别想当然地以为大家都结了婚或是异性恋者。

带有歧视性：热诚地欢迎你们夫妻来共进晚餐。（You and your husband or wife are cordially invited to the dinner.）

更好的表达：欢迎你和你的客人来共进晚餐。（You and your guest are cordially invited to the dinner.）

表 3-4　应避免使用带有性别歧视的词语

不用	可用	原因
接待员（the girl at the front desk）	该女士的姓名或工作头衔：布朗宁（Browning）小姐；罗莎（Rosa）接待员	称呼女同事要和称呼男同事一样。谈到具体的某位女士时要像谈到某位男同事时那样称呼她的名字

（续）

不用	可用	原因
同事中的女士们 （the ladies on our staff）	我们的女同事 （the women on our staff）	指男女时用词要对称。只有在指男性时用了先生，才用女士来对应女性。商界很少注重这些，因为男女的社会差别很少引起人们的关注
劳力（manpower） 劳动时间（manhours） 人员配备（manning）	员工（personnel） 工作时间（hours/ work hours） 人员配置（staffing）	现代组织既有男性参与，也有女性参与
经理和他们的妻子 （managers and their wives）	管理者及其客人 （managers and their guests）	管理者可能是女性；不是所有的管理者都结了婚

3.7.2　力避种族歧视语言和年龄歧视语言

非种族歧视语言（nonracist）和非年龄歧视语言（nonageist）是指对所有种族和各年龄读者公平相待的语言，这种语言不对任何群体抱有负面的刻板印象。可借助以下指导方针来检查你所撰写和编辑的文案中是否存在这类歧视。

1. 只有在必要时才提及种族和年龄

不得不提及这些属性时，有关的人都要提到，不能只针对非白色人种、非中青年人士。

2. 指代群体时应采用该群体所偏好的表达方式

50 多年前，对非洲裔美国人而言，"Negro"（黑奴）是一个比"colored"（有色人种）更具尊敬意味的词。随着时代的变化，"Black"和"African American"代替了"Negro"。盖洛普的调查表明，约 60% 的人对这两种表达方法不存在偏好差异。不过，就存在偏好差异的人而言，似乎都倾向于采用"African American"。[33]

"Oriental"（东方人）现在已经被"Asian"所代替。

"Latino"（拉丁美洲人）已经广泛用于称呼墨西哥裔美国人、古巴裔美国人、波多黎各人、多米尼加人、巴西人，以及任何其他有着中美洲及拉丁美洲背景的人（"Latino"指男性，而"Latina"指妇女）。[34] 如果有其他的词能更加准确地形容以上群体，当然更好。正如其他欧洲群体的后裔之间的差异很大一样，如意大利裔美国人、爱尔兰裔美国人和亚美尼亚裔美国人等，"Latinx"所涵盖的各群体之间的差异也很大。

"baby boomers"（婴儿潮一代）、"old people"（年长者）和"mature customers"（成熟消费者）的提法比"senior citizens"（年长的公民）或"golden ages"（黄金年龄者）更容易被接受。

3. 避免称有能力者为与众不同者的表达

"她是位聪明的黑人妇女"暗示大多数黑人妇女很愚蠢。"他对他那一族人来说是个无价之宝"

好像在说那个种族的人中聪明人很少。"那位 70 岁的老人行动仍然自如"说明作者对这么大年纪的人还能充满活力感到震惊。

3.7.3   关于残疾人的话题

残疾是指身体上、精神上、感官上或情感上受损伤,并影响到完成日常生活中主要事务的人士。根据美国人口统计局的统计,19% 的美国人有某种形式的残疾。在这些残疾人中,大约有71% 为年龄在 21~64 岁的上班族。[35] 随着人口的不断老龄化,该数字还会增加。

为了留住受过培训的工人,越来越多的公司开始考虑残疾人的需要,提供各种便利,如远程工作、弹性工作时间、换班、换岗等。

谈及残疾人时,要采用以人为本的语言,强调人而非身体状况。以人为本的语言(people-first language)就应先提及有关人,不要采用那些隐含身体状况的语言。例如,可以说"接受癌症治疗者",不说"癌症病人"。2010 年,美国总统奥巴马签署了《Rosa 法案》,该法案的绝大多数条文将"智障者"改称为"智力延迟者"。[36] 表 3-5 给出了这方面更多的例子。

表 3-5   使用以人为本的语言

不用	可用	原因
被禁锢在轮椅上	坐轮椅	轮椅让他们免受禁锢之苦
艾滋病受害者	艾滋病患者	有些病不是受害而得的
不正常的	非典型的	残障人士都属非典型之类,但不一定就不正常

除非受众喜欢,否则不要用负面表述。换位思考的沟通方式应该优先于强调积极面的沟通方式。因此,表述应该依据群体的偏好。那些在婴幼儿、少年和青年时期丧失听力的人通常愿意被称为聋人,或被当作聋哑文化群体的成员,但是那些因年老而逐步丧失听力的人则更愿意被称为听力障碍者,尽管有时他们的听力丧失程度与那些自认为属于聋哑文化群体的聋人已经相差无几。

正确表述方式的运用必须紧随受众偏好的变化。如果目标受众只是某个群体中的一部分,那么无论大群体对称谓有何习惯,首先应该考虑采用为这小部分人所偏好的表达方式。

不过,有些负面表述已不再合适。例如,用害病、受煎熬和击倒等词语来表示患病,多少带有生病是受上天惩罚的陈腐观念。

3.7.4   选用不带偏见的照片与图表

当公文中包含照片与图表时,应注意这些视觉材料是否带有歧视色彩。图片中是不是两性都有?种族是否齐全?是否有不同类型的群体代表点缀其间(年轻和年老的、坐轮椅的等)?对于单人照片,当然可以仅含一个性别或一个种族的人。另外,照片也没必要非得正好一半是男性、一半是女性。不过，总体上要给人这样的印象：欢迎多样性，没有歧视性。

注意照片中的人物关系和人数比例。如果图片中的男性全部西装革履，女性都穿着女招待制服，那么虽然男女人数可能正好相等，但该图片仍然具有性别歧视。如果图片中各种族代表人数相等，但只有黑人和拉丁美洲人是劳工身份，那么这张图片还是带有种族歧视色彩。2013 年《体育画报》（*Sports Illustrated*）的泳衣话题就是因把土著人当"道具"和"苦力"而引起了巨大争议的。[37]

❖ 本章回顾 ❖

* 如何培养换位思考能力

换位思考是从受众的角度来看待事物的一种沟通方式，它强调受众想了解的内容，尊重受众的聪明才智，并保护受众的自尊心。应用换位思考的方法包括：

（1）要谈及受众而非自己。

（2）要谈及受众的具体要求或订单。

（3）除非要表示祝贺或同情，否则应少谈情感。

（4）涉及正面情形时，多用"你"而少用"我"；如果涉及受众，就要用"我们"。

（5）涉及负面情形时，避免使用"你"，以保护受众的自尊心；用被动语态或无人称表达形式来避免责备之意。

不仅在遣词造句方面，而且在确定文案内容、篇章组织及行文风格等方面都要运用换位思考的沟通方式，以树立良好信誉。

* 如何强调积极面

强调积极面就是关注事态的积极方面而非消极方面。可通过以下方法来强调积极面：

（1）避免使用负面词或带有负面含义的词。

（2）要注意那些隐秘的负面含义类词。

（3）要强调受众能做的，不要强调局限性。

（4）通过陈述理由或者结合受众利益来说明负面信息的合理性。

（5）将负面信息置于文案的中间并做简洁明了的阐述。

检查并确定你对积极面的强调是否恰当、真诚和现实。有关积极心理学的研究表明，积极健康的公司氛围不仅能提升员工的幸福感，而且可以促进公司业绩的提高。

许多公司通过应用 Twitter、Facebook、YouTube 等社交媒体来强化积极面的宣传和良好声誉的打造。

* 如何改善商务沟通中的语气

适合商务文案写作的语气应该专业但不生硬，友善但不虚伪，自信但不傲慢，礼貌但不卑微。

* 如何减少商务沟通中的偏见

无偏见语言应讲究公平、友好、守法，要对所有读者一视同仁，并要有助于维护组织的良好信誉。

（1）仔细检查以确保你的语言无性别歧视、无种族歧视、无年龄歧视。

（2）沟通时，要确保在以下四个方面避免出现性别歧视语言：工作头衔、礼貌称谓、代名词及其他遣字用词。

（3）"Ms."（女士）是对女性的非性别歧视性称谓。无论你是否了解对方的婚姻状况，除非那位女士还有另一个专业头衔或你知道她更喜欢使用传统的称谓，一般仍然用"女士"来称谓对方。

（4）可以用四种方法来消除句子所带有的性别歧视色彩：用复数；用第二人称"你"；修改句子以省略代词；用成对的代词。

（5）与残疾或身患疾病的人士谈话时，要采用他们偏好的称呼。

（6）如果所撰写的时事通讯或其他文案中附有照片或插图，应按总体抽样方式来进行选择，而不要只选其中的一部分。

Business and Administrative
Communication

———

第 2 篇

沟通过程

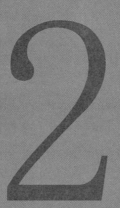

第 4 章

构思、写作与修改

| 开篇案例 |

美国广播公司新闻网用词不当招致损失

2012 年 9 月，牛肉制品公司（Beef Products Inc.）起诉美国广播公司新闻网（ABC News），对新闻网在其节目中采用的"粉红肉渣"（Pink Slime）一词索赔 12 亿美元。

30 多年来，牛肉制品公司一直用经过氨处理的牛肉碎来生产"肉质精细的瘦牛肉"。这种瘦牛肉可以用作某些牛肉末的填料。虽然美国农业部已经做出了澄清，但其安全性从 2011 年以来一直遭到一些新闻媒体的质疑。

美国广播公司新闻网在报道中把牛肉制品公司的产品描述成"粉红肉渣"，用了美国农业部的微生物学家在 2002 年首创的这个术语。结果，"粉红肉渣"很快成了流行语，在社交媒体迅猛传播开来。

"粉红肉渣"给牛肉制品公司带来的影响可谓立竿见影。餐馆连锁店、日杂品店和学校的食堂不再采购与出售含有"粉红肉渣"的产品。在短短 28 天内，牛肉制品公司失去了 80% 的业务，公司只得关闭 3 家工厂，700 多名雇员失业。截至

2017 年，公司仅有一家工厂还在运行。

牛肉制品公司的律师将公司遭遇的损失归咎于美国广播公司新闻网，"用'肉渣'这个词语来描述食品绝对是最为贬损的做法。美国广播公司的持续报道会对消费大众产生巨大影响"。美国广播公司的律师反对这一指责，称对于这一词语的使用，虽然法院认为存在"某种程度的不严谨、虚构和夸张"，但基于《第一修正案》应获得保护。

2017 年 6 月，美国广播公司就该诉讼与牛肉制品公司达成了和解。虽然和解的条款没有公开，但美国广播公司的母公司沃尔特迪士尼（Walt Disney Co.）在其 2017 年度的财务报告中指出，公司耗资 1.77 亿美元才达成和解。牛肉制品公司的一位律师指出，和解耗费应当超过上述金额，毕竟沃尔特迪士尼的保费冲抵了一部分和解费。

这里，"粉红肉渣"这个简短的词可谓威力巨大，几乎毁了牛肉制品公司的全部生意，当然也让美国广播公司付出了不菲的代

价。因此，就公文而言，写作者必须时刻谨慎选择措辞，仔细分析传递给受众的形象。

资料来源：Bill Tomson, "ABC Sued for 'Pink Slime' Defamation," *Wall Street Journal*, September 14, 2012, B3; Daniel P. Finney, "'Pink Slime': Two Small Words Trigger Big Lawsuit," *Des Moines Register*, September 14, 2012, 1A; Jonathan Stempel, "ABC News Sued for Defamation over 'Pink Slime' Reports," *Reuters*, September 13, 2012, http://www.reuters.com/article/2012/09/13/us-usa-beef-pinkslime-lawsuit-idUSBRE88C0R720120913; Martha Graybow, "ABC News Seeks Dismissal of Beef Products' Defamation Lawsuit," *Reuters*, October 31, 2012, http://www.reuters.com/article/2012/11/01/us-usa-beef-pinkslime-abclawsuit-idUSBRE8A002F20121101; Timothy Mclaughlin and P. J. Huffstutter, "Meat Packer Blames ABC's 'Pink Slime' for Nearly Killing Company," *Reuters*, June 5, 2017, https://www.reuters.com/article/us-abc-pinkslime/meat-packer-blames-abcs-pink-slime-for-nearly-killing-company-idUSKBN18W0KJ; and Christine Hauser, "ABC's 'Pink Slime' Report Tied to $177 Million in Settlement Costs," *New York Times*, August 10, 2017, https://www.nytimes.com/2017/08/10/business/pink-slime-disney-abc.html?mcubz=1.

精湛的演出看上去总是轻松自如。事实上，每位舞蹈家、音乐家和运动员都知道，他们取得的成绩全是平日刻苦努力、长期磨炼、精益求精换来的。与其他艺术领域的精湛演出一样，写作技巧同样依靠大量的基本功。

4.1 优秀撰写者的写作方法

没有什么万人通用、亘古不变的写作过程。不过，优秀撰写者与低水平写手所经历的写作过程似乎不同。[1]优秀撰写者多半会：

- 意识到初稿总要经过修改完善。
- 勤写多练。
- 将写作任务合理分解。
- 确立清晰的、以意图和受众为中心的目标。
- 掌握各种写作技巧。
- 灵活运用写作指南。
- 待草稿完成后再进行编辑。

研究表明，优秀撰写者与低水平写手在写作方面的区别在于，优秀撰写者能更有效地把握和分析原始问题，能更全面、更有深度地理解写作任务，掌握更多的写作策略和技巧，也能更清晰地设计篇章结构。此外，优秀撰写者更善于对个人作品进行自我评价。

认真思考写作过程并自觉运用优秀撰写者的写作技巧，你的写作水平就能得到提升。

伦理与写作过程

构思文案时：

- 要明确文案的全部受众。

- 如果没有灵感，可以寻求公司同事的帮助，与他们讨论你的选择方案。

撰写文案时：

- 要提供完整准确的信息。
- 要选用可信的材料，必要时要加以证明。
- 要告诉读者你所提供信息的局限性或危险性。
- 不做不切实际的承诺。

修改文案时：

- 要检查遣词造句，确保语言表达清楚，不出现带有偏见的词语。
- 要利用反馈信息来修改那些容易引起读者误会的文字、图片等。
- 核查资料来源。
- 要假定任何文案都不是保密的。电子邮件、文本文件、短信可能被随意转发和打印，且不为你所知；电子邮件和书面文档，包括它们的草稿，都可以作为法庭证据。
- 要知道你公开讲话的本意可能会被故意歪曲。公众成员常常会对来自企业的推文、博客及其他社交媒体上的帖子内容添油加醋，甚至改动原意。

4.2 写作过程的环节

写作过程包括多个环节：计划、构思、收集素材、组织、写作、评估、获取反馈信息、修改、编辑和校对。当然，这些环节的顺序未必一成不变，而且每次写作也不一定都要经过上述所有环节。

1. 构思

- 分析问题，确定写作意图并分析受众。
- 讨论并构思文案所要涉及的信息。
- 从正在答复的文案、他人、书本、网站等渠道收集所需的资料。
- 选定所要明确的观点，以及支持这些观点的例证、数据和论据。
- 确定篇章结构，写出大纲，创建列表。

2. 写作

- 写作可以在纸上或计算机屏幕上进行。写作形式可以是列表、可能的标题、不完整的笔记、意识流般的随笔、正式的草稿。
- 创建初稿。

- 写作正式稿。

3. 修改

- 根据写作意图、沟通情境和受众的需要，对初稿进行评价和测度。要像审视他人撰写的作品那样来评价自己的文稿，只有这样才能取得最佳效果。要问自己：读者能理解吗？文稿是否完整？观点是否有说服力？语气是否平易近人？
- 获取他人的反馈信息。必须提供的信息是否都已提供？信息是否过多？文章的篇章结构是否合适？修改后是否解决了之前存在的问题？是否存在明显的错误？
- 进行添加、删减、替换及重新编排等工作。修改可能是针对个别字词，也可能是大段内容的增删、替换等。

4. 编辑

- 核查草稿，确保符合标准文稿的语言要求；改正拼写错误、打印错误，以及措辞与排版方面的错误。修改环节可以对文稿内容进行改动，而编辑环节则注重文稿版面的加工。
- 校对终稿，确保不再有任何的打印错误。

关于上述写作环节，需做以下几点说明：

- 这些写作环节不一定总是按这里的次序进行。有人会先打草稿，然后在发觉有必要增加更多细节时再去收集资料。
- 这些写作环节不一定要在前一环节完成后才可进行下一环节。有的撰写者会构思一段写作一段，再计划并完成下一段落，整篇文章就是这样分段分章完成的。有些撰写者审读了已写内容后，会有新的构思，有时甚至会将原先的方案推翻重来。
- 大多数撰写者并非在所有的写作中都采用所有这些环节。在撰写针对新的主题或陌生受众的、更为复杂或更难的文章时，你可能会需要更多的环节。

对职场中的许多撰写者而言，打草稿并不是正式写作公文前的热身过程，真正的热身实际上是完成草稿之前的一系列环节，包括资料的收集整理、做笔记、与同事讨论、文档构思与策划。对大多数撰写者而言，这些环节并不包含拟提纲。传统意义上的提纲也许会麻痹撰写者，让他们对材料和布局结构产生盲目的自信，使得他们以为一旦背离了原始提纲就很难对文档内容和结构进行修改。

4.3　有效支配时间

在你可支配的时间内，为了获得最佳效果，建议将 1/3 的时间用于实际“写作”，再将至少

1/3 的时间用于分析沟通情境和受众、收集资料，以及组织你想表达的内容。将剩余 1/3 的时间用于评价你已写的内容、根据自己的意图及受众和组织的需要进行草稿的修改、编辑文稿以修正语法和打印错误、校对终稿等。

不过，要注意的是，为了实现高质量的沟通，不同的撰写者和公文所要求的时间分配比例并不相同，尤其是当由团队来完成文案撰写时。此外，地理距离也会影响时间的分配。

4.4　商务文案的构思、策划与组织

在正式开始公文写作前，应当用大量的时间进行构思和组织素材。在开始阶段，思路越成熟，用来打草稿的时间就越短。首先，运用第 1 章所提到的分析问题的方法来明确写作意图和受众；接着运用第 2 章所描述的策略来分析受众及受众利益；收集撰写公文所需的相关资料；选定所要明确的观点，以及支持这些观点的例证和数据。

克服写作障碍

以下方法有助于克服写作障碍：

（1）写作前精心准备。要收集并整理素材。要与人交谈，与你的那些受众互动。越了解公司、公司文化及其背景，那么就越容易写，而且写得也越好。

（2）经常性地进行适度的写作练习。要坚持每天写作，而且所写内容要长度适中。建议以 1 个小时到 1.5 个小时为宜。

（3）对自己要有积极态度。"我做得了。""有志者，事竟成。""不求最好，但求更好。"

（4）与他人交流自己所写的文案。重视他人给予的反馈意见。与他人交流可以增加写作手段，有助于你了解你的写作同行。

有时，沟通情境决定了公文内容。有时，要由你来决定报告中包含哪些信息，而此时你会发现自己更富有写作灵感。如果你发现很难找到思路，不妨试试下面的技巧：

- 头脑风暴。不加判断地想出一切所能想到的思路，至少争取有十几种思路。头脑风暴的效果取决于所想到的思路的多少。
- 想到什么写什么。[2] 强迫自己花 10 分钟左右的时间不停地写，哪怕只是写"我很快就会想出些好主意"之类的话语。10 分钟之后看看所写的东西，找出其中最有价值的想法。把它放到一边，再不间断地写 10 分钟。挑出其中有价值、值得保留的想法，接着再写 10 分钟。到第三遍时，你会发现已经写出了一些值得保留的内容，甚至可能是一篇待修改的完整的草稿了。
- 聚类。[3] 将所要写的主题写在一张纸的中间，然后用圆圈圈起来。再将该主题涉及的相关

论点写下来并圈起来。(这些圆圈用来代表大脑的非线性思维区域。)当你写满整页之后，找出那些重复的结构或论点。使用彩笔将这些论点进行分组，然后用这些论点来设计写作的内容。

- **与受众展开交谈。**研究表明，倾听内部和外部受众的观点有助于撰写者在构思过程中考虑读者的需要，进一步理解读者之间的社会和政治关系。这些预备工作可以有效地减少正式公文定稿前的修改次数。[4]

仔细考虑公文的内容、布局和结构也会给你启发。长篇公文写作需要列出所用的标题。对于短的公文，只需记录要点，如所包含的信息、对答复的异议，以及所设计的读者利益。对于口头报告、会议或包含很多图片的公文，设法创建一个**情节串联图板**（storyboard），用长方形表示每一页或每一个单元。对每一个主要观点，画个框，配一幅图，在框下面加上简单说明或图注。

4.5　写就优秀的商务管理文案

有了各种思路之后，下面要做的是利用这些思路来完成文案的草稿。在《关于写作：一只鸟接着一只鸟》（*Bird by Bird: Some Instructions on Writing and Life*）中，作家安妮·拉莫特（Anne Lamott）称初稿为"思路堆积"，无须考虑细节描述、内容组织等写作技巧。[5]在这个阶段，甚至无须考虑文案的完整性问题。

即便撰写初稿让人气馁，也仍然要从小处做起。也许，你可以将表格中的信息整理成文字或是写一些客户利益。不管写什么，总是有帮助的。安妮·拉莫特分享了她 10 岁的弟弟写一篇有关鸟的文章的经历。她弟弟有三个月的时间来写这篇文章，但直到截止日期的前一天，他还没有落笔：

> 他坐在餐桌旁，急得都要哭鼻子了，周围满是活页纸、铅笔，还有那些没打开的关于鸟的书。写文章这个任务令他感觉就像背负重石，压力巨大。这时，父亲在他身旁坐下，把胳膊搭在他的肩膀上，说："小子，一只鸟接着一只鸟地写，慢慢就能写出来。"[6]

安妮·拉莫特称二次草稿为"提升稿"，即对初稿进行修改。[7]事实上，正是通过这个阶段的磨炼，你的写作才会开始转向职业写作。

如表 4-1 所示，良好的商务写作风格更像谈话，而不像那些常常得高分的大学作文和学期论文那样正式。

表 4-1　不同程度的风格

特征	对话风格	良好的商务写作风格	传统的学期论文风格
正式化程度	很不正式	谈话式；好像面对面的交流	比对话要正式，但仍有人情味
缩略形式使用情况	很多缩略形式	可偶尔使用缩略形式	很少使用缩略形式
代词	使用第一和第二人称代词	使用第一和第二人称代词	尽量少用第一和第二人称代词

（续）

特征	对话风格	良好的商务写作风格	传统的学期论文风格
亲切程度	亲切	亲切	无须营造友好气氛
个性化要求	个性化；针对具体的会话语境	个性化；可以指出读者的姓名；针对受众的具体情境	非个性化；泛指读者群，不指出读者的姓名及其境况
措辞	简短词语；使用俚语	简短词语，但不用俚语	很多抽象词语；学术性、技术性强的术语
句子和段落长度	不完整的短句；不分段落	短句并分段	长句并分段
语法	不规范的语法	使用标准英语	使用更高标准的英语
视觉效果	不适用	注重文章的视觉效果	不太关注文章的视觉效果

4.5.1 商务风格

大多数人会根据受众的不同自动调整其谈话风格。同样，一名优秀的撰写者也需要根据读者的不同采用相应的写作风格。例如，写给上司的抱怨供货商延误交货的电子邮件，风格会是非正式的，甚至可以采用聊天形式；而写信给供货商要求对方提供更好服务的公文则应较为正式。

报告在时过多年后还可能会被人查阅，而且作者远远想不到谁会阅读，因此其风格较信函、备忘录和电子邮件要正式一些。报告中应避免使用缩略词、人称代词和第二人称（因为翻阅报告的人很多，即使用了"你"也没有任何意义）。第 15 章给出了更多关于报告写作风格的信息。

在确定具体公文的正式程度时，应注意以下几点：

- 对从前接触过的人，要用较亲切和非正式的文风。
- 给素未谋面者的公文，应避免使用缩略语、俚语，也要防止出现任何语法疏漏。如果对方可以接受缩写形式，那就可以在电子邮件中加以使用。
- 撰写你不乐于接手的文章时要特别注意写作风格，例如，写给你害怕的人或写信通报某个坏消息等。有研究表明，人们的写作风格在紧张的环境下会发生变化。在承受压力或感到局促不安时，人们通常更喜欢使用名词而非动词，从而起到缓冲压力的作用。[8]自信者更多地采用直截了当的方式。无论你是否真的自信，都要修改文章使之给人以自信。

4.5.2 简明语言运动

越来越多的组织正在简化它们的沟通方式。在金融界，美国证券交易委员会的《通俗英语手册：如何撰写清晰的证券交易委员会信息披露公文》（*A Plain English Handbook: How to Create Clear SEC Disclosure Documents*）一书要求公文采用短句、日常用语及主动语态，提醒人们不要使用法律性与高度专业性术语。沃伦·巴菲特为该书写了序，称其着实给了他一个惊喜，因为他常常无法看懂上市公司提交的文件。他也给出了自己的写作心得：为具体某个人而写。他说，每当起草伯克希尔－哈撒韦公司的年度报告时，他总设想是在写给他的妹妹们看。美国证券交易委员会最近在投资顾问发给客户的手册中应用了该书中的标准，而且要求对冲基金也加以应用。[9]

2010 年，美国通过了《简明写作法案》（*Plain Writing Act*），要求联邦政府部门采用简明文风，便于公众理解。官方网站 www.plainlanguage.gov 对该法案进行了说明，而且制作了详细的使用手册来帮助政府部门应用简明语言。此外，该网站还提供了政府公文写作的范例。

新闻界也报道了许多在这些方面做得不成功的例子，这也反映了简明写作的必要性。导致次贷危机的一个重要因素就在于有关的文本太过复杂，就连专家都难以搞懂。许多因签订浮动利率抵押贷款而失去房子的业主声称，他们并不清楚所签合同可能带来的后果。对此，非抵押业务领域的专家也有同感，认为其中的语言太复杂，绝大多数人根本看不懂。[10]

4.5.3　个性化风格

当然，优秀商务文案的写作风格也会因人而异。沃伦·巴菲特在伯克希尔－哈撒韦公司年度报告中的致投资者信函就因其写作风格而闻名于世。他自 1996 年起每年发布致投资者信函，这些信函的风格越来越完善，篇幅也越来越长。除了充满智慧之外，这些信函显示出语言幽默、多彩和富有创意的特点。《财富》（*Fortune*）杂志的高级编辑卡萝尔·卢米斯（Carol Loomis）自 1977年起一直担任巴菲特致投资者信函的编辑。据她说，对于巴菲特的致投资者信函，她几乎不用进行修改。[11] 图 4-1 为沃伦·巴菲特在伯克希尔－哈撒韦公司 2012 年度报告中致投资者信函的节选。这里，沃伦·巴菲特坦率直接的风格显示出诚信与开放的统一。在该信函后面的段落中，沃伦·巴菲特则加入了他那众所周知的多彩文风：

- "我们已经准备充分，披上了全套狩猎装备，继续搜寻我们的猎物。"
- "伯克希尔－哈撒韦公司年终的员工总数达到 288 462 名，较去年增加了 17 604 名。不过，我们总部的人数一直保持为 24 人。不必抓狂。"
- "伯克希尔－哈撒韦公司在全部四家公司的所有者权益未来可能增加。影星梅·韦斯特（Mae West）说得对：'好事过头了也是美妙的。'"
- "如果你是 CEO，手头有可盈利的大项目，但因存在短期担忧而搁置，请联系伯克希尔－哈撒韦。我们乐于为你分忧。"
- "在迪士尼电影里，美梦会成真。在生意场上，美梦就是毒丸。"[12]

BERKSHIRE HATHAWAY INC.

To the Shareholders of Berkshire Hathaway Inc.:

在开头部分简
要回顾了公司
上年度的财务
状况

In 2012, Berkshire achieved a total gain for its shareholders of \$24.1 billion. We used \$1.3 billion of that to repurchase our stock, which left us with an increase in net worth of \$22.8 billion for the year. The per-share book value of both our Class A and Class B stock increased by 14.4%. Over the last 48 years (that is, since present management took over), book value has grown from \$19 to \$114,214, a rate of 19.7% compounded annually.*

A number of good things happened at Berkshire last year, but let's first get the bad news out of the way.

如果这被当
作坏消息，
那么读者就
会想后面的
好消息将非
常之好

通过为好消
息设置背景
情况，从而
进一步加深
好消息给受
众的印象

When the partnership I ran took control of Berkshire in 1965, I could never have dreamed that a year in which we had a gain of \$24.1 billion would be subpar, in terms of the comparison we present on the facing page.

...

Despite tepid U.S. growth and weakening economies throughout much of the world, our "powerhouse five" had aggregate earnings of \$10.1 billion, about \$600 million more than in 2011.

...

利用幽默
（和小夸张），
以及谦逊手
段来强调他
的观点

Todd Combs and Ted Weschler, our new investment managers, have proved to be smart, models of integrity, helpful to Berkshire in many ways beyond portfolio management, and a perfect cultural fit. We hit the jackpot with these two. In 2012 each outperformed the S&P 500 by double-digit margins. They left me in the dust as well.

...

支持绿色活
动项目

MidAmerican's electric utilities serve regulated retail customers in ten states. Only one utility holding company serves more states. In addition, we are the leader in renewables: first, from a standing start nine years ago, we now account for 6% of the country's wind generation capacity. Second, when we complete three projects now under construction, we will own about 14% of U.S. solar-generation capacity.

* All per-share figures used in this report apply to Berkshire's A shares. Figures for the B shares are 1/1500th of those shown for A.

图 4-1　沃伦·巴菲特致投资者信函节选

4.6　关于商务写作的真伪观点

有关商务写作风格的观点真伪参半，因此必须有选择地运用。

4.6.1　观点一：写作如聊天

大多数人在演讲时采用口语化的会话风格，还使用俚语和不完整的句子，甚至还存在语法错误。不过，这些用在写作中则太不正式。

除非需要十分流畅的口头表达，否则"写作如聊天"带来的是笨拙、重复和无条理的文章。运用口语风格来创作公文的初稿是可以的，但一定要认真进行修改，将其润饰为流畅的书面风格的公文。

4.6.2　观点二：不用第一人称"我"

频繁使用第一人称会使文章显得过于以自我为中心；有时，不必要地运用第一人称还会使观点变得含糊不清。但是，在描述自己所做、所见或所闻时，使用第一人称"我"不但恰当，而且比借助被动式或"笔者"等表达方法要流畅得多。

4.6.3　观点三：不用第二人称"你"

当然，在正式报告中及不认识受众的情况下，千万不可使用第二人称"你"，不然就会显得太不正式。第二人称常常应用于这些情况，如写给办公室同事之类熟悉的受众、说明受众利益，以及写作销售文案。

4.6.4　观点四：句首永不使用"而且"或"但是"

句首使用"而且""也"等字样会使后面阐明的观点显得像是事后的想法。如果想在销售信函之类的书面公文中营造出自然讲话的效果，那么句首可以考虑用这类词语。如果想让对方感到你是经过深思熟虑的，那么应当把"也"这样的字眼置于句中或换用其他的过渡词，如"另外""进一步而言"等。

"但是"这个词告诉读者要"转折"了，后续的观点不仅与前面的相反，而且比前面的更加重要。此类词语的暗示对读者来说很重要。不过，只要段落显得自然流畅，即使是以"但是"为句首，也是可以的。

4.6.5　观点五：不用介词结尾

介词（prepositions）是表示关联作用的很有用的一类虚词，如："with""in""under""to""at"等。在求职信、商业报告和重要陈述中，要避免用介词结束句子。不过，因为大多数文案并非正式的，偶尔用介词结束一两个句子也是可以的。当然也有例外。例如，温斯顿·丘吉尔（Winston Churchill）曾批评一名傲慢的编辑说"我最不能容忍的就是这种鲁莽行为"[13]，因为该编辑总是想当然地对以介词结尾的句子进行修改。要分析受众及所处情境，之后选择你认为能取得最佳效果的表达语言。

4.6.6　观点六：句子不超 20 字，段落不超 8 行

有时，长的句子和段落的确读起来吃力，但也不尽然。采用并列从句的长句子往往十分清晰；带有项目符号列表的段落也很容易读懂。这里，长短的决定应该考虑受众、写作目的和上下文等因素。如果写的是复杂新软件的说明，那么就需要使用短些的句子和段落。如果写的是有关正规旅行费用六条标准的说明，那么可能需要 8 行以上的文字，甚至连这样都难以表达清楚。

不过，如果受众信奉严格的规则，那么撰写者就应当遵循规则来组织句子和段落。

4.6.7 观点七：生僻词汇让人印象深刻

学好一门课程必须掌握该课程的词汇。不过，毕业后没有人会仅仅为了证实你的确有某方面的才能而让你写作。相反，你需要将自己所掌握的知识通过口头或书面形式呈现给需要信息的人们。

有时你可能需要运用生僻词汇来营造公文的正式性和专业性。但在绝大多数情况下，生僻词汇的运用不仅会拉大你与受众的距离，甚至会加深误解，而且一旦用错就会弄巧成拙。因此，如要使用生僻词汇，应确保用对。

4.6.8 观点八：商务写作不用注明出处

的确，许多商务文案不做出处说明，而且许多公司常常采用自定的文件模板。不过，如果从公司外借用了有关表述或某种观点，就有必要说明出处，不然会被认为是剽窃。即便在公司内部，如果资料来源并非众所周知，或者当该资料特别优秀或具有争议时，那么通常的做法是注明出处。

4.7 使文章浅显易懂的 10 种技巧

简洁明了的文章易读。有学者对同一份报告的两个版本进行了调查。产生"巨大反响"的那个版本把"主线"（报告的目的）放在了第一段，用的是正常语序的简单句、主动语态、具体的语言、短小的段落、小标题和列表、第一人称和第二人称代词。产生"巨大反响"的版本可以节省约 22% 的阅读时间。很多读者认为这个报告更易理解，而且调查也证实读者的确更好地理解了报告内容。[14]另一项调查还显示，能产生"巨大反响"的指令更有可能得到执行。[15]

虽然形成良好的风格需要花费时间和精力，但这样做很值得。良好的风格不仅可以使文件更有效果，而且可以更好地体现撰写者对于公司的价值。

4.7.1 遣词造句技巧

措辞恰当与否取决于文章的语境，包括情境、目的、受众及已用的词汇。

1. 选用准确、恰当和熟悉的词汇

只有准确运用词汇才能确切表达意思。恰当的词汇能将你的态度传达到位，并与上下文中的其他词语相协调。熟悉的词汇能使公文易读好懂。

准确选词有时很难。许多近义词很容易被混淆。格拉玛·理查德（Grammarian Richard）告诫，下列 10 对词语最可能被混淆。[16]

affect/effect（影响 / 作用）　　　　　disinterested/uninterested（无私的 / 不感兴趣的）

among/between（在……之中 / 两者之间）　　farther/further（更远的 / 进一步）

amount/number（数量 / 数字）	fewer/less（较少的 / 少的）
compose/comprise（构成 / 包含）	imply/infer（意味 / 推断）
different from/different than（与……不同 / 比……不同）	lay/lie（放置 / 躺）

为了准确理解成对的近义词，请参阅附录 B。

有些词汇的含义是在人与人的交流中通过相互影响而形成的。有些词汇的外延含义会因人而异，例如，公平、富有等词汇。有些词语的选择具有深刻的含义。

- 由于美国国家气象局（National Weather Service）和美国国家飓风中心都没有把超级风暴桑迪（Super Storm Sandy）归类为飓风（从技术上讲，桑迪是被定为后热带低压登陆的），所以没有引起有些官员和居民的足够重视，结果因缺乏准备而造成巨大损失。不过，飓风登陆后，包括新泽西州州长在内的官员继续将其定为后热带低压。这样，居民可以获得更多的保险赔偿（许多保单对飓风设有支付限额）。[17]
- 许多医院被列为慈善组织，据此就可以免缴数百万美元的税款。根据某州对慈善医院的调查，其中 1/3 的慈善医院用于慈善的支出占比不到医院总支出的 1%。[18]
- 2012 年，美国精神病学会（American Psychiatric Association）批准第 5 版的精神障碍诊断手册，对一些类别进行了删除和增加，这些改变会影响数十亿美元的精神健康保险支出和治疗补助。[19]

正如上面第三个例子所反映的那样，选用不同的词汇会对健康情况产生重大影响。例如，吸烟者起诉烟草公司误导他们以为清淡型香烟害处不大。再如，有关失效起搏器与除颤器的使用警告致使病人要求替换，即便替换手术的风险更大。因此，一些医生组织更喜欢安全建议或安全警示。[20]

（1）准确的外延含义。

为准确起见，词汇的外延含义必须符合作者所要表达的意思。词汇的外延含义（denotation）是指其字面意义或字典中的含义。英文中的大多数词汇有多个外延含义。以"pound"一词为例，其外延含义可以是重量单位"磅"、关养离群动物的地方、过去的英制货币单位"镑"，也可以当作动词"hit"来用。可口可乐（Coca-Cola）公司每年花费数百万美元来保护其"可乐"品牌，这样"Coke"一词才特指可口可乐，而不是泛指所有的可乐饮品。

不同的人在用同一个词汇或短语来定义不同事物时，常常会发生歧义（bypassing）。例如，某大型邮购药品公司用邮件通知其客户，因医生还未核实药方，所以他们不能续购处方药品。病人被要求去提醒医生对药方进行核实。然而，公司网站上显示的是该药方"正在处理中"。药品公司的意思是药方已录入系统等待医生的核实，但病人以为医生已经核实过了，正在续购过程中。这种混淆情况导致了对公司的投诉增加、处方被延误，以及客户的不满意。

当作者错用词汇时，也会产生一些问题。

> Three major divisions of Stiners Corporation are poised to strike out in opposite directions.（Stiners 公司的三个经营方向正好相互对立。）

上文中，三个不同方向是不可能正好相互对立的。

> Stiners has grown dramatically over the past 5 years, largely by purchasing many smaller, desperate companies.（在过去 5 年里，Stiners 公司飞速发展，但主要是通过收购不景气的小型公司来实现的。）

这里，公司新闻广告的本意可能不是为了显得坦率，更有可能是作者用了计算机的拼写检查功能，根本查不出应该用"disparate"来替换"desperate"，而"disparate"的意思是"彼此有本质的差异"。

（2）恰当的内涵。

只要词汇内涵（connotations）——词语所包含的情感联想或色彩——表达了作者所要传达的态度，那就说明措辞恰当。很多词汇的内涵可以表达支持或反对、厌恶或愉快之意。例如，"firm"（坚定）有褒义，而"obstinate"（顽固）有贬义；"flexible"（灵活）有褒义，而"wishy-washy"（软弱）有贬义。有些公司会提供现金折扣，但很少听到有附加费；有些公司会提供保险折扣，但前提是员工遵循明确的健康规定。如果员工没有遵循这些健康规定，那么就要被罚款。当然，宣传的时候可不会这样讲。

上司对下属的绩效可以进行"客观"评估，依据评估中用词的内涵就可以看出评估是肯定性的还是批评性的。试想，有一位注重细节的雇员，肯定性评估会说，"特里是一位细心的合作伙伴，他常常能注意到那些被别人忽视的细节"。否定性评估会讲，"特里过于注重细枝末节了"。

广告商都会认真挑选那些具有肯定性内涵的词汇。

- 鉴于当今社会关注年轻人成长，"助听器"成为"人际沟通助手"。[21]
- 昂贵的老车不用"二手车"来称呼，相反要用"曾经拥有过""从前珍爱过"等字眼。[22]
- 保险推销员强调的是你想要保护的财产（家庭、汽车、生命），远比你所投的损失（如火灾、车祸、死亡）保险多。

词汇也可表示类别。有些词的内涵彰显身份和地位。"推销员"和"销售代表"都是无性别歧视的工作头衔。但是推销员听起来像商店的伙计，销售代表才像与大公司、大客户做生意及推销重要产品的生意人。有些词语暗含年龄成分，如"可爱的"一词通常指小孩而非成人。有些词语的言外之意还有性别之分，如"英俊的"或"漂亮的"。

词语内涵也在不断变迁。"慈善"一词在 19 世纪一度具有负面内涵，后来人们改用"福利"；

现在"福利"一词也开始出现一些负面内涵，一些国家已改用"公共援助计划"。

（3）措辞中的伦理。

描述事物时用怎样的措辞才显得积极而又符合伦理呢？我们有权利用积极的词汇包装自己的观点，但同时我们更有责任让公众或上司获得决策所需的全部信息。

在其他文案写作中同样要注意措辞的伦理性。例如，对于科学家所谓的百年一遇的洪水，他们实际所指的是一年中这种大洪水发生的概率为 1%。不过，"年度发生概率为 1%"这一措辞有点拗口，所以不常采用。按照许多人的理解，百年一遇的洪水就是每百年才发生一次。例如，在美国中西部地区于 1933 年发生了百年一遇的洪水之后，许多人搬回到易发洪水的家园，有些人甚至不再买洪灾保险。遗憾的是，2008 年该地区又发生了百年一遇的洪水，给他们带来了巨大损失。[23]

对于措辞的伦理影响，有一个知名的例子——关于水刑的争论。布什政府的司法部长称水刑不属于刑讯折磨，但奥巴马政府的司法部长称水刑属于刑讯折磨。[24]

（4）熟悉的词汇。

使用熟悉的词汇就是要选用大众化语言，选用最能表达你的意思的词汇。当两个词具有相同的含义时，应选用短的、常用的那一个。有些作者可能错误地认为，利用学过的长单词可以体现他们的聪明才智。不过，经验证据表明，情况恰好相反：采用毫无必要的、自认为高级的词汇通常被看成低能、缺乏信誉的表现。[25] 因此，要尽可能用简单而明确的词语，从而便于理解和记忆。[26]

下面列出了一些可以简化的词汇范例（见表 4-2）。

当然，选用词汇并不总是"越短越好"，也有例外：

- 如果只有长词才能确切表达含义时，要选用长词。
- 如果长词比短词更常用，则选长舍短。例如，长长的外国地名译名比外来名称要好。
- 如果长词的内涵更准确，则选用长词，如"鳞片状剥落"（exfoliate）比"剥去死皮"（scrap off dead skin cells）要好。
- 如果长词为读者所喜欢，当然要选用。

表 4-2 简化的词汇范例

正式而乏味	简短而清晰
ameliorate（改良）	improve（改进）
commence（开端）	begin（开始）
enumerate（罗列）	list（列举）
finalize（一锤定音）	finish, complete（结束，完成）
prioritize（优先级处理）	rank（按……分等）
utilize（利用）	use（运用）
viable option（选择）	choice（选择）

2. 慎用技术性术语；不用商务行话

术语（jargon）分两类。第一类术语是技术领域的专有名词。许多媒体喜欢嘲讽这些术语。例如，《华尔街日报》就嘲讽了计算机行业记者招待会所发布的新的"市场产品"。

> 这些产品拥有领先的服务配置保障能力，有助于我们快速调用高需求的 IP 服务，如 3 级虚拟私人网络、组播，以及我们 IP/MPLS 网络所提供服务的质量。[27]

写求职信时最好用一些术语，特别是读者所从事行业的术语，从而表明你与对方是同行。如果要在其他文案中使用术语，那么前提是该术语很有必要而且读者能看得懂。如果某个技术性术语有对应的"通俗英文"表达形式，要选用简短易懂的。

第二类术语就是商界沿用至今的商务行话（businessese），如"按照您的要求"（as per your request）、"随信附上"（enclosed please find）、"请勿犹豫"（please do not hesitate）等。这些行话实际上根本没必要。的确，有些撰写者将这些行话称为"枯枝败叶"，因为它们已不再被使用了，很多已随时间变迁而被淘汰了。因此，写作公文时，如果出现如表 4-3 第一列所示的这类词语，请换用那些更现代的字眼。

表 4-3 避免商务行话

不用	换用	原因
请你越早越好（At your earliest convenience）	你需要对方答复的日期	如果有截止日期，直言就好了，有时对方根本无暇做出回复
依你要求；65 英里⊖每小时（As per your request; 65 miles per hour）	你所要求的；每小时 65 英里	介词"per"是拉丁语用词，表示"被"或"为"。不要把英语和拉丁语混合使用
附件中可找到（Enclosed please find）	随信附上	随信附上的东西不是百宝箱，既然已经放在信封中了，读者打开信就会看到，根本不用找
自此（Hereto, herewith）	省略不用	不要用法律术语
高兴地通知，高兴地通告（Please be advised; Please be informed）	省略不用——开门见山	不用这种无聊的开头，开门见山切入正题为好
请不要犹豫（Please do not hesitate）	省略不用	省去负面词汇
缘此（Pursuant to）	根据；或省略不用	"缘此"不是"在……之后"的意思。任何情况下尽可能少用法律术语
上述订单（Said order）	你方订单	不要用法律术语
该信是以证明我收到你的来信（This will acknowledge receipt of your letter）	省略不用——开门见山	既然你已经在写回信，对方当然已知你收到了前面的信件
我们相信这一定令人满意（Trusting this is satisfactory）	省略不用	不用以"-ing"结尾的词汇。结束时应干净利落

4.7.2 句子写作及修改技巧

可以采用多种方式对句子进行修改，使文章浅显易懂。

1. 多采用主动语态

采用"某人做某事"的句式会使文章显得更有说服力。

⊖ 1 英里 = 1 609.344 米。

句子的主语若是谓语动词的施动者，则该谓语动词为**主动语态**（active voice）；如果句子的主语是谓语动词的受动者，那么该谓语动词为**被动语态**（passive voice）。被动语态由系动词"be"加上动词的过去分词构成，但这里的过去分词并不表示过去。被动语态有过去、现在和将来之分。

were received	（过去时）
is recommended	（现在时）
will be implemented	（将来时）

判断句子是否为被动语态主要看动词的形式。如果动作是由句子主语发出的，则谓语动词为主动语态；如果动作是作用于句子主语的，那么谓语动词为被动语态。

主动语态	被动语态
The customer received 500 widgets.（客户收到 500 件零件。）	Five hundred widgets were received by the customer.（500 件零件由客户查收。）
I recommend this method.（我推荐这种方法。）	This method is recommended by me.（这种方法是由我推荐的。）
The state agencies will implement the program.（国家机关将实施这一计划。）	The program will be implemented by the state agencies.（这一计划将由国家机关予以实施。）

如果将句子的直接宾语换作句子的主语，那么谓语动词就由主动语态转换为被动语态了。在将被动语态转换为主动语态时，必须将"被"后面的宾语当作主语。如果"被"后面的成分省略了，则必须补齐。

被动语态	主动语态
The request was approved by (the plant manager)［这个要求被（厂长）批准了。］	The plant manager approved the request.（厂长批准了这个要求。）
A decision will be made next month.（决议将在下个月产生。）（无施动者）	The committee will decide next month.（委员会将在下个月做出决议。）
A letter will be sent informing the customer of the change.（一封通知情况有变的信会寄给顾客的。）（无施动者）	Send the customer a letter informing her about the change.（给顾客发封信通知她情况有变。）

使用被动语态至少会有三个弊端：

- 要想保留主动语态句子中的所有信息，被动语态句子会略长些，而且理解起来需要更长的时间。[28]
- 如果施动者被省略，那么动作执行者就不太明确。
- 文章中如多次使用被动语态并用到一些生僻词汇，会给人以压抑、华而不实之感。

下列情况下宜使用被动语态：

（1）强调受动者而非施动者。

Your order was shipped November 15.（你的订单已于 11 月 15 日发出。）

重要的是客户的订单，而不是负责货运的工作人员。

（2）使用被动语态能使段落更连贯。

如果句首提供一些已知的"旧"信息，那么理解起来就会容易些。如果前面一直在讨论某个主题，下一句的主语最好与此一致，即使用被动语态也无妨。

The bank made several risky loans in the late 1990s. These loans were written off as "uncollectible" in 2001.（20 世纪 90 年代，银行发放了一批风险贷款。这些贷款于 2001 年以"呆账"形式被冲销了。）

第二句用"贷款"为主语使前后两句相互衔接，这样整个段落就易懂好读。

（3）使用被动语态可以避免归咎于人的尴尬。

The order was damaged during shipment.（货物在运输中受损。）

这里，如果用主动语态则必须说明是"谁"损坏了货物。显然，用被动语态就显得巧妙委婉。

根据 PlainLanguage.gov 网站提供的资料，借助主动语态可将政府公文修改得更为有效。[29] 不过，即便是自称属于命令式风格的《华盛顿邮报》总编比尔·沃尔什（Bill Walsh）也承认，与许多作者常常认为的相悖，有时必须采用被动语态。[30]

2. 用动词比名词更能加强语气

将句子重心放在动词上，句子就会更有说服力，并能使理解程度提高 25% 左右。[31] 如果所用的是系动词（to be），那么最好换用更有说服力的实义动词。

缺乏重点： 购买而不租用这台设备的经济效益是 10% 的税后收入。
更好的表达： 购买这台设备将比租用它节省 10% 的税后收入。

以"-ment""-ion""-al"结尾的名词，词干中多隐含着动作。

make an adjustment（做出调整）	adjust（调整）
make a payment（支付款项）	pay（付款）
make a decision（做出决定）	decide（决定）
reach a conclusion（得出结论）	conclude（结论）
take into consideration（鉴于对……思考）	consider（考虑）

make a referral（借鉴······）　　　　　　refer（参考）

provide assistance（提供帮助）　　　　　assist（帮助）

用动词能使信息表达更有说服力。

缺乏重点：　We will perform an investigation of the problem.（我们会对这一问题展开调查。）

更好的表达：We will investigate the problem.（我们会调查这一问题。）

缺乏重点：　Selection of a program should be based on the client's need.（项目选择须以客户
　　　　　　需求为基础。）

更好的表达：Select the program that best fits the client's need.（选用最适合客户需求的项目。）

3. 措辞要简练

如果同一观点可以用更少的词来表达，那么说明措辞冗长。多余的词句不仅会增加写作时间、使读者厌烦，也会使文章难于理解，因为读者在理解文章的同时，还得花心思考虑这些多余的词句。

好文章一定要简练，但简练的文章不一定篇幅就短，文章内容多时篇幅自然会长。第 3 章讨论了写作修改中的换位思考问题，要强调正面的受众利益。这样修改后的文章就会变长，因为增加了很多原文并不包含的内容。

有时第一眼看一篇文章就知道该怎样使之简练。如果没有明确的解决方案，不妨使用下面的技巧：

- 删除言之无物的词语。
- 合并句子以省去不必要的词语。
- 将句意融入主语和谓语动词中，以做到用词精练。

减少不必要的用词并不仅仅是为了使文章简练，也是为了节省读者的阅读时间。当然，你也并不是在拟电报稿，还是得保留那些使句子完整的小词汇。（对列表而言，采用不完整的句子是可以的。）

以下是应用上述技巧的例子。

（1）删除言之无物的词语。

如果句子中的其他词语已将观点表达清楚，则应删除多余的词语。另外，用单个词语取代冗长的短语。

措辞冗长：Keep this information on file for future reference.（将该资料存档以备将来查阅。）

措辞简练：Keep this information for reference.（将资料存档以备查阅。）File this information.
　　　　　（将资料存档。）

措辞冗长：Ideally, it would be best to put the billing ticket just below the monitor and above the keyboard.（最好、最理想的情况是将发票放在显示器的正下方，键盘的正上方。）

措辞简练：If possible, put the billing ticket between the monitor and the keyboard.（可能的话，请把发票放在显示器和键盘之间。）

以"of""which""that"开头的词组，大多可以进行压缩。

措辞冗长：the question of most importance（最重要的问题）

措辞简练：the most important question（最重要的问题）

措辞冗长：the estimate which is enclosed（所附的评估报告）

措辞简练：the enclosed estimate（所附的评估报告）

措辞冗长：We need act on the suggestions that our customers offer us.（有必要考虑顾客的建议。）

措辞简练：We need to act on customer suggestions.（有必要考虑顾客的建议。）

以"There are"和"It is"开头的句子可以压缩得简练些。

措辞冗长：There are three reasons for the success of the project.（项目成功的原因有三。）

句子紧凑：Three reasons explain the project's success.（项目成功的原因有三。）

措辞冗长：It is the case that college graduates advance more quickly in the company.（事实上，大学毕业生在公司里晋升得更快。）

句子紧凑：College graduates advance more quickly in the company.（大学毕业生在公司里晋升得更快。）

审稿时，如果发现如表 4-4 所列出的多余的词语或短语，应予以删除。

表 4-4　应删除的词语

删除以下词语	删除累赘的词语	用单个词语取代冗长的短语	
quite（十分）	a period of three months（3 个月）	At the present time	now（现在）
really（真的）	during the course of the negotiations（谈判期间）	Due to the fact that	because（因为）
very（非常）	during the year of 2013（2013 年间）	In order to	to（为了）
	maximum possible（最大值）	In the event that	if（假如）
	past experience（经历）	In the near future	soon（or give the date）（不久或给出具体日期）
	plan in advance（计划）	On a regular basis	regularly（通常）
	refer back（参照）	Prior to the start of	before（在……之前）
	the color blue（蓝色）	Until such time as	until（直到）
	the month of November（11 月）		
	true facts（事实）		

（2）合并句子以省去不必要的词语。

除了使句子变得简练外，合并句子有助于读者关注重点，使得文章表达精确，观点鲜明且流畅易懂。

句子冗长：I conducted this survey by telephone on Sunday, April 21. I questioned two groups of upperclassmen-male and female-who, according to the Student Directory, were still living in the dorms. The purpose of this survey was to find out why some upperclassmen continue to live in the dorms even though they are no longer required by the university to do so. I also wanted to find out if there were any differences between male and female upperclassmen in their reasons for choosing to remain in the dorms. （我是 4 月 21 日周日进行这次电话调查的。调查对象是学生手册中提供的仍住在学生宿舍的高年级学生，一组男生，一组女生。该调查旨在找出在学校不要求的情况下，这些高年级学生仍住在学生宿舍的原因。同时，我还想调查男生和女生留在宿舍住的原因是否一样。）

句子紧凑：On Sunday, April 21, I phoned upperclass men and women living in the dorms to find out ① why they continue to live in the dorms even though they are no longer required to do so, and ② whether men and women gave the same reasons. （4 月 21 日星期日，我电话调查了仍住在学生宿舍的一些高年级学生：①学校并无要求，他们为什么还住校？②男、女生住校的理由是否一样？）

（3）将句意融入主语和谓语动词中，以做到用词精练。

通过主句的主语和谓语来表达中心思想。

句子冗长：The reason we are recommending the computerization of this process is because it will reduce the time required to obtain data and will give us more accurate data. （我们建议将该工序计算机化的原因是，这样可以节省获得信息所需的时间并能提供更准确的信息。）

句子紧凑：Computerizing the process will give us more accurate data more quickly. （计算机化该工序不仅能省时，而且能提供更准确的信息。）

句子冗长：The purpose of this letter is to indicate that if we are unable to mutually benefit from our seller/buyer relationship, with satisfactory material and satisfactory payment, then we have no alternative other than to sever the relationship. In other words, unless the account is handled in 45 days, we will have to change our terms to a permanent COD basis. （此信函的目的是要指出，如果双方无法用满意的货物和付款方式这样一种互利方式来维持买卖双方的合作关系，那么我们别无选择只有中断与你们的来往。

换言之，如果客户不能在 45 天内付清欠款，我们只好将付款方式改为款到发货。)

句子紧凑：A good buyer/seller relationship depends upon satisfactory material and payment. You can continue to charge your purchases from us only if you clear your present balance in 45 days. (买卖双方良好的关系有赖于优质产品和及时付款。只要能在 45 天内结清当前欠款，仍可享受货到付款的待遇。)

4. 句子长短相间，结构富于变化

朗朗上口的散文往往是句子长短相间，结构富于变化。短句（10 字以下）赋予散文以力量，而过长的句子（30 或 40 字以上）则会令人头昏眼花。金官腔奖（Golden Gobbledygook Award）第一名当数在俄克拉何马州提起诉讼的法律文件中的一个长句，该句子由 1 000 个英文单词组成。[32]

可以通过多种方式来变化句型。首先，可以将简单句、并列句和复合句进行合并（参见附录 B 以了解句子结构方面的详细信息）。简单句（simple sentence）只有一个主句。

We will open a new store this month. (这个月我们会新开一家分店。)

并列句（compound sentence）由两个主句构成，中间以 "and" "but" "or" 或其他连词相连。当两个子句的内容密切相关时，用并列句效果最好。

We have hired staff, and they will complete their training next month. (我们雇用了职员，对他们的培训下周就可以结束了。)

We wanted to have a local radio station broadcast from the store during its grand opening, but the DJs were already booked. (我们希望在商店开业的大喜日子里由电台现场直播全过程，但所有主持人的日程都已经排满了。)

复合句（complex sentence）的两个子句中，一个为主句，另一个为从句。复合句最适合于反映两者间的逻辑关系。

When the stores open, we will have specials in every department. (商店开业时，每个部门都有优惠措施。)

Because we already have a strong customer base in the northwest, we expect the new store to be just as successful as the store in the City Center Mall. (因为公司在西北部已建立了稳固的客户群，我们有理由相信新店将与市中心地带的购物中心一样取得成功。)

句子变换也可以通过调整句子成分的顺序来完成。一般情况下，主语出现在句首。

We will survey customers later in the year to see whether demand warrants a third store on campus. (今年晚些时候，我们将对客户做调查，了解一下是否有必要在校园设立第三家商店。)

为了增加多样性，偶尔也可以采用句子的其他成分作为开头。

Later in the year, we will survey customers to see whether demand warrants a third store on campus.（今年晚些时候，我们将对客户做调查，了解一下是否有必要在校园设立第三家商店。）

以下是关于句子长度和句子结构的指导原则：

- 修改句子使其简单明了。即便是短句子也可能出现冗长的情况。
- 如果句子的主语很复杂或含有大量的数字信息，尽量简化句子。
- 用长句子的目的是，表明不同概念之间的联系，避免大量短而不连贯的句子，减少重复。
- 通过中长句来组织意群。
- 用长句时，主谓语不宜相距太远。

那么如何应用上述最后三个原则呢？

（1）用长句子的目的是，表明不同概念之间的联系，避免大量短而不连贯的句子，减少重复。

以下例句不仅因为句子长而难，而且含义不清，很难读懂。仅仅将长句子分割为若干不完整的短句并不能解决问题。最佳的修改方案是采用中长句来充分表达不同主题之间的关系。

冗长累赘：还应该注意的是，在摘要中提出的历史模式中，虽然我们意识到在 1 月和 2 月发生了延迟，但我们现在回到了大约一年前的地方，与去年同期相比，我们的应收账款仍控制在一定范围内，但我们的预算确实超支相当多，因为应收账款投资策略保守。

缺乏紧凑：今年 1 月和 2 月都出现了延误。我们当时就知道了。我们现在又回到了大约一年前的地方。摘要显示了这一点。我们目前的应收账款与去年持平，然而仍然超出了预算。它们超出预算的原因是我们的应收账款投资策略非常保守。

最佳表达：As the summary shows, although there were delays in January and February（of which we were aware）, we have now regained our position of a year ago. Our present collect receivables are in line with last year's, but they exceed the budget because our goal for receivable investment was very conservative.（正如摘要所言，虽然 1 月和 2 月收款工作有所延误（我们知道此事），但正在恢复到一年前的状态。目前的应收账款与去年大致持平，但相比预算却超支了，主要原因是应收账款投资策略过于保守。）

（2）通过中长句来组织意群。

上例中"最佳表达"段落包含 7 个意群。尽管两个句子分别为 24 和 27 个字长（指英文，下同），但是可读性很强，因为没有一个意群长度超过 10 个字。无论采用何种句型，过多的重复都会令人感到乏味。使用不同的句型、长度和种类，可以使文章保持变化并引人入胜。

（3）用长句时，主谓语不宜相距太远。

将修饰成分以列表形式置于句尾可以使句子的主谓语靠得近些。为了提高文章的可读性，最好将列表纵向排列。

较难读懂：　Movements resulting from termination, layoffs and leaves, recalls and reinstates, transfers in, transfers out, promotions in, promotions out, and promotions within are presently documented through the Payroll Authorization Form.

可读性强：　The Payroll Authorization Form documents the following movements（工资授权表记录了以下信息的变动情况）：

- Termination（合同终止情况）
- Layoffs and leaves（裁员与离职情况）
- Recalls and reinstates（召回和返岗情况）
- Transfers in and out（进出调动情况）
- Promotions in, out, and within（内外部晋升情况）

5. 使用对称结构

对称结构（parallel structure）是指将词、短语或从句按相同的语法或逻辑形式排列的句式。在以下"错误"的例句中，"reviewing"为动名词，而"note"为祈使动词。为使句子相对应，要么都使用动名词，要么都用祈使形式。

不对称：　Errors can be checked by reviewing the daily exception report or note the number of errors you uncover when you match the lading copy with the file copy of the invoice.

对称：　　Errors can be checked by reviewing the daily exception report or by noting the number of errors you uncover when you match the lading copy with the file copy of the invoice.（错误之处可以通过核对每天的差错报告，或校对提货单和发票副本间的不符点来发现。）

对称：　　To check errors, note:

① The number of items on the daily exception report.

② The number of errors discovered when the lading copy and the file copy are matched.（查差错时，请注意：①每日差错报告中的项目；②提货单和发票副本间的不符点。）

值得注意的是，对称结构中的列表在语法上必须与列表引出句相一致。

不对称：The following suggestions can help employers avoid bias in job interviews:

    ① Base questions on the job description.

    ② Questioning techniques.

    ③ Selection and training of interviewers.

对称：   The following suggestions can help employers avoid bias in job interviews:

    ① Base questions on the job description.

    ② Ask the same questions of all applicants.

    ③ Select and train interviewers carefully.（以下建议有助于雇主在就业市场上避免出现歧视行为：①根据岗位描述进行提问；②对所有应聘者提一样的问题；③对面试考官进行认真挑选和培训。）

对称：   Employers can avoid bias in job interviews by

    ① Basing questions on the job description.

    ② Asking the same questions of all applicants.

    ③ Selecting and training interviewers carefully.（雇主可用以下方法来避免在就业市场上出现歧视行为：①根据岗位描述进行提问；②对所有应聘者提一样的问题；③对面试考官进行认真挑选和培训。）

此外，词汇应在逻辑上相对称。在以下"错误"的例句中，juniors、seniors 和 athletes 并不是三组独立的群体，因此修改时将它们分成不相重叠的类别。

不对称：I interviewed juniors and seniors and athletes.

对称：   I interviewed juniors and seniors. In each rank, I interviewed athletes and non-athletes.
（我采访了三年级和四年级的大学生，每个年级都有运动员和非运动员。）

对称结构是使文章紧凑、通顺且有力的重要手段。

不对称：Our customers receive these benefits:

    • Use tracking information.

    • Our products let them scale the software to their needs.

    • The customer can always rely on us.

对称：   Our customers receive these benefits:

    • Tracking information.

    • Scalability

    • Reliability

（我们的客户享有以下利益：信息跟踪；机会拓展；产品可靠。）

6. 行文应以读者为中心

采用第二人称，而非第三人称，可以增加文章的力度。第二人称"you"有单复数之分，既可用来指代个人，也可指代组织中的每位成员。

第三人称：Funds in a participating employee's account at the end of each 6 months will automatically be used to buy more stock unless a "Notice of Election Not to Exercise Purchase Rights" form is received from the employee.（入会员工账户上的基金每满6个月会自动用来购进更多的股份，除非收到了雇员发出的"暂停行使购买权的通知书"。）

第二人称：Once you begin to participate, funds in your account at the end of each 6 months will automatically be used to buy more stock unless you turn in a "Notice of Election Not to Exercise Purchase Rights" form.（一旦入会，你账户上的基金每满6个月会自动用来增购股份，除非提交了"暂停行使购买权的通知书"。）

注意：只有当"you"特指你的读者时，才可使用"you"。

错误：My visit with the outside sales rep showed me that your schedule can change quickly.

正确：My visit with the outside sales rep showed me that schedules can change quickly.（拜访了外地销售代表后，我发现进度很快会有所调整。）

4.7.3 段落写作及修改技巧

段落是直观的逻辑单元，用它可以把句子组合在一起。

1. 大多数情况下，将主题句置于段首

好的段落应具有统一性（unity），即段落中只能有一个主题或观点。主题句（topic sentence）阐明了段落的主旨，并构建起了段落的框架。如果主题句醒目且位于段首，文章就易读好懂。[33]

缺少主题句（难懂）：Another main use of ice is to keep the fish fresh. Each of the seven kinds of fish served at the restaurant requires one gallon twice a day, for a total of 14 gallons. An additional 6 gallons a day are required for the salad bar.

段首主题句（易懂）：Twenty gallons of ice a day are needed to keep food fresh. Of this, the biggest portion (14 gallons) is used to keep the fish fresh. Each of the seven kinds served at the restaurant requires one gallon twice a day. An additional 6 gallons a day are required for the salad bar.（为了使食物保鲜每天需要20加仑冰。其中，绝大部分（14加仑）用于鱼的保鲜。餐馆供应七种鱼，每种鱼每天需要2次保鲜，每次1加仑。沙拉台每天需要额外的6加仑。）

缺少主题句（难懂）：In fiscal 2018, the company filed claims for refund of federal income taxes of $3 199 000 and interest of $969 000 paid as a result of an examination of the company's federal income tax returns by the International Revenue Service（IRS）for the years 2014 through 2016. It is uncertain what amount, if any, may ultimately be recovered.

段首主题句（易懂）：The company and the IRS disagree about whether the company is responsible for back taxes. In fiscal 2018, the company filed claims for refund of federal income taxes of $3 199 000 and interest of $969 000 paid as a result of an examination of the company's federal income tax returns by the Internal Revenue Service（IRS）for the years 2014 through 2016. It is uncertain what amount, if any, may ultimately be recovered.（公司与美国国家税务局就我公司是否符合退税条件尚未达成一致意见。2018 财年，根据美国国家税务局对公司 2014—2016 年联邦所得税缴纳情况的核查结果，公司要求美国国家税务局退还 3 199 600 美元的联邦所得税及 969 000 美元的利息。不过，最终能退还的金额尚不确定。）

好的主题句有助于读者对段落结构和内容进行预测。

> **Plan B also has economic advantages.**（计划 B 也有经济方面的优势。）

（读者自然会想到接下来要讨论计划 B 的经济优势。）

> **We had several personnel changes in June.**（6 月，人事方面会有些变动。）

（读者自然会想到该月内解约和雇用的名单。）

> **Employees have complained about one part of our new policy on parental leaves.**（员工们对新政策中有关休假的条例很有意见。）

（读者自然会想到接下来要讨论该问题。）

如果段首句不是主题句，那么喜欢浏览的读者很容易错过段落的主旨。因此，一定要将主题句放在段首。如果段落本身没有主题句，可以添加。假如你觉得很难找到一句话来概括整段的意思，那么该段落一定缺乏统一性。要解决这一问题，可以将段落一分为二，也可以删除段中与主旨无关的内容。

2. 运用过渡词使意思连贯

运用过渡词可以帮助读者掌握各观点之间的联系，起到承上启下或引出新观点的作用。此外，过渡词还能揭示后续观点是否比前面的观点更重要。表 4-5 列出了一些最常用的过渡词和短语。

表4-5 过渡词和短语

表示添加或观点的延续	举例说明	引出比前面观点更重要的相反观点	表示时间
and also first, second, third in addition likewise similarly	for example (e.g.) for instance indeed to illustrate namely specifically	but however nevertheless on the contrary	after as before in the future next then until when while
		表示因果	
		as a result because consequently for this reason therefore	
引入另一重要观点	表示对比		
furthermore moreover	in contrast on the other hand or		表示总结和结尾
			finally in conclusion

这些句子采用了过渡词和短语：

Kelly wants us to switch the contract to Ames Cleaning, and I agree with her. (表示观点延续) (凯莉希望我们把合约转给 Ames 清洗公司，我同意她的观点。)

Kelly wants us to switch the contract to Ames Cleaning, but I prefer Ross Commercial. (表示观点相反) (凯莉希望我们把合约转给 Ames 清洗公司，但我更想转给 Ross 商业公司。)

As a result of our differing views, we will be visiting both firms. (表示因果关系) (因为大家观点不同，所以对两家企业都要去考察。)

下面的句子为过渡性句子：

Now that we have examined the advantages of using Ames Cleaning, let's look at potential disadvantages. (表示两种评估情形之间的变动) (既然已经分析了利用 Ames 清洗公司产品的优点，现在我们来分析一下可能的缺点。)

These pros and cons shows us three reasons we should switch to Ross Commercial. (表示放弃原有的评估情形；对三个原因做出预测) (这些优缺点表明，基于三方面原因我们应当转而采用 Ross 商业公司的服务。)

4.8 组织偏好与文案写作风格

不同的组织与不同的上司关于良好文风的评判标准自然不尽相同。如果风格显得不合理，那就要询问。特别是，如果存档的文案不好，那么后来人阅读并参考时，就会以为这就是公司的文案标准。事实上，上司可能期待更好的文案。

要认识到写作也可服务于沟通之外的目的。抽象而难以读懂的文风可能会损害组织的形象。詹姆斯·苏珊（James Suchan）和罗纳德·杜勒克（Ronald Dulek）两位研究人员指出，海军军官喜欢使用被动语态和非人称表达方式，因为他们笃信自己应是一名忠实的追随者。飞机公司的工程师则视累赘的文章为保险备份。备份对他们来讲虽然多余，但对确保安全是不可缺少的，毕竟航空器零部件和系统的确经常发生故障。[34]

4.9　商务文案的修改、编辑和校对

文案一旦写就，必须进行修改或润色。

亚伯拉罕·林肯总统有一个广为人知的故事，他在开往战地的火车上，在一个信封背面写下了美国历史上最著名的总统演讲——葛底斯堡演讲——的演讲稿。事实上，早在出发前，林肯总统就已经至少写了部分草稿，并且一直对其修改到演讲当天早晨。此外，这场演讲的主题他已经构思了很多年，并且一直狂热地坚信着。[35]

正如林肯总统那样，优秀的撰写者对草稿会不断加工，他们会对草稿进行多次的修改、编辑、校对。

- 修改（revising）是对文档的内容、结构和语气进行改动，使其更好地满足写作意图和受众需求。
- 编辑（editing）是对文稿进行改动和润色，确保语法无误。
- 校对（proofreading）是对文稿进行检查，确保没有排版错误。

4.9.1　修改什么

当给一位陌生读者写信或者必须解决一个非常困难的问题时，准备好对草稿至少修改三遍。第一遍检查文章的内容和简明程度：讲得是否充分？是否清晰？第二遍检查结构和布局：所表述的内容是否便于受众把握？第三遍检查写作风格和语气：是否做到了换位思考？表 4-6 给出了全面修改清单，对需要回答的问题进行了汇总。

表 4-6　全面修改清单

内容和简明程度
公文能否满足公司和读者的需要？能否体现你的好形象
是否已经提供给读者所需的全部信息以便他们理解和执行
所有的信息是否准确、清晰
所表达的思想是否易于理解
每个句子的意思是否清晰？文稿中有无明显的矛盾之处
逻辑是否清晰？是否让人信服？结论及受众利益是否有足够的论据支持

（续）

结构和布局
公文的结构安排是否与你的目的、受众和沟通情境相适应
观点之间的过渡是否自然？段落之间的衔接是否流畅
公文的设计是否便于读者找到所需要的信息？公文的设计是否赏心悦目
公文所强调的观点是否值得强调
首段和尾段能否起到应有的作用
写作风格和语气
公文是否采用换位思考的方法？是否对积极面进行了强调
语气是否友善？是否存在性别歧视语言
是否有助于树立良好信誉

把草稿搁置一边，拿一张空白纸，重新写草稿，用这种方法修改出的文稿效果通常是最好的。其好处在于，既可充分利用第一次草稿的构思，又可避免受困于原句的限制。

修改时一定要通读全文，特别是那些用很多零碎时间写成的，或引用了其他文稿内容的公文。这种公文往往不够通顺、前后重复或者前后不一致，可能需要添加过渡词、删减重复部分，或者改变某些用语来保证全文形式的协调一致。

如果时间的确很紧，那么可以简单修改（见表 4-7）。当然简单修改后就定稿，其质量会低于全面修改后的文稿，但要比完全忽略修改好得多。

表 4-7　简单修改清单

是否已经提供给读者所需的全部信息以便他们理解和执行
结构形式是否清晰、实用
逻辑是否清晰？是否让人信服？结论及受众利益是否有足够的论据支持
公文的设计是否便于读者找到所需要的信息？公文的设计是否赏心悦目
首段和尾段能否起到应有的效果

4.9.2　编辑什么

一边构思一边还要注意表达的准确性，这几乎是无人可为的，因此就算是高水平的撰写者也需要进行后期的编辑。事实上，即便是那些历史性的文献，如《独立宣言》，也是经过不断编辑而成就伟大的。

编辑环节总应在"修改"环节之后。显然，为使公文意思表达清晰或语言紧凑，可能要删减的句子，对其进行语法修改是毫无意义的。有些撰写者喜欢将文稿打印出来，然后进行编辑。在这种情况下，编辑往往能更精确。

要核对材料以保证正确标注引自组织外的全部信息和观点。如果对引自组织外的材料未说明出处，就会构成剽窃（plagiarism）。即便是利用公司的信息，也有必要注明来源，不然受众可能会有疑问或者不清楚存在这些信息。

要核对文案以保证所写语句表达了你的本意：

错误：Take a moment not to sign your policy.

本意：Take a moment now to sign your policy.（现在我们来签你的保单。）

错误：I wish to apply for the job as assistant manger.

本意：I wish to apply for the job as assistant manager.（我想应聘助理经理。）

检查时要确保以下内容的准确性：

- 句子结构。
- 主谓一致及名词与代名词一致。
- 标点符号。
- 措辞。
- 拼写（包括名称拼写）。
- 数字。

附录 B 对经常容易混淆的语法、标点符号、数字及词汇进行了介绍。

大多数撰写者在写作时会重复犯一些小错误。例如，如果你在悬垂修饰语（例如：Having submitted the report late, an extension was needed; arrived late for practice, a written excuse was needed）或主谓一致（例如：there is/are a group of people）方面容易出差错，在编辑草稿时要重点检查。另外，还应检查那些尤其会困扰老板的错误，并加以改正。

4.9.3　如何校对出拼写错误

为了找出拼写错误，既要用自动拼写检查工具，也要自己亲自进行检查。拼写检查工具是对单词进行对比，把未列入词典的那些单词显示出来。不过，对于用错了但拼写正确的单词，拼写检查工具就无能为力了。例如，可口可乐公司曾经发出 200 万箱的创意饮料，但犯了一个严重的校对错误。公司的注册商标在正常印刷情况下应该是"红盘图标和轮廓"（red disk icon and contour），但这次却错误地把"disk"中的"s"印成了"c"。[36]

千万不可低估拼写错误可能带来的损失。美国中西部一所规模很大的高校，就因为其年鉴中出现了一个拼写错误——把"联谊会"（Greek community）错误地称为"校园土包子"（geeks on campus），结果年鉴业务遭到联谊会成员的抵制而亏损破产。拼写错误对工作应聘的影响也很大。因此，对每份文件，既要用自动拼写检查工具，也要自己亲自检查，以便找出拼写检查工具未发现的错误。

校对并不容易，因为撰写者看到的常常是应该如何而不是实际写的东西。检查他人写的东西通常更容易，因此你可以请别人对你的文章进行拼写检查（要保证他检查的不是内容，而只是排版与拼写情况）。

校对时：

- 快速看一遍以了解内容，注意是否遗漏了什么。
- 再慢慢看一遍。如发现错误，应立即改正并重新检查该句子。人们在发现了一个错误后，通常会忽略发生在邻近之处的其他错误。
- 校对熟悉的公文时，可以倒着进行检查，或者不按页面顺序进行校对。
- 对于数字、标题、首段和尾段，以及读者的姓名，应反复检查三遍。

4.10　获取并运用反馈信息

运用反馈信息对于提高文章水平益处颇多。很多公司对此有明确要求。所有对外的公文必须先经阅读，得到批准后才可以发出。从公文起草、获得反馈、修改到获得更多反馈，整个过程称为写作循环（cycling）。有位研究人员发现，在她客户所在的公司里，公文从起草到交给目标受众平均要经历 4.2 次循环。[37] 另一位研究人员发现，一份 10 页长的公文竟 20 次易稿，经过 31 个环节，接受了来自 4 个不同层级的 9 位检查者的审核。[38] 在商务工作中，修改公文是最平常的事。

为了提高反馈信息的质量，可以适当告诉人们你特别关注的反馈内容。例如，如果你提交的是大纲或初稿，你可能最想知道的是基本思路和内容是否合适，要点是否全部涉及。完成第二稿后，你关注的可能是理由论据是否充分可信。到了润色阶段，风格和语法方面的反馈意见就显得十分有用了。表 4-8 给出了征求读者意见的问题一览表。

技术对于反馈信息的发送和接收很有帮助。Word 文档可以通过"更改跟踪"（track changes）等审阅功能进行编辑，这种文字处理功能可以记录文档的更改情况。当与同事合作开展公文撰写、编辑与修改时，"更改跟踪"功能尤其有用。"更改跟踪"不仅会对增加或删除信息的任何文本进行突出显示，而且容许用户决定是否接受或拒绝每一次更改并返回到原先文本。除了"更改跟踪"功能之外，许多文字处理软件还拥有"批注"（comment）功能，容许用户在不更改文本的前提下进行提问或给出建议。此外，利用谷歌文档（Google Docs）软件可以将文件放到云上，这样各类人群都可以参与编辑。

当有人批评你的文章时，你会本能地抗拒。如果批评十分尖锐，可以暂缓一下，待自己心平气和时再认真听取批评意见。有时我们会认为"读者不明白我的意思"，其实读者抱怨的地方可能

表 4-8　征求读者意见的问题一览表

写作大纲或初稿
提纲的基本思路对吗
要增加什么主题？要删减哪些主题
你还有哪些建议
修改文稿
文稿能否满足其全部意图
文稿是否适应受众的需要
结构安排合理吗
哪一部分不清晰
哪些观点需要进一步说明和证明
你还有哪些建议
润色文稿
遣词造句是否存在不当之处
前后内容是否自相矛盾
有无打印错误
文稿设计是否赏心悦目

正是文章有待改进之处。假如读者说"这不真实",而你知道这是真实的,那么你可以用多种方法对文章进行修改以便向读者澄清事实,比如重新改写句子、提供更多的信息或范例、对资料来源进行证明等。

认真理解反馈信息可以帮助你了解企业的文化。上司是希望你写得更详细些还是更简练些?是否增加了一些标题或要点?寻找反馈信息中对文章结构的评论,将从反馈中获得的知识运用在下次的写作中。

4.11 样板公文的运用

样板公文(boilerplate)是指从以前的公文中节录到新公文中的语言,包括句子、段落,甚至整页内容。学术论文中使用他人撰写的材料都算是引用并须加注,否则会被认为是剽窃。不过,因为公司拥有雇员所撰写的全部公文的所有权,引用以前的公文内容时就不必注明出处了。

房契、销售合同等许多法律公文常常完全按样板公文套用。有时,撰写者所引用的就是自己写过的公文。例如,建议中描述问题背景的内容也可以被引用到有关建议工作完成后的总结报告中。进度报告中描述撰写者所做工作情况的内容,稍做改动就可以被引用到最终报告中关于工作方法的那一部分。

使用样板公文不仅省时省力,而且撰写者使用的是那些为公司法律顾问所认可的语言。不过,有研究表明,使用样板公文会带来两方面的问题。[39] 第一,不加修改地使用样板公文会使全文风格和语气出现不协调的情况;第二,引用样板公文时,撰写者容易忽视有关沟通情境及受众方面的细微差别。

4.12 可读性标准

可读性标准旨在客观衡量文案的易读程度。但是,因为无法考虑到各种因素,可读性标准只能有限度地用作衡量文风优劣的指南。

应用计算机分析软件可以给出文章的可读性分值。美国有些州颁布了关于使用通俗英文的法律,规定消费合同必须达到一定的可读性分值。有些公司规定,保修单和其他与消费者相关的文件也必须达到一定的可读性分值。

可读性标准与单词及句子的长度密切相关。衡量可读性的两个最为知名的标准是:迷雾指数(Gunning Fog Index)和弗莱希阅读难易度指数(Flesch Reading Ease Scale)。但是,研究发现,[40] 简短的词语和句子不一定能提高文章的可读性,尤其是当这些词语为技术性词语(如期权、熊市、流动性等)时。缺乏连贯性的短句和短语往往比写得好的中长句还难懂。

目前,还没有任何阅读标准能全面考虑到影响文章可读性的三个因素:观点的复杂程度、文案的组织形式和公文的版面设计。

　　不要用所谓的可读性标准来衡量文风，只有读者才是检验文章好坏的试金石。读者找到所需信息要花多少时间？在阅读过程中，有没有使读者误解的内容？读者是否认为公文浅显易懂？对这些问题的回答比任何可读性分值都能给予我们更为准确的信息。

❖ **本章回顾** ❖

- 写作过程的各个环节及其有效利用

  帮助撰写者提高写作质量的方法包括：意识到初稿总要经过修改完善；勤写多练；将写作任务合理分解；确定清晰的、以意图和受众为中心的目标；掌握各种写作技巧；灵活运用写作指南；待草稿完成后再进行编辑。

  写作过程包括多个环节：计划、构思、收集素材、组织、创作、评估、获取反馈信息、修改、编辑和校对。修改是对文档进行改动使其更好地满足写作意图和受众需求。编辑是对文稿进行表面的改动和润色，确保语法无误。校对是对文稿进行检查，确保没有排版错误。这些写作环节不一定总是依次进行，也不一定要在前一环节完成后才可进行下一环节。大多数撰写者并非在所有的写作中都采用所有这些环节，除非所撰写的公文对他们而言具有全新的类型、主题或受众。为了找到思路，可以采用头脑风暴、想到什么写什么的自由创作（连续写 10 分钟）、聚类法（用画圈方式进行头脑风暴）等写作技巧。

- 有效选择词汇、构造句子和组织段落的指导原则

  与学期论文相比，良好的商务文案写作风格会更加非正式、更友好并更富个性化。使文章浅显易懂的技巧如下。

  （1）遣词造句技巧

  　　①选用准确、恰当和熟悉的词汇。外延是指单词的字面含义，内涵是指单词所传递的情感联想或色彩。

  　　②只有在必要时或读者熟悉的情况下，才可选用技术性术语。要避免商务行话。

  （2）句子写作及修改技巧

  　　①多采用主动语态。主动语态会使文章显得更简明、清晰和引人入胜。

  　　②用动词比名词更能加强语气。

  　　③措辞要简练。如果同一观点可以用更少的词来表达，那么说明措辞冗长。修改方法有三：删除言之无物的词语；合并句子以省去不必要的词语；将句意融入主语和谓语动词中，以做到用词精练。

  　　④句子长短相同，结构富于变化。

  　　⑤使用对称结构。对于具有相同逻辑功能的观点，采用相同的语法形式表达。

  　　⑥行文应以读者为中心。

  （3）段落写作及修改技巧

  　　①大多数情况下，将主题句置于段首。

  　　②运用过渡词使意思连贯。

- 修改、编辑与校对沟通文案的方法

  如果写作任务又新又难，草稿至少得修改三遍。第一遍检查内容及其完整性；第二遍检查结构、布局和逻辑性；第三遍检查写作风格和语气。

  进行表层编辑，避免出现语法错误。

  借助技术工具，进行拼写校对。

公文的设计

获得奥斯卡金像奖的是……

普华永道会计师事务所（Pricewater-houseCoopers, PwC）完成了对 2017 年度奥斯卡金像奖得票情况的统计，并将获奖名单装入了信封。现在，奥斯卡金像奖颁奖典礼正在举行。对普华永道而言，现在应该是坐在一旁，尽享盛典的时候。

不过，对于普华永道的总裁蒂姆·瑞恩（Tim Ryan）来说，他的工作才刚刚开始。当颁奖嘉宾沃伦·比蒂（Warren Beatty）打开装有最佳影片获奖名单的信封，并宣布《爱乐之城》（La La Land）获得奥斯卡金像奖时，留在后台的普华永道员工简直惊呆了：获得最佳影片奖的应该是《月光男孩》（Moonlight）！怎么会这样呢？他们该怎么办呢？而且，《爱乐之城》的制片人此时正在上台领奖。

宣布获奖名单似乎很容易，但奥斯卡金像奖颁奖典礼是现场直播的，牵涉方方面面。出现上述差错的原因是，每个奖项配有两个完全一样的信封，分别放置在颁奖舞台的两边。当时，有人把其中一个信封交给了沃伦·比蒂，而这个信封里装的

获奖名单写的恰好是《爱乐之城》。目睹现场出现的这一错误，《纽约时报》（The New York Times）指出，问题的根源在于信封设计中采用的金色字体，作为 2017 年的新款设计，"使得信封上面的字母很难辨认。"

普华永道采取了相应措施，对其在与奥斯卡奖合作 83 年历史上所出的首次差错进行了纠正。Twitter 上也满是对普华永道的批评，称这一事件为"信封门"。蒂姆·瑞恩担心此事件会影响普华永道的声誉，专门进行了道歉，而这一切皆源于公司的员工看错了信封。

或许，我们可以把责任归咎于信封。不过，对于如此重要的活动，难道我们自己不应当多做几遍检查吗？设计人员当然清楚细节的重要性。文具商马克·弗里德曼（Marc Friedman）精心设计了 2011 年奥斯卡颁奖用信封。按照他的说法，奥斯卡颁奖用信封"是全球如圣像般的、最具象征意义的……没有任何东西比得上人们对信封开启的期待"。

在 2011 年奥斯卡颁奖典礼上，马克·弗里德曼设计的信封顺利完成了使命。对照之下，2017 年奥斯卡颁奖用信封的确还需要进行多轮的有效性测试。

资料来源：Sandy Cohen, " Oscar's Winners' Envelope Made Over with New Look, " *San Diego Union Tribune*, Feburary 16, 2011, http://www.sandiegouniontribune .com/sdut-oscars-winners-envelope-made-over-with-new-look-2011feb16-story.html; David Gelles and Sapna Maheshwari, " Oscars Mistake Casts Unwanted Spotlight on PwC, " *New York Times*, February 27, 2017, https://www.nytimes.com/2017/02/27/business/media/pwc-oscars-best-picture.html.

如今，职场期待的是有效设计各种公文的能力。精良的公文设计不仅省时、省钱，体现了设计者期望展示的形象，而且有利于树立公司的良好信誉。

有效的公文将观点以直观的方式分类，从而能以悦目而亲切的形式组织和传递信息。通常，易读好懂的公文可以大大提高公文创建者——无论是个人还是公司的信誉，在读者心目中树立起专业、精干、关注受众的形象。

今天，大量的公文需要进行富有洞察力的设计，使其既实用又易懂。这里的公文不仅包括资料手册、信息图形和网站，也包括美国职业橄榄球大联盟选手的运动衫、装奥斯卡最佳影片获奖名单的信封等。不管所期望设计的公文类型如何，重视公文设计的有效性问题，对你的职业发展总会带来益处。许多部门希望员工能够突破常规软件中普通模板的约束，创建富有特色的版面设计，同时又能适应用户的需要，运用现有的技术工具，完成符合包容性设计要求的最佳实践。

5.1 公文设计的重要性

不当的公文设计不只令读者感到毫无乐趣可言，甚至对组织和社会都会产生不良影响。"挑战者"号航天飞机爆炸是因为它的 O 形环在过低的温度下脱落。糟糕的沟通方式——视觉材料的呈现方式容易让人忽视发射时 O 形环易出问题的数据——导致了错误的发射决定。然而，这样的悲剧仍在发生。"哥伦比亚"号空间工作站在进入大气层期间解体。糟糕的沟通方式再次折射出美国国家航空航天局（NASA）并没有保证太空飞船的安全性。任务负责人坚持声称，工程师并没有报告往返飞船中一个泡沫橡皮脱落对飞船损害的严重程度。但是在研究会议记录后，专业从事证据视觉展示的爱德华·图福特（Edward R. Tufte）指出，工程师们确实考虑过此事，并做过统计分析。那么，任务负责人为什么没有注意到呢？原因就在于工程师报告中的视觉材料模糊了此问题的严重性。[1]

在大众传播领域，无论是面向当地还是面向全球，视觉传播总起着重要作用。《得梅因纪事报》（*Des Moines Register*）最近因头版内容安排不当而遭到了读者的抵制：头版上半版发表的文章讲的是全球领袖们聚在一起商讨如何帮助解决全球性饥饿问题，而下半版安排的文章介绍的是当地一家出售单价为 5 英镑汉堡的知名酒吧。[2] 设计好坏不仅会影响地方报纸形成的公众舆论，而且可能影响全国性的政治活动。例如，2000 年在佛罗里达州进行的无记名投票就因为设计不当造成许多投票者的困惑，导致美国总统选举出现"模糊"结果。[3]

公文设计中思考是否缜密、功能是否实用，以及语气是否恰当，都会影响公文创建者的具体形象。如果对公文设计不做专门关注，那么就无法树立起期望的形象。你的个人简历所展示的你是否就是你想展示的？公司网站的视觉风格是否能证明公司的"透明"承诺？医生办公室分发的医疗手册能否强化该医疗诊所要打造的友好亲切的形象？就商务沟通而言，公文设计应当有助于强化个人的良好形象或公司的"品牌"形象。

5.2　设计惯例

与所有沟通一样，视觉传播需要遵循一些惯例："设计语言"和对某一类型公文形式上的期望。例如，如果你接到一张圆形的名片，那么它肯定会引起你的关注，毕竟绝大多数名片都是长方形的。这里，圆形可以有效冲破惯例的限制，让名片的接受者牢记递送者。不过，在很多情况下，设计惯例也具有有用的目的，因此必须加以遵循。例如，计算机的许多用户图像界面把文档、文件夹及回收站围绕桌面组织在一起，如果采用一种完全不同的组织方式，就有可能降低有效性。同样，在浏览购物网站时，用户总是期望能把选中的物品放入购物车或购物篮，遵循这一惯例可以强化用户在网站的体验。一般地，违反惯例会面临很大的风险，意味着设计者或作者缺乏可靠性，或者不清楚某种形式的沟通通常是如何设计的。

惯例也许会因受众、地域、行业、公司或部门的不同而不同，但它确实是存在的。有些惯例只适用于某些受众，对其他受众则不适用。因此，必须对受众进行仔细的分析。例如，办公用品指导手册上的图片通常选用女性操作设备的画面。有些女性读者认为，这有助于她们更容易地理解相关指令，而有些女性觉得这种行为冒犯了她们，隐含着只有妇女才适合做这样低水平的事务性工作之意。因此，公司可能需要对制作视觉说明书时所要遵循的惯例进行再审视。[4]

当然，惯例也会随技术的发展而变化。过去，简历通常是打印出来的文档，但现在，越来越多的公司要求提供电子文档。在使用打字机的年代，按惯例每句话结尾要空两格，但随着文本处理软件的应用，现在只需要空一格。如今，因为越来越多的用户通过智能手机来浏览网站，所以网站的设计必须考虑移动端的需要，从而形成了全新的网站设计惯例。

5.3　公文设计的四个层次

视觉传播专家查尔斯·科斯特尼克（Charles Kostelnick）将设计分为四个层次：内部层次、交互层次、附加层次和高级层次。分析他人的公文可以为你自己的沟通提供思路。因此，如果在职场接触到公文，不妨按科斯特尼克的四个设计层次进行分析。[5] 这些设计层次概念有助于我们深入思考影响公文设计选择的因素。

- 内部层次：针对单个字母和词语的设计选择，包括选择字体及其大小，选用粗体、斜体或彩色字体来强调关键词，使用大写字母。

- **交互层次**：针对文本印版的设计选择，包括选用标题、空行、缩进、列表、文本框等。
- **附加层次**：针对配合文本的图像的设计选择，包括选用照片、图片、图表及其他图形等。
- **高级层次**：针对整篇公文的设计选择，包括选用页面大小、页眉页脚、索引、目录、配色方案及区分文档各部分的分栏等。

图 5-1 描述了美国疾病控制与预防中心（Centers for Disease Control and Prevention）信息图形中的全部设计层次。在内部层次，这一海报的整个文案都采用了无衬线字体（sans serif），其他内部层次要素包括粗体字、全大写字母、字号小于标题字号的黑色字体句子等。交互层次要素包括海报顶部标题居中、方框内文本分块设置及上下采用虚线分开，还包括利用箭头的符号列表来组织材料。采用的附加层次要素有：诸如苹果、马提尼酒杯和棺木之类的图片，以及用带美国地图的提纲来描述有关高血压风险的统计数据。这些图形有助于观看者接受那些预防高血压的健康习惯。高级层次要素包括配色方案和信息图形的大小，该图形要布满浏览器的整个窗口，而且计划在社交媒体共享。另一高级层次要素就是位于底部居中的该中心的标识，借此来统一全部宣传材料。从视觉上讲，该信息的处理有点类似于页脚，在美国疾病控制与预防中心发布的所有宣传品上都可以看到。

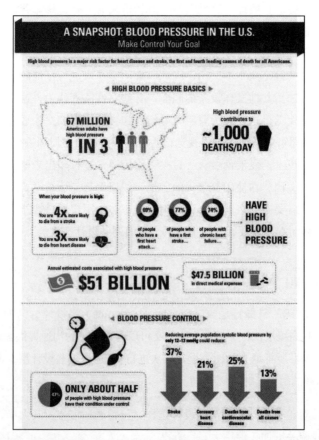

图 5-1　美国疾病控制与预防中心信息图形设计中的全部设计层次

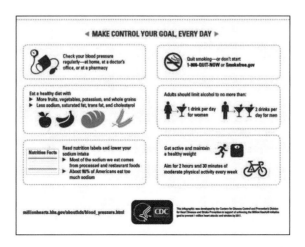

图 5-1　美国疾病控制与预防中心信息图形设计中的全部设计层次（续）

资料来源：Centers for Disease Control.

5.4　设计原则

运用表 5-1 中的原则，就可以设计出赏心悦目的公文。

5.4.1　字体选择策略

字体（font）就是统一的活字风格，常见的字体包括 Times Roman、Calibri、Palatino、Helvetica、Arial 等，每种字体都有大小之分，还有不同的类型（黑体、斜体等）。所谓的固定字体（fixed font），是指每个字母所占的空间相同。例如：字母 i 和 w 所占空间是一样的。Courier 和 Prestige Elite 都是固定字体。绝大多数字体属于比例字体（proportional font），较宽的字母占更大的空间，较窄的字母占较小的空间。除此之外，Times Roman、Palatino、Helvetica、Arial 等也是常见的比例字体。商业公文的字体一般不超过两种。

衬线字体（serif font）带有衬线，主要笔画上

表 5-1　设计原则

1. 字体选择策略
2. 限制使用全大写的词汇
3. 空白的运用
4. 页边距选择策略
5. 需要强调内容的放置
6. 用网格来统一各项要素
7. 标题的运用
8. 通过适度应用一致的修饰手段来统一公文

与其他字体没有什么差异。如图 5-2 所示，注意 New Courier 字体中 r 的底部和 Lucinda 中 d 的顶部的衬线。New Courier、Elite、Times Roman、Palatino 和 Lucinda Calligraphy 等都是 serif 字体。Helvetica、Arial、Geneva 都属于无衬线字体（sans serif font），因为它们没有那条衬线（sans 是法语，意思是“没有”）。Sans serif 字体最适用于标题和表格中。

This sentence is set in 12-point Times Roman.

This sentence is set in 12-point Arial.

This sentence is set in 12-point New Courier.

This sentence is set in 12-point Lucinda Calligraphy.

This sentence is set in 12-point Broadway.

This sentence is set in 12-point Technical.

图 5-2　各种字体示例

应当仔细选用字体，毕竟字体大小可以影响读者的第一反应。研究表明，对于适应文档类型和目的的字体，受众反应更为积极。[6]例如，Broadway 字体适用于新闻标题行，但在电子邮件的正文中却不适合。

- 运用二元字体方案来引起视觉兴趣。对标题和正文采用不同字体，从而在整个设计范围内创造视觉兴趣。
- 通过字体处理来强调重点。因为粗体字比斜体字易读，如果只需要一种强调方式，最好使用粗体字。在较为复杂的公文中，主标题用大号字，副标题和正文字号可相对较小。避免斜体字和下划线使用过多，毕竟这些做法会使公文难以阅读。
- 使用至少 12 号的字体。12 号字是信函、备忘录、电子邮件和报告的理想字体。太小的字体很难看清，对年长的读者更是如此。当资料内容超过了预定的页数时，可以进行删节。虽然用小字号的确可以节省页面，但也会产生很多副作用，甚至会影响到印发该公文的机构。

5.4.2　限制使用全大写的词汇

我们认识单词部分靠的是对其形状的辨识。[7]如图 5-3 所示，当英语单词全部大写时，每个词都是长方形的，单词没有了任何的高低错落，降低了阅读速度。[8]因而，为避免招致读者的负面反应，必须限制使用全大写的词汇。

Full capitals hide the shape of a word and slow reading 19%.

FULL CAPITALS HIDE THE SHAPE OF A WORD AND SLOW READING 19%.

图 5-3　全部大写使字形消失

5.4.3　空白的运用

这里的空白是指页面上的空白处（white space）。运用空白，可以使某一资料与文章其他部分隔开而得到强调，从而方便阅读。

要设计空白处，应：

（1）使用标题。

（2）使用不同长度的段落（最长的段落不超过 7 行）。一句为一段也行，第一段和最后一段尤其要简短些。

（3）使用列表。

- 使用编号或缩排方式——不是空行的形式——将内容纵向排列。
- 如果编号或顺序很精确，可使用数字列表。
- 如果编号或顺序并不重要，可使用符号列表（bullets）（大圆点或方框）。

运用列表时，应确保列表内容在语法上对称，同时也要与引出列表的句子结构相适应。

增加空白很容易使外观状况得到改善。图 5-4 给出了一份公文的原稿，请注意是什么使文章显得累赘而没有吸引力。图 5-5 则给出了该公文的修改稿，修改时采用了短小段落、列表和标题等。

图 5-4　视觉效果较差的公文

Money Deducted from Your Wages to Pay Creditors

主要单词首字母大写，标题分为两行

When you buy goods on credit, the store will sometimes ask you to sign a Wage Assignment form allowing it to deduct money from your wages if you do not pay your bill.

Have You Signed a Wage Assignment Form?

用标题将内容分成若干节

When you buy on credit, you sign a contract agreeing to pay a certain amount each week or month until you have paid all you owe. The Wage Assignment Form is separate. It must contain

- The name of your present employer,
- Your social security number,
- The amount of money loaned,
- The rate of interest,
- The date when payments are due, and
- Your signature.

内容顺序无关紧要时，运用带圆点的符号列表

内容短小时，采用单倍行间距

The words "Wage Assignment" must be printed at the top of the form and also near the line for your signature.

When Would Money Be Deducted from Your Wages to Pay a Creditor?

标题应对称。这里全部采用问题形式的标题

Even if you have signed a Wage Assignment agreement, Roysner will not withhold part of your wages unless all of the following conditions are met:

各项内容间的空白处起到强调作用

1. You have to be more than 40 days late in payment of what you owe;

2. Roysner has to receive a correct statement of the amount you are in default and a copy of the Wage Assignment form; and

内容为两项以上时，采用双倍行间距

当内容顺序重要时，列表需编号

3. You and Roysner must receive a notice from the creditor at least 20 days in advance stating that the creditor plans to make a demand on your wage. This 20-day notice gives you a chance to correct the problem yourself.

If these conditions are all met, Roysner must withhold fifteen percent (15%) of each pay-check until your bill is paid and give this money to your creditor.

What Should You Do If You Think the Wage Assignment Is Incorrect?

If you think you are not late or that you do not owe the amount stated, you can argue against it by filing a legal document called a "defense." Once you file a defense, Roysner will not withhold any money from you. However, be sure you are right before you file a defense. If you are wrong, you have to pay not only what you owe but also all legal costs for both yourself and the creditor. If you are right, the creditor has to pay all these costs.

图 5-5　修改后视觉效果增强的公文

要记住的是，虽然空白很有用，但这样会占用空间。[9] 如果需要节省空间，最好压缩文字描述，但要保留空白和标题。这样做好于把所有内容挤在一起。优秀的公文设计者的一个明显标志

在于能用视觉材料和文本来打造页面。

对于视觉材料比重很高的公文，如公司的标识，空白不仅可以为文本提供视觉上的缓冲区，而且可以传递视觉材料自身的信息。如图 5-6 所示，联邦快递（Fedex）的标识中字母"E"和"X"之间的空白形成了一个箭头，它传递了这样的含义：联邦快递服务快捷。显然，这一信息完全是靠这个空白来创造的。

© tanuha 2001/Shutterstock

图 5-6　联邦快递的标识利用空白来传递信息

5.4.4　页边距选择策略

文字处理软件容许用户应用**两端对齐**（full justification）功能，这样页面文字左右都对得很整齐，而且段落也显得整齐了。当只有左边距对齐时，称这种情况为**左对齐**（ragged-right margins），此时由于单词长短不一，每行结束的地方也都不一样。

请在下列情况下使用两端对齐方式：

- 使用比例字体。
- 希望排版更正式一些。
- 想尽可能地压缩篇幅。

在下列情况下使用左对齐方式：

- 不能使用比例字体。
- 希望排版非正式一些。
- 每行句子都很短。

5.4.5　需要强调内容的放置

英文读者阅读时习惯于从左至右。优秀的公文设计者应当清楚英文读者由左上角开始，从左至右、自上而下的阅读习惯。如图 5-7 所示，他们视线的移动事实上呈 Z 字形。[10] 因此，每一页的四个象限有不同的视觉效果。左上象限，也就是视线开始的位置最为重要；右下象限，也就是视线终止移动的地方，其重要性次之。

5.4.6　用网格来统一各项要素

许多公文设计人员一直用**网格系统**（grid system）来设计页面。最简单的形式就是将页面分成两个或多个假想的纵列。稍复杂的网格对纵列还可以做进一步划分。这样，所有的图形设计要素——文本缩进、标题、图片等——在纵列内实现排列一致。如此形成的对称版面使公文看起来更加悦目，也使那些长篇公文显得整齐统一。图 5-8 给出了用网格组织的带视觉材料和简报的页面。

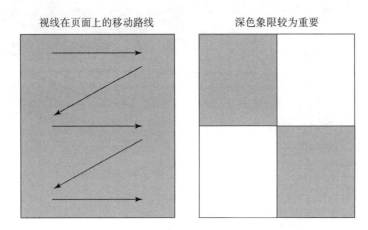

图 5-7　将重要内容置于左上象限和右下象限

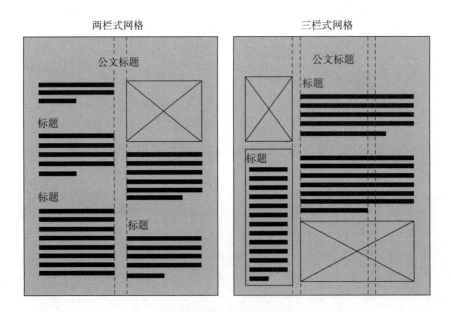

图 5-8　用网格组织的带视觉材料和简报的页面

5.4.7　标题的运用

标题（headings）可以是词、短语或短句，用来对观点进行分类，或者把公文分成几节。标题使读者对公文的组织结构一目了然，能够快速地找到自己感兴趣的部分，并且轻松地比较不同的观点。标题可以将页面进行分割，这样文章看上去就不那么令人生畏，而且显得更有趣。

心理学研究发现，人类的短期记忆只能记住 5~9 条信息，7 位数的电话号码就超出了绝大多数人的短期记忆能力。[11] 只有当这些信息经过加工整理形成长期记忆后，我们才能真正"吸收"新信息。将大量的信息分类成 3~7 节，比单独给出每条信息要好记、好整理得多。

为了有效地使用标题：

- 标题应具体。
- 标题应涵盖下一标题出现之前的所有内容。
- 同级的标题应采用对称结构。

研究进一步表明，采用标题有助于读者的阅读。有研究分析了来自加拿大儿童医院关于虐待儿童的法医报告，发现标题的作用很重要。不论是大标题还是小标题，都有助于起草报告的医生与使用报告的社会工作者、律师与警察理解虐待儿童的残忍程度。[12]

5.4.8　通过适度应用一致的修饰手段来统一公文

适度运用突出显示、色彩和修饰手段能使公文更为生动有趣。但是，一定不要过分。如果页面或屏幕上到处都是修饰的东西，只会显得杂乱无章。

色彩的含义随受众文化背景的不同而不同。因此，在面向国际受众或多元文化受众时，选择什么颜色一定要咨询专业人员。在北美地区，红色适合表示警示。淡紫色之类的浅色系可以营造宁静的印象，而明亮的色彩通常有紧急的含义。美国联合包裹运送服务公司（UPS）棕色的卡车和工作服传递了公司服务可靠的形象。对于能区分红色包装巧克力和绿色包装巧克力的消费者而言，他们认为绿色包装巧克力更为健康，即使产品和包装上的说明完全相同。[13]

为了使公文在视觉上保持统一，应当：

- **选用与公文目的相配的色彩**。可以运用色彩来突出内容，影响语气。
- **通过采用有限且一致的色彩方案来实现统一性**。色彩不可使用过度，以免降低受众的敏感性。例如，用深红色打印标题和边栏框，用海军蓝打印小标题和图像描述，用黑色打印正文。此外，可以采用单色调，如深绿色的标题、中绿色的图像边框和浅绿色的边框背景。如果打印预算有限，不妨采用不同灰度的单色。
- **通过重复来创造节奏感**。通过重复采用设计元素，如标题或小型图片，使不同页面的外观显得一致。
- **利用反差来增强视觉吸引力**。例如，在文本和图像之间形成色彩反差，或者在大号字体的标题和小号字体的正文之间形成反差。值得注意的是，色彩反差往往是另一关注点（参见本章 5.6 节）。

5.5　公文撰写过程中的设计

要设计出功能全面、赏心悦目的公文，在撰写的每个环节都必须考虑到设计问题。在起草初稿，甚至在调研内容之前，必须思考修辞情景会如何影响设计策略。

5.5.1　分析修辞情景

对于任何类型的商务沟通公文，设计时首先要考虑的是目的、媒体和受众。

1. 目的

采用怎样的设计态度或叙述语气？如果设计的资料手册旨在促进受众对公司的了解，那么这种手册在外观上应当不同于旨在说服受众来购买公司产品的手册。例如，告知性手册会较多采用图表或信息图形，而说服性手册可能会采用能在情感上吸引受众的图像。因此，设计时，要清楚你沟通的目的，以及应该用怎样的设计策略来达成目的。

2. 媒体

传播媒体有哪些设计能力和局限性？设计应当适合情景需要，所以必须关注具体传播媒体的能力、局限性和惯例。如果要与一种新媒体打交道，那么就必须研究之前的案例。只要有可能，就应当尽力找出最适合该媒体的设计方案。广告牌的设计可能性和局限性往往不同于报纸广告、电子邮件简报或公共汽车车身广告。

3. 受众

你的受众有什么需要、期望和关注点？就像书面沟通必须适合受众一样，公文设计也必须适合受众的需要、期望和潜在的异议。例如，有一种悬挂式的乳房自检卡可以挂在淋浴喷头下，适合那些忘记或没有时间进行乳房自检的女性使用。

5.5.2　探讨主题

在探讨公文主题时，需要分析有些内容的叙述是否更适合采用视觉方式而不是文本方式。如何通过文本设计来节约受众的阅读时间，或增进受众的理解？

5.5.3　起草文本

起草文本时，要牢记怎样使文本内容与图形内容相关联。根据所采用媒体的不同，有必要调整字体大小或字样，甚至需要修改长度，以使文本和图形内容更加统一。例如，在密尔沃基市发起的安全睡眠运动海报中（见图 5-9），床头板看起来像墓碑，所以文本部分必须与床头板空间相匹配，而且要足够长，以便让受众联想到墓碑上的内容。

图 5-9　安全睡眠营销活动海报：墓碑式床头板（2010 年 1 月）

资料来源：http://city.milwaukee.gov.

5.5.4　选择合适的视觉材料

要牢记的是，并非所有的沟通材料都需要图像。不过，所有的沟通材料总有视觉构成元素，如空白处、字体大小、以及符号或标题列表的运用。如果你确定图像适合于修辞情景，那就认真思考如何选取图形：选取的图形能否阐明主题？能否比文本更有效地传递信息或者更好地达成目的？这些图形是否可以免费用于公共目的？是否需要获得许可？内容是否可信？选取的图形是否体现了多样性和包容性？图像的风格是否与沟通的语气相适应？

密尔沃基市发起的安全睡眠运动创作了一系列公益服务公告，提醒父母们要关注婴儿的睡眠问题并倡导采用婴儿床（见图 5-10 和图 5-11）。请注意两个公告之间在语气方面的差异，毕竟它们创作于不同的时间。哪个公告的视觉设计最适合修辞情景？因为每个例子都是系列公告中的一个，所以需要查找原始资料，以便了解每个公告的背景情况。[14]

2015 年，鉴于用户对表情符号"美化"特性的批评，苹果公司发布了一套符号，用户可以从不同的皮肤色调符号中进行选择。[15]在描绘一组人时，需要考虑性别、种族、能力、年龄、体形、民族等多个方面的代表性，而且要考虑这种代表性的合法性。虽然受众希望他们自己也体现在这些视觉传播要素中，但这里存在微妙的区别：是帮助受众意识到他们自己已经被融入传播所描述的情景中，还是在描述一种并不真实的情景，而这往往会把受众的关注点从不平等问题上转移开。

例如，如果你所在公司的女性员工只占10%，而且公司希望雇用更多的女性，那么在公司人力资源部网页上张贴一张六名女性员工和五名男性员工在一起工作的照片就显得不真实了，这样的照片隐含着公司现有员工性别比例情况。事实上，如果照片上是两名女性员工和三名男性员工，尽管其隐含的女性员工比例仍高于现实，但显然更适合公司的雇用目标，而且也有助于女性应聘者产生在此工作的愿望。

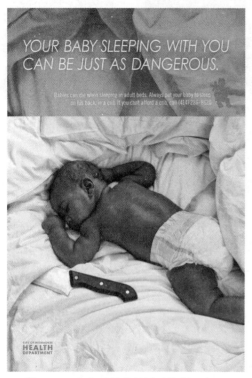

图 5-10　安全睡眠营销活动海报：与刀
　　　　　共眠的婴儿（2011 年 11 月）
资料来源：http://city.milwaukee.gov.

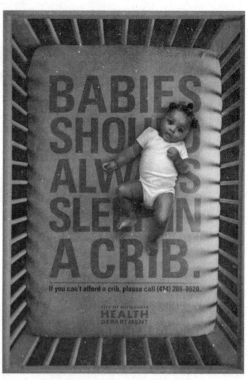

图 5-11　安全睡眠营销活动海报（2010 年 1 月）
资料来源：http://city.milwaukee.gov.

也要考虑到你选择的视觉材料是否存在对现实情况的贬低或夸大。就某公司食堂垃圾桶上的标记而言，较为合适的符号也许是画一堆夸张些的垃圾，或者画一些代表残羹剩饭的东西，如苹果核等，而不是采用真实垃圾的照片。在其他情形下，可能需要反映真实情况的照片。例如，如果要拍卖一大片农场，那么可能需要提供带有多道农场分界线的俯瞰照。相比非写实的农场照片，这样的照片可以带给潜在买家更多有价值的信息。更多这方面的信息，请阅读本书第 13 章。

5.5.5　形成设计图

公文设计是为了控制并优化受众对公文的体验。你的公文对受众有什么用途？良好的设计是如何引导受众阅读并节约时间的？受众有怎样的视觉需求？受众希望公文有怎样的外观？对于公文每一页、每个标题、每个词、导航条或滚动条的设计，受众内心是怎样想的？

运用设计原则不仅可以引导受众的关注点，而且可以为他们提供视觉需要，达到他们的期望。接着，通过运用本章后面要讨论的有效性测试，就可以获得反馈信息，了解公文设计是否有效控制了受众对公文的体验。之后，进行再修改和再测试，直到公文取得最优效果。

5.5.6　印刷 / 发布

根据媒体和预算情况，有些打印工作可以通过个人打印机来完成。不过，如要取得消费级的激光打印效果，就要去印刷商处打印，如史泰博（Staples）。如果公司希望取得专业效果或印量很大，不妨采用商业打印。

使用四色彩打和光面纸，可以增加专业效果。彩色打印虽然效果好，但很费钱。为了以最小的成本获得颜色带来的效果，可以在彩纸上用黑色字体打印。

有些媒体，如网页，不需要打印。不过，其他媒体，如车场标志，需要采用特定媒介来印刷。对于新的或不寻常的媒体，应花些时间寻找打印或印刷的最佳方式。通过比较找出最好的印刷试样，也要弄清楚其印刷方法。

5.6　如何进行包容性设计

无障碍性（accessibility）是指设计中要考虑到残疾人或存在独特知觉需要者，如色盲、视力损伤、失读症等人士。1990 年《美国残疾人法案》（Americans With Disabilities Act，ADA）对无障碍设计做出了规定。包容性（inclusivity）是在无障碍性的基础上提出的更高要求，通过运用无障碍性原则使得公文实用且让所有用户都满意。包容性设计表明，公文的设计者不仅关心每位用户的需要，而且把每位用户都看成整体的一分子，而不是与目标用户有差异的个体。作为受众乐意接受的额外利益，提高包容性往往能增加所有用户对公文的体验。例如，斜路缘主要是为轮椅使用考虑的，但也为其他从滑板手到老年人再到拖着拉杆箱的行人等众多用户带来了更多的实用功能。如果没有斜路缘设计，他们可能很容易被绊倒。

你也许从未把服装当作传播"公文"来考虑过。不过，美国职业橄榄球大联盟球队队服的"读者"观众多达数百万，而且与资料手册、备忘录和网站一样，这些队服的设计要经过审查。在2015 年 Bills 队和 Jets 队的撞色比赛中，那些患红绿色盲的观众——大约占男性人口的 8% 和女性人口的 0.5%——就碰到了无法分辨双方队员的问题（参见图 5-12）。

针对观众的批评，美国职业橄榄球大联盟宣布未来的撞色队服设计将考虑色盲观众的需要。为了避免公文中出现类似的包容性疏忽问题，务必利用色盲模拟检测软件做一些检查，如模拟道尔顿软件（Sim Daltonism）[16] 和 Toptal 色盲网页过滤软件（color blindness webpage filter）[17]。

图 5-12　美国职业橄榄球大联盟的撞色运动衫在设计上忽略了红绿色盲观众

资料来源：Sporting News Media（2017）.

　　确保视力受损的观众了解公文内容的另一方法就是把公文转换为灰度图像。这一方法可以检查颜色对比度是否合适。请注意图 5-13 中的两份海报：左边海报中原图形的颜色饱和度低，即便转换成灰度图像后也比较容易辨识；相反，右边海报中原图形的颜色饱和度高，转换成灰度图像后几乎无法辨识。

对比度合适　　　　　　　　　　　　　对比度不当

图 5-13　足够的对比度可以增强辨识度

　　使用某些字体也可以增强辨识度。非对称性字体的字母通常呈镜像，如字母"p"和"q"，但相互之间并不映照。如图 5-14 所示，OpenDyslexic、Proxima Nova 等字体对"1"和"I"等相近的字母或数字进行了区分，能使阅读速度和精确度得到提高，所以对患失读症人士而言是合适的设计选择。不过，采用合适的对比度或可辨识的字体可以使所有受众受益，而不只是让视力损伤者受益。

> ## The quick brown fox jumps over the lazy dog.
>
> ## With the team, I moved 111 bushels from farm to bin.

图 5-14　Proxima Nova 字体下的字母更易于阅读

5.7　测试公文的有效性

　　作为公文设计的重要一环，**有效性测试**（usability testing）是对公文在面向实际受众时效果如何的评价。仅仅因为公文具有视觉吸引力，并不能说明公文就一定有效。在美国职业橄榄球大联盟撞色队服的例子中，球队的队服本身很不错，但当与穿颜色配对队服的其他球队比赛时，效果就非常糟糕了。因此，要知道设计是否达到预期的效果，可以让你的受众来对其进行检测。之后，利用获得的反馈信息来提高设计的有效性。如果队服的设计人员请了包括红绿色盲观众在内的受众来参加测试，那么不当的红色与绿色队服搭配的情况就可以避免了。

　　从客户和员工两个渠道获得反馈信息之后，达美航空（Delta Airlines）公司对其登机牌进行了重新构思。图 5-15 展示了公司新的登机牌：层次清晰，内容较为简明，空白处增多，只保留一个条形码，而且采用了新的无衬线字体。这些选项使得登机牌设计更符合公司员工和乘客的需要。[18]

a）重新设计前

图 5-15　达美航空公司登机牌重新设计前后的对比

b) 重新设计后

图 5-15 达美航空公司登机牌重新设计前后的对比（续）

资料来源：Delta Air Lines, Inc.

根据雅各布·尼尔森（Jakob Nielsen）的研究，如果请五名用户来测试草稿，公文中 85% 的问题都能够被测试出来。[19] 如果时间和经费允许你做进一步的测试，那么就先修改文稿，然后让另外五名用户来做同样的测试。

为了快速找出设计中存在的问题，要请那些最有可能对公文产生阅读困难的用户来做测试，如老人或年轻用户、受教育程度较低的人士，以及那些母语不是英语的读者。为了做到包容性设计，尽可能将公文对多元用户群体进行测试。如果那些阅读能力不同，以及诸如色盲患者等有感知方面障碍的用户都能轻松应用你的公文，那么这样的公文对所有用户都会有好的效果。

运用下面三种测试方法，可以获得特别有用的信息：

- **观察法**。观察那些使用该公文完成任务的用户。他们在哪里停顿、反复阅读或者似乎有疑惑？用了多长时间？该公文能否帮助用户准确地完成任务？
- **用户叙述 / 简述法**。要求用户在执行任务时"出声地思考"，在关键的地方打断用户，询问他们的想法，让他们描述自己的思维过程，从而掌握用户思维与公文之间的相互影响。可以在用户完成任务后，请用户描述其思维过程。
- **用户评注法**。让用户在公文中他们喜欢或赞同的地方标上加号，在感到困惑或错误的地方标上减号。然后，通过采访或焦点小组讨论的方式了解他们做标记的理由。

5.8 资料手册的设计

如果设计做得好，对受众有吸引力，那么人们就更有可能阅读资料手册。资料手册的设计必须直接针对受众的需要。设计资料手册时，必须考虑用户为什么会阅读资料手册，以及用户对资料手册有什么想法。例如，如图 5-16 所示的有关疟疾的资料手册直接面向的是那些担心感染疟疾的读者。粗体的惊叹号可以把读者的注意力吸引到核心信息上，全大写标题可以帮助解答读者最关心的问题。内容和风格也许可以更为正式或非正式，但都应该有助于传递你或你所在组织的良好形象，并确保符合传播的目标。如图 5-17 所示的三折式资料手册采用的是最为常见的页面布局，当然也有很多其他的页面布局形式。

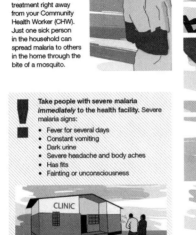

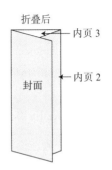

© PATH/Bret Smith. Used by Permission.

图 5-16　分发给赞比亚家庭的疟疾资料手册

第 1 页			第 2 页			折叠后
内页 2	封底	封面	内页 1	内页 3	内页 4	封面

内页 3
内页 2

图 5-17　用 8.5 英寸 ×11 英寸[⊖]纸张制作三折式资料手册

注：制作三折式资料手册时，可以借鉴这里的页面设置，从而保证最后公文得到正确打印。

───────────

⊖　1 英寸 = 0.025 4 米。

在将文本及视觉元素插入资料手册之前，要对页面布局进行优化，而且要考虑到受众的阅读习惯。他们会如何打开资料手册？打开后，他们首先关注的是哪些内容？该如何运用Z字形视线移动模式、网格或图形等方式来引导受众的关注点？每个区块都有其自身的意义吗？每次读者打开阅读时，要使最为重要的内容出现在页面的强调之处。对于三折式资料手册，Z字形视线移动模式必须考虑以下三种情况：仅打开封面；内页1与2（读者开始打开手册）；内页1、3与4（手册完全打开）。甚至需要考虑到：如果受众并非如你所计划的那样阅读手册，会出现什么情况？如果资料手册不小心放颠倒了，那么背面的信息是否仍能激励受众继续看下去？

5.9 信息图形的设计

信息图形（infographic）是指就某个具体主题，以视觉展示的方式向某个受众传递信息。信息图形通常用于描述从定量和定性调查研究中所得到的复杂结论。以图片形式来描述数据，并将统计数据以故事这种易于理解的形式进行说明。

信息图形过去主要出现在报纸和新闻杂志中，如今专业机构也在更多地加以应用。诸如富国银行（Wells Fargo）、英国石油、索尼（Sony）和摩根大通（JP Morgan Chase & Co.）等公司都在年报中借助信息图形来与股东沟通。其他企业也在网站和社交媒体上运用信息图形来联络顾客和宣传自己。由于在分享、传输、发布和推送方面十分方便，信息图形在数字时代得到了迅速发展。信息图形几乎可用于任何与商业相关的话题，如名片、CEO、计划书、全球化等。有些求职者甚至制作了信息图形简历，以便介绍自己的成果，同时又可以引起未来雇主的关注。[20]

与制作资料手册一样，信息图形的设计需要考虑公文设计的所有要素。针对信息图形设计的要素包括确定故事情节、为定性或定量信息选定可视化陈述方法，以及进行信息图形的整合。

5.9.1 确定故事情节

信息图形采用讲故事的形式来描述数据资料，但简单描述数据资料难以保证受众能按期望的方式来解释数据。因此，讲故事时，必须精心选择文本资料，如标题等。如图5-18所示，小标题"Wage Discrimination"（工资歧视）可以引导读者关注具体的内容。在图5-19中，诸如"Orbits"（轨道）和"Titan Flybys"（泰坦飞人）两个标题就明确指出了Cassini号宇宙飞船的两大任务。

5.9.2 选定信息的可视化陈述方法

信息图形依赖于设计来传递含义，需要运用视觉方法来展示内容。要创作出令人印象深刻的、有效的信息图形，关键在于选定思路清晰、富有吸引力、符合受众期望的陈述方法。通常的一种方法就是利用人物形象来表示数据，如图5-18顶部就采用了人物形象。当然，所选定的视觉陈述方法也要与内容相呼应。例如，在一个关于大学学费的信息图形中，1便士的硬币被用于代表1 000美元的学费，如此就可以用一堆1便士的硬币来与学费进行比对。

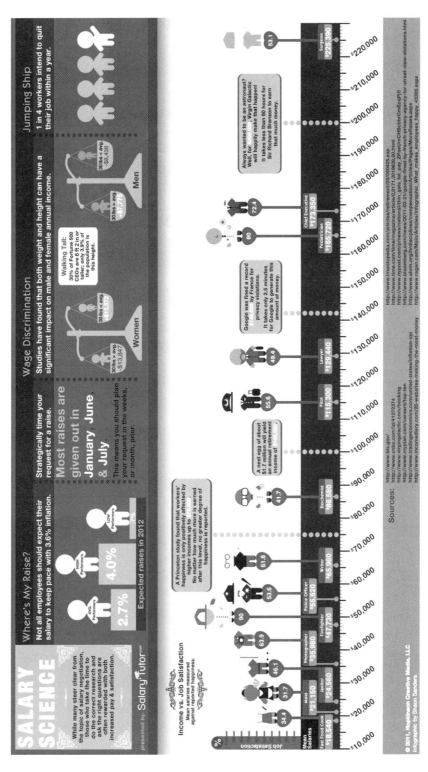

图 5-18 信息图形示例

资料来源：" The Science of Salary—Infographic" by Shaun Sanders. ©2011 Hopkinson Creative Media. Reprinted with permission.

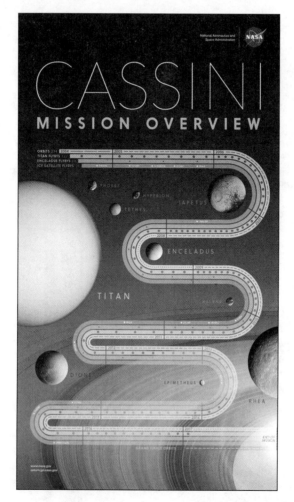

图 5-19　Cassini 号任务概述信息图形：按时间顺序把数据组织成故事

资料来源：NASA.

5.9.3　信息图形的整合

在将视觉材料和文本整合成信息图形之前，有必要用草图或设计计划来测试可能的布局情况。为了确保最终内容易于读懂，必须考虑最终媒体的规模，无论是采用印刷媒体或电子媒体。

草图完成之后，将视觉要素和文本要素整合到你所选定的软件程序中。为了引导受众阅读信息图形，必须将各种形状、线条、字体字号和色彩整合到信息图形中。信息图形所呈现的信息应当有一个明晰的组织结构，以便受众了解接下来应该关注什么。如果需要，还应当包含一些说明，以便受众理解信息图形。就用 1 便士硬币个数来表示学费而言，有必要在信息图形中说明一个 1 便士硬币代表 1 000 美元的学费。

进行信息图形设计时，还需要决定希望信息图形营造何种观感。为此，需要精心选定信息图形上出现的要素，包括色彩、字体、视觉材料和文本多少。你的选择必须能响应目标受众的需要及信息图形的制作目的，不能让受众产生这样的疑问：为什么要展示某个内容的信息？视觉材料与文本材料在内容上有什么联系？

进行信息图形设计时，不仅要小心谨慎，而且要注意伦理问题。鉴于视觉材料往往较文本资料更具重要性和情感影响力，信息图形的设计者很容易误导他们的受众。[21] 因此，要避免采用被歪曲的数据资料来强调论据和吸引受众。要在信息图形上标注数据资料的出处，当然标注的地方可以在不起眼或隐蔽之处。信息图形所传递的信息必须可靠可信，从而有助于在受众心目中树立起你作为制作者的信誉。

5.10 网站的设计

有效的网站必须能吸引并维持受众的注意力，其主页要实用，浏览要方便，还要遵循惯例，并便于受众访问。随着法律上开始将网站视作公共空间，因此在进行网站设计时，应遵循 1990 年《美国残疾人法案》的规定，努力使网站便于残疾人访问。此外，要对网站进行有效性测试，确保受众的访问情况符合设计者的预期。

5.10.1 吸引并维持受众的注意力

担任 eBay 移动业务副总裁的史蒂夫·扬科维奇（Steve Yankovich）指出："我们发现网上用户只会给我们 30 至 60 秒的时间，让我们拿他们需要并喜爱的东西去影响他们。"[22] 你能用于吸引并维持受众关注网站的时间极其有限。有研究人员对用户阅读或浏览网页的时间做了跟踪调查，结果发现访问时间不足 10 秒的访问次数占比高达 52%。事实上，少于 4 秒的访问次数占比达 25%，而高于 2 分钟的访问次数占比仅为 10%。因此，有必要实施简明并富有吸引力的设计策略，不仅要能吸引受众，而且要努力避免能导致受众立即离开网站的任何设计失误。[23]

一旦获得了受众的关注，就要组织能维持受众注意的内容。雅各布·尼尔森的研究表明，网络受众浏览网页时采用 F 字形视线移动模式：首先快速浏览网页顶部内容，从左到右全行阅读；然后往下浏览些许，但大多不全行阅读；最后浏览网页底部左端的内容。这一切都在短时间内完成。F字形视线移动模式表明，设计网页时应该将最重要的内容放在网页的顶部。此外，撰写标题、段落和列表项目时应当选用对读者而言重要的词汇。[24]

5.10.2 创建实用的主页与导航

为了吸引访问者在网站上停留更久，来寻找或购买他们所需要的东西，一定要精心设计网站主页和网站导航。不仅网站主页打开的速度要快，而且网站导航要便于访问者快速找到他们想要的信息。研究表明，如果一个网页用了 10 秒还没有打开，那么绝大多数访问者会失去耐心而立即离开。[25] 此外，就首次访问者而言，他们一般只看文本材料的首屏，不会翻看首屏下面的内容。如果受众需要费很多心思才能弄清楚如何使用网页，那么他们会选择离开网站。

- 提供简明易得的关于网站作者或网站目的的指导性材料。许多网站会在鲜明之处设置一个关于"概述"（About）或"常见问题"（FAQ）的链接。这样设计可以满足用户的需要：有些用户希望在继续访问之前对网站的信誉情况做一个评价，有些用户希望在网站上快速得到问题的答案，而不用浏览整个菜单才能找到答案。
- 提供有效的导航工具。网站索引、搜索工具和导航条（垂直位于屏幕左边或水平位于屏幕顶部和底部）可以帮助用户找到所需要的内容。
- 向读者清楚说明如果他们点开链接可获得什么信息。

  无效表述：招工——名额和技能要求由各办公室自行确定。

  有效表述：招工——名额按技能要求和工作地点分别列出。

- 让完成任务变得尽可能容易。如图 5-20 所示，半斤八两油炸圈饼店（Half a Dozen of One）在其网站上设计了醒目的下单按钮"ORDER NOW"。这样，用户可以快速利用网站来执行自己希望的功能——在这个例子中，下单的是"午夜快餐"。

图 5-20　半斤八两油炸圈饼店引导用户下单购买

5.10.3　遵循惯例

雅各布·尼尔森要求读者遵循网页的惯例并回归到基本的设计上来。他提醒设计者：从根本上讲，质量要素才是用户所需要的。他所列举的主要设计错误包括：

- 糟糕的搜索引擎。

- 用户访问过的链接不发生色彩变化。
- 文本区过大。
- 字体大小固定。
- 与用户问题答非所问的内容。

　　雅各布·尼尔森还提醒设计者不要违反设计惯例。用户希望所访问的网站与其他网站相同。不然，网站就会很难用，访问者就会离开。雅各布·尼尔森提醒称，诸如旗帜类广告之类的惯例已经失去了生命力。正如某一非营利健康组织网站所发现的那样，旗帜盲点（banner blindness）现象可谓普遍存在，以至于任何类似旗帜的内容都遭到了无视。该网站在主页顶部设置了一个信息框，告诉用户发生心脏病时该如何应对。然而，调查发现，用户无视该信息框，原因在于他们把它当成了广告。[26]

　　设计网页时，不妨应用以下原则：

- 使用白色或浅色背景以便于浏览。
- 图片篇幅要小。明确图片的宽度和高度，这样，当图片打开时，文本会留在固定位置。
- 设法使用多元的视觉材料，如缩进、符号或数字列表、标题等。列表要用有影响力的词开头，毕竟读者按 F 字形视线移动模式阅读。
- 使各页面所用的小装饰、图片或标签相统一，这样浏览者就可以了解是谁主办了该网页。
- 每页上设置返回主页的链接。
- 尽量少用动画；假如有的话，要允许浏览者自己控制。如果有网站介绍动画，要设计一个容易发现的"跳过介绍"按钮。
- 如果网页中包含音乐或音频效果，应在用户可以立即找到的位置设置一个"停止"按钮。

　　这些已经足够了。互联网上提供了许多关于网页设计原则的补充资源，包括关于 HTML、XML、CSS 和 Java 的技术方法，以及关于网页设计的程序，如 WordPress、Dreamweaver 和 Drupal。

5.10.4　适应访问方式

　　如今的网页用户希望能通过多种设备访问网站，包括手提电脑、智能手机和平板电脑。**移动优先设计**（mobile-first design）理念优先考虑的是众多设备间的功能性和包容性问题。谷歌公司鼓励应用程序开发商设计移动友好的应用程序。为此，谷歌将这些程序与搜索结果挂钩，坚信"不管信息是存在于移动友好的网页还是存在于应用程序，用户都应当能得到最相关、最及时的搜索结果"。[27]

　　针对移动端受众进行网站设计的方法主要有两种：适应性设计（adaptive design）和响应性设

计（responsive design）。适应性设计要把全部网站内容重新排列到移动窗口，鉴于窗口大小的不同，需要从根本上调整内容的结构布局。响应性设计提供专门面向移动屏幕的内容。内容更复杂的网站，如健康保险门户网站，可能需要进行适应性设计以便传递全部内容；诸如比萨订购网站之类的目的单一的网站，采用专门面向移动用户的响应性设计就能较好地满足顾客的需要了。

设计具有移动兼容性的网站会影响公司或非营利机构的盈利情况。联合劝募会（United Way）按照移动优先设计理念和响应性设计原则重建了公司网站后，平板电脑的访问量增加了 20% 以上，智能手机的访问量增加了 34%，捐赠金额增加了 28%。

5.10.5 设计包容性网站

包容性设计要考虑具体的网站媒体因素。听力有障碍的用户希望获得音频资料的文字说明，而盲人用户需要的是音频资料而非图形资料。塔吉特（Target）公司与美国盲人联合会（National Federation of the Blind）就诉讼达成了和解，塔吉特公司同意支付 600 万美元的赔偿，并承诺提高其网站的包容性。多起法律诉讼令苹果公司最后同意加强其 iTunes 播放程序的包容性。在这些法律诉讼中，诉求之一就是文本及所附的链接和图片可以用屏幕朗读程序访问。[28]

为了方便视障患者访问你的网页，应该：

- 在网站的左上角设置一个纯文字版的网站链接。
- 把导航链接、网站地图、搜索框等设置在屏幕上部，最好设置在左上角。
- 将导航链接按字母顺序排列，以便盲人用户通过屏幕朗读程序直接进入他们想要的链接。
- 为网站中所有的图像、applet 应用程序及"提交"按钮提供文本选项（Alt 标签）。
- 为 Flash 或动画设置一个静态的选项。
- 对于超文本链接，使用那些单独阅读时才有意义的文本。利用屏幕朗读程序的人不太听得懂"点击此处"，而"点击订购""点击查看详细信息"等则可以提供有用的线索。

5.10.6 测试网站的有效性

雅各布·尼尔森建议在网站设计的各个阶段通过观察人们如何浏览网站来进行有效性测试，毕竟这样可以发现用户自己可能并没有意识到的行为，如 F 字形视线移动模式。[29] 许多应用程序对选定用户群体——通常为那些清楚应用程序功能并不完善的志愿者——采用 β 测试（beta testing）法，以获取新推出的应用程序功能是否完善的反馈信息。利用这些信息，就可以在全面进入市场之前对应用程序进行修改。这样做有利于维护公司的声誉，可以避免推出存在缺陷的应用程序。[30] 当然，你也可以请他人来对网站做 β 测试，从而确保电子传播能有效传递你和公司的职业形象。

❖ 本章回顾 ❖

- 公文设计的重要性

  精良的公文设计既省时、省钱，又可以体现设计者期望展示的形象，还有利于树立公司的良好信誉。

  有效的设计对观点进行了直观的分类，使得公文结构简单明了、富有吸引力，从而便于受众应用。

- 设计惯例

  设计是否有效在很大程度上与惯例有关，而惯例又会随公文目的、传播媒介及受众的不同而不同。

- 公文设计的四个层次

  公文设计的四个层次（内部层次、交互层次、附加层次和高级层次）可以帮助你组织和分析设计选项。

- 各个层次的设计原则

  设计出赏心悦目、功能全面的公文的原则包括：字体选择策略；限制使用全大写的词汇；空白的运用；页边距选择策略；需要强调内容的放置；用网格来统一各项要素；标题的运用；通过适度应用一致的修饰手段来统一公文。

- 公文撰写过程中的设计

  要设计出有效的公文，在撰写的每个环节都必须考虑设计问题：做计划时，要考虑到受众的需要；撰写时，要使用列表、标题和视觉材料；要从使用公文的对象那里获得反馈信息；修改时，要根据本章所提及的指导方针检查文稿。

- 如何进行包容性设计

  包容性设计就是要以让全部用户受益的方式来考虑无障碍性需要。包容性设计的考虑因素包括视力受损、患有失读症和色盲的人士。

- 如何测试公文的有效性

  有效性测试是对公文在面向实际受众时效果如何的评价。测试时，可以观察受众阅读公文或利用公文完成任务的行为。

- 如何设计资料手册

  为了创作出有效的资料手册，必须经历修辞情景分析、文本起草、恰当的视觉材料选用、版式设计和印刷等过程。

- 如何设计信息图形

  为了创作出有效的信息图形，必须确定故事情节、选定合适的可视化陈述方法，以及进行信息图形的整合。

- 如何设计网站

  有效的网站必须能吸引并维持受众的注意，必须创建实用的主页与导航、遵循惯例、适应可能的访问方式，并开展有效性测试。

第 6 章

跨文化沟通

星巴克错了，麦咖啡对了

如果请你描述当今咖啡店的样子，那么你脑子里很可能出现这样的场景：玻璃店面、浅色纯木家具、裸露的房梁、客厅式座椅布置。因为星巴克的推崇，这种风格时尚而温馨的咖啡店可以说已经俯拾即是了。这种设计风格成功地促进了星巴克咖啡店在全球各地的扩张，甚至包括那些在星巴克开设之前根本不存在咖啡文化的地方。然而，在具有传统咖啡文化的澳大利亚，为什么星巴克几乎无法扩张店面呢？澳大利亚人虽然排斥星巴克咖啡店，但同时又喜爱那些采用了星巴克设计风格的咖啡店。那么，其中原因何在呢？答案就是其他的咖啡店没有挂星巴克的公司标识。

星巴克公司品牌旗下的咖啡店数量不下23 000家，其中在美国以外的咖啡店数量超过了1/5（大约5 500家）。当然，对于许多看到星巴克公司标识就会立刻联想到可靠且始终如一的咖啡店体验的消费者而言，星巴克的公司标识的确意味着可靠而舒适的选择。不过，无所不在的公司标识

让那些看重地方特色以及个人成就的消费者心生厌恶。事实上，澳大利亚人排斥的既不是咖啡的品质，也不是温馨而现代的店面设计。排斥的真正原因是：悉尼消费者要的是本地咖啡，想要一种在街头小店而不是上"大卖场"购买咖啡的感觉。按加盟店数量来统计，星巴克仅次于麦当劳，并预计很快形成反超。依靠其成功模式，星巴克在数万个街头开设了数万家咖啡店。然而，星巴克一直未能做到适应当地文化，即在确定营销计划的各个要素，以及寻找进入多元化市场机会方面缺乏灵活性和弹性。

麦当劳及麦咖啡品牌在全球开设了大约36 000家加盟店。考虑到悉尼消费者对出现在街头的公司品牌的态度，麦当劳及麦咖啡品牌很可能遭遇同样的怀疑和排斥。不过，麦当劳及麦咖啡品牌吸取了星巴克所犯错误的教训，找到了解决方案。

按照文化分析和全球灵活性原则，麦咖啡进行了新形象打造，将品牌全新定位为"街头"咖啡店，不仅对品名和菜单

做了调整，而且在其他方面也进行了改变。当地市场需要的是独特的食物和饮料，注重的是更健康、更新鲜，要求灵活处理麦当劳长期建立起来的形象和品牌推广策略。为此，新的麦咖啡店面在视觉上完全不同于麦当劳经典的金拱门，而是采用了亮色调和麦咖啡字样。"街头"咖啡店定位完全遵循星巴克那种温馨的设计模式。店面环境定位的是休闲而不是享用快餐食品，所以菜单上的任何食品名称都不出现"Mc"字样。虽然这种做法可能被认为完全偏离了麦当劳的核心营销策略，但公司打造的"街头"咖啡店品牌和形象帮助麦咖啡摆脱了星巴克遭遇过的困境，实现了经营的起飞。

资料来源: Ashley Lutz, "Starbucks Was a Complete Failure in Austrailia," *Business Insider*, May 29, 2014, https://www.businessinsider.com.au/starbucks-closing-stores-in-australia-2014-5; and Daniel Palmer, "Starbucks: What Went Wrong?," *Australian Food News*, July 31, 2008, http://www.ausfoodnews.com.au/2008/07/31/starbucks-what-went-wrong.html.

6.1　文化意识

文化是群体成员共同拥有的价值观、信仰、行为和习俗的集合，文化不仅可以习得，而且会世代相传。对群体内所有成员而言，这种文化行为的集合可以凭直觉了解，从而成为大家的习惯。文化行为包括人们对经商及贸易方面习惯方式的态度。文化对每个人都会有影响，会影响我们的行为处事、所思所想和言语交流，甚至会影响我们对他人外表和行为的感知。我们的价值观、优先顺序和习俗是由我们赖以成长的文化环境塑造而成的。如果你希望在当今全球商务时代取得成功，那么必须清楚外国人的价值观、优先顺序和习俗也是由他们的母国文化塑造而成的，文化之间不存在好坏与优劣之分。在 21 世纪的今天，从事商务工作意味着要与各种各样的员工团队共事，要融入全球供应链，要将产品推销给来自本国不同文化群体的客户，要面向不同国家开展销售，要管理国际工厂或业务部门，甚至要在总部位于其他国家的跨国公司上班。

成功的跨文化沟通者必须：

- 了解自己母国文化中的价值观、信仰、语言和习俗。
- 保持对自己母国文化内的个体间差异的敏感性。
- 了解其他文化的价值观、信仰、语言和习俗。
- 清楚自己所推崇的价值观和行为并不一定更得体或"正确"。
- 保持对其他文化的兴趣并乐意去探寻其他文化的各种偏好和习俗。
- 对改变自己的某些偏好和习惯持灵活与开放的态度。
- 明白作为商务沟通最常用语言的英语并非这个世界上绝大多数讲英语人士的母语。

6.2　跨文化能力

上一节所列出的特征不仅体现在成功的跨文化沟通者身上，也是任何商务沟通的最佳做法。

这些特征的养成需要我们掌握有效倾听和言语技能的基本原则，并且可以强化所有的合作和交往。按照跨文化交流研究所（Intercultural Communications Institute）珍妮特·班尼特（Janet Bennett）博士的定义，跨文化能力（intercultural competence）是"一系列认知的、情感的和行为的能力与特征，支撑了人们在各种文化环境下进行有效且得体的交往"。[1] 增进跨文化能力的第一步就是要意识到人们有不同的行为与处事方式，而且这种差异不存在好坏或优劣之分。

民族中心主义（ethnocentrism）视自己的文化为标准，并以此来判断其他文化的观念和行为。民族中心主义是多元文化和国际化意识缺失所带来的危险之一。一旦缺乏从更高层次的无倾向性和包容性视角看待世界万物的能力，就会导致跨文化冲突。例如，许多遭受过殖民统治的发展中国家通常在其现行文化中带有殖民主义的影响。强加的语言、机构和文化常常会导致民族中心主义，形成文化优越感或民族例外论。[2] 文化态度往往要历经许多代人才能逐步形成。就跨文化关系而言，历史事件通常具有现时相关性。

对同一文化内部及不同文化之间差异的了解和关注，与通过归纳将特征归因于刻板印象和贴标签不是一回事。如果大而化之，人们就难以确认自己的类别。同样，如果不提及细微差别，给他人贴标签也很危险。例如，我们的错误认识中有多少是因为按国籍、种族、性别、年龄、宗教、社会经济地位、专业等常规给人贴标签所引起的呢？又有多少行为方式带有因这些标签而引起的成见呢？如果按这些标签来评判人，那么我们自己和我们周围的人又会被怎样误解呢？

心理学家指出，成见不仅会带来严重影响，而且这种影响会发生在我们的预想之外。有研究表明，人们对那些公认成见的坚持，不仅会发展成对他人的偏见，而且会对持有偏见者自身产生不利的影响。在非洲裔美国学生回答研究生院入学考试的试题之前，如果要求他们确认自己的种族身份，那么他们答对题目的数量就会减半。同样，在参加微积分进阶课程考试之前，如果要求学生确认性别，那么女生的得分会降低，而男生的得分不受影响。如果将这个关于性别的问题推后到考试结束，那么获得进阶课程学分的女生人数会增加 5%。[3]

6.3   文化灵活性

人们在谈论全球商务沟通时，常常关注的是差异性。在《全球变通力》（Global Dexterity）一书中，作者安迪·莫林斯基（Andy Molinsky）指出，期望任何人都能牢记在跨情境、跨语境及跨文化背景下出现的各种各样的文化差异是不现实的，更不要说能成功模仿对方那些完全不同于自己的文化特征了。[4] 为了养成文化意识和文化灵活性，我们必须了解自身文化中文化敏感性和偏好的形成过程。此外，我们必须了解其他文化的偏好，以便增强沟通中的灵活性。不过，全球商务沟通的文化灵活性既不是要让自己的特征消亡，也不是要去模仿他人的特征。相反，全球商务沟通的文化灵活性意味着愿意为达成沟通目的放下传统做法，转而接纳新的交往方式。在单一文化主义已成为历史的当今商业世界，树立全球思维成了必然。通用电气的前 CEO 杰克·韦尔奇

（Jack Welch）就该话题曾告诫其员工："未来的 CEO 的经历当不同于我。我一生都生活在美国。通用电气的下一任总裁应当有过在印度孟买、中国香港和阿根廷布宜诺斯艾利斯生活与工作的经历。"[5]

6.3.1 适应当地文化

本章的开篇案例介绍了美国的零售商是如何适应当地的偏好和风俗习惯的。例如，电影公司不再接拍在美国卖得动但在国外卖不动的片子。因为海外票房收入占电影公司全球销售收入的 2/3，所以做出这些决定也是合理的。此外，电影公司对于大片开始雇请越来越多的外国演员，并根据国际观众的需求创作剧本。[6] 企业面临的挑战就是要把握文化差异对产品或服务会产生怎样的影响。企业在国内所拥有的需求在国外或许已被对手满足，甚至有可能在国外市场根本不存在。如果没有文化意识，那么灵活性就意味着某些重要细节可能在某个时刻导致大问题。语言和糟糕的跨文化翻译可能引起混淆，甚至造成误解或品牌声誉的损失。众所周知，雪佛兰新星（Chevrolet Nova）在墨西哥销售时连名称都未做变动。然而，由于西班牙语中的"no va"意指"no go"，结果雪佛兰新星总是成为被取笑的对象。待公司发现这一对当地文化的认知盲点时，已经损失巨大。[7]

许多大公司对文化灵活性所带来的好处深有感触。在进入中国市场时，沃尔玛因在其门店出售死鱼和包装肉而激怒了消费者，因为中国消费者把这样的产品视作坏了或不新鲜的产品。沃尔玛很快就找到了补救办法，那就是销售不带包装的肉，并通过安装水箱来出售活鱼。此外，沃尔玛销售活的甲鱼，并将强生婴儿润肤油与当地产的抗皱纹商品羊胎素保湿霜在货架上并排销售。为了吸引走路或骑自行车的客户来购物，沃尔玛提供免费班车，对大件商品提供送货到家服务。2016 年，沃尔玛组建了首个工会。

其他公司也在根据当地市场偏好来调整产品。百胜餐饮集团（Yum! Brands）是在中国经营最为成功的企业之一。公司不仅在肯德基卖炸虾条和蛋挞，还在必胜客卖泰式炒饭和海鲜比萨。在同一市场上，卡夫食品（Kraft Foods）卖的是辣鸡肉里兹脆饼、龙虾奶酪和柠檬茶薯片。[8] 在日本，汉堡王（Burger King）卖的是章鱼墨汁番茄酱汉堡，而麦当劳卖的是土豆泥熏肉汉堡。[9]

肯德基在日本的营销策略建议传统的美式圣诞晚餐应以炸鸡块为主。实施的结果大为成功，以至于如今肯德基的圣诞外卖食品必须在假期前预先订购。客户阅读店面前的指示牌就可清楚还剩多少预订额度。此外，店外的桑德斯上校塑像也穿的是和服或其他传统服装，以便与客户照相。[10]

如果不能根据当地文化进行调整，那么由此带来的成本会非常高昂。位于多伦多的 AlertDrive 公司从事驾驶员培训业务。直到该公司的业务拓展到 20 多个国家或地区之后，公司方才意识到问题：公司的培训课程存在翻译不当或错误，相关说明不符合当地的法律和惯例。更为糟糕的是，一些客户认为提出批评会显得无礼，而公司多年来却根本没有意识到这些问题。最后，AlertDrive 公司只好花数百万美元对培训资料重新翻译，所有资料按照当地文化重新处理。这着实是文化意识缺乏的一个大教训！[11]

6.3.2 外包与离岸外包

全球商务的另一个重要方面就是**外包**（outsourcing）与**离岸外包**（offshoring）。外包是指将公司业务包给其他公司来完成，而离岸外包是指将整个经营设施设在其他国家或地区。过去，这类工作技术层级比较低，如设在孟加拉国的服装厂、设在印度的呼叫中心或帮助中心。如今，越来越多的公司在外包高层次的业务，如研究、会计服务等业务。[12] 那些外包领域的领先企业，如印度的塔塔咨询服务公司（TATA Consultancy Services）也在进行这方面的外包，在南美地区雇用了数千名员工。[13]

外包经营模式也已经从远东国家或地区发展到欧洲和南美地区。IBM、微软、惠普和安永会计师事务所（Ernst & Young）都在波兰开设了分公司，主要看重的是当地受教育程度较高且懂得多国语言的年轻劳动力。[14] 这些业务安排使得对劳动力技能和资源的具体需求与劳动力和便利物流设施的供给相匹配。不过，适合于一种文化的经营系统如果要在另一文化下也取得成功，通常需要考虑文化意识和灵活性问题。

丰田公司（Toyota）一直以来堪称成功运用外包业务模式的典范。公司 70% 的制造业务是在日本以外完成的，包括位于美国的大型业务机构。[15] 丰田公司的成功主要在于通过对沟通和信誉体系的大规模资源投入来管理其与供应商的关系。公司一直坚持对质量标准的严格控制，同时通过强化与各种各样供应商的沟通来实现对标准的遵循。波音公司也利用外包的优点，将其 787 新机型的创新设计工作进行了外包。不过，波音公司只是表面上在面对面沟通方面学习了丰田公司的模式，实际做的是通过电子数据交换工具来监控供应链和整合业务流程。波音公司希望每个用户输入同类信息，而且这些信息强调的都是美国工厂所要求的及时性和准确性。遗憾的是，这一工具遭遇了不同程度的误解和猜疑，原因就在于它无法协调供应商诸多不同的信息与沟通系统。由于缺乏涉及面广泛的各种标准的沟通渠道，致使整个供应链存在严重的违反标准现象。业务外包估计给波音公司带来了 40 亿美元的成本节约，但经营面临的挫折也给公司造成数十亿美元的成本增加和数年的时间耽搁。

6.3.3 国际职业经历

进出口业务无论是对企业个体的经营成功，还是对整个国家的经济发展都是必不可少的。全球供应链的波及范围和复杂性几乎影响到全球各个地方的经济，甚至是小企业也都参与到全球供应链之中。绝大多数的大型企业不仅在全球范围内开展经营，而且越来越多的利润来自总部之外的国家或地区。

- 麦当劳有 43% 的经营收入来自美国以外的国家和地区。
- 3M 公司在 70 多个国家或地区开展经营，其 65% 的销售收入来自国际市场。
- 联合利华在全球 190 多个国家或地区销售其产品。其中，55% 以上的业务来自新兴市场。

- 沃尔玛的国外销售额虽然只占其总销售额的 28%，但该比例对应的销售额达到了 1 250 亿美元。[16]

随着工厂、商店、客户和办事处迁往海外，人员也会外流，既有高层管理人员，也有普通工人。事实上，企业需要的多是具有国际经历的高层管理人员。海外经历往往意味着这些管理人员更具创造性，更有问题解决能力。[17] 伴随着海外经营的快速增长，这一结果意味着猎头公司要找的人必须具备跨文化沟通能力或有在若干国家工作的经历，特别是有在中国、印度和巴西工作的经历。[18] 针对这种对全球经历的需求，商学院开始开设国际课程，包括国际案例研究、海外校园学习与师生交流。无论是新员工还是老员工，都要求掌握第二语言，并具有跨文化意识。[19]

美国工人早就加入了海外劳工大军。另外，尼泊尔工人赴韩国工厂工作，蒙古国工人在布拉格打零工。如今，接近一半的移民为女性，她们把孩子留在老家，通过手机和网络与家人保持联系。[20]

海外劳工对东道国和母国都有利。每年，海外劳工汇回母国内的资金高达 3 170 多亿美元，该数目为发达国家给发展中国家资助的三倍。在七个国家，这些收入占这些国家 GDP 的 25%。[21] 因此，这种汇回母国内的资金成了促进国际发展的主要驱动力之一。

普利策奖获得者托马斯·弗里德曼（Thomas Friedman）是《纽约时报》的专栏作家，他用"世界是平的"来比喻这种不可阻挡的全球化趋势。在《世界是平的：21 世纪简史》（*The World Is Flat: A Brief History of the Twenty-First Century*）一书中，他写道："所谓世界在变平是指我们正在将全球各地的知识中心联结成一个单一的全球网络。如果不受政治和恐怖主义的干预，这样的全球网络预示着一个了不起的，强调繁荣、创新与协作的时代的产生，而这一切靠的是公司、社区和个人的共同努力。"[22]

6.4 多元化在北美

即使你久居美国或加拿大，你也会与来自不同文化背景的人共事。居住在小镇和农村的人对友善这一概念的理解与来自大城市的人差别很大。加州人与中西部人在语言和服饰上有很大的差别。婴儿潮时代出生的人与千禧一代的文化偶像截然不同。对于许多工人而言，当地多元化与国际多元化显得同等重要。

在过去 20 年间，多元化现象日趋重要。工作场所的多元化包括以下诸多方面：

| 性别 | 宗教信仰 | 籍贯和国籍 | 性取向 |
| 种族和民族 | 年龄 | 社会阶层 | 体能 |

很多年轻的美国人在文化上早已多元化了。根据 2010 年美国的人口普查资料，年龄在 18~24 岁的美国人中，只有 59% 为非拉美裔白人。[23] 其中有些则是移民或移民的后代。2010

年，抵达美国的移民主要来自墨西哥、中国、印度、菲律宾、多米尼加共和国、古巴和越南。[24] 2002 年，移民美国的拉美人最多。美国人口统计局预计，到 2042 年底，非拉美裔白人占全国总人口的比例将低于 50%。[25] 来自皮尤研究中心的可比预测数据表明，这一变化将发生在 2050 年。[26] 事实上，加利福尼亚、哥伦比亚特区、夏威夷、新墨西哥和得克萨斯的少数族裔人口占比已经超过了 50%。美国人口统计局称这些州为以少数族裔人口为主的州。[27]

长期以来，讲双语的加拿大人将其多元文化比作一个拼盘。如今，来自意大利、中国和中东地区的移民也加入这个由法国人、英国人、因纽特人组成的拼盘之中。位于多伦多的 CHIN 电台使用 30 多种语言进行广播。[28]

根据美国 2010 年的人口统计数据，大约有 900 万人认为自己属于两个或两个以上的种族。[29] 统计数据还表明，全美人口中的 20% 和加州人口中的 43.1% 在家不说英语。[30] 在诸如洛杉矶和圣何塞这些城市，有半数以上的人在家说英语之外的语言（分别为 60.5% 和 55%）。[31]

面对这些数据，许多组织正在努力使其劳动力也呈现多元化。例如，微软公司建立了 40 个员工网络，除了设立阿拉伯人等不同的族群文化团体以外，还包括各种各样的家庭角色（双职工父母）、残疾人（多为视觉有障碍者）、年龄组（婴儿潮一代）和特定背景人士（美国退伍军人）。这些团体组织不仅起到了社区的作用，而且为公司招募和培训员工提供了资源。[32]

这些多元化公司的做法是相当明智的。新证据表明，多元化可以促进企业发展。有关研究分析了美国 250 家企业的多元化水平与商业成功之间的关系，发现两者之间存在相关性，种族和少数族裔多元化水平较高的公司往往能获得较高的收益，享有较高的市场份额并拥有较多的顾客。相反，多元化水平较低的公司则收益较低，市场份额较少，拥有的顾客数量也相当少。[33] 当最高法院就得克萨斯大学将种族作为录取因素举行听证时，包括安泰保险（Aetna）、陶氏化学（Dow Chemical）、通用电气、微软、宝洁和沃尔玛在内的 57 家公司提出了辩护，认为多元化的员工队伍有助于提高公司的盈利水平。[34]

克服成见

了解不同文化对于理解来自不同文化背景的同事很重要。不过，领导力培养导师基思·卡弗（Keith Caver）和安塞勒·利韦尔斯（Ancella Livers）提醒道，人们首先是个体，然后才是所在文化群体的代表。[35] 根据对非洲裔美籍经理的调查，卡弗和利韦尔斯发现，同事们有时把这些个体首先看成黑人文化的代表，然后才将他们看作才能卓越、富有经验的经理。

例如，卡弗和利韦尔斯提到了一位新聘黑人经理常常碰到的情形。该经理参与了某项经营开发业务。虽然这位经理准备好了回答属于她业务专长方面的问题，但她要回答的问题都只与多元化有关。卡弗和利韦尔斯的非洲裔客户抱怨称，他们常常被要求解释那些非洲裔美籍知名人士的行为，如克拉伦斯·托马斯（Clarence Thomas）或杰西·杰克逊（Jesse Jackson），他们怀疑他们的白人同事会觉得他们的种族限定其解读美国白人名人的行为。

在这个案例中，成见使得沟通中出于良好本意的行为成了冒犯对方的元凶。即便是在直接交流较少但涉及多元观点的沟通中，我们潜意识中的成见也常常会引起不经意的偏见。为了避免这种偏见，必须把对方按个体看待。要注意他们在当前环境中表现出的品质，了解他们在商业环境中的角色，而且尊重他们独特的经历，即便这些经历可能包含某些特定的文化视角。[36] 拥抱多样性并不意味着有意回避总是被种族化的现实社会，[37] 也不意味着文化因素不会影响我们的思考和感知。拥抱多样性意味着承认经验的差异性，而不去评判具有背景差异的个体的价值观或美德。拥抱多样性也意味着不要拿任何个体来代表群体，也不要指望一个人的观点能代表群体的观点。换言之，我们要避免形成泛化的结论。[38]

6.5 文化审视方法

每个人成长的文化环境决定了他所能接受的行为和信仰模式。只有在与行为方式不同的人接触后，我们才可能真正体察到自身文化的基本特征。例如，儿童摸老人的光脚在印度被看成是一种敬重，但在美国这种行为则显得很不得体。[39] 在绝大多数西方人看来，坐着时跷腿似乎是很自然的行为，但在许多文化中把脚朝对方抬起来属于极其粗鲁的行为。

这些行为模式很难按国籍来归因，而且这样归因也很危险。当然，人们的确会从更广的范畴对行为进行分类。人类学家爱德华·霍尔（Edward Hall）最先把文化分为高语境文化和低语境文化。虽然这种分类在人类学中并不流行，但在商业领域很受欢迎。在**高语境文化**（high-context culture）中，大部分信息要依据人们之间的社会关系和信息所处的上下文来进行推断，明确传达的信息较少。中国、日本、阿拉伯和拉丁美洲等国家与地区的文化都属于高语境文化。在**低语境文化**（low-context culture）中，上下文之间的关系并不是很重要，许多信息都已被清楚地表达出来了。德国、斯堪的纳维亚和北美地区的文化均属于低语境文化。

高语境文化与低语境文化对沟通中的直接性和间接性看法各异，对口头和书面沟通方式的态度也不同。如表 6-1 所示，低语境文化（如美国文化）认为书面语比口头语更为重要，所以合同具有约束力，而承诺可以不兑现。低语境文化喜欢直接沟通。例如，许多美国人看重直接、明确的表达，喜欢节省时间的简明扼要的沟通方式。如果他们收到的电子邮件这样开头——"希望将报告中的数据发给我"（I'd like you to send me the data from the report），那么他们的回复很可能就是发送数据。如果沙特阿拉伯人或西班牙人收到这封请求的电子邮件，那么他们可能会感觉被冒犯了，毕竟该请求中既没有问候一下收件人的家庭，也没有提一些恭维该报告写得好的话语，而且直接采用了第二人称代词"you"来请求对方，没有采用更婉转的表达，如"能否……"（would it be possible ...）。在不同的文化偏好中，直接性或间接性的沟通方式往往会造成误解，更重要的是，它会伤害双方的关系和尊严。[40]

表 6-1　高语境和低语境文化中关于沟通的观点

项　目	高语境文化（如日本、沙特阿拉伯）	低语境文化（如德国、北美地区）
沟通策略偏好	间接、礼貌、含糊	直接、冲突、清楚
对语言的依赖程度	低	高
对非语言符号的依赖程度	高	低
关系的重要性	高	低
书面语的重要性	低	高
书面协议	无约束力	有约束力
口头协议	有约束力	无约束力
对细节的关注程度	低	高

另一种研究文化因素的方法就是采用吉尔特·霍夫斯泰德（Geert Hofstede）的文化度量指标。根据 IBM 所收集的资料，吉尔特·霍夫斯泰德的五个度量指标为：

- 权力距离 / 不平等指数。
- 个人主义 / 集体主义指数。
- 男性化 / 女性化指数。
- 规避不确定性指数。
- 长期 / 短期指数。[41]

目前，这些度量指标已经在 74 个国家与地区得到了应用，形成了一般性文化偏好结论。例如，按照吉尔特·霍夫斯泰德的分析，美国文化具有极高的个人主义指数，同时男性化指数也很高，毕竟男性在社会权力结构中占有支配地位。美国文化的权力距离指数较低，表明各社会阶层比较平等。此外，美国文化的规避不确定性指数也较低，表明美国文化较其他文化更能容忍不同的观点和信念。[42] 必须清楚这些文化偏好是连续的，没有极端好坏之分。了解这一点有助于分析自己或他人的情况，从而能更好地与来自不同文化偏好的同事、客户、老板、承包商或员工打交道。

前面的分析框架侧重于国家与地区层面的文化。不过，商务沟通中的多样性同样会受到组织文化和个人文化因素的影响，如性别、种族、社会阶层等。如图 6-1 所示，所有这些交集决定了在特定情景下必须采取什么样的沟通方式。交集之处也表明，多样性可以说是任何劳动力中的一项资产，因为它不仅扩大了员工的见识，而且使商务沟通的风格多样化，否则商务沟通就会单调乏味。有时，为了寻求

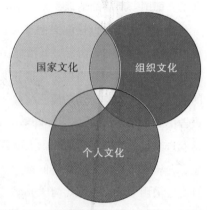

图 6-1　多样性中的维度重叠：国家文化、组织文化和个人文化

共同利益，一种文化可能比另一种文化更为重要。例如，对欧洲、亚洲和美国等国家与地区的航天工程师的研究表明，职业话语环境的相似性比国别文化差异性更为重要。[43]

6.6 价值观、信仰与习俗

价值观常常是在我们的文化体验中无意识地形成的，会影响到我们对人和环境的反应。例如，大多数北美人崇尚"公平"。"你这样做不公平"是一种严正要求对方改变行为方式的批评。不过，"公平"这个术语的含义或内涵也受文化束缚。在有些语境里，"公平"意味着某些群体可以享受到其他群体享受不到的特殊待遇，而且这样的特殊待遇并不违背该语境下人们对"公平"的期待。儿童、老年人、男人、女人、工人、老板都会受到不同对待，但这并不意味着他们受到了"不公平"对待。这个例子表明，不同的文化习惯会被误解为"价值观"方面的重大差异，而事实上是语境造成了差异。这个例子还表明，价值观会如何影响我们的本能和选择——如果我们不能避免对差异进行对错或好坏的评价，那么就会影响到我们对他人的评价。[44]

信仰和传统也会影响商务沟通与商业生活。例如，许多亚洲国家会庆祝农历新年，家庭成员要团聚在一起，所以人们会离开公司并回家，旅行自然变得十分繁忙。因此，企业都应当认真对待沟通对象所在国家或文化环境的主要节假日和风俗习惯。[45]

不同文化中的日常习惯也会有所不同。北美人和欧洲人将姓氏放在名字之后，亚洲人则先说姓氏。北美人和欧洲人打印排版采用自上而下、从左往右的方式；阿拉伯人看文章则采用从右往左、自上而下的方式。在美国，"on the fourth floor"的确是在四楼，但在英国"on the fourth floor"实际是在五楼，原因在于在英国一楼被称为"ground floor"。在一些亚洲国家或地区，大楼可能没有四楼，因为"四"听起来像"死"，显得不吉利。[46]

饮食习惯也会影响商务餐行为，包括各种各样的待人之道和用餐方法，以及众多新奇的美味佳肴。在一些文化中，谢绝对方提供的食物多少会被看作一种冒犯。因此，对沟通对象所处的文化或其文化中自己想了解的那些新事物，有必要事先做些调查或研究。在中国，人们可能会以鸡大腿来款待贵宾，因为鸡大腿是鸡最珍贵的部分。类似地，作为款待贵宾之道，英国人会上腰花馅饼，法国人会上蜗牛，印度尼西亚人会上榴梿等。虽然这些东西可能令人难以接受，但要记住的是最好能吃上一些。因此，除非宗教信仰有规定，否则最佳方法就是大方地吃上一些。当然，要记住许多民族的确有饮食禁忌。[47]

日常商务行为也因文化而异（见表 6-2）。在有些国家，只能用右手交换名片，绝对不可用"不干净"的左手。在中国等一些国家，要用双手交换名片，而且接过名片后要仔细看一下两面的内容。因此，接过名片后，要奉上一些恭维话，并问一下与对方头衔或公司有关的问题，而且要把名片放到名片盒中。在俄罗斯，名片上应当印有诸如头衔之类的身份说明，而且要注明公司的创建日期。在印度，人们比较看重学历，所以名片上一定要印上大学学位。[48]

在当今网络社会，文化行为会迅速发生变化。在这样多变的环境下，沟通显得更为重要。如果存在不了解或不清楚之处，那么询问对方文化方面的问题往往是建立感情和关系的重要手段。不过，这样做时一定要有开放的心态、真诚的兴趣和文化的敏感性，当然也要做到尊重对方。

表 6-2　全球多地的商务礼仪

国家 / 地区	进入正题之前是否有寒暄	是否遵循议程安排	采用的沟通风格
巴西	有	不遵循	直接
加拿大	没有	不遵循	间接
美国	很少	不遵循	直接
丹麦	很少	遵循	直接
法国	没有	遵循	直接
德国	很少	遵循	直接
爱尔兰	很少	遵循	直接
俄罗斯	没有	不遵循	间接
西班牙	有	不遵循	间接
瑞典	很少	遵循	直接
瑞士	没有	遵循	直接
英国	很少	遵循	直接
以色列	有	不遵循	直接
阿拉伯联合酋长国	有	不遵循	间接
澳大利亚	很少	遵循	直接
中国香港特别行政区	有	遵循	间接
印度	有	不遵循	间接
日本	有	遵循	间接
新西兰	很少	遵循	直接
新加坡	没有	不遵循	间接
韩国	有	不遵循	间接

资料来源：Adapted from CT Business Travel (2015). " Business Etiquette Around the World, " http://www.ctbusinesstravel.co.uk/news/blog/business-etiquette-around-the-world/.

6.7　全球英语

随着英语使用者的不断增多，英语本身也在持续发生变化。当然，这里的变化并非指错误，而是伴随语言传播而发生的自然过程。[49] 从国别语言发展成为一门**通用语**（lingua franca），英语已成为讲其他语言者的共同语言。按照戴维·克里斯特尔（David Crystal）在《英语：全球通用语》（*English as a Global Language*）一书中的解释，英语的应用遍及全球，包括英语的口音、方言、最新词汇等。作为全球通用语，英语已经成为国际谈判中采用的一门标准语。[50]

英语的盛行使某些只会讲英语的人变得自鸣得意。他们因此而懒于花精力去学习客户、合作伙伴、员工或是雇主所在国家的文化和语言。事实上,仅有 1% 的本土美国人掌握第二语言,而欧洲人的该比例达到 56%。人们往往更容易在英语惯用法方面忽略调整,而这些调整,如避免使用习语和某一文化特有的用语,在跨文化交流中往往有助于提高沟通的清晰度。[51]

1958 年,威廉·莱德勒(William Lederer)和尤金·伯迪克(Eugene Burdick)出版了《丑陋的美国人》(*The Ugly American*),书中对美国人在海外旅游的形象做了十分幽默的描写:他们以自我为中心,骄傲自大,喜欢发号施令,只说英文。

60 年过去了,"丑陋的美国人",或者说更大范围的"丑陋的讲英语人"仍然存在。营销战略家兼职业生涯咨询师多里·克拉克(Dorie Clark)出版了众多成功写作商务文案方面的书籍。他就建议要避免这种狭隘的观念,同时要增强跨文化沟通能力。

- **掌握一些基本的语言知识**。访问在线语言资源或找一本实用的常用语手册,至少要掌握一些地名、招呼语和告别用语,以及"请""谢谢""抱歉"等。此外,要了解书写体系,以便读懂招牌和菜单。要设法掌握发音,并加以练习。[52]
- **了解文化与历史**。这方面的在线资源很多。不过,一定要多与来自当地或在当地生活过的人交流。如果去中国,一定要了解中国长城的有关情况;如果去墨西哥,就一定要了解印加人和阿兹特克人取得的成就。此外,去这些地方旅游时,不要想当然地以为过去和现在一样。例如,当代埃及人总需要很苦闷地再三解释:如今的世界性大都市吉萨(Giza)并非只有广袤沙漠中的金字塔和法老。多里·克拉克还指出,除了利比里亚和缅甸,美国也没有采用公制衡量系统。所以,美国人有必要了解公制衡量系统。[53]
- **掌握口头交谈的基本知识**。不同文化下的口头沟通方式差异巨大。例如,与陌生人发起交谈或搭讪是否礼貌?表扬同事是否可以接受?表 6-3 描述了口头沟通中的文化差异。

表 6-3　口头沟通中的文化差异

项目	美国	欧洲地区	亚洲地区
发起对话	主动发起	英国:主动发起	日本:一直等到对方发起对话
插话	待对方讲话结束后	意大利:经常插话,会出现多人同时讲话的情形	日本:不插话,通常会保持一段时间的沉默
嗓音特征	改变节奏和音量	西班牙人讲话的嗓门可能高于法国人	印度人讲英语的语速快于美国人
表示不同意	平静、直接地表达	西班牙:通常伴有突发的情感性表情	日本:常常采取沉默形式来表示不同意
赞扬	主要激励因素	俄罗斯:除非有特殊行为,否则被认为不真实	印度尼西亚:可能会引起冒犯(意味着主管对事情做得好感到意外)

资料来源:Adapted from Richard M. Steers, Carlos J. Sanchez-Runde, and Luciara Nardon, *Management across Cultures: Challenges and Strategies* (New York: Cambridge University Press, 2010), 222–223.

相反,全世界其他地方的人不仅在学习英语,而且有能力提供劳动力、资源、创新、工作技能和经营场地，缺乏共同使用的语言不再成为障碍。他们可以将英语作为与英语母语者和英语非母语者之间交流的桥梁。

事实上，无论是在跨国公司母国国内沟通，还是以另一种共同的语言在当地用户中沟通，英语已经成为跨国公司的通用语言。例如，空中客车、戴姆勒－克莱斯勒（Daimler-Chrysler）、诺基亚（Nokia）、雷诺（Renault）、三星、特艺集团（Technicolor）、微软等在中国北京的公司都制定了英语语言政策。[54]

为什么转为使用一门共同的语言很重要？其中的原因与员工和经营安全有关。例如，虽然所有采矿工作都危险，但铂矿开采尤其危险，因为铂矿常常位于地表下一英里处，而且岩层很硬。英美资源（Anglo American）集团在南非的铂矿实施了安全程序和措施，为鼓励来自不同国家和民族的矿工而开设了英语和南非语（Afrikaans）培训班，以便他们选学其中一门语言。[55]虽然的确有必要把英语作为统一且简易的经营工具，但这种出于交易目的的用法并不意味着这些人可以放弃他们的第一语言，也不意味着以英语为母语者应当放弃对其他语言的尊重和学习。

6.8 跨文化交流中的非语言沟通

如果说语言沟通（verbal communication）提供的是信息，那么非语言沟通（nonverbal communication）是对语言沟通的"调味增色"，反映的是态度、关注重点和情感。对于有效沟通而言，两者都起着重要的作用。

6.8.1 倾听

在公司环境下，有些人比其他人更有可能取得成功，其中的原因就在于人际沟通技能方面的差异。成功的专业人士应当擅长在各种环境和文化下（组织的、公司的、国家的、国际的）与不同类型的人沟通，包括同事、老板和客户。为此，他们需要培养倾听方面的技能。为了减少因文化差异及误解所带来的倾听错误，必须：

- 在交流中，解释说话者所说的内容，让他来纠正你的理解。一定要重视理解方面的任何差错。
- 在谈话的最后，检查一下你和对方的理解，特别是检查可执行项目，比如谁接下来做什么。
- 谈话结束后，记下那些对最终期限或工作评价产生影响的要点。有时，这些要点必须通过电子邮件来进行确认。毕竟将口头语转为书面语时会产生理解错误。
- 不要忽略自己认为没有必要的指令或细节。在凭直觉判断这些内容的必要性之前，检查一下理由是否充分。判断中不要受自己的偏好和优先顺序的影响。
- 可以分析他人的背景和经历，但也要避免成见。有哪些文化因素、优先顺序和偏好可能影响对方的需要？

倾听他人谈话反映了对他人的重视。感知性反应（点头、微笑、皱眉）有助于传递你在倾听的信息。但是，要记住的是倾听时的反应往往随文化不同而不同，涉及点头的次数多少与方向、眼神接触等。

6.8.2 肢体语言

就像口头语言存在差异那样，肢体语言也随文化不同而不同。日本人看重一个人的静坐能力。他们认为美国人不断变化坐姿是一种缺乏心理或精神上平衡的表现。即使是在北美，面试官和观众通常也不喜欢那些紧张时做的小动作，如不停地摆弄领带、头发或饰物，敲打铅笔，晃动腿脚等。

人们利用肢体语言来表示他们的兴趣爱好、尊重、情感、自信与认同。例如，阿拉伯男人之间的挽手表示相互间的支持和关怀。在中东地区工作的美国人应注意避免用手指着别人或是坐着的时候露出脚掌。[56] 比尔·盖茨（Bill Gates）曾经因为在与韩国女总统握手时将他的另一只手放在口袋中而登上国际新闻，原因就是这样做在韩国被视为轻蔑对方。如果说口头语和书面语中所用的符号代表一定的含义，那么可以说作为符号的肢体语言在其他语言中也同样代表一定的含义。因此，一种文化中的常见肢体行为在其他文化中可能具有完全不同的含义。例如，对你来说点头意味着肯定，但对希腊人和保加利亚人来说意味着不同意或否定。[57] 再例如，摇头通常有否定或不相信之意，但在印度，倾听者常常有把头歪向一边的动作，表示在认真倾听或是对对方所讲内容的肯定或认同。如图 6-2 所示，有些肢体动作在不同语境下具有不同含义。因此，在对不同受众使用肢体语言时，必须像使用语言那样谨慎小心。

6.8.3 眼神接触

绝大多数北美人认为眼神接触是聚精会神的表现，事实上，不敢正视对方让人觉得有不可信之嫌。但在很多文化中，垂下眼睛表示对上级的尊重。日本人在与上级或长者交谈时，会垂下他们的眼睛以示尊敬。在拉丁美洲和非洲的一些文化中，如尼日利亚，对于社会地位较低的人来说，长时间与上级对视是大不敬的。在美国，盯着对方看也被视作不礼貌。但是在英国，人们往往出于礼貌而会一直注视着说话者，并且用眨眼来示意自己理解说话者的意思。在中国，双眼圆瞪通常表示生气，在美国则往往表示惊讶。在阿拉伯国家，男性之间的眼神交流是非常重要的，不正视对方被认为是不礼貌的。[58]

在多元化工作场所中，这些差异会致使沟通不能正确进行。在上级看来，下属的行为十分不敬，但按员工所属的文化标准来看，他们的行为是很敬重上司的。

6.8.4 面部表情

微笑的频率和人们对微笑的理解取决于微笑在特定文化中的含义。在美国，各个地区对微笑的理解是不同的。在德国、瑞士及"不常笑"的美国文化中，只有对最亲近的人或者遇到真正让人开心的事时才会微笑。在其他情况下，频繁的微笑看起来可能难以让人信任。对于其他国家的人，包括泰国在内，微笑能促进和睦，使气氛融洽。

研究表明，人们在解释情感时，美国人注意的是嘴，笑容因此显得十分重要。不过，日本人注意的是眼睛。这些差异在表情符号方面就表现得十分明显。例如，美国人用":)"表示幸福的心情，用":("表示悲伤的心情。日本人用"＾_＾"表示幸福的心情，用";_;"表示悲伤的心情。[59]

图 6-2 肢体语言与动作方面的差异性

资料来源：Adapted from Hult International Business School (2017). "11 Biggest Challenges of International Business in 2017," http://www.hult.edu/blog/international-business-challenges/.

6.8.5　手势

美国人有时认为，语言不通时他们完全可以靠手势沟通。但在不同的文化中，手势表达的意思会大不一样。在美国，亲吻通常表示喜爱，但在其他国家则表示欢迎。在希腊，点头表示"不"，而摇头表示"是"。[60]

在美国表示赞许的手势到了其他国家可能出现完全不同的意思。在美国和绝大多数西欧地区，竖大拇指表示"做得好"或"继续努力"之意，但在伊拉克、伊朗和孟加拉国表示侮辱。在美国圈起大拇指和食指表示"好的"，但在巴西和德国则表示"下流"。[61]

"V"形手势也具有多种含义。最为著名的是在"二战"期间，丘吉尔曾以手心向外的"V"形手势表示胜利，20 世纪 60 年代和 70 年代的嬉皮士们也常用这个手势。而在英国、爱尔兰和澳大利亚，手心向内的"V"形手势表示侮辱。美国某位总统在访问澳大利亚时，不经意间使用了"V"形手势，随即成了一条头版趣事。

既要了解所有合适的手势，也要清楚不合适的手势，尤其当存在区域或地区差异时，结果往往让人无所适从。因此，最好的办法就是放弃那些习惯手势，转而采用清晰的文字或符号表达。

这里给出了一系列需要进行适应性调整的手势类型：[62]

- 弯曲手指。绝对不要在北美以外地区用弯曲手指的手势来示意他人"过来"。在有些地方，这种手势有敌视或挑衅的含义。
- 挥手。虽然许多地方可以随意地小幅挥手，但要避免挥舞整个手臂。
- "OK"手势。并非在所有地方将食指和大拇指做成圈的手势都表示同意。在一些地方，这个手势有预料之外的含义。
- 竖大拇指。用竖大拇指来传递信号时一定要谨慎。如要使用，一定要做好功课。表达同意时，完全可以采用点头加微笑的方式。

对于这些手势，如果拿不准，建议直接放弃使用，不然可能招致严重的误解。

6.8.6　个人空间

个人空间（personal space）是个体自己与其他个体在进行普通的、非亲密关系的沟通时所希望保持的距离。一些研究表明，许多北美人、北欧人和亚洲人较许多拉丁美洲人、法国人、意大利人和阿拉伯人更倾向于为自己多留些个人空间。不过，对于很希望拥有更多个人空间的人来说，在拥挤的电梯或地铁里，或是在小型的会议室里，也不得不忍受与他人的密切接触。

即使在同一文化背景下，对个人空间的要求也会因人而异。在许多文化里，当身处相同年龄和性别的群体时，人们对个人空间的要求要小于处在混合年龄或混合性别群体时的要求。

6.8.7 触摸语言

人们对触摸的接受程度不尽相同，因此也会造成彼此间的误解。在那些习惯于经常触摸的人看来，不喜欢触摸的人似乎很不友好。对不喜欢被人触摸的人来说，触摸者也许显得过分亲近了些。在北美大部分地区，人们习惯于见到异性伴侣手拉手、肩并肩地出入公共场合，但对于同性之间的这种举动大多嗤之以鼻。其他有些国家的人可以接受同性之间手拉手、肩并肩地出入公共场合，却对异性之间在公共场合过分接触感到吃惊。

在美国的商业场合，双方见面通常会握手，而其他方式的接触被认为是不合适的。在墨西哥，问候要通过较多的身体触碰来表达。如男性采用相互拥抱的形式，而女性则以相互亲吻的方式来表达。在欧洲的商业场合，商业伙伴之间一见面就会握手，这种情形会持续一整天。在地中海沿岸的国家，以拥抱和拍拍对方肩膀的方式打招呼是很普遍的。在有些欧洲国家，问候还包括亲吻，其基本方式是先亲对方的右脸颊，然后亲左脸颊（或者轻嗅一下对方脸颊附近的空气）。在意大利，亲两下为止，在比利时要连亲三下，在法国则要连亲四下。[63]

6.8.8 时间观

时区差异使得国际电话通信和视频会议变得复杂化。然而，更为重要的是人们的时间观和对时间的态度。在美国，办公室按日历和时钟来记录准确的时间。"准时"是可靠的象征，众多交易以约定的执行时间为准。其他文化虽然也强调遵循时间安排，但执行时常常带有一定的弹性。

北美人相信"时间就是金钱"。当他们与那些不紧不慢、消磨时间的人谈判时，常常感到无可奈何。导致这一问题的部分原因在于：许多具有其他文化背景的人喜欢先建立一定的交情，然后再决定是否要与对方做生意。他们会先见上几次面或打上几次电话，为建立关系打好基础。这种方法虽然耗费时间，但对他们来说很重要，也很值得。不过，美国人会觉得他们这样做完全是在浪费时间。

因为不同的文化背景的人对时间的观念不同，问题变得更糟。很多北美人以5分钟为心理区隔单位。如果会议或应聘面试迟到了5分钟，就必须道歉。假如管理者或面试官迟到了30分钟，那么他们到达后就得向来访者解释迟到的原因，因为没有人会等那么长的时间，所以会议也得重新安排了。但在有些文化中，30分钟可能是最小的心理区隔单位。对以30分钟为心理区隔单位的人来说，迟到45分钟跟那些以5分钟为心理区隔单位的人迟到10分钟的感觉差不多。

在不同的文化中，人们安排日程的时间观念也不同。在有些国家，重要会议至少要提前两周做好安排。在另一些国家，则不仅不需要提前这么长时间，而且两周后的事情这么早就定了，到时很有可能会忘记。

人类学家爱德华·霍尔把时间文化区分为共时性文化（monochronic culture）和历时性文化（polychronic culture），前者注重时间，后者注重关系。处于共时性文化中的人会安排好工作时间，每一时间段只做一件事；处于历时性文化中的人不希望把他们的时间定死，而且同一时间段可以做多项工作。一位拉美经理与一位美国经理约好见面，但是那位拉美经理在同一时间还约了另一个人，这使美国经理很不高兴。显然，这两种时间文化发生了冲突。[64]

6.9 面向国际受众的文案写作

文化偏好在书面文案中也起着重要作用。例如，德国人以偏爱技术数据和科学细节而闻名。对缺乏逻辑支撑的判断，他们似乎很难容忍。在撰写面向德国受众的文案时，美国人应当确保文案中的所有判断绝对真实。[65] 伊斯兰教日历按阴历一年为 354 天，因此，沙特阿拉伯企业的文案可能采用两个日期：西方日期（公元日期）和伊斯兰教日期。[66]

很多文化中的文案撰写都比美国文化来得正式。在给国际客户写信时，要使用头衔，而不能直呼其名；要避免使用缩写、俚语和运动方面的隐喻。

不要写成：Let's knock these sales figures out of the ballpark.（让我们把销售数据排除掉。）

而应写成：Our goal is to increase sales 7%.（我们的目标是把销售额提高 7%。）

要避免使用那些难以"望文生义"的惯用表达或成语。这些表达很容易让那些母语非英语的读者混淆含义。请注意以下这些办公室常用语的含义：

- Get ahold of me.（与我联系。）
- Keep me posted.（随时通知我。）
- Shoot me an email.（给我发邮件。）
- Stay on top of things.（掌握最新情况。）
- Get to the point.（直截了当地说。）
- Put it on the back burner.（把它延后一些。）
- It's on my radar.（我会关注的。）
- Take that to the bank.（这一点毋庸置疑。）

虽然这些表达增加了语言的多样性和趣味性，但往往会导致听者的理解错误。

除非精通客户所使用的语言，否则尽量使用英语。语句要清晰，口气要老练。

不要写成：We'll meet Tuesday. Our meeting room will be Hanscher North. We will start at 9:30 AM.（我们将于星期二会面。我们会面的地方是在汉舍尔北。我们会在上午 9:30 开始。）

而应写成：We will meet Tuesday at 9:30 AM in Hanscher North.（我们将于星期二上午 9:30 在汉舍尔北会面。）

在国际沟通中，适用于美国受众的公文组织模式可能需要做适当调整。例如，大多数美国人养成了线性思维的习惯，对于合同中的价格、数量和交货期限喜欢逐项按序洽谈。不过，来自其他文化背景的商人则可能喜欢从总体上思考，而不是逐项按序思考。在他们看来，关系比实际合同要重要得多，所以合同有时可能根本没有约束力。

在合同以外的其他文件中，要用委婉语来传递负面信息，要间接地提出要求。如果美国经理在电子邮件中直截了当地问"合同号与会计数据进行核对了吗"，那么很可能招致国际受众的不满，因为对方可能将此理解为一种指责。

企业发生事故或灾难时，其跨文化沟通往往十分复杂。2011年3月，日本发生了地震和海啸。苹果公司总裁史蒂夫·乔布斯（Steve Jobs）当时写的信件曾经感动了多元文化下的受众。地震时，苹果公司正打算在日本市场推出其最新款的iPod产品。对于苹果公司的持续发展，当时可谓处于关键时刻。不过，地震发生后数小时，苹果公司就取消了这一推广活动，在日本的所有苹果公司员工都收到了来自总裁史蒂夫·乔布斯的以下信件。

> 苹果日本公司团队：
>
> 这些天我们一直都在关注日本的大地震。我们一直牵挂着大家，包括你们的家人，还有遭遇灾难的日本人民。
>
> 如果需要回家照看家人，请直接联系人力资源部，他们会帮助你做好安排。如果你需要任何用品，也告诉人力资源部，我们会尽快安排发货。
>
> 在这艰难时刻，我们再次向大家表示关切。各位务请注意安全。

信件本身就很重要，传递的是来自公司总裁的鼓励和支持。[67]不过，对于成千上万的雇员和数目更多的非雇员而言，苹果公司随后所做的一切更加重要。在那些停电、网络不通的城市，苹果公司自有商店坚持对外营业，提供的服务包括：免费无线上网，免费使用电脑、充电等，并为困难员工提供食宿。来商店联系家人和朋友的多达数百人。[68]

日本文化属于高语境文化，强调的是人际关系和实际行动。因此，苹果公司对灾难的响应措施与之十分相称。史蒂夫·乔布斯的信件和当地雇员对成千上万灾民的援助行为反映了作为国际公司应有的善举，也表明公司清楚人际沟通和管理的重要性。

那些能够激励美国读者的写作风格、结构及策略在面向国际读者时应进行必要的调整。如表6-4所示，关系显得更为重要，当然讲究礼貌也很重要。表中给出的是一般情况，而非绝对如此。不过，这些内容可以帮助沟通者找到更为有效的沟通方法。对写作者而言，在写作之前，调研受众所处的文化背景总是有用的。

表 6-4 说服性公文中的文化差异

项目	美国	日本	阿拉伯国家
开篇	要求采取行动或吸引读者	致谢，致歉	私人问候
说服方法	机会难得	等待	私人联系，日后的机会
风格	短句子	谦逊，屈尊自己	详尽叙述，很多签名
结尾	明确的要求	保持和谐	未来关系、私人问候
价值观	效率、直截了当、行动	礼貌、委婉、关系	地位、连续性

资料来源：Adapted from Farid Elashmawi and Philip R. Harris, *Multicultural Management 2000: Essential Cultural Insights for Global Business Success* (Houston: Gulf, 1998), 139.

对回信时间的期望也需要调整。美国员工希望其电子邮件得到最快的回复。但是，在实施等级组织结构的文化里，往往需要更多的时间向上级申请批准。要求快速回复会疏远那些我们需要其帮助的人，也可能导致做出错误的承诺。[69]

国际商务通信中一般先写日期，再写月份。

不要写成：April 8, 2018
而应写成：8 April, 2018

月份要写完整，以免误解。

经常与北美商人沟通的欧洲商人和日本商人已开始逐步接受与借鉴美国人那种直截了当的态度和组织模式。当然，最好适度调整你的信函，从而显得更为礼貌。

6.10　勤学国际商务沟通知识

学会同来自各种文化背景的人员进行沟通绝不是学习死板的教条。要根据个人实践经验来检验这些观点。请牢记全球各地的人各有其个性特点。如有疑问，就请教他人。

此外，直接与来自其他文化背景的人员交流也是一种学习的方法。很多大学都设有国际学生中心。一些社区也有许多从事国际商务的人士，他们常常定期聚在一起谈论各国情况。通过询问他们对美国主流文化中的哪些方面感到陌生，你就会了解到在他们的文化中那些"对的"东西。

❖ 本章回顾 ❖

- 为什么培养文化意识和避免文化定式很重要
  我们在全球化的社会里生活和经营。在这样的社会里，国界的重要性远不如跨境利益来得重要。若在潜在合作者、客户和员工之间筑起高墙，那么任何国家都无法承担由此带来的成本。如今，即便是小企业也参与了全球供应链。

- 为什么文化灵活性在全球商务中很重要
  全球灵活性既不是要让自己的特征消亡，也不是要去模仿他人的特征。相反，全球灵活性意味着愿意为达成沟通目的放下传统做法，转而接纳新的交往方式。

- 为什么文化多样性很重要
  研究发现，多元化水平与企业成功之间存在相关性，种族和少数族裔多元化水平较高的公司往往能获得较高的收益，享有较高的市场份额，并拥有较多的顾客。

- 价值观和信仰如何影响人们对他人的反应
  价值观和信仰常常会无意识地影响到我们的跨文化沟通。宗教信仰、社会价值观，甚至包括我们的日常行为，都会影响到沟通。

- 英语的全球性应用对商务沟通的影响
  作为商务沟通共同语言的英语并不属于任何个别国家或民族。英语是许多民族的通用语。如果懂一些沟通对象的母语，那么常常有助于化解母语非英语者所面临的不平衡感觉。

- 跨文化交流中如何运用非语言沟通
  非语言沟通包括倾听、肢体语言、眼神接触、面部表情、手势、个人空间、触摸语言和时间观。非语言沟通传递的是沟通者的态度、关注重点以及情感。

- 如何确保书面沟通符合全球受众的需要
  了解文化偏好对撰写书面沟通文案非常重要。绝大多数文化中的文案较美国文化中来得正式。在国际沟通中，适用于美国受众的公文组织模式可能需要做适当调整。

团队工作与团队写作

合作就会更强大

2014 年，在微软公司以 70 亿美元收购了诺基亚的手机业务之后，萨提亚·纳德拉（Satya Nadella）开始担任公司 CEO。当时，许多分析师认为这笔收购对微软而言并不明智，将成为致使微软失去行业领袖地位的又一错误举措。担任公司 CEO 之后，萨提亚·纳德拉对微软的主要困境进行了诊断，认为公司的问题并不在于技能或人才的缺乏，而是在于未能建立起可以激励每位员工按预期进行产品创新的文化。正如萨提亚·纳德拉在他的著作《刷新：重新发现商业与未来》（ Hit Refresh ）中所指出的："团队工作正在被内部的权术所替代。我们正在走向落后。"

针对这一问题，萨提亚·纳德拉的解决办法就是构建起能增进高层管理部门与基层员工之间情感和理解的公司文化。这一转变牵涉改变日常业务活动和例行程序，目的就是形成有助于解决工程问题的社会资本。萨提亚·纳德拉甚至主持培训会议，带来他的团队全程参加活动，以帮助他们增进作为个体对工作外生活的相互理解，而不只是作为公司的办公室同事进行沟通。

通过增进情感和理解，微软的公司文化出现了转变。通过开展积极而富有效率的团队建设和团队工作，建立起固定的头脑风暴、投入和反馈渠道，微软公司进行了业务运作的变革，从而有力促进了公司重新走上技术工程和开发领域领先者的发展之路。公司形成了各种互惠沟通渠道，包括自下而上、自上而下或双向的沟通，所带来的成果之一就是公司所做出的决定：微软将不再寻求与苹果和安卓设备的"军备竞赛"式竞争，转而更加注重于其专长优势，如云计算和人工智能。通过资金团队之间的理解，微软充分发挥出了其员工"硬"和"软"两个方面的能力。

资料来源：Martha C. White, "When Microsoft's CEO Joined the Company 3 Years Ago. He Had an Epiphany That Has Guided His Role Ever Since." *Business Insider*, October 4, 2017, http://www.businessinsider.com/microsoft-ceo-says-success-has-nothing-to-do-with-your-skills-2017-10.

如今，越来越多的公司需要通过团队来完成任务，而且团队工作的能力也已成为职场上雇主衡量求职者时最看重的前十大能力之一。[1]团队工作通过整合团队成员的各种优势和才能来解决问题、做出决策。通常，团队有跨职能团队和跨文化团队之分。前者是指团队成员来自不同岗位或职能部门，而后者是指团队成员中包含来自不同国家或不同文化群体的公司员工。有的团队生产产品，有的提供服务，有的推荐问题解决方案，有的负责沟通工作、文案撰写或演示汇报。

萨拉索塔纪念医院（Sarasota Memorial Hospital）就是依靠包括跨职能团队在内的各种团队，来解决关于顾客满意度和员工满意度的问题的。例如，病人护理过程中若出现危急情况，急诊室的各位成员从救护车进入停车场那一刻起就各司其职，紧密配合，一切繁文缛节都被抛之脑后。设备抢修组会与实验室工作人员一起工作，以便更快地得出试验结果。法国轮胎生产商米其林（Michelin）公司的团队成员则来自欧洲和美国。来自两大洲的员工相互交流，从而有助于来自大西洋两岸的公司员工彼此理解对方的观点和需求。[2]团队工作越来越得到重视也是诸如 AT&T、惠普、美国内政部（U.S. Department of the Interior）等组织要求远程办公人员回归办公室上班的主要理由。[3]

一旦工作量太大或时间太紧迫以至于单个人无法完成，那么就得依靠团队工作。同样地，如果项目或任务的创新要求超过了单个人所能提供的，或者单个人缺乏必要的知识和技能，那么也得依靠团队工作。此外，责任重大、利益相关的工作尤其需要团队工作，既是因为这种工作需要众多人才的协同努力才能完成，也是因为任何个人都无法承担失败的责任。许多公司依靠团队工作来增进创造力、加强风险控制和提升经营业绩。

团队工作带来的好处并不只是体现在商业领域。本杰明·琼斯（Benjamin Jones）是西北大学（Northwestern University）凯洛格商学院（Kellogg School of Management）的教授。通过对 1 990 万篇论文和 210 万项专利的分析，本杰明·琼斯发现 99% 的科学子领域不仅依赖于团队工作水平的提高，而且依赖于团队规模的增加。在本杰明·琼斯所分析的引用最多的科学论文中，团队署名论文的引用次数基本上是单个人署名论文引用次数的三倍。对于引用超过 1 000 次的顶尖论文，依靠团队研究的概率是其他论文的六倍以上。[4]

那么，背后的原因是什么呢？按照本杰明·琼斯的分析，研究人员在研究生学习期间的专业领域开始变窄，从而必须依靠来自其他领域的同事来加强不同领域之间的联系。此外，伴随着 21 世纪研究问题的复杂化，人们必须通过团队协作才能真正形成对这些复杂问题的理解。[5]

7.1 团队沟通

7.1.1 团队的基本原则

团队沟通可以强调不同的方面：

- **信息方面的团队沟通**（informational dimensions）关注的是问题、数据与可能的解决方案等内容。
- **程序方面的团队沟通**（procedural dimensions）关注的是沟通方法和过程。例如，团队如何决策？谁做决策？任务的期限如何？
- **人际方面的团队沟通**（interpersonal dimensions）关注的是人际沟通，旨在促进友谊、合作和团队忠诚。

在团队任务生命周期的不同阶段，以上团队沟通方式分别起着主导作用。这些阶段包括团队的形成、合作与定型。

在团队形成阶段（formation），团队成员相互认识，并开始明确团队任务。此时，团队需要形成某种社会凝聚力，并且要确定会议和行动的具体程序。人际方面的沟通和程序方面的沟通有助于缓解新组建团队中通常存在的紧张气氛。在这一阶段如果立即开展项目工作或过于强调信息方面的沟通，就会有损团队的长期工作效率。

团队成员之间的第一次见面常常为团队的成功合作奠定了基础。在团队形成阶段，贡献计分卡可以帮助团队确立预期和目标。团队成员需要在计分卡中填入以下四项内容：

（1）你的发展目标是什么？

（2）为了实现目标，你需要采取哪些措施？

（3）对于该项目，你有哪些知识和经验可以贡献？

（4）通过什么方法可以最大限度地运用你的知识和经验？

初次见面之后，团队成员可以用贡献计分卡来监督和评估项目的进展。在项目期内，整个团队可以对计分卡重新进行讨论，通过管理预期，来保障任务进展没有偏离目标。[6]

当团队成员不折不扣地遵守团队的基本原则时，团队往往是最有效率的。表 7-1 列出了工作场所中最为常见的团队工作基本原则。

表 7-1　团队工作的基本原则

- 团队会议应当按时开始，按时结束
- 经常参与
- 有准备地出席会议
- 要让每位成员清楚下一步要做什么
- 重点突出地论证问题
- 避免人身攻击
- 倾听并尊重团队成员的意见
- 每个人就关键问题和程序发表看法
- 一旦了解问题，就着手处理问题。如果和他人发生冲突，要先与此人进行沟通，而不是与其他人
- 做分内之事
- 如果你无法履行职责，应及时与其他成员进行沟通
- 按规定时间完成工作

在团队形成阶段，团队在确定领导和确定问题时，冲突总会发生。成功的团队要让每位团队成员清楚自己应当做什么，并以此来预测和解决可能的冲突。此外，成功的团队应明确工作程序：何时开会及开会的频次？是否像许多咨询小组那样由领导做出决定？是采用投票方式还是采用达成共识的形式？团队是否评估个体的业绩？是否有人负责编写会议纪要？一般在寻找解决方案前，成功的团队都会先认真分析问题，通过人际方面的团队沟通来化解冲突。

团队合作阶段（coordination）持续时间最长，而且大部分团队工作是在这一阶段完成的。虽然人际方面的团队沟通和程序方面的团队沟通有助于保持团队正确的合作方向和团队成员间的友谊，但这一阶段的沟通以信息沟通为主。可靠的信息是正确决策的关键。成功的团队在选取最终方案前，应仔细思考尽可能多的解决方案，尤其要避免受最初得出的解决方案的诱惑。团队在商讨这些解决方案时，常常会产生冲突。

在团队定型阶段（formalization），团队成员试图达成共识。这个阶段的成功与否决定了团队决议的实施情况。在团队定型阶段，团队成员会不计前嫌地合作。

7.1.2　团队的行为规范

有人可能会错误地以为行为规范就是一系列古板的、陈旧的惯常做法。当然，良好的行为举止包括基本的要求，如讲话时用上"请""谢谢""不客气"等礼貌用语。不过，作为行为规范的指导性原则，就是要做到待人以尊重，而尊重他人意味着必须待人谦恭、耐心和善良。

在绝大多数人看来，团队工作中行为规范方面最大的问题与滥用技术工具有关。团队工作时，要把手机置于震动状态，而且不要在开会时发送短信。事实上，在进行人际沟通时，不可一心多用，同时做几件事情。不然，那相当于明确告知对方，你的事情远没有我的短信、社交媒体或电子邮件等重要。

研究表明，一心多用事实上并不可行，尤其是涉及长期学习或沟通任务时。[7]当我们以为我们可以同时做几件事情时，我们其实只是在这些事情之间来回忙活而已。当返回做之前的事情时，由于存在启动延误因素，不论延误多短，工作进度总会被耽搁。有些研究发现，一心多用导致的延误时间可能长达实际所需时间的50%。[8]考虑到这些延误时间，按序做事可能更为省时，而且事情可能做得更好。

7.1.3　团队中的角色

在团队中，每位成员都担当着多重角色，而且这些角色在团队工作期间会有所变化。如表7-2所示，团队中的角色既可能是积极的，也可能是消极的，这取决于具体应用情况。团队成员的积极参与往往有助于团队的进步。但是，某一个人过多的参与反而会阻碍其他成员的参与。批判思想和意见反馈对于形成最佳解决方案十分有利，但若对所有的建议都予以批评，同时又没有提出任何建设性的意见，这样必然会阻碍团队成员的合作。适度开玩笑可以减缓压力，使团队合作中充满欢乐，但过度或不合适的玩笑会使团队工作变得更为艰难。

表 7-2 积极的团队行为与消极的团队行为

有助于团队完成任务目标的积极的角色行为
寻求信息和意见：提问，确定团队所掌握的知识方面的不足
提供信息和意见：回答问题，提供相关信息
归纳总结：重述主要观点，汇总意见，做出决策
综合：汇聚各方观点并负责团队各方的联络
评估：将团队工作进程和产品与相关标准和目标做比较
协调：计划工作，指明方向，整合团队成员的贡献
有助于团队树立忠诚观念、解决冲突和顺利运作的积极的角色行为
鼓励参与：展示开放且宽容的氛围，肯定成员的贡献，看望默默无闻的成员
减轻压力：开玩笑，建议稍事休息，从事有趣的活动等
了解成员的感受：询问成员对团队活动的感受，交流大家各自的感受
解决人际关系矛盾：公开讨论团队内的人际关系矛盾，提出解决方案
积极倾听：使每位成员感到受关注，而且其意见得到充分的重视
有损于团队成就和工作进程的消极的角色行为
阻碍建议：不同意任何建议
独断管理：以命令、排斥、固执等行为方式来管理团队
乱开玩笑：开无益于工作的玩笑，从而分散团队成员的精力
随意抢话：抓住一切机会先发言，对他人的谈话随便发表个人看法
脱离群体：开会时沉默，不发表任何意见，不协助工作，不出席会议

人们对团队工作的态度与对行为的态度同样重要。克服对团队工作的成见有助于端正人们的态度。关于团队工作的"神话"包括：团队完全是一种文雅的加油团，其和谐靠的是每位成员的赞同。事实上，有效的团队恰恰是利用冲突来形成更多的创新观点和问题解决思路。此外，借助于现代远程通信技术及其全球拓展能力，团队工作似乎不再需要面对面的交流和会面了，而且伴随团队的是大量新老成员的进出。不过，人们也发现，就面对面有价值的沟通而言，稳定的、规模较小的团队往往更富有产出、更具有效率，也更可能成功。[9]

7.1.4 团队中的领导

你可能已经注意到，表 7-2 中的团队行为并没有涉及"领导"角色。每一团队都会有一名或多名领导，承担表 7-2 中所列的一些任务。通常，团队领导要经正式任命或选举产生，但有时团队领导产生于团队工作进行中。作为领导不一定要全权包揽。事实上，认为自己观点最佳、能力最强的人往往在团队中起着阻碍或独断的作用。

有效的团队合作应该权衡三类领导，而这三类领导又与团队沟通的三个方面相对应：

- 信息沟通型领导负责生成并评估观点和文件。
- 人际沟通型领导负责监督团队的进程，体察成员的感受，处理冲突。

- 程序沟通型领导负责制定议程，确保每位成员对下次会议前应完成的任务心知肚明，通知缺席成员，通过检查以确保任务的完成。

尽管以上三类领导的职责可以全由一个人承担，但在许多团队中，通常由三名或三名以上的成员来分别承担这些领导职责。有些团队会正式或非正式地实施轮流领导或实行共同负责制，这样，每个人都是领导，每个人又都不是领导。

研究表明，在团队中踊跃发言、认真倾听并对其他成员做出非语言反馈的成员，多为团队的领导。[10] 随着团队项目的推进，团队领导会随着团队需求的变化而变化。例如，在早期的头脑风暴期间，信息沟通型领导会负责会议安排。但随着团队进入任务执行阶段，程序沟通型领导会负责会议安排。

有效的团队领导不只是老板。团队领导需要运用人际沟通和说服手段来帮助营造良好的团队氛围并提高生产力。优秀的团队领导要与其他团队成员合作，要与追随者交心，要倾听他们的意见，要帮助所有的团队成员培养技能，也要为实现团队目标制定明确的战略。

不同的团队项目需要不同类型的领导。人们发现，为项目指定或任命团队领导有助于提高团队的生产力，减少团队的冲突。如果想当领导的人太多，那么就会产生更多的冲突，导致生产力的下降。[11] 能否选到一名优秀的领导对生产力会产生直接影响。事实上，有一项研究发现，一名好的团队领导给团队带来的生产力增加相当于团队额外增加一名成员。[12]

有效的团队领导有助于冲突的最小化，形成更多、更好的创新，最终获得更好的团队领导体验。若要了解更多有关团队有效沟通和团队角色方面的内容，不妨访问以下网站提供的众多资源：http://www.teamtechnology.co.uk。

7.1.5　团队决策策略

也许最无效的决策策略莫过于让那些首先或最后发言、声音最大或讲得最多的人主宰最终决策。相反，绝大多数团队会让大家发表不同的观点以寻找最佳方案，或是至少有一个看上去有益于团队完成任务的选择。这样的团队会讨论每种观点的优缺点。在许多团队中，有些人愿意扮演"魔鬼代言人"（devil's advocate）的角色，寻找方案中可能的缺陷。在讨论各种方案时，为了公平起见，团队中应该有人来为某个方案的优点说话。

经过团队左右权衡之后，就要选择一种表决方式。投票（voting）和达成共识（consensus）是最典型的两种表决方式。投票的方法很快捷，但是少数派不但会不高兴，而且会拒绝实施多数人的计划。达成共识需要时间，但通常可以加快实施的进程。在早期阶段公开表示偏好或选择，如在会议前进行民意测验以及在会议中进行意向性投票，有时可以帮助团队快速达成共识。虽然在某些情况下无法达成共识，但一个出色的团队会考虑所有被提出的方案。只要知道自己的方案已被考虑，即使所选择的并非自己的方案，绝大多数人也会支持团队的决定。

在不同的国家，商业人士对这两种表决方式的选择也是不同的。据一项对 15 000 名经理和员工的国际调查发现，4/5 的日本被调查对象偏向达成共识的表决方式，但是只有 1/3 稍多的美国被调查对象的选择与他们一样。其他国家，诸如德国、荷兰、比利时和法国，比较喜欢运用达成共识的方式。[13]

组织的团队经常采用两种决策策略：标准问题解决程序法和点式计划法。

标准问题解决程序法包括以下几个步骤：

（1）确定任务或找出存在的问题。团队所要做的到底是什么？

（2）了解团队必须完成的任务、采取的方式，明确截止日期，确定可获得资源。

（3）收集资料，团队成员分享这些资料，认真研究这些资料。

（4）建立标准。理想的解决方案应包含哪些内容？理想解决方案中的哪些因素可以纳入次理想的解决方案中？可能阻碍解决方案实施的法律、财政、道德等限制因素有哪些？

（5）集思广益（方法参见表 7-3），形成备选方案。

（6）根据有关标准衡量各个备选方案。

（7）选出最佳方案。

表 7-3　集思广益的方法

- 集思广益之前，应当明确目的。这样，你就可以确定建议的范围，如有用性或成本，同时也有利于确保集思广益会议不偏离主题
- 让每个参与者提前知道集思广益的目的。这样，来参加会议的每个人就有可能准备好要发表的建议
- 对会议规模和时间设定限制。对于主题明确的讨论，1 个小时已经足够，而且也便于小团队的每个成员参与讨论，发表并听取他人的观点
- 要让大家自由发表观点。即便是不切实际的观点，也有可能激发出最佳的解决方案。多听这些观点会增强创造力
- 要鼓励大家分享观点并据此形成新的思想
- 要与其他团队一起进行集思广益。最佳的思想多来自那些由拥有不同观点的成员所组成的团队

点式计划法（dot planning）可以帮助大型团队合作尽快确定工作重点。首先，团队成员集思广益，并将各自的观点记录在纸上，并张贴在墙上。然后，每位成员分别得到两条上面贴有 3～5 个即时贴小点的胶带，这些点分别为两种颜色，一种代表重要，另一种代表次要。成员走向那些写有观点的纸条，根据自己的看法将小点贴在上面。有的团队要求每位成员只能在一个观点前加贴一个小点，有的则允许那些对某项观点十分重视的成员将自己的小点全贴上去。这些点使得那些团队认为重要的观点和不重要的观点看上去一目了然。

如果团队无法达成一致或无法形成共识，那么情况又会怎样呢？团队建设专家鲍勃·弗里奇（Bob Frisch）提出了若干处理团队决策僵局的建议。除了采用常见的团队决策方法（确立明确的目标，通过集思广益来找出解决方案，以及权衡各个方案的利弊得失）外，应当：

- 以现有症结为出发点来进行新一轮集思广益。如果团队无法从两个方案中选定一个，那么不妨通过集思广益形成结合了旧方案的新方案来打破僵局。这样，团队工作可以继续向前推

进，并可以形成新的思想。

- 不要匆忙形成决策，不妨留些时间给团队成员以便考虑各个备选方案。有时，为了避免因匆忙而做出错误决策，团队成员会拒绝妥协。此时，给予团队成员一些考虑方案的时间就可减少压力。特别是当面临复杂决策时，不妨利用会议间隙安排时间去做些调研，以便充分了解各个解决方案的利弊。

- 容许团队成员做保密形式的决策。如果觉得自己的观点和理由可能得不到团队的肯定，那么人们很可能拒绝发表意见或改变意见。因此，匿名选举或其他保密形式的讨论就有助于打破僵局，因为这样做使得团队成员有机会发表自己的意见，而同时又不会受到评价或遭遇尴尬。[14]

7.1.6   反馈策略

一旦团队开始实施其决定，有必要形成并听取反馈意见。有时，反馈信息来自团队外部成员，如监督人、供应商、当事人及顾客。当然，反馈信息也会来自团队内部。团队经常会评估成员的业绩、团队整体的业绩、任务进展情况，以及团队的工作程序。

团队应当经常并有规律地取得反馈信息。许多团队要求每周反馈，而且在任务各个阶段都要求反馈。规律性的反馈是确保团队成员及时为团队工作做贡献的有效办法。尽管反馈信息必须真实可信而且要包含批评意见，但这些批评意见要尽可能从正面来描述。例如，可以说"请在星期三最后期限前提交这些数据"，不要说"这次希望你记得星期三为截止日期"。当然，不要忘了表扬。研究表明，如果团队互动多以积极的方式来进行，那么团队工作效果就会更好。[15]

7.1.7   成功团队的特征

对由学生团队完成班级项目的一项调查表明，成功团队中的学生并非一定比欠成功团队中的学生更有能力或经验。麻省理工学院的一名教授所做的研究发现，沟通模式是"预测团队成功最重要的因素"。[16]成功团队与欠成功团队在沟通方式上存在差异。

- 成功团队任务具体明确，有清晰的截止时间，经常召开会议，而且从团队整体的角度来交流每一个团队成员的进度情况。欠成功团队的成员不知道自己到底要做什么或者什么时候该做什么，而且团队不经常召开会议。

- 成功团队按计划举行会议进行交流，而且以面对面的形式来处理冲突。成功团队会利用非语言信号和倾听技能来建立信任关系并开展思想交流。欠成功团队多依靠电子邮件、社交网络及其他电子沟通工具来进行交流。

- 成功团队的成员清楚彼此必须相互信赖，要讲信誉，要积极倾听并始终参加团队活动。如果团队成员相互信任，那么他们就会开展合作，共同解决影响整个团队的问题。欠成功团队的成员往往指望其他成员来完成自己的任务，无法将各方联合在一起来形成合力。[17]

- 成功团队强调每位成员对整个团队取得成功的贡献，因此不惜花费时间在团队会议上感谢每位成员。一旦团队成员知道自己的努力或付出得到同事的认可和感谢，他们就更愿意为团队贡献自己。欠成功团队将成员的个人贡献视为理所当然。

- 成功团队的成员彼此仔细倾听，会对说话者的情绪和言辞做出响应。欠成功团队并不关注说话者说了什么、怎么说的。

- 在成功团队里，团队成员工作时稳重、积极。[18] 他们会努力去适应对方的工作安排和偏好。成功团队甚至知道如何安排那些不喜欢在团队中工作的成员。例如，有位学生不乐意加入团队，因此被允许作为团队的自由职业者，只要将她自己完成的任务用电子邮件发送给团队就行了。在欠成功团队中，持有积极态度的成员比例较低，而且在实施最终项目时，经常会有一些滥竽充数的人。

- 成功团队由成员一起来做重要决定。欠成功团队由一个子团队或个人来做决定。

- 成功团队会倾听批评意见，并基于这些批评意见来提高业绩。在欠成功团队中，批评意见不会得到理性对待。

- 成功团队直截了当地解决冲突。欠成功团队对冲突往往视而不见。

毫无疑问，这些优秀团队的特征不仅适用于学生团队，对绝大多数团队都适用。对工程项目团队的一项调查表明，95% 的工程项目团队成员认为有效的沟通是团队成功的关键，无效的沟通是团队失败的根源。[19]

7.1.8　团队成员间压力和团队迷思

从来没有冲突的团队也许正陷于团队迷思中。团队迷思是指团队中高度强调统一、直接或间接地对分歧予以否定的一种思维倾向。

研究发现，当团队成员对内容和文案设计中的实质性问题有不同意见时，团队往往能写出优秀的文案。这里的不同意见并不一定要言辞激烈，完全可以这样说："是的，这里还有另一种方法。"让人从两个或多个选项中选一个，会迫使提议人解释背后的原因。即使团队采纳了最初的建议，也应当先考虑各种选项，而非立即接受最初的建议，这样做可以撰写出更优秀的文案。[20]

很多人不愿意公开表达反对意见，即使客观情况已经清楚地证实第一个发言的人不正确，他们也会附和。在 20 世纪 50 年代的一系列经典实验中，所罗门·阿希（Solomon Asch）证明了团队成员间压力的存在。实验者出示给在座的人一张大卡片，上面画有一条直线，要求他们将这条线同另外一张卡片上长度相同的直线配对。该测试很简单，配对正确的百分比通常为 100%。但是，在实验中，除了一名队员外，所有队员都被要求故意做出错误答案。当团队的集体答案错误时，被观察对象接受该答案的百分比为 36.8%。当其他人也提出不同答案时，即使该答案与团队的答案一样是错误的，被观察对象接受该答案的百分比也达 9%。[21] 实验者增加了直线长度间的差距，希望制造一种显而易见的差异，使最循规蹈矩的实验对象也能相信自己的感觉。虽然一条直线比另一条明显长 7 英寸，但是有的人还是接受了团队的判断。

在肯尼迪总统当政时期，发生过一个关于团队迷思的经典例子，该例子说明了强势团体领导者有时具有约束性影响力。肯尼迪和他的顾问的政策商议就反映了团队迷思的普遍特征：过早达成一致和质疑受到抑制。肯尼迪采用减少团队分歧的方式来引导那次会议，结果做出了一个灾难性决策——入侵古巴猪湾（Bay of Pigs），而入侵的失败又成了古巴导弹危机的导火线。后来，肯尼迪分析了决策过程中存在的问题，并叫他的顾问也进行分析，他使用这些分析结果改变了古巴导弹危机的进程。虽然参加政策商议的成员仍然由肯尼迪和他的顾问组成，但是这一次避免了团队迷思。他要求团队成员踊跃提问，允许自由讨论，召开分组会议。有时，为了避免团队讨论带来不必要的影响，他会独处一室进行思考。[22]

"从众效应"及抑制分歧的团队忽略了各种备选方案的选取，只是寻求那些支持他们所赞成立场的信息，因此无法准备应急措施来处理可预见的障碍。一家陷于团队迷思的公司可能会投资一个获得高层管理者支持，却没有市场需求的产品。陷于团队迷思的学生团队可能会写出拙劣的文章。

克服团队迷思的最佳做法就是有意识地寻找更多的备选方案，将个人的假设同其他人的假设不断进行比较，并且允许团队成员表达反对意见。当权力地位会对意见表达构成障碍时，有必要采取匿名的方式。

7.2　多元化团队的工作

在任何组织中，你都要与来自不同背景、具有不同工作方式的人共事。与来自大城市的人相比，小城镇和偏远地区的居民对友善有着不同的理解。营销人员与研究人员或者工程师的价值观、处事态度大相径庭。另外，性别、阶层、种族、宗教、年龄、性倾向和体能等都可以造成人与人之间的差异。即使有些人有许多上述共同点，但他们在个性方面还是有差异的。

这些差异影响着人们在团队中的行为模式和他们对团队的期望值。例如，在商务谈判中，亚洲人往往更有可能视发展双方的合作关系为谈判目标。相反，美国谈判人员（尤其是团队中的律师）更有可能将签署合同看作谈判的目的。[23] 这种差异影响着人们谈话的内容和方式。一些西方文化主张直接的方式；其他文化，尤其是东方文化则认为这种方式不礼貌，对此往往不会提供信息。

团队差异引发的其他缺陷是：当人们感到被排挤时，总是把问题归咎于偏见，其实问题的根源可能在于其他因素。同时，某重要研究机构发现，多元化团队成员的情感受性别、国籍、种族、身份等因素的影响。[24]

另一方面，也有研究机构发现，种族多元化的团队往往容易形成更多高质量的建议。[25] 有研究发现，团队中只要有女性成员，团队的能力就会增加，做事效果也会更好。[26] 研究还表明，随着时间的推移，当团队成员把精力集中于他们从事的工作、使命或专业，文化差异就不会十分重要，团队成员的作用反而更加重要。[27]

通情达理的团队员工能够发挥各自的力量，出谋划策应对各种差异。这些努力能使整个团队受益。发表在《哈佛商业评论》上的一项有关多元文化团队的研究发现，处理文化差异的理想策略是：适应文化差异，公开承认文化差异，以及齐心协力克服文化差异。例如，一个由美国人和英国人组成的团队用他们各自不同的方法做出了一项高质量的决策。英国成员缓慢而细致地分析可能出现的困难，而美国成员则秉承雷厉风行的做事方法。双方要彼此理解，看到对方所做出的贡献。[28]

7.3 冲突处理

即使是在由智者组成的、人人责任感都很强的团队中，也会有冲突发生。不过，很多人因为不喜欢冲突而漠视它们的存在。发生冲突并不意味着团队的失败。事实上，冲突常常起因于团队成员对创造机会具有不同的观点。虽然冲突的存在有益于项目开展，但必须通过解决冲突来维持团队工作的有效性。没有引起注意的冲突并不会自然消除；相反，它们会蔓延开来，使得下一步的沟通变得更为困难。

7.3.1 通过积极倾听来避免冲突

倾听对建立信任关系十分重要。不过，工作中的倾听比课堂上的听讲要复杂得多。很多课堂上的讲课和活动往往组织严谨，会通过给出标记或不断重复重点部分来帮助听课者领会其含义。可是，工作中的谈话经常会跑题。某份报告的截止日期等重要信息可能被夹杂在其他项目的截止日期等相关信息中。

此外，课堂上听课主要是为了获取信息。相反，在与同事和朋友交往时，除了倾听之外，还要了解情绪的变化。当员工流露出受冷落或工作压力过大的情绪时，必须及时予以处理。当然，只有当你意识到这种情绪，你才能有的放矢。

有效倾听中的困难或错误也可能由你自身的情感反应及由此而产生的精力不集中所致，尤其是当话题富有争议时。倾听者应该注意说话人的情绪变化，以便了解说话者的用意，如果有必要的话，还能争取时间冷静地思考。换位思考沟通方式不仅适用于写作，也适用于倾听。如果倾听者全神贯注地听讲，而不是想着如何进行回应，就会更有效地理解说话人的意思。过多考虑自己的反应，很容易让自己错过很多重要信息。

碰到问题时，很多人不是先确认对方所说，而是急忙给予响应，试图分析问题、解决或回避问题。其实，那些遇到困难的人最需要知道的是我们明白他们的处境。表 7-4 列出了一些阻碍沟通的响应方式。[29] 命令式或威胁式响应相当于告诉对方：讲话者不想听他讲。说教式响应具有攻击性。将问题大事化小式响应表明不重视，甚至会否认其他人的能力，认为对方只是将一些较大的问题处理得尚可而已。建议式响应则意味着拒绝讨论问题。即刻做出响应会减轻对方所感受的痛苦，但也会令对方因自己看不到如此明显的答案而感到自卑。即使从客观上讲建议很不错，但其他人还没做好倾听的准备。通常而言，这种未经仔细考虑的建议并不能解决实质问题。

表 7-4　阻碍式响应与积极响应

阻碍沟通的响应方式	可能的积极响应
命令式响应、威胁式响应 "我不管你怎么做。只要在周五之前把报告交给我就行。"	解释内容 "你是说，周五之前你没有时间完成这一报告。"
说教式响应、批评式响应 "你应该比谁都清楚，本部门的问题不宜在会上公开。"	了解感受 "好像本部门的问题使你很不安。"
将问题大事化小式响应 "你不喜欢那样。但你应该了解一下本周我要完成的任务有多少。"	索取信息或要求解释 "问题的哪一部分最难解决？"
建议式响应 "那么，你为什么不将所有要做的事都列出来，看看哪些事情最重要呢？"	提供帮助来一起解决问题 "我能做点什么吗？"

积极倾听需要时间和精力。即使是经验丰富的积极倾听者也会有闪失。积极倾听能够减少因沟通有误而引起的冲突。不过，当双方的期望值有明显的差异或一方打算改变另一方时，仅靠积极倾听是无济于事的。

除了积极倾听团队成员之外，减少团队内冲突的方法还有：

- 一开始就明确责任和基本原则。
- 及时讨论出现的问题，而不是听任它恶化到不可收拾。
- 必须意识到团队成员相互之间并不为对方的幸福负责。

即使做了这些努力，绝大多数团队仍免不了发生冲突，而且团队成员需要解决这些冲突。如果冲突充满情绪色彩，那么在找到合理的解决方法之前，人们首先要使自己心平气和。会议专家约翰·托伯曼（John Tropman）建议采用"二次会议法则"(two-meeting rule)来处理有争议的问题：冲突应该通过两次不同的会议来解决。在第一次会议上，给每个人提供发表意见的机会。在第二次会议上，团队达成共识，做出处理冲突的决定。两次会议的间隔期就是双方的冷静期。[30]

表 7-5 给出了解决学生团队中经常发生的冲突的办法。当个体感到没有受到团队的重视或尊重时，通常就是产生冲突的征兆。因此，如果人们能以积极肯定的方式来提出看法，那么很多问题就可以避免。有两种方式可以达到此目的：第一种方式是把主要精力用于观察那些积极的方面；第二种方式是进行情况分析而不是仅仅提供建议。团队成员可以说："两年前我们就两页纸的小册子所做的试验，获得了很好的响应。可以把部分信息放到网页上吗？"但不要说："我不看一个 8 页的小册子。"在这个例子中，看法会因人而异；只陈述建议并不能为团队决策提供帮助，而分析能够为团队提供要考虑的客观信息。

表 7-5　解决学生团队冲突问题的办法

冲突的征兆	可能的解决办法
找不到适合每个人的会面时间	（1）弄清楚没有合适的会面时间的原因。有些原因本身就能提供解决办法。例如，如有人必须在家看孩子，那么可以在其家中见面 （2）把课外工作分给委员会，让委员会来负责项目的部分工作 （3）利用 Skype、谷歌文档、维基网站、电子邮件等技术工具来交流、讨论和修改
有人没有完成分内的工作	（1）弄清楚究竟发生了什么事。该人的任务是否太重？他是不是觉得没有得到认可？针对不同情况，需要不同的解决方法 （2）及早采取措施来培养团队成员的忠诚度。了解成员作为撰写者和普通人的角色。有时，可一起做些有趣的活动 （3）鼓励群策群力，集思广益。"玛丽，你怎么看？""吉姆，你希望起草哪一部分？"要善于表扬："谢谢你帮我们开了个头。" （4）如果有人没有参加会议，安排其他人来帮助他赶上进度。如果某人因合理理由而没参加会议（求职面试、生病），结果不清楚会议的内容，那么可能会使他降低对团队的承诺 （5）要考虑严格平等是否为最重要的标准。对于某个特定项目，有些人比其他人更了解。有时，团队的最佳成果来自让成员承担不同的工作量 （6）即使进行了分工，也还是要依靠团队决策：写作的内容，使用的论据、图片，怎么修改。无论是谁，如果不让其参与决策都会使他降低对团队的承诺
本人似乎是最关心质量的团队成员	（1）弄清楚其他成员"不关心"的原因。如果以前的作业成绩不是很理想，那么要着重告诉他们：只要关注细节并有好的主意，就一定能提高分数。可以组织大家和老师一起座谈，找出改善写作效果的方法 （2）主动多承担一些工作。有些人比较容易满足现状，他们没有时间或资源把工作做得更好，能完成工作就令他们很开心了 （3）切实尊重每个人的能力。有时，团队成员退出的原因是团队中有人觉得自己是最好的，比其他人都强 （4）根据个人能力分配具体任务。对于属于自己强项的领域，人们通常会做得更好。对于不关注书面报告的视觉材料学习者，如果从事与所附视觉材料有关的工作，也许会做得很优秀
团队成员似乎不愿意发表反对意见，最终通过的仍然是最初的方案	（1）指定某人担当"魔鬼代言人"的角色 （2）鼓励集思广益，扩大选择范围 （3）有了建议后，要让大家提出可以改进该建议的方案 （4）让团队中的每个成员写草稿。对这些不同的草稿，可以用多种方法进行整合和比较 （5）讨论给出负面意见的方法。有时，人们不提反对意见是怕其他团队成员不能容忍不同的看法
有人对什么都不满	（1）请在提出批评意见后提供改进的建议 （2）讨论提反对意见的策略。"我觉得可以考虑某某"比"你错了"更有策略性 （3）如果批评是有关观点或写作的（不是针对人的），那就好好重视。观点和文件的改进离不开批评观点

7.3.2　冲突处理步骤

要成功地处理冲突，不仅要关注问题本身，也要体察个体的感受。以下方法有助于人们建设性地处理冲突。

1. 确定相关人员是否真的反对

有时，不同的谈话方式、对符号的不同理解或者错误的推断会造成明显的冲突，而事实上并不存在真正的冲突。

如果有人问"那些数据是否精确"，那么他问的可能是信息的出处，而不是对团队得出的结论进行质疑。

有时，一些人会因压力很大而发泄一下。但是，说话者可能仅仅是为了发泄不满和表达沮丧而已，并不是真的生对方的气。想知道一个人是否仅仅是为了发泄感情的方法就是询问："需要我为你做些什么吗？"

2. 核实大家的资料是否准确

有时，人们会采用过时的或不完整的资料。同样，人们也会根据个人偏见或意见行事，而不是根据资料行事。

3. 找出每个人试图满足的要求

有时，明确真正的要求后就可以找出解决办法。但是，以反对意见形式表现出来的表面性问题（presenting problem）可能根本不是真正的问题所在。例如：抱怨工作时间的工人可能并不是对工作时间不满，而是在抱怨其工作没有得到认同。某位主管抱怨其他主管不邀请她参加会议，其实是对别人没有把她当同事看待感到不满。有时人们不能透过表面性问题看到实质，是因为其所受的教育要求他们压制自己的怒火，特别是面对有权势的上级时。弄清楚表面性问题是否就是实质性问题的方法就是问自己："如果这个问题解决了，我能否就此满意了呢？"如果回答是否定的，那么表面性问题就不是实质性问题，解决表面性问题就不代表冲突的解决。这时，需要继续探究，直至找出实质性问题。

4. 寻找备选方案

有时，人们会陷于冲突而难以自拔，因为他们找不到备选方案。人们通常会寻找简单的方式来处理复杂的问题。在团队中，如果某人提了一个建议，团队成员就会开始讨论这项建议，似乎这是唯一的解决办法。只有当第一个建议未被通过时，团队成员才会提出更多的建议。结果，团队的决定全依赖于团队成员提建议的顺序。当一项决定意义重大时，团队在做出决策以前，需要考虑更多的备选方案。许多团队在寻找备选方案时，采用集思广益的手段。

5. 修复负面情绪

正如下文所述，冲突的产生不会带来愤怒，也不会使分歧扩大。但是，如果团队成员的感情受到伤害，那么要建设性地解决冲突，就有必要处理好这些情绪。只有当人们感到获得了尊重或被认真对待，他们才会在以后的工作中相信团队中的其他成员。

7.3.3　如何对待批评

当受到其他人的直接指责或攻击时，团队冲突往往特别难以解决。人们在受到攻击时的本能反应是保护自己或回击对方，而这又会引起批评者的自我保护或反击。结果，冲突会不断加深，感情会受到伤害，问题就变得更加复杂而难以解决。

正如解决冲突依赖于确定各方的真正要求并加以满足一样，对待批评也需要理解批评人的用心。建设性的或尽量贴近对方真正所关注的问题的回应方法包括复述、体察感受、核实推断、逐步求同等。

1. 复述

复述（paraphrasing）就是用自己的语言来重复批评者的话。这样做的目的在于：确认自己听到的话是否准确；让批评者知道你是怎样理解他的话的；告知对方，你很认真地对待他的话。

批评：你们这帮家伙对我关于资料的请求总是置之不理。

复述：你认为我们没有向你提供你需要的资料。

2. 体察感受

在体察评判者的感受时，要弄清楚他通过语言或非语言所要表达的情感。体察感受是为了理解：评判者的情感；批评对评判者的重要意义；没有言明的想法和感受可能比说出来的批评更为重要。

批评：　　　你们这帮家伙对我关于资料的请求总是置之不理。

体察感受：你听上去很生气。

要经常问问其他人你的理解是否正确，因为即便是解读非语言暗示的高手也会出错。

3. 核实推断

在核实自己对批评意见的推断时，要弄清楚批评意见中语言和非语言内容的隐含意义。要透过字面去理解为什么这些行为或态度令批评者如此烦扰。核实推断的目的在于：明确实质性问题（相对于表面性问题而言）；表达你十分关注解决有关冲突的想法。

批评：　　　你们这帮家伙对我关于资料的请求总是置之不理。

核实推断：你是想说需要我们团队提供更多的信息吗？

推理也会出错。在上面的对话中，批评者可以这么回答："我不需要更多的信息。我只是希望你们提供数据时交三份表格，即一式三份，以便归档。"

4. 逐步求同

在应对十分棘手的批评意见时，逐步求同法很奏效。逐步求同既可以抑制冲突的不断扩大（愤怒的言辞会导致这种结果），还可以避免被批评者牵制。要做到逐步求同，应该复述批评意见中你同意的部分。（通常是某一事实而非批评者就该事实所做的解释或评价。）然后让批评者做出回应，你什么都不要讲。逐步求同的目的在于：当批评的确一针见血且威胁到你时，给自己一点思考的时间，以便有的放矢地回应，而不是做简单的防御性回应；暗示批评者你正在设法理解他的批评意见。

批评： 　　你们这帮家伙对我关于资料的请求总是置之不理。

逐步求同： 你说得对，上个星期向我们要的成本预测还没有准备好。

不要接着去证实或解释什么。"是的，但是……"这样的表达并非逐步求同的沟通方式。

7.3.4　冲突处理中的换位思考

换位思考是指从受众的角度来看问题、尊重受众并保护受众的自尊心（参见第3章相关内容）。解决冲突或说服他人需要具有情景意识（表明你了解情景）、人际意识（表明你理解他人）、解决意识（表示你清楚或正在寻求解决方案）。[31] 你传递这些意识的方法反映了你是如何运用换位思考的。

很多人在愤怒时都喜欢讲含有"你"的话语来攻击受众。其实，这些人并不懂换位思考。相反，应当替换掉这些关于自我感受的句子。发生冲突时，使用第一人称"我"就是很好的换位思考方法。

缺乏换位思考： 你从来没有履行过自己的职责。

换位思考： 　　对于这个项目，我所做的超出了自己分内的工作。

缺乏换位思考： 你也应该好好检查一下报告的拼写。

换位思考： 　　我不希望自己的名字出现在带这么多拼写错误的报告上。我撰写了其中的很多内容，所以我想我不应该再负责校对或检查拼写了。

7.4　有效的会议

会议通常会占据管理者每周的大部分时间。尽管电子技术手段的应用可以减少一些会议，但日益增多的团队数量意味着更频繁的会议。虽然会议对沟通有益，但会议并非总是有用的。在许多注重效率的人看来，开会完全是浪费宝贵的工作时间。当然，对于不寻求效率的人来说，开会意味着休息放松。不过，要使会议变得有效率其实也不难。

会议的目的多种多样，主要有：

- 分享信息。
- 集思广益。
- 评价观点。
- 制订计划。
- 做出决策。
- 撰写公文。
- 激励成员。

如果会议有两个或两个以上的目的，那么必须加以明确。例如，在大学的教务会议或公司的董事会上，有些内容是作为参考资料而提供的。这些资料可以用来讨论，但不需要团队就此做出决策。有些内容是关于行动方面的，需要团队进行投票表决。商务会议可以明确前半个小时为集思广益，后半个小时对各种观点进行评价。

正式会议（formal meetings）严格按照规定来进行，就像议会开会一样，一切遵照《罗伯特议事规则》（*Robert's Rules of Order*）。在讨论某一议题前，必须制定相关动议。其中的每一个观点都要通过表决来决定。每项动议和表决结果都应记录在会议记录（minutes）中。如果团队很大或者议程安排很多，正式的规则可以让会议有序地进行。非正式会议（informal meetings）经常在办公场所召开，而且非常松散。若大多数人都同意，就无须投票表决，有时也没有会议记录。非正式会议比较适合于组建团队和解决问题。

要开好会议，议程（agenda）十分关键。一个好的议程应明确：

- 供讨论的内容清单。
- 各项内容是供参考、供讨论还是供决策所用。
- 由谁主持会议或由谁介绍各项议题。
- 各项议题所占用的时间。

虽然议程上的时间安排通常无法精确做到，但仍然能告诉会议参与者各项事宜的相对重要性。通常，议程上的信息应足够明确，以便参与者在出席会议时准备好建议、背景信息，以及任何完成各项议程所需的其他资料。

许多团队将最容易达成一致的议程项目放在会议的开头。这样做能使会议有个好的开端。不过，这也可能会浪费时间，因为此时正是人们注意力最集中的时候。另一种方法就是将常规事务放在会议的最后。如果会议有很多常规事务，有时可以将它们汇总为一项**综合动议**（omnibus motion）。综合动议就是让大家对很多项目一起表态，而不是逐一投票。一项综合动议可能包含关于经营方针的各种调整方案、各办公室工作人员的候选名单或各种预算提议方案。

将有争议的内容放在会议的开始很关键，因为这时人们精力旺盛，可以进行充分讨论。如果把有争议的问题放在会议的末尾并且只给半个小时的时间，那么就会让人觉得领导有操纵讨论结果之嫌。

对人、过程和任务本身都应给予足够的重视。在非正式会议中，好的领导会注意观察与会者的非语言反馈并鼓励大家参与。如果冲突变得无法控制，领导通常应集中精力于过程或能有效解决冲突的做法，然后再返回到实际要讨论的问题上。对于高度敏感的会议主题，有必要举行两次甚至更多次会议。第一次属于预热，讨论主题和大家的意见，第二次再进行投票。两次会议之间的间隔时间给予会议参加者思考的机会，也便于他们就议题进行非正式的讨论。

如果团队没有正式投票，团队领导应对大家达成的共识逐一总结。会议结束时，领导必须总结所有的决议，并提醒由谁负责对每项任务的实施跟进。如果没有其他会议记录，应安排人至少将最终的决议和任务分工记录在案。详尽的会议记录对于今后任务的实施过程很有好处。访问 http://www.effectivemeeting.com 可以获得这方面的更多的信息。

7.5   团队中的技术工具

如今的公司在地域分布上比以往更为分散，所以团队成员也可能分散于不同地方的办公室、不同的州乃至不同的国家。当然，对团队的期望仍然是能有效地共同工作并实现目标。新技术为这些成员分散于各地的团队提供了新手段，从而便于这些团队就项目举行会议、制订计划、安排任务并展开合作。

例如，IBM 公司的程序员罗伯·尼科尔森（Rob Nicholson）的软件团队有 50 位同事，他们分别来自英国、印度和加拿大三个国家，团队主要依靠先进的电子沟通技术开展合作。团队成员可以在线发布自己的进展报告，而且可以评论团队其他成员的工作情况。如果项目的主要组成内容有变动，团队成员会自动收到提醒。完工的程序段存放在共享数据库中。工作站会展示团队成员的照片及个人情况，从而便于新进的程序员了解团队伙伴，找到求助对象。团队成员通过聊天软件来保持联系。

这一团队的一项重要任务就是分解团队的工作。绝大多数项目需要分解成为期两周的小任务，这些小任务要进一步分解为每位程序员在 1～2 天内能完成的工作。这些任务清单会在线公布。一旦程序员完成了任务，那么完成的任务就会从清单中去掉。如果软件测试失败，那么整个团队就会停止编程，集中精力来解决问题。事实上，英国员工办公室就装有测试机警报红灯。团队成员间清晰且经常性的沟通对于项目的成功往往十分关键。[32]

学生团队会直接利用免费的文件共享平台，如通过 Google Drive 进行合作，也会直接利用各种文本聊天、语音聊天和视频聊天平台来开展团队工作。不过，绝大多数商业公司在利用这些平台的同时，会借助定制软件把这些平台的特征整合到管理系统中。

面向商业沟通的技术平台包括整合了多种功能的软件，如带有聊天、电子邮件、语音及视频会议等功能的内部沟通软件，数据与文件共享软件，公文、电子表格和演示合作软件，日历与日程预订软件，职位申请及其他人力资源软件，以及项目进程、问责和报告软件。

受到高度关注的常用内部沟通程序包括：容许用户像 Google+ 那样创建"房间"的 HipChat；可以很便捷地搜索在线聊天和文件整合功能的 Slack；来自各方的用户不用转换皆可使用的 Campfire 软件；帮助整合客户信息和沟通的 Basecamp；具有良好任务跟踪功能的 Redbooth；可以进行可靠云接入的 Bitris24。Wrike 是一种免费的软件平台，其软件工具可以把项目管理和沟通进行整合。[33] 所有这些服务都采用了公众熟知的网络交互功能，具有用户友好特征。

项目管理软件或是对上述沟通特征进行了全面整合，或是容许用户从选定的沟通平台进入项目管理系统。这类软件包括 Slack 和 Skype Business，前者在普及性和销量方面超过了绝大多数竞争产品，后者作为微软团队被吸收到 Microsoft Lync 中。[34] 其他选择包括 Teamwork Projects、Atlassian JIRA、LiquidPlanner 及 TeamGannt。针对线上会议，许多公司使用 Skype、GoToMeeting、Zoom 和 WebEx。[35]

7.6 协同式写作

不管从事哪一行，你都有可能要与他人合作完成某些公文的写作。如果出现下列任一情形，常常就需要协同式写作：

- 任务重、时间紧，且一个人无法独立完成。
- 单个人不具备完成任务所需的各种知识。
- 因任务的风险过大，公司希望集中更多的人手共同完成任务；没有人想单独承担公文撰写成败的责任。

协同式写作可以由两个或更多人组成的团队来完成。团队可以是民主管理，也可以由一位单独决策的领导进行管理。团队也可以共同承担或分组承担撰写过程中各环节的责任。

进行团队分工的方法通常有好多种。一种方法是其中一人负责主笔，其他人给予反馈意见。另一种方法是将整个工作分成几项小任务，再将各项小任务分配给团队成员。这种方法公平地分摊了工作负担，虽然可以借助谷歌文档等电子工具，但是协调性差。有时，团队成员会在一起同时工作，可以边讨论，边相互提供建议。这种方法有助于达成共识，但比较耗费时间。

通过研究协同式写作，我们可以得到一些提升写作水平的策略。研究发现，在分析、计划及撰写公文时，大胆表达异议的学生团队比压制异议、一味顺从最初方案的学生团队所写出来的文章要好。[36] 针对某一州政府机构的两个协同式写作团队的案例分析发现，成功的团队以平等的方式来分配权力，工作中顾及每个人的情感，注重每位成员的参与。至于写作过程，成功的团队重视写作的修辞问题，团队一起计划修改方案，正确对待主管的批评意见，且对任何修改持积极的态度。[37]

7.6.1   工作与公文的计划

如果团队能正确地理解并解释公文的目的、受众和内容，并能清楚地讨论实现写作意图的最好方法，那么协同式写作就是最成功的方法。针对大型项目，企业一般会采用正式的计划程序来明确中期和最终期限、会议日期、每次会议的出席人员及分工。将计划成文可有效避免实施中的误解。

在计划协同式写作项目时，必须做到：

- 问题、受众、内容及写作意图要分析得明明白白，这样，你就会清楚自己赞成什么、不赞成什么。通过写作来解释这些通常很有用。
- 动笔前应就公文的组织、格式和写作风格达成共识，以便日后统稿时能较容易地把由不同撰写者撰写的内容统筹起来。要决定好谁应该做什么，并明确完成项目各部分的截止日期。
- 在安排时间时，要考虑到各自不同的工作风格和职责。单独工作的撰写者可以花上整个通宵来完成一篇独立署名的文章，但是团队写作的成员需要合作，要适应彼此的风格并满足其他方面的要求。
- 决定如何就每个人的工作给出富有建设性的反馈。
- 在确定截止日期时，要留有回旋余地。如果全篇文章由一个人执笔，那么当这个人完成最后一部分时，任务也就完成了。相反，在团队写作中，一旦有人没有按期交出自己应完成的部分，团队任务的完成就会受影响。

在制订这些重要计划时，特别是在制订有关分析和组织的计划时，每位团队成员都应该积极参与。

7.6.2   起草

在协同起草文稿时，必须做到：

- 明确写作任务和起草者。一个人能完成全部起草工作吗？是否每位团队成员都要承担一定的写作任务？是否要由整个团队一起来完成起草？大多数的撰写者发现单独写作要比团队写作快。但是，团队写作可以节省修改时间，因为当错误出现时，团队会及时做出修正。即便如此，单独写作仍然要快于团队写作。
- 决定如何分配起草任务。是否要通过谷歌文档工具来让大家参与起草？国际团队尤其需要利用电子工具来进行起草。

- 给文稿加上标签、标明日期，以便人人都能按照最近的版本写作。确保每位成员清楚最近版本的日期。
- 如果对写作的质量要求比较高，在大家完成资料搜集后，可以由水平最高的撰写者来起草文案。

7.6.3　修改

修改协同式写作的文稿时，要注意其内容、组织模式和写作风格。以下是使修改过程更加有效的指导方针：

- 以团队的形式评估文章内容，讨论修改意见。通过集思广益，提出尽可能多的修改方案来帮助负责修改的成员完善文稿。
- 以团队的形式评估文章的结构安排并讨论可能的修改意见。为使文章内容更为清晰，是否需要采用其他结构安排？
- 要意识到不同的人喜好不同的写作风格。如果这些风格符合标准英语或商务信函规范，即使你不会运用那样的风格，也应采纳。
- 在团队就文稿内容达成一致后，由水平最高的撰写者对文章做必要的改动，使整个文章的风格统一。

7.6.4　编辑和校对

由于每个成员对标准英语的掌握程度不同，团队报告必须经过仔细的编辑和校对。

- 至少有一人负责检查全篇的语法、表达方法及拼写方面的正确性，还要检查格式要素（特别是标题）、名称和数字处理方面的一致性问题。
- 用计算机拼写检查程序检查全篇文章。
- 即使用计算机进行了拼写检查，最好再由人工校对一遍。

与写作团队中的任何成员一样，负责编辑任务的人员需要知道应该如何阐述观点。在许多情况下，这些编辑扮演了外交官的角色，他们提出更改建议，但对撰写者的水平从不质疑。说出要更改的理由比提一个建议更有帮助。如果撰写者知道在他们的文章中有悬垂修饰成分，或者某个段落中可以用到对称结构，他们就会更愿意更改。

7.6.5　提高写作团队的效率

本章的所有内容都是为了帮助协同式写作团队有效地倾听、高效地开会及建设性地处理冲突。以下建议特别适合于写作团队：

- 要留出充足的时间以便讨论问题并找出解决问题的方案。除了个人用于做调研和撰写草稿的时间之外，撰写团队报告可能还得多花数小时来讨论。
- 要花些时间去了解团队成员，培养成员对团队的忠诚。如果团队在成员心中的地位很重要，那么团队成员会更加努力工作，最终的文稿也会更加完善。
- 要做一名负责任的团队成员。要按时完成规定的草稿撰写。
- 要意识到每个人都有不同的经历和不同的情感表达方式。
- 由于讲话没有写作那么严谨，团队成员以为已经达成一致，其实可能未必。不要因为讨论进行得顺利，就认为由一个人起草的文稿一定会被接受。
- 要合理运用合作方面的技术工具，工具要有助于而不是阻碍撰写进程。
- 如果由你独立完成文稿写作，应当为各个环节留出比平常写作多一些的时间。

❖ 本章回顾 ❖

- 团队中的各类产出性角色与非产出性角色
  有效团队合作应在信息沟通型、人际沟通型与程序沟通型团队角色之间求得平衡。
- 团队决策策略
  团队迷思是团队中高度强调统一、直接或间接地对分歧予以否定的一种思维倾向。克服团队迷思的最佳做法就是有意识地寻找更多的备选方案，将个人的假设同其他人的假设不断进行比较，并且维护团队成员表达反对意见的权利。
- 成功团队的特征
  成功团队有明确的时间安排，经常召开会议，直接处理冲突，具有集思广益的决策风格，并具有高比例的工作积极的员工。
- 处理冲突的方法
  （1）为了解决冲突，必须做到：第一，要确定相关人员是否真的反对。第二，要核实大家的资料是否准确。第三，要找出每个人试图满足的要求。以反对意见形式表现出来的表面性问题可能根本不是

真正的问题所在。第四，要寻找备选方案。第五，要修复负面情绪。
  （2）建设性地回应批评的方法包括：复述、体察感受、核实推断、逐步求同等。
  （3）讨论问题时，要使用关于自我感受的句子以避免攻击受众。发生冲突时，使用第一人称"我"就是很好的换位思考方法。
- 使会议有效的方法
  为了使会议更富有效率，必须：
  （1）会议一开始就要明确开会的目的。
  （2）发放会议议程，说明每一项内容的目的：提供参考资料、进行议题讨论或做出行动决策。同时，要规定每一项内容所占用的时间。
  （3）留出足够的时间来讨论争议性问题。
  （4）对人、过程和任务本身都应给予足够的重视。
  （5）如果团队没有正式投票，团队领导应对大家达成的共识逐一总结。会议结束

时，领导必须总结所有的决议，并提醒
由谁负责对每项任务的实施跟进。

- 团队中运用的技术工具

    借助于现代技术，团队可以开展会议、日
    程安排、文本制作和演示等方面的团队
    合作。

- 协同式写作的方法

    协同式写作是指与其他撰写者合作来共同完
    成某一文案。对于协同式写作的撰写者而
    言，不仅要注意基本写作程序，还要注意团
    队组建及解决冲突的程序。要比由单个作者
    完成文稿写作留出更多的时间。

Business and Administrative
Communication

—

第 3 篇

基本商务文案

第 8 章

运用合适技术共享告知性文案和肯定性文案

小帖子也能救人命

得克萨斯人谢伊·塞拉诺（Shea Serrano）是畅销书《说唱年鉴》（*The Rap Year Book*）的作者，堪称著述、篮球和嘻哈文化方面的 Twitter 达人。2017 年，当飓风哈维肆虐美国南方时，谢伊·塞拉诺绝对想不到他那 140 个字的帖子可以帮助到灾民。

在飓风哈维登陆后，谢伊·塞拉诺通过他拥有 16.1 万名粉丝的社交账号发布称：他要募捐以帮助灾民。很快，募捐到的金额呈几何级数增加，两分钟内从 30 美元的种子捐赠增加到了 2 000 多美元，最后达到了 134 000 美元。如果没有社交媒体，谢伊·塞拉诺根本无法利用其粉丝"大军"的强大力量而快速募捐到资金。

在媒体技术越来越普及的今天，社交媒体可以帮助灾民找到安全的庇护之所、急需的生活用品等支持。当然，Twitter 用户募到的不只是钱财。另外，政府也已经在利用这条途径。

2017 年，在飓风埃尔玛（Hurrican Irma）的威胁越来越大且登陆地点变幻莫测之时，美国国家海洋和大气管理局（National Oceanic and Atmospheric Agency, NOAA）就通过 Twitter 来发布埃尔玛的最新消息——这一发布策略完全不同于国家海洋和大气管理局向媒体机构发布最新消息的传统做法。这一新的策略可以让公众与媒体共享最新消息。道格·希尔德布兰德（Doug Hildebrand）在美国国家海洋和大气管理局沟通办公室上班。他注意到，虽然美国国家海洋和大气管理局仍然通过媒体机构进行信息更新，但社交媒体已经成为非常有价值沟通手段，毕竟"人们如今从多个渠道获得信息"。

拉丹·弗莱彻（LaDawn Fletcher）是来自得克萨斯州的网络作家，她也受到了飓风哈维的影响。在紧急情况下，人们可能会过滤掉传统媒体那些不断播出的警报信息。拉丹·弗莱彻建议："我想如果人们从认识的人那里听到这些消息，他们的应对效果会好于收到警报。"

当自然灾害使我们面临隔离的危险时，Twitter、Facebook、当地的 NextDoor 社交网，以及其他技术平台，都可以帮助我们与外界保持联络，从而更有力量来应对危险。

资料来源：Rouchaun-Meadows Fernandez, " What Harvey and Irma Taught Us about Using Social Media in Emergency Response, " *Pacific Standard*, September 15, 2017; Douglas MacMillan, " In Irma, Emergency Responders' New Tools: Twitter and Facebook, " *The Wall Street Journal*, September 11, 2017; and Rachel Reichard, " How Shea Serrano Became the General of the FOH Army, Twitter's Most Generous Fundraisers, " *Remezcla*, September 5, 2017.

　　告知性文案和肯定性文案是组织中最为常见的文案。当我们需要将信息传递给接收者时，如果接收者对该信息保持中立态度，那么这种文案就属于**告知性文案**（informative message）。如果接收者对所收到的信息持肯定态度，那么这种文案就是**肯定性或好消息文案**（positive or good-news message）。与说服性文案不同，这两种文案都不会立即让读者去做任何事情。不过，由于人们经常会在陈述信息时表达其肯定态度，所以在那样的情况下，告知性文案就带有说服性因素。第 9 章讨论的是接收者会做出否定性反应的文案（否定性文案），而第 10 章则讨论的是希望接收者改变想法和行为的文案（说服性文案）。

　　告知性文案和肯定性文案包括：承诺；对请求做出的肯定答复；关于会议、生产过程、产品、服务或者选择权的信息；中性的或者肯定性的政策变化公告；对接收者有益的变化。

　　需要牢记的是，许多文案可以是告知性的、否定性的或说服性的，具体情形取决于要说的是什么。例如，如果发送的是令人满意的销售数据，那么转送函就是肯定性的；如果希望受众对此做出响应，那么就可能是说服性的。如果评价对象做得超级好，那么业绩评价就会是肯定性的；如果想为开除某人找理由，那么业绩评价会是否定性的；如果想激励某个优秀员工更进一步，那么业绩评价可能就是说服性的。究竟是采用告知性、肯定性、否定性或是说服性的沟通方式，取决于你的有效判断能力。

8.1　告知性文案与肯定性文案的目的

　　即便是简单的告知性文案或者肯定性文案，通常也会包含若干目标：

　　主要目标：将信息或好消息传递给接收者或者打消接收者的疑虑；使接收者积极看待信息。

　　次要目标：树立发出者的良好形象；树立发出者所在组织的良好形象；在发出者与接收者之间建立起良好的关系；不再强调任何负面因素；减少或者消除今后关于同一主题的文案。

　　告知性文案和肯定性文案不一定很短，文案的长度取决于撰写者的意图、受众的需要，以及沟通情境的复杂程度。

　　除了这些考虑因素之外，必须确保运用合适的工具和媒体来进行沟通。

8.2　运用技术来共享文案的原因

　　就沟通媒介而言，如今的沟通有着大量的选择。不论是信函、电子邮件、播客，还是

Twitter，每一种沟通方式都有鲜明的优点和缺点。为了最优化沟通效果，在传递告知性或肯定性文案时，必须选择恰当的技术工具。采用恰当的技术工具来共享告知性文案和肯定性文案，往往有助于满足受众的期望，接触更大范围的受众，缩短响应时间，并扩大影响范围。

8.2.1　满足受众的期望

受众期望某些文案采用一定的方式传递。换言之，文案传递应该符合传递惯例。虽然惯例随技术变化而变化，但受众期望的是公司继续遵循惯例。过去，人们按惯例收到的是纸质体检报告或者在医生办公室直接被口头告知。今天，用户可以登录医院官网，直接下载前一天所做的抽血检验数据。如果医院没有通过网站储存和发送检验数据，那么医院就会失去信任，而且有可能失去病人，因为医院在如何传递信息方面没有满足病人当下的期望。

8.2.2　接触更大范围的受众

企业可以从应用恰当的技术中受益，因为这些技术有助于企业在更大范围内接触到更有针对性的潜在客户。而且，这些恰当的技术也有助于非商业活动的发展。例如，某动物救助站就在Facebook上发布了可供收养宠物的视频。[1]通过向更大范围的视频观众（视频采用了便于受众与他人共享的格式）展示宠物的可爱特征，该动物救助站就可以更快、更为有效地接触到潜在的宠物收养者。

8.2.3　缩短响应时间

技术使得沟通者可以更快速地做出响应。过去，信函要耗时数周才能送达，而现在的电子邮件几乎可以即时送达。在医院，病人网上订餐，22分钟后就可收到定做的餐品。[2]同事相互之间通过发短信来沟通信息，几分钟就可以收到回复。虽然对缩短响应时间的期望的不断提高会加大工人的负荷，但技术的快速响应能力有助于提高服务水平，甚至像本章开篇案例中描述的那样，可以拯救生命。

8.2.4　扩大影响范围

正如本章开篇案例所描述的那样，公司和个人可以利用技术做许多事情，而不只是提高业绩。公司可以通过不断发推文来宣传所从事的社会公益事业，以及发电子邮件给员工来提醒他们去当地慈善机构进行募捐，也可以上传视频到Facebook来分享工作场所的健康行为，如利用任务间的空隙快走上几步。技术为企业动员广大范围的受众提供了低成本的机会，也为企业在经营之外施加积极影响创造了机会。

8.3　共享文案的常见技术平台

技术能增加员工经验，加深客户对公司的印象，并提高企业的盈利能力。随着新的软件程序及设备持续不断地进入市场，一些企业选择快速应用新的技术，即便这些新技术应用成本不菲或可靠度不够，而另一些企业即便是应用标准化的技术，如社交媒体账号，也会落后于人。什么技术最适合往往取决于规模、目的、环境、需求和预算等因素。例如，共同基金多不热衷社交媒体，部分原因在于行业监管。不过，美国证监会在 2013 年决定，可以在社交媒体上发布信息类帖子，但前提是公司必须告知投资者具体网站。[3]传递告知性文案和肯定性文案的最常用技术工具包括：电话；网站；电子邮件；短信；Facebook、Twitter、Instagram 和领英等社交媒体；应用程序；视频。

8.3.1　电话

虽然智能手机用户更喜欢发短信而不是打电话，但无论是企业内还是企业与客户之间的商务沟通，电话仍然起着重要作用。[4]电话作为沟通媒介强调即时性，适用于澄清误解、处理紧急事务和即时做出决定的情况。此外，电话沟通也可以利用发短信所无法做到的非语言沟通方法，如加入诸如语调抑扬变化、节奏、音量等语音变化手段。甚至语音邮件也可以采用短信或电子邮件等书面文案所缺乏的噪音沟通方法。

8.3.2　网站

绝大多数客户希望在网上能了解到公司的信息，如营业时间、服务内容、联系信息等。为了管理客户在网上找到的信息和公司的新闻，公司应当建立一个网站。即便没有独立网站和私人域名，至少也得有一个社交媒体托管的网站，如 Facebook 上的商务网页。公司如果没有上网，那么就会面临被视为消失、缺乏能力、不关注受众的风险，公司在 Yelp 等点评网站上的形象就会受到不利影响。

8.3.3　电子邮件

通过电子邮件来传递告知性文案和肯定性文案可以为公司省钱省时间，毕竟这样可以省去打印费和邮资。此外，电子邮件传递文案也快于传递印刷文案。绝大多数公司主要依靠公司内部电子邮件来进行员工之间的沟通，通过邮件列表进行与客户的联系。在与客户沟通时，企业采用电子邮件来发送订单确认书和日期跟踪信息，也通过电子邮件来发送优惠折扣信息及树立良好信誉的文案，如假期问候卡、新产品发布通告等。

电子邮件是最为常见的商务沟通形式，员工日均收发数量达 110 封。有人估计，许多员工每天至少有 1/3 的办公室时间用于阅读和撰写电子邮件。[5]电子邮件通常用于以下目的：

- 处理一些无争议的日常商务活动（召开会议或约会、重要提示、发布通知、快速更新以及信息共享）。
- 节省时间——许多人可以在一个小时之内浏览 60～100 封电子邮件。
- 节省经费——一封电子邮件可以在全球范围内转发多人。
- 如果时间容许，读者可以在他们方便时处理这些邮件。
- 使得沟通准确无误。
- 能给读者提供一些供参考的细节（会议）。
- 可以留下书面证据。

电子邮件并非适合任何场合。负面评论和坏消息一般采用私下传递方式结果会更好。挖苦和讽刺性言论因容易被曲解，所以使用时一定要非常谨慎。若电子邮件附有你的姓名，你就要对内容负责，所以即使本意没错也要谨慎。

8.3.4 短信

短信从前主要限于非正式的人际沟通，而今已成为一些企业的重要沟通工具。短信属于快速沟通方式，其速度介于电话和电子邮件之间。

研究发现，对于大型任务、较复杂的问题或指令、与争议问题多少有关的文案等，人们一般不选择短信这一工具。[6] 对于简单的沟通，采用短信不仅合适，而且富有效率。例如，病人可以通过短信向医生办公室请求预约提醒，医生办公室也可以通过短信要求病人对预约进行确认。这一做法不仅降低了预约遗忘数，提高了整体预约效率，而且在医生与患者之间建立起了良好的信任关系。事实上，70% 的病人看重他们从健康服务提供方收到的短信。[7]

短信并不只是用于企业和客户之间的沟通，也有助于企业内的沟通。例如，加拿大和部分欧洲国家实施了一项新的制度，容许副驾驶和空中交通管制人员之间进行短信沟通。[8] 这一新制度不仅有助于减少采用传统无线电联系所发生的错误，而且也有助于减少听错指令和数字的情况。驾驶员或空中交通管制人员不再需要通过复述相关信息来核实所听到的内容，这为他们节约了宝贵的时间。

这一技术工具得到驾驶员和空中交通管制人员的欢迎。对于空中交通管制人员，他们有时间整理众多请求，并有更多时间处理驾驶员的请求。对于驾驶员，他们也欢迎这种更清晰的沟通方式。

8.3.5 社交媒体

许多组织在加快应用社交媒体工具。借助社交媒体，成千上万客户可以接触到同一文案，而且可以获得相对便宜的联系渠道。在社交媒体上，员工可以免费张贴画像、更新资料、发表推文、开设博客、添加链接，等等。他们可以用许多企业提供给员工的智能手机、手提电脑或平板电脑来完成所有这些活动。

当然，与所有技术工具一样，社交媒体网站也有一些缺点。如果员工每天把大部分工作时间用在社交媒体上，那么还能完成多少日常工作呢？对于企业而言，社交媒体提出的挑战就是如何利用其积极因素来提高效率，特别是在与客户打交道时。戴尔（Dell）公司为那些有志学习社交媒体基础知识的员工开办了社交媒体大学，员工可以选修四门课程。结果，有 9 000 多名员工参加了学习，为的是将社交媒体更好地应用于工作中。[9] 对 1 400 家美国大企业的调查发现，一半以上的公司对社交媒体使用有一定的限制。[10] 其他公司会监控员工在社交媒体上做了什么。不过，很难区分员工使用社交媒体是出于个人目的还是出于工作目的，尤其当员工只有一个账号时。

虽然每天都有新的社交媒体工具被发明，也有新的社交媒体工具被推向市场，但用于商务沟通最常见的媒体是 Facebook、Twitter、Instagram 和领英。

1. Facebook

通过 Facebook 社交网，用户可以创建档案，然后与其他用户聊天并交流信息。Facebook 在全球各地拥有 10 亿多用户，已成为全美最受欢迎的社交网站之一。

除了购买广告空间，组织可以以 Facebook 为沟通渠道来发布最新的业务活动、推介新产品或服务、提供小贴士、通报未来事项、鼓励参与慈善活动、提供折扣或奖励优惠等。此外，组织可以组建焦点小组来获得或分享来自客户的产品与服务的信息反馈。

组织可以从点赞链接和客户评价中获得数据。胡椒博士（Dr Pepper）公司通过分析 850 万爱好者在 Facebook 上的交流内容来调整公司的营销策略。这样，当用户将信息传播给其 Facebook 好友时，无疑就是在给胡椒博士公司做免费营销。[11]

作为对企业的额外回报，Facebook 的联系功能通过提高公司在搜索引擎中的出现率来增强受众对公司的了解。最妙的是，Facebook 可以很容易地与其他社交平台进行整合，如 Twitter。

同一组织的员工可以通过互加好友来强化关系。在有些组织，团队甚至组建了 Facebook 小组，目的是促进同事情谊，并创建一个讨论项目文件和其他关注问题的地方。

2. Twitter

Twitter 是一种微型博客，用户通过张贴少于 140 字的推文以便追随者知道自己正在做什么。Twitter 采用推文话题制，容许用户给所发推文设定标签，从而有助于决定如何分类推文。

Twitter 是组织创造追随者、分享信息、树立品牌，以及探听客户对竞争对手看法的又一手段。组织通过他人的推文就可以了解对方对组织的观点，从而可以为客户提供额外的服务。例如，当 Chipotle 连锁餐厅的沃斯堡分店了解到有顾客在 Twitter 上抱怨餐厅没有玉米粉圆饼后，公司员工赶在客户离店前就向经理做了报告。[12]

与许多餐馆和其他组织一样，Chipotle 连锁餐厅设有专门负责社交媒体关系的服务代理。由于全球每天发布的推文已达到 5 亿多篇（截至 2017 年 8 月），对组织而言，如何管理其形象及如何做好 140 字内的回复都是十分重要的工作。[13]

3. Instagram

Instagram 是一个基于视觉材料的社交媒体平台，用户可以在 Instagram 上分享图像，不仅可以附上简短的说明，而且可以用"红心"和评价对他人的帖子进行响应。与 Twitter 一样，Instagram 采用推文话题制。Instagram 不容许用户在帖子中加链接，也不容许有典型的可视化结构，如段落分隔符，所以用户形成了独特的惯例：为了引导追随者前往某个链接，用户会指出"简介中有链接"，然后将链接作为用户简历的一部分，而这也是 Instagram 唯一容许加链接的地方。为了创建长帖子的可视化结构，用户可以采用表情符号来创建视觉上的节奏感。

4. 领英

专业人员可以通过领英社交网站与同事及其他行业成员进行联系。目前，领英的用户有 1 亿多。Facebook 和 Twitter 常常没有专业与私人之分，领英则不同，它强调工作导向。

用户可以利用领英网站来建立社交圈，获得过去和现有客户的推荐。另外，联系人可以对你可能拥有的技能和专长进行了解。这些推荐反过来可以带来更多的商业机会。用户也可以参加行业协会或校友团体，从而扩大联系圈。LinkedIn Answers 功能为行业专业人员提供了一个提问并分享专长的平台。对求职者来说，领英容许用户搜索新的工作机遇、张贴个人简历，或者招募新员工。

8.3.6 应用程序

用户可以通过智能手机收发电子邮件、访问网站、进行文字处理、跟踪发货订单、盘点存货、完成考勤表，以及拨打电话。这些工具还可以接收流媒体视频和音频。有些智能手机甚至有加载设备，容许企业直接通过手机进行信用卡交易。所有这些功能都是通过专业的 App 应用程序或应用软件完成的。

智能手机可利用的应用程序每天都在增加，这些程序的功能也越来越强，可以为客户提供优惠服务。例如，从事客户定制业务的 eShakti 服装公司对通过其手机 App 在线订购的客户提供 10% 的价格优惠。安装 App 会占用手机的内存，但如果提供折扣之类的激励措施，往往就能成功地鼓励用户把宝贵的内存贡献给某个公司的 App，同时也会激励用户保持忠诚。

App 应用程序或应用软件不仅可以吸引客户，而且能调动公司员工与工作保持全天候联系。当然，这并不是说他们必须这样。用户在联系员工时，也要体谅对方，尽量只在营业时间给对方拨打商业电话，发送电子邮件和短信。总体而言，现代社会已经处于技术介入日常生活的临界点，一些公司已经实施专门政策来帮助员工恢复健康平衡。例如，法国"离线权"（Right to Disconnect）法案要求具有一定规模的公司规定一个时间点，过了该时间点员工有权不收电子邮件且不承担责任。[14] 有些餐馆会对客户提供优惠，只要他们把手机留在前台接待人员处，做到无电子干扰用餐即可。[15]

8.3.7　视频

随着差旅成本的上升，许多企业开始寻找替代传统面对面会议的方法，解决方案之一就是视频会议系统。借助这种系统，双方或更多方得以通过全音频和视频设施进行沟通并举行会议。视频会议可以在不同时区或不同国家之间实时召开。一个额外的好处是，视频会议不会因航班延误或天气恶劣而出现延误或推迟的情况。

作为视频会议系统种类之一，远程呈现利用高端 50 英寸等离子屏幕和播音级摄影机来创造几乎可以乱真的虚拟会场。百事公司、美国银行（Bank of America）和宝洁公司都应用了这一技术。银行也在应用远程监控来协助银行的高级咨询师在各地面对面地为客户提供咨询服务。这些最新的远程监控室价格高达 30 万美元，其中的一部分费用用于创建远程监控室，但大部分费用用于远程监控所需的宽带建设。当然，也存在替代远程监控系统的低成本方案。Skype、苹果 FaceTime 或 Zoom 等工具使得相距遥远的员工可通过网络摄像头取得联系并进行合作。这些网络摄像头在许多较新的手提电脑或平板电脑上已经标准化。思科（Cisco）公司与罗技（Logitech）公司也推出了需要高清电视和宽带连接的系统，借助该系统，人们可以坐在家里轻松参加视频会议。

视频不仅可以用于企业内部的沟通，也可以帮助企业与客户联系。Blendtec 是搅拌机制造商，凭借在 YouTube 上"能搅拌吗？"（Will It Blend?）系列视频——将各种物体（电脑游戏、播放器和平板电脑）放在搅拌机中——而成为媒体明星。搅拌 iPhone 的视频已经被播放了大约 1 200 万次，同时 Blendtec 公司的销售额增加了 7 倍。Rodan+Fields 公司直销护肤产品。该公司的一些顾问在 Facebook 上主办虚拟"派对"，通过平台的视频直播工具来分享产品信息和个人使用体验，同时客户可在网站进行评价，主播会当场就提问进行回应。通过视频媒介，企业不仅可以联系到客户，而且能营造出现场感，甚至能进行跨时空的现场连接。

8.4　运用技术工具来树立良好信誉

告知性文案与肯定性文案不要求受众做出响应。不过，你仍然希望受众会产生自己被想到和被重视的感觉。因此，你必须为告知性文案和肯定性文案树立在受众中的良好信誉，具体措施包括：强调受众利益；为政策变更找出利益；为树立良好信誉制定利益；与受众建立联系；避免信息过载。

8.4.1　强调受众利益

绝大多数告知性文案与肯定性文案应当强调带给受众的利益。强调受众利益有助于树立良好信誉：即便文案不要求受众做出响应，文案仍然应当有助于受众与文案发送人之间建立积极的联系。为了替告知性文案与肯定性文案挖掘利益，必须强调换位思考，不仅要运用本书第2章所建议的各项措施，突出所传递信息的内在利益，而且要设法运用故事、幽默或知识性手段。此外，要认真考虑所强调的利益与文案的适合性。

不过，并非所有的告知性文案和肯定性文案都需要强调受众利益。下列情况就不需要强调受众利益：

- 仅仅是为了说明实际情况。
- 受众对于信息的态度无关紧要。
- 强调利益会使受众显得很自私。
- 受众利益显得太普通，重申反而会使受众感到对方把自己当成傻瓜。

下列情况则需要强调受众利益：

- 阐明一项政策。
- 想影响受众对该信息或该组织的态度。
- 强调受众利益能正面反映受众的动机。
- 想介绍那些可能并不寻常的受众利益。

8.4.2　为政策变更找出利益

在宣布一项新政策时，受众利益是最难设计的。组织决定采用某项政策很可能是因为它对组织有帮助，而决策者可能根本没有考虑它对员工或客户的利弊。然而，正是在政策变更类文案中，受众利益显得格外重要，只有这样员工或客户才能理解政策变化的原因，从而支持其实施。因此，在陈述受众利益时，一定要突出受众所能得到的好处。例如，公司可能会为了降低成本而变更医疗服务提供商，但发送给员工的提供商变更通知应当说明给员工及其家庭带来的新的利益。

无效的通知： 我们正在变更医疗服务提供商，这可以使公司的成本支出下降2%。这次变更应当不会给大家的医疗服务带来明显影响。

有效的通知： 新的医疗服务提供商可以提供更多服务点，而且为您管理医疗支出账户提供了便捷的门户网站。此外，我们可以通过谈判争取一个成本稍降的合约。因此，这次变更可以为所有各方带来利益。

8.4.3　为树立良好信誉制定利益

在描述针对其他目的的利益时，如完善受众对公司形象的认识，不妨也描述一下带给受众的利益。设法运用故事、幽默或信息陷阱（informational hook）使沟通更有价值，而这反过来有利于树立公司的良好信誉。

1. 运用故事

鉴于员工习惯于方便而快速地获得信息，企业一直在寻求增强信息连贯性和吸引力，无论是仿真陈述的信息，还是员工头脑中的想法。得到企业关注的一种方法就是利用讲故事的力量。

在商业世界里，故事属于叙事内容，而非假想之物，故事通常很简短，仅包含一两个段落。不过，这些故事能使我们根据通常带有情感基础的语境来理解事实，这里的语境和情感基础有助于我们理解并牢记信息。

- 某城市公共汽车公司的一名当红司机差一点被压死在两辆停放的公共汽车间。公司利用该司机的事故经历及痛苦的康复经历来帮助其他司机牢记安全规定，以免今后再发生此类事故。
- 知名商业著作，如《鱼》（*Fish*）、《谁动了我的奶酪？》（*Who Moved My Cheese?*）等，采用了寓言式写作手法。
- 某软件公司请经验丰富的技术支持人员来帮助刚接受完为期四个月技术培训的新员工，主要讲述处理特定客户的特定问题方面的经历。这些故事有助于新员工结合人际环境来应用专业知识。
- 一些公司把个人使用体验——书面的、视觉的或视频的——张贴在社交媒体上，反映了真实客户的经历，同时也营造了一种社区的氛围。

2. 运用幽默

如果受众认为所要阅读的资料无聊无趣，那么如何吸引这些人呢？

美国疾病预防控制中心开展了一场"僵尸末日活动"，以此来引导大家关心防灾准备工作。[16]采用以僵尸为主题的文案材料很特别，既能引起人们对活动的关注，也能把安全和自然灾害方面的重要信息普及给更大范围的受众。这些材料对年轻受众特别有效，毕竟他们不太了解如何应对自然灾害，而年轻受众也是疾病预防控制中心希望接触的主要受众。

40年来的调查发现，巧妙运用幽默手段在有些沟通情境下非常有效，而且优秀管理者使用幽默手段的频率是普通管理者的两倍。[17]

当然，运用幽默是一种危险的方式，因为它可能会激怒某些受众。然而，如果你很了解受众，那么幽默手段就有助于确保受众接受你的文案。

若想在文案中运用幽默手段，下列措施可以保证幽默运用得当。

- 幽默不要直接针对其他人，即便确信他们永远不会读到你的文案。网上有着太多的证据足以证明这其实是不可能的。此外，尤其不要针对某一具体人群。
- 所运用的幽默绝对不要涉及政治、宗教及性方面的话题。
- 要慎用幽默，毕竟小不"慎"则乱大谋。

不过，运用恰当的幽默在特定情景下的确有助于沟通。某位在小型非营利性组织工作的 IT 人士发出了这样一封电子邮件：[18]

> 本人的一套螺钉起子不见了，我或许在几周前借给他人了。如果有人发现了它们，劳驾将它们还给我。下回要是有人求我帮他们拧紧松掉的螺钉，我还要用到它们呢。

他很快就找到了他的那套螺钉起子。因为他擅长写电子邮件，所以大家通常会阅读他的电子邮件。

3. 运用信息陷阱

信息陷阱可以激励受众打开电子邮件、阅读帖子或观看视频，因为他们会关注内容。信息型利益（informational benefit）包括货币型利益，如折扣券，也包括内容型利益，如来自员工的季节性食谱。即便内容并不新奇，或是已被大多数受众采用，但只要受众认为其有价值，那么就能为公司树立一个慷慨的、周到的、有社区意识的形象。

加里·尼伦（Gary Nealon）是 RTA Cabinet Store 的主席。为了树立公司在潜在客户心目中的良好信誉，加里·尼伦在 Facebook 网站上的名称为"我们爱烹饪也爱烘焙"。他在 Facebook 上发的帖子包括食谱以及其他令人轻松愉快的信息陷阱内容，目的在于吸引潜在顾客。[19]公司曾试图通过创建品牌页面来吸引受众的关注却收效甚微，而他的这种专注于爱好的页面赢得了受众的较多参与，从而使他能将一些参与者成功转化进入 RTA 的邮购目录名单中。加里·尼伦"编撰了10～15 个顶级食谱，每月在他那名为'我们爱烹饪也爱烘焙'的网页上分享。他还设置了一个链接，引导客户进入 RTA 网站去下载食谱，但客户需要提供电子邮件地址"。[20]

8.4.4　与受众建立联系

1. 回复投诉

投诉的顾客希望相关组织能倾听并设法解决他们的问题。虽然投诉本身是负面的，但一个令人满意的回复显然是告知性或肯定性的。如果答应给消费者调价、折扣、换货或者其他解决投诉的优惠措施，那么一定要在首句话加以说明。

你可以通过社交媒体来处理投诉，把不满意的客户转为忠诚的客户。吉尔·卡斯蒂拉（Jill Castilla）是俄克拉何马州埃德蒙公民银行（Citizens Bank of Edmond in Oklahoma）的主席兼总裁。

他就是通过处理社交媒体上的客户投诉而扭转银行声誉的。吉尔·卡斯蒂拉称："我在 Twitter 和 Facebook 上搜索了关键词' Citizens Banks Sucks'（公民银行太差劲了），结果发现了关于我们银行的负面信息。虽然有些负面信息出现在两年前，但我都进行了回复。久而久之，我们发现这些投诉者成了我们银行最坚定的支持者，因为他们知道我们在倾听……我们也吸引了新客户，因为我们愿意问对的问题，愿意倾听客户的回答，而且愿意做出改变。"[21]

2. 表达感谢

人们都喜欢得到他人的赏识。表扬或祝贺别人能够增进你与他们之间的感情，同时也能提高自身的知名度。

表扬要显得诚恳，为此要提及细节，并避免使用那些让人欠情似的或者俨然以恩人态度自居的语言。例如，如果对仅完成了基本工作要求的员工进行表扬或者对教授或导师的渊博知识进行赞赏，这听起来显然很愚蠢。相反，在任何沟通情境下，对他人完成了某项的确艰难的任务进行祝贺或者进行赞扬则是有益的。

给人发去感谢信（thank-you note）会使他们今后更愿意帮助你。感谢信可以简短些，但一定要及时。感谢信的内容要具体，态度要诚恳。

克莉丝，感谢你为大家节省了周转时间。没有你的努力，我们肯定赶不上进度。

如今，绝大多数感谢信通过电子邮件发送，所以手写的感谢信就显得引人注目了。

如果你养成了及时给他人发感谢信或贺信的习惯，那么你一定会欣喜地发现很多人也会给你发来感谢信或贺信。坎贝尔（Cambell）公司的首席执行官道格拉斯·考奈特（Douglas Conant）在六年任期中亲手写给员工超过 16 000 封感谢信，这些员工上至高级主管下至钟点工。[22] 正如商业畅销书《一分钟经理》（*The One Minute Manager*）的作者肯尼思·布兰查德（Kenneth Blanchard）和斯潘塞·约翰逊（Spencer Johnson）所言，"只有自我感觉良好的人才能成功"。[23]

感谢信可用标准商务信笺来写，采用标准格式。有一个学生注意到他的教授很喜欢狗，课堂上会讲一些有趣的狗的故事，所以他找了一张带狗图案的卡片来写他的感谢信。

8.4.5 避免信息过载

如今，商务沟通面临的现实问题之一就是信息过载，所获得的信息超过了进行处理、了解或做出响应的能力。因此，我们必须通过避免不必要或无效率的沟通来树立所在组织的良好信誉。为了避免信息过载，不妨从以下两个方面来应对：保护受众的时间和管理传递的信息。

1. 保护受众的时间

技术使我们经常遭到垃圾信件、推销电话、广告及垃圾电邮的大肆骚扰。电子邮箱中塞满了垃圾邮件，导致一些重要邮件被过滤。此外，垃圾邮件也意味着：如果收件人不认识发件人或不了解主题，那么收件人可能就不会阅读邮件。私人文案也变得越来越复杂：信用卡合同在1980年时通常只有大约400个字，但现在许多都达到了20 000个字。根据联邦通信委员会（Federal Communications Comission）的估计，固网电话用户每年要为印刷精美的函件支付20亿美元。[24]

咨询公司巴塞克斯（Basex）对知识型员工的调查发现，50%以上的知识型员工认为他们每天接触的信息量实在太大，不利于他们完成工作。事实上，94%的员工认为有时信息过载导致他们无法工作。[25] 施乐（Xerox）公司做了类似的调查，政府与教育部门58%的员工认为，他们几乎将一半以上的时间用于信息整理、存档或删除，相当于每年花费310亿美元用于信息管理。[26]

从另一个层面来看，日常沟通也变得越来越频繁。随着快速便捷与价格低廉的电子邮件、短信、即时消息和Twitter的普及，外加对更为透明的商务操作的信赖，企业需要发布更多的关于事件、程序、政策、服务及员工消息方面的公告。部门要传递时事通信，员工之间要传递关于孩子出世、生日、婚礼及晋升的信息和祝愿，顾客则要传递对产品、服务、政策和广告的评论。

导致信息过载的另一因素是不当电子邮件，包括玩笑、个人信息和不相干电子邮件，以及内容过多、过于烦琐和无关的电子邮件。因为有太多人将太多的邮件发给不相干的人，所以"群发邮件"成了声名狼藉的操作。

根据从事技术市场调研的Radicati集团的报告，公司电子邮件用户每天平均收发110封邮件。[27] 根据该集团的估计，2017年，全世界每天发送2 690亿封电子邮件，其中50%为垃圾邮件。[28]

面对信息如潮的现实，人们一定要保护好个人在沟通方面的良好声誉，同时要保持对他人的礼貌。对于自己所采用的各种类型的沟通方式，要遵循最佳惯例。为此，不妨问自己：这次沟通是必需的吗？沟通是否有效？表达是否清晰？我是否考虑到了受众的需要？为了节省受众的时间，我是否尽力了？

2. 管理传递的信息

信息控制非常重要。要向受众提供他们所需要的信息，又不能提供过多的信息。有时，你完全有理由不提供他们所需要的全部信息。

当你对某些信息完全知情时，就很容易高估受众的知情程度。飓风桑迪后，国家飓风中心的科学家了解到，执法和医院系统的人员，以及地方及州官员，对发布的风暴潮警报并不清楚。为了消除混乱，科学家们发现对风暴潮应当描述高度而不是深度（尽管两者数值一样），而且要明确给出风暴潮侵入内陆的距离。[29]

当然，信息管理并不总会这么简单。制药企业一直对究竟应该透露多少关于生产药品的信息存有争议。根据2004年美国食品药品监督管理局（FDA）公开的一项分析报告，服用抗抑郁药的年轻人中2%有自杀的想法。该报告仅仅说明有自杀的想法而已，并没有关于自杀事实的报道。

然而，美国食品药品监督管理局发出了针对抗抑郁药物最严重的警告。家长与医生开始不赞成年轻人使用这种药物。在发出警告的第一年，使用 SSRI 类抗抑郁药的年轻人减少了 14%，而自杀的人数却上升了 18%。[30]

有时，制药公司及其他组织也可能遭遇麻烦，原因是它们拒绝发布在股东、监管部门、客户等看来必须公开的信息。例如，美国证券交易委员会指控瑞士信贷（Credit Suisse）未披露相关抵押业务，为达成和解，瑞士信贷支付了 1.2 亿美元。自 2012 年起，联邦监管部门要求企业披露 401k 计划，以合并文件的形式披露新的、更具体的费用情况。[31]

在信息管理方面，其他需要日常关注的内容包括：

- 若经常就同一主题发信息，如每月对于培训研讨会的信息更新，可以试着开发一种能让大家马上了解新情况的系统。用不同的颜色来标记新的或不同的登录者，并将新的资料置顶。
- 如果要回答多个问题，一定要编号。
- 如果电子邮件很长（超过一屏），一定要采用概述、标题和项目符号，以方便读者找到所需要的信息。
- 如果请对方完成涉及多个步骤或需要各种知识的事项，一定要采用清单。虽然清单过去因太简单而被忽视，但如今被认为是避免差错的重要工具。在《清单宣言：如何使事情正确》(The Checklist Manifesto: How to get Things Right) 一书中，作者阿图尔·加万德（Atul Gawande）对这一趋势进行了推广，介绍了航空、建筑和医疗等多个行业如何利用清单来消除错误。[32]

8.5　运用面对面沟通方式

工作中，大多数告知性和肯定性沟通是通过面对面接触、电话、电子邮件，以及信函或备忘录等书面沟通方式来实现的。不过，需要认识到许多人都有自己的偏好。有些人喜欢电子邮件而讨厌收听语音邮件；有些人认为即时短信不够有诚意，喜欢别人来登门拜访。同样，有些渠道比其他渠道更适合某些情景。有时，上门拜访会是一种更好的沟通方式。

一些企业鼓励其员工少发电子邮件，而是去对方的办公室进行商务沟通。在他们看来，这种拜访有助于营造更为友好、更富合作性的工作环境。根据跟踪传感器的发现，情况的确如此：生产率最高的员工所做的面对面接触往往也最多。[33]

下列情况下，宜采用拜访形式：

- 知道这位同事欢迎你的拜访。
- 正在与对方建立商务关系。
- 会面可省去频繁文本联系的麻烦（如制定会议议程）。

- 业务上需要进行对话或谈判。

- 需要立即见面处理一些事情（如签字）。

- 谨慎起见而不想留下书面证据。

- 沟通情境相当复杂，想有尽可能多的所见所闻。

为了有效进行面对面沟通，不妨遵循以下提示：

- 确保时间安排便利于被拜访者。

- 在讨论较复杂的事情时，确保手边备有合适的文件资料。

- 不要侵占别人的空间。未经允许，不要将自己的文件放在他人的桌子上。

- 注意那些暗示"送客"的信号。特别是当对方工作忙、赶任务时，可能对闲聊的耐心很有限。

美捷步的 CEO 谢家华堪称面对面接触的超级粉丝。他说："最好的事情出现在偶遇时刻。"为此，美捷步的办公大楼只设了一个入口。[34] 其他公司选择安排集体休息时间来增加面对面接触的机会。

8.6　共享文案的特定平台的实用惯例

利用技术工具传递文案为新惯例的形成打开了大门。除了本节所讨论的针对媒介的实用惯例以外，用户必须认真考虑受众的需要和期望、语言的选择，以及电子沟通的潜在持久性。

不论你所采用的技术水平如何，要确保达到受众所期望的基本技术水平。如果你采用的是尖端技术，必须将它与业务架构进行整合，以便那些精通技术的客户按自己的节奏来了解这一技术。例如，如果某家银行开始在其网银平台上应用存款支票的电子扫描业务，那么它应当容许用户在合理的适应期内进行实物扫描。

在使用非正式用语或首字母缩略词时，一定要考虑到受众因素和目的。虽然《牛津英文词典》（*Oxford English Dictionary*）列出了 LOL、BFF、IMHO、OMG 等词条，但有些人仍然不知道这些缩写。在许多组织中，除了发给亲密朋友之外，其他的短信应当写得相对专业。

请记住，电子文案可以被存储、转发并打印出来。它们都会留下书面证据，而且很多企业也会对其进行监控。因此，尽量不要通过这些工具来发送敏感性信息，如密码等。此外，使用这些工具时，内容和操作一定要显得专业一些。来自佛罗里达州的众议员马克·弗利（Mark Foley）就是因为与未成年人有带色情内容的不恰当短信往来而下台的。

因此，在打电话、撰写电子邮件或管理 Facebook、Twitter 和 Instagram 账号时，一定要牢记以下这些有用的惯例。

8.6.1 电话

与面对面拜访的沟通相比，电话沟通提供的相关信息较少。但与电子邮件和书面沟通方式相比，电话沟通提供的信息又要多些。在以下情况下，电话沟通是不错的选择：

- 语气的作用非常重要。
- 会面可省去频繁进行电话和电子邮件联系的麻烦（如确定会议时间）。
- 立即需要某些东西（如获得允许）。
- 不想留下书面证据（但要注意电话记录很容易就能查到，正如惠普公司使用董事会成员的电话记录事件所告诉我们的那样）。

为了有效进行电话沟通，不妨遵循以下提示（参考表 8-1 中要避免的情况）：

- 确保时间安排便利于被拜访者；尽量在上班时间拨打电话。
- 迅速回拨来电。
- 报姓名和电话号码时，要做到言语清晰（在给对方的自动应答电话留姓名和电话号码时，这一点尤其重要）；别假设对方电话可以记录你的号码。
- 用信息陷阱手段来引起对方注意：我打电话想知道……
- 打电话要简短、热情。留言要简洁，控制在一两句话。
- 电话结束时要复述自己的号码。通常人们不会在打电话开头时就记下对方的号码。
- 打电话要专心，不要做其他工作。大多数人能够听出你是不是在边看邮件或者浏览网页边通电话，对方会觉得你不重视他们。

表 8-1　使用语音留言时的小忌讳

- 回拨号码没有说清楚或说得很快
- 所发语音信息超过 30 秒
- 发送需要对方认真关注的语音信息（此时采用电子邮件更合适）
- 发送信息过多或过少的语音
- 要求对方回拨但没有给出理由
- 发送对方无法立即回应的语音信息
- 发送愤怒的语音信息

请记住，如果对方工作正忙，那么意外的电话很容易打扰对方。如果对方像大多数人那样在开放式的办公室上班，那么难免会在一定程度上打扰到其他员工。因此，当然也是由于短信使用的增加，语音留言的使用正在迅速减少，所以即便你留了语音，也不能保证对方一定会接收到。[35]

8.6.2 电子邮件

要撰写有效的告知性文案与肯定性文案，你必须避免表 8-2 中所描述的常见错误，必须遵循有用的惯例，而且要节约受众的时间。（参见本章后面关于有效确定电子邮件主题句的内容。）

1. 实用惯例

按有利原则使用 To/CC/BCC 功能：

- To：电子邮件仅发送给想要或需要者。如果发给多人，那么要考虑按照一定的顺序给他们发送电子邮件。组织排名重要吗？是否应该按字母顺序排列？不要点击"回复全部"，除非所有人都希望你这样做。
- CC："抄送"。自使用打字机时代开始，就用副本复写方式来制作多份副本。被抄送对象虽然与电子邮件中的业务无直接关系，但他们往往对此有一定的兴趣。例如，营销部门对你编写新的软件没有多大作用，但该部门可能希望了解这方面的变化，以便获得营销创意。委员会可能会把邮件抄送给没有参加委员会会议但负责委员会文件存档的秘书。有时，"抄送"是出于级别考虑。例如，一位行政助理在处理日常事务时，也会将邮件抄送给上司，以显示电子邮件的分量。
- BCC："密件抄送"，即收件人并不知道邮件会被抄送。一旦收件人知道情况，"密件抄送"会产生不良后果，因此必须慎用"密件抄送"。

表 8-2　使用电子邮件时的小忌讳

- 主题句缺失或者含糊不清
- 给每个人都发送邮件，而不是仅仅发送给那些认为邮件有用或者对邮件感兴趣的人
- 信息量太多或者太少
- 使用过多即时短信中用的缩写
- 缺乏大写字母和标点
- 邮件内容多，但又没有采用标题或符号列表
- 有些被延误回复的电子邮件没有附上原始信息，使读者有时候不知道这封电子邮件在回复什么
- 有些邮件撰写人会把请求发送给很多人，导致收件人不清楚该由谁来处理请求
- 有些人盼望（一两个小时内）马上得到回复，但没有采用响应更快的沟通方式，如拨打电话
- 有些人从不回复询问类电子邮件
- 有些人对于简短的邮件往往不仔细阅读
- 使用过多的比喻和附件
- 滥用高优先级标记或主题句，如"紧急""即刻阅读"等
- 内容过于激动或愤怒（通常表现为使用极端语言）

电子邮件所用的称呼要恰当。Dear 似乎成了正式电子邮件的专利，毕竟 Hey 在商务交往中显得太不正式。如今，许多电子邮件采用 Hi 或 Hello 为称呼语。如果双方经常联系，许多电子邮件就直接省略了称呼。

请记住，电子邮件属于公开文案，很可能被广泛转发。因此，要采用标准大写字母和拼写规则，仅当给朋友发电子邮件时才用小写字母和短信用缩写词。要谨慎使用带感情色彩的特征，如下划线、全大写、感叹号和表情符号。即便是给老板发个确认邮件，也应当写得专业些。

请记住,对方可能不会阅读你的电子邮件。来自公司外部的邮件可能因地址拼写错误、收件箱过滤程序或网络故障而被阻止。由于大多数收件箱中的邮件数量巨大,在收件人根本没有意识到的情况下,邮件很容易从屏幕上消失。如果在合理的时间范围内没有收到回复,不妨追查一下原因。

也要记住,很多人并不认为合理的反馈时间是一两个小时。因此,如果是急件,应当选择其他的沟通方式。

千万要注意的是,电子邮件中不要有任何如果你的老板、同事、父母或子女看了会使你感到尴尬或不利于你事业发展的内容。

2. 节约受众的时间

电子邮件过载已成为一个严峻的问题。如今,员工有 1/3 的上班时间用于回复电子邮件。[36]为了节省受众的时间,无论对方是同事还是客户,只在必要时才发送电子邮件。电子邮件的主题句应该具体明确;是否希望收件方做出响应要传递清楚,如果需要响应,也要告知响应什么以及何时响应;要避免草率发送电子邮件,以便仔细判断是否有必要发送电子邮件,或者是否可以把多个文案整合成一个再发送。

因此,要好好设计电子邮件,不要浪费收件人的时间。撰写时,不妨遵循以下建议:

- 将最重要信息放在首句。
- 如果电子邮件超过一屏,不妨采用概述、标题、列举等手段来吸引读者关注后续各屏的内容。
- 每封电子邮件只涉及一个主题,要删除与主题不相干的内容。
- 如果发送的电子邮件带有附件,务必把最重要的信息放在电子邮件中。不要让读者打开附件时发现只有会议的时间和地点。
- 要核对文案的准确性和完整性。想想你收到过的那些遗忘了时间、地点或日期的会议电子邮件。所以,不要让你发送的电子邮件也步这种内容不完整邮件的后尘。

为了帮助用户掌握这些实用惯例以便节约受众的时间,Gmail 提供了"撤销发送"选项,用户可以在点击发送按钮 30 秒内撤销发送。[37]

请注意,你的电子邮件或语音邮件一定要及早切入主题,内容简洁明了,言之有物,这样对方就会尽早收看或收听。

8.6.3 社交媒体

1. Facebook

Facebook 具有交互性特点,所以 Facebook 对公司的撰写者而言时间消耗很大。客户如果在公司 Facebook 网页发帖子，那么他们大多希望公司能迅速响应。另外，客户也可能发布一些不实且粗俗的消息，所以公司有必要通过制定政策来指导社交媒体作者。

在创建企业的 Facebook 网页时，一定要包含主要信息，如营业时间、公司网站的链接，以及诸如电子邮件地址和电话号码等联系信息。选用的封面和照片必须易于在手提电脑、智能手机等各种平台查看。在用 Facebook 网页与客户互动时，要注重树立良好信誉，激发对方对公司的兴趣。

如果用户发布了投诉的帖子，必须及时、礼貌并公开地回复。一旦公司对客户投诉承担责任，在处理问题的过程中，应当激励潜在客户成为公司的真正客户。

如果由你负责回复来自公司 Facebook 网页的客户问题，一定要做到及时和礼貌，即便当时还未找到解决问题的办法。Facebook 会正式记录响应时间并进行公开发布。如果需要时间来得到答案，仍然要在见到文案之时立即回复，从而使发送者知道他的问题已被收到并正在处理中。这样做可以改善 Facebook 上你的响应时间指标。

那些创建了私人 Facebook 网页的员工必须牢记 Facebook 具有的公众特性。事实上，一些员工因发布关于雇主的富有争议的内容或下载不合适的图片而失去了岗位。例如，亚特兰大的一名警官因为发布敏感的岗位工作信息而被停职；维珍大西洋航空公司开除了 13 名乘务员，就是因为他们发布了对乘客的评价，以及对航空公司安全标准的恶意评价。[38]

必须认真对待个人发布在 Facebook 上的帖子的隐私设置。不妨把所有帖子设置为保守状态，如都设置为"仅限朋友"，必要时才扩大私人帖子的访问权限。要清楚的是，当前的个人资料照片一直是公开可见的。

2. Twitter

虽然相比于信件和电子邮件，Twitter 仍然属于较为新颖的沟通文案，但已经形成了一些常见的公认原则：

- 要做到内容清晰。虽然推文限用 140 个字，但要避免出现隐晦含义，必要时仍然要用足够的字。
- 不要让推文浪费他人的时间。如果预计受众可能会有"谁会在乎呢"的想法，那就不要发送。这一原则尤其适用于很多有"你现在在做什么"之意的推文。
- 一定要慎用 # 号标签和首字母缩略词。
- 工作推文一般不适合用俚语。

公司可以用 Twitter 来加大对公司基本情况的宣传，分享有关公司所做事务的告知性文案或肯定性文案，最好采用故事、幽默或有趣的信息。另外，最好包括相关联的链接，以便感兴趣的粉丝了解更多内容。如果需要对期望的内容进行分类，合适时可以采用 # 号标签。

例如，食品及营养行业的雀巢公司（Nestlé）因在巴西开展上门销售活动而遭到批评。《纽约时报》上的一篇文章严厉指出，该活动采用欺骗手段引诱低收入家庭，导致巴西的肥胖人口数量迅速增加。[39] 在一篇推文中，雀巢公司称其在巴西开展的挨家挨户销售活动为"为巴西消费者提供了买得起的营养食品"，还拍摄了穿着雀巢广告服、一脸开心的儿童的视频。通过给帖子加上带 # 号标签的 "#nutrition"，雀巢公司把公司产品分类为有益健康的食品而非垃圾食品。

公司员工在发送推文之前应当分析受众和相关背景，这一点与利用其他商务沟通形式时一样。要避免发送以下这样的推文：

@bossman_GGSA I'm totes going to be late for work today, whacky traffic and coffee shop line is ridic UGH! #suckydaysofar #fail #IhateMondays

这位员工也许不仅选错了与老板沟通的媒介形式，而且错用了不适合于工作沟通的俚语、首字母缩略词和很多 # 号标签。相反，工作沟通中的推文应当态度积极、语气乐观：

Had a great presentation today with bossman. Lots of great feedback and excited to move onto the next phase.

需要牢记的是，如果你的 Twitter 账号与所在单位的追随者相关联，那么你所发送的推文不仅代表你自己的观点，而且代表了所在单位，所以应当宣传正面的形象。事实上，与所有社交媒体一样，对自己的言行应当保持谨慎。推文不仅可以通过谷歌搜索到，而且可以成为诽谤诉讼中的证据。

3. Instagram

Instagram 网站提供给用户一种基于视觉材料的影响追随者如何评价公司的方法。用户可以通过 Instagram 账户来讲述公司预期的故事、联系追随者并通过交叉引用来赢得新的追随者。

因此，公司首先要决定希望他人如何看待自己，然后通过图像和带插图的文本来建立并持续重申这个形象。例如，YogaFit 开办了国际瑜伽健身证书班，发布了背景为紫色水彩的正面文案，文案带有紫色外框，而且在底部不起眼的地方加了其标识。通过经常性发布文案和图像类似的宣传内容，YogaFit 展示并持续维护了自己积极而包容的形象。

YogaFit 也利用 Instagram 网站来联系追随者并与他们开展互动。YogaFit 曾在帖子中提问其追随者："你最喜欢的瑜伽课是什么？原因是什么？"不难发现，YogaFit 的设计遵循类似的审美元素：紫色外框和底部的中心标识。通过在 Instagram 网站提问其追随者，让他们感觉自己受到了关注。当然，如果在随后的帖子中能跟进这些评价，那么效果会更好。YogaFit 曾经发过这样的照片：一名面带微笑的扶手操课学员，而扶手操课被认为是最受喜爱的瑜伽课。

最后，为了赢得新的追随者，交叉引用时必须对你的 Instagram 帖子加标签。这里的标签是指在标记前加上 # 号。标签是对帖子的分类，用户可以筛选 Instagram 帖子，从而只浏览带某个标签的帖子。例如，如果你的帖子带有标签 "#dogsofinstagram"，那么意味着搜索标签

"#dogsofinstagram"的任何人都可以看到你的帖子（按时间顺序或受欢迎程度排序）。

许多企业针对员工小组或项目创建了具体的标签。在与大众沟通方面，标签的运用不仅有助于企业的某些促销活动，如比赛（#NameOurNewCereal），通过增加帖子的吸引力（#IsItFridayYet?）来树立良好信誉，而且有助于接触到更多的追随者（即潜在客户）。例如，YogaFit 就发布了带有若干标签的冰沙配方，这些标签包括 #yogafitness、#summer、#healtheating 和 #smoothie。搜索 #smoothie 标签的用户就可找到该冰沙配方，而且会喜欢上冰沙配方，并会因这一标签帖子而开始关注 YogaFit。

8.7　告知性文案与肯定性文案的组织

本章和后面章节所讨论的文案组织模式遵循了标准商业惯例。这些文案组织模式适合于商界、非营利组织和政府机构中的大多数写作情形。使用恰当的文案组织模式有助于撰写者更快地构思，创作出更好的最终作品，同时也表明撰写者对商业惯例的了解。本节主要讨论告知性文案和肯定性文案的一般组织模式，以及针对电子邮件、转送函、摘要等具体组织模式的建议。

请注意：不可盲目采用各种模式。选择时必须考虑受众、写作目的和环境是否与各种组织相匹配。

选择具体组织模式时，必须：

- 确保理解每种文案组织模式的基本原理，以便在必要时做出相应调整。
- 清楚并非采用基本组织模式的文案都要具备该模式的全部要素。
- 知道有时可以在同一个段落中运用多个要素，有时数个段落才运用一个要素。

表 8-3 介绍了如何组织告知性和肯定性文案。图 8-1 和图 8-2 展示了应用基本文案组织模式的两种方法。

表 8-3　如何组织告知性文案和肯定性文案

1. 开头要交代好消息或者最重要的消息。总结要点；如果读者已经提出了问题，一定要让对方感到你在回复他的问题

2. 给出细节，阐明观点并提供背景资料。回答受众可能会有的一切问题；提供达到意图所需的全部信息；在询问或者回答多个问题时，对它们进行编号；举例有助于提供或者得到所有必要的信息；要根据对读者的重要性或其他逻辑次序来描述细节

3. 尽可能以积极的口吻来陈述负面信息。任何政策都有其局限性；信息也不可能是完全充分的；读者必须符合一定的要求才能获得折扣或利益。对负面信息一定要清晰陈述，但要尽量采用积极的方式来阐明

4. 解释所有的利益。大多数告知性文案都必须阐述利益；要说明该政策或者程序不仅对公司有益，同样也会让受众受益；要提供足够的细节，使受众利益不仅清晰，而且令人信服；在信函中，不仅要阐明同你们公司做生意的好处，同样也要说明产品或者政策的好处。在传递好消息的文案中，可以把受众利益和文案的友善结尾结合起来

5. 结尾应充满友善：态度积极、个性化及展望未来。将重点从文案转移到具体读者，表明为读者服务才是真正需要关注的事情

　　如图 8-1 所示，该信函公告的是某杂志所有权的变更，而不是告知订户该杂志已被收购，因为收购听起来有负面意义。开头两段把变更描述为合并，订户将从杂志合并中获得更多的利益。第三段给出了如何使安排更加有效的细节，以及进行选择的方法。负面消息就是，那些已经订阅两种杂志的读者现在只能收到一份杂志了。对此，公司从正面来进行处理，即公司将延长读者对合并后杂志的订阅时间。其友善的结尾包含了全部所期待的特征：积极的态度（我们有信心）、个性化（您的持续的忠诚）与展望未来（您将会喜欢）。

eBusCompanyToday

P.O. Box 12345
Tampa, FL　33660
813-555-5555

June 17, 2018

Dear Ms. Locker:

以好消息的形式点明主题 —

We're excited to share some great news! *eBusCompanyToday* has merged with another business magazine, *High-Tech Business News*. This merged publication will be called *High-Tech Business News* and will continue to be edited and published by the *eBusCompanyToday* staff.

给出强调读者利益的细节 —

The "new" *High-Tech Business News* is a great tool for navigating today's relentlessly changing marketplace, particularly as it's driven by the Internet and other technologies. It reports on the most innovative business practices and the people behind them; delivers surprising, useful insights; and explains how to put them to work. Please be assured that you will continue to receive the same great editorial coverage that you've come to expect from *eBusCompanyToday*.

You will receive the "new" *High-Tech Business News* in about 4 weeks, starting with the combined August/September issue. If you already subscribe to *High-Tech Business News* your subscription will be extended accordingly. And if you'd rather not receive this — 准许选择放弃，但又不做强调
publication, please call 1-800-555-5555 within the next 3 weeks.

态度积极、个性化、展望未来 —

Thank you for your continued loyalty to *eBusCompanyToday*; we're confident that you will enjoy reading *High-Tech Business News* every month.

Sincerely,

Alan Schmidt

Alan Schmidt, Editor and President

High-Tech Business News is published monthly except for two issues combined periodically into one and occasional extra, expanded or premium issues.

图 8-1　肯定性告知信函

如图 8-2 所示，该电子邮件公告的是一项新的员工利益政策。第一段对该政策进行了概括，第二段到第四段则提供了细节。其中的负面因素尽可能地以积极的方式来陈述。该电子邮件的最后一段给出了读者利益和一个友善的结尾。

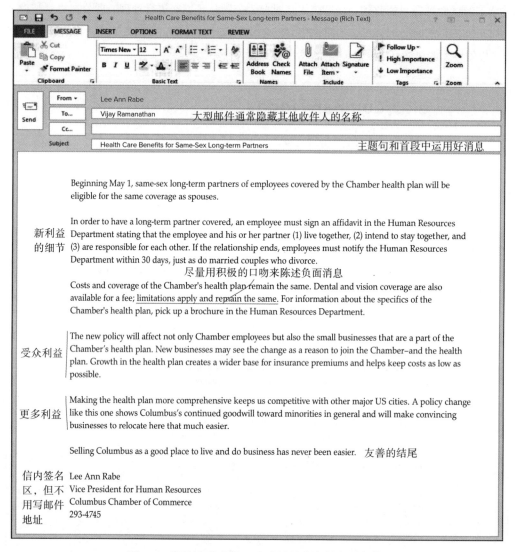

图 8-2 发送给商会员工和成员的肯定性电子邮件

资料来源：Microsoft Inc.

8.8 告知性文案与肯定性文案的主题句

主题句（subject line）就是公文的标题。它有助于公文的存档和检索，告知读者阅读这份公文的重要性，同时也提供了内容概要。电子邮件和备忘录一般都要有主题句，而信函则不一定需要（参见附录 A）。

一个好的主题句应符合以下三个标准：具体明确、简洁明了并与文案的类型相适应（肯定性文案、否定性文案还是说服性文案）。

8.8.1　主题句应具体明确

主题句应具体到足以区分同一主题的文案，同时也要足以涵盖文案中各个方面的内容。

太泛：　　　培训课程

更好的表达：2012 年培训课程的日期

8.8.2　主题句应简洁明了

大多数情况下，主题句应相对短一些。在线电子邮件管理服务商 MailerMailer 发现，读者一般更喜欢打开主题句为 4～15 个字符的电子邮件，而不愿意打开主题句超过 35 个字符的电子邮件。[40]

冗长：　　　关于学生对比萨各种成分偏好的调查

更好的表达：学生对比萨的偏好

如果无法使主题句同时具体明确并简单明了，那么应首先确保具体明确。

8.8.3　主题句应与文案的类型相适应

既然主题句用来向读者介绍文案的内容，那它就必须符合沟通情境方面的心理要求，同时也要符合撰写者的意图，力求使读者能够对此迅速做出撰写者所期望的回复。

一般地，主题句内容应与文案首段内容一致。在向读者公布好消息时，撰写者应在主题句中加以强调来树立良好信誉。如果消息为中性的，那么在主题句中做简要概括即可。

主题：1 月 2 日实施租车费用优惠
从 1 月 2 日起，凡是联合实业公司的员工向罗维租车行租车，无论公用还是私用，均享受 15% 的折扣。

主题：与法国方视频会议的最新日程安排
上个月，我们已经确定了参加与法国方举行视频会议的人选，会议定在 3 月 21 日。

8.8.4　电子邮件的主题句

许多人每天要浏览大量的电子邮件，所以电子邮件的主题句要比信函和备忘录的主题句更为重要。主题句一定要具体、简明、重点突出。在当今垃圾邮件横飞的时代，人们每天都会收到很多电子邮件，如果接收者不认识发送者或者电子邮件的主题句缺乏吸引力，那么接收者可能不会阅读这类电子邮件。因此，主题句要能吸引读者的阅读。

- 主题句要给出重要信息。许多人不会阅读主题句为空白或主题句为"你好""你的文案""谢谢""下次会议"等套话的电子邮件，除非接收者认识发送者。要知道，太多的垃圾邮件都是以普通的商务套话为主题句的。
- 在主题句中宣布好消息。
- 附加姓名来取得联系：李·皮泽告诉了我您的名字。
- 使电子邮件听上去较易处理：关于短途旅游的两个问题。
- 新的主题应该采用新的主题句。不要把新的主题作为其他主题电子邮件的附件。
- 不要采用不确定的日期，如今天、明天、下周或周三等为主题句。
- 在回复电子邮件时，要注意自动显示的"回复：（所回复电子邮件的原始主题句）"是否合适。如果不合适，就需要创建一个新的主题句。如果出现序列信息，最好使用新的主题句，否则就会出现"回复：回复：回复：回复：问题"这样无效的主题句。

下述主题句适用于告知性文案和含有好消息的电子邮件：

- 关于参加销售会议的旅行计划。
- 你的建议已被采纳。
- 二月份下调后的价格。
- 你的资助提案已被通过。

8.9　文案中的信息管理

8.9.1　转送函的组织

在传递文案时，经常需要在文案后面附上一份转送函来解释说明你所传递的信息。转送函可以是一张简单的黄色即时贴便条，上面写着"供参考"（FYI），可以是电子邮件正文中的一句话（如"请查看附件并告知是否有错误"），当然也可以是一份单独打印的公文。

备忘录或者转送函的组织应按以下顺序展开：

（1）告知读者所发送的是什么。

（2）总结公文的要点。

（3）指出有助于读者理解公文内容的特殊背景或者信息。说明这究竟是草案还是有待完成的公文的部分内容。

（4）告知读者下一步会发生什么、你会做什么、你是否希望读者做出回应。如果你的确希望读者做出回应，那么请讲明希望读者做什么并给出最后限期。

通常，转送函包含很重要的潜在意图。营销部门发送给商店的转送函的主要目的可能是赋予客户一个确认营销计划的机会。若有出入，营销部门希望在花钱制订营销计划之前了解清楚。不过，转送函的一个重要潜在意图是树立良好信誉："我在为你的计划工作，你所出的费用是值得的。"

8.9.2　摘要的组织

有时，你的同事或上司会请你撰写谈话、公文或者外部会议的总结报告。

内部谈话摘要应包括与会者、讨论的主题、所做的决定，以及每人下一步应做的工作。

撰写公文总结时，首先要阐述要点，然后给出细节或者论据。如果受众需要，就增加辅助要点。有时，受众会要求你对公文做出评价。公司其他人员是否应该阅读这篇公文？如要回应报纸上的某篇文章，是否应该由公司的其他人员来写信给编辑？

当你拜会客户或者参加会议时，有可能会被要求与组织中的其他人分享你的发现和印象。最简单的方法是按照时间顺序进行写作，但对读者来说这是最没有价值的。公司不需要流水账式地描述你所做的工作，公司要知道的是根据会议精神公司应该怎么做。

拜访客户或者顾客的摘要应该这么写：

（1）要在首段里从组织的角度阐明要点，包括所要采取的行动及应转变的观点。

（2）提供一个**概括性段落**（umbrella paragraph）来涵盖或者预示报告的要点。

（3）提供必要的细节来论证你的结论和观点。应用列表和标题使公文结构更清晰。

在下例中，修改后的首段总结了销售代表拜会潜在顾客后的结论。

修改前

10 月 10 日，我和里克·帕特尔一起拜访了联合工具厂。会谈在会议室进行，出席会议人员有：

（1）凯尔·麦克罗斯基——副总裁兼总经理。

（2）比尔·皮特吉斯——生产工艺工程师。

（3）加雷特·李——生产流程总监。

（4）考特尼·曼沙－格林——项目工程师。

修改后

联合工具厂是点阵式研磨机的潜在买家。若要获得该厂的订单，要做到：

（1）安排联合工具厂人员赴堪萨斯城考察研磨机产品。

（2）如果在本季度末订货，应保证在 60 天内发货。

（3）对联合工具厂延长付款信用期。

8.10 告知性文案与肯定性文案的结尾

对于简短的告知性文案和肯定性文案来说，如何圆满地写作信函或电子邮件的结尾确实是个问题。在电子邮件中，由于省略了细节和论据，所以在结尾处要告知读者如何获得更多的资料。在长篇文案中，结尾处可以总结自己的基本观点。对于包含读者所需全部信息的短篇文案来说，要么写一段对读者或者读者所在组织表示友善的文字，要么就此停笔。在许多简短的电子邮件中，就此停笔往往是最好的选择。

友善性结尾（goodwill ending）应当强调撰写者与读者的商务关系，而不是读者个人的爱好、家庭或者私生活。结尾段落应当体现出撰写者是把读者当个体来对待的。可能的结尾方法包括祝贺读者顺利完成工作、描述受众利益，或者期望得到与该文案主题相关的一些积极信息。

> 感谢发来这两份额外的销售表。它们正是我写报告第四部分所需要的。（Thank you so much for sending those two extra sales tables. They were just what I needed for Section IV of the report.）

在写文案给某个人时，好的结尾段落可能非常合适某一个人，但同样内容的文案却不一定适合其他读者或者其他组织的人士。如果文案是写给某组织的代表的，那么结尾段落可以谈及两公司间的关系。如果是写给某一团体（如"全体员工"）的，则结尾处应该针对整个群体。

> 请牢记这个新的利益计划的报名截止时间是 1 月 31 日。（Remember that the deadline for enrolling in this new benefit plan is January 31.）

一些撰写者会采用标准邀请方式来结束文案，如：

> 如有什么问题，敬请随时垂询。（If you have questions, please do not hesitate to ask.）

这句话暗指文案并没有给出全部问题的答案，同时读者也不会随便与你联系，两者均为负面暗示。如果把这句话改成"欢迎随时咨询"也不好，因为从事商务的人员个个都很精明，如果有需要帮助的地方，他们一定会打电话的。所以，要避免因简单的文案而带来过多的咨询电话，从而给自己增添麻烦。不妨直接省去这个句子。

> 你用 Visa 卡每晚的住宿收费已经调整为 163 美元。下个月，原来多收的 37 美元会打到你的卡上。（Your Visa bill for a night's lodging has been adjusted to $163. Next month a credit of $37 will appear on your bill to reimburse you for the extra amount you were originally asked to pay.）

不必解释你做出决定的过程，也不必说任何听起来觉得很勉强的话。除非会影响到公司的信誉，否则不必对原来的失误做出解释。这种情况通常不会出现，所以应省去对失误原因的解释。

8.11　案例分析：哪封电子邮件更好

实际工作中的问题要远比课本中的问题和案例复杂而难以界定。不过，即使是课本中的问题，在解决之前同样需要分析。在做本章的练习之前，先考察下面的案例。分析以下案例的两个解决方案，弄清楚为什么一个不可行，而另一个可行。注意那些可以使解决方案更完善的修改意见。可以借助本章末的一览表来评估公文的草案。

8.11.1　提出问题

州际诚信保险（Interstate Fidelity Insurance，IFI）公司用电脑来处理往来账单。在收到客户付款与输入公司电脑入账之间总有一段时间差。有时，一边是客户付款的单据正等着输入电脑，另一边是公司的电脑自动发出额外的通知单：逾期付款通知书或催款信。客户会担惊受怕或很气愤，并致函公司要求给予解释。在大多数情况下，只要客户稍微耐心一点，问题自然会得到解决。可是投保人大多害怕他们的保险会被取消，因为保险公司认为顾客没有按时缴费。

州际诚信保险公司没有时间逐一核对客户的付款单是否已经寄到了公司，或者是否正在等待电脑处理。为此，公司希望你起草一封电子邮件，劝说客户要有耐心。公司想让客户了解，如果出现问题或者公司根本没有收到付款，州际诚信保险公司会在原始保险金账单发出日期（通知单上会列出具体日期）后 30 天以法院传票的方式通知客户其保险单已被取消。通常客户只会在收到账单、逾期付款通知书后才会收到法院传票。

草拟一封电子邮件，发送给那些抱怨已经支付了汽车保险费但仍然收到逾期付款通知书的投保客户。电子邮件中既要给客户一定的承诺，也要设法维护州际诚信保险公司的良好信誉。

8.11.2　分析问题

（1）你的受众是谁？

汽车保险的投保客户声称已经缴纳了保险费但仍然收到了逾期付款通知书，他们很担心享受的保险会因此被取消。由于你所起草的是一封电子邮件，不同收件人会有各不相同的情况：有时，一些人的付款确实是在汇款的某个环节给耽搁了；有时，是公司在处理时发生了差错；有时，就是客户没有付款（支票在邮寄过程中丢失、没有签名或遭银行退票）。

（2）电子邮件的撰写意图是什么？

向客户承诺他们的保险会保留 30 天。让客户知道在收到第二封通知书之前大可放心。避免在今后的联系中提及该问题。树立州际诚信保险公司的良好信誉：州际诚信保险公司并非经常出错的机构，所雇用的员工也不是无能之辈；希望客户仍然在州际诚信保险公司投保；若客户要购买新的保险，衷心希望他们能够选择州际诚信保险公司。

（3）电子邮件中必须包含哪些信息？

客户的保险仍然有效。我们不能确认他们寄来的支票是否正在等待公司电脑的处理（公司不会检查每个客户的账户）。在收到第二张逾期付款通知单（法律传票）后仍未付款，他们的保险将被取消。

（4）怎样论证自己的观点？以什么样的理由或受众利益来说服客户？

电脑有助于我们为投保客户提供个性化服务。我们的保险项目种类齐全。在论述上述观点时需要提供具体细节，使之变得生动有趣且有说服力。

（5）哪些因素会影响读者的反应？经济问题，一年中的某段时间，组织的士气，读者与撰写者的关系，还是任何特殊情形？

保险业竞争十分激烈，许多其他公司提供与我们相仿的保险费率和保险项目。客户很容易花同样的钱从其他公司得到相似的保险服务。大多数人总会感到资金紧缺，所以希望保险成本较低。不过，价格平稳或上涨也意味着客户拥有的资产在升值，他们就会比任何其他时候都需要保险。

许多保险公司拒绝为客户续保一些险种（汽车险、责任险或失业险）。这些举措会被大肆宣传，人们听到过很多公司或者个人在进行了数量有限的索赔后，其保险被终止或者没有被续保，之后又遭遇不测的悲惨故事。因此，客户对保险公司往往没有好感。

人们需要汽车保险。因为，一旦发生交通意外而事主没有上保险，那么除了要独自承担事故损失外，还要向州政府缴纳近5万美元（视各州的法律而定）的预付保证金，用以支付今后可能发生类似事故的损失。所以，客户还有法律方面的担忧。

我们处理支付情况比较慢。不清楚支票是否已经被处理。如果支票未到，我们会取消保单。

8.11.3　讨论解决方案

图8-3给出了一种不可行的问题解决方案。因为这是一封电子邮件，所以不能肯定地说我们已收到了对方寄来的支票，而有时，我们的确未收到支票。此外，该电子邮件内容显得过于消极。第二段的解释使得州际诚信保险公司给人以一种不负责任和漠不关心的形象。第三段则太消极了。第四段显得含糊不清，没有什么受众利益可言，结尾部分的自我中心意识太强。该方案的主要缺点是措辞与问题不符，撰写者对问题的实质似乎缺乏深入理解而且措辞欠考虑。鉴于该草稿无助于问题的解决分析，因此撰写者必须重写。

图8-4所给出的可行的问题解决方案就要好很多。电子邮件以公认的真实好消息开头。第二段以比较积极的态度解释了州际诚信保险公司的政策。负面消息暗含在第三段中，而且在阐述中采用了正面论述的方式：这份通知单只是为了传递消息而非威胁；延长的30天属于宽限期。告知对方如果收到了第二封通知单应该怎样行事，从而不必就此内容进行再联系。第四段阐明了在州际诚信保险公司投保的好处。第五段宣传了公司的其他保险品种，并为最后一段做好铺垫。

图 8-3　不可行的问题解决方案

资料来源：Microsoft Inc.

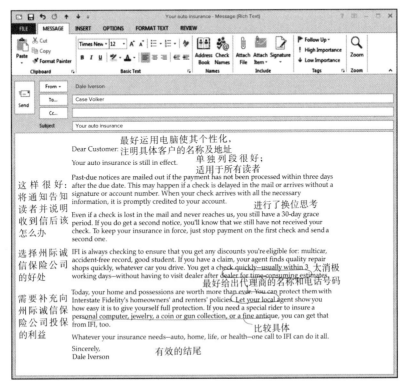

图 8-4　可行的问题解决方案

资料来源：Microsoft Inc.

这一解决方案如果加以个性化并且包含公司当地代理商的名称和数量会更好。如果对第四段的消极语气稍加修改，增加更多的受众利益的描写，那么该电子邮件会更趋完美。例如，电脑是不是可以帮助代理商为客户推荐最佳的投保项目？是否可以强调州际诚信保险公司快捷、热情的优质服务？代理商是否都是训练有素的？所有这些都有助于形成更多的受众利益。

表8-4和表8-5中的清单对于撰写告知性文案和肯定性文案很有用。

表 8-4　告知性文案和肯定性文案检查清单

- 在肯定性文案中，主题句是否给出了好消息？在这两种文案中，主题句是否足以具体到区分具有相同主题的两种文案？
- 首段是否概括了所要传递的信息或者好消息？如果消息过于复杂而难以在一个段落中描述清楚，是否将政策或信息的基本要点按讨论的顺序列出？
- 所有的信息是否都已在文案中给出？（哪些属于必要信息，要依情况而定，但诸如日期、地点、时间，以及与资金相关的信息通常必须包含在内。若有疑问，最好询问一下。）
- 在宣布政策的文案中，对于每部分读者是否至少有一项读者利益？所阐述的全部读者利益是该组织所能提供的吗？
- 是否表明了所形成的受众利益来自相关政策？是否说明了这些利益对组织关系重大的原因？此外，读者利益是否建立在组织成员的工作职责与组织具体情况的基础上？
- 文案是否以肯定性段落结束？（最好是针对具体的读者，而不是适用于任何组织或者政策）

表 8-5　文案有效性检查清单

- 文案是否运用了换位思考和强调积极面的方法？
- 文章语气是否热情友善？
- 文体风格是否通俗易懂？
- 版面设计是否赏心悦目？
- 所选格式是否正确？
- 文案是否采用标准语法？是否存在打印错误？

❖ 本章回顾 ❖

- 告知性文案与肯定性文案的目的
  告知性文案包括一个主要目标——以积极态度提供信息或好消息，还包括多个次要目标——树立信息发出者及其所在组织的良好形象。

- 运用适当技术来共享告知性文案与肯定性文案的原因
  选择采用恰当的技术来共享告知性文案和肯定性文案，往往有助于满足受众的期望，接触更大范围的受众，缩短响应时间，并扩大影响范围。

- 共享告知性文案与肯定性文案的常见技术平台
  传递告知性文案和肯定性文案的最常用技术工具包括：电话；网站；电子邮件；短信；Facebook、Twitter、Instagram和领英等社交媒体；应用程序；视频。

- 运用适当技术来树立良好信誉的策略
  为告知性文案和肯定性文案树立良好信誉的措施包括：强调受众利益；为政策变更找出利益；为树立良好信誉制定利益；与受众建

立联系；避免信息过载。

- 何时以及如何用面对面沟通来替代技术工具
  好的沟通者应深思熟虑后再从以下常见的办公室沟通方法中做出选择：面对面沟通、电话沟通、即时短信、社交媒体、信函、电子邮件或纸质备忘录。媒介选择，或者说是否使用媒介，取决于受众、使用情景及文案的目的。

- 通过电话、电子邮件、短信、Facebook、Twitter 和 Instagram 来传递告知性文案与肯定性文案的实用惯例
  在打电话、撰写电子邮件或管理 Facebook、Twitter 和 Instagram 账号时，一定要牢记那些有用的惯例。

  （1）电话：讲话清晰；重复重要信息；内容简明；一次谈一件事，不要一心多用。
  （2）电子邮件：利用具体的主题句；内容简明；清晰陈述期望。
  （3）Facebook：确立原则；回复及时；合理使用个人主页。
  （4）Twitter：内容简明；采用半正式语言。
  （5）Instagram 照片墙：控制内容；与追随者开展互动；交叉引用带标签的帖子。

- 组织告知性文案和肯定性文案的实用惯例
  告知性文案和肯定性文案通常采用以下组织模式：开头要交代好消息或最重要的信息，再概括要点；给出细节，阐明观点并提供背景资料；尽可能以积极的口吻来陈述负面信息；解释所有的受众利益；结尾应充满友善——态度积极、个性化及展望未来。

  （1）主题句就是公文的标题。一个好的主题句应符合以下三个标准：具体明确、简洁明了并与文案类型相适应（肯定性文案、否定性文案还是说服性文案）。如果无法使主题句同时具体明确并简单明了，那么应首先确保具体明确。
  （2）告知性文案或肯定性文案的主题句应突出任何好的消息，同时对信息要加以精炼总结。
  （3）好的文案应提供有用的信息，而不是提供让读者无所适从的信息。
  （4）如果想影响受众对信息或组织的态度，那么在告知性文案和肯定性文案中应运用受众利益。
  （5）友善性结尾应当强调撰写者与读者或读者所在组织的商务关系。写给某一群体的文案的最后一段应面向整个群体。
  （6）电子邮件、转送函和摘要有具体的组织惯例。

第9章

否定性文案

| 开篇案例 |

无效道歉的代价

我们生活在一个坏事难免发生的世界里。公司如何应对负面事件总会对其经营乃至生存产生重大影响。

2017年4月19日，美国联合航空（United Airlines）公司的一位顾客陶大卫（David Dao）被暴力拖离飞机，原因是他拒绝将座位让给临时登机的联合航空公司员工。在被暴力拖离的过程中，陶大卫遭受了脑震荡、口鼻撕裂和牙齿断裂。事件发生后，联合航空公司总裁奥斯卡·穆诺兹（Oscar Munoz）做了平淡无奇的道歉，被《大西洋月刊》（The Atlantic）的专栏作者德里克·汤普森（Derek Thompson）称为"危机公关史上最无人性的道歉声明"。奥斯卡·穆诺兹在道歉中称对陶大卫的暴力行为是为了"重新安排某位顾客的座位"。在随后发给员工的电子邮件中，奥斯卡·穆诺兹对联合航空公司的行为进行了辩护，把陶大卫描述成一名"制造混乱的好战分子"。奥斯卡·穆诺兹的言论立即在社交媒体上招致大面积的抵制，包括其他乘客上传的视频，这让奥斯卡·穆诺兹的声誉荡然无存。在丑闻爆发和奥斯卡·穆诺兹的无效道歉之后，联合航空公司的股票市值直接跌去了14亿美元。

在陶大卫与联合航空公司达成庭外和解之后，陶大卫的律师赞扬了穆诺兹最后承担全部责任而不怪罪任何其他方的行为。联合航空公司修订了政策和程序，包括承诺不再要求已经登机的乘客让出座位，对自愿让出座位乘客的补偿增加到10 000美元。

联合航空公司事件不仅反映了制定明确的政策和程序对于公司处理负面消息的重要性，而且说明了如何就负面消息与社会公众开展有效沟通的重要性。公司在发布道歉声明时必须及时出击，而且要谨慎表达同情之意，避免责怪受害人。无效的道歉不仅代价高昂，甚至会毁灭公司的声誉。

资料来源：Lucinda Shen, "United Airlines Stock Drops $1.4 Billion after Passenger-Removal Controversy," Fortune.com, April 11, 2017, http://fortune.com/2017/04/11/united-airlines-stock-drop/; Derek Thompson, "The Deeper Scandal of That Brutal United Video," Theatlantic.com, April 10, 2017, https://www.theatlantic.com/business/archive/2017/04/united-video-scandal-law/522552/; and Jackie Wattles, "United Airlines Reaches Settlement with Passenger Who Was Dragged Off Plane," CNN.com, April 27, 2017, http://money.cnn.com/2017/04/27/news/companies/united-airlines-dao-settlement/index.html.

在否定性文案中，作者不得不传递负面的核心信息，所以应该预料到受众会失望或生气。的确，有些岗位需要更多地传递负面信息。例如，客服代表、员工关系部人员和保险代理人就常常得说"不"。

诸如拒绝、反对、召回与道歉之类的否定性文案往往较难撰写。不过，否定性文案往往非常重要。否定性文案撰写得好，不仅可以挽回公司的声誉，而且能在顾客和员工中树立起良好的形象，反之则有可能导致公司官司缠身，公司经理也可能因处理负面信息好坏而得到晋升或解雇。

负面信息沟通不当不仅在经济上代价高昂，而且会损毁声誉。丰田公司就因对其汽车加速系统方面的问题反应迟缓而遭遇新闻界的大量负面报道。英国石油公司也经历过负面宣传，就因为公司最初想低调处理其发生在墨西哥湾的油井灾难事故。并非只有大型企业才担忧遇到负面消息，如果不能处理好客户投诉，地方性企业在日常经营中也会失去客户。

针对沟通能力差且不擅长撰写电子邮件的某一销售人员，硅谷的一家公司计算了负面沟通的成本。其成本主要包括管理时间耗费、人力资源时间耗费、对管理培训及顾问服务的不满等，总计每年达 16 万美元。公司也从该员工的奖金中扣除了上述成本的 60%。英国的一项研究估计，员工数量上千的企业在受到威胁时的成本大约是每年 200 万美元。[1]

捂住负面信息同样会带来高昂的代价。强生公司没有将其髋关节植入手术存在的问题告知公众，而被勒令赔偿 10 多亿美元。[2] 制药企业因未披露药品的重大危险而一直面临法律诉讼。在 2008 年金融危机爆发之后，那些销售欺诈性次级抵押贷款的大型银行因遭遇法律诉讼而损失了接近 2 000 亿美元。[3]

9.1　否定性文案的目的

负面信息包括否定和拒绝，宣布不利于受众的政策变动，提出可能被受众视为歧视性或冒犯性的要求，发布不良业绩评估、纪律警告、产品召回或不合格通知等。

否定性文案总有一些目的，包括主要目的和次要目的。

否定性文案的主要目的为：

- 将坏消息通报给受众。
- 使受众理解并接受坏消息。
- 尽量维护已有的良好声誉。

否定性文案的次要目的为：

- 尽量为沟通者本人及沟通者所在组织树立良好的形象。
- 减少或者避免今后就同一主题的二次沟通，从而不再给撰写者增加负担。

在很多负面情形中，沟通者与受众总要不断地打交道。即使双方在未来可能并不会交往（例如，公司拒绝某人的工作申请或者拒绝为顾客续保），公司也至少希望受众能够给予肯定或中性的评价，而不是给予否定性评价。

一些看似否定性的文案，妥善组织后也能使人产生肯定性感受。例如，从短期看虽然为负面的决定，但从长期看很可能是正面的，或者说对问题的沟通可能会直接影响到解决方案是否有效。

虽然无法使受众在得知消息时感到高兴，但我们仍然要让他们感到：

- 他们受到了应有的重视。
- 我们的决定是公平合理的。
- 设身处地而言，他们也会做出同样的决定。

9.2　否定性文案的组织

组织否定性文案的最佳方法取决于受众情况及负面消息的严重程度。本章给出了若干可能的组织模式，并给出了最可能的使用环境。

9.2.1　向客户通报坏消息

当你必须向客户和顾客通报坏消息时，既要保持头脑清醒，同时还要维护你的良好声誉。如今，人们越来越具有怀疑性，也不会轻易相信组织。有研究发现，为了让人相信并接受某个文案，70% 以上的人需要接触文案至少三次。[4] 如表 9-1 中的第一列所示，运用备选方案或者折中方案可帮助你达到这两个目标。

表 9-1　否定性文案的组织方法

给客户的否定性文案	给上级的否定性文案	给同事和下属的否定性文案
（1）如果你有理由相信读者会理解并接受这一负面信息，那么在给出负面信息之前先给出理由。好的理由有助于读者做好接受事实的思想准备 （2）清楚并一次性地表达负面信息或做出拒绝。如果拒绝表达得不明显，就很容易被完全忽视。这样撰写者就要第二次说"不" （3）如有可能，应提供备选方案或折中方案。备选方案不仅为受众达到目的提供了另一种方法，而且表明了撰写者对读者的关心，以及愿意帮助他们满足需要 （4）以积极的展望性陈述来结束文案	（1）描述问题。清晰、客观地阐述问题 （2）说明问题是怎么发生的。提供背景情况，究竟是什么因素导致问题的产生 （3）提出解决问题的选择方案。如果很明显存在一个最佳方案，那么只需讨论这一个方案。但是，如果上级想到了其他方案，或者不同人对方案有不同的看法，那么就应描述全部方案，并给出各个方案的优缺点 （4）推荐解决方法并要求采取行动。征得同意，这样就可以做出必要的改变以解决问题	（1）描述问题。清晰、客观地阐述问题 （2）如有可能，提供备选方案或折中方案。备选方案不仅为受众达到目的提供了另一种方式，而且表明了撰写者对读者的关心，以及愿意帮助他们满足需要 （3）如有可能，征询建议或者要求采取行动。部分受众有可能会提出解决方案。参与决策的员工更可能接受决策结果

　　图 9-1 给出了否定性文案的一种基本模式。该信函省略了对理由的阐述，这可能是因为该变更对公司有利，而不是对客户有利。将坏消息放在开头（尽管马上提出了一个对等的备选方案）使得读者更有可能阅读这封信。如果这封信看起来给人感觉像日常的续订函，或者一开头就给出保险金又下调的好消息，那么读者很可能就不会仔细阅读或者根本不阅读。然而，客户一旦出事或者发现其保险范围已经变小了，他们就会责怪公司没有清楚告知。这里，强调负面信息既反映了良好的商业道德，也意味着经营的成功。

Vickers
Insurance Company

3373 Forbes Avenue
Rosemont, PA 19010
(215) 572-0100

突出负面信息以免
读者忽略该信息

**Liability Coverage
Is Being Discontinued—
Here's How to Replace It!**

负面信息

备选方案

负面信息

Dear Policyholder:

When your auto insurance is renewed, it will no longer include liability coverage unless you select the new Assurance Plan. Here's why.

Liability coverage is being discontinued. It, and the part of the premium which paid for it, will be dropped from all policies when they are renewed.

加下划线
以强调肯
定性信息

This change could leave a gap in your protection. But you can replace the old Liability Coverage with Vickers' new Assurance Plan.

备选方案

没有给出理由。这项变更可能只对
公司而非读者有利，所以做了省略

With the new Assurance Plan, you receive benefits for litigation or awards arising from an accident—regardless of who's at fault. The cost for the Assurance Plan at any level is based on the ages of drivers, where you live, your driving record, and other factors. If these change before your policy is renewed, the cost of your Assurance Plan may also change. The actual cost will be listed in your renewal statement.

To sign up for the Assurance Plan, just check the level of coverage you want on the enclosed form and return it in the postage-paid envelope within 14 days. You'll be assured of the coverage you select.

展望性结尾强调了读者的选择

Sincerely,

C. J. Morgan

C. J. Morgan
President

备选方案

P.S. The Assurance Plan protects you against possible legal costs arising from an accident. Sign up for the plan today and receive full coverage from Vickers.

图 9-1　否定性信函

9.2.2 向上级报告坏消息

上级往往希望下属能够自行解决那些不重要的问题，但有时解决问题的权力和能力往往是下属所不及的。在向上级报告坏消息时，最好同时推荐解决问题的方法。如表 9-1 中的第二列所示，需要将否定性文案转为说服性文案。

如果你是上级，要确保坏消息能转送到你这里，而不会遭到阻碍（见表 9-2），毕竟报告坏消息（告密）的员工经常会被惩罚。有研究发现，遭到惩罚的比例高达 82%。虽然存在这样高的惩罚比例，但仍然有 19% 的公司欺诈行为被员工揭露出来。[5]

表 9-2   如何处理批评

1. 仔细倾听。即使你不看重对方，也要仔细倾听。要关注的是批评，而不是你的响应
2. 提出问题。提问有助于厘清批评，而且表明你在倾听，自然有助于判断批评的质量
3. 判断准确性。即便批评似乎不着边际，但其中仍然有可能包含一些道理
4. 保持平静和客观。公开场合要收起愤怒和自卫心态
5. 解决问题。有时，澄清误解就已足够；有时，你有必要做出改变

如果员工认为推迟告诉你坏消息可以为他们获得解决问题的团队支持，那么你很有可能无法在早期阶段听到问题，而早期阶段的问题往往较容易得到解决。艾伦·穆拉利（Alan Mulally）在 2006—2014 年间担任福特公司的总裁和 CEO。艾伦·穆拉利提到，在他刚加入福特公司时，第一次经济预测为亏损 170 亿美元。不过，在他的第一次员工大会上，所有图表都没有出现红色，表明公司的财务状况健康。在第二次员工大会上，一位经理斗胆展示了带红字的图表，现场的每个人都转向艾伦·穆拉利，看他有什么回应。结果，他的回应就是问在场的每个人怎样做才能帮助公司的经营回到正轨。在随后的几个星期里，所有的图表开始出现各种颜色，因为员工们知道诚实是安全的，不会被惩罚。这样，艾伦·穆拉利和他的员工们就可以专注于如何使公司扭亏为盈，并且使公司的财务状况走向健康。[6]

9.2.3 向同事和下属通报坏消息

当你不得不向同事或者下属通报一些较为严重的坏消息时，应采用表 9-1 中第三列所示的方法。

不管是多么严重的坏消息（如缩小经营规模或者裁员）都不应当让人感到出乎意料，也不应该用电子邮件来传递。管理者在传递坏消息时倾向于采用电子沟通方式，但在大多数情况下可不能这样做。在选择传递坏消息的媒介时，应考虑到以下六个方面的因素：

- 消息的严重程度。
- 令人惊讶的程度。
- 问题的环境因素。
- 解释的类型和复杂性。
- 公司文化。

- 上下级之间的关系。

发出坏消息者总是需要同时考虑传递消息的效率与消息对接收者的影响。有研究发现，采用面对面方式传递坏消息的管理者更容易为员工欣赏和接受。[7]

在相关信息完备以后，管理者应尽力做好承受负面信息的各种准备。此外，可以让可能受到决策影响的人员参与制定有关标准。对于那些亲自参与制定了员工保留标准的人而言，他们更有可能接受使用该标准所做的决策。有时，团队协同作用可能会使那些管理者未曾想到的或一度拒绝的观点变得可行。

如图 9-2 所示，如果坏消息不是很严重，那么可以采用表 9-1 中第一列所提到的模式。当然，如果你对受众较为了解，也不妨采用其他更有效的模式。

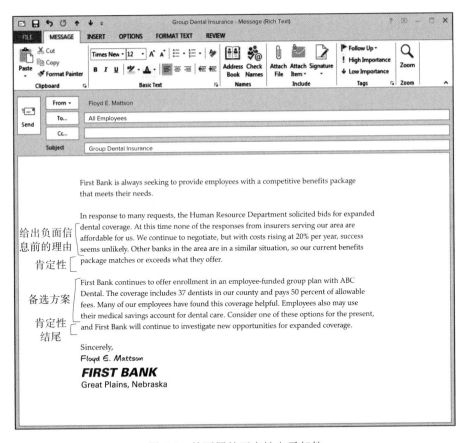

图 9-2　给下属的否定性电子邮件

9.3　否定性文案的组成部分

本节将详细论述否定性文案中各个组成部分的措辞。

9.3.1 主题句

许多否定性文案都会把要传递的主旨放在主题句里，但绝不会把具体的负面消息也放在主题句里。

> 主题：换算表项目的进展状况（Status of Conversion Table Program）

另一些否定性文案的主题句强调的是解决问题的方案。

> 主题：改进我们的订阅信函（Improving Our Subscription）

如果你认为读者有可能把负面性信函当作日常信函忽略掉，那么就在主题句中使用负面信息。同样，如果读者需要信息来做出决定或者采取行动，也可以在主题句中使用负面信息。

> 主题：6月17日（周五）电梯停用（Elevator to Be Out Friday, June 17）

许多读者不会阅读他们收到的全部文案，所以采用中性主题句可能会导致他们忽视该文案。

9.3.2 委婉语

按照传统教科书的建议，否定性文案一般应采用委婉语开头。委婉语是中性的或者肯定性的陈述，用于拖延提及负面消息的时间。一些研究表明，应用委婉语并不一定能使读者做出积极反应，[8] 而且要想撰写出好的委婉语也并非易事。然而，在特殊情况下，使用委婉语仍然是必要的。图 9-2 中的电子邮件的第一句话就采用了委婉语。

卓有成效的委婉语一定要能帮助读者树立良好的心态，既不传达负面信息，也不暗示肯定的答案，并能自然过渡到信函的正文。一般地，用作委婉语的陈述句类型包括好消息、事实或者事件发生的顺序、查阅随函附件、致谢、原则阐述等。

1. 以好消息或者信函中的积极内容来开始

> 自 6 月 26 日星期四起，你可以在第一国民银行享受每天 24 小时的存取款服务。

该信函宣布的是，在安装全自动取款机期间，该银行的免下车服务窗口将停止营业两天。

2. 陈述事实或者事件发生的顺序

> 12 月，全体代表大会投票决定了新的分级缴费计划。

通知中给出的新的缴费计划会导致大多数成员的应缴费用有所增加。

3. 查阅随函附件

> 随函寄去你的汽车标签。如果还需要的话，可到办公室领取。

该信函实际上是在说停车费有所上调。

4. 向读者致谢

> 谢谢你为我安排了与那么多第一国民银行高层人士会面的机会。3 月 14 日的拜访对我而言收获很大。

该信函实际上是在谢绝某个工作机会。

5. 阐述总体原则

> 优秀司机所要支付的保险费应当更少。优秀司机计划旨在向优秀司机（5 年内无事故记录者）提供作为奖励的最低费率。稍做变更的计划方案将于 1 月 1 日起生效，将有助于保持低费率。

该信函真正要通知的是，公司在计算各位司机的保险费率时，不仅要考虑事故次数，同时要计算交通罚单数——这意味着很多人的保险费将有所提高。

如果受众先接触到的是好消息，然后渐渐接触到作为核心内容的负面消息，此时，有些受众就会有一种被欺骗的感觉。因此，只有当受众（出于个体的或文化的原因）重视和谐的气氛或者为了达到其他目的时，才可以使用委婉语。例如，如果需要在信中向读者致谢，最好把"谢谢"一词放在首段，这样全信就以肯定性口吻开篇了。

委婉语不易写好。即使你清楚读者很容易失望，也只有在找到了恰当的词语时，才能使用委婉语。

9.3.3　理由

调查显示，与那些已经预料到负面消息的受众相比，认为自己对负面消息会"大吃一惊"的受众往往会有更多的负面感受，反应也会更强烈。[9]条理清晰、说服力强的论述能增强受众对负面消息的心理准备，从而有助于受众接受现实。

> **理由不充分**：诺克斯维尔一卡通中心的宗旨是为客户提供快捷的个性化服务。因为你目前的居住地不在我中心的服务范围之内，所以不能享受本中心设在各地的分部所提供的各项便利服务。

如果读者的反应是"我不介意账单来得慢，也不介意服务不够个性化"，那么公司还会让读者保留公司的卡吗？当然不会。事实上，真正的原因是根据行业规定，银行的服务范围只能限于地理上的某一范围。

> **真正的理由：** 当地的一卡通中心只被允许向周边几个州的客户提供服务。诺克斯维尔一卡通中心的服务范围只限于密西西比以东地区。你目前所持卡可以使用直到作废为止。届时，你可以向在得克萨斯州开展业务的一卡通中心申请开立新账户。

不要对"公司的政策"含糊其词：受众会认为该政策是以牺牲他们的利益为代价来使公司受益的。如果可能的话，将公司政策带给受众的利益加以详述。如果该政策不能使受众获得利益，那么干脆就不要提。

> **理由不充分：** 因受公司政策的限制，我无法给你开具保险单。
> **更好的理由：** 只要是晚间能停放在车库的汽车，高汉公司都愿意接受投保。标准保单的保险范围较广，保险费也较高。对开具的保单数量进行适度限制，可以使高汉公司的客户享受到最低费率的汽车保险。

要避免说你不能做某事。之所以存在大量否定性文案，是因为沟通者或公司选择了其他政策或者终止了某些做法。在上例中，该公司只要愿意，完全可以采取措施使其保险覆盖更多的客户。

作为中层管理者你经常要实施一些并非你自己制定的政策，或者宣布不是你自己做出的决定。不要为了推卸责任而说"这个决定太糟了"。随意批评自己的上司是很不明智的。

如果有多个理由拒绝，应选择那些有说服力且无懈可击的理由。如果你提出了五条理由而读者驳回了两条，他们就会有一种胜利感，并坚持他们的要求。

> **理由不充分：** 暑假期间不准将大件笨重物品存放在宿舍，因为搬运这些物品时有可能碰上人员进出高峰，从而导致电梯及楼道拥挤。

如果学生说他们可以在人员进出高峰之前两天或之后两天再搬运这些大件物品，你仍然不会同意他们的请求，毕竟你没有储存这些物品的地方。如果你的理由不充分还不如不说。

即使理由充分，但若有损公司形象，也以不提为宜。

> **有损公司形象的理由：** 本公司目前停止雇用新人是因为公司的经营效益正在滑坡。事实上，效益滑坡的现状已经促使决策层决定本月全面裁员5%，之后可能会发生更大规模的裁员。
> **更好的理由：** 本公司目前没有空缺的职位。

9.3.4 拒绝

为了淡化拒绝性的表述，最好将其与理由放在同一段落，而不要单独成段。

有时，拒绝之意需要含蓄地表达，而不可直接道出。

直接拒绝：你不能只投保一个月的保险。

含蓄拒绝：最短的保险期限是六个月。

必须指出，含蓄的表达一定要十分清楚。虽然任何信息都可能被误解，但是对于否定性文案的理解，无论是乐观的读者还是悲观的读者，都可能出错。否定性文案的一个重要意图就是结束关于某一话题的讨论。你一定不愿意再次通过去函的方式把你的拒绝之意告诉读者。

9.3.5　备选方案

如有可能，应当向受众提供备选方案或折中方案。这样做的好处有：

- 向受众指出达到目的的其他途径。
- 表明你的确在关心受众，而且在尽力帮助他们达到目的。
- 帮助受众恢复因你说"不"而一度受到限制的心理自由。
- 使负面信息以肯定语气结尾，从而展示出撰写者自己及所在组织积极、友好、有益的形象。

在提供备选方案时，要向受众介绍付诸实施时可能需要的所有相关信息，但又不必越俎代庖，要让受众自己决定是否使用该备选方案。

负面信息会限制受众的自由。当人们的自由受到限制时，就会在其他场合竭力维护其自由。这种现象被称为**心理抗拒**（psychological reactance）。[10] 想用信用卡支付但遭拒绝的客户可能连用现金购货都不愿意，被压制而无法得到升迁的下属在重返公司时会故意消极怠工，或者有人被解雇后会破坏公司电脑等，这些都是心理抗拒起作用的结果。新闻界经常有不少受负面信息影响而心生怨恨的工人在返回岗位后伤害同事的报道。

提供备选方案可以使受众对负面信息做出的反应不至于伤害到你。通过让受众自我决定是否采纳你所提供的备选方案，他们失去的心理自由会渐渐得到恢复。

具体提供什么样的选择应视情形而定。为了树立良好声誉，有些商店对于缺货会引导顾客去其他商店购买。例如，在图 9-1 的信函中，公司建议并提出新的保险计划。

9.3.6　结尾

如果你有好的备选方案，在结尾中可以提及。在图 9-1 的信函中，撰写者解释了如何签约新的保险计划。

正如在图 9-1 的信函（拒绝搬离的客户继续开立收费账户）中那样，积极展望未来是最好的结尾方式。

> 只要你在我行开户，随时都可以继续享受一卡通所提供的各项服务。同时，还可以在全美或者全世界使用诺克斯维尔一卡通的上百万家商店、饭店和旅店得到快捷的服务。欢迎随时光临。

结尾时不要给读者以不真诚之感。

> 以前能为你服务是我们的荣幸，今后有什么可以效劳的地方，敬请与我们联系。

这种结尾缺乏换位思考的态度，即便是在肯定性文案中也不可取。如果公司刚刚拒绝对别人提供帮助，那么这听起来很有些讽刺或戏弄的意味。

9.4　道歉

虽然道歉绝非易事，但我们总得做。研究表明，人们一般平均每周要道歉四次。绝大多数人对朋友和陌生人道歉比较容易，但对家人或同伴就不太容易了。[11]

同样，组织常常也得进行道歉。人们经常可以看到公司道歉的新闻。苹果公司因其地图应用程序产生问题而向顾客道歉。联合航空公司因航班延误与取消次数增加，以及本章前面所描述的侵犯乘客行为而道歉。[12]

2017 年 7 月，威瑞森电信（Verizon）发布了道歉声明。当时，600 万客户账户因数据泄露而面临风险。第三方供应商的一个错误导致了此次数据泄露：一名员工因疏忽错配了与网络相连的数据库，而该数据库包含了用户的姓名、住址、电话号码和唯一的个人识别码（PIN）。[13]进入 21 世纪以来，数据泄露道歉信函正快速成为例行的负面公文，需要谨慎对待，既要能减轻客户的担忧，又要能树立公司的良好声誉。

9.4.1　跨文化环境下的道歉

即便有数十年的商务交往，美国人与日本人仍然无法相互进行恰当的道歉。美国人常常把道歉看成承担责任的一种方式，而日本人常常把道歉当作修复受损害关系的一种希望，没有自动承担责任的意思。

对道歉的这些反应行为与深层次的文化有关。因为西方文化较为强调个人主义价值观，所以美国人倾向于把道歉看成个人为错误承担责任的方式。不过，在诸如日本文化这种更强调团队导向的文化里，道歉常常被看成对某件事情发生表示遗憾的一种方式。

开展国际经营的公司在处理道歉时必须牢记这些文化差异。例如，因加速器问题而召回汽车之后，丰田公司 CEO 做了许多次道歉，但许多美国人不以为然。同样，因美国潜艇司令未能就美国潜艇意外撞沉日本渔船而立即道歉，日本人十分沮丧。[14]

并非所有的否定性文案都需要道歉。在商务公文中，只有当你的确出了差错时，才有道歉的必要。如果需要道歉，那么一定要尽早，而且要简洁而诚恳。在文案中，道歉要放在前面并且只道歉一次。不要一味强调已经发生的坏消息，因为读者早已知道了该负面信息。相反，应该将精力集中于你是如何改善这种境况的。

如果差错很小，而且你正在改正，那就无须明确地道歉。

负面： 很抱歉，我们将食谱中的营养成分弄错了。

更好的表达： 你是对的。很高兴你提醒了我们。正确的配方是 2 克脂肪和 4 克蛋白质。

如果你没有出错，那就不要道歉。一般地，只有当某人承认犯错或者负有责任时，才会说"对不起"这个词语。当你已经做了自己能胜任的每一件事情，当延误或者问题完全是那些你无法控制的环境因素所造成的时，你并没有犯错，当然也不需要道歉。不过，对这一问题做些必要的解释也好，这样读者就会知道问题并不是你的疏忽造成的。在前面那个承认犯错的例子中，作者可以说明出差错的根源（政府网站或者参考书）。如果是坏消息，首先要进行解释。如果有好消息，要在解释前先说出来。

负面： 抱歉，我不能马上回答你的问题。要等到第二季度销售报表出来，我才能回答。

更好的表达（中性或负面）： 要回答你的问题，我们需要第二季度的销售报表。现在报表出来了，我可以告诉你……

更好的表达（好消息）： 新的广告宣传活动很成功。第二季度的销售报表终于出来了，报表显示……

如果错误或问题很严重，那么一定要提供一个解决办法。即使对方也要承担一些责任，也要提供解决办法。这样做的代价总是小于修复社交媒体上声誉遭毁的成本。

负面： 抱歉，这些椅子无法在原先答应的 8 月 25 日准备好。

更好的表达： 因企业发生了罢工，你订的那批课桌椅要到 11 月才有货。你是想继续保留订单，还是愿意看看其他供应商提供的式样？

有时，你会很幸运，道歉会给你带来相应的利益。

- 当贺曼鲜花（Hallmark Flowers）网站在母亲节前一周停止接收订单时，公司给客户发了电子邮件，让他们再试一次并会为他们提供一天的免费送花服务。[15]
- 当苹果公司在 iPhone 上市仅几个月就大幅降价时，史蒂夫·乔布斯向之前的购买者进行了道歉，并为他们提供 100 美元的商店信用积分。
- 一旦航班出现长时间的延误或发生严重故障，许多航空公司的电脑程序就会生成对乘客的道歉信，同时为未来旅行提供额外的飞行里程或折扣券。[16]

道歉要真诚，同时要尽力去解决问题。当丰田公司就加速器问题向客户道歉时，公司对经销商进行了维修培训，同时停止生产所涉型号汽车，以便集中精力做好维修工作。

一些医院发现，对医疗失误公开道歉并对受害人快速进行经济赔偿，实际上可以减少医疗诉讼。为了帮助那些受到不公正对待的病人，密歇根大学医疗中心（University of Michigan Medical Center）制定了充分披露和道歉政策。之后，医疗中心碰到的诉讼案件数量下降了65%。[17]

9.4.2　通过诉讼解决来避免道歉

有些公司通过诉讼的庭外和解来避免承认错误或公开道歉，而不是承担犯错的责任。2016年11月，唐纳德·特朗普（Donald Trump）同意向特朗普大学以前的学生支付2 500万美元，这些人声称被人骗了钱财，最高金额达到35 000美元。根据员工的回忆，作为营利性教育机构的特朗普大学采用了高压销售策略，而且雇用的教师没有资格。庭外和解可以规避旷日持久的、在某些情况下还会被高度曝光的审判。就像特朗普大学这个案子一样，可以用经济补偿来替代公开道歉。[18]

9.5　否定性文案的语气

语气（tone）是撰写者对读者及所讨论话题的一种内在态度。当你想让读者觉得你认真对待了他们的要求时，语气就显得尤其重要。认真检查你的草稿，检查在用词和观点两个方面是否做到了强调积极面和换位思考（参见第3章）。在很多情况下，理解受众并为他们考虑往往有助于增强文案的人性化程度。

表9-3给出了在否定性文案中需要避免使用的短语。第3章中给出了更多要避免使用的负面词语。

表9-3　在否定性文案中应该避免使用的短语

避免使用的短语	原因
恐怕我们不能（I am afraid that we cannot）	你并不害怕，不要用这种空洞的词语作为掩饰
对不起，我们不能（I am sorry that we are unable）	你也许有能力满足请求，只是不愿意罢了。既然为自己说了"不"字而感到歉意，不如想办法改变策略而说"可以"
我相信你会同意的（I am sure you will agree that）	别以为你能读懂读者的思想
遗憾的是（Unfortunately）	"遗憾"本身就是否定性字眼，意味着坏消息将紧跟而来

此外，信函的外观及其发送的时间也能传递某种语气。毫无掩饰的拒绝信表明，撰写者没有太多考虑到读者的请求。直截了当的否决意味着断然拒绝。在重要节日前拒绝别人，特别会让人感到缺乏人情味。

语气在日常负面信息的口头沟通中同样重要（见表9-4）。在这些情形下，严厉的负面语气常常被认为不文明或行为粗鲁。对17个行业14 000人的调查发现，98%的被调查者称他们在工作中曾被粗鲁对待，50% 的被调查者称每周至少发生一次这种情况。这种粗鲁行为的代价很高。在受到粗鲁对待的员工中：故意减少工作投入的占 48%；故意降低工作质量的占 38%；对公司责任心下降的占 78%；把怒气发泄到客户身上的占 25%；因此而离职的占 12%。[19]

表 9-4 针对常见负面情形可能的响应

情形	可能的响应
你的老板或客户要求你同意某个有争议的话题	我只是不喜欢在办公室谈论这个话题
你的同事正在就某个有争议的话题夸夸其谈	是的，这个话题很重要（然后，快速离开）
作为少数群体的成员，你被问到你所在群体会如何回应：作为一名老员工，你认为老员工对于强制性体重和血压检查会有什么感想	转变问题：作为中年员工，你认为中年员工会有什么感想 有时幽默很有用：是的，我们老员工的确在想这个问题。我们在全国各地聚会，决定取消奶昔
你正在使用 "should have" 表达方式：你早就应当每周与客户进行核对	采用 "I want" 表达方式并展望未来的改进：今后，我会每周与客户进行核对
你对某个问题很生气	指出该问题会如何影响他人或公司（而非只有你自己），通过集体工作来找出避免此类问题将来再次发生的途径

当然，对客户的粗鲁行为同样具有破坏性。事实上，这种粗鲁行为并不一定要针对客户。客户只要目击过针对其他员工的粗鲁行为，就有可能不愿再与公司打交道了。[20]

9.6 应对否定性情景的备选策略

无论何时，当你面对否定性情景时，要想办法用肯定性或说服性文案来描述。西南航空（Southwest Airlines）公司属于低价航空公司，它以善于向其顾客说"不"而闻名。它甚至会在预订座位、就餐及航空公司间的行李传送等平常事情上说"不"。不过，它将这些负面消息成功转换为两大肯定性消息，即低价机票和方便灵活的航班。[21]

9.6.1 用肯定性文案描述否定性情景

如果负面信息能直接带来读者所希望得到的某种利益，就应当使用告知性文案和肯定性文案的组织模式。

沟通情景： 你所在的航空公司会给顾客邮递其"航空里程积分计划"的季度报表。为了节省资金，你决定停止邮递季报，请顾客自己到航空公司的网站去查看所需信息。

负面： 重要通知——这是你所能收到的最后一份纸质"优先乘客报表"。

强调积极面： 新的、便捷的在线报表将代替邮寄的季度报表。现在，你可以获得即时更新的你的航空里程积分。你可以通过电子邮件或全天候登录公司网站来获取最新积分。公司的网址是 www.aaaair.com。新方法更快、更简明、更方便。

在某律师事务所主动撤销对塔可钟（Taco Bell）公司绞细牛肉中肉含量质疑的诉讼案后，塔可钟公司化不利局面为有利局面。塔可钟公司在《华尔街日报》和《纽约时报》上购买了整个版面，大打标题为"感谢你对我们的起诉"的广告，讨论了其绞细牛肉中的成分，从而撇清公共关系方面的流言蜚语。[22]

2015 年，大肠杆菌、沙门氏菌和诺如病毒等负面新闻的不断出现导致墨西哥烧烤快餐店（Chipotle Mexican Grill）经营艰难。为了克服负面信息的影响，2 000 多家门店临时歇业，以便进行食品安全培训。在随后几年里，墨西哥烧烤快餐店的管理者勤奋工作，努力把公司形象打造成新鲜、健康、有别于对手的快餐食品连锁店。公司创始人兼 CEO 史蒂夫·埃尔斯（Steve Ells）概述了公司 2017 年的一次广告活动，目的是通过展示墨西哥烧烤快餐店"质优味美的成分"来重新树立公司的良好声誉。在整个危机期间，墨西哥烧烤快餐店的管理者不仅能快速确定问题，承认错误和承担责任，而且能迅速采取措施纠正错误，以便把否定性情景转变为肯定性情景。[23]

9.6.2　用说服性文案描述否定性情景

有时，否定性情景可以通过说服性文案来描述。如果要增加收费，杂志社通常会将说服性信函发送给订阅用户，同时催促用户为避开涨价而及早订阅。

如果你的公司遇到了麻烦，可以向读者请教解决办法。员工想出来的办法往往更容易实施。在批评某人时，你真正的意图是要说服读者做出不同的响应。第 10 章讨论了问题解决式说服性文案的模式。

9.7　否定性文案的种类

最常见的否定性文案就是索赔与投诉。另外，有三种否定性文案最不容易撰写：否定和拒绝信、纪律警告和不良业绩评估报告、解聘和开除信。

9.7.1　索赔与投诉

当事情出了差错，索赔与投诉就很有必要。例如，未能按时收到报告中必要的文件，供应商所发的配件不足，复印机天天出故障。虽然可以通过尽快打电话或去办公室拜访来处理好许多索赔与投诉，但有时总需要保留一些书面证据。

当然，技术会影响处理投诉的方式。联合航空公司停用了客户关系电话服务。现在，客户的投诉由其代表通过电子邮件和信函来回复与处理。在联合航空公司看来，这样客户可以获得更高质量的反馈。[24] 达美航空公司设有客户服务代理组，负责监控 Twitter 等社交媒体网站，从而实时获得投诉信息。如果旅客对公司有不满，这些代理会设法在事情变得严重之前，主要通过提供最新的登机信息或机票改签信息加以解决。有时，这些代理甚至会采取通融手段来消除 Twitter 空间上的投诉。[25]

现如今很多客户会有不满，而组织应该对他们的投诉有所响应。根据《埃德尔曼信任度调查报告》（Edelman Trust Barometer），人们只要遇上一两次就会相信某个组织可信度低的负面消息。相反，人们要遇上四五次才会相信某个组织可信度高的正面消息。[26]

达美航空公司之类的组织应当在公司声誉受到影响之前就快速响应并处理投诉。这些投诉一经网络集中传播就会很快传开。Angie's List、Consumer Affairs、Planet Feedbback、Ripoff Report、Tello 以及 Yelp 等网站都为这些不满的顾客提供了投诉平台。此外，其中的许多网站容许顾客通过智能手机实时投诉。为了使投诉内容置顶，人们开发了新的电子工具，可以帮助组织搜索关键词并监控相关品牌的页面。

在撰写索赔或投诉文案时，通常采用直接组织法：在首句中明确提出问题。如果采用间接组织法，如先做委婉表达，那么常常显得力度不足。

要给出事实依据，如什么地方有错、损害程度如何等。要明确证据，如发票号码、担保编号和订单日期。如果是索赔，就要明确具体的补偿办法。千万不要愤怒，也不可讥讽对方，否则只会使你更难获得有利的解决方案。特别是不要说再也不与对方做生意或不要对方的产品、服务之类的话语。这些话很可能使受众不愿好好处理问题。表 9-5 给出了如何向航空公司进行电子邮件投诉的建议。

表 9-5　向航空公司进行电子邮件投诉的建议

- 要利用数据：航班号、预订号和飞行常客号，日期、时间、所发生事情、相关人员姓名
- 提出想要的补偿
- 要现实一些。常规性延误往往得不到补偿
- 投诉时，语言要简短，内容要直接
- 讲礼貌；不可讲威胁性话语，尤其不要说永不乘坐对方航班的话，不然对方会不愿给你补偿
- 语法、标点符号、拼写、大写等运用一定要正确
- 最初的电子邮件一定要通过航空公司的网页发送

资料来源：Sascha Segan, "How to Complain to the Airlines," May 23, 2010, http://www.frommers.com/articles/6806.html.

9.7.2　否定和拒绝信

在拒绝组织外人士的要求时，最好使用委婉语。如果可能的话，要尽可能提供备选方案。例如，你可能无法为对方过了保质期的自动水泵免费调换，但可以建议客户对水泵进行改造，而且这样做比购买新水泵要便宜得多。

礼貌程度和篇幅长度的作用也不可忽视。两项不同的研究都表明，工作申请者喜欢这样的拒绝信：对申请者的优点有具体的描述；委婉说出拒绝之词；清楚解释关于做出聘用决策的具体程序；提供备选方案（如该申请人适合的其他职位）；内容相对多些。[27]此外，如果采用这种组织模式来撰写拒绝信，就能留住那些对公司仍然留有好印象的申请者，这些申请者也会推荐其他有意之人到公司应聘，当然也不会对公司提起法律诉讼。[28]

复核拒绝信中的措辞，要确保你所提供的理由在任何场合下都不会给你自己带来麻烦。"工厂太危险不宜带团参观"这句话在工人赔偿金申诉案中可能会被用作证据。

同样，要撰写因各种理由而请求辞职的信函往往是很棘手的，有可能会影响到你的未来。许多受众将辞职信函按公司不够好来理解。好的信函应当让人的感觉维持中性。在未来再求职时，措辞不当的辞职信很可能会影响公司对你提供肯定性推荐或证明。

在拒绝组织内部人士的要求时，要运用你对组织文化及具体个人的了解情况来起草文案。有些组织可能比其他组织更容易接受负面信息。有些人喜欢直截了当的拒绝，而另一些人可能把直截了当的拒绝看作是侮辱。

9.7.3　纪律警告和不良业绩评估报告

如果业绩评估报告的目的是帮助还不错的员工改进工作，那么评估报告应该是肯定性的。但若员工在多次出现不良业绩评估且屡教不改，或者违反了公司规章时，公司就不得不对他进行纪律处分，甚至要建立必要的档案以便做出开除决定。

纪律警告和不良业绩评估应直截了当地给出，而不要用委婉语。在这种情形下，使用委婉语会使员工低估纪律警告和不良业绩评估的重要性，有时甚至会被员工拿到法庭上作为证据，以证明他没有得到足够的警示等。要列出员工行为的量化的观察记录，切忌笼统概括或者臆断猜测。

软弱：　　　　李对工作缺乏兴趣。

更好的表达：在 1 月 1 日开始的那个季度里，李旷工 15 天，并且有 6 天迟到了 1 小时。

软弱：　　　　瓦苏撰写公文时不够用心。

更好的表达：瓦苏在她最近写给客户的三封信件中出现了多处拼写错误，而第四封信又遗漏了强制性的联邦培训研讨会的日期。

不是所有的纪律警告都会像业绩评估报告那样正式。因撰写《一分钟经理》而出名的布兰查德和约翰逊称之为一分钟训诫。这些训诫的效果往往取决于训诫是否在需要训诫之前进行，上司是否从一开始就对下属进行训诫，是否就优良业绩或不良业绩都进行了清晰的沟通。训诫本身往往发生在出现不良行为之后，用来明确错误。在具体情况下，训诫要区分员工对自身的良好感觉与对其业绩的不良感觉。[29]

9.7.4　解聘和开除信

当公司发生财务危机时，管理层有必要对问题进行清楚的沟通。借助信息共享和集思广益，就可能找出解决方案，避免裁员。然而，在不得已的情况下，信息共享也意味着解聘通知只是例行公事。对于员工而言，这些信息不再是新闻。

要向员工解释其被解雇或者被开除的真正原因。要在公司人力资源专家的指导下，明确地陈述其中的原因，同时又不要让公司承担法律责任。研究表明，如果员工被解雇而未得到解释，那么他们比得到解释的员工有 10 倍的可能提起诉讼。[30]

要从受影响员工的角度来考虑。要将心比心，想想自己被解雇时的感受。要告诉对方，公司会给予帮助，如发放离职金、提供就业指导等。许多研究发现，解聘短期内可以降低支出，但不利于长期发展。此外，解聘会使在岗员工的生产力降低。[31]

解聘业绩不理想的员工总是公司经营的一部分。不过，随着技术的发展，家与工作场所之间的界限已不再清晰，解聘也完全可能是出于私人原因，即便它们与工作无关而且不是发生在工作场所。例如，因为在停车场侮辱其女朋友而遭到指控，HBO 的首席执行官被迫辞职。再如，就像波音公司前董事长兼首席执行官哈里·斯通塞弗（Harry Stonecipher）一样，恺撒铝业公司（Kaiser Aluminum）的首席财务官因与另一员工间的私人关系而被迫辞职。[32]

对于解雇和开除的信息，一般采用口头陈述的形式，但常常辅之以书面声明，用以说明可能的解雇费或失业补助。RadioShack 公司在解聘 400 名员工时，采用了仅仅只有两个句子的电子邮件，结果成了媒体报道的负面新闻。

9.8　伦理问题与否定性文案

21 世纪职场最突出的两大伦理问题就是性骚扰和告密。根据美国平等就业机会委员会（U.S. Equal Employment Opportunity Commission, EEOC）的定义，性骚扰包括任何"讨人嫌的性挑逗、性抚慰要求，以及其他口头或身体上有关性的行为"。[33] 不过，美国平等就业机会委员会指出，构成性骚扰的侵犯行为并不一定要发生性行为，性骚扰也包括某个人性活动的言语。例如，美国平等就业机会委员会提到对女性的攻击性言论通常属于性骚扰。

有研究指出，多达 33% 的女性称她们在工作中遭遇过性骚扰。[34] 还有研究指出，仅有 10%～30% 的性骚扰事件被报道出来。[35] 2016 年，美国平等就业机会委员会对工作场所性骚扰的受害者发放了 4 000 多万美元的奖励，该数据还不包括受害者通过诉讼获得的赔偿。为了和解性骚扰案件，大公司支付的赔偿可能会高达数百万美元。

2017 年 4 月，21 世纪福克斯（21st Century Fox）开除了资深专家、电视节目《奥莱利实情》（The O'Reilly Factor）的主持人比尔·奥莱利（Bill O'Reilly），他的多起丑闻都涉及工作场所的性骚扰。《纽约时报》披露了比尔·奥莱利的性骚扰历史与细节，以及福克斯新闻（Fox News）和 21 世纪福克斯为和解持续不断的诉讼而支付的 1 300 万美元。随后，不下 50 家广告商撤销了节目中的广告。最后，比尔·奥莱利不光彩地离开了 21 世纪福克斯。而就在一年之前，福克斯新闻的创始人罗杰·艾利斯（Roger Ailes）也因一大波性骚扰指控而被解雇。[36]

2008 年，银行及金融行业的腐败与欺诈行为引发了严重的经济衰退。随后，奥巴马总统签署了《多德－弗兰克华尔街改革与消费者保护法案》（Dodd-Frank Wall Street Reform and Consumer

Protection Act）。该法案加强了对金融服务部门风险产品的管制，而且将向美国证券交易委员会提供信息的告密者（揭露企业内非法或不道德活动者）的奖励货币化。该法案也对告密者免受雇主的报复做出了保护。

　　某研究发现，大约有50%的被调查者回应称："他们所在的公司没有公布公司有关揭发的政策，甚至根本没有这方面的政策。"[37] 该研究还发现，几乎有40%的被调查者声称，虽然有法律保护，但他们仍然担心自己会遭到报复。不论个体与公司之间在看待对与错方面存在怎样的差异，制定明确的政策和保护措施，以便员工在出现伦理冲突时遵循，对于任何企业打造诚信而言都是十分重要的。

9.9　否定性文案中的技术运用

　　正如本章之前所述，诸如解聘和开除之类的负面信息应当采用私人沟通方式。但有时，地理上分散的大公司只得用电子媒介来传递负面信息，以便让所有的员工几乎可以同时了解到该信息。雅虎（Yahoo）的CEO玛丽莎·梅耶尔（Marissa Mayer）通过电子邮件来传递对远距离工作的禁令。IBM公司的CEO弗吉尼娅·罗密提（Virginia Rometty）则通过在公司的内部博客上发布视频来公布公司利润的下降、下降的原因（员工在利用机会方面行动太过迟缓），以及较为快速的应对计划。这两位CEO及其文案连续数周成为博客等社交媒体的头条新闻。[38]

　　如今，许多大公司设立了专门的团队来处理负面的推文、Facebook帖子及其他社交媒体上的消息。如何响应社交媒体上的负面信息是一个精细活。在社交网站上发布消息的客户总期望能迅速得到回复，而这使得公司在撰写回复时就没有多少时间来分析相关情景或起草文案了。

　　如果对帖子的回复考虑不周，那么负面消息就会像病毒一样传播开来。联合航空公司的包裹搬运工弄坏了一把吉他，但联合航空公司拒绝赔偿。对此，这位音乐家写了一首歌曲并制作成题为"联航弄坏吉他"（United Breaks Guitars）的音乐视频发布到YouTube上。仅仅十天，视频的观看人次达到300万，评论有14 000条。视频发布的头四天，联合航空公司的股票价格下跌了10%，市值损失相当于1.8亿美元。[39]

　　对企业而言，卷入公共平台的争吵并不明智，而较好的办法就是在线下来解决客户的问题。如果这样行不通，那么不妨公布电话号码，由客户来电求助。许多问题需要用到私人信息（如客户的信用卡号码）才能解决，无法在公共平台上解决。问题一旦解决，公司就可以用简短的非防御性声明（它们处理了情况、解决了问题并对错误表示遗憾）来回应后续问题。

　　如果这些努力失败，许多公司会设法使关于公司搜索的首屏结果都是正面信息，包括公司网站、新闻发布、赞扬的文章和博文等。绝大多数搜索的首屏结果只有10项，而且大多数搜索者只关注首屏结果。[40]

　　许多声誉管理咨询师注意到，社交媒体并非解决客户投诉的有效渠道。投诉问题的解决一般需要多次来回沟通，这样消极性难免扩大，所以最后要靠更为私人的沟通来解决问题。这些咨询师也指出，公司应该注意到，那些更受欢迎的渠道，如电话和网站，在解决问题方面不仅速度快而且效果好，客户会首先回归这样的公司。[41]

公司还应当在问题产生之前注重维护公司的良好声誉，具体措施包括在网络和 Facebook 上发布正面信息，在公司网站上回答客户的问题。加拿大的麦当劳公司请顾客提问他们想知道的任何问题，结果被问到一些尖锐的问题：公司的麦乐鸡中是否有粉红色污泥？鸡肉是否用氨冲洗过？你们的汉堡为什么不腐烂？作为回应，公司制作了顾客站在鸡肉加工现场的视频并将其发布到网上。[42]

9.10 案例分析

负面问题的解决需要详细的分析。表 9-6 给出的检查清单可以帮助你对草稿进行评估。

表 9-6 否定性文案的检查清单

- 主题句是否恰当
- 文案的组织和内容是否适合受众
- 如果使用了委婉语，它避免的是给出肯定反应还是否定反应
- 如果提供了理由，该理由是否在拒绝表述之前给出？理由是无懈可击的，还是漏洞百出的
- 负面信息的阐述是否清晰、完整
- 如果有好的备选方案，在文案中是否提及？文案是否为受众提供了解决问题所需的详细信息？是否把最后的选择权留给了受众
- 文案的最后一段是否重复了负面性信息
- 文案的语气是否可取？是否会冒犯对方或有冷漠、教条、傲慢的意味

9.10.1 提出问题

你是《财富》500 强中某家公司的员工福利部主任。今天你收到以下电子邮件。

> 来自：米歇尔·杰格蒂安妮
>
> 主题：我的退休福利金
>
> 日期：2018 年 4 月 23 日
>
> 下周五将是我在公司上班的最后一天。我即将离开本公司到其他公司任职。
>
> 请开具支票以支付我的退休福利金，包括过去六年半里从我的工资中扣除的部分以及公司给我的那部分。如有可能，希望在下周五前收到该支票。

你给米歇尔的是一个坏消息。虽然公司的确把与从员工工资中扣除的退休福利金相等的资金投入公司的退休基金中，但对于服务年限不满 7 年的员工，按照规定只能得到从他的工资中所扣除的那一部分退休金。也就是说，米歇尔只能得到从她自己的工资中扣除的那一部分资金，外加 3.5% 按季度计算复利的利息，总金额为 17 200 美元。最后的金额可能会略高一点，这取决于她最后一次拿的工资，其中包括对未享用的假期和病假所做的补偿。此外，当年所扣除的工资尚未完

税。对她现在所得到的这笔钱，她还要支付一定的所得税。

支票手续只有在她正式离职后才能办理，所以到时只能将支票邮寄给她。档案里有她的通信地址。如果搬家了，她应当把新的通信地址告诉你，以便你给她邮寄支票。另外，支票手续的办理需要 2～3 周的时间。

给米歇尔写一封电子邮件。

9.10.2　分析问题

运用第 1 章所学的问题分析方法来帮助你解决问题。

1. 你的受众是谁

受众是米歇尔·杰格蒂安妮。如果米歇尔·杰格蒂安妮与我没有私交，我可能不知道她为什么会离职，以及她要去哪里。

有很多我并不知道的事情。她可能对于税收方面的事情了解不多，她可能不清楚如何利用税收减让策略，因为在生活中没有这方面的经验，所以她难以想出答案。

2. 你沟通的意图是什么

你沟通的意图至少有三个：

- 通知米歇尔，她只能得到从她自己的工资中所扣除的那一部分退休金，外加 3.5% 按季度计算复利的利息。她的支票会在她离职后 2～3 周内邮寄到她的住处。另外，她还应当就这笔款项缴纳所得税。
- 要树立良好信誉以便让她感到你处理事情公平合理且始终如一。要尽最大可能减少她对处理方案的反感情绪。
- 结束对该问题的讨论。

3. 该文案必须包含哪些内容

收到支票的大概时间；支票面额依据从她的工资中所扣除的那一部分，而不是公司所支付的那一部分；另外，这笔钱需要支付所得税。一次性发放的退休福利金是如何计算的。公司档案中有她目前的地址，如果搬家，她必须向公司提供新的地址。

4. 如何才能使你的立场得到支持？哪些理由或利益能说服受众

让她知道她账户上的这笔现款，也许会使她感觉到似乎得了一大笔钱。向她推荐可以给她提供税收筹划建议的人（如果公司把这当作一种额外福利），多少会令她回忆起在公司工作的好处。"祝她今后工作顺利"会令她深深感动。

5. 与哪些方面的环境因素相关

因为刚好发生在税收到期时，所以她特别感兴趣的是税收方面的建议。她可能一直依靠额外的收入。大多数人为了多赚钱而再做一份工作，她也许也是如此。不过，我不能确定。因为我们之前并不相识，所以我并不了解她的具体情况。

9.10.3　讨论解决方案

如图 9-3 所示的解决方案不可取。主题句中不加任何修饰地说出了坏消息，没有理由，也没有备选方案。电子邮件的首句给人以态度傲慢的感觉，这在否定性文案中特别容易伤人，而且重点强调了被取走的，而不是留下来的。电子邮件的第二段不仅缺乏换位思考的态度，而且意思含糊不清。此外，该电子邮件以负面信息结尾。总之，该电子邮件没有一处有助于公司树立良好声誉。

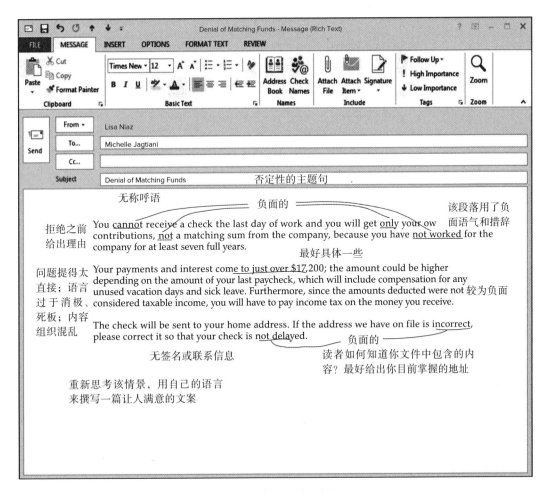

图 9-3　无效的问题解决方案

相反，如图 9-4 所示的问题解决方案就很可取。其中的政策是作为委婉语和解释而提及的。负面信息的陈述不仅清楚简明，而且被安排在段落的中间部分，目的是避免过分强调。第二段强调了肯定信息，具体说明了账户上的金额，而且指出最终的实际数目可能会更大一些。第三段提及了另一个负面消息，即所得款项要缴税，但同时也指出了降低税负的备选方案。撰写者还向读者推荐了一位具体的联络人，从而树立了自己的良好声誉。第四段告知读者，公司档案中存有她的地址（也许米歇尔自己也不清楚这些存档资料是不是最新的），并征求读者的意见是否有必要更新资料内容。信函结尾是读者最关心的事情——如何迅速得到自己的支票。最后一段以肯定性消息结尾。在撰写者对读者不太了解的情况下，可以采用这种概括性的友善表达。

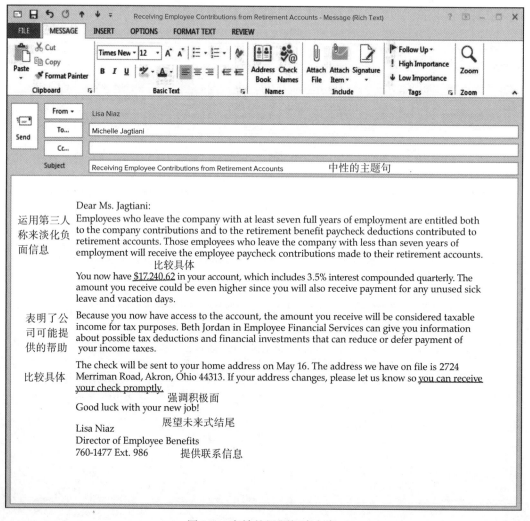

图 9-4 有效的问题解决方案

❖ 本章回顾 ❖

- 否定性文案的不同目的
  优秀的否定性文案既要能清晰地传递负面信息，同时又要能最大限度地维护良好声誉。否定性文案的目的在于让受众感到他们的要求得到了足够的重视，最终决定是公平合理的，而且换作受众自己也会做出同样的决定。否定性文案的次要目的是减少或者避免今后就同一主题的二次沟通。

- 组织否定性文案的不同方法
  否定性文案的最佳组织模式必须考虑特定受众和相关的环境。表 9-1 给出了否定性文案的组织方法。

- 撰写否定性文案各个组成部分的方法
  （1）委婉语是中性的或者肯定性的陈述，用于拖延提及负面消息的时间。卓有成效的委婉语一定要帮助读者树立良好的心态，既不传达负面信息，也不暗示肯定的答案，并能自然过渡到信函的正文。只有当受众重视和谐的气氛或者为了达到其他目的时，才可使用委婉语。
  （2）好的理由不仅要能增强受众对负面消息的心理准备，而且应该是无懈可击的。只有当这些理由具有严密的逻辑性而且比较重要时，才能给予受众。如果理由不充分，或者会给组织形象带来负面影响，那就不要提及。不要对公司的政策含糊其词。
  （3）对拒绝的表达一定要十分清楚。

- （4）应当向受众提供备选方案或折中方案，以便：向受众指出达到目的的其他途径；表明你的确在关心受众，而且在尽力帮助他们达到目的；使负面信息以肯定语气结尾，从而展示出撰写者自己及所在组织积极、友好、有益的形象。

- 改进否定性文案语气的方法
  语气是撰写者对读者及所讨论话题的一种内在态度。当传递的是负面信息时，语气往往尤其重要。认真检查你的草稿，检查在用词和观点两个方面是否做到了强调积极面和换位思考。

- 撰写各种否定性文案的方法
  许多否定性文案可以重新撰写成告知性、肯定性或说服性文案。其他文案遵循表 9-1 中建议的组织模式。

- 有效利用技术工具传递否定性文案
  （1）诸如解聘和开除之类的负面信息应当采用私人沟通方式。但有时，地理上分散的大公司只得用电子媒介来传递负面信息，以便让所有的员工几乎可以同时了解到该信息。
  （2）如何处理负面推文和 Facebook 帖子是一个精细活。如果回复考虑不周，那么负面消息就会像病毒一样传播开来。
  （3）社交媒体并非解决客户投诉的有效渠道。电话和网站等渠道在解决问题方面不仅速度快，而且效果好。

第 10 章

说服性文案

成功的募捐活动

2016—2017 年，作为全球第五大网站及前 25 强中唯一非营利机构的维基百科（Wikipedia）在年度募捐活动中共筹款 9 100 万美元。维基百科是独一无二的募款达数百万美元的非营利组织。

在维基百科 2014 年的募捐活动中，有批评人士抱怨称，为了说服其网站用户捐款，维基百科采用夸张的语言来强调经济状况的严峻性。例如，批评人士反对维基百科用"我们靠捐赠生存"（We survive on donation）这样的表达。此外，广告中呼吁拿出行动的说法也有问题，如"请帮助我们完成募捐，以便我们回去把维基百科做得更好"。这样的说法似乎隐含着，维基百科现临时歇业，要重新开业就得募捐到足够款项。

针对这些批评，维基百科的应对措施就是"软化"2015 年募捐活动文案的语气，将"我们靠捐赠生存"修改为"我们靠捐赠维持经营"（We're sustained on donations），同时把拿出行动的呼吁修改为"如果维基百科对你有用，那么用一分钟时间就可以保持它的在线和成长"。

维基百科的募捐活动历年来都很成功。针对潜在捐款人，维基百科采用有效的沟通策略来撰写本章介绍的说服性文案。例如，维基百科的文案使用直接的组织模式："我们可以直奔主题——今天我们请你帮助维基百科。"维基百科的文案称 3 美元的捐款仅相当于一杯咖啡的价格，从而使得募捐行动显得容易。最后，维基百科的文案运用各种参与性活动来鼓励潜在捐款人思考"无限制获取可靠、无倾向性资料"的效用，了解捐款人是如何通过自己的捐款帮助维基百科得以存在与发展的。

资料来源：Caitlin Dewey, " Wikipedia Has a Ton of Money. So Why Is It Begging You to Donate Yours?," *Washington Post*, December 2, 2015, https://www.washingtonpost.com/news/the-intersect/wp/2015/12/02/wikipedia-has-a-ton-of-money-so-why-is-it-begging-you-to-donate-yours/?utm_term=.e6a21bbbc3e5; and "2016–2017 Fundraising Report," *wikimediafoundation.org*, October 2, 2017, accessed November 3, 2017, https://wikimediafoundation.org/wiki/2016-2017 _ Fundraising_Report.

说服在成功的商务沟通中是非常普遍的。如果你要传递给人们信息，就要说服他们相信该信息是有用的，要说服他们记住该信息，甚至要说服他们运用该信息。如果你传递给人们的是负面消息，你就要设法说服他们接受该消息。如果你是公司雇员，你就是公司的"销售代表"，你对工作能否胜任、能否做得优秀，就取决于你能否成功说服。

在著作《全新销售》（*To Sell Is Human*）中，作者丹尼尔·平克（Daniel Pink）描述了对美国全日制员工关于"他们上班做什么"的一次大型调查的结果：

（1）如今人们花大约 40% 的工作时间于非销售型推销，包括说服他人、影响他人，以及让他人相信，而这些推销根本不涉及对方的购买。几乎在任何行业，几乎每个人每个小时有大约 24 分钟的时间致力于感动他人。

（2）人们相信工作中的这种推销对自己的职业成功非常关键，即使要投入大量的时间也值得。[1]

在工作中，有些沟通文案与其他沟通文案相比对我们似乎更有说服力。员工们希望说服他们的上司来制定更富弹性的工作时间，或者提供偶尔的星期五假日。上司则试图说服员工能更准确地做好记录，这样就可减少改正错误的时间；或者劝说员工遵循更为健康的生活方式，这样就可以减少健康福利方面的开支。你会发现你自己得说服同事接受你的观点，说服员工为紧急工程加班，或者说服老板给你加薪。

无论是推销安全设备还是宣传安全意识，有效的说服来自严密的逻辑、情感上的共鸣和良好的信誉。阐述的逻辑应该是受众认为重要的，情感上的共鸣是以受众认同的价值观为基础的，而信誉则要看你的品行和声誉了。

10.1　说服性文案的目的

说服性文案包括请求报告、建议和推荐书、销售与筹资函、求职信，以及试图改变他人行为的努力，如催款信、希望下属改进工作表现的批评函或业绩评估书、劝说人们减少酒后驾车等恶习或多做慈善的公益广告等。报告中如果提议某种行动方案，当然也是说服性文案。

本章给出了说服性文案总的指导原则。第 14 章讨论的是建议书的写作；第 15 章讨论的是报告的写作；第 11 章介绍的是求职信的写作。

所有的说服性文案都有以下几个目的。

主要目的：

让受众采取行动或改变看法。

次要目的：

- 树立沟通者的良好形象。
- 树立沟通者所在组织的良好形象。

- 建立沟通者与受众之间的良好关系。
- 克服任何可能阻碍或者拖延行动的障碍。
- 减少或者免除今后就同一主题的重复联系，从而减轻沟通者的工作量。

10.2 说服情景的分析

可以依据对表 10-1 中所列五个问题的回答来选择说服策略。此外，也可以用这些问题来分析说服情景。

表 10-1   用于分析说服性文案的问题
1. 你想让受众做什么
2. 受众可能会有什么异议
3. 案例的说服力有多大
4. 哪种说服最适合情景
5. 哪种说服最适合组织与文化

10.2.1 你想让受众做什么

明确你想要的具体行动及有能力采取行动的人选。如果设定的目标需要分步完成，先明确目前要受众做的是什么。例如，你现时的目标是召集大家来开会或者由你来做演讲，而长期的目标是扩大销售或者改变政策。

10.2.2 受众可能会有什么异议

如果你要求受众做一些需要花费少许时间、金钱或者体力的事情，并要求他们采取属于他们日常职责中的一部分的行动，那么他们很少会有反对意见。不过，事情并非总是那样，你也可能会遇到一些阻力。有时候人们很忙，因而只会去做那些在他们看来更为重要的事；他们也可能把自己的时间和金钱投到其他用途上。为了说服受众，你必须向他们展示你的建议可以满足其要求，你必须克服所有的异议。

了解受众异议最简单的方法就是提问。特别是当你希望说服与你在同一组织或者同一城镇的人时，要与有识之士多谈。提问时戒备意识不要过强，也就是说不要把对方就某问题的看法锁定为很具体的立场："对做某事的建议，你的看法如何？""谁来决定做某事？""你对供货商或想改变的某做法的最欣赏的地方是什么？"接着你可以询问下列问题以确认你已经完全理解："如果你能拿到比现在低的报价，你还会和现有的供货商做生意吗？为什么？"

人们可能很清楚并愿意就时间和金钱之类的客观问题进行交流，但不太愿意告诉你他们在情感方面的真正异议或让他们难堪的问题。如果人们能够从保持事态现状不变中直接受益，那么就拥有某些方面的**既得利益**（vested interest）。掌握权力的人在保留给予他们权力的制度方面拥有既得利益。制度设计者在维护制度不受批评方面拥有既得利益。承认制度有缺点也就是承认制度设计者犯了错误。在这样的情况下，你必须要找出真正的理由。

无论你的受众来自你所在组织的内部还是外部，如果你请求的事情与对方的自我形象相一致，那么对方就比较容易同意。

10.2.3 案例的说服力有多大

案例的说服力大小取决于三个方面的因素：理据、可靠性和情感吸引力。

1. 理据

理据（reasoning）指的是所用的逻辑和论据。有时，你能完全证明自己的解决方案是最佳的。有时，论据会不够有力，利益可能不太确定，而困难不可能克服或很难克服等。例如，假设你想说服公司制订报销员工学费的计划，你的理据必须有力到足以证明报销学费可以提高那些勉强合格的工人的业绩，或者有助于在当今紧张的劳动力市场上吸引到高素质的人才。但是，如果该计划刚刚实施就有几十名合格的工人来提出申请，那么你的理据就又不够有力了，因为你的确证明了该计划对工人有利，但如何证明其对公司有好处呢？

一些理据的作用会因出现所谓的逻辑谬误（fallacies）而被削弱。表 10-2 对一些常见的逻辑谬误进行了界定。

2. 可靠性

可靠性（credibility）是指受众对你作为信息来源的反应。工作中的可靠性来自三个方面：专家意见、形象和关系。[2] 引用专家的意见能使你的理据显得更可信。在一些组织中，员工可以通过被分派到信誉极佳的团队来树立其可靠性。你必须通过你的履历记录来确立可靠性。过去越可靠的人，现在也就越容易被人家信赖。

同样我们也更倾向于相信我们认识的人。这也是新任首席执行官要访问尽量多的分公司的一个原因。与他人建立关系，即便这种关系是基于运动、孩子等与工作无关的兴趣，也会使他人更容易信赖你。

表 10-2 常见的逻辑谬误

草率结论	仅仅根据有限证据而做出假设判断。例如，"我的大多数朋友认为新法律不好，所以美国人不支持该法律"
虚假原因	因为两个事件先后发生，所以认定前者导致了后者。例如，"在 20 世纪 90 年代，农民增加了用玉米来生产乙醇。不久，越来越多的美国人开始将乙醇作为汽车燃料"
不当类比	做无效的比较。例如，"因枪支能杀人而从法律上禁止枪支，类似于因汽车能杀人而从法律上禁止汽车"
诉诸权威	引用并不真正属于专家的名人的观点。例如，"好莱坞演员乔·加德纳（Joe Gardner）说他的人工搅拌器是如今市场上最好的"
诉诸大众	因为许多人相信某事，所以它一定是真的。例如，"成千上万的美国人对气候变化有疑问，所以气候变化肯定不会发生"
诉诸无知	用不存在的证据来支持某个结论。例如，"工厂没有问题。所有监控人员都在安全区"
错误二分法	设定某种看似只有两种选择的环境。例如，"如果你不同意我们的观点，那就是反对了"

当你尚未具备作为专家或知名人士而带来可靠性时，不妨通过运用适当的语言和策略来获得可靠性。

- 实事求是。千万不要夸大其词。如果能事先检验你的观点，就如实相告检验结果。检验结果的说服力远胜于对观点的评价。
- 具体翔实。假如你说某某更好，就应该用具体事实来证明某某的确更好。要向读者明确说明节约或其他利益来自何处，这样读者就会清楚你提的计划的确如你所说那样很不错。
- 真实可信。如果你怀疑完成某项目可能会比原先估计的耗时更长、花费更大或效果下降，应该马上告知对方，再商讨出你能制订的新计划。

3. 情感吸引力

情感吸引力（emotional appeal）就是让读者乐于做你要求的事情。人们不会只依靠逻辑来做决策，甚至是商务决策。正如大众商业畅销书《冰山在融化》（*Our Iceberg Is Melting*）的作者约翰·科特（John Kotter）和霍尔格·拉特盖伯（Holger Rathgeber）在书中指出的："情感总是打倒理智。"[3]《我们如何决策》（*How We Decide*）的作者乔纳·莱勒（Jonah Lehrer）做了进一步的分析。他的研究表明，如果按照自己的情感来决策，那么购买大件，如汽车或住房之类的决策往往更好，更能让自己满意。在乔纳·莱勒看来，"思维过程需要有感觉，感觉可以让我们理解我们无法直接理解的一切信息，不带感情的理由是缺乏说服力的"。[4]

10.2.4 哪种说服最适合情景

不同类别的说服对象需要采用不同种类的说服方法。适用于老板的并不一定适用于同事。另外，如果情景发生了变化，那么即便是同一对象也需要采用不同的方法。一些人在单位能进行理性决策，到了家里就不一定了。例如，他们明知吸烟和肥胖可能导致死亡，但仍然会吸烟和暴饮暴食。

多年来，公司选择说服方法是基于这样的观点，即金钱对绝大多数人具有激励作用。当然，有时的确如此。不过，过去十年的研究表明，还有其他的激励因素，包括竞争和社区规范。例如，公用事业公司发现，如果消费者知道他们与邻居的用量有什么区别，那么就更可能进行节能。[5]一家宾馆贴出公告，告知大家绝大多数住客在重复使用毛巾，结果宾馆的毛巾重复利用率上升了26%。[6]这些来自行为经济学的因素为说服人们采取行动打开了新思路。

纵然金钱是激励因素，但公司在运用方面各不相同，尤其是当公司想要说服员工过更为健康的生活时。许多新方法来自**行为经济学**（behavioral economics）。作为经济学的分支，行为经济学运用了社会学和心理学的观点。根据行为经济学的发现，人们的行为常常是非理性的，虽然是可预期的，但常常不符合自己的利益。这些方法包括彩票和短期经济激励措施。众所周知，人类讨厌损失。利用这一点，公司要求参加减肥或戒烟活动并能坚持下来的员工每天缴1美元或2美元，达到目标的员工可以取回这些钱并获得对应的奖励。[7]有些公司甚至会对没有参加健康计划或评价的员工进行罚款，有时罚款金额甚至达到1 000美元或更多。[8]

另一种正引起人们较多关注的说服工具就是**选择架构**（choice architecture）。这种方法要求改变人们进行决策所处的情景，从而鼓励人们做出具体的选择。

- 那些自动登记新员工储蓄和退休计划的公司正在采用选择架构工具。员工必须填表才能选择退出储蓄计划，但加入储蓄计划则不用填表。因为员工不喜欢自愿填表，所以很多员工仍然在参加储蓄计划。
- 如果在选举前一日问人们是否打算投票，那么他们参加投票的概率会提高 25%。
- 对 40 000 人的研究表明，如果问他们在接下来的 6 个月里是否打算购买汽车，那么他们购买汽车的概率会增加 35%。
- 明尼苏达州的官员通过告诉居民有 90% 的居民遵守税收法律就轻松地说服更多居民缴纳税款。（利用威吓或宣传税收支持的善事都不起作用。）[9]

在《动机：激励人类的奥秘所在》（*Drive: The Surprising Truth about What Motivate Us*）一书中，作者丹尼尔·平克通过对数十年研究的总结发现：许多企业对从事知识工作的员工实施了不当的说服方法，这些知识工作往往需要专业理解能力、弹性处理问题能力和创造力。根据该研究，一旦经济状况达到一定水平，经济激励这种"胡萝卜式激励因素"就不再对员工起作用。事实上，经济激励因素的创新激励作用会下降，会使创造性工作变成单调沉闷的苦差事。[10]

"黏性激励因素"常常表现为选择不当的目标，不仅有害，而且会导致违反伦理和不合法的行为。管理者为拿到业绩奖金而关注短期目标，即使他们清楚短期目标在长期会带来麻烦。西尔斯（Sears）对汽车维修部人员确立了销售配额，结果这些维修人员因多收费和过度维修而成为全国性新闻。抵押贷款放款人对新的抵押贷款提供金融激励，发放贷款给那些买不起房子的人，结果导致了全球范围的经济衰退。

那么，应该如何激励知识工作者？丹尼尔·平克认为有三方面的动机：内心深处希望自己主导自己的生活；希望扩大并利用自己的能力；希望生活有目的。[11]

10.2.5 哪种说服最适合组织与文化

选错了说服方法会对目标的实现产生有害的影响。在 20 世纪八九十年代，美国政府花费了大约 10 亿美元来开展针对年轻人的反吸毒广告活动，如知名的"就说不"（Just Say No）广告活动。不过，这些广告活动并没有达到预期目标。研究发现，那些看过广告的年轻人比没有看过的更有可能吸食毒品。为什么？广告证明的是许多年轻人正在吸食毒品，不然就不会有这些广告的存在。如果有越多的人似乎在做某件事情，那么其他人就越有可能认为他们也应当进行尝试。[12]

1. 公司文化

在商业世界里，适用于某一组织的说服策略不一定适用于其他组织。有些公司文化可能重视无孔不入的经营手段，但在具有不同文化价值观的组织里，如果员工对顾客使用强卖策略，那么就会与顾客形成对抗。在谷歌的文化里，工作头衔并不就是权力，所以这里的经理必须学会用思想和说服力来动员员工。有些公司愿意尝试富有创造性的沟通方式，美高梅国际酒店集团（MGM Resorts）就曾以才艺表演的形式来开展，担任主角的是参加公司多元化与可持续性培训项目的员工，才艺表演的参演员工有 70 人，而且连续上演了 10 场。[13]

公司文化不是被记录下来的，而是通过模仿他人和细心观察而习得的。你所在组织中的高层管理者偏好怎样的风格？当你向老板递交草稿时，你被告知陈述要低调些，还是要论述得有力些？角色模拟和建议是公司向新员工宣传其文化的两种方式。

2. 社会文化

不同的说服策略适用于不同的社会文化。在北卡罗来纳州，警方采用一种新的组合方式来说服毒贩停止毒品交易。这种组合方式包括铁腕整治毒贩，同时让毒贩的挚爱——母亲、祖母、恩师——来对毒贩施压以说服他们不再贩毒。[14]

得克萨斯州开展了口号为"别弄脏得克萨斯州"（Don't Mess with Texas）的反对乱倒垃圾的活动。调查发现，该州经常乱倒垃圾者多为 18～35 岁的男性，主要包括货车驾驶员、体育迷和乡村音乐爱好者。因此，活动试图让这些人知道人们希望他们不要污染环境。为此，宣传广告中请得克萨斯籍的运动员和音乐人来传递这样的思想，即得克萨斯人不应该乱倒垃圾。最后，活动就取得了巨大成功：头五年里，路边乱倒垃圾的情况就减少了 72%，路边乱丢空罐的情况则减少了 81%。28 年后的今天，该活动仍在继续。[15]

引用专家"证据"的情况也因文化而异。引用者对采用什么样的资料具有决定权，所以采用资料的往往构成了对他们所希望结果的支持。例如，如果某人对全球变暖的话题持嘲笑态度，那么他就会倾向于引用忽视这种趋势的资源和文化观点。当人们真实面对相反的观点时，他们会倾向于忽视对方或以不同的方式进行解读。[16] 通常，只有当科学家认同大多数具有相同文化价值观的人的立场时，人们才会引用这些科学家的观点为专家证据。即使该科学家于一所大学取得学位，在另一所大学任职，并且担任国家科学院的院士，这种情况依然成立。[17]

3. 国别文化

不同民族的文化对顺从也有不同的偏好。某项调查发现，以美国英语为母语的学生领会直接陈述的要求（如"做这个""我想让你做这个"）比领会以提问（如"你能做这个吗"）或暗示（如"需要这样"）形式表达的要求更清晰、更有效。相反，以韩语为母语的学生理解直接陈述的要求的能力较低。在韩国文化中，所提要求越直截了当，也就越粗鲁，取得的效果就越差。[18]

有研究人员正在研究仿制药销售问题。根据他们的发现，仿制药的质量问题仅在美国很重要，而在其他国家，人们看重的是所谓的性价比。美国人对大型制药公司怀有敌意，而其他国家则不存在这样的情况。美国人把消费仿制药视为不道德，而其他国家的人并不这样看。

那么，制药公司应当如何应对呢？在那些不强调药品质量的国家，制药公司会强调药品中常见致污物的危险性。在缺乏伦理意识的国家，制药公司多会强调社会责任。例如，浓度被稀释的疟疾用药可能使引起疟疾的寄生物形成抗药性。[19]

10.3　说服策略的选择

如果你所在组织喜欢某种具体的策略，那就使用该策略。如果你所在组织没有偏好，或者你不清楚受众有什么偏好，那么就按照以下指导原则来选择说服策略。这些原则在很多情形下可行，但并非在所有情形下都可行。

（1）在下列情形下，采用**直接要求模式**（direct request pattern）：

- 受众会无条件地按照直接要求行事。
- 你只需要获得那些会按照直接要求行事的人的反应。
- 受众可能不会看所收到的全部文案。

（2）当受众可能会拒绝按照你的要求行事，并且你认为逻辑比情感对决策更重要时，那么应采用**问题解决模式**（problem-solving pattern）。

（3）当受众可能会拒绝按照你的要求行事，并且你认为情感比逻辑对决策更重要时，那么应采用**销售说服模式**（sales pattern）。

10.4　威胁和惩罚比说服效果差的原因

有时，人们认为通过威胁或惩罚下属就能够实现变革。事实上，这种做法有其理由：就一次性而言，的确经常有效。绝大多数人不会选择威胁或惩罚下属，除非对方的行为特别糟糕。当然，此时大多也是有效的：既然已经是最糟糕的了，所以不管管理者做什么，接下来的情况总是会变好的。众多研究表明，从长期来看，说服远比威胁或惩罚更为有效。

不过，试图用威胁手段来说服那些不拿你工资的人，其效果往往很差。

威胁（threat）是一种直白的或暗示性陈述，告诉某人如果不照章行事就会受到惩罚。威胁手段不起作用的原因有很多。

（1）威胁和惩罚不会带来持久的改变。许多人仅仅在看到警车时才会遵守时速限制。

（2）威胁和惩罚不一定会带来你所希望的行动。如果你要惩罚告密者，那么可能就听不到你可以解决的那些问题了，而这并不是你所希望的结果。

（3）威胁和惩罚可能会使人们放弃某项行动，即便在一定情况下该行动是合适的。惩罚工人相互聊天，也可能会减少他们的总体协作。

（4）威胁和惩罚会造成紧张气氛。感觉到被威胁的人往往会将他们的精力放在自我防御上，而不是投入到生产性工作中。

（5）人们会讨厌并尽量躲避那些威胁或惩罚他们的人。一位不受欢迎的主管会发现，以后出现问题时，他将很难得到配合和支持。

（6）威胁和惩罚会引起逆反心理。威胁会产生对老板的报复，如抱怨、消极怠工甚至搞破坏。

10.5　撰写直接要求式说服性文案

如果你希望尽快达成协议，那么直接提出要求可以节省受众的时间（参见表 10-3）。对于那些工作繁忙而不会阅读全部信息的人士，以及那些其组织文化崇尚开门见山提要求的机构，也应当采用直接要求模式。

表 10-3　如何组织直接要求式说服性文案

1. 向对方直接提出你想要的信息或服务。如果听起来太唐突，或者文案还有其他的目的，可以稍后再提出要求
2. 向受众提供他们实施你的建议所需要的全部信息。对你所提的问题加数字序号或加符号列表，以便读者核实所有的问题是否已经做了回答
3. 要求对方做出你所希望的行动。你想要的是支票、换货、产品目录还是问题的答案？如果你需要在一定期限内得到答案，就直接做出说明。如果可能的话，告诉读者为什么要有时间限制

此外，直接要求式说服性文案常常用于危机情景下的说服。在美国金融危机处于最严重状态的 2008 年，本·伯南克（Ben Bernanke）和当时的美国财政部长亨利·鲍尔森（Henry Paulson）直接要求美国国会提供 7 000 亿美元的拨款来拯救银行，从而避免美国经济出现长期的严重衰退。[20]

在书面的直接要求式说服性文案中，将要求、要求的主题或问题放在主题句中。

主题：要求升级软件

我的 HomeNet 版本不能接受 Gmail 账户中的昵称。

主题：关于 3548-003 号客户的资料

请提供关于 3548-003 号客户的以下资料。

主题：我们在 10 月还需要培训课程吗？

原定 10 月举办两次培训课程，每次 20 人。上个月，你说过公司聘用了 57 名新会计。我们是否需要在 10 月增设一次培训课程？还是让新员工等到下一期 2 月正常举行的培训课程？

如图 10-1 所示，这里给出了直接要求式说服性文案的范例。值得注意的是，直接要求式说服性文案一般不包含受众利益，也不需要去克服异议，只需要直截了当地说明要求。

直接要求式说服性文案应该采用开门见山的风格。这样，受众就不必猜测你的想法。

间接要求：有没有较新版的《芝加哥时尚指南》？

直接要求: 如果有较新版的《芝加哥时尚指南》, 请给我寄一本。

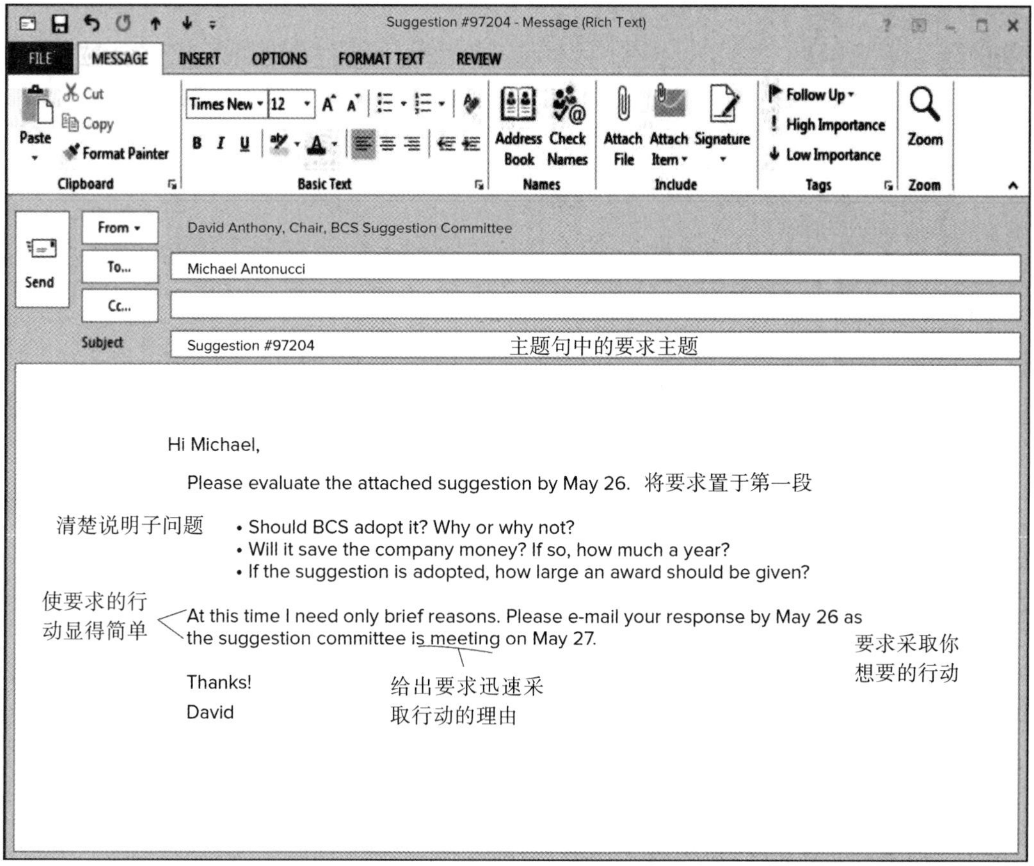

图 10-1　直接要求式说服性文案

在更为复杂的直接要求式说服性文案中, 要预计到受众可能的回应。假设你正在寻找符合具体规格要求的机器的资料, 那么要向读者解释清楚哪项标准才是最重要的。这样, 即使没有一件单独的产品可以满足你的全部要求, 读者也可以向你推荐备选方案。你也可以告诉读者你所需要的价位并且说明是要现货还是要特别定制。

10.6　撰写问题解决式说服性文案

当你预料受众可能会拒绝你的要求, 但又要说明做你所希望的事情可以解决你们双方共同面临的问题时, 通常就会采用间接的问题解决式组织模式(见表 10-4)。这种模式可以使你在受众有机会说"不"之前, 通过陈述佐证你的观点的全部理由, 来消除受众的反对意见。如平常一样, 在选择该策略之前, 为确保策略适用, 必须考虑受众和具体的说服情景。

表 10-4 如何组织问题解决式说服性文案

1. 通过谈及共同点来抓住受众的兴趣。说明你的文案有趣或有用。可以通过提供负面消息（在接下去的表述中会说明该问题可得到解决）来吸引受众的注意
2. 界定清楚共同面临的问题（采用你的建议即可获得解决）。客观地提出问题：不要推卸责任，不要诽谤或提及个性。费用、时间、信誉损失等陈述要详细而明确。你必须使读者相信：他们必须先完成一些事情，才能让他们相信你的解决方案是最佳的
3. 陈述问题的解决方案。如果你知道受众会支持另一种解决方案，那么先给出那种解决方案并说明行不通的原因，然后给出自己的解决方案。提出你的解决方案时不要使用"我""我的"等字眼。不要让个人好恶产生影响，也不要因为最近你的其他要求得到了采纳而认定受众一定会接受
4. 说明优势远超过劣势或负面因素（花费、时间等）
5. 总结解决方案的其他利益。因为对问题已有详细论述，所以"解决问题"这一主要利益可做简单描述。不过，如果还有其他什么利益，仍然要做进一步说明
6. 要求对方采取你希望的行动。通常受众会批准或同意某件事情；其他人会将行动付诸实施。给出要求受众立即采取行动的理由，可能需要提供给受众新的利益（若现在购买，就可避免下个季度物价上涨的影响）

图 10-2 给出了问题解决式说服性文案的组织模式。因为解决问题已是最大利益，所以这类文案中的利益只需简单陈述即可。

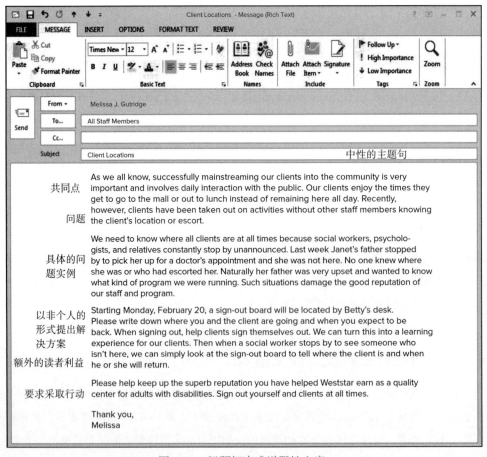

图 10-2 问题解决式说服性文案

10.6.1　问题解决式说服性文案的主题句

对于抵触情绪较大的受众，如果在主题句中直接给出要求，那么无异于尚未有机会陈述自己的全部理由就会马上遭到受众的拒绝。应对方法之一就是采用中性的主题句。在下面的例子中，第一例采用中性的主题句，其余两例则逐渐增加对撰写者偏好的揭示。

中性主题句：　　　　　改变退休福利计算公式的建议
带有暗示偏好的主题句：扩建玛里斯维尔工厂的理由
带有明示偏好的主题句：为什么卡萨诺公司必须关闭其西部商店

另一种方法就是采用共同点或者受众利益，即向受众说明该文案对他们有用。

> 主题：减少路易斯维尔分公司的能源支出
> 尽管煤气的价格维持不变，电价也只上升了 5%，但是在过去的三年里，路易斯维尔分公司的能源支出却上升了 12%。

尽管问题解决式说服性文案的第一段可能是负面性的，但是你的主题句必须采用中性的或者积极的表达方式。

10.6.2　阐述共同点

阐述共同点可以避免在说服情景中与受众形成对立，并且暗示你与受众在解决共同面临的问题方面有着共同的利益。为了寻找共同点，需要分析受众；要了解他们的偏见、异议和需要；要认同他们，找出共同目标。这种分析应采取冷静而可控的方式，对受众的立场要保持敏感和尊重。

受众对于受控制往往会高度敏感。不管你与受众的意见如何相左，也要尊重他们的聪明才智。试着去了解为什么他们会做出另一种选择，为什么会反对你的观点。如果你能够理解受众的初衷，你的文案就会更加有效，也就不会采用居高临下的口气而使自己与他们疏远。

最好的共同点应该具体明确。通常，像受众想要解决的问题之类的负面信息就是一种很好的共同点。

模糊的共同点：我们都希望这家工厂能盈利。
具体的共同点：由于生产下降了 17%，上个月我们损失了 186 万美元的潜在利润。

利用受众分析来评估可能的共同点。假设你想要让工厂安装播放背景音乐的系统。为了说服管理层为该系统付费，一个可能的共同点就是它能提高生产率。不过，如果要说服工会支付这笔费用，你就必须找其他的共同点。工人们会把生产率提高看作是在报酬不变的情况下让他们付出更多的劳动。因此，一个较好的共同点应该是音乐使工厂的工作环境变得更加舒适。

10.6.3　解释解决方案

如果可能的话，用文字来表述解决方案，而且要说明该方案是如何使受众受益的。如果情景很复杂，可能有必要提供背景信息，同时给出解决方案各步骤的提纲。千万不要把解决方案描述成你自己的方案，也不要使用"我""我的"等字眼。如果有人赞成其他方案，那么就要解释那个方案为什么不合适。

要用积极的语气描述你的方案（参见第2章中关于受众利益的详细讨论和第3章中关于积极语气的讨论）。研究发现，当受众试图列出某个决定的利弊时，他们首先关注的一方往往会对他们的选择产生最大的影响。[21]

10.6.4　处理异议

如果你知道受众会听信其他观点，或者受众的初始立场是否定的，那么为了说服受众你必须应对他们的异议。异议越强烈，你就越要尽早在文案中进行处理。

应对异议的最好方法就是消除它。因为邮购的苹果在收获前遭遇了冰雹灾害，所以果园所有者在发出的每箱苹果中放了如下说明：

> 冰雹可能使有些苹果的表皮上留下了轻度划痕。不过，这些划痕足以证明这些苹果是生长在高山上的。在那里，突如其来的寒流固化了果肉，形成了天然的糖分，并且使这些苹果的口味变得十分独特。

结果，没有一名客户要求退款，一些客户甚至要求来年订购经冰雹打过的苹果。[22]

如果异议是错误信息所带来的，也就是说异议是错误的，那么回应时最好不要提及这种异议。（重复异议会使异议得到强化。）在宣传手册中，可以采用"问 / 答"形式来给出回应。

如果异议已经明朗化，就不必回避。此时，直接提及异议并加以说明，可以让受众了解到你的解释是针对具体异议的。但是为了不让对立变得不可逆转，不要把意见不一归咎于受众。相反，要采用淡化个人色彩的措辞，如"有人怀疑……""有人害怕……"。

如果实际异议仍然存在，可尝试采用以下一种或多种策略来消除异议。

（1）具体说明所需花费的时间和 / 或资金可能并不像受众想象的那么多。

> 将传单派发到你所在社区的每户人家和公寓，大概需要两个下午的时间。

（2）把需要花费的时间和 / 或资金放在因此可能带来的受众利益的陈述中提出。

> 追加的 252 500 美元可以：①使埃塞克斯庇护所的开放时间从每天 16 小时延长为 24 小时全天开放；②支付帮助人们找工作和住处的三名社会工作者的报酬；③使社区银行得以继续营业，这样人们就不必去酒吧兑付社会保障支票，并省下租一套公寓所需的 800 美元的预付款。

（3）说明现在花费的钱从长远看可以省钱。

> 购买 1 000 美元的安全防护用品，可以避免被职业安全与健康管理总署罚款 5 000 美元。

（4）说明你要求受众所做的事情即使不会直接帮助受众，也会使受众支持的某个群体或事业得到好处。撰写筹资信函时就采用这一策略。

> 作为大哥哥或大姐姐，你会给予孩子们所需要的来自成年人的关怀，以帮助他们成为有教养的有用之才。

（5）向受众说明为了实现他们追求的更为远大、更为重要的目标，必须做出牺牲。

> 这些改变当然意味着我们会有更多的工作要做。但是，为了维持工厂的经营并保留住工作岗位，我们必须将成本降低 25%。

（6）指出从整体上看利远大于弊。

> 任何选址都做不到十全十美。但是，选址在后湾区至少可以带给我们最多的好处、最少的坏处。

如果异议很强烈，可按照以下五个步骤来处理。

（1）**弄清楚受众成员反对你要求他们做事的原因**。与他们面对面座谈并倾听他们的意见。不求说服他们，只求了解情况。

（2）**设法找出双赢的解决方案**。当人们看得到所能获得的利益时，他们就容易被说服。有时你的最初提案中或许有一些受众未曾想到的利益，那么解释这些利益会很有用。有时你需要修改你的最初提案，以找到能解决实际问题并能满足所有人需要的解决方案。

（3）**要顾及受众的面子**。不要强迫人们承认他们一直是错误的。如有可能，要承认他们的行为在过去可能是适当的。无论可行与否，总要指出变化了的环境或新的信息需要什么样的新行动。

（4）**从小处着手**。当遇到较大阻力时，不要马上行动；可要求进行一个月的尝试；要分步达到你的目标。例如，如果你的最终目标是消除你所在组织中的偏见，那么实现这一目标的重要一步就是说服管理人员，让他们专门花一个月的时间来弄清楚女性或少数族裔成员在小组会议中的作用。

（5）**从受众的角度来给出理由**。提供的利益要有益于受众而不是只对你自己有益。要特别注意避免使用那些带有攻击性或者轻视受众的表述。要把自己描述成是在帮助受众实现目标，而非批评他们或者是对他们下命令。

当受众参与其中时，组织变革才会有效发挥作用。不过，这一切只有当他们自己体会到时才最容易发生。管理层可以鼓励员工发现问题并帮助找到可能的解决方案。如果因受时间、敏感信息或组织文化约束而难以做到，那么次优办法就是向员工解释清楚组织变革的决策是如何做出的、变革背后的原因、考虑的备选方案及反对的理由。根据对 100 余名员工所做的调查，获得这种解释的员工对决策的支持率可能是那些没有获得解释的员工的两倍以上。[23]

10.6.5 给出受众应迅速行动的理由

人们拖延的时间越长，实施既定计划的可能性就越小。此外，你也希望获得快速的回复，这样你就可以实施自己的计划。

要求在具体日期前采取行动。尽量给对方一至两周的时间：除了回应你的要求之外，他们还有其他事情要做。如有可能，把最终期限定在月中。如果你说"请在 3 月 1 日之前做出回答"，人们会认为"我到 3 月再回应就行了"。因此，应该要求他们在 2 月 28 日之前做出回应。类似地，如果期限定在星期五下午 5 点，那么就经常会被认为在星期一早晨完成就行了。如果对方这样行动会带给你麻烦，那么当你想利用周末来做些工作时，最好将期限定在星期四。如果在最终期限之后回答也可以，也要说明。否则，那些无法在最终期限之前做出回应的人干脆就不做回应了。

如果在受众看来所设定的最终期限显得有些武断，那么受众就不会理睬这样的期限。因此，要说明你为什么需要快速回应的理由。可能的理由包括：

- 说明确实存在时间限制。你可能急需要信息来完成某个有截止日期的报告；你可能必须在特定日期之前做出决定，以便赶上新学年的开始、圣诞销售旺季或者大选；你可能需要准备迎接外地或者国际同事的来访。
- 说明现在采取行动可以节约时间或者资金。如果行业不景气，生意低迷，那么为了赢得竞争力，你的公司必须立即行动（节约资金、提高客户服务质量）。如果经济繁荣，大家都在盈利，那么为了得到应得的那部分利益，你的公司需要马上行动。
- 说明推迟行动的成本。未来的人工或者材料成本会提高吗？推迟会不会意味着花费更多的资金维修那些早晚需要更换的东西？

10.6.6 营造情感吸引力

情感吸引力有助于提高受众的关注程度。讲故事、以受众为中心和心理描述都是营造情感吸引力的有效方法。

1. 讲故事

即便你必须提供统计资料或者数字来让谨慎的受众相信你亲身经历的故事是具有代表性的，讲故事本身也会使你的文案更具有说服力。在《让创意更有黏性》（*Made to Stick*）一书中，齐普·希思（Chip Heath）和丹·希思（Dam Heath）给出了一份证实故事价值的研究报告。在完成调查后（完成调查者都可以获得一笔钱，从而可以确保他们在参加真实实验时都有现金)，参与者收到一封信，要求他们为"救助儿童"捐款。研究者用两封信来做实验：一封上面都是关于非洲饥民的统计数据；另一封则讲述了一名 7 岁儿童罗基亚（Rokia）的故事。那些收到故事信的参与者所捐的钱是收到统计数据信的参与者的两倍还多。第三组参与者则同时收到了这两封信：故事信和统计数据信。第三组参与者所捐款数比收到统计数据信的稍多一些，但要比单独收到故事信的参与者少得多。研究人员得出了这样的理论解释：统计数据将人们置于某种思维系统，结果消除了故事的情感吸引力。[24]

2. 以受众为中心

就像其他方面的吸引力一样，情感吸引力应该着眼于受众。针对那些未能按期付款的客户，某信用卡公司给客户发去的不是严厉的收款通知，而是一张贺卡，上面的地址和签名都采用手写。卡的封面是一幅溪流穿过森林的画面。卡内页文字说的是：生活有时会出现意外变化，需要时请打电话给公司，大家一起来找到解决办法。只要拨打公司的 800 电话，客户就可咨询贷款事宜，公司会帮助客户制订还款计划。结果，公司收回了款项，避免了呆账损失，同时树立了良好信誉。[25]

有时，情感吸引力运用过头就会疏远受众。德国联邦宪法法院（Germany's Federal Constitutional Court）裁定善待动物组织（PETA）的某广告宣传活动侵害了人类尊严，因此不受言论自由法律的保护。该活动将工厂农场和动物屠宰场比作战争中的集中营和大屠杀。[26]

3. 心理描述

感官印象——读者的视觉、听觉、嗅觉、味觉和感觉——可以引起强烈的情感反应。心理描述（psychological description）意味着营造一种感官印象丰富的情景，这样读者就可以想象使用你的产品或者服务并享受所带来利益的情况。餐馆的菜单常常就是这方面的好例子。

你也可以运用心理描述来说明你的产品、服务或解决方案所能帮助解决的问题，将心理描述置于公文开头往往能有效吸引读者的注意力。例如：

> 因为吸烟者在前院的天井休息，所以那里总是充满刺鼻烟雾。到访公司的客户经常得走过这里。当然，他们也会遇到那些显然不在工作的员工。

10.7　说服性文案的语气

最佳的措辞依赖于你与受众的关系。当你要求直接受你领导的人们采取什么行动时，采用礼貌的命令句（如：把欧文的档案给我）或者提问句（如：我们有第三季度的数据吗）都是可以的。当你需要同事、上司或来自组织之外的人士采取行动时，那么你就需要更有力的说服，而且更应该有礼貌。（参见第 3 章中关于语气和礼貌的讨论。）

怎样要求别人采取行动会影响到你与其他员工、客户和供货商之间能否建立积极的关系。要避免使文案听起来具有家长口气或者显得唠唠叨叨，其实这就是语气把握的问题。加上一个"请"字就是一个好的语气。在陈述要求的理由或要求马上采取行动的原因时，语气的把握也显得很重要。

家长式口气：*每个人都要遵守这些规定。我相信你们清楚这些都是我们企业所需要的共识性规定。*

更好的表达：*就算是在不需要着正装的日子里，来访者也更乐于看到我们每个人都很专业的形象。所以，请把运动服留在家里穿。*

给上司写信的技巧性很强。你可能需要运用虚拟语气来低调处理要求，或者明确表明你没有想当然地认为答案一定是肯定的。

语气傲慢：*根据这一证据，我希望你可以给我一台新电脑。*

更好的表达：*如果我们部门的经费允许，我希望能有一台新电脑。*

被动语态和行话听起来很古板乏味。可使用祈使句并加上"请"来使语气变得更友善。

乏味：*按要求，由你批准上述行动方案。*

更好的表达：*请允许我们重新起草一份征订稿。*

控制电子邮件中的语气尤为需要技巧，因为电子邮件语气的友好程度往往不及纸质公文和面谈。对于一些重要的要求，应当离线组织好你的公文，在发送之前要仔细修改。对于那些需要在价值观、文化或者生活方式方面付出极大努力或者做出改变的重大要求，不应以电子邮件的形式来给出。

10.8   说服性文案的种类

业绩评估报告和推荐信是两种重要的说服性文案。

10.8.1   业绩评估报告

好的管理者会定期对他手下员工的业绩给予反馈。这种反馈可能会是一句简短的"干得好"，也可能是丰厚的年终红利。布兰查德和约翰逊所著的《一分钟经理》就是一本关于如何进行简洁而有效业绩反馈的商业指导畅销书。[27]

如今，公司发现有必要给予员工更多表扬，尤其是年轻员工。例如，兰兹角（Land's End）公司与美国银行请专家来教授管理者如何表扬员工。滑板车商店（Scooter Store Inc.）雇请了"庆典助理"，专门负责每周 100 到 500 个庆祝气球的分发和 25 磅五彩纸屑的抛撒（庆典助理对五彩纸屑很反感，转而采用短信赞美方式）。电脑安全软件制造商赛门铁克（Symantec）就开发了软件，容许员工提名同事来获得工作优秀奖，奖金从每日优秀奖的 25 美元到杰出项目工作奖的 1 000 美元。[28] 这些公司都把表扬作为保持公司产品品质和留住优秀员工的一种方法。

此外，公司也发现有必要经常获得更多的员工反馈，尤其是年轻员工的反馈，毕竟他们习惯于 Facebook 和 Twitter 上的即时反馈方式。包括 Facebook 在内的一些公司开办了自己的"社交"网络，便于员工在会议、展示或项目结束后寻求和持续发表反馈意见。在寻求业绩反馈方面，其他公司正在转向采用同行评价，而不是经理人员的评价。这种方法在办公室显得特别有价值，毕竟员工参加的团队经常变化，而且作为领导也不可能对员工工作的所有方面都有深入了解。[29]

业绩评估报告是上司评估下属业绩较为正式的形式。在绝大多数组织里，员工可以看到自己的业绩评估报告；有时他们必须在业绩评估报告上签字来表明他们已经阅读过了。通常，上司会就业绩评估情况与下属进行讨论。

业绩评估既要保护组织的利益，又要能激励员工，这两种目的有时会发生冲突。大多数人会把直言不讳的评估看作批评。我们需要表扬并使自己确信受到了重视或者能做得更好，但若该员工的工作结果最后并不尽如人意，那么这些本该激励员工上进的表扬反过来就会给公司招来麻烦。如果要解雇一位在业绩评估中从来没有提及缺点的员工，那么组织肯定会遇到麻烦。

1. 业绩评估中的问题

近年来，业绩评估的声誉并不好。学术研究发现，业绩评估对绝大多数员工的业绩没有影响。[30] 员工也许不会诚实地告诉上司他们需要进行培训。上司表扬员工时，多需要给予奖励；上司批评业绩不好的员工时，还得给对方解释理由。[31]

此外，批评者认为业绩评估标准模糊，反馈不明确，用词陈腐。他们指出，业绩评估时常用"缺乏团队精神"来回避对取得巨大成功者的应有晋升。即便是名气很大的 360 度反馈评估法（借助来自上司、同事和下属的反馈）也有人加以批评。有些公司甚至因考虑到各方支持模糊、反馈不一致而取消了这种评估。[32]

目前正在遭遇诟病的另一业绩评估方法就是强制性或分层排序，有些类似于打分。因为是强制性排序，所以绝大多数员工得到的是一般性评价，只有少量的员工可以获得优秀，有时甚至只有少量的员工获得良好评价，而且有些员工得到的是差评。有些公司甚至做得更严厉，规定年度排序最末的 10% 的员工会被解雇。有批评指出，这种形式的业绩评估会形成一种严重有害于公司良好发展的行为：经理人员可能故意雇用业绩差的员工以达到不需要解雇团队成员的目的，而员工考虑的可能只是与其他员工的相互竞争，而不考虑与其他公司的竞争。有时，业绩平庸的员工会想尽办法对业绩优秀的员工使绊子。[33]

2. 准备自己的业绩评估报告

作为下属，在做评估面谈准备时，应该列出自己取得的成绩和希望努力的目标。

- 在评估期内你取得了哪些成绩？
- 你需要哪些详细的佐证材料？
- 在今后的 1～5 年里你有什么目标？
- 为了有效开展工作并实现自己的目标，你需要什么样的培训或经验？

如果你需要组织提供培训、建议或支持来提升自己，评估面谈就是寻求帮助的好机会。因此，一定要好好准备，要选择能最好地展示自己的说服策略。

3. 撰写业绩评估报告

优秀员工的业绩评估报告通常容易撰写，许多管理者也乐于赞扬那些值得赞扬的员工。不过，即使是这样的评估报告，也必须明确那些能帮助优秀员工继续优秀的工作亮点，当然也要提及值得给予他们的奖励和晋升。

如果你正在撰写需要员工改进的业绩评估报告，那么除了要提及改进之处外，还要尽量避免使用标识性语言（如错误、坏等）和推断。相反，对行为的描述应该基于具体的观察。

推断性描述：萨姆酗酒。

模糊的描述：萨姆经常打电话请病假。下级对他的行为抱怨颇多。

具体的描述：前两个月，萨姆打电话请病假总共 12 次。上周，在与客户用完工作午餐后，他摇摇晃晃地走路离开。他的两个下级说，他们不愿和他一起出差，因为他们觉得他的行为让人很难堪。

萨姆可能有酗酒的恶习。不过，也可能只是对医师的某种处方药产生了反应；他可能患有精神病；他的症状可能是生理上有些毛病而并非酗酒引起的。作为主管，武断地下结论很容易产生不良影响，导致问题无法解决，甚至会带来对该组织的法律诉讼。

业绩评估一定要具体。

模糊的评估：苏并没有努力安排好自己的时间。

具体的评估：苏的前三次销售报告分别晚交了 3 天、2 天和 4 天；最后一次的周报告至今尚未交来。

如果没有列出具体事实，苏不会知道上司因为她晚交报告而对她反感。她可能认为上司的批评是因为她花费太多的时间拨打销售电话，或每周工作时长不够 80 小时。因为没有给出具体的事实，她会用错误的方式或徒劳的努力去迎合上司。

如果下属清楚评估报告中的哪一些是最重要的，并且包含有助于他们进步的具体建议，那么这样的评估报告对于下属来说就更为有用。没有人能一次性改掉 17 个缺点。该员工本月应着重做哪两个方面的工作？及时交销售报告比提高销售业绩更重要吗？

陈述努力目标时要具体而翔实。下属可能会把"本项目已取得重大进展"的报告理解成该项目应当完成了 15%，而老板心目中的"重大进展"可能是指完成了 50% 或者 85%。

有时，业绩评估只能反映出评估前一周或者一个月的情况，虽然业绩评估本来应当反映至少六个月或一年的情况。许多经理人员每个月对观察到的下属行为会做两三次具体的记录，这些相关细节使业绩评估不会仅注重最近的情况。

业绩评估方面的最新发展趋势是如何使业绩评估变得更加客观。如今，业绩评估关注的是员工定量目标的完成情况和好坏程度，而不太评估主观性的无形指标，如"与他人工作中相处如何"等。例如，对技术支持人员评估的是按时完成的项目数和客户满意度指数。[34] 如果采用具体数据进行评估，在设定目标时一定要明确不按间接参与完成的项目进行考评。另外，目标一定要是最新的，这样考评的才是岗位对应的优先目标。不然，你对新目标所做的努力就得不到考评。

图 10-3 给出了对商务沟通合作小组中一位成员的业绩评估报告。

10.8.2 推荐信

当你要推荐某人获奖或者申请一份工作时，也许要写一封推荐信。推荐信的内容应该具体明确。如果缺乏具体事例和佐证说明，笼统的正面推荐是缺乏说服力的。那些强调次要内容的推荐信则表明被推荐者缺乏亮点。

推荐信常常遵循标准的文案组织模式：

- 在第一段或者最后一段中，概括性地对被推荐者进行评估。
- 在信的开头或者在首段里，说明你与被推荐者的熟悉程度。
- 在信的中间，介绍被推荐者的具体工作表现。
- 在信的结尾，说明你是否还乐意再次雇用被推荐者，接着重复你对被推荐者的总体评价。

附录 A 中的图 A-1 给出了一封推荐信样例。

虽然专家们对于在推荐信中是否应该包含负面信息持不同意见，但总的趋势是不用为宜。负面信息可能引发法律责任，而且很多读者认为负面信息会弱化推荐的作用。不过，另一些人则认为诚实地提及但又不强调负面信息，能使推荐更有说服力。无论在哪种情况下，都要保证推荐信的真实性和准确性。

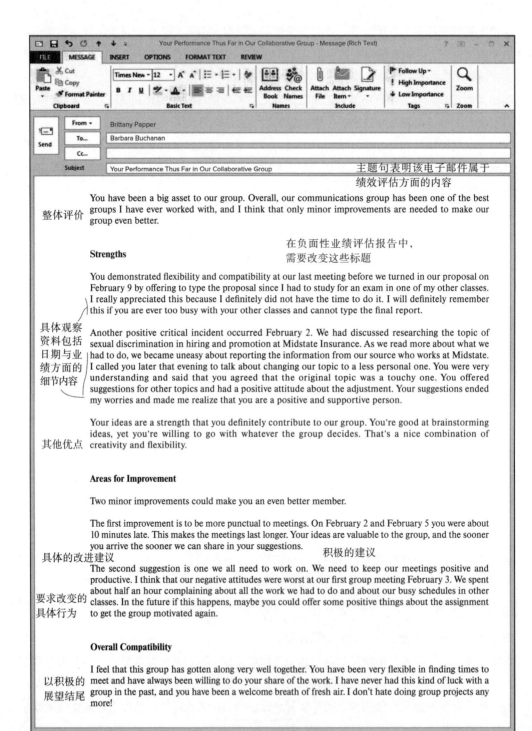

整体评价

主题句表明该电子邮件属于绩效评估方面的内容

You have been a big asset to our group. Overall, our communications group has been one of the best groups I have ever worked with, and I think that only minor improvements are needed to make our group even better.

Strengths

在负面性业绩评估报告中，需要改变这些标题

具体观察资料包括日期与业绩方面的细节内容

You demonstrated flexibility and compatibility at our last meeting before we turned in our proposal on February 9 by offering to type the proposal since I had to study for an exam in one of my other classes. I really appreciated this because I definitely did not have the time to do it. I will definitely remember this if you are ever too busy with your other classes and cannot type the final report.

Another positive critical incident occurred February 2. We had discussed researching the topic of sexual discrimination in hiring and promotion at Midstate Insurance. As we read more about what we had to do, we became uneasy about reporting the information from our source who works at Midstate. I called you later that evening to talk about changing our topic to a less personal one. You were very understanding and said that you agreed that the original topic was a touchy one. You offered suggestions for other topics and had a positive attitude about the adjustment. Your suggestions ended my worries and made me realize that you are a positive and supportive person.

其他优点

Your ideas are a strength that you definitely contribute to our group. You're good at brainstorming ideas, yet you're willing to go with whatever the group decides. That's a nice combination of creativity and flexibility.

Areas for Improvement

Two minor improvements could make you an even better member.

具体的改进建议

The first improvement is to be more punctual to meetings. On February 2 and February 5 you were about 10 minutes late. This makes the meetings last longer. Your ideas are valuable to the group, and the sooner you arrive the sooner we can share in your suggestions.

积极的建议

要求改变的具体行为

The second suggestion is one we all need to work on. We need to keep our meetings positive and productive. I think that our negative attitudes were worst at our first group meeting February 3. We spent about half an hour complaining about all the work we had to do and about our busy schedules in other classes. In the future if this happens, maybe you could offer some positive things about the assignment to get the group motivated again.

Overall Compatibility

以积极的展望结尾

I feel that this group has gotten along very well together. You have been very flexible in finding times to meet and have always been willing to do your share of the work. I have never had this kind of luck with a group in the past, and you have been a welcome breath of fresh air. I don't hate doing group projects any more!

图 10-3　业绩评估报告

在许多交流群体中，假如推荐信中写道"如需进一步的信息，请打电话给我"，则意味着"我还有些不便书面说明的负面信息，打电话过来，我会告诉你我真实的想法"。

为了避免使自己陷于可能的法律诉讼，一些公司在推荐信中只会说明某某员工在公司工作的年限及所担任的职位。即使这样干巴巴的推荐信，在法律诉讼中也会被用来指控公司没有诚实地阐明该员工的缺点。

10.9 销售文案与筹资文案

销售文案与筹资文案是一种专门类别的说服性文案。这些文案也被看作**直复营销**（direct marketing）方法，因为它们要求受众下订单、提供咨询或者提供捐赠。直复营销可通过书面印刷（直接邮寄）、口头（电话营销）、电子（电子邮件、社交媒体、网站与资讯广告节目）等渠道来进行，该行业的规模高达 3 000 亿美元。[35]

本节重点讨论的是两种常见的直复营销渠道：销售文案与筹资文案。大型组织都会聘用专业人士来撰写其直复营销材料。如果你也有自己的公司，你可以自己撰写直复营销材料，从而省下一笔经费。如果你在积极参加当地某个团体的筹资活动，那么你亲自撰写筹资信可能就是该团体负担得起直复营销费用的唯一途径。如果你能撰写一封可以起到同样效果的电子邮件，那么你就能大幅度地削减营销活动成本，或者通过电子邮件来帮助直接邮购取得成功。

本章所介绍的原则将有助于你撰写出可靠并有用的信函和电子邮件，而这些信函和电子邮件既能树立公司的信誉，又能帮组织筹集到资金。

销售、筹资和促销文案往往有多个目的。

主要目的：

让读者采取某些行动（订购产品或者进行捐赠）。

次要目的：

树立撰写者所在组织的良好形象（增强那些采取行动的读者对组织的忠诚度，使那些没有采取行动的读者下一次更有可能做出积极的回应）。

10.9.1 销售文案或筹资文案的组织

如表 10-5 所示，可采用销售说服型模式来组织文案。

表 10-5 如何组织销售文案或筹资文案

1. 设计一个能抓住受众注意力的开头
2. 在正文部分，给出理由和细节
3. 在结尾处告诉受众要做什么并给出要求尽快行动的理由

1. 开头

文案的开头是撰写者激励受众阅读文案余下内容的机会。

好的开头不仅能使受众有心情读下去，而且能合理地过渡到文案的正文。《今日心理学》

（*Psychology Today*）的征订信很有效，其开头是这样的：

> 如果家中没有其他人，上厕所时你还会关门吗？

这个问题既能激发读者的兴趣，又能很自然地过渡到《今日心理学》的内容：日常生活中所遇到的古怪举动和问题都可用应用心理学来解释。

开头不仅需要抓住读者的注意力，还必须通过某种东西将开头与文案的正文合乎逻辑地联系起来。有一封销售信函是这样开头的：

> 本周你能花掉 50 美元吗？

这样的开头当然能吸引读者的注意。但是，这封信函仅仅为读者提供了购买某产品可节省 50 美元的可能。当读者了解到他们必须花费一定数量的钱才能得到 50 美元时，他们可能会感到失望，甚至会有上当受骗的感觉。

为了撰写出各种开头，不妨尝试以下四种基本模式：提问式开头、叙述式开头、醒目式开头和引用式开头。

（1）提问式开头。

> 尊敬的订阅用户：
> 被打败了吗？你订阅的《电脑玩家》即将到期！
> 不订阅，就会看不到评论！看不到战术！学不到秘籍！
> 你愿意忍受没有《电脑玩家》的后果吗？

这封信函催促读者赶快订阅《电脑玩家》，写作方式是采用一个统领的问题"被打败了吗？"，接着，提醒受众主要是男性订阅用户，该杂志中有关游戏的评论、早期预览、专用的演示光盘，以及"最新游戏中各种令人惊叹的最新秘籍"，这些都是游戏迷的热点话题。

因为出色的提问式开头显得十分有趣，受众就很希望找出答案，自然也会读下去。

不好的提问：你想赚额外的钱吗？

较好的提问：明年你想赚多少额外的钱？

使用一连串提问的开头往往很有效。不过，在信函的正文部分应该对这些问题做出回答。

（2）叙述式开头。

> 尊敬的读者：
> 她悄无声息地踮着脚走开，为的是不吵醒在太阳下面打盹的响尾蛇。
> 她的左面是新墨西哥州最高的沙漠和印第安纳县，右面是前几天刚拍过照片的雕刻和原

始动物等。

　　头顶上，三个砂岩厚片堆积在山崖的正面。在它们投下的阴影里，是另一个岩石雕刻，还有一个由很多圆环组成的螺旋状物体。出于好奇，这位女士渐渐地向前靠近。她下意识地看了看自己的手表，差不多是正午了。就在这时，一件不同寻常的事情发生了。

　　好像从天而降一般，突然出现了一道可怕的反光，像一把匕首正刺向螺旋的最上面一环，然后那光一点点地往下移——微微发着光，有如激光。

　　穿透了第 8 环，第 7 环，第 6 环，又刺穿了最里和最外面的环。像来时一样突然，这道匕首般的光又消失了。那女士看了看自己的手表。正好过去了 12 分钟。

　　巧合？意外？侥幸？都不是。她在三年前仲夏日偶然发现的是古老的日光历……

　　这封关于《科学 84》（*Science 84*）的订阅信声称，杂志刊登的都是各个学科最为有趣并重要的发现，而且比其他媒体要详细得多。信函开头给出了一个悬念，这样读者就会读下去，同时告诉读者本杂志不仅有趣而且易读。

　　（3）醒目式开头。

　　我不喝冲马桶的水。

　　法国罐装水行业用了这个醒目的流行语，同时采用厕所照片为背景。这一醒目式开头是作为对自来水公司所开展的"自来水与瓶装水完全一样"的宣传活动的响应。[36]

　　这种方法的变体包括优惠的机会、做事的窍门和面临的挑战。

　　（4）引用式开头。

　　"如果你曾经被埋在成吨的瓦砾中，因于无人能找到你的境地，或者深陷于暴风雨后的困境中，我保证会找到你，保证用我摆动的尾巴和英雄般的决心做好我的工作……我保证永不放弃。"[37]

　　这个引用式开头印在一张狗爪的照片上。宣誓时，这张照片要被举起。其实，这张照片也是美国灾难搜救犬基金会（National Disaster Search Dog Foundation）资金筹集广告文案的部分内容。狗爪的位置和广告的主题"诺言"（The Pledge）为引用提供了支持。

2. 正文

　　文案的正文部分提供了一种合乎逻辑的情感上的联系，促使受众从一开始只有一丝微弱的兴趣到想采取撰写者所要求的行动。一个好的正文部分应解答读者提出的问题，消除他们的异议并从情感上吸引住他们。

　　所有的这些都要在文案中占据一定的空间。对于一个行业而言，"你告诉的越多，你销售的就越多"。研究表明，篇幅较长的信函相对于那些较短的信函来说，可以带来更多的新顾客或新捐献者。对于邮寄给新顾客或者新捐献者的信函而言，四页纸的篇幅常常被认为是最理想的。

那么短篇信函就没有作用了吗？不，有的。当发送给老客户时或者在邮寄信函的同时还有其他媒体在宣传，短篇信函就很有用。通过电子邮件发送的直邮广告也比较短，通常只有一屏。直复营销协会（Direct Marketing Association）称，人们最可能阅读通过邮寄的明信片。[38] 创纪录的最短文案是一家提供垂钓休闲场所的公司发给其顾客的推销信，只有三个字："咬钩了！"

文案的正文内容包括：

- 即使不购买或不捐资，受众也会认为有用的信息。
- 关于产品是如何被开发或组织做了什么的情况描述。
- 关于使用了该产品或得到该组织帮助的人的情况描述。
- 关于人们享受所获得利益的资料图片。

不过，注意不要提供过多的信息。有新的研究发现，提供过多的信息反而会阻碍销售。客户想要的是能使"决策简化"的销售信息：他们希望能很方便地了解到可靠的信息和工具，以便快速厘清头绪，轻松权衡各种选择，并做出有把握的决定。下面来思考一下购买钻石这类贵重产品的复杂决策。多年来，戴比尔斯成功地运用"4C"要素——切工（cut）、色泽（colour）、净度（clarity）和克拉重量（carat）——帮助客户树立起对自己所做购买决定的信心。[39]

因为消费者更有可能选择或喜欢熟悉的产品，所以要让消费者感觉到文案的重要性，有效办法之一就是将销售文案与人们日常所做的事情或所用的东西联系起来。当然，这要求事前做好受众分析。根据斯坦福大学研究人员的发现，即便所有食物完全相同，儿童也更为喜欢采用麦当劳包装的鸡块和炸薯条。这种熟悉效应在成年人身上也有。另一项研究发现，成年人在品尝分别用三个不同罐子装的花生酱时，他们最喜欢的是贴有品牌标签那个罐子的花生酱。[40]

成本问题通常在正文快要结束的时候提出，并且要与具体的利益挂钩。有时可以把成本分解为每月、每周或每天的花费："每天花费不到一杯咖啡的钱，你就可以帮助埃雷纳（Erena）免受饥饿之苦。"

3. 要求采取行动的结尾

文案中要求采取行动的结尾应包括以下四方面的内容。

（1）告诉受众应该做什么。明确你想要的行动。避免使用"假如"（假如你想试一试……）和"为什么不"（为什么不寄来支票）。这些词未强调积极面，等于在鼓励受众拒绝你。

（2）使要求采取的行动变得容易。"填写回执卡，然后今天寄出。"如果信封和邮资均由你方承担，就应予以强调。

（3）说明需要马上行动的理由。被说服但又迟迟不付诸行动的受众，往往不大可能购买或捐赠。当产品是季节性的或供货的确有限时，要求受众立刻采取行动的理由就很容易找到：时间限制、即将涨价、货源有限等。有时，可以给那些积极响应的受众提供奖励或折扣。上述条件并不具备时，可以提醒受众越早拥有该产品，他们将会越早受益；越早捐赠，他们捐献的款项会越早用于帮助解决问题。

（4）结尾要展示积极的画面。诸如受众正在享用该产品（在销售文案中）或受众的捐款正在帮助解决问题（在筹款文案中）。文案最后一句话不应是索款的话，这样显得很自私。

要求采取行动的结尾可以提醒人们关注主要卖点，并提及顾客什么时候能收到所购产品。

4．附言的使用

在直邮信函或电子邮件中，附言作为信函的结尾部分起着强调的作用。直邮信函经常会在信函末尾签名后插入一些经过深思熟虑的附言。附言中可以重复信函中提到过的主要卖点或者其他内容，但最好使用不同的话来表述，以避免读者在通读全篇时有重复之感。

有效的附言有很多种，这里列举四种。

（1）立即行动的理由。

> 附言：一旦有限的收成售完，就没有了！SpringSweet 牌葱头没有多余库存。我们的出货原则是"先来先得"，脱销之后就没有办法补货。今天就寄来您的订单或致电我们的免费订货热线：800-531-7470（得克萨斯州：800-292-5437）
>
> ——弗兰克·刘易斯·阿拉莫水果公司的销售信

（2）说明读者在捐赠之后能得到的奖励。

> 附言：另外，我们很高兴给您——我们的新会员——寄去一份精致的、色彩绚丽的西拉俱乐部的荒野挂历。这是我们送给您的礼物……对您绝对免费……为的是表达我们对您在这关键时刻成为我们会员的谢意。
>
> ——西拉俱乐部的筹资信

（3）介绍信函的另一部分内容。

> 附言：照片会比文字好些，但仍然无法完全描述这种型号。当你阅读所附的宣传手册时，请记住实物的效果会更好。
>
> ——戴宝尼的杜森堡 SSJ 车型的销售信

（4）重申主要卖点。

> 附言：第三世界那些挨饿的儿童很不容易。如果父母种的庄稼收成不好，或者父母没能工作，那只能挨饿了……没有政府赈济的免费午餐。

今年秋天数百万饥饿的学童要依靠美国援外合作署的资助。你今天捐赠的物品就是我们日后赶到那里救援他们的保证——美国援外合作署不会让他们失望的。

——美国援外合作署的筹资信

10.9.2 撰写销售文案和营造筹资吸引力的策略

无论是销售文案还是筹资文案，其基本策略都是帮助受众了解并使用你的产品或服务，或者是协助慈善团体共同完成目标。在大多数的情形下，沟通者都是在强调其新产品的新特征，而不是在描述受众如何使用它的场景，或者是在强调某事业的一些统计数据，而不是在描述人们如何帮助该事业的一些事例。

1. 销售文案

撰写销售文案的基本策略就是去满足某种需求。你的文案必须提醒人们你的产品能够满足他们的需要，证明这种产品能满足某种需要，说明为什么你的产品比其他同类产品要好，而且要使得人们产生购买该产品的欲望。多年来，V8蔬菜汁采用"哇，我早该喝V8了！"这一广告语。但现实中，绝大多数人更喜欢喝水果汁。V8的生产商认识到，他们能比其他厂商做得好的就是让人们可以方便地获得蔬菜营养素。一旦广告活动强调了这一事实，收入自然增加了四倍。[41]

多种方法可以帮助你撰写好销售文案。例如，可以用心理描述来向受众展示这种产品是怎样为他们带来好处的。有关产品开发生产的细节描述可以作为产品质量的有力佐证，而来自其他购买者的证明也有助于说服受众相信这种产品确实可靠。事实上，销售培训师兼商业畅销书作者杰弗里·吉特默（Jeffrey Gitomer）就将客户证明作为说服对方接受价格的重要手段之一。[42]

通常，价格应该在文案的最后1/4中提出，即在文案的内容描述已使受众产生拥有该产品的欲望后再提出价格。人们倾向于做出相对或比较型选择。如果给出各种相关的选择，如捐赠金额或一揽子服务，他们通常会选择中间数额的选项。同样，菜单上的高价菜品具有增收促销的作用：虽然客人不会点它们，但它们会促使客人点次高价的菜品。[43]

采用以下方法有助于所提价格更容易被接受：

- 将价格与产品所带来的利益联系起来。"对你的这些历史片段进行珍藏仅需39.95美元。"
- 将价格与你所在公司提供的利益联系起来。"我们的客户服务代理提供全天候服务。"
- 以每天、每周或者每月的成本来表示价格。"你可以花费低于每天一杯咖啡的钱得到所有这一切。"注意你所选择的参照花费一定要显得少，而且受众已经被说服会全年使用你的产品。
- 允许客户预支消费或分期付款。虽然这样做记账费用会有所上升且有些销售可能无法收回货款，但总的销售量会增加。

2. 筹资的吸引力

就筹资文案而言，最基本的情感吸引力策略便是替代式参与（vicarious participation）。通过捐赠钱物，人们可以让他人代替他们参与一些个人无法从事的工作中去。该策略会影响你所使用的代词。全篇要用"我们"指代自己所在的组织。不过，在信的结尾处，应谈及"你们"即受众应该怎样行事。结尾宜为肯定性的，展示受众的捐赠正在帮助解决问题。

筹资文案需要使用一些其他的策略来达到要求。为了实现筹资文案的主要目的和次要目的，你必须提供大量的信息。这些信息有助于说服读者；支持者在与他人交谈时可以把这些信息用作证据；这些信息向那些现在还不是支持者的受众证明，并使他们明白该团体的存在是有价值的，即使他们现在还不会捐赠资金。

在文案的结尾部分，除了要求捐赠资金以外，还可以提出人们提供帮助的其他方法：从事一些志愿者工作；安排有关该主题的会议；给国会或者其他国家领导人写信等。通过提议其他的参与方式，你不但可以把受众拉进来，而且可以避免陷入撰写资金筹集文案中常见的一种困境：听起来好像你之所以对受众感兴趣，是因为他们可以提供资金。

3. 确定要求筹集的数目

绝大多数写给新捐赠者的文案都会给出筹集金额的范围，从 25 美元或 100 美元（针对有工作的人们）到你可能实际希望单个捐赠者捐赠数额的两倍。根据锚定效应（anchoring effect），当人们考虑某个数量（类似于捐赠物）的具体价值，而且必须给出自己对该数量的价值判断时，他们给出的价值会接近于指定的价值。因此，相比于建议捐赠数少的捐赠信函，建议捐赠数多的信函往往能筹集到更多的款项。[44]

人们不捐赠的原因之一是他们认为 25 美元或者 100 美元的捐赠看起来似乎太少了，因此捐献与否都无关紧要。不过，事实并非如此。小小的捐赠对于他们自己，以及对于培养一种捐赠习惯来说都是至关重要的。美国心脏病协会（American Heart Association）发现：对协会的直邮文案做出响应的首次捐赠者平均捐赠 21.84 美元，一辈子平均捐赠 40.62 美元。不过，考虑到给美国心脏病协会的直邮文案进行回复的捐赠者达 760 万，因此，这个捐赠的总额已非常大了。此外，从那些生前曾是直邮文案的捐赠者的死后遗产处理中，美国心脏病协会获得的捐赠额超过了 2 000 万美元。[45]

采用以下技巧，你就可以获得人们更多的捐赠。

- 把捐赠额与用它所能购买到的东西联系起来。告诉人们：花多少钱可以为教堂购买到一块砖头、一本赞美诗集或者一扇彩色玻璃窗；花多少钱可以为一所大学的图书馆购买到一本书或者订阅一份杂志；花多少钱可以为一名挨饿的孩子买到一份用来填饱肚子的饭菜。把捐赠额与特定的捐赠品联系起来有助于受众感到自己真正地参与到捐赠活动中，并且常常能够激励他们提供更多的捐赠：他们会说"我要捐某个东西"并开出一张购买该东西的支票，而不是说"我会开一张 25 美元的支票给你"。

- 对捐赠者提供一定的奖励。公共电视和无线电台已经采用了这种策略并取得了巨大的成功。它们给每位捐赠者送上一些书、CD、DVD、伞和旅行提袋作为奖励。最好的奖励是那些人们想要并且愿意使用或者展示的东西。这样，当其他人看到这些奖品时，募捐组织也会进一步引起公众的注意。
- 要求做出每月进行捐赠的承诺。经济条件比较差的受众可以每月捐赠 15 美元或者 25 美元；比较富裕的受众则可以每月捐赠 100 美元或更多。重复捐赠不仅能比捐赠者只给一张支票带来更多的资金，而且这些捐赠者也成了忠实支持者的一部分，这一点对于任何筹款组织的持续成功都是非常必要的。

每年发给以往捐赠者的文案常常把上次捐赠的数目作为最低的建议捐赠额，当然也可以比建议捐赠额高出 25%、50% 甚至 100% 不等。

一定要写一封感谢信给那些对捐赠文案做出回应的人士，无论他们捐赠了多少。感谢信中可以描述本团体最近的工作状况，这样也有助于加强捐赠者对你们事业的支持。

4. 筹资文案中的逻辑证据

筹资文案的正文部分必须证明：值得关注该问题；可以解决或者至少可以缓解该问题；组织正在帮助解决或缓解该问题；必须取得私人捐资；组织会审慎使用捐款。

（1）值得关注该问题。

任何人都无力支持所有的事业。要向受众说明他们为什么必须关心该问题的解决。

如果所提到的问题危及生命，最好给出一些统计数字：告知受众在美国每年有多少人被酒后驾车的司机撞死，或者世界上每晚有多少饿着肚子入睡的儿童。此外，也可以讲一些受到影响的个案。

如果所提到的问题尚未危及生命，就应该说明该问题对受众认为重要的原则或目标构成了威胁。例如：一封发给某高中游泳队的支持者的筹资信明确指出，该队队员创造纪录的可能性正在下降，因为目前用来计时的仍然是秒表。信函中解释了自动计时设备很精确，计时员的反应时间不会计入运动员所花的时间里，这样运动员的成绩就会有所提高。

（2）可以解决或者至少可以缓解该问题。

人们一旦认为问题已经无药可救，他们也就不会再捐赠任何钱物了：为什么要把钱白白扔掉呢？有时候你可以采用类比的方法来说明理由。有时，你可以说明部分解决办法或者暂时的补救措施已经存在。例如，联合国儿童基金会（United Nations International Children's Emergency Fund，UNICEF）的一封筹资信就介绍了几种可以拯救数百万儿童生命的简单做法：洁净饮水、加强免疫，以及提倡母乳喂养。虽然这些措施不能从根本上改变饥饿和贫穷，但至少在我们想出长期解决方案之前可以帮孩子们存活下来。

（3）组织正在帮助解决或缓解该问题。

证明你的组织做事高效。可以具体讲一讲过去的成就。这些成就有助于说服读者，使他们相信你们能够达到目标。

以下是网站 Charity:Water 关于所做工作的部分情况。

> 至今取得的成果：为 24 537 个饮水项目筹集资金；使 700 万人口用上洁净水；活动伙伴遍及 24 个国家，有 25 个当地合作伙伴。[46] 捐赠 30 美元，你就可以帮助 1 个人用上洁净水。

（4）必须取得私人捐资。

人们一般会认为税收、基金会或者教会的捐资足以支付医学研究或者基本人道主义援助的费用。假如你所在团体的确从上述来源获得了款项，就要说明为什么还要筹集更多的资金。如果你们筹款想要帮助的人，本来应该由他们自己支付有关费用，就要说明为什么现在他们无法支付或者无法全额支付。如果筹资项目中筹资人有任何可以从中获益的可能，都必须予以说明。

（5）组织会审慎使用捐款。

证实一下，筹集的款项的确用于所说的事业上，而非仅仅用于筹款活动费。鉴于慈善筹款金额减少情况的普遍化，这一问题显得日益重要。根据对为 500 多个慈善项目筹集资金的 80 家专业筹资机构的调查，用于慈善活动的资金占比中位数仅为 24%，只有 5 个慈善项目获资金占比超过 75%。事实上，有一家筹资机构为慈善项目筹集的资金少于该机构索取的成本。[47]

5. 筹资文案中的情感吸引力

要人们拿出钱当然需要运用情感吸引力。情感吸引力的分寸应该怎样把握？温和的请求往往无法打动那些尚未被说服的受众，而语气太强的请求则会因让受众有被操纵的感觉而遭到拒绝。进行受众分析可以帮助你决定如何有的放矢地运用情感吸引力。假如你对你的受众不太了解，可以使用你认为最合适的最强烈的请求方式。

情感吸引力的效果要靠细节描述来营造。假如面对的是 100 万人，别说有针对性，就连想象起来都很困难；而如果仅有一个具体对象，事情就简单多了。细节描述和具体的引用可以使人感觉真实。为无家可归青年提供帮助的圣约社（Covenant House）就运用了这两种方法。圣约社的宣传画非常生动具体，既有上门寻求帮助的儿童，也有遭遇生活变故的年轻人。此外，圣约社还运用了感官细节描述：一边是一个孩子在冬夜里爬上床再盖上暖和的棉毯，另一边是一个小女孩在冬夜里为取暖而爬进街边的纸箱。[48]

6. 筹资信函实例

如图 10-4 所示，这封来自联合国儿童基金会的信函的目的是为第三世界的儿童寻求帮助。信函一开头以认同"信守对儿童的承诺"的观点来引起受众的注意。为了强调问题的严重性，信函用了"数百万儿童""每日面临的生存威胁"等词语。接着，信函列出了具体的援助项目，以及每个项目需要援助的以百万计的人数。由于信函的受众之前捐赠过款项，所以信函结尾处提及了之前的帮助情况。

引起注意
的图片

Dear Dr. Kienzler,

For more than 65 years, UNICEF has kept a promise to the world's children: no matter who you are, how poor you are, or what danger you are facing, UNICEF will do everything possible to help you survive.

信函以建立共
识开头：信守
对儿童的承诺

As a committed supporter of the U.S. Fund for UNICEF, you know that millions of children face a perilous day-to-day existence, threatened by natural disasters, armed conflicts, malnutrition, exploitation, and disease. In fact, 21,000 children die every day from causes that are <u>totally preventable</u>.

问题的
范围

As we enter the New Year, I hope you'll join me in <u>making a promise</u> to the world's most vulnerable children by vowing to give them the one thing they need the most: **the chance to survive**.

. . .

筹资信函
可能采用
格式手段，
如加下划
线、项目
符号等

Children around the world are <u>counting on your promise</u> and your continued generosity to address the many challenges they confront every day. By sending a tax-deductible gift of $25, $35, $50 – or whatever amount you can afford – you will join with hundreds of thousands of other U.S. Fund for UNICEF supporters to help transport vital medicines and immunizations to prevent disease . . .

数以万计
的人也在
支持这一
事业

. . .

UNICEF's efforts to reach children with basic health care, clean water and sanitation, better nutrition, and protection from exploitation and violence are paying real dividends in terms of young lives saved:

表明情况
仍然有救

- **More than six million** children's lives are saved each year through UNICEF's effective, low-cost survival programs.
- Over 75 percent of children in developing countries are now protected with immunizations, saving the lives of an estimated **2.5 million children annually**.
- **Polio is on the verge of being eradicated.**
- Today, 70 percent of all households in developing countries have access to iodized salt, **protecting 85 million newborns** each year from losses in learning ability.
- **Two million children's lives** are saved from diarrheal dehydration due to drinking unclean water through the provision of Oral Rehydration Salts.
- **More children are in school** than ever before.

项目符号列表
信息描述了过
去的成功，而
这预示着今后
也将成功

Those young lives are <u>living proof</u> that your support for the U.S. Fund for UNCIEF makes a difference.

On behalf of the millions of children whose lives you have so profoundly affected, I extend our best wishes for the upcoming year to you and your loved ones, and I thank you for the generous spirit that is demonstrated in your continued support.

Sincerely,

Caryl M. Stren

Caryl M. Stren
President & CEO

提及捐赠者过去
持续的捐赠

图 10-4　一封筹资信函（节选）
资料来源：U.S. Fund for UNICEF.

10.9.3　写作风格

直邮文案是商务写作文案的一种。在这种写作风格中，语言优雅十分重要。在其他任何一种写作风格中，文采固然重要，但最为重要的是效率。直邮文案的语言较为口语化，包括措辞和节奏。最好的销售、筹款和促销写作风格更接近于诗歌的语言风格，而不像学术语言。

那些形象生动、令人愉快的描述常常使得信函的篇幅拉长，因为它们增加了对于细节的描述，或者唤起了情感上的回应。单个的句子应读来流畅，而段落作为一个整体，应生动、引人入胜，因为它们平添了许多细节描述和图像。

1. 使著述生动有趣

如果著述啰唆冗长，读者是不会有耐心读完的。文字精练是关键。直邮文案的要求更进一步，甚至要打破语法框架。在如下《自然历史》（*Natural History*）的征订函中，注意撰写者是如何在平行结构中运用句子片段和省略号来巧妙地引导读者阅读下去的。

> 尊敬的候选会员：
>
> 如果你仍然相信太阳系中只有 9 颗行星……仍然相信酒是不会呼吸的……仍然相信如果在公共汽车上你的身边坐了一位尼安德特人，你可以一眼就认出来……检查你的得分。那么让我来告诉你，太阳系中不止 9 颗行星，酒会呼吸，你不可能一眼就认出那个尼安德特人。

2. 利用心理描述

心理描述是指通过描写生动的感官细节来介绍你的产品或者服务。在销售信函中，你可以使用心理描述来营造一种情景——读者想象着自己在使用你的产品或者服务并从中受益的情景。你还可以用心理描述来说明你的产品有助于解决问题。

下面这个《好胃口》（*Bon Appetit*）杂志的征订函在开头和附言中就运用了心理描述。

> 尊敬的读者：
> 首先，在水杯中装满冰。
> 然后倒入普通的红葡萄酒，1/4 杯的白兰地，一小瓶俱乐部牌苏打水。
> 加入 1/4～1/2 杯糖水以增加甜味，放入苹果、柠檬和橘子……
> ……然后，把椅子放在温暖、有阳光的地方。自制的西班牙风味美食桑格利亚汽酒就做好了。它是请客或者休闲时的美味饮品……
> 附言：在喝完桑格利亚汽酒之前还有一件事情要提醒你……

很难想象真的有读者还没有读完就急不可待地按照食谱进行炮制。但是，这么生动的描述的确使人们即使在寒冷阴郁的日子里也能想象出阳光下的那份温馨。

3. 信函就是信函而非广告

维护信函撰写者的形象是一切信函的基础。所以，你应该使用非正式的写作风格，用简短的词汇、句式、俚语等。

你也可以塑造一个**角色**（persona）——假设是该角色在撰写信函——以使信函更有趣，可读性更强。运用讲话的韵律、生动的形象和谈话式的语言，可以营造出撰写者就是"角色"的效果。

如下的弗兰克·戴维斯渔业公司的销售信函开头塑造了一个与产品相适合的角色。

> 亲爱的朋友：
>
> 　尝试是没有用的。我曾经一次又一次地尝试着告诉人们有关我的鱼。但我不准备成为一名信函撰写者。我也成不了。我是能逆风航行的好手，懂得钓鱼之道的行家。我也深谙什么鱼的口感最佳。但是，我想我永远不会通过写信向读者介绍为什么我这里的鱼——新鲜、可口，刚从渔船上运来，还带有深海海藻——比普通店里出售的鱼鲜活得多。

信函中，那个说着"哦，无聊，我无法卖掉我的鱼"的角色，加上其生动的语言，展现在读者面前的是一个栩栩如生的渔民形象。你想象不出这封信函其实出自一位专业广告撰写者之手。[49]

10.10　技术与说服

虽然许多大公司广泛接触受众的首选渠道仍然是电视广告，但作为电视广告渠道的补充，这些大公司也在关注网站和社交媒体渠道，毕竟黄金时段的电视观众出现了持续的萎缩。超级碗（Super Bowl）橄榄球赛的广告价格目前已经高达每30秒500万美元，而赛前的网络评论、网络竞赛和广告人物推文也成为超级碗广告的补充。[50]

绝大多数的较小公司也在运用网站和社交媒体渠道来促销产品或服务。销售代理们通过Facebook和Twitter来跟踪潜在客户。他们也通过Twitter上的投诉、领英上的提问和Facebook上的帖子来发现销售线索。他们的Facebook留言板和领英简介页面总是载满有用的信息。也许更为重要的是，他们会利用社交媒体来维护与客户的联系。对有些公司来说，这种联系如此重要，以至于培训了销售人员以外的其他人员，来负责创建语法规范、语气有吸引力、信息实用、文案有特色的帖子。[51]

许多公司发现，它们的有些最佳销售代理是来自公司外部的"影响力人物"，这些人物的帖子和推文促进了公司的销售。公司利用Klout、Little Bird和Tellagence等工具找到影响力人物。雪佛兰向达到一定Klout积分的用户提供3天时间的免费使用雪佛兰伏特（Chevy Volt）服务，借此获得了超过46 000篇的推文和2 070万篇的博客帖子。[52]

社交媒体是获取产品和服务信息的有用渠道。许多消费者在购买产品或服务之前通过这些渠道可以咨询到大量的信息。如今消费者对信息的了解比以往任何时候都要多。事实上，有些消费者对购买标的的了解远远超过销售人员所能提供的。此外，他们还会访问比价网站、评级网站、投诉网站等以获得更多信息。消费者可以在线获得大量信息这一现实，也对在销售中建立更高等级的诚信和透明提出了迫切要求。

今天，绝大多数慈善机构至少建立了自己的网站，以便在更大范围内宣传其情感诉求并为之提供逻辑证明。有些慈善机构的网站做得卓有成效，充分利用有趣的文本和视觉材料来吸引捐赠者（参见第 5 章中关于网站设计的介绍）。

不过，仅仅靠网站是无法取得成功的。诸如联合国儿童基金会、无国界医生（Doctors without Borders）组织等知名慈善机构对自己网站可能很有自信，但许多小型慈善机构就没有那样的优势了，它们必须借助其他渠道来传播信息。甚至有些大型的知名慈善机构也得严重依靠直复营销渠道。

网站的另一个问题涉及访客的浏览习惯。对网站的绝大多数访问通常只会持续数秒，只有 10% 的访问会持续 2 分钟以上。[53] 此外，绝大多数的首次访问者只是浏览首屏。因此，慈善机构网站的主页设计就很关键。首屏提供的空间甚至不足一封信的大小，更是小于包含多页的信函，因此必须精心选择内容。

技术的流行也是潮起潮落的。鉴于消费者对接入公司网站失去了兴趣，由黑色和白色小框密集组成的二维码开始日渐衰落。由于二维码在弱光线下无法运行，而且只适用于有手机信号地区的智能手机用户，有研究发现，只有 5% 的美国人使用二维码。[54]

但是，电子邮件仍然坚持了下来。事实上，根据直复营销协会的报告，电子邮件的投资回报仍然是最高的，对任何主要营销渠道每投入 1 美元带来的产出为 39.40 美元，而对社交媒体每投入 1 美元的投资回报只有 12.90 美元。要让电子邮件为接收者所打开，电子邮件必须有一个具有吸引力的主题句。此外，电子邮件的内容也必须有趣，毕竟绝大多数读者的逗留时间只有短短数秒。另外，电子邮件必须便于接收者在智能手机屏幕上阅读。[55]

10.11 面对面说服

当以面对面的口头方式进行说服时，请牢记人际交流也是一种重要的文案。根据对成功零售销售员的最新调查，进行说服交流时可以采用以下有效的说服方法。

- 提及对方名字。表示关心时，要提对方的名字，这样人家就会积极响应。
- 显示你有兴趣。为了树立良好的信誉和营造和谐的氛围，必须关心、注意并牢记受众经历与爱好方面的具体情况。
- 明确相互利益。为了从说服转为交流，不妨请对方讲他的故事，再与对方分享你自己的。
- 要真诚并有礼。对于对方的说服之辞，人们总会提防可能的假象。要用证据来支持自己的观点，从而向对方表示尊重。为此，要做给对方看而不是说给对方听，同时要让对方自己给出判断。
- 提供并寻找信息。要防止说服带给对方的压力。为此，要采用告知形式而非推销形式。为营造良好氛围，要与受众共享信息。[56]

10.12　案例分析

小问题不解决，积攒多了就会形成大问题。如果工作场所的生活质量面临危机，那么问题就会更大。

10.12.1　提出问题

西部第一保险（First West Insurance）公司在当地的分公司有 300 名员工，每天的上班时间为早 8 点到晚 5 点。许多员工将中午一个小时安排作午餐休息时间。问题就此产生，毕竟食堂只有一台微波炉。为了给午饭加热，大家得等上半个小时。作为公司人力资源部主任，你实施了午班工作制，目的是解决等待问题。不过，你的方案仍然行不通：大家都习惯了原来的安排，所以反对进行改变。接着，你进行了再度努力，说服了公司的经营副总裁同意再购买一台微波炉。

不过，现在产生了新问题——与鱼有关的问题。西部第一保险公司招聘了 5 名新员工，他们来自菲律宾，鱼是他们的主食。每天午饭时间，他们一起吃午饭，将饭和鱼一起进行加热。这样，整个办公楼会到处弥漫着香辣鱼的味道。

其他员工非常讨厌这些"臭味"。对此，你与这些新员工做了交谈。虽然他们有些不安，但似乎不想改变。实际上，他们也厌恶牛肉味，心里想的是：你为什么不叫那些美国员工不要加热他们的汉堡包？因为刚买了第二台微波炉，你也清楚管理层不会再掏钱去购买带有能消除"臭味"的过滤器的新微波炉。现在需要制定使用微波炉的政策。

10.12.2　分析问题

运用第 1 章所学的分析问题的方法来考虑整个案例。

（1）受众是谁？

在分公司，你要应对的是全部员工。虽然受众人数多，想法不同，但至少在本主题方面有一些共同点。大家有相近的午饭时间安排，而且许多人都使用公司的食堂和微波炉。此外，大家对公司上次试图改变午饭时间的计划并不满意。

你的许多受众并不认为问题出在自己身上，都认为是新来的员工造成了这些讨厌的问题。不过，新来的员工也反感将问题单单归罪于他们。

（2）你撰写文案的目的是什么？

帮助去除办公室的"臭味"；赶在对公司士气带来不良影响之前，解决一些小问题。

（3）你的文案应该包含哪些信息？

目前情况的影响；可选择方案与成本（考虑资金、时间、精力和责任等因素）。

（4）你应该如何为自己的观点提出佐证？可以用哪些理由或利益来说服受众？

完善工作环境，排除虽小但一直存在的令人恼火之事，从而提高士气。虽然有昂贵的解决方案，但这件事情能且必须通过合作来解决。

（5）要考虑哪些环境因素？

此处的问题不大，也许不会引起大家的认真考虑。规定新员工只能带什么之类的简单方法具有歧视性。从预算的角度来看，公司管理层不会再为公司食堂买第三台（更贵的）微波炉。

10.12.3　讨论解决方案

如图 10-5 所示的解决方案是不可取的。撰写者按通知形式写作文案以便张贴在食堂。如此一来，撰写者相当于让受众公开指责同事：一种威胁。主题句在某种程度上反映了撰写者的偏见，这种偏见会影响对问题的深入讨论，大大降低了就任何问题形成广泛共识的可能性。撰写者采用情感吸引力手段来指责部分受众，但因缺乏合理观察资料或理由而削弱了所提问题的严重性。禁止加热有"臭味"食物的要求也显得模糊不清：是否也包括比萨饼？是否也包括爆米花？撰写者在结尾处采用了威胁手段，而这同样排除了形成共识性解决方案的可能性。借助表 10-6 中的检查清单和表 10-7 中的建议，可以撰写出效果较好的直接要求式说服性文案。

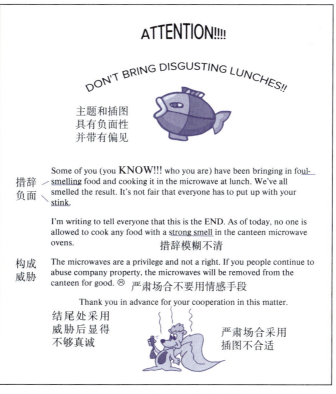

图 10-5　无效的问题解决方案

表 10-6 撰写直接要求式说服性文案的检查清单

- 对于电子邮件文案，主题句中提出要求了吗？主题句是否详细得足以使该文案区别于同一主题的其他文案？
- 首段是否归纳了要求或者文案的具体主题？
- 文案是否给出了所有的相关信息？细节是否足够详细？
- 在没有提及不必要负面信息的情况下，文案是否回答了读者提出的问题或消除了读者的异议？
- 最后一段是否告知读者应该怎样做？是否给出了截止时间或者要求立即行动的理由？

表 10-7 如何形成直接要求式说服性文案的独创性

- 好的列表和富有影响力的视觉材料
- 考虑读者的需要并描述细节以解答读者的问题、消除异议，使他们更容易按照你的要求去做
- 增加细节以表明你所关心的是某个具体组织和该组织中的人们

　　如图 10-6 所示的第二种解决方案就比较有说服力。撰写者知道这一说服应该围绕良好信誉来展开，故采用了中性的主题（因为主题点得太明确会影响信誉）。首段建立了共同点，主要从团队经历角度而不是通过指责来描述问题，包括鱼的味道，并指出电子邮件的目的是就问题形成共同的解决方案。

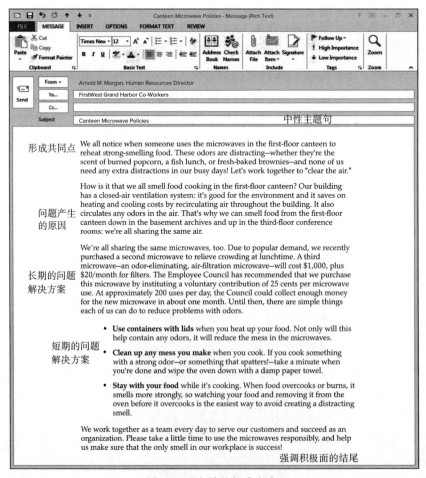

图 10-6 有效的解决方案

文案对问题的阐述也很详细，既考虑了情感与信誉问题，也从加工和成本的角度给出了合理的证据。文案从员工委员会而不是从管理部门的角度提出了建议方案，同时对成本进行了具体的构成分析。在新购的微波炉到货之前，文案建议做一些小的变革。电子邮件最后将合作与团队成员的利益进行了结合。借助表 10-8 中的检查清单和表 10-9 中的建议，可以撰写出效果较好的问题解决式说服性文案。

表 10-8 问题解决式说服性文案的检查清单

- 对于电子邮件文案，主题句中是否给出了撰写者的目的或受众利益？主题句是否避免了直接提出要求？
- 首句是否能吸引受众？
- 所提出的问题是不是双方均感兴趣的、要解决的、共有的问题，而不是撰写者要求受众所做的事？
- 文案是否给出了所有的相关信息？细节是否足够详细？
- 文案是否消除了受众可能会有的异议？
- 文案是否避免使用那些命令式的、居高临下的或者傲慢无理的词语？
- 最后一段是否告知受众应该怎样做？是否给出了截止时间或者要求立即行动的理由？

表 10-9 如何形成问题解决式说服性文案的独创性

- 好的主题句和共同点
- 描述问题清晰明了，具有说服力
- 考虑受众的需要并描述细节以解答受众的问题、消除异议，使他们更容易按照你的要求去做
- 增加细节以表明你所关心的是某个具体组织和该组织中的人们

❖ **本章回顾** ❖

- 确定说服性文案的目的

  说服性文案的主要目的是让受众采取行动或改变看法。说服性文案的次要目的是：克服任何可能阻碍或者拖延行动的障碍；树立沟通者及其所在组织的良好形象；建立沟通者与受众之间的良好关系；减少或者免除今后就同一主题的重复联系。

- 分析说服情景

  利用表 10-1 中的问题来分析说服情景。

- 确定基本的说服策略

  选择说服策略之前必须分析受众和情景。

  （1）当受众会无条件地按照你的要求直接行事时，或者当组织内的受众因太忙而不会看所收到的全部文案时，应当使用直接要求模式，参见表 10-3。

  （2）当受众可能会拒绝按照你的要求行事并且你认为逻辑比情感对决策更重要时，应采用问题解决模式。参见表 10-4。

  （3）当受众可能会拒绝按照你的要求行事并且你认为情感比逻辑对决策更重要时，那么应采用销售说服模式。

- 撰写直接要求式说服性文案

  利用表 10-3 中的信息来撰写直接要求式说服性文案。

- 撰写问题解决式说服性文案

  （1）利用表 10-4 中的信息来撰写问题解决式说服性文案。

（2）可尝试采用以下一种或多种策略来克服无法消除的异议：

- 具体说明所需花费的时间和资金。
- 把需要花费的时间和资金放在因此可能带来的受众利益的陈述中提出。
- 说明现在花费的钱从长远看可以省钱。
- 说明你要求受众所做的事情会直接帮助受众支持的某个群体或事业。
- 向受众说明为了实现他们追求的更为远大、更为重要的目标，必须做出牺牲。
- 指出从整体上看利远大于弊。

（3）威胁不会带来持久的改变；威胁不一定会带来你所希望的行动；威胁可能会使人们完全放弃某项行动，即便在一定情况下该行动是合适的；威胁会造成紧张气氛；人们会讨厌并尽量躲避那些威胁他们的人；威胁会引起逆反心理。

（4）为了鼓励受众尽快采取行动，需要明确截止日期。说明确实存在时间限制；说明现在采取行动可以节约时间或者资金；说明推迟行动的成本。

（5）通过讲故事和心理描述来营造情感吸引力。

- 撰写销售文案和筹资文案

（1）好的开头不仅能使受众有心情读下去，而且能合理地过渡到文案的正文。四种开头模式为：提问式开头、叙述式开头、醒目式开头和引用式开头。一个好的正文部分应解答读者提出的问题，消除他们的异议并从情感上吸引住他们。要求采取行动的好结尾应该：告诉受众应该做什么；使要求采取的行动变得容易；说明需要马上行动的理由；描述受众利益或受众捐款帮助解决问题的场面。

（2）在筹资文案中，最基本的情感吸引力策略便是替代式参与。通过捐赠钱物，人们可以让他人代替他们参与到一些个人无法从事的工作中去。

（3）筹资文案中营造情感吸引力的主要目的是筹集资金。一个重要的次要目的是获得人们对你的事业的支持，使那些尚未被说服来捐助的人士仍然对你所在的组织或者事业抱有好感，并且当他们再一次听说该组织或事业时，会表示出同情。

- 把技术运用于说服性文案

（1）绝大多数公司运用网站和社交媒体渠道来帮助公司说服受众。

（2）许多公司发现，它们的有些最佳销售代理是来自公司外部的"影响力人物"，这些人物的帖子和推文促进了公司的销售。

（3）电子邮件仍然是商务中主要的说服渠道之一。

Business and Administrative
Communication

第 4 篇

求　　职

4

第 11 章

制作求职材料

为人处世当以诚信为原则

大卫·托瓦尔（David Tovar）是沃尔玛公司负责沟通事务的前副总裁。就在他即将被提升到高级副总裁时，例行的背景审查发现他并没有大学毕业的资历。虽然大卫·托瓦尔有着近20年的职业经历，但他并不拥有他个人简历上声称的艺术史专业学位。在他的雇主看来，大卫·托瓦尔拥有的多年职业经历已不再是紧要的了，尽管他的业绩很优秀，得到提升完全够格。由于他为了个人利益而向雇主撒了谎，所以雇主之前对他的全部信任化为乌有。在为沃尔玛工作八年之后，大卫·托瓦尔只得黯然辞职。

虽然简历造假很普遍，但这种看似无害的行为最终几乎无一例外都会遭到报应。求职中的虚假陈述常常会导致工作机会被取消。即便这种不诚信的行为能躲过一时，但随时会被发现，最终带来的是名誉扫地、工作不保、前程尽毁。也许最令人意想不到的是，有造假行为并遭到报应的并非只有那些职业刚起步的低层级员工。诸如大卫·托瓦尔之类的许多高知名度人物也因简历中的虚假陈述而丢掉了工作。

- 在被发现存在工作经历和学术成就造假之时，约翰·戴维（John Davy）仅担任了六周的新西兰毛利电视台（Maori Television Service）总裁，他不仅很快被电视台解雇，而且被判入狱八个月。

- 雅虎公司前总裁斯科特·汤普森（Scott Thompson）在被发现并未拥有其简历上声称的计算机科学学位后只好选择辞职。与大卫·托瓦尔一样，斯科特·汤普森拥有长达30年的实际工作经历，但工作经历显然并不足以替代诚信。

- 艾莉森·瑞安（Alison Ryan）在担任曼彻斯特联队（Manchester United）公关部总裁后不久就被取消任命。那么，是什么让她失去了这样一个颇具声望的职位呢？艾莉森·瑞安虽没有在工作经历和学位方面作假，但在 GPA 成绩方面撒了谎。

对职场人士而言，诚信极其重要，可谓无价之宝。在数字时代，对招聘经理来说，要核查简历所声称内容的真实性简直易如反掌。正如这里所看到的，造假不仅会使当事人无法找到被聘用的机会，而且也会让当事人失去现有的职位。

资料来源：Hope Restle and Jacquelyn Smith, "17 Successful Executives Who Have Lied on Their Résumés," *Business Insider*, July 15, 2015, http://www.businessinsider. com/successful-executives-who-have-lied-on-their-resumes-2015-7; and Rachel Abrams, "Walmart Vice President Forced Out for Lying about Degree," *New York Times*, September 16, 2014, https://www.nytimes.com/2014/09/17/business/17tovar.html.

一生中你也许会多次换工作。美国劳工统计局（U.S. Bureau of Labor Statistics）的"全美青年职业跟踪调查"（National Longitudinal Survey of Youth）发现，人们在 18 岁至 50 岁期间人均从事过 12 份工作。即便他们到了中年，工作变动不再频繁，但 69% 的职业会在五年内消失，这就意味着个人简历必须做到与时俱进。[1]

个人简历（resume）是你对具体雇主所提供职位就任职资格的说服性概述。如果你去找工作，那么首要的一步就是制作一份简历。当你就职后，准备一份最新的个人简历往往会使你更容易抓住更好工作的机会。如果你已离开职场多年，那么现在准备一份简历将有助于你更加清醒地意识到在未来两三年里使自己成为有吸引力的候选者所要做的事情。

本章主要阐述简历和求职信（有时也称为自荐信）。第 12 章主要讨论面试及面试后的沟通问题。这两章都侧重反映在美国求职的情况。由于文化的差异，求职惯例、求职期望和求职标准会因此而存在差异，不同的国家有不同的求职规范。

所有的求职沟通材料都应该根据自身特有的任职资格及应聘职位的具体情况而量身打造。可以借鉴一些与你情况相似的模板，采用其中的措辞和版面设计，但不要局限于本书中提到的模式。当你拥有了不凡的实力，你的个人简历也将与众不同。

11.1　寻找工作

为求职所做的正式准备应该在你参加面试的前一年就开始。首先，到学校的就业办公室注册，获取其相关服务。其次，向在职场上找工作的朋友请教面试经验，看看他们都找到了什么样的工作。最后，可以试着找一找，看有没有可能在面试之前从事一些实习或合作项目的工作，这样有助于你在面试前获得有关的工作经验。

如果你已经在工作，那么你寻找工作的事情万不可影响你现在的工作。即使你不喜欢现在的这份工作，也要做得职业一些，可以利用工作之外的时间或利用午餐时间来寻找新的工作，这样有助于你保持现有的职位，而且更为重要的是有利于你从现有雇主处得到好的推荐。

在获得学位之前，设法拿到一份工作录用通知书。因为一个人如果不是迫不及待地需要一份工作，那么他会在面试中表现得更自信，往往也能找到更好的工作。如果你不得不在毕业后去找工作，那么你就应该计划每周至少要有 30 个小时花在找工作上。这些付出将帮助你更快地找到一份更好的工作。

绝大多数人以为自己了解如何寻找工作，那就是：准备好简历，浏览招聘广告，发送求职信，然后参加工作面试，最终获得工作录用通知书。寻找工作真的这样简单吗？在绝大多数专家看来，寻找工作完全不是这么回事。寻找工作能否成功在很大程度上取决于简历上的内容是否合适。事实上，按照理查德·博尔斯（Richard Bolles）的观点，雇主寻找员工的方法与绝大多数人寻找工作的方法恰好完全相反。[2] 雇主喜欢按以下顺序来雇用员工：

（1）来自公司内部。

（2）求职材料中带有专长证明材料。

（3）来自所信赖朋友的推荐。

（4）来自所信赖招聘机构的推荐。

（5）按招聘广告而来的求职者。

（6）提供个人简历的求职者。

这里，提供个人简历的求职者被排在最后，其中的原因在于仅凭个人简历难以判断对方会是怎样的员工。如今，有些雇主不再投放招聘广告，转而利用私人及在线网络来寻找新的员工。

为了有效寻找工作，你必须：

- 有效运用互联网。
- 通过实习和网络建立关系。
- 通过合理运用社交媒体来建立在线声誉。
- 尽最大努力准备好传统的个人简历和求职信。

11.1.1 互联网在求职中的有效应用

对于求职者而言，互联网的最大用处也许就是搜索招聘信息（见表 11-1）。除了 Monster 和 CareerBuilder 等众所周知的求职网站外，求职者通常会在 Facebook、领英和 Twitter 上搜索组织所发布的岗位。如今，许多成功的公司减少了在求职网站上发布招聘信息，转而通过社交网络来招聘员工。

表 11-1　网站上的职位列表

American's Job Bank——http://www.jobbankinfo.org	Federal Jobs Career Central——http://www.fedjobs.com
CareerBuilder.com——http://www.careerbuilder.com	
Careers.org——http://www.careers.org	Indeed.com——http://indeed.com
EmploymentGuide.com——http://www.employmentguide.com	Monster.com——http://www.monster.com
	Monster Trak——http://www.college.monster.com

来自以下报纸网站的职位列表：*Chicago Tribune*、*Detroit News*、*Los Angeles Times*、*Miami Herald*、*Philadephia Inquirer*、*San Joes Mercury News* 以及其他城市报纸

求职者也会搜索当地报纸和专业团体的电子招聘信息。不过，在回复在线广告时，一定要多加注意。有些实际上是职业或金融服务企业的广告，更有一些弹出广告很可能就是为了骗取个人信息。在网上搜索时，要记住不是所有网站的信息都是最新的、准确的。可以到所在学校的求职网上去寻求帮助，当然也可以求助于别的学校的网站，斯坦福大学、伯克利大学和哥伦比亚大学就有特别好的求职网。表 11-2 列出了一些优秀的求职网站。

表 11-2　涵盖整个求职过程的综合性网站

About.com——http://jobsearch.about.com	Monster.com——http://www.monster.com
Campus Career Center——http://www.campuscareercenter.com	Monster College——http://college.monster.com
CareerBuilder——http://www.careerbuilder.com	Purdue Online Writing Lab——http://owl.english.purdue.edu
Career Rookie——http://www.careerrookie.com	Quintessential Careers——http://www.quintcareers.com
College Central——http://www.collegecentral.com	The Riley Guide——http://www.rileyguide.com
College Grad Job Hunter——http://www.collegegrad.com	Spherion Career Center——http://www.spherion.com/job-seekers
The Five O'Clock Club——http://www.fiveoclockclub.com	Vault——http://www.vault.com
JobHuntersBible.com（Dick Bolles）——http://www.jobhuntersbible.com	Wetfeet——http://www.wetfeet.com

对于求职者而言，互联网的一个较新的用途就是在线求职市场。在在线求职市场上，用户不用离家就可以浏览虚拟摊位，将个人简历留给合意的摊位，有时甚至可以现场申请职位。在线求职市场的其他优势体现为求职地域范围的扩大和求职市场的全天候运转。

在利用这些搜索结果进行求职时，你可能会发现所获得的信息之间存在冲突性。在评估这些建议时，不妨考虑这些建议存在的历史。五年前有用的建议在今天并不一定有用，毕竟职业搜索过程变化很快。此外，你也应当考虑行业因素，毕竟适用于大多数行业的建议并不一定适用你所在的行业。不管怎样，首先应当选择那些有利于你的建议。

11.1.2　通过网络建立关系

如今，许多专家认为社交网络是找工作的重要影响因素。社交网络不仅对寻找初级工作重要，而且对职业发展也起着重要作用。

社交网络始于熟人，如朋友、家人、父母的朋友、同学、队友、健身伙伴和同事等，但很快会扩大到前述社交媒体上的电子联系人。要让他们知道你正在找工作，以及你的工作能力。另外，运用社交媒体时要强调你的知识背景和你所取得的成就。不妨参加学校的校友会，也许就会遇到在你感兴趣的企业里的校友。

有效建立社交网络的秘密在于互惠互利。的确，有太多的人仅仅出于自己的利益需要来建立社交网络，很快就会因利益"单向"而难以拓展社交网络。因此，好的社交网络应该强调"双向"

利益，做到互惠互利，设法帮助对方介绍联系人，做到信息和建议共享。好的社交网络不只是用来找工作，对事业成功也是不可缺少的。

11.1.3　通过工作实习建立关系

作为建立关系并找到职业方向、雇主和工作岗位的途径，工作实习正变得日益重要。许多公司通过提供实习机会来选用全职员工。例如，在通用电气所雇用的应届大学毕业生中，有80% 曾利用暑期在该公司实习过。根据全美高校与雇主协会（National Association of College and Employers）关于实习的调研，有 51.7% 的实习生取得了全职岗位。[3]（参见表 11-3 中不同行业通过实习取得全职岗位的比率情况。）在那些进行多次实习的毕业生中，上述比率更是大幅提高，取得全职岗位的比率接近 90%。事实上，根据一些行业专家的预测，未来数年实习求职将在很大程度上替代初级就业。[4]

表 11-3　通过实习取得全职岗位的比率

行业	比率（%）	行业	比率（%）
娱乐、媒体	85	零售	70
石油天然气开采	81	金融、保险、房地产	67
建筑	80	工程	67
会计	75	电脑与电子产品	64
食品饮料	71	化工、制药	61

资料来源：Joe Walker, "Getting Creative to Land an Internship," Wall Street Journal, June 8, 2010, D7.

即使工作实习没有带来全职工作，实习仍然能让你对职业形成颇有价值的见解，同时也提供给你在未来求职中可以利用的关系。实习期间所做的工作也是一笔越来越重要的财富，并可能成为你职业成果材料中的最佳内容。

11.1.4　建立在线声誉

找工作时，良好的声誉对找工作成功非常重要。根据有关调查，几乎所有的雇主都用社交媒体来寻找新员工。其中，有 98% 的雇主使用领英，42% 使用 Twitter，33% 使用 Facebook。[5] 有更多的雇主通过社交网站来了解已申请求职者的有关情况。根据 CareerBuider 的调查，60% 的雇主利用社交媒体来筛选雇员。[6] 社交媒体的有效运用有助于你树立良好的声誉，从而获得雇主的关注。

互联网可专门用于塑造个人品牌（personal branding），即营销自己。这里当然包括求职活动。为了宣传自己的专长，求职者可运用各种求职方法，从传统的个人简历和求职信到社交媒体。你可以通过这些工具来向雇主展示你的价值（你能为雇主做什么）和优点（为什么应该雇用你而不是雇用他人）。

- 领英。领英网站容许用户发布个人简历之外的有用信息。不同于网页，该网站的背后有功能强大的搜索引擎的支持。

- 个人网站。个人网站容许用户链接若干说明职业经历的例子。不过，用户必须投资创建包含个人姓名的域名。个人网站有助于用户个人控制自己在网上被搜索的内容，毕竟绝大多数的搜索算法支持包含搜索词条的网站。[7]

- Facebook。如果对你的 Facebook 上的教育、雇用及兴趣情况保持更新，那么你的 Facebook 网页就相当于非正式的简历，而且内容颇有吸引力。当然，所发布的私人信息应该限于对雇主而言重要的公开信息。不过，需要牢记的是，Facebook 一直以来会公开个人信息。因此，Facebook 上的内容应当仅限于职业方面，要避免不当的语言和内容，如内容上不要涉及酗酒、毒品、衣着暴露等。

- Twitter。容许通过分享有用的信息，如对你所在领域新闻的思考与评价，来逐步建立你的 Twitter 网页。要重视质量目标，而非数量目标。此外，要跟踪并关注你在整个职业生涯中希望与之交往的公司和人员。

虽然可以通过这些社交工具来打造个人品牌，但需要牢记必须保持统一性。通过个人简历、求职信、个人网站和社交网络所建立的统一的职业形象应能展示那些希望未来的雇主会关注的品质。这里的统一性包括表面上很不起眼的细节，如你贴在领英或 Facebook 网页的个人形象照，也包括重要的内容，如反映你的职业成就的事例。一旦建立了统一的个人品牌，那么雇主更有可能浏览你的材料，并提供给你面试机会，你也就更有可能获得雇用。[8]

请注意：选择这些工具时一定要谨慎。也许，你没有时间来有效利用所有这些工具。不管采用何种工具，一定要有职业素养，不要对他人、对学校、对你的老板发表负面评价。无论是个人简历的内容还是其写作情况（包括语法、连贯性、写作风格、逻辑性与拼写），未来雇主总会进行评判。如果稍有疏忽，对方通过简单的网络搜索就会拒绝求职者。

11.1.5　谨慎运用社交网站

很多雇主常常通过互联网搜索求职者的信息，特别是个人网页及社交网站，如 Facebook 等。某一国际调查发现，在年龄介于 16 岁至 34 岁的求职者中，有 10% 的求职者因其 Facebook 上的活动而遭到拒绝。[9] CareerBuider 所做的一项调查发现，近 50% 的招聘经理发现，社交媒体上的信息会让他们拒绝雇用应聘者。[10] 因此，如果你建有个人网页和社交媒体，应该在求职前仔细检查相关内容。

在发布任何在线信息之前，不妨采用"奶奶测试"。如果是你不希望她了解的内容，那么同样也不希望雇主了解。

- 删除任何非专业性材料，如坐在电脑旁手拿啤酒的照片或上次聚会时的照片。
- 删除那些对现在或过去的雇主和老师的负面评论。
- 删除政治性言论及对社会的抱怨。

- 删除任何不利于你求职的个人信息。
- 删除你的朋友、亲戚和同事所发布的不合适材料。

最好的建议是，事先做好计划，不要在网上发布任何非专业的信息。

根据 CareerBuider 的调查，40% 的招聘者会搜索照片与视频分享网站、游戏网站、虚拟网站，以及诸如克雷格列表（Craigslist）、亚马逊、易趣等分类及拍卖网站。[11]

11.2 雇主如何运用个人简历

懂得雇主如何使用简历，将有助于你制作出具有针对性的简历。

（1）雇主通过简历来决定谁入围面试。雇主会审查求职者的相关经历及表 11-4 中的技能。由于简历常被用来筛选求职者，所以要省略任何可能产生负面印象的信息。

（2）个人简历常常会被雇主扫描或浏览。在许多公司，尤其是那些大型公司，简历都会被电子扫描。只有那些关键词相符的简历才会得到人工浏览。根据《时代》（Time）杂志的报道，招聘者平均花 6 秒钟的时间来浏览一份简历。[12] 因此，必须通过强调关键资格和运用招聘广告上的词语，使所制作的简历能通过扫描关和人工浏览关。

（3）在雇主看来，求职信和简历代表的是求职者的最佳水平。因此，个人简历必须整洁、准确且无打印错误。拼写错误可能让你失去机会，因此对简历一定要仔细校对。

（4）筛选入围后，求职者的简历通常会被送到组织内有权批准录用的人那里。这些人可能有不同的工作背景，来自不同的专业领域。因此，要把缩写词拼写完全，要解释清楚所获得的荣誉、以希腊字母命名的社会团体、特殊的工作头衔或那些读者可能不熟悉的组织。

表 11-4 雇主希望大学期间加强培养的能力及这些雇主所占的比例

能力	比例（%）
有效沟通技能，包括口头的和书面的	89
批判性思维与分析推理能力	81
通过实习和其他动手活动在工作中应用知识的能力	79
分析并解决复杂问题的能力	75
团队合作能力	71
创新与创造力	70
了解科技方面的基本概念和新进展	70
确定、组织并评估来自各种渠道的信息的能力	68
了解全球背景及其进展变化的能力	67
数字计算与统计方面的能力	63

资料来源：Raising the Bar: Employers' Views on College Learning in the Wake of the Economic Downturn: A Survey among Employers Conducted on Behalf of the Association of American Colleges and Universities, January 20, 2010.

11.3　制作个人简历的原则

制作个人简历并非一门严格的科学。但是，当你必须与许多求职者竞争时，下面这些原则就很有用，能使简历中的你与你本人一样出色。

11.3.1　长度

简历有一个页面就足够了，不过，一定要将纸写满。不足一整页纸的简历让人觉得你没有太多的内容要说。

如果你有更多的好素材要表述，而且用一页纸不够写，那就另起一页。错误的观念是，所有的个人简历必须只有一页。根据对美国 1 000 家最大企业的经理人员的调查，赞成采用两页纸简历的经理人员数量在增加，只要求职者拥有足够多的与所招聘工作相关的合适材料就可以。[13] 有人曾做过一项试验，把一页或两页纸的简历寄给几家大型会计师事务所的招聘人员，结果发现：即使喜欢看简短简历的招聘人员也更愿意面试那些简历长一些的求职者。[14] 简历越长，那么招聘经理就更有可能了解求职者符合招聘条件的情况。

如果你的个人简历超过了一页，那么第二页的内容至少应该有半页。要另用一张纸，不要打印在第一张纸的背面。要把相对不重要的内容写在第二页上，并注明你的名字和"第二页"字样。这样，即使两页纸没有装订在一起，读者也会知道这些资料是谁的，当然也知道第二页不是你的全部简历。

11.3.2　重点

在个人简历中，要着重强调你所做过的事情：与你应聘的职位最为密切相关的事情；能体现你优于其他求职者的地方；最近信息（过去 3～5 年）。无论撰写简历时年龄有多大，在简历中应表明现在的你是最好的。

通过展示你学过的相关课程、参加过的活动，以及你做过的类似工作，来证明你能胜任该职位。不要强调那些只能反映你缺乏独立性的低层次工作。为了证明你是最合适人选，要突出你区别于其他求职者的地方：升职经历、所获荣誉、取得的成就、电脑或其他相关设备操作能力、统计能力、外语水平等。

如果要强调某些内容，可以将其放在页首或者页尾处，赋予其更多的空间或者用空白来加以衬托。通常，文件、纸页、列表的起始和结尾处都是重点所在。当你难以决策时（比如一系列的工作职责要排列），把相对不重要的内容放在中间，不要放在末尾，以免给人以头重脚轻的感觉。借助于纵向列表、告知式标题、细节描述等方式，你可以对某些内容进行强调。此外，在标题中运用招聘广告中提到的技能或职位所需的重要技能（如管理经历），也可以起到突出作用，有助于求职者脱颖而出。

11.3.3 细节

细节能够提供证据去支持你的观点、使读者信服并帮助你在求职者中脱颖而出。数字是很有用的细节。例如，可以告知别人你培训或管理过多少人，你预算或筹集过多少资金。要描述你以前工作中使人感兴趣的方面。

含糊不清：2015—2017 年：担任宾夕法尼亚州大学城《校友日报》的销售经理。
　　　　　负责员工管理和广告业务推销。

清楚明了：2015—2017 年：担任宾夕法尼亚州大学城《校友日报》的销售经理。
　　　　　负责管理 22 名销售人员；协助招聘、面试和选拔工作；分派工作和安排日程；推荐提升表现最佳的员工；激励员工推销广告业务，较上一年多盈利 10%。

删去那些对工作头衔毫无意义的细节，或者那些不如单独的工作头衔给人印象深刻的细节。要么使用具有说服力的细节，要么仅仅列出工作部门或者工作头衔。

11.3.4 写作风格

只要不牺牲必要的内容，文风应尽量简洁。

表达冗长：2013—2014 年，Meat Judging 队队员
　　　　　2014—2015 年，Meat Judging 队队员
　　　　　2015—2016 年，Meat Judging 队队员
　　　　　2016—2017 年，Meat Judging 队队长

表达紧凑：2013—2017 年，Meat Judging 队队员；2016—2017 年，队长。

表达冗长：承担地基荷载的计算（Performed foundation load calculations）

表达紧凑：计算地基荷载（Calculated foundation loads）

通常，简历中可使用短语和不完整的句子。如果使用整个句子是表达信息的最简洁方法，那么可以使用完整的句子。为了表达简练和避免看起来傲慢自大，在简历中不要使用"我"。如果"我"（me）和"我的"（my）非用不可，或者为了避免表达冗长，简历中也可以使用这些字眼。

动词或动名词（动词的"-ing"形式，如"calculating"）较名词更能表达一种动态形象。所以，在由人工浏览而非电脑扫描的简历中要多使用动词或动名词。在下列关于工作职责的修订表述中，要注意所用的名词、动词和动名词。

名词：　Chair, Income Tax Assistance Committee, Winnipeg, MB, 2016-2017. Responsibilities: recruitment of volunteers; flyer design, writing, and distribution for promotion of program; speeches to various community groups and nursing homes to advertise the service. （2016—2017 年，所得税促进委员会主席，Winnipeg。职责：招聘志愿者；项目宣传广告的设计、创作和分发；在各社团和护理院做演讲以宣传我们的服务项目。）

动词： Chair, Income Tax Assistance Committee, Winnipeg, MB, 2016-2017. Recruited volunteers for the program. Designed, wrote, and distributed a flyer to promote the program; spoke to various community groups and nursing homes to advertise the service. （2016—2017 年，所得税促进委员会主席，Winnipeg。职责：招聘志愿者；项目宣传广告的设计、创作和分发；在各社团和护理院做演讲以宣传我们的服务项目。）

动名词： Chair, Income Tax Assistance Committee, Winnipeg, MB, 2016-2017. Responsibilities included recruiting volunteers; designing, writing, and distributing a flyer to promote the program; and speaking to various community groups and nursing homes to advertise the service. （2016—2017 年，所得税促进委员会主席，Winnipeg。职责：招聘志愿者；项目宣传广告的设计、创作和分发；在各社团和护理院做演讲以宣传我们的服务项目。）

注意所列项目必须是平行结构（参见第 4 章及附录 B 中更多相关内容）。

11.3.5　关键词

因为简历常常要进行电子扫描，所以所有的简历，特别是电子简历，有必要采用关键词（keywords），即雇主通过电脑进行搜索的字词。关键词通常是名词或名词短语，如数据库管理、产品升级、成本分析等。不过，关键词也可以是形容词，如"负责的"。关键词通常是简历中所描述的有关行为的对象或目标，如开展"广告促销活动"、撰写每周的部门"新闻通讯"。

关键词可能包括：

- 软件名称，如 Excel。
- 职位名称。
- 学位类型。
- 大学或公司名称。
- 工作要求的技能、流行词、行话等。
- 专业组织（先拼写出名称，然后在括号中给出缩写形式以增加撮合数）。
- 荣誉团体（把希腊字母拼写出来）。

- 个人特征，如创造力、可靠性、团队合作精神等。
- 区号（缩小地理搜索范围）。

要找到你在求职中需要的关键词，不妨查看招聘广告和雇主所提供岗位的名称。如果许多广告都用到"沟通技能"，那么你在简历中也应加以采用。

一些关键词用得很普遍。根据对 CareerBuider 网站上 3 000 多家雇主的调查，搜索时用得最多的关键词包括[15]：

- 问题解决与决策技能（50%）。
- 口头与书面沟通（44%）。
- 客户服务或客户保留（34%）。
- 业绩与生产能力提升（32%）。
- 领导力（30%）。
- 技术能力（27%）。
- 团队建设（26%）。
- 项目管理（20%）。
- 双语能力（14%）。

除了利用关键词外，必须仔细检查以确保简历采用了所对应的特定招聘广告中的话语。如果招聘广告采用的是"软件工程师"而不是"电脑程序员"，那么简历中就应该采用"软件工程师"。如果招聘广告谈论的是"合作"，那么简历中谈团队工作经历时也要用这个词。

11.3.6　版面设计

简历的版面设计对于引起雇主的注意很重要，毕竟雇主看一份简历的时间才 6 秒钟。当然，为了制作出好的简历，可以将自己喜欢的基本式样按照自己的情况进行调整。可以尝试采用各种布局、字体和字符间距，使你的个人简历有吸引力。此外，不妨给你的简历和求职信制作一个信笺抬头。

请注意，不要采用文字处理软件中的简历模板。许多雇主见过太多按这些模板撰写的简历，所以他们一眼就能发现，而且会鄙视这些简历。

你要做的主要决定之一就是如何设计简历中的标题（headings）。如图 11-1 所示，你想把标题放在页面的左边，下面直接写文字内容？或者如图 11-3 所示，把标题单独放在左边一栏，文字内容放在右边一栏？通常，在文字内容偏多的简历中采用第一种方法。左边一栏单独放标题会占较大的篇幅，但这样有助于将内容不多的工作业绩清单展开在页面上。但是，不要让标题一栏太宽了，否则会使你的简历看起来不对称且显得空洞无物。

James Jiang

jianj@wccc.edu

字体大小应不同，
姓名和主要标题
要用大号字体

Campus Address
1524 E. Main St
Portland, OR 97231
503-403-5718

写上双方的地址
以保证长期联系
所需资料

Permanent Address
2526 Prairie Lane
Portland, OR 97233
503-404-7793

Education
West Coast Community College
A.A. in Financial Management, June 2018
GPA: 3.0/4.0　　如果达 3.0 或 3.0 以上水
　　　　　　　　平，就给出平均成绩

Summary of Qualifications

使用雇主可能
会找的关键词

- Self-motivated, detail-minded, results-oriented　列出 3～7 个任职资格
- Consistently successful track record in sales
- Effectively developed and operated entrepreneurial business

Sales Experience
Financial Sales Representative, ABC Inc., Portland, OR, February 2016–present
- Establish client base
- Develop investment strategy plans for clients
- Research and recommend specific investments

Other Experience
Entrepreneur, A-Plus T-Shirt Company, Portland, OR, September 2014–January 2017

处理自我就业
的一种方法

- Created a saleable product (Graphic T-shirts)
- Secured financial support
- Located a manufacturer
- Supervised production
- Sold t-shirts to high school students
- Realized a substantial profit to pay for college expenses

Cook, Hamburger Shack, Portland, OR, Summers 2012–2014
- Learned sales strategies
- Ensured customer satisfaction
- Collaborated with a team of 25

Collector and Repair Worker, ACN, Inc., Portland, OR, Summer 2010–2012
- Collected and counted approximately $10,000 a day　指出数量较大的资金总额
- Assisted technicians with troubleshooting and repairing coin mechanisms

Other Skills
Computer:　　Word, Excel, InDesign, WordPress, Outlook
Language:　　Fluent in Spanish

许多雇主青睐懂第
二语言的求职者

图 11-1　社区学院学生参加招聘会和实习用的时序型简历

使用不同的字体（font）、符号列表和大的字间距来突出那些重要信息。不过，要注意不能使用太多的字体，不然你的简历看起来会"很杂乱"。通常不应该超过两种字体，但也要避免使用那些太不常用的字体。诸如 Arial 之类的大字体至少要使用 10 号字，而诸如 Times New Roman 之类的小字体应使用 11 号字，这样容易看清。不同类别信息间的空隙要大些，这样便于阅读。但是，空隙也不能太大，不然会使人感觉你在凑篇幅。

尽量少使用彩色字。公司会对简历进行电子扫描，彩色文字和灰暗的图框会影响扫描的准确性。同样，要用白色标准 A4 纸作为简历的打印纸，一定要用质量好的纸。与某些流行的说法相反，虽然使用色彩鲜艳的纸张或卡片纸可以吸引雇主的注意，但这样做对你前途的不利影响可能远大于对你面试带来的帮助。

对那些从事诸如广告设计等需要创造力的行业的求职者而言，所有这些原则的运用会更具灵活性。在制作简历时，可以向顾问、教授、专业人士及其他求职者咨询，从而找出你所在领域的适用策略。

11.4 个人简历的类型

个人简历主要有两类：时序型简历（chronological resume）和技能型简历（skills resume）。时序型简历按照时间顺序概述你的经历——从最近的情况开始，采用反时序（reverse chronology）的方式。时序型简历强调的是求职者的学位、工作头衔和工作日期，属于传统型简历格式。如图 11-1 和图 11-2 所示的就是时序型简历。

当出现下列情况时，要使用时序型简历：

- 你的教育背景和工作经历从逻辑上讲有助于你应聘所申请的职位。
- 你拥有给人深刻印象的头衔、工作部门或者荣誉。

技能型简历（也叫功能型简历）强调的是你运用过的技能，而不是你运用这些技能的工作或时间。

当出现下列情况时，要使用技能型简历：

- 根据你的教育背景和工作经历，按通常途径难以获得你所应聘的职位。
- 你正试图改行。
- 你想通过对所做过的全职工作、参加过的活动、从事过的志愿者服务，以及所修过的课程的综合描述，来说明你在管理、财务、公共演讲等方面的经验情况。

时序型简历和技能型简历的区别在于所包含的信息及信息的组织方式不同。

Jeff Moeller

831.503.4692
51 Willow Street
San José, CA 95112
jmoeller@csmb.edu

在职业目标中
提及工作岗位
和公司名称

Career Objective

To bring my attention to detail and love for computer/video games to Telltale Games as a Game Tester

Qualifications

- Experienced in JavaScript, Lua, and Python
- Intermediate proficiency with Visual Studio; high proficiency with Source Safe
- Excellent communication, interpersonal, and collaboration skills
- Advanced knowledge of computers
- Love of video games

强调与工作相
关的资格要求

Education

California State University—Monterey Bay

August 2014–May 2018 (expected)
Bachelor of Science in Computer Science and Information Technology

为强调经历，简
化学历背景部分

Experience

Online Marketing Consultant—Self–Employed

分行介绍
职业头衔

October 2015–present

- Manage multiple client Google Adwords accounts
- Install web software and implement designs for fast turnarounds
- Interface with clients using Basecamp

Editor-in-Chief—Point Network LLC

采用现在时来介绍
目前从事的工作

June 2013–present

- Write and edit for several LucasArts-related gaming news websites
- Design and code websites using Wordpress
- Manage and administrate the LucasForums.com community

Online Marketing Assistant—Hayfield Group

May 2016–August 2016; May 2017–August 2017

采用过去时来介绍
以前从事过的工作

- Managed all client Google Adwords accounts
- Assisted in or managed planning and executing PPC and SEO campaigns
- Coded the company website and integrated the Drupal CMS
- Prepared website analytics reports using Google Analytics and other analytics suites

Community Manager—Praise Entertainment, Inc.

April 2015–September 2017

- Managed the community at AdminFusion.com, a website geared toward online forum owners
- Organized and ran a monthly contest for community members

Honors and Activities 末尾进行强调

- Member of the gaming press for E3 2016 and 2017
- Member of second place team in 2017 National STEM Video Game challenge
  (see demo, "Parrot Villa" at www.STEMChallenge.gov/2017_winners)

给出雇主可能看重的事项

图 11-2 只有一页的时序型简历

11.5　个人简历的内容

简历的目的是要说服他人。在简历中，你虽不能撒谎，但可以不提任何对你不利的信息。

简历通常包含以下信息。其中，标有星号的类别是必不可少的。

- 姓名和联系信息 *。
- 教育背景 *。
- 工作经历 *。
- 荣誉和奖励。
- 其他技能。
- 活动经历。
- 作品集。

你可以用其他标题来代替上述信息类别，也可以增加一些与你任职资格相关的信息类别，如计算机能力、外语水平等。

教育背景和工作经历通常要单独列出，即便每项只有一条内容。其他信息类别可以合并在一起，这样，每个项目下至少有两条长的信息或者三条短的信息。例如，如果你参加了某个荣誉协会、两家社交俱乐部和一个运动队，那么不妨将这些内容合并到"活动与荣誉"这一标题之下。

如果一个标题下有七条以上的信息，可以考虑使用小标题。例如，如果某个学生参加了很多活动，那么他可以将这些活动再细分为校内活动和社区活动。

将你最有说服力的一类信息放在第一页的顶部和底部的位置。假如你的工作经历十分突出，可以先列出该内容，然后列出教育背景。

11.5.1　姓名和联系信息

在简历中应该使用全名，即使每个人都用绰号来称呼你。你可以把名和中间名缩写为大写首字母。姓名需用大号字体。

提供一个包含区号的完整的电话号码。有些求职者会给出家庭电话号码和手机号码。因为雇主通常会在上班时间打电话通知面试安排和录用消息，所以一定要提供在求职期间能联系上的电话号码。不要留实验室或者寝室的电话号码，除非你确信在那里的人总能准确无误地给你传递信息。此外，要确保电话自动应答机提供的信息听上去很专业。

如果有个人网页，那么一定要做得专业些（包括内容和写作风格），因为简历中很可能会给出网址。当然，确保网页中没有涉及婚姻状况、种族、宗教信仰或政治立场方面的信息，不然会对自己不利。另外，要特别留意自己的照片。

要给出一个电子邮箱地址。有些求职者为找工作之便而专设一个新的电子邮箱地址。电子邮箱地址应当专业，不要给人以色情、天真或违法的感觉。如果使用领英网站，不妨列出来。此外，你也可以列出你的 Facebook 或 Twitter，但前提是要做得专业或是你在职业方面有这些要求或期待。

11.5.2 教育背景

如果你刚刚或将要获得学位，或者你拥有所应聘职位要求的或中意的学位，那么教育背景可以作为简历中的第一类信息。如果你需要把第一页用来描述其他类别的信息，或者你缺少其他求职者可能拥有的学位，那么应当把教育背景这部分内容放在后面列出。

在教育背景标题下，给出有关研究生和本科学位方面的信息，包括学校的地址，以及你在哪年或将在哪年获得学位。

在列出学校时，要使用统一的格式。采用逆时序的方式列出你的学位（首先列出最近的信息）。

> 2017 年 5 月：会计学硕士，亚利桑那州立大学，亚利桑那州坦帕市。
> Master of Accounting Science, May 2017, Arizona State University, Tempe, AZ.

> 2015 年 5 月：金融学学士，新墨西哥州立大学，新墨西哥州拉斯科鲁塞斯市。
> Bachelor of Arts in Finance, may 2015, New Mexico State University, Las Cruces, NW.

> 2017 年 5 月：工业工程专业理学学士，艾奥瓦州立大学，艾奥瓦州埃姆斯市。
> BS in Industrial Engineering, may 2017, Iowa State University, Ames, IA.

> 2015 年 5 月：商务管理专业准理学学士，得梅因地区社区大学，艾奥瓦州安克尼市。
> AS in Business Administration, May 2015, Des Moines Area Community College, Ankeny, IA.

如果你获得的是四年制学士学位，那么只有能引起雇主的兴趣时，才列出与社区学院有关的信息，如给出你专业领域外的知识。可以把选修课程、专业方向和研究生课程包含在内。可以列出海外留学经历，即便你没有获得学分。如果你在海外留学时获得了证书，需要在简历中列出证书名称，并解释该证书的重要性。可以在简历中单列一栏来突出你的外语和计算机语言能力。

专业证书可以列在"教育背景"一栏下，也可以单列一栏。

如果你的 GPA 成绩很高而且新近毕业，也可以把它写到简历中。如果你的 GPA 成绩不理想，可以计算一下你专业课的平均分，以及最近 60 学时所修课程的平均分。假如这一平均分较 GPA 成绩高，应考虑采用这一分数。如果你在简历中列出了专业 GPA 成绩或上等的 GPA 成绩，一定要做到真实，以免被指控不诚信。全美高校与雇主协会发现，70% 的雇主计划用 GPA 成绩来筛选 2017 年毕业的求职者。[16] 在诸如管理咨询、电脑生产等一些行业，90% 以上的雇主按 GPA 成绩来筛选求职者。[17] 如果你在简历中没有列出 GPA 成绩，那么绝大多数雇主就会默认为你的 GPA 成绩在 3.0 以下。如果你的 GPA 成绩确实在 3.0 以下，就需要用你的实习、工作经历和在各种活动中获得的技能来证明你是理想的职位候选人。

　　介绍完有关学位的基本情况（学位、专业、日期、学校、城市、州名），你可以用简短的文字描述一下课程，但不要只列出课程代码。你可以使用诸如"专业相关课程"或"财务管理相关课程"等小标题，在这些小标题下再列出有助于你应聘到所申请职位的所有相关课程，如心理学、演讲、商务沟通等。不要简单地说成是"相关课程"，这样显得你的其他课程都是不相关的。

2017 年 5 月：管理科学学士，伊利诺伊州立大学，伊利诺伊州诺默尔市

GPA 成绩：3.8/4.0

与管理相关的课程：

人事管理	商业决策
金融学	国际商务
管理学 I 和 II	市场营销学
会计学 I 和 II	商务法律环境
商务报告写作	商务演讲

　　将所学课程列出来是一种较为含蓄地填满整个页面的方法。如果你已经修完了你申请的职位所专门要求的任职资格方面的一组课程，你也可以把所学的课程或花在各科目上的学时数列出来。

2017 年 5 月：市场营销学学士，加利福尼亚州立大学，北里奇市

市场营销学	30 学时
西班牙语	15 学时
奇卡诺人（墨西哥裔美国人）研究	9 学时

　　随着你的职业的发展，简历中教育背景栏的内容会不断减少，到最后可能只剩下学位和学校方面的信息。

11.5.3　荣誉和奖励

　　在简历中专设"荣誉和奖励"一栏，会使简历增色不少，但不是每个求职者都能这么做。如果你因所获的荣誉和奖励数目少于三个而不能专设一栏，那么可以考虑采用"荣誉和活动"这样的标题，以便突出和强调荣誉这一关键词。

　　"荣誉和奖励"中应包含下列内容：

- 参加过的学术性荣誉协会。对于用希腊字母表示的荣誉协会（如新闻名誉协会）名称，应

当解释明白，以免读者误以为只是一般的社会团体。

- 助学金和奖学金。
- 专业团体授予的奖励。
- 民间组织授予的主要奖励。
- 入选校队的证书；入选全州或全美代表队的证书；参加州、美国或奥林匹克比赛所取得的名次证书。（这些内容也可以列入活动经历这一类别，但列在荣誉这类中可能会显得更醒目。）

对那些不了解你所学专业的读者，要解释清楚那些名誉团体（如"国家新闻名誉团体""商务专业前 2% 优等生校园名誉团体"等）。如果你所获得的奖学金或助学金特别难获得或者奖励金额很大，那么应列出所资助的具体细节。

克莱德·琼斯（Clyde Jones）奖学金：	资助四年的学费、杂费、食宿费等。
玛里琳·托普斯特（Marilyn Terpstra）奖学金：	每年 25 000 美元，资助四年。
霍姆斯利（Heemsly）奖学金：	每年颁发给全美前 50 名情报学专业的大三学生。

如果只是一两个学期获得过学校优秀学生荣誉，是否列出一定要谨慎。如果不加注意地列示出来，那就相当于在提醒读者：更多的学期里你没有进入该名单。

如果你是应届大学毕业生，尽量把荣誉这一栏放在第一页。在技能型简历中，如果荣誉称号很重要，也可放在第一页，如美国大学优秀生联谊会（Phi Beta Kappa）、美国全国优秀毕业生奖（Phi Kappa Phi）等。否则，就应放在第二页，因为工作经历有可能会占满第一页。

11.5.4　工作经历

你也可以使用其他更合适的标题，如工作经历、军旅经历、营销经历等。在技能型简历中，可以在诸如"营销经历"之类的标题下列出你在各种活动和课程项目方面所取得的成就。如果标题能反映招聘广告中所提及的技能，那么这样的标题往往特别有效果。

1. 包含的内容

在时序型简历的工作经历栏中，所列出的每个工作都要包含下列信息：职位或工作头衔，机构名称，城市和州名（不必提及邮编），过去 10～15 年参加工作的时间及其他细节，如是全职还是兼职、工作职责、特殊责任或者从基层提升至现在职位的工作过程等。可以使用表 11-5 中的动词来更好地描述你所从事过的工作。对特别重要的资格，如沟通能力、领导经历等，尽量提供支持材料。工作经历中也应该包含你所做过的实习工作和与人协作的工作。此外，如果做过的义务工作和个人独立经营的经历提高了你的相关技能，那么也应包含在工作经历中，如管理员工、编制预算、策划、说服他人等。

表 11-5 简历中常用的行为动词

analyzed（分析）	directed（指导，管理）	led（领导）	reviewed（回顾，复习）
budgeted（编制预算）	earned（挣，获得）	managed（管理，控制）	revised（修订，修改）
built（建立）	edited（编辑，校订）	motivated（激励）	saved（保留，节省）
chaired（担任要职）	established（制定，确定）	negotiated（谈判，商议）	scheduled（计划，预定）
coached（训练，指导）	evaluated（评估，估计）	observed（观察）	simplified（简化）
collected（收集）	examined（检查，调查）	organized（组织）	sold（出售）
conducted（引导，管理）	helped（帮助）	persuaded（说服，劝说）	solved（解决，解答）
coordinated（调整，整理）	hired（雇用）	planned（计划）	spoke（讲话，演讲）
counseled（劝告，忠告）	improved（提高，改善）	presented（提出，介绍）	started（启动，开始）
created（创造）	increased（增加）	produced（生产，出示）	supervised（监督，管理）
demonstrated（示范，证明）	interviewed（接见，会见）	recruited（招聘）	trained（培养，训练）
designed（计划，设计）	introduced（介绍，引进）	reported（报告，报道）	translated（翻译，调动）
developed（发展，揭露）	investigated（调查，研究）	researched（研究，调查）	wrote（撰写，写作）

如果是高中毕业后直接上的大学，就可以从高中毕业后的那个暑期开始介绍工作经历。如果某份工作在高中毕业前就开始做了，而且高中毕业后继续做这份工作，或者这份工作与你正在申请的工作有关，也可以把这份工作列在其中。如果高中毕业后你开始了全职工作，那么就应进行详细介绍。通常，对于工作经历丰富的工人，工作经历介绍最多不要超过十年。

在你的简历中，你所叙述的关于工作经历的细节应该是一些非常重要的内容。列出这些细节时，要使用比较简短的符号列表（便于阅读），不要使用那些不易阅读而且可能会被一扫而过的大段文字。注意列表中所列的各条信息要保持平行结构（参见附录中的相关内容）。要集中体现你的成果而不是职责；雇主更感兴趣的是你做成了什么而非你必须做什么。可能的话，要用具体数字来支持这些成果。

> 管理过 15 名员工。
>
> 负责管理 120 000 美元的预算；费用降低了 19%。
>
> 撰写月度时事通讯；点击率上升 12%。

要重点列示所完成的和金钱、客户、团队工作、领导力、计算机技能与沟通有关的成果。

描述以前从事的工作要用过去式，而描述目前仍在从事的工作要用现在时。不要把次要职责罗列出来，如送信、整理文件等。如果你的职责完全是例行公事，就不要罗列出来，如在麦当劳从事暑期工作。如果你过去从事的是初级工作，不妨合在一起做简单介绍。

> 2013—2017 年，为资助学习，从事全职及兼职工作。

2. 技能型简历

技能型简历强调的是你具有的技能，而不是你做过的具体工作。技能型简历旨在向雇主表明：

你拥有他们所要求的技能，即使你缺乏传统的就业背景。在技能型简历中，除了包括从工作中所获得的技能外，还包括你从活动经历和课程项目中所获得的技能。

在技能型简历中，作为主要栏目的标题由"工作经历"变为"工作技能"。在"工作技能"这一栏中，小标题内容应该是你申请的工作所要求的技能，而不再是你曾拥有的工作头衔或任职日期。每一项技能下的内容综合反映了从全职工作、义务工作、课程培训、活动、社区服务中获得的经验。

用那些与你所申请工作相关的专业术语作标题，如对技术性工作而言，使用"后勤"（logistics）要比用"计划"（planning）好；对于与军队有关的工作，使用"采购"（procurement）要比用"购买"（purchasing）好。如图 11-3 所示，这里给出了打算改行的求职者的技能型简历。

工作职位的描述可以为你提供一些命名标题的启示。在技能型简历中，人们常常使用的标题和小标题如下。

管理技能	沟通技能
预算	编辑
协调	筹集资金
评估	面试
执行	谈判
谈判	说服他人
规划	陈述
监督	写作

许多工作要求求职者具备多种技能。尽量把你认为所应聘工作要求的技能都列出来。在技能型简历中，至少需要用 3 个小标题，有时用到 6 个或 7 个也很正常。在每个小标题之下，要提供足够的细节，以便读者了解你都做了哪些事情。要从读者的角度进行考虑，把在读者看来最为重要的一类信息放在最前面。

在技能型简历中，应该列出你的全职工作，并放在简历结尾部分的工作经历或就业记录标题下（见图 11-3）。只需要列明工作头衔、雇主、城市、州名和时间即可。可以省略那些你已经在工作技能中做了描述的细节。

11.5.5 其他技能

你可以在时序型简历中设一个简短的栏目，用来强调在工作经历一栏中难以展现出来的一些技能。这些技能包括外语水平、计算机编程语言水平等。你也可以列出你所使用过的计算机软件或者接受过较昂贵设备（如电子显微镜、核磁共振仪器等）的培训。在你的简历中，必须始终做到完全诚实："高中两年的德语学习"或者"掌握西班牙语的基本会话能力"。无论对外语了解多少都是一个亮点，因为这意味着希望员工能懂第二门语言的公司不用从零起点去培训你。图 11-2 中的资格栏列出了这些技能。

Mandy Shelly

www.wisc.edu/~Shelly88/home.htm

如果你有一个专
门的网站，那么
就给出网址

266 Van Buren Drive
Madison, WI 53706
shellym@wisc.edu
555-897-1534 (home)
555-842-4242 (cell)

Objective

To contribute my enthusiasm for writing as a Technical Writer at PDF Productions

职业目标中应包
括所申请职位和
公司的名称

Skills

技能型简历中内容
最多的一栏。可以
把工作经历和学习
经历合在一起

Computer

- Designed a web page using Dreamweaver
  www.madisonanimalshelter.com
- Used a variety of Macintosh and PC platform programs and languages:

Aspects (online discussion forum)	Adobe Professional
Dreamweaver	HTML
XML	Java Script
	Photoshop

详细描述你
精通的计算
机程序

Design and Writing

符号列表要采
用平行结构

- Designed a quarterly newsletter for local animal shelter
- Developed professional brochures
- Wrote a variety of professional documents: letters, memos, and reports
- Edited internal documents and promotional materials
- Proofread seven student research papers as a tutor

Organization and Administration

- Coordinated program schedules
- Developed work schedules for five employees
- Led a ten-member team in planning and implementing sorority philanthropy program
- Created cataloging system for specimens
- Ordered and handled supplies, including live specimens

Employment History

压缩本部分内容，
以便为技能部分
留出空间

Technical Writer, Madison Animal Shelter, Madison, WI 2016–present
Undergraduate Lab Assistant, Department of Biology, University of Wisconsin–Madison, Madison, WI, 2016–present
Tutor, University of Wisconsin–Madison, Madison, WI, 2015–2016

采用反时序
方式

Education

Bachelor of Arts, May 2018
University of Wisconsin–Madison, Madison, WI
Major: Animal Ecology
Minor: Chemistry
GPA 3.4/4.0

如果辅修课程有帮助作
用，就把它列出来

Honors

在页底表示要强调的
地方，以提供有说服
力的信息来结束

Phi Kappa Phi Honor Society
Alpha Lambda Delta Honor Society, Ecology Honorary
Dean's List, 2010 to present
Raymond Hamilton Scholarship, 2016–2017
    ($5000 to a top ecology student in Wisconsin)

解释那些读者可能
不了解的荣誉称号

图 11-3　准备改行的求职者的技能型简历

11.5.6　活动经历

如果你是一名应届大学毕业生，雇主可能会对你参加过的活动很感兴趣，毕竟这些活动除了可以反映你灵活安排日程的能力外，还可以反映你的领导水平、管理才能和交际能力。如果你已经大学毕业并工作了好几年，或已获得了更高的学位（工商管理硕士、法学博士等），你就可以将活动经历省略，转而列出参加专业活动、专业组织或社区与公共服务的经历。如果你大学毕业后直接去攻读硕士学位，但你拥有能展示你技能的不平凡的活动经历，你也可以列出这一类信息，即使这些活动均开始于大学阶段。

"活动经历"这一栏应该包含下列内容：

- 参加志愿者工作。包括参与重要委员会、担任领导角色、开展沟通活动，以及从事财务与人力资源方面的工作。
- 参加有组织的学生活动。包括担任领导、财务方面的角色，以及重要的小组委员会委员。
- 参加专业协会。许多专业协会针对学生的会员费特别低，所以你应该加入一两个这样的协会，尤其要参加与你的专业相关的协会。
- 参加代表大学的、校内的或者独立的运动队。但是不要列举太多的体育项目，不然显得你没有充足的时间去学习。

在你列出活动经历时，可以添加一些与你工作有关的细节。你为联谊会（Greek Organization）负责过六位数美元的预算吗？你为足球俱乐部安排过球队的整个行程吗？你协调过校园无偿献血的所有宣传活动吗？你为返校节设计过明信片吗？对于主要的领导角色、处理财务的角色及具有创造力的角色，如果不列在活动经历一栏下，而是列在工作经历一栏下，可能给人印象更深刻。

11.5.7　作品集

如果你有你以前所做工作的样本，可以通过说明"如有需要，可以提供作品集（或写作样本）"的方式来结束你的简历内容，也可以给出便于对方了解你所做工作的网站。

11.6　简历制作中难题的处理

有些求职者在制作简历时会遇到某些特殊困难。针对制作简历中普遍存在的六类问题，本节给出了一些建议。

11.6.1　"我没有任何工作经历"

如果离找工作还有一年或更长的时间，可通过以下方式获取工作经历。

- 寻求实习机会。大学的职业发展指导中心或你所在专业的教授可以指导你如何取得机会。实习工作不仅可以提供扎实的专业知识和经验，而且很多实习工作会给你带来全职工作岗位。
- 找一份临时性工作，并一直做下去。如果工作表现好，一年之内会被晋升为主管。利用任何机会去学习关于企业管理和财务方面的知识。
- 在临时用工机构进行就业登记。作为额外的红利，有些临时工作岗位可能转为长期的。
- 参加某个你感兴趣的志愿者组织。如果工作努力，很快就有机会被委以重任：安排预算、撰写筹资材料或管理其他志愿者。
- 自由职业者。为小企业设计产品手册、创建网页、编制财务报表。如有必要，开始时可以无偿提供这些服务。
- 撰写文案。制作广告文件、说明书或者其他任何与你将来的求职领域相关的公文。向专业人士（老师、当地的商人和专业机构的人员）请教，征求他们的批评意见。

如果你正在职场寻找工作，那么仔细回顾一下你曾经做了哪些事。要记得用表 11-5 中的行为动词来撰写句子。想一想在课程学习、志愿者工作、义务活动中都做过些什么。尤其要关注在解决问题、批判性思维、团队协作及人际沟通方面的技能。其实，在会计课上解决一家虚拟企业存在的问题，在商务沟通课上批判地思考报告中的问题，在营销课上与团队合作，以及作为志愿者到敬老院与老人们的交流，这些都是你所获得的经验，即使没有人为此而付给你报酬。

11.6.2 "我的工作经历都来自家族企业"

如果遇到这种情况，可在简历中直接列出你曾工作过的公司。至于相关证明人，不要用家庭成员，可以把能为你的工作做出评价的主管、客户或供应商作为证明人。因为读者可能会好奇：这个"吉姆·克拉克"（Jim Clarke）与"克拉克建筑公司"（Clarke Construction Company）的老板是否有联系，所以你要准备好在面试中回答关于为什么要到其他公司求职的问题。准备一个合适的答案，要强调你想寻找更大的发展空间，但是不要批评你的家庭或家族企业。

11.6.3 "我想改行"

为你选择正在求职的行业寻找一个令人信服的理由。"我想改行"或"我希望摆脱糟糕的工作环境"这样的说法不能向雇主证明你很清楚你自己在做什么。

仔细想想你的工作经历与想找的工作之间有怎样的关系。山姆想改行做一名医药销售代表。他曾经从事过火炉销售、传票送达及石油钻探等工作。如果采用时序型简历，那么他的工作经历就会显得杂乱无章。但是，如果采用技能型简历，那就能集中体现他的说服能力（火炉销售）、创造力和毅力（传票送达）及专业技术知识（所学的生物和化学课程）。

掌握一些你想从事的工作所要求的技能，如掌握该行业的专业术语。如图 11-3 所示，该技能型简历的求职者就想从动物生态转行到技术性写作行业。她改行的理由就是，她发现比起生态领域的工作，她更乐于从事技术性写作。

11.6.4　"我已经失业一段时间了"

你必须向你的潜在雇主证明，你的知识和能力跟得上时代要求，而且你富有工作热情。为此，你不妨：

- 针对你的工作，制作一个作品集来表明你能为雇主做什么。
- 从事自由职业。
- 积极参与专业组织的活动，而且要出席它们的会议。
- 做一些可以应用并增加你的职业技能的志愿工作。
- 参加当地各方面的社交活动。
- 阅读所在行业的杂志和贸易宣传手册。
- 掌握所在行业中专业人士常用的计算机软件。
- 不断更新电子操作技能，如即时通信、互联网搜索、社交网络等技能。
- 参加职业培训以便拓展职业技能。

按照就业顾问的建议，简历上不要出现时间空当，不然雇主可能会猜测你是否得了诸如神经衰弱之类的疾病或是进了监狱。他们建议应聘者实事求是地列出荣誉头衔，如监护人等。另外，简历中不用进行道歉。对于时间空当，不妨填些实质性的志愿工作。在任何雇主看来，负责筹集 7.5 万美元的活动经历都是很不错的证明。除了可以培养新的职业技能外，从事志愿活动的附带好处就是可以建立关系网。非营利性组织的董事会成员和经理人员在社会上常常联系广泛。

11.6.5　"我临时下过岗"

如果是大量人员同时下岗，那么下过岗带来的问题并不大。应聘材料中不必指出下过岗这件事。其实，上一份工作的结束时间就已经说明了这一点。当然，简历中一定要突出你的强项。

对于面试中被问及下岗之类的问题一定要有所准备。为什么你下岗了而他人仍然被留用？最有用的回答是给一个中性的理由：会计工作被外包了；我们整个实验室都被关闭了；公司解雇了工龄不满五年的全部雇员。要注意的是，讲话时不要带有不满或自卑的语气。不管怎样，情绪发泄不会带来工作。另外，对面试不要过分感激，不然会被看作缺乏自信。为了表明你能紧跟时代，不妨做一些上一节符号列表中的事项。

11.6.6 "我曾被解雇过"

万一有被解雇的经历，那么首先要摆脱心理上的负担。在准备去求职前，必须把消极情绪降低到可控制的水平。

其次，要为自己被解雇一事承担责任。

再次，要努力从被解雇的经历中吸取教训。如果你能表明你从中吸取了教训，无论这次教训是要改进工作习惯，还是要选择一份真正适合自己并能让自己自豪的工作，那么你将成为一名更有吸引力的求职者。

然后，要找些证据来证明你以前是个好员工。这种证据包括之前老板的证明、优秀业绩表现和工作成就。一些常见的策略可以给你提供帮助。你可以联系人力资源部门，以便了解公司有关证明材料的政策。除了工作头衔和工作日期之外，有些公司如今不再提供其他证明材料。有些公司对工作时间短的员工不提供任何证明材料。[18] 其他的选择是请老板以外的人出证明。你会请供应商、卖家或其他部门的负责人帮你出证明吗？

最后，最为重要的是要诚实。在面试或求职信中，不要就你被解雇一事撒谎。在求职信中，你需要声明：所供信息真实无假，否则愿被开除。

11.7　使用电子方式发送简历

除了提供招聘市场、面试和可能联系人需要的纸质简历之外，求职者还必须准备电子简历。除了下面所提的少量情况以外，电子简历内容应相同，只是格式不同，以便于软件和人工阅读。

许多雇主要求求职者将简历发至其公司网站。如果这样，一定要严格按照公司说明来发送。有些雇主会要求你用电子邮件发送简历。

以下是关于电子邮件求职礼节的基本指导原则：

- 不要用现任雇主的电子邮件系统进行求职搜索。这样会给未来的雇主留下不良印象，即你利用上班时间制作个人简历，做与工作无关的事情。
- 利用 Gmail、Yahoo! 等服务创建一个免费的电子信箱，用来管理与求职有关的信件。
- 避免使用那些无聊的或含义模糊的电子邮件地址。与其用 bubbles@gmail.com，还不如用正式一点的 yourname@yahoo.com。如果你的名字很常见，可以采用姓和名的组合名称，如 "firstname.lastname@yahoo.com" 或 "firstname_lastname@yahoo.com"，而不要采用名字后加一串数字的形式。
- 在求职邮件中写明简单的主题句以便给雇主留下良好的第一印象，如凯特·桑切斯的简历。一个好的主题句将使你的简历被阅读到的机会大为增加，因为来自陌生人的电子邮件往往未被打开就会被删除。如果你是应聘招聘广告上的工作，那么主题句中就用广告中所列的职位名称或职位代码。

- 在正式通过网络发送简历之前，要测试一下邮件送达对方后的输出效果。为此，可以先把简历发给自己或自己的朋友，然后找出毛病并进行修改。
- 对一家公司只发送一份简历，即使那公司有好几个职位适合你。大多数招聘人员很反感收到重复的简历。
- 针对求职者是否还要做电话跟踪，专家们意见不一。不过，打一个电话确定一下对方是否收到你的简历可能会好一点。

在发送电子邮件给雇主时，留意一下雇主给出的具体说明往往非常重要。许多雇主怕有电脑病毒，不接受附件形式的简历。但有些雇主要求你发送的简历采用 Word 或 FDP 格式的附件。还有的雇主可能明确要求直接把你的简历粘贴在电子邮件的正文中。

在以电子邮件文本方式发送简历时，请注意：

- 每行都要从左边开始书写。
- 不要使用加框、加水平线或竖线等装饰性元素。
- 不要使用粗体字、下划线、标记、标签或少见的字体。不过，可以采用星号等。虽然某些标题可以用大写字母，但以少用为好。
- 不要出现影响读者阅读的行；每行长度最长不超过 65 个字符。

如果以附件形式发送简历，文件的名称要恰当，如"史密斯·罗宾的简历"。不要使用"简历 .doc"来命名，不然，你的简历会被淹没在一大堆文件中。

电子邮件中还应包含一份简短的应聘信，这样收件人就会看你的简历，其中要提到所包含的文件类型。要牢记，对方删除邮件只要一点就可完成。所以，千万不要让对方把你的邮件归为垃圾邮件。

有些人会混淆电子简历和可扫描简历。电子简历是指通过电子邮件发送的或作为电子邮件附件发送的简历。可扫描简历是纸质的简历，采用了特定格式以便软件扫描。近年来，扫描软件程序改进很大，已经可以扫描贴在网上的普通简历了。

11.8　诚实问题

在撰写简历及求职的其他环节中，必须要完全诚实。只要问一下麻省理工学院招生办公室前主任玛丽莉·琼斯（Marilee Jones）就可知道这一点。1979 年，在她应聘麻省理工学院招生办公室的工作时，她在简历中列出了：从伦斯勒理工学院（Rensselaer Polytechnic Institute）获得学士学位和硕士学位。事实上，她只是在那里进修了一年。到了 1997 年年末，当她晋升为办公室主任后，她仍然没有勇气去更正她的简历。由于他人的匿名揭发，她被迫于 2007 年 4 月辞职，尽管当时她已是全国有名的招生办主任。[19]

如今，绝大多数企业都会对求职者的背景资料进行核查。就连研究生院，特别是商学院，也会对申请人的资料进行核查。根据 CareerBuilder 对 3 000 多家招聘单位的调查，56% 的招聘单位发现过简历欺骗。[20]

对求职者的背景核查包括信用、法律与犯罪记录、工作经历和学历。通过核查，的确发现了一些令人不可思议的欺骗情况：有些简历采用了别人的相片，有些简历所列的学位来自子虚乌有的学校，有些求职者假冒是门萨（Mensa）国际的会员，有些甚至谎称与知名人物有联系。[21]

有些资料你可以不填入简历，因为你显然无法列出迄今为止在生活中发生的每件事。例如，虽然删除较低的 GPA 成绩仍然是合理的，但大多数雇主会认为一定是分数很低才会删除。不管怎样，所列出的资料必须是绝对真实的。

简历中最常见的错误包括夸大工作头衔和就业时间不准确。虽然这些数据很容易编造，但它们也很容易在背景核查时被发现。当然，这些错误也有可能是由于求职者在记录这些信息时马虎所导致的。你还准确地记得高二时所拥有的第一份工作的头衔吗？因此，要小心保存好你的工作经历记录。

如果雇主对求职者做工作背景调查，那么就会全面掌握求职者的工作经历，从而发现求职者在告知公司名称和就业时间方面的不实情况。对于求职者在简历中没有提到的离职情况，雇主可能会对离职原因很感兴趣。有些雇主甚至会认为离职原因就是求职者的业绩不好。

简历中经常出问题的其他地方有以下几个。

- 学位：许多人很容易透支学位，即便离拿到学位仅有几个小时了。
- GPA 成绩：许多人有夸大平均成绩点的倾向。不管你是按专业的班级还是按最后 60 小时的课程作业来计算你的 GPA 成绩，都要实事求是地列出，不然就有夸大总体 GPA 成绩的嫌疑。
- 荣誉：有些人会编造荣誉协会，或者会利用真实荣誉协会来编造成员资格。
- 雇主造假。
- 工作职责：许多人经常会进行夸大或添枝加叶。
- 涨薪水。
- 虚假住址：一些人以此来表示自己拥有"当地人"优势。
- 证明人联系方式造假：通过这些信息联系到的常常是能替求职者做虚假证明的家庭成员或好友。
- 技术能力。
- 语言熟练程度。

简历中的任何不诚实行为都是很危险的。如果及早避免，仍然可以得到被雇用的机会。如果发现晚了，那么可能会导致被解雇。不过，如果上面所列的最后两项内容有假，那就特别危险，毕竟在面试中求职者很可能会被要求展示这两方面的才能。

表 11-6 给出了制作有效简历的检查清单。

表 11-6　制作简历的检查清单

简历内容

□简历是否针对具体的雇主和工作岗位？

□简历各栏的内容是否清晰、正确和统一？

□标题的顺序是否突出了最重要的资格？

□工作经历和教育背景是否按逆时序形式列出？

□简历是否就核心资格提供了细节材料？

□简历是否用数字来支持成果？

□简历是否采用了关键词？是否运用了行为动词？

□简历提供的信息是否与招聘岗位相关？

□简历中的信息组织是否有逻辑性？是否便于理解？

□符号列表的各项内容是否采用对称结构？

□简历中的语法、标点符号和拼写是否正确？

□简历提供的信息能否证明你完全够格，而且是该岗位最合适的人选？

□简历撰写是否考虑到了其他可能受众对申请者的关注点？

□简历内容是否准确？是否诚实可信？

简历设计

□简历页面布局是否匀称？

□简历样式是否为原创而非套用某个模板？

□简历的长度与相关情景及职位是否相称？

□简历是否采用意思明确的标题、符号列表和空白？

□简历采用的字体是否与职业层次和行业相称？

□整个简历是否采用一致的字号和空行？

□简历的设计是否体现了申请者的目标？

11.9　求职信

撰写求职信的目的是获得面试的机会。根据全球最大的专业猎头公司罗致恒富国际（Robert Half International）的调查，86% 的经理认为，求职信在电子时代仍然是求职申请中的重要资料。[22]

某软件企业的一位联合创始人称：

> 我们不看重简历……简历中应聘者的情况只有符号列表列出的这么一些。只就这些内容而言，绝大多数应聘者看似很优秀。
>
> 我们真正关注的是求职信。求职信说明了一切，它直接告诉你对方是要这份工作还是任何工作都可以。此外，求职信将其他一切说得很清楚：它告诉你谁写得好，谁写得差……如果难做决定，不妨雇用那个写得最好的应聘者。[23]

求职信对于塑造个人品牌很重要，不仅能反映求职者的个性，而且可以通过提及精心挑选的关于招聘单位的细节来表明对特定职位的意向。

求职信常常被看成是反映求职者书面沟通技能的佐证。因此，你必须精心制作你的求职信，展现出你的最佳水平。求职信中的瑕疵或许预示着你将来的工作表现会很差。

11.10　求职信与个人简历在内容方面的区别

作为附函，求职信往往随简历一起使用。要充分利用好你的求职信，它是你展示与众不同之处的一次机会。在求职信中可以重新提到你在个人简历中列出的事实，也可以展现你的某些性格特点（但不要过度）。求职信是你为了入围面试而"推销"自己的机会。

尽管个人简历和求职信在内容上有所重叠，但在以下三个方面仍然存在着差异：

- 个人简历汇总的是全部任职资格，而求职信则是通过对最优秀资格的进一步说明来展示：求职者如何有助于满足公司的需要、与其他求职者的不同之处，以及求职者对该公司的了解程度。
- 个人简历中要避免涉及那些会引起争议的材料，而求职信可以从积极的角度来解释为什么改行、为何工作经历中有一段空白等情况。
- 个人简历中使用简短的、结构对称的短语和句子片段，而求职信则要求句子完整、段落清楚。

11.11　如何弄清楚雇主与职位

为了使求职信能适合特定组织的要求，求职者需要了解雇主及职位的有关情况。为此，求职者需要知道下列内容：

- **求职信接收者的姓名和地址。**可以通过查阅招聘广告、打电话给该组织、浏览该组织的网站、查阅求职通讯录等方式来获得这方面的信息。打电话的好处在于你可以发现对方喜欢的礼貌称呼，并可获得一些最新的消息。
- **该组织是做什么的以及该组织的具体信息。**了解了组织的长远目标，求职者就可以向对方展示你的具体工作会帮助企业实现既定目标。有用的信息包括公司的市场份额、新产品或升级产品、公司使用的计算机类型或生产设备、企业规模的增减计划、竞争地位、公司所面临的挑战、企业文化等。
- **工作职位的情况。**学校就业安置办公室和网站列表对工作职位的描述往往要比招聘广告描述得更为详尽。可以向最近毕业的朋友请教，了解他们的工作职位所涉及的内容。也可以通过信息型面谈，来了解更多你感兴趣的就业机会。

表11-7所列出的网站可提供种类繁多的信息。例如，《福布斯》(*Forbes*) 杂志网站与《货币》

表 11-7　公司资料查询用网站

公司信息网站
http://money.cnn.com
http://online.wsj.com/public/page/news-career-jobs.html
http://www.bbb.org/
http://www.corporateinformation.com
http://www.forbes.com
http://www.inc.com/inc5000
http://www.irin.com
http://www.jobbankinfo.org
http://www.lib.berkeley.edu/BUSI
http://www.prars.com
http://www.stockmarketyellowpages.com
http://www.vault.com
http://www.wetfeet.com
薪酬计算网站
http://salaryexpert.com
http://www.indeed.com/salary
http://www.payscale.com

（*Money*）杂志网站都提供有价值的金融新闻报道，Public Register 网站（prars.com）则发布年报信息。作为消费者，你或许早就用过商业促进局（Better Business Bureau）的网站（bbb.org）。

可以在公司网站上查找到更具体的公司信息。如要获得上市公司详细的财务数据（以便了解公司如何向公众公布情况），可以通过图书馆或公司网站来获取公司年报。若想了解新产品、发展计划或行业挑战解决办法等，可以查阅《华尔街日报》等商业报纸，以及《财富》《商业周刊》等商业杂志。

11.12　挖掘隐性就业市场

许多职位的招聘从来不做广告，而且职位越高的工作越是如此。根据《福布斯》杂志的报道，接近 50% 的空缺岗位招聘信息从不公开发布。[24] 事实上，有些机构估计不做广告的招聘职位所占比重高达 80%。[25] 许多新的工作职位不是通过查阅招聘广告找到的，而是靠人际关系网找到的。有些职位甚至是专门为某些人设计的。这些没有发布招聘广告的职位被称为隐性就业市场（hidden job market）。在职业生涯中，许多积极的人际关系总是很有帮助的。

11.13　求职信的内容与组织

虽然社交网络的重要性不言而喻，但求职申请材料也很重要，必须认真对待。求职信有助于雇主了解为什么应当面试的是你，而非有时多达数百人的其他合格求职者。在求职信中，要重点强调以下几点。

- 符合所应聘职位要求的主要任职资格。
- 区别于其他求职者的地方。
- 反映求职者对该公司有所了解的信息。
- 任何雇主都可能看重的才能：有效写作和表达的能力、解决问题的能力，以及与他人合作的能力。

两种不同的招聘情景需要使用两种不同类型的求职信。如果你了解到该公司正在招聘人员，如你可能看到了招聘广告，某位教授或朋友推荐你去应聘，从某商业杂志上了解到该公司正在扩大规模等，那么此时要写的就是**恳求式求职信**（solicited letter）。这种情况类似于通过说服来直接申请（参见第 10 章）：你可以直接表明你想应聘某职位。但有时，招聘广告中的职位可能并不是你想要的，或者你想进入某家公司为其工作，可该公司在你所在地区并没有公布要招聘的职位。这种情况下，你可以写一封**试探式求职信**（prospecting letter）来投石问路。试探式求职信类似于问题解决式说服性文案。

试探式求职信有助于你去挖掘隐性就业市场。在某些情况下，试探式求职信可能会被投递到已决定招聘但还未宣布招聘具体职位的公司。在另外一些情况下，有些公司可能会去创造一些职位来引进职场上的优秀人才。甚至在没有招聘计划的情况下，公司有时也有可能为某些特殊人才设置一些职位。

无论是恳求式求职信还是试探式求职信，都应当：

- 把信寄给具体某个人（试探式求职信必须这样）。
- 指明所要应聘的具体职位。
- 具体说明求职者的任职资格。
- 展示区别于其他求职者的地方。
- 说明求职者对所应聘公司和职位的了解。
- 要提到你的简历（附在求职信后）。
- 请求给予面试机会。

下面就求职信的各方面内容进行全方位的分析，对两类求职信之间的差异点和相同点分别加以讨论。实习工作的申请信也遵循相同的模式：对于已刊登在招聘广告上的实习工作，使用恳求式求职信；而对未公开招聘实习生的公司，使用试探式求职信，从而促使其创造一个实习岗位。

11.13.1　如何组织恳求式求职信

当你得知一家公司正在招聘时，可以采用如表 11-8 所示的模式来组织恳求式求职信。图 11-4 给出的是一名大四毕业生的恳求式求职信。图 11-5 给出的是根据招聘会要求申请实习工作的恳求式求职信。

表 11-8　如何组织恳求式求职信

1. 说明你要申请某个职位（职位头衔与信息来源中的头衔相同）。告知你知晓该职位招聘的途径（广告、推荐等）。注明广告中所提到的职位序列号。简单展示你符合广告中要求的主要任职资格：大学学位、专业证书、工作经历等。按求职信中所要介绍的顺序，简要概述一下你的其他资格
2. 对你的主要任职资格做详细陈述。要具体指出你以前从事的工作，把你以前取得的成就同新岗位联系起来
3. 即使广告中没有要求，你也要对你的其他任职资格展开陈述。要展示你与其他通过广告来应聘的申请者之间的不同之处，并说明你对公司的了解程度
4. 请求参加面试；告知你适合面试和开始新工作的时间；感谢对方对你的申请给予的考虑；以积极的、展望的态度来结束信函

11.13.2　如何组织试探式求职信

当你找不到某家公司有任何招聘迹象时，不要使用恳求式求职信。相反，应该采用如表 11-9 所示的模式来组织试探式求职信。图 11-6 给出的是一名准备改行的求职者写的试探式求职信。

Jenny Moeller

831.503.4692
51 Willow Street
San José, CA 95112
jmoeller@csmb.edu

April 4, 2018

Mr. Richard Grove
Telltale Games
P.O. Box 9737
San Rafael, CA 94912

Dear Mr. Grove:

告知从何处获知该招聘职位，
如果该招聘职位有代码，要注明

在第一段中说
明你符合招
聘广告要求
的任职资格

I am applying for your Game Designer position posted on your website. As an avid player of Telltale games, I believe that I have all the qualifications to do a great job. With my degree in Computer Science and Information Technology and my experience creating game content, I will be able to apply many skills to the Game Designer position. My passion for becoming part of the gaming industry, combined with my oral and written communication skills, makes me a great fit for the Telltale team.

该总结性句
子预示着求
职信中其他
内容的组织

表明对该职
业的热爱，
并强调招聘
广告中所提
到的编程经
历要求

Since I was five, I have had a strong interest in computers and video games, and my interest and knowledge have only increased in recent years. Not only do I play video games, I discuss them with others, read news articles about them online, and consider ways to improve or change a specific game. I have also used game editors to create my own content in games. When it comes to computers, I have a keen interest in staying current with the latest technology, and I apply my knowledge hands-on by building systems. These experiences give me an understanding of how modern computers and video game systems function. I also have experience with several programming languages, from both taking courses and learning them on my own. This has increased my eye for detail, a necessary ability for any game designer.

提供有关个
人职业成就
的证据

My passion for creating video games was recognized this year in the national STEM video game challenge. With a team of students in Professor Kent Olbernath's game development class at California State University, I produced "Parrot Villa," the first level of an immersive game where players solve mysteries on a unique jungle world. The programming quality and detailed story line helped my team earn second place in the nationwide competition. You can see a demo of "Parrot Villa" at www.STEMChallenge.gov/2017_Winners.

把她过去所做
的事情与能为
公司做什么联
系起来

提供反映沟
通能力的佐
证有利于几
乎任何应聘
职位

Along with my enthusiasm for games, I have strong oral and written communication skills. I am a confident public speaker, and I have an ability to relay information in a clear and concise manner. More importantly, though, I have developed the ability in my creative writing courses to create engaging and coherent narratives, which will be a large component of developing new games. In addition to my coursework and experience, I have honed my skills online by writing articles about games. In covering the video game industry for Point Network, I have reviewed Telltale's own *Tales of Monkey Island*.

展示对公司
产品的了解

Working in the video game industry is my goal, and I would be a great asset to Telltale Games. I would love to come in for an interview to discuss the position and the contributions I can make. I have always enjoyed playing Telltale's games, and I look forward to the possibility of working on them one day soon.

Sincerely,

Jenny Moeller

Jenny Moeller

图 11-4　一名大四毕业生的恳求式求职信

James Jiang
jiangj@wccc.edu

Campus Address
1524 E. Main St
Portland, OR 97231
503-403-5718

信头与他
的个人简
历一致

Permanent Address
2526 Prairie Lane
Portland, OR 97233
503-404-7793

January 23, 2018

Ms. Deborah Pascel, HR Department
Prime Financial
401 Prime Park Place
Beaverton, OR 97007

Dear Ms. Pascel:

直接提到他
的推荐人

Mary Randi at the West Coast Community College Career Fair suggested I send you my résumé for the Sales Advisor internship. My education, combined with my past work experiences, makes me a strong candidate for Prime Financial.

说明大学学
习带给他的
各种价值

While working toward my Associate of Arts degree in Financial Management from West Coastal Community College, I have learned the value of fiscal responsibility. For example, in my social financial planning course, I developed a strategic plan to eliminate credit card debt for a one-income household with two children. Moreover, in my business communication course, I improved my oral communication ability so that I could effectively communicate my plans to potential clients. This ability will be an asset to Prime Financial as the organization works to maintain the strong relationship with the community and small business owners that Ms. Randi informed me about.

提及参加招
聘会所获得
的知识

第二段和第
三段内容表
明，他拥有
作为一名实
习生可直接
应用的技能

My financial education, combined with my previous work experiences in sales, will allow me to thoroughly analyze investment opportunities and establish a strong client base for Prime Financial. For example, I started the A-Plus T-Shirt Company that sold graphic T-shirts to high school students; it had a routine client base of over 150 customers. From managing this business, I know what it takes to be reliable and responsive to customer needs. I am looking forward to learning new approaches from Prime Financial's internship, particularly new ways to work with small businesses.

通过介绍销售
经历方面的细
节，引起读者
的兴趣

With my education and experience, I can provide the innovative and competitive edge necessary to be part of your team. I would welcome an interview to discuss your internship and the contributions I could make at Prime Financial.

Sincerely,

James Jiang

James Jiang

图 11-5　根据招聘会要求申请实习工作的恳求式求职信

表 11-9　如何组织试探式求职信

1. 吸引读者的兴趣
2. 从吸引读者的注意过渡到对个人任职资格的描述。侧重于介绍你所知道的和你能够做的事情。因为雇主没有招聘的计划，故对你将要毕业的事情不会感兴趣。按照信中所要介绍的顺序，简要概述一下你的任职资格。此处的总结性句子或段落应涵盖你将在求职信中谈论的全部内容，并用来指导整个求职信的组织
3. 对你的强项进行详细陈述，一定要具体。将你过去所做的事情与你能为该公司做什么联系起来。要表现出你对该公司有所了解，并指明你希望应聘的具体职位
4. 请求参加面试，并告知你能参加面试的时间（不要告知什么时候可以开始上班）。感谢对方对你的申请给予的考虑；以积极的、展望的态度来结束信函

Mandy Shelly

www.wisc.edu/~Shelly88/home.htm

Mandy Shelly 使用了与她的个人简历一致的信头（见图 11-3）

266 Van Buren Drive
Madison, WI 53706
shellym@wisc.edu
555-897-1534 (home)
555-842-4242 (cell)

March 29, 2018

Mr. Franklin Kohl
PDF Productions
3232 White Castle Road
Minneapolis, MN 85434

Dear Mr. Kohl:

在试探式求职信中，开头的句子应该：
（1）对读者而言显得有趣并真实
（2）很自然地过渡到谈论你自己的情况上来

The Wall Street Journal says that PDF Productions is expanding operations into Wisconsin, Minnesota, and Nebraska. My experience in technical writing, design, and computers would be an asset to your expanding organization.

显示出你对公司的了解

简要介绍各种技术性写作技能与电脑操作技能

While working at a local animal shelter, I used my technical writing skills to create a website that allows users to easily access information. To improve the website, I conducted usability tests that provided useful feedback that I incorporated to modify the overall design. In addition, I was also responsible for writing and editing the shelter's monthly newsletter, which was distributed to roughly 1,200 "Friends of the Shelter." I have extensive computer and design skills, which I am anxious to put to use for PDF Productions.

将她过去所做的事情与能为该公司做什么联系起来

Coursework has also prepared me well for technical writing. I have written technical material on a variety of levels ranging from publicity flyers for the animal shelter to scientific reports for upper-level science courses. My course work in statistics has shown me how to work with data and present it accurately for various audiences. Because of my scientific background, I also have a strong vocabulary in both life sciences and chemistry. This background will help me get up to speed quickly with clients such as ChemPro and Biostage. My background in science has also taught me just how important specific details can be.

说明她所学的课程是一笔财富

提及具体客户的名称以显示对公司的了解

In May, I will complete my degree from the University of Wisconsin and will be most interested in making a significant contribution to PDF Productions. I am available every Monday, Wednesday, and Friday for an interview (608-897-1534). I look forward to talking with you about technical writing I can do for PDF Productions.

Sincerely,

Mandy Shelly

Mandy Shelly

图 11-6　准备改行的求职者的试探式求职信

11.13.3　恳求式求职信的首段

当你知道某公司正在招聘某个职位时，如果在求职信中直接表明你就要应聘该职位，就能使你的求职信准确递送到相应的负责人手中，从而加快该公司考虑你的求职申请的速度。求职信中应指明你是通过何种途径了解到这个招聘职位的，如招聘初级会计师职位的消息刊登在星期日的《快报》上；我们的工作安置办公室主任威廉·帕克特告诉我，你们正在招聘该职位。

注意，下面这一段落就是直接根据广告中的一些信息进行撰写的。

广告内容：谢尔比成人教育中心商务教育讲师。应聘者必须拥有商务教育专业学士学位。负责为企业和政府机构领导者提供上门培训服务……应聘者至少应有一年的从教经历。

求职信：　我对贵校网站上所发布的商务教育讲师职位招聘很感兴趣。今年12月我将从北卡罗来纳农工大学商务教育专业毕业，并获理学学士学位。我曾从事过两年的教育工作，给成人讲授文字处理和计算机会计课程；在北卡罗来纳州国家保安协会培养了一定的领导才能。

所用的总结性句子或总结性段落（summary sentence or paragraph）应当涵盖将在求职信中谈论的所有内容，并作为指导整个求职信进行内容组织的重要手段。

> 在标准会计准则及程序方面，我拥有良好的教育背景。此外，对石油行业的特殊会计业务，我拥有一定的工作心得。这些工作心得来自我在石油行业的实践经验：从事过抽油、架设油杆、杂工等工作。
>
> 我的从商经历、对迪比斯设备的精通，以及拥有的沟通技能使我具备了成为迪比斯公司销售部门一名得力员工的资格。

11.13.4　试探式求职信的首段

在试探式求职信中，直接在首段中提出要应聘某个工作职位是很危险的。除非该公司已经有招聘的计划，只是还没有公开宣布要招聘的具体职位，否则读者就会把这种求职信扔在一边。相反，首段要抓住读者的兴趣。然后在第二段中过渡到重点介绍你的技能和经历，并说明它们对雇主如何有利，再指明你想要应聘的工作。

下面是一些第一段与第二段衔接得比较好的例子，这些例子都很成功地过渡到讨论求职者的任职资格。

（1）一封写给某石油公司公关部主任的求职信的前两段。

> 如果说资源稀缺使资源使用变得更为审慎，那么一个不错的主意也许就是对词语使用实行定量制。如果人们能更谨慎地使用词语，那么像你这样的内部沟通专家会少了很多烦恼，因为沟通工作只要一次就能很好地解决问题。

　　过去的六年里，我一直致力于提高自己的沟通能力，学习了如何更加恰当、有效地使用语言。我曾在一所重点大学讲授过商务沟通课程，为两家报社工作过，取得了英语专业硕士学位。我很希望能成为贵公司内部沟通方面的雇员，发挥自己的才能，为贵公司贡献一份力量。

　　（2）一封写给某保险公司申请计算机程序员职位的求职信的前两段。

　　把写作质量很差的信函录入客户数据库，只会使坏消息传播得更迅速。然而，要找到一位既懂计算机程序又具备良好写作技能的人是非常困难的。

　　我所接受的教育和培训正好使我同时具备上述两种技能。我拥有计算机技术专业副学士学位，而且具有业务经历。我希望能有机会展示我的这些能力——写信给顾客让他们接受公司的保险服务。

　　请注意这里的第二段是如何过渡到任职资格讨论的。

11.13.5　展示你对公司和职位的了解

　　如果你只是更换了原有求职信中的地址和某些称谓，而不加任何其他改动就将其发送出去，这样的求职信是不够具体的。求职信主要是用来表达你可以胜任某个公司的某个职位的。应充分运用对于公司和职位的了解来选择相关的工作经历，从而佐证你有能力帮助公司发展的言论。

　　下面各个段落表明了求职者对公司情况的了解。

　　（1）这封信是一名学生写给普华永道明尼阿波利斯分公司的求职信。在信中这名学生利用了在与一家会计公司合伙人的推荐型面谈中所了解到的信息。因为读者都知道赫尔·沃尔纳先生是柏林分公司的合伙人，所以这名学生在求职信中没有必要介绍他。

　　去年春天，我在柏林上学时，有幸同赫尔·沃尔纳先生就普华永道的跨国客户的会计手段进行了探讨。另外，我们还谈到了普华永道各国际分公司间的沟通问题。

　　沃尔纳先生提到，欧洲分公司，特别是位于德国、瑞士和奥地利的分公司，与美国总公司之间的会计资料往来越来越多，因而要求对会计资料进行准确的翻译。我流利的德语使我能够对这些资料进行准确的翻译。另外，我对语言交际、商务和专业演讲、商务和技术写作等沟通问题的研究，也有助于我找出资料中容易被误解的地方，并且能用更清晰的词语进行表达。

　　（2）一名学生在给毕马威（KMPG）的求职信中利用了从暑期工作中得到的信息。

　　在刚过去的暑期，作为太平洋贝尔公司的助理会计师，我在电脑票据与账务记录系统部工作。我有幸帮助管理员修改了该系统的某些环节，特别是处理拖欠账款的操作程序。在 KMPG 审计小组核查太平洋贝尔公司 7 月份完成的交易时，我又有机会了解到贵公司的

> 2170 系统。本人学习过好几门关于计算机科学的课程，对贵公司所使用的系统的简洁性，以及它减少审计工作量、节约时间和降低成本的特点十分欣赏。

关于公司情况通常只要说明一两个具体细节，就足以表明你对公司的了解。要注意你是要利用这些信息，而不是简单地重复它们。千万不要让求职信的阅读对象觉得他对信息的了解程度不如你，毕竟，求职信的阅读对象在公司工作，关于公司情况比你知道得要多。

11.13.6 展示你与其他求职者的区别

你对公司的了解程度可以使你区别于其他求职者。你也可以通过做过的课堂练习、对该行业的了解，以及在工作和业余活动中所积累的经验，来展示自己的过人之处。要着重强调你所取得的成就而不是工作职责。要具体而明确，但也不可太简单。通常，撰写 3～5 个句子就足以说明要证明的观点了。

在个人简历中，你可以将活动经历、所在机构和所学课程一并列出。但在求职信中，应该更详细地阐述你具体做过什么，并说明这些经历会如何更快地帮助你为公司的发展做贡献。

在讨论你的优势时，不要言过其实。没有哪一个雇主会相信一位刚毕业的大学生对某一行业会有全面的了解。其实，大多数雇主认为新员工必须进行 6～12 个月的在岗培训，之后所做的工作才能真正与他们所拿的报酬相称。说明你曾经做过什么，将会使关于你能做什么的言论具有现实依据并显得更可信。

11.13.7 结尾段的撰写

在结尾段中应说明你什么时间能参加面试。如果你什么时候都有时间，可以直接说明。但是通常你很有可能有课要上、有工作要做。假如你不得不去外地，你也许只能在一周中的某几天或者在某几周内的某几天成行。时间安排应符合你自己的情况。

> 我将参加俄勒冈森林协会 11 月 5 日至 10 日的年会，到时我能来参加面试。
> 我可以在周一或周五到孟菲斯来参加面试。

是应该等雇主打电话给你，还是应该你主动打电话给雇主争取面试机会呢？在使用恳求式求职信时，等待对方的答复较为保险：因为你知道对方有雇人的打算，并且如果你的简历和求职信表明你是一名出色的求职者，你自然会获得面试的机会。在使用试探式求职信时，主动给雇主打电话会更好些，因为对方没有雇人的打算，如果你能主动些，获得面试的可能性会更大些。

信函的结尾处要以乐观的态度期待面试的到来，而且要把自己看成真正能为公司做贡献的人员，不要总觉得自己只是需要一份工作而已。

> 我期待能有机会与您商讨关于我如何能为 Limited 公司的持续发展做出贡献。

信函的结尾不要使用一些有负面意义的陈词滥调，比如"请不要犹豫不决，赶快与我联系"。你为什么认为对方会犹豫不决呢？也不要使用一些令人厌倦的套话，如"感谢您抽出时间"。结尾中如果用词过滥，那么你的求职信就会与其他求职者的一起被打入冷宫。

要用蓝色或黑色墨水书写你的求职信，这样字迹清楚、便于阅读。

11.14　电子邮件求职信

求职者很可能要通过电子邮件来提交求职信。如果求职信是恳求式的，你可以将传统的求职信粘贴到电子邮件中。如果求职信是试探式的，你需要把你的求职信编辑得短一点，控制在一屏之内（见图 11-7），这样便于引起读者的注意。不论是恳求式求职信，还是试探式求职信，求职信的首段很关键，一般要通过它来吸引读者。

对任何信函而言，撰写什么内容都取决于信函的受众。对于恳求式求职信，你用电子邮件发送后，最先阅读的多是人力资源部门的某位职员，而非招聘经理。人力资源部门的职员在阅读时多关注的是你应聘的职位，以及你符合职位资格要求的情况。有时，你可能会发试探性电子邮件给人力资源部门，里面只有一些基本的信息（职位的编码和你的联系信息），以及作为附件发给招聘经理的求职信。不管怎样，要仔细阅读招聘广告中关于学生该如何申请职位的说明。

如果用电子邮件发送的是试探式求职信，那么你的电子邮件更有可能被直接转到招聘经理处，而对方可能没有想到会收到你的求职信。因此，你必须尽一切努力让招聘经理确信值得阅读你的简历和求职信。千万不要错按试探式电子邮件来处理试探式求职信，毕竟电子邮件的收件人不太可能在没有看到说服性电子邮件文案的情况下去阅读非恳求式求职信或简历。

如果你无法了解到谁会收到你发送的电子邮件，那么你的电子邮件可以采用传统的求职信格式。现在有些专家开始建议两类求职信的内容都要简短一些。不过，也有许多专家提醒要包含足够的信息，从而让人觉得你就是适合该职位的人。通常，把内容精简在一屏内是很难做到的。

当你提交一份附有个人简历的电子邮件求职信时，应该：

- 在主题行中加上你的名字。许多公司也会要求在主题行中加上职位编号或职位名称。
- 在第一段中注明你所申请职位的编号或名称。
- 用 Word 软件编写求职信。用拼写检查器编辑和校对文件。
- 采用标准的商务信函格式——致敬语、标准结尾语、段内单倍行距、段间两倍行距。
- 采用标准的商务语言，不要用缩略词。采用的标点符号要标准、正确。
- 不要出现任何全大写字母的表达方式。
- 不要使用笑脸符号或其他表情符号。
- 把你的姓名写在信件的最后。

- 把联系信息（至少包括你的电子邮件和联系电话）写在姓名之下一行。

遵循公司发布的所有指导原则。不要在邮件中添加附件，除非你了解到这样做可行。不妨先把邮件发送给你的朋友，请你的朋友来检查一下邮件的外观和准确性。

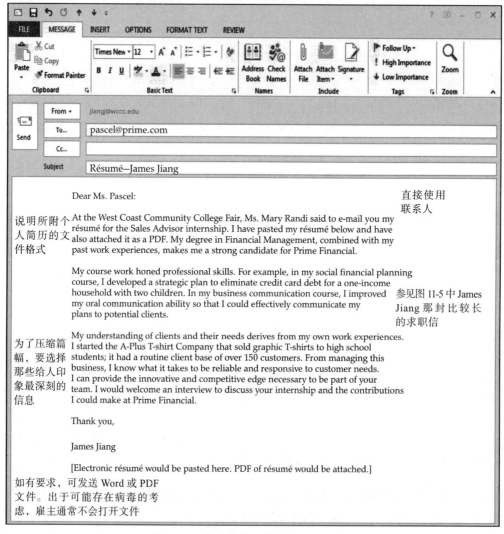

图 11-7　带求职信及简历的电子邮件

11.15　树立职业形象

每位雇主都希望雇用到那些具备职业意识且精通业务的员工。为了使自己的求职信更显专业化，你应该：

- 使用文字处理程序来制作你的求职信，这样你可以使用程序的拼写检查等功能。要使用 12 号的标准字体，如 Times New Roman、Arial、Helvetica 等。
- 不要提及自己亲戚的姓名，但可以提一些对方认识且印象很好的人的姓名。不过，你所提的这些人必须对你印象不错且能为你说好话，当然这些人要允许你提及他们的姓名。
- 省略那些与工作无关的个人情况。
- 除非你应聘的是广告行业需要创造力的工作，否则最好使用保守些的文风——少用缩略语，不用短语式的句子、套话或俚语。
- 仔细编辑并多次校对求职信，保证其准确无误。信中的疏忽说明你粗心或笨拙。复查一下收信人的姓名，并检查拼写是否正确。
- 使用统一的纸张（颜色和重量相同）打印你的简历。信封也要合适。
- 使用电脑打印信封上的邮寄地址。

11.15.1　写作风格

求职信应采用流畅、简洁的写作风格（参见第 4 章）。可以使用行业内的一些专业术语来显示你受过专业训练。不过，要避免那些商业化的语言和枯燥乏味的词语。采用生动而有活力的写作风格，会使求职信中的你显得意气风发。

避免使用那些可能被误解为有两性关系的词语。在中西部地区某大学的就业安置办公室所发布的求职信样函中有这样的句子：

> 我曾经积极参加过多项校园活动，并且很庆幸与我的同学和教授们保持着良好的关系。（I have been active in campus activities and have enjoyed good relations with my classmates and professors.）

这样的句子难免会被对方取笑。这可不是你希望你的求职信所获得的关注。

要确保你的求职信采用了招聘广告上所用的表达方式，并陈述了广告所要求的全部内容。如果广告中提到了团队合作，那么在你的求职信中就应该举出一些关于团队合作的例子；不要将团队合作（teamwork）的概念偷换成与人合作（collaboration）。许多读者期望求职信中出现招聘广告中所用的术语，否则，他们会认为这名求职者不适合该职位。而且电脑阅读时也会这样做，毕竟招聘广告中的用词可能包含了计算机检索时所用的重要关键词。

11.15.2　强调积极面

要态度积极，不要显得是在恳求对方（"请给我一个机会"）或者显得很抱歉（"我不能保证我就是一个出类拔萃的人"）。

要避免采用具有消极含义的词汇。注意下例中修改后的句子是如何使作者显得更加自信的。

态度消极：通过学习新闻学和广告学课程，我学到了"过多"关于写作的知识。（I have learned an excessive amount about writing through courses in journalism and advertising.）

态度积极：新闻学和广告学方面的课程传授给我识别和创作好文章的知识。我还在校园报纸上发表了关于某位教授的人物描写。在由美国牙医协会主办的旨在劝说年轻人更多地去看牙医的直邮活动中，我获得了"A＋"的好成绩。

第一句中的"过多"一词，暗含你觉得你所学的课程过多了，这样很难让雇主对你产生好感。

态度消极：您可以向我的证明人"核实"我所说的一切。

态度积极：希尔教授能就我在他所主持的全国性调研项目中所做的工作提供更多的信息。

第一句中的"核实"一词，暗含你觉得雇主不会相信你所说的话。

11.15.3　换位思考

没有证据的论断显得过于自信、自私或傲慢。通过叙述你的工作成就，以及它们与你能为雇主做些什么之间的关系，来进行换位思考（参见第3章）。

缺乏换位思考：像我这样一位富于创造力和机智的人才，是你们公司求之不得的。

体现换位思考：创办暑期家庭粉刷业务给了我一次通过寻找创造性方法去应对挑战的机会。例如，在第一个暑期快结束时，我还剩下将近10加仑的外用乳胶漆，但是又没有业务了。我联系了高中家政课老师。如果学生自愿放弃两个周六时间去粉刷人道组织资助维修的房屋，她就同意给这些学生加学分。我捐助了粉刷油漆并负责管理这些学生。后来，在担任布鲁斯公司人事经理时，这些在暑期工作中获得的解决问题和监管人员的能力得到了充分的运用。

应该展示你能为雇主们做什么，而不是你能从他们那里得到什么。

请记住，信函中的"你们"是针对读者而言的。在使用"你们"来表示自己或者"所有人"时，有可能被读者误解为你暗指他在某方面仍然还有很多要学习。

缺乏换位思考：通过经营自己的生意，我懂得了"你"需要学会合理地安排"你的"时间。

体现换位思考：通过经营自己的生意，我懂得了如何合理地安排时间。

需要注意的是，在向读者提及他们已经知道的信息时，不要让他们感觉好像他们还不知道似的。不然，就可能被认为是对对方的不尊重。

缺乏换位思考：贵公司最近刚在法国购买了两套大型生产设备。

体现换位思考：大学所学的三门法语课程将有助于我操作贵公司最近从法国引进的生产设备。

由于你在求职信中谈论的是你自己，必然会在信中使用很多"我"。可以通过修改句子，使用宾格"我"或"我的"，以便减少"我"的使用次数。

> 在我任总裁期间，农艺俱乐部……
>
> 传媒学和广告管理方面的课程使我有机会……
>
> 作为暑期实习生，我的职责是……

特别要避免每段的起始句都以"我"开头。起始句可以使用介词短语或者介绍性从句。

> 正如我的简历中所说的那样，我……
>
> 在传媒学和广告管理课堂练习中，我……
>
> 当我在意大利时，……

11.15.4　段落长度与统一性

求职信的首段和结尾段应尽量简短，最好不要超过 4 行。信函中段落的长度应富于变化；虽然可以有一个长的段落，但不要有一连串 8 行以上的段落。

如果需要较长的段落，一定要确保该段落只有一个主题。如果它涵盖两个或两个以上的主题，可以将其分成两个或更多个段落。

段落开头就用主题句可以增强求职信的可读性。

11.15.5　求职信的篇幅

求职信至少要有三个段落。求职信太短会让你丧失说服他人的机会；还有可能表示你对自己没有什么好介绍的，或者你对该工作不太感兴趣。

在不牺牲必要内容的前提下，尽量使每个句子保持紧凑，确保充分有效地使用每一个词。如果你的求职信超出一页，可以稍微缩小页边距或者使字体缩小一号。

11.15.6　求职信的编辑与校对

对求职信一定要进行编辑与校对。不然，求职信就可能白写了。最后，要对求职信内容做检查，确保所提供的信息都表明你是一个勤奋的职业人士。要保证求职信在内容或叙述方面没有流露出你对求职过程有任何挫折感。另外，要检查求职信的语气，确保对自己过往的经历和你自己持积极态度。对于对方阅读求职信之类的例行事务，不用请求，也不必表示过分的感激之意。

11.15.7 后续跟踪

如果求职信发出两三周后还没有收到任何回音，可以与雇主联系一次。此外，在雇主收到电子邮件求职信一周后，你也可以联系雇主一次，问一下进展情况。但是，也不要太频繁地打电话或发电子邮件，不然会使你变得让人讨厌，从而被剔出考虑之列。

11.16 社交网络与个人网站

如今，许多雇主不再通过招聘广告和求职申请来招募员工，转而通过搜索领英、Facebook 和 Twitter 来发现符合职位资格且有趣的雇用对象。如果遇到这样的情况，那么你就没有机会来投送求职信，除非雇主已在网上看过你发的帖子。此外，你也可以利用你的在线资讯来创建虚拟求职信，以供那些可能会搜索你的情况的雇主阅读。

以下是关于创建虚拟求职信的一些建议。

- **管理好你的社交网络形象。** 因为雇主可能按照你的个人资料来找你，所以一定要及时更新你在所有社交网络上有关教育背景和工作经历的资料。要介绍你的专业兴趣和个人爱好，以便雇主对你有一个全方位的了解，如你的为人及你对公司的匹配情况。
- **利用好关键词。** 在竞争激烈的就业市场上，雇主会阅读到数百万份关于求职人员的资料，使用关键词至少有助于你获得雇主的关注。如果采用了关键词并在关键词与你的经历之间建立好联系，那么你更有可能显得与众不同，从而赢得更多关注。
- **强化形象照的职业素养。** 当雇主搜索招聘对象时，最先接触到的往往是你的照片。如果你发布的是做鬼脸或参加朋友聚会的照片，那么可能会引起雇主的警惕。所以，最稳妥的办法是采用朴素但有职业内涵的形象照。
- **管理好发布在社交网络上的帖子。** 虽然潜在的雇主并不一定会看到你所有的帖子，但你的确需要展示你不仅懂专业而且很有趣的形象。如果在帖子中采用了关键词，那么你更有可能被雇主搜索到。
- **创建有效的个人网站。** 你可以同时在你的个人网站上发布你的求职信、简历和作品集。要有效利用网站的空间。要把反映你的目标和职业兴趣的简要介绍放在主页上，把你求职信上所包含的故事和经历放在随后的页面里。要确保你介绍的经历真实而有趣；对给出的作品集应该做一些说明和背景介绍。

有效利用电子资源有助于求职者在潜在雇主的心目中树立起脱颖而出的形象。

❖ 本章回顾 ❖

- 有效地寻找工作
  - （1）互联网提供了很多寻找工作的工具。求职者应当选择最适合自己个人和职业生涯的工具。
  - （2）社交网络和实习工作有助于求职者建立起在职业领域的关系。
  - （3）就寻找工作而言，求职者的在线声誉很重要。通过有效运用 Twitter、Facebook、领英等社交工具，你就可以建立并维持良好的个人在线品牌。
  - （4）除了做好在线工作搜索之外，求职者要准备好传统的求职信和个人简历，以便随时提供给对自己感兴趣的雇主。
- 制作对雇主有吸引力的个人简历
  - （1）雇主通过浏览简历来决定谁入围面试。在雇主看来，求职信和简历代表的是求职者的最佳水平。
  - （2）要着重强调那些与应聘职位有关的、最近的（近三年的），以及能体现你优于其他求职者的信息。
  - （3）为强调一些关键点，可将其放在标题中，用垂直列表列示并提供细节。
  - （4）简历中常用一些短语，视同完整的句子并给其加上标点。简历中的各项必须简洁并相互对称。动词和动名词形式能为你创造一个动态形象。
  - （5）时序型简历按时间顺序概述你的经历——从最近的情况开始，采用反时序的方式。时序型简历强调的是求职者的学位、工作头衔和工作日期。当出现下列情况时，要使用时序型简历：

- 你的教育背景和工作经历从逻辑上讲有助于你应聘所申请的职位。
- 你拥有给人深刻印象的头衔、工作部门或者荣誉。
  - （6）技能型简历强调的是你运用过的技能，而不是你运用这些技能的工作或时间。当出现下列情况时，要使用技能型简历：
    - 根据你的教育背景和工作经历，按通常途径难以获得你所应聘的职位。
    - 你正试图改行。
    - 你想通过对所从事过的全职工作、参加过的活动或志愿者服务，以及所修过的课程的综合描述，来说明你在管理、财务、演讲等方面的经验情况。
  - （7）简历内容包括申请人的联系方式、教育背景及工作经历，也可以包括任职资格概述、荣誉和奖励、其他技能、活动经历及证明性作品集。
- 应对求职过程中的常见难题
  - （1）把任何非专业的资料从你的个人网页和社交网站上删除。
  - （2）如果就业经历中出现过时间空当，或者就业层次不高，或者遭遇过解雇或开除，在简历和面试中都要实事求是，诚实处理。
  - （3）为了填满或增加就业经历、强化职业能力，求职者应当寻求各种机会，如实习岗位、志愿工作等。
- 在线寻找工作
  如今，许多简历采用电子方式发送，而且会

被发布到互联网或组织的网站上。求职者不仅要准备好发送电子简历，而且要准备好提供纸质简历。

- 保证个人简历的真实性

  在简历及求职的各个环节中，必须要完全诚实。如果出现不诚信的行为，那么正在求职者会找不到工作，已有工作的则会遭到开除而丢掉工作。

- 撰写对雇主有吸引力的求职信

  （1）如果你了解到该公司正在招聘人员，此时要写的就是恳求式求职信。如果你想进入某家公司为其工作，可这家公司并没有公布要招聘的职位，那就应写一封试探式求职信。无论是恳求式求职信还是试探式求职信，都应当：

  - 把信寄给具体某个人。
  - 指明所要应聘的具体职位。
  - 具体说明求职者的任职资格。
  - 展示区别于其他求职者的地方。
  - 说明求职者对所应聘公司和职位的了解。

  - 要提到你的简历（附在求职信后）。
  - 请求给予面试机会。

  （2）通过说明你对公司的了解、做过的课堂练习、对该行业的了解，以及在工作和业余活动中所积累的经验，来展示自己的过人之处。

  （3）不要重复读者已经知道的信息；不要显得好像在给他做业务报告。

  （4）通过强调积极面来使你显得很自信；在运用换位思考方式时，要通过具体证据来佐证你的观点，并将你过去从事过的事情同雇主的要求结合起来。

  （5）求职信至少要有三段；绝大多数求职信只有一个页面。

  （6）求职信给求职者创造了进一步展示优点和个性的机会。

- 利用社交网站和个人网站制作虚拟求职信

  求职者的社交网络和个人网站相当于他的虚拟求职信，面向的是那些正在进行招聘的雇主。

第 12 章

面试、后续沟通与求职成功

期待意外

设想一下，你正在参加自己心仪职位的面试。你信心满满、准备充分，而且一切很顺利。突然，其中一位面试官发问："当热狗膨胀时，它会往哪个方向开裂？为什么？"

你能立刻给出答案吗？

这里的问题——太空探索技术公司（SpaceX）在岗位招聘时就问过——只是如今面试中的问题日益寻求即兴答案这种趋势的一个例子。这类问题使面试官可以大致了解应聘者迅速反应方面的能力。事实上，对问题的回答让面试官对应聘者如何处理压力及个性如何有一个初步的认识。面试官不仅会关注应聘者的创新潜力，还要判断对方是否就是所寻找的值得共事的员工。

面试中其他与众不同的提问还有：

- 你相信有大脚野人吗？
- 这个房间能放下多少个篮球？
- 你会如何命名你的第一张个人专辑？

- 如果要根据你的生活来拍一部电影，你会请谁来饰演你？为什么？
- 你愿意成为哪种树木？

虽然无法精确预测你的面试会遇到怎样的怪异问题，但值得宽慰的是你的潜在雇主关注的可能并不是答案本身，而是你在回答问题时对自己的把控方式。因此，对这类问题，你完全可以往任何方向准备。一旦被问到这类怪异问题，关键是要保持自信和友好，要努力成为大家愿意共事的人。

资料来源："Top 10 Oddball Interview Questions," *Glassdoor*, http://www.glassdoor.com/List/Oddball-Interview- Questions-LST_KQ0,27.htm; Alison Doyle, " Top 25 Weired Interview Questions, " *The Balance*, November 5, 2016, http://www.thebalance.com/top-weired-interview-questions-2059482; and rachel Gillett, "17 Weired Job-Interview Questions Facebook, Google, and Other Top Companies Have Asked," *Business Insider*, November 22, 2015, http://www.businessinsider.com/weirdest-interview-questions-from-top-companies-2015-11.

面试是招聘过程中的一个重要环节。根据对 600 名经理的调查，他们几乎都希望亲自来测评求职者，或是采用面试形式，或是采用临时性工作业绩评价方法。[1]

　　根据对招聘经理的调查，与其他招聘环节相比，求职者在面试环节更有可能犯错。[2]诸如面试迟到过久（或过早到达）、忘记携带个人简历复印件、过分关注自己的想法、未进行提问等众多问题都会降低面试的成功率。[3]不过，只要你做过准备，那么犯错的环节就会减少，获得理想工作的机会就会增加。因此，最好的面试准备就是尽可能多地去了解面试的过程及雇主。掌握以下步骤有助于你做好面试的过程准备。

- 了解你可能会遇到的面试渠道。
- 制定面试策略。
- 做好面试准备。
- 了解面试的惯例做法与期望。
- 准备好常见面试问题的回答。
- 做好接受工作机会的准备，并了解如何进行有效的职业规划。

12.1　面试渠道

　　你可能会想到在传统办公室环境下的面试，但现代面试也会采用其他的面试渠道。了解各种面试渠道有助于你做好准备，取得面试的成功。作为一名大学生，你可能接受过校园面试。当然，你也可能有过电话或视频面试的经历，毕竟越来越多的公司如今都会运用技术来降低招聘成本。虽然本章所介绍的绝大多数面试建议适用于所有类型的面试渠道，但是有些渠道的确有其特别之处，必须加以注意。

12.1.1　校园面试

　　绝大多数校园职业介绍办公室对通过它们所举行的校园面试都有书面规程和要求。因此，一定要了解并遵循这些规程，而且这样做也显得求职者见多识广。

　　需要记住的是，校园招聘市场是求职者给招聘人员和面试官留下印象的第一个地方。当你站到招聘摊位前时，一定要充满兴趣，显得很认真，而且要带上个人简历、名片或其他求职用资料。如果能在招聘市场给对方留下良好的印象，那么当你参加后续正式的校园面试时就占有了优势。

　　但是，由于面试官在校园面试时要面试许多按照这种规程行事的学生，你得认真准备工作经历和有用的细节说明，毕竟这样做有助于彰显你与众不同。为此，可重点介绍3～4个你最想让面试官记住的亮点。如果能让你选择，不要把你的面试安排在当天很晚的时候进行，毕竟那时面试官已经有疲劳感了。

12.1.2　电话面试

求职过程会耗费大量电话联络的时间。因此，求职者必须培养自己的电话沟通能力，包括面试之前、面试过程中及面试之后的电话沟通能力。无论电话另一端是谁，是行政助理，还是行政秘书，你都必须以礼待人。在第一次电话联络时，就要弄清楚对方的姓名，并且要在随后的联络中加以使用。无论是打电话，还是采用语音留言，一定要体谅对方：不仅内容要简洁，而且要清楚并以缓慢的语速说出你的姓名和联系电话。

一方面，有些组织采用电话面试的形式来缩减邀请到办公室参加面试的应聘者人数。电话面试会给你带来一些好处。很显然，你不必为此着装打扮，或去寻找办公室所在地。在与对方通话时，你可以利用所有你想用的资料。你也可以记下所有你想记的信息，尽管详尽的记录可能会影响你的语言表达。当然，不要让面试官听到你敲击键盘的声音。

另一方面，电话面试显然会缺少视觉反馈这一重要内容。为了弥补这一损失，你可以向面试官请求语音反馈（如"够详细了吗""关于这一话题你想了解更多的情况吗"）。

这里给出了如何进行有效电话面试的一些建议。

- **讲话清晰。**虽然在参加面试时我们总想做到讲话清晰，但在电话面试中做到讲话清晰显然更加重要。
- **把电话面试当作当面面试加以对待。**虽然求职者不需要专门着装打扮，但若进行着装打扮不仅有助于求职者集中精力，而且会促使求职者关注面试的正式性。按照语言专家的建议，在电话面试中你的微笑、向前倾斜甚至一个手势都是十分重要的，即使对方看不到你。这些动作会给你的话语添加亲切感和个性特色。
- **找一个安静且私密的房间。**不要在他人进进出出的房间进行电话面试。另外，一定要消除诸如音乐、电视等背景噪声。
- **确保电话功能有效。**如果你采用手机来面试，那么要确保面试前手机电量充足，而且拟面试的房间手机信号良好。如果有可能，采用固定电话来面试，这样双方的联系更清晰、更通畅，效果也就更好。
- **要强调你的亮点。**就像参加校园面试一样，侧重介绍 3～4 个你最想让面试官记住的亮点。

12.1.3　视频面试

视频面试如今已越来越普及。你可能会经历两种不同类型的视频面试。一种是组织先发送给你一张所要回答的问题清单，你准备好一段回答的录像后发回组织。另外一种是组织采用视频会议设备或 Skype 等程序进行一次现场面试。

在准备录像时，你必须：

- **进行问题回答演练，做到表达流利顺畅。**不要使你的回答显得结结巴巴，当然也不要让你的回答显得像在背诵答案。

- 回答要彻底、完整。因为雇主不可能再来问你问题，所以你要仔细思考所提的问题是什么，然后一一做出回答。
- 注意视频面试的环境。确保视频面试所处场地不存在视觉上的干扰因素。如果所选择的视频背景为物件，不妨增加趣味性，如有可能，使其与你的专业领域相关（如实验室或书架）。但要注意的是，视频背景不要显得杂乱无章，让人分散注意力，也不要包含可能损害你试图建立的职业形象的任何物品或图片。

如果你是参加视频会议形式的面试，你应该：

- 提前拍摄一段排练录像。听一听你的发音和声音质量。把声音关掉，观察一下录像效果，如你的仪态、手势、面部表情及穿着等。你有紧张的习惯吗？在面试中需要去控制这种情绪。
- 在实际视频面试中，你的每次回答应控制在两分钟以内。随后询问一下面试官是否想了解更多的信息。通常人们不情愿去打断另一端说话者的讲话，而且因为肢体语音方面的信号有限，所以要询问一下对方的反馈意见（可以问："你想听这方面的内容吗"）。
- 把视频面试当作就在面试官前的现场面试来对待。要牢记的是，虽然你与面试官并没有同处一个房间，但他们仍然会像你坐在面试官前面那样来评判你的仪态和行为。因此，如果听取现场面试方面的建议，那么视频面试的效果会得到提高。
- 要预防视频面试出现技术故障。虽然视频面试的支撑技术在快速完善，但仍然可能出现故障。为了预防视频面试出现技术故障，在面试之前通过电子邮件发送给对方你的电话号码。确保你的电话畅通，电量充足，以防万一。

12.2　面试策略

面试准备的最重要一步就是制定有效的面试策略。可以根据对以下三个问题的回答来制定整体面试策略。

1. 你希望面试官了解到你自己哪些方面的信息

找出 2～5 处能反映你在该工作上及你能为组织带来价值的优势。这些优势通常是你性格特征方面的优点（如热情），或者是那些佐证你能胜任该工作并区别于其他求职者的成绩和经历，或者是诸如能说一口流利的西班牙语之类的独特能力。对每项优势，都要用一个具体的成就来加以证明，可准备一个例子来证明你工作的勤奋。要用具体的数字和细节来说明你曾经如何为一家公司节省资金或更好地为客户服务，如"在过去三年里，我通过重新设计培训项目为所在部门节省了 25 万美元"。

然后在面试时，要仔细倾听每个问题，看是否能将你所准备的几项优势作为你的部分回答内容。如果所提的问题没有给你说出这几项优势的机会，那你可以在面试的最后来提及这些优势。

2. 你需要去淡化哪些劣势或弱点

要预想到你可能会被要求对你的求职资料中的劣势或者表面性劣势做出解释，这些劣势包括经验缺乏、成绩平平、档案中的空当等。

一旦面试官提到这些问题，要准备好如何作答。特别是对那些很容易被发现的劣势或弱点，应聘者要想好是否由自己来主动提出。如果由自己来主动提出，那么也得为在面试中提出这些问题设计一个最好的时机。例如，许多学生因成绩不及格而退学后，仍然能找到一份很好的工作，原因就是他们在面试中不仅会解释称这次退学经历是他们生活中的一个转折点，而且会强调在他们重返学校后，其平均成绩会保持在 B 或更高的分数上。尽管询问求职者的婚姻状况是不合规定的，但是对于有些已婚的求职者，如果其配偶可以随其改变工作地点，有时就可以在面试中主动提到这方面的信息，如"我丈夫是一名牙医，如果公司要我到其他地方去工作，他也很愿意随我更换他的工作地点"。

3. 你需要去了解你所应聘的工作和组织的哪些内容，以便在组织决定录用你以后帮助你决定是否接受此工作

要提前计划好你的决策标准。参考 12.7.3 节的内容来设计提问，从而得出对各份工作机会进行排序所需的信息。

12.3　面试准备

有了恰当的面试战略，接着就可以准备具体的面试了。随着就业市场竞争的不断加剧，面试准备工作显得越来越重要了。此外，面试准备不仅能增强求职者的自信，而且有助于给面试官留下更好的印象。

12.3.1　最终调研

必须对即将面试你的公司进行有关调研。为此，不妨访问该公司的网站、Facebook 网页、Twitter 网页、时事通讯和年度报告。如今，许多公司制作了 YouTube 视频和员工博客以供访问者深入了解公司及其文化。有些公司甚至会提供面试小贴士。此外，求职者可以阅读行业杂志和新闻报纸上有关该公司的报道，也可以上互联网搜索，甚至可以向你的教授、同学、朋友、家人和同事请教关于公司的一些信息。如果有可能，设法弄清楚面试官是谁，并对他们的有关信息做一

个调研。

此外，求职者应当对薪资情况做些调研，如平均工资情况、工资水平的范围等。不妨登录诸如 indeed.com/salary、salary.com、glassdoor.com 等网站，利用这些网站提供的工具，按职业名称和地点来查找工资信息。

12.3.2　电梯演讲

完成最终调研后，求职者应当准备电梯演讲，即时长在 60～90 秒的简短而有力的演讲，用于阐述为什么你是该岗位的合适人选。（"电梯演讲"这一术语来自这样的情景：单独与招聘经理同处多层电梯内。此时，你该说些什么来让对方考虑你。）虽然时间很短，但电梯演讲的具体内容必须认真选择，而且要有说服力。对方的问题可能很普通，如"谈谈你自己的情况""我为什么要雇用你"等。电梯演讲适用于多种情形，包括需要与公司各种雇员进行一对一简单交流的团队面试和接待。

12.3.3　旅行计划

如果面试不在校园里举行，那么一定要确保能找到公司的办公楼及最近的停车场。计划好到达目的地所需要的时间。要为紧急情况留出时间，如交通阻塞、电梯故障等。如果你乘飞机去参加面试，不要把时间安排得太紧，必须考虑到飞机晚点、航班取消等情形，同时要计划好如何从机场前往面试地点。最后，要带上充足的现金和信用卡，以备紧急情况之用。

12.3.4　面试着装

第一印象很重要，毕竟雇主对你的判断始于首次见面。当然，第一印象主要来自外表。

面试的着装打扮应该符合面试官的期望。最可靠的选择是穿一套传统的黑色西装，里面可以穿一件浅色的宽松上衣或衬衫，再配上领带；另外，男士所选择的鞋子要与黑色短裤相配；女士可以选择一双不露趾的高跟鞋和肉色无花纹的长袜。尽管这身装束目前仍然可能是最为普遍的，但是你不能就此认定它是合适的选择。许多公司现在希望求职者穿休闲装：男士穿运动夹克，女士穿合身的短上衣，裙子长度至少要到膝盖，不要穿紧身或低胸上装。此外，不要穿运动鞋和凉鞋。

如果在校园里面试，求职者的着装仍然要保持职业化。虽然是校园招聘，招聘方和面试官知道面试的对象为学生，但求职者也不要穿得像学生。要把校园面试当作不是在校园的面试来对待，包括你的穿着（但要符合校园职业中心的原则和着装规定）。如果有可能，把你的背包、手提电脑和其他课堂用的物件留在宿舍或其他安全之处，只带上必需的物件，如钢笔或铅笔、一些纸张、你的个人简历、工作样本或可能在面试中要用到的其他材料。

如果在办公室面试，着装应该显示出你对组织文化的了解。可通过求职联系人来设法弄清楚什么样的着装较为恰当。有些面试官并不介意你询问他们关于面试时该穿什么衣服的问题，但也有一些人会介意，所以对此要谨慎。如果你询问了，他们会认为这意味着你还没有做好准备。[4]

不论穿什么服装，一定要合身（如果已经好几个月没穿过了，这一点就特别重要）、舒适，领口不要太低。当然，不要穿休闲服饰，如紧身裤、短裤或凉鞋。

穿一双舒适的鞋子，因为在现场面试中，你可能要走一段路。检查一下鞋后跟，确保没有被磨损掉，而且要擦亮鞋子。

采用保守的选择：剪一下头发或者梳一款保守的发型；首饰和化妆都要有所节制，眉饰、鼻环等面部装饰品都要除去；如果可能的话，要遮住文身。必须做好个人卫生，要特别注意保持手指甲干净和口气清新。你所穿的衣服要很干净并熨烫过。不要用古龙香水和带香水味的须后水。

12.3.5　专业资料

多带几份个人简历复印件。如果校园就业办公室已经给面试官提供了关于你的基本情况的资料，那么面试开始时应该先呈上你的简历，并对面试官说："我想您可能希望进一步了解我的情况。"

带上纸和笔以便记录。也可以带上一个小记事本，在上面写下你想提的问题。

带上工作成果复印件或作品集，如工程设计、你在岗或在商务写作课上所写的信函复印件、为校园报所撰写的文章等。在面试中，除非面试官要求你提供这些材料，否则不必主动展示。不过，这些材料对你的面试是很有利的。你可以对面试官说："是的，我做过媒体策划。这是我去年在广告研讨会上所做计划书的复印件。我们有一个固定的预算，成本和收视率百分点所用的都是真实数据。如果我有幸能加盟托特 - 罗林斯广告公司，我也会这样做。"

带上关于证明人的姓名、地址和联系电话的资料；带上全套有关你的工作经历和教育背景的详细资料，包括起止日期、地址等，以备招聘单位要你填写申请表。

如果财力允许，可以购买一个放置这些物品的公文包。在你人生如此重要的阶段，买一个不算十分昂贵的塑料公文包还是可以考虑的。

12.3.6　面试演练

演练好面试中会出现的每一件事：穿上面试时要穿的衣服，演练一下如何走进房间、与人握手、入座及回答问题。可以请一位朋友来面试你。把你的回答大声地说出来要比在脑海中默念困难得多。如果你所在的系或职业中心有模拟面试的训练，则要充分加以利用。

一些学校有录像设施，这样你就可以观察你自己在模拟面试中的表现。如果你能演练两遍以上，那么录像资料会特别有价值。这样你就可以在第二次演练时纠正自己的行为，并且可以查看这次录像的纠正效果。

12.4　面试惯例

面试策略、面试准备和面试演练有助于你提高面试技能。但是，你仍然需要去弄清楚面试中招聘单位对你有什么期待。要知道，并非所有的面试都采用一问一答的会谈形式。更多的雇主开始使用一些其他的筛选方法，他们会要求应聘者现场完成示范写作，或者对应聘者的思辨能力、智力、写作、技能、性格、情商进行测试，有时甚至会对应聘者做药物检测。有些招聘单位也可能利用复杂的计算机算法来筛选求职者。[5]

12.4.1　行为举止

面试中你的行为举止和你的说话内容一样重要。就像外表一样，行为举止给人留下的第一印象也很重要。

雇主会根据第一次见到你时的印象来对你进行评价。如果你要见很多人，那么给每个人的第一印象都是新的开始。行为举止要始终职业化。对每个人都要礼貌，包括保安、接待员和清洁工等，而且只要有可能，就要与对方交流，相互介绍自己。事实上，你也许就需要他们的帮忙。

在面试过程中也要保持礼貌。

- 要准时到场，但不要过早到达（不要早过 10 分钟）。许多招聘单位不希望有人在接待区闲逛。
- 要积极倾听，这样演讲者会因此而感激你，你也可以从中获得一些可以在面试中有效运用的信息。
- 在面试中不要长篇大论，以免占去面试的所有时间。通常，面试官有许多问题要问，不希望应聘者仅在某一个问题上花太多的时间。要观察面试官就细节数量和详尽程度要求所表现出的语气及身体语言。回答 2～3 分钟后，要问一问面试官是否想了解更详细的内容。最佳的面试效果是你和面试官都很乐意地投入彼此之间的谈话中。
- 千万不要说你当前和以前雇主的坏话，也不要说学校里老师的坏话。那些诽谤以前雇主和老师的求职者，在他们的新工作中有可能继续这样做，因而他们可能成为令人讨厌的同事。

对所应聘的工作要充满热情。热情有助于你说服别人，让他们相信你有精力去做好该工作。通过展示你精心准备的工作业绩和优势，来说明你是该工作的最佳候选者。如果你参加的是现场面试，面试中你有可能被不同的人问及相同的问题，这时你要准备好每次都热情洋溢地重复你的回答。

你应该在面试中展示你自己的本色吗？假扮一个完全不同于你自己的人是没有必要的。如果你真要那么做，那你有可能找到一份你以后会讨厌的工作（当然你假扮的那个人有可能是喜欢这份工作的）。而且，正如一些面试官所说的，如果你想假扮别人的话，你必须是一名演技高超的演员，才能使你的表演真实可信。但要记住的是，我们所有人的性格都是多面的，有时我们可能懒散、迟钝、无聊、愚钝、笨嘴拙舌，但有时我们也可能是精力充沛、敏感、有趣、聪明、口齿伶俐的。所以，在面试中要展现自己最好的一面。

面试可能使你觉得自己很脆弱，有些招架不住。要克服这一点，不妨回顾一下你所取得的成绩——你所做过的那些特别令你感到自豪的事情。如果你很清楚自身的价值，那么你就能给别人留下一个更好的印象。

每个面试官都会重复你可能听过的建议：坐直、说话不要含糊不清、讲话时要看着对方。对面试来说，这些都是很好的建议。要知道很多人对吸烟很反感，还要记得在面试时关掉你的手机。

要尽可能地克服因紧张带来的神经性行为（nervous mannerism），如摆弄头发、使口袋里的硬币叮当直响、将钢笔弄得咔嗒响，或者不停地说一些诸如"像"和"嗯"之类的停顿词等。这些坏习惯会分散对方的注意力，而且有损你的表现效果。不过，在面试中表现得有些紧张是可以的，这说明你很在意这份工作。

有时，招聘公司会要求求职者在公司待上一天进行面试或者在公司接受多次面试。因为现场面试可能持续很长时间，应聘者有时就需要面对一些小难题。例如，你得在午饭后再回来参加面试，或是因为在一家单位面试的时间过长，从而无法赶上另一家的面试。对这些小难题，不要失望，不妨保持心平气和，将这些看作展示自己优点的新机会。

面试对你来说也是一次了解自己是否想为该单位工作的机会。寻找一些反映该单位组织文化的信息：企业员工是如何相处的？办公室或工作间布置得人性化吗？刚来的员工一周要工作多少小时？你是否愿意成为这家公司的一名员工？

12.4.2　用餐礼仪

到公司现场访问难免遇到用餐和半社交场合，求职者对此需要谨慎应对。要记住的是，不管与公司的谁在一起，你实际上都是在参加面试。他们会考察你在各种情景下的行为。现场访问时的用餐大多比较轻松，但你绝对不可因过度轻松而犯错。请注意以下的面试用餐建议：

- 点餐时，选择一些简单且吃起来方便的食物。
- 注意餐桌礼仪。身体直立，双臂不要放在餐桌上，要用餐巾。银器餐具要按从外往里的顺序使用。要正确拿放玻璃杯或餐盘。牢记食物放置的宝典：左边放面包，中间放主菜，右边放饮用水。
- 小口吃食物以便保持交谈，毕竟你仍然需要回答面试的问题。
- 选择清淡的午餐，这样你可以在下午保持清醒的头脑。

午餐时不要喝酒。在晚餐或晚宴上，如果喝酒的话，只喝一杯。根据人力资源管理协会（Society for Human Resource Management）所做的一项调查，96% 的人力资源专业人员认为求职者在面试期间进餐时不应该喝酒。[6] 即便他人都在饮酒，但面试访问期间你最好谢绝饮酒。因为你仍然处在别人的考察之下，所以你不能过于放松。

12.4.3　做好笔记

在面试过程中或面试一结束，就应记录以下内容：

- 面试官的姓名（如果参加的是小组面试或现场面试，应该记下所有与你交谈过的人员的姓名）。
- 面试官给你的一些提示，如怎样获得求职信息并成功找到工作。
- 似乎最受面试官欣赏的地方。
- 面试中出现的不利或不足之处。这些情况往往需要在后续通信或电话联系中加以解释。
- 对方就你所提出的有关公司问题的回答。
- 什么时候能收到公司的答复。

获得面试官姓名的最简单办法就是向对方索要名片。你可以在名片背面记录所有你需要的信息。

有些面试官对那些在面试时做笔记的求职者很反感。不管怎样，如果你来回要参加好几次面试或者你自知记忆力不佳，那么在面试时还是做一下简要的记录为好。不然的话，万一想不起哪家公司曾对你说过让你一周后去联系，或者哪位面试官让你与他保持联系，那么情况就会很糟。当然，即使在做笔记时，也要尽可能地使你的目光与对方保持交流。

12.4.4　面试环节

每场面试都由开场白、主体和结尾三个环节组成。

在开场白环节（2～5分钟），绝大多数好的面试官都会设法让求职者尽量放松。有些面试官会先问一些关于专业或者兴趣爱好等比较简单的问题。有些面试官可能会先告诉你有关该工作或公司的一些情况。如果是后者的话，就要注意倾听，这会有助于回答随后的问题，从而显示出你能胜任该工作或者能为所描述的公司做贡献。

在主体环节（10～25分钟），求职者可以简短地强调一下自己的资历，并询问自己想知道的有关情况，以便决定是否接受实地参观。求职者要考虑到：面试中既可能被问到有助于充分展示求职者优势的问题，也有可能被问到有关求职者简历所暴露出来的弱点的问题（如，去年秋天你既不在工作，也不在学习，请问你在做什么）。通常，面试官会向你介绍一些有关他们公司的情况，从而让你有机会去提问。

你需要留意时间，这样才能确保你有时间去谈论关键内容和问题。比如你可以这样说："我们还没有说到这点，不过我想先知道……"或"现在已经10点半了，但我还有一些关于公司的情况想问"。

在结尾环节（2～5分钟），面试官通常会告诉你下一步的安排，如"我们会在二月份决定来办公室复试的最后人选。你应该会在三周后收到答复"。如果没有明确说明下一步的安排，或者至谈话结束都没有提到下一步的安排，那么求职者一定要弄清楚接下来该和谁联系。

此外，求职者可以利用面试结尾环节来概述那些主要的工作成绩和优势，同时也可以借此表达对该工作的热情。根据情况不同，求职者可以说："很高兴对美捷步公司的情况有了更深的了解""希望能有机会参观你们在拉斯维加斯的分公司""我真想去看看你们提到过的那个新的计算机系统"。

12.5 传统面试问题及回答

准备面试的最佳方式之一就是练习回答那些具体的日常面试问题。如表 12-1 所示，与失败求职者相比，成功求职者常采用不同的沟通行为。成功的求职者在面试中会更多地提及公司的名称，说明他们收集过关于公司的资料，用具体的事例来支持他们的言论，使用确切的专业术语，以及提一些与公司和行业有关的具体问题。除了演练问题的回答内容外，求职者也要尝试着去综合运用这些技巧。

表 12-1 成功求职者与失败求职者的沟通行为

行为类别	失败求职者的行为	成功求职者的行为
对职位的陈述	对应聘的职位知之甚少	对应聘的职位明确了解并保持始终如一的看法；能说出选择该职位的原因
对公司名称的提及	几乎不提及公司的名称	常提及公司的名称
对公司和职位的了解	很明显是在通过面试来了解公司和职位的情况	很明显对公司做了调研；查阅了具体网站、出版物或征询了给他们提供信息的人的意见
感兴趣程度和热情	用中性词回答面试官的提问，如"好的""我知道了"等。这表明他们对公司和职位的看法有所保留	以口头和非口头方式对面试官给出的信息表示赞同。"那太好了"这样的回答很明显地表示出想在该公司工作的愿望
非语言行为	很少有目光交流和微笑	常与对方有目光交流并保持微笑
领会面试官的暗示	面试官显然希望给出正面回答，而失败求职者却给出含糊的甚至负面的回答	正面而自信地回答问题；用具体例子来佐证自己的观点
行业术语和专业术语的使用	几乎不使用专业术语	使用恰当的专业术语
回答中具体事例的使用	回答非常简短：不超过 10 个字，有时只是 1 个字；不做详尽的回答；有时只给出含糊其词的回答——"不错"	用具体的个人经历来支持自己的观点
求职者所提的问题	只问少量笼统的问题	根据自己对该行业和该公司的了解，提一些具体的问题；提个性化的问题，如"我的职责是什么"等

面试官最想弄清楚的基本问题可能就是这三个：你能为我们公司做些什么？为什么我们要录用你而不是别人？你适合在我们公司（部门、办公室）工作吗？不过，许多面试官不会直接问这三个问题。相反，他们会问其他问题，通过较为间接的方式来获得想要的答案。下面将对面试中比较常见的一些问题进行讨论。在面试前准备这些问题，到时就能回答出来，并展示出求职者反应敏捷、诚实可信、态度积极的形象。当然，所选择的回答要与你的任职资格和公司要求相适应。

首轮面试的目的一般是先淘汰一些不太合格的应聘者，而不是决定录用谁。如果不利于你的问题是在面试的中间阶段提出，并且在此之前和之后的面试提问都是对你有利的，那么这些负面问题对你的影响不会很大。如果是在面试快结束时才遇到这些负面问题，一定要先说一些优势——可以重申想让面试官了解的某方面优势，然后再结束你的面试并离开。

核对一下自己的回答是否存在隐性的负面内容。如果你说自己总在寻找挑战，那么对方可能会思考是否雇用你做初级工作，毕竟初级工作岗位需要做大量的例行性工作。同样，如果你说自己希望承担更大的责任，那么对方也会认为初级工作并不适合你，毕竟初级工作不要求承担很多责任。

一定要在头脑中多演练你的回答。这样，对回答问题就会有信心。不妨请家人和朋友帮你进行模拟面试。其实，要在实际面试时回答得好，有必要进行尽可能多的演练。

（1）介绍一下你自己。

侧重介绍一些能表明你是一名优秀应聘者的强项。要用非常具体的事例来佐证你的每一个强项。不要回答得像在讲述自传，又长又啰唆，毕竟面试官不会对如此多的细节感兴趣。因此，要介绍一些职业方面的信息，而不是私人信息。通常，这是面试中首先会被问到的问题之一，必须认真加以准备。求职者可以借此来确定面试的基调，确立所要展示的亮点。

（2）概述你的简历内容。

重点强调你的优秀品质并说明做出重要选择的原因。为什么选择在这所大学就读？为什么选择从事那份工作？要给出一些职业方面的原因：你去某州立大学上学，是因为那里的会计系实力排名很靠前，而不是因为该学校离家很近；你选择做那份暑期兼职工作，是因为那份工作要与该公司的财务部门打交道，而不是因为它是你所能找到的唯一的暑期工作。

尽量不要包含太多的内容；对简历的概述应该不超过3分钟。要与你的亮点结合起来，可以增加一些简历中没有提到的有趣细节的介绍。最重要的是，要使你的目光与对方保持交流，不要低着头读你的简历。

（3）你为什么觉得自己能胜任这份工作？或者有120名求职者应聘这个岗位，我为什么要录用你呢？

这个问题可能使求职者感觉有点受打击。但是，求职者可以把它当成一次介绍或重申自己优势的机会。请记住，参加面试的绝大多数求职者都符合基本的资格要求，所以你必须重点介绍你区别于其他求职者的任职资格。

（4）最让你满意的两三项成就是什么？

所选择的那些成就应是你引以为豪的，不仅能为你塑造一个理想的形象，而且便于你分享那些你希望面试官了解的优势。不要只是强调最后的结果，而应该侧重于介绍那些实现成功所需要的问题解决能力、思维能力和创新技能。

（5）你为什么想为我们公司工作？你理想的职业是什么？

一定要给出恰当的回答——最好说出两三个你想为该公司工作的理由。如果你没有认真对待这次面试，那么面试官也不会认真对待你。

如果你理想中的工作与该公司所能提供的岗位相去甚远，那么面试官可能会很直接地说公司没有适合你的工作，并结束面试。如果你对该公司感兴趣，那么提前做一些调研，这样你所要求的工作大致上就会与公司所能提供的工作相近。

（6）你最喜欢和最不喜欢的大学课程是什么？为什么？

这个问题可能是对方用来了解你的一个突破口；面试官可能通过它来了解求职者是哪种类型的人。如果你喜欢的课程并不是你的专业课，那么你所准备的回答要表明你能胜任你所应聘的工作，可以这样回答："我最喜欢的课是美国小说的研讨课，因为这门课给我们提供了机会去独立思考而不是简单的背诵记忆，并且每周我们都要在班上做一次报告。我发现我的确很喜欢与别人交流我的想法，也喜欢说明自己对某些事情的看法和理由。"

（7）你在班上的排名是多少？你的成绩怎样？你的分数为什么这么低？

如果你的分数并不高，那你应该准备好合理的解释。如果可能的话，可以说明：导致得分很低的问题已经解决或者与你所应聘的职位并不相关。例如："去年我父亲差点去世，我的学业确实受到了很大的影响。""开始的时候，我并没有坚定的目标。而一旦我发现这个领域很适合我时，我的成绩就全是 B 或以上了。""我不擅长做选择题，但是我很擅长与人协同工作。"

（8）你最近读了什么书？看了哪些电影？

对方可能用这些问题来打破僵局或活跃气氛，也可能通过它们来测试你的智商水平。在你面试期间，至少阅读一本书或定期地阅读杂志，并至少看一部主题严肃的电影，这样你在面试中就与对方有可谈之资。仔细挑选所要看的读物和电影。

（9）能展示一些你所写作品的样本吗？

许多工作要求具备良好的写作能力。雇主不会轻易地相信精通英语之类的话语，即便求职者毕业于名牌大学。

在参加面试的那一年，查看一下所写过的论文，并从中挑出最好的一些。如果需要的话，可以对其进行重新整理、编辑。这样，当别人索要这类资料时，你就有可出示的作品样本。

（10）描述你在工作中曾经遇到过的某个重大问题，谈谈你是如何解决它的？

选择一个不是因你的过错而造成的问题，如顾客在最后一分钟取消了一个大订单，圣诞节期间暴发的一场流感等。在谈到解决办法时，要重点运用那些你所了解到的该公司需要的技能。

（11）工作之余有什么兴趣爱好？参加过哪些校园或社区活动？

爱好广泛固然很好，但罗列出 10 项兴趣爱好就会出问题，面试官可能会纳闷：你什么时候才会有时间工作呢？所选择的活动应该能反映出你具有该职位所需的技能和知识，如"通过担任问题青少年集训营的顾问，我的说服能力得到了很好的锻炼"。

如果你在回答这个问题时，提到了你的未婚妻、配偶或孩子（"我和我的未婚妻／夫都喜欢航海"），那么面试官接着问相关的问题就是合法合理的了。（例如，面试官会问："如果你的爱人在别的城镇找到一份工作，你会怎样做？"）如果这些问题是面试官首先提出来的，一般会被认为不合理。

（12）为了解这家公司，你做了些什么？

雇主可能想通过这个问题来看你知道公司的哪方面信息。（如果你已经看过公司的招聘信息、访问过公司的网站，面试官就没有必要再讲一遍了。）这个问题也可以用来了解你在找工作的过程中积极性有多高，以及你对这份工作的兴趣有多浓厚。

（13）你会用哪些形容词来描述你自己？

只选择那些具有积极意义的词；提到每个形容词时，要准备一个具体事例来加以说明。

（14）你最大的优势是什么？

雇主问这个问题是为了给求职者一个推销自己的机会，并了解求职者的价值所在。选择与工作、学习或实践活动有关的优势，如"我擅长与人协作""我很会推销""我解决问题的能力很强""我学东西学得很快""我很可靠，说到做到"等。说明时要为每项优势准备一个具体的事例。要将你的优势与具体职位联系起来，这一点很重要。

（15）你最大的缺点是什么？

所选择的缺点应与工作有关，即使私人生活方面的某些问题才是你的最大缺点。如果你的"缺点"只是你是个工作狂或者你还没有工作经历等，那么面试官是不会让你就这么过关的。此时，你可以选择以下三种策略中的一种来应对。

1）谈论某个与你正在申请的工作无关并且今后也不会影响你升职的缺点。（即使在你的首份工作中你可能不需要与人合作或做演讲，但你今后的职业生涯可能需要这些技能，所以你不能选择这些缺点来回答关于缺点的问题。）结束语应该展示积极向上的态度，而且要与现在的工作有一定关系。

> 对于广告业中需要创意的工作职位，可以这样回答：我不喜欢会计。我知道它很重要，但我还是不喜欢它。我甚至雇人来为我做税务方面的工作。相比之下，我对那些需要创意和与人合作的工作更感兴趣，这也是我对这份工作感兴趣的原因。

> 对于行政工作职位，可以这样回答：我不喜欢去推销产品。当我还是女童子军队员的时候，我就讨厌卖饼干。我更喜欢与计划打交道。我确实很喜欢推销我所信任的计划。

2）谈论某个你正在改进的缺点。

> 过去我的写作能力不太好。但上学期我修读了一门商务写作课程，从中我学会了如何构思、如何改稿。我可能永远都得不到普利策奖，但现在我很自信我能写出不错的报告和备忘录。

3）描述得到的建议，以及该建议是如何帮助自己发展事业的。

> 读大学期间，我曾经给一位教授当过助理。这位教授告诉过我：人们对各种赞扬会有积极响应，而我似乎不是很喜欢赞扬别人。从此，我开始多给人以积极反馈。后来，我就成了一名优秀的经理。

（16）你的职业目标是什么？五年内希望达到什么目标？十年内呢？

通常，提这些问题的目的在于了解你是否适合公司。你的目标能在这家公司实现吗？如果你会很快跳槽到其他公司，那么公司何必花钱来培训你呢？

（17）你为什么要找新工作？

回答时不要采用负面形式，如"老板不喜欢我""我不喜欢这份工作"等，即便你说的是实话。要强调你想通过新工作得到新机会，而不是说明为什么你不做原来那份工作了。例如，你可以说"我想获得更多与客户合作的机会"。

对隐性的负面回答方式也要避免。例如，"上一份工作中我无法施展全部技能"这一回答不仅听起来似乎在抱怨什么，而且隐含着你不想接受新的挑战之意。如果你是为了找一份薪水更高的工作，在回答这个问题时最好找其他的理由。

如果你是被解雇的，那就实话实说。解释遭解雇的理由时，不妨采用下面几种可接受的方法。

1）工作不适合你。补充说明现在你所知道的你对工作的要求，并询问雇主能在这方面给你提供些什么。

2）你与上司存在性格上的冲突。一定要说明这只是偶然性事件，平常你与别人相处得都很融洽。

3）你在工作中犯了错，但已经从中吸取了教训，并希望在日后的工作中好好表现。准备一些具体的事例来证明你确实已经改了。

（18）工作经历中怎么会有段空白时间？

对此，可以从正面做个简短回答；如果是家庭原因，不需要道歉。

> 因为家人病了，我得照看。照看病人需要时间，这对提供新工作的雇主不太公平。
> 因为孩子们小，我就在家看孩子们了。现在他们都上学了，所以我在贵公司工作一定会全力投入。

如果你是被解雇的，那么一定要准备好回答为什么被解雇。较有利的回答是实事求是地说明情况：工龄三年以下的新员工都被解雇了，公司的法律服务被外包了，或是整个培训部门被解散了。一定不要有憎恨、愤怒的表情，不然会影响你找新工作。要意识到的是，鉴于经济不景气，许多面试官不太关心这个问题。

（19）你有什么问题要问吗？

这个问题给了你机会去谈论那些面试官没有提到的问题；同时它也给了面试官机会去认识你的优势和价值所在。几乎所有的面试官都会给求职者提问题的机会，所以准备好问题就很重要了。如果不提问题，可能被理解为求职者对公司没有兴趣，对面试缺乏准备。表 12-2 列出了求职者可能想问的一些问题。

求职者不应该问的问题有：

- 所问的情况很容易而且应当能在公司网站上找到。

- 表明你对所面试工作不满意的问题。
- 有关工资和福利的问题。（如要问，可等到获得录用后。）

并非面试官提的所有面试题都是恰当的。众多联邦、州和地方法律禁止提起涉及宗教、性别、年龄、残疾和婚姻状况等可能引起雇主歧视的问题。如果面试中被问到不合理或违法的问题，你有以下选择：

- 你可以回答问题，但可能因答案"不对"而没有被雇用。
- 你可以拒绝回答，而且这样做也是你的权利。不过，这样做也显得你不愿意合作或有对抗的想法，结果仍然可能没有获得雇用。
- 你可以先弄清楚提问的目的，然后给出与工作有关的回答。例如，对于这样的问题：如果你因项目紧急而必须加班到深夜，那么谁负责照看孩子？对此，不妨回答：我会按照业绩良好的要求，按规定上下班。

表 12-2　针对潜在工作可以提的问题

- 我的日常工作是什么？
- 该工作的最大挑战是什么？
- 你们有什么样的培训计划？
- 你们是如何评价员工的？多长时间评估一次？
- 首次评价员工时，好员工的评价标准是什么？
- 你们期望新员工（银行职员、会计人员）在三年后达到什么样的要求？五年后呢？十年后呢？
- 做这份工作的前任为什么不做了？
- 你能描述一下公司的文化吗？
- 听起来这是一份不错的工作，它有什么不足吗？
- 利率变动（或者竞争对手开发的新产品、进口产品、市场变化趋势、政府规定等）对公司有何影响？（这些问题表明你对找这份工作很认真而且关心时事）
- 在这家公司工作，你最喜欢的是什么？（如果面试最后问的是这种问题，那么意味着结果较为乐观）

要记住的是，在各种情形下，被问到的合法的问题与不合法的问题非常相近。问"你是否过了18岁"这样的问题是合法的，但若问"你多大了"就是不合法的了；问"你能讲哪些语言（假设该技能与工作有关）"这样的问题是合法的，但若问"你的母语是什么"就是不合法的了。此外，要特别注意那些不合法问题的各种变体。如果问"你什么时候高中毕业"，那么就很可能是在变相地问年龄。

你不可能预想到所有要面临的问题。可向那些最近参加了面试的所在学院或大学同学进行咨询，问一问在你所在专业有哪些问题常常被问及。当然，也可以通过互联网搜索最为常见的面试问题。

12.6　面试的种类

虽然传统面试仍然是最普遍的面试形式，但许多公司开始采用其他有助于公司招募到优秀员

工的面试形式。许多公司会告知求职者面试中该准备什么，但求职者应当为可能出现的非常见的面
试形式做好准备。这些非常见的面试包括行为面试、情景面试、压力面试、团队面试和多重面试。

12.6.1　行为面试

根据"用过去的行为来预测未来表现"这一行为理论，行为面试（behavioral interviews）要求
应聘者描述自己过去的实际行为表现，而不是描述未来的计划。因此，面试官不会问："你会怎样激
励员工？"相反，他们会问："告诉我，上次你要别人做事，情况怎样了？"接下来的问题可能包括：
"你是如何处理这种情况的？你觉得结果怎样？别人是怎么觉得的？你的上司怎么看待结果？"

其他一些行为问题也许是让你描述某种情形，如：

- 为你自己创造一个工作职位或者做志愿者的机会。
- 用写作来实现你的目标。
- 超越你的职责要求去完成一份工作。
- 与你不喜欢的人进行有效的沟通。
- 必须快速做出某个决定。
- 从头至尾参与某个项目。
- 用良好的逻辑思维和判断力来解决问题。
- 从事期限很紧的工作。
- 替要求很严格的老板打工。
- 与不做自己分内事的人共事。

回答时，你应该描述情景，说明你做了什么并解释所发生的事情。要考虑一下你做的事有
什么意义，如果下次再发生，或者如果情况稍有变化，你还会做同样的事情吗？例如，如果你的
组员不愿意做自己分内的事，而你帮他做了你分外的工作，那么这是否意味着你更喜欢独自工作
呢？如果面试你的组织重视团队精神，你就应该继续说明为什么在那种情况下做分外的工作是合
适的，而在其他情况下你是不会那样去做的。

准备行为面试的最好方法就是绘制一个图表。在图表的上部，列出工作岗位、取得的成就
及项目方案。在图表的左边位置，列出雇主希望岗位应聘者所具有的品质，这些品质应当包括：
沟通、团队工作、批判性思维、社交网络、影响他人、领导力等方面的技能；为人诚实、做事可
靠、讲伦理等特质；针对上述环境的适应能力。接着，在表格中填入你的相关内容。你向那些心
存疑惑的行政人员所展示的内容能说明你具有沟通能力吗？能说明你是讲伦理的吗？能说明你具有
在压力下开展工作的能力吗？确保表格中的各项内容能正面反映你的形象：人们通常看重压力下的
工作能力，但如果你需要干三个通宵才能完成你的营销项目，那么雇主会认为你办事拖延、效率
低下。

12.6.2　情景面试

情景面试（situational interviews）会将求职者置于某种类似于将来工作时会碰到的情景之下。情景面试用来测试求职者的问题解决能力，以及在时间和准备工作存在约束的情况下处理问题的能力。行为面试问的是过去怎样处理问题，而情景面试则侧重于将来怎样处理问题。例如，对于服务性很强的工作，你可能会被问到怎样应付一名生气的顾客。对于制造业公司的职位，你可能会被问到如何设想某种新产品。

在情景面试中，应聘者通常要回答的问题都会涉及实际工作，如破解计算机代码、卖东西给顾客、准备一个小册子或者制作一张电子表格等。两种特别受青睐的任务是：让应聘者准备一下并用视觉材料给出简短的陈述；或者通过在线电子邮件来完成任务。这两种任务测试的都是应聘者的沟通和组织能力，以及在限定时间里完成任务的能力。

12.6.3　压力面试

很显然，在面试的过程中，尤其是存在时间限制的情况下，要完成复杂任务是会带来压力的。因此，情景面试很容易转变成压力面试。在你的职业生涯中，职位提升越高，就越容易碰到情景面试或者压力面试。压力面试（stress interviews）就是故意将求职者置于压力下，以考察他们如何处理压力。应对压力的关键是保持镇定，尽力维持幽默感。

有时，压力主要是生理上的，如你坐的地方光线刺眼。这时你可以提出：是否可以换一换这个光线刺眼的位置，或者要求坐到另一张椅子上去。

通常情况下，压力是来自心理的，类似于许多政界的任命。小组面试就是一种压力面试，一群面试官会快速、接连发问。不过，你可以通过构思你的作答来放慢节奏。在另一种情况下，一名面试官会频频指出你简历中的弱点，并以此提一些会引出负面内容的问题。如果所提的问题让你处在一种很被动的状态，必要时可以将问题以较缓和的语气重述一遍，然后把它们作为普通的、询问信息的问题来处理。

问：你为什么学体育专业？这听上去很像一个米老鼠那样的专业。

答：您是在问我是否具备胜任这份工作的专业知识吗？我选择体育这个专业，是因为我一直喜欢团队运动。我知道如果我把专业正式转成工商管理，我有可能不能在四年内完成学业。因为这两个专业的要求是截然不同的。不过，我的确学过21课时的工商管理课程和9课时的会计课程。而且我的运动生涯给了我在团队合作、激励下属和管理方面得到锻炼的机会。

求职者在回答时要有自信。那些成功的求职者总能为自己辩护，并且能说明自己为什么值得被雇用。

有时，压力来自那些与众不同的问题：检修孔盖子为什么是圆形的？校车内可以装下多少个网球？如果你可以是一块饼干、一辆汽车或一只动物，你希望是哪种饼干、汽车或动物？如果你可以成为某书中的一位人物，那么你会选择成为谁？你处理问题的方式与你的答案同样重要。但关键是，在压力之下你是否有创造性思维？

沉默也能造成压力。一位女士走进一间指定的面试室后，发现一位男性面试官把脚放在桌子上。面试官说："今天真长，我已经很累了，想回家休息。你只有 5 分钟推销你自己。"那位女士已经准备了想让面试官来了解她的几点内容，因此她说："你们的招聘手册上说，你们要找一位主修会计并辅修金融的人。您可能记得我的简历上介绍过，我主修会计并学过 12 课时的金融知识。而且，我在当地的一家竞选活动委员会做过会计，并通过一家会计俱乐部的介绍做过义务报税员工作。"当她说完这些之后，面试官才告诉她这只是个测试："我只想看看你会怎样应付这种局面。"

12.6.4　团队面试

团队面试（group interviews）有时也称面试会，指同时对多位求职者进行面试。虽然许多面试建议仍然适用于团队面试，但若想求职有成果，那么求职者也需要运用其他技巧。鉴于求职者介绍自己适合于该职位的时间很有限，所以对招聘职位与公司进行一番调查就显得更为重要了。面试时，不妨用两分钟时间对教育和工作经历做个简要总结，以便说明你对这个职位的合适程度。最好提前做个演练，这样面试效果就会好得多。

要早些赶到面试现场，这样就有时间来结识尽可能多的面试官与求职者。如果有可能，要设法获取面试官的名片。其实，面试前的这些时间也是面试的一部分，求职者必须充分利用好。

参加团队面试时，必须认真倾听面试官和其他求职者的讲话，当然也要与他们保持眼神交流。要积极参与讨论，即便没有讲话时也要显得很投入。要注意自己的肢体语言，不要给人以错误的信号。

有些团队面试要求围绕任务来展开，可能会要求团队来解决某个问题。还有一种情形就是将团队分组，要求每个小组完成一项任务，然后向整个团队做演示。请记住，面试官可能在观察你参与这些活动的情况。他们会根据诸如沟通、说服、领导、组织、计划、分析和解决问题等能力来评判你：是否帮助推进了任务的完成？是否过于自信？是否过于害羞？是否赞赏他人的贡献？是否帮助团队形成共识？是否有见识？

许多团队面试会专门考察你是如何与他人进行互动或交流的。你如果谈得太多，那么对你可能就会不利。要设法让不太讲话的人参与讨论，这样对你就会比较有利。你的讲话一定要与上一个人的讲话有联系，这样做不仅表明你在认真倾听，也表明你把自己看成团队中的一员。如果出现争斗，切莫"恋战"。

团队面试结束时，要感谢每位面试官。事后还要给每人写一封书面的感谢信。

12.6.5　多重面试

有些公司已不满足于根据单一面试来决定录用谁，转而采用多重面试（multiple interviews）。

杰夫·斯玛特（Geoff Smart）和兰迪·斯特里特（Randy Street）在商业畅销书《聘谁：用 A 级招聘法找到最合适的人》（*Who: The A Method for Hiring*）中提出了找到最合适雇员的四层次面试法：

（1）筛选面试法——通过电话剔除一些求职者。

（2）升级面试法——根据求职者迄今为止的职业情况进行面试。

（3）聚焦面试法——强调求职者职业的某个理想方面。

（4）核对面试法——核对求职者的证明材料。[7]

当然，这一方法不适合于初级职位招聘。不过，你不可能长久做初级职位的工作。如果按要求你得参加多重面试，那么必须特别关注你的面试策略，要确保传递给面试官的个人观点及个人资格条件保持一致。要准备好多次回答某些面试问题，而且要保证每一次面试有同等的热情投入。在多重面试中，早期阶段的面试多被问及传统的面试问题，后期阶段的面试被问及的多为内容更为聚焦的面试问题。

12.7　求职成功的最后几关

面试后你所做的事情也会决定你能否得到工作职位。很多公司希望求职者在面试后的一个星期内做些跟踪，不然，公司就会认为他们也不会去追踪他们的客户。

如果雇主写邮件给你提了一些问题，你应该及时回复。对你的评价不只是依据你回答了什么，也依据你做出回应的速度。要准备好你的证明人列表和反映你工作成果的资料。一旦对方索要这些资料，你就可以迅速发送给对方。

12.7.1　后续电话和后续信函

在第一次面试后，可以打后续电话来表达你对工作的渴望。电话中，要强调你在首次面试中的优势，同时弥补一下你的弱项，并提供一些能说服面试官录用你的信息。除非有足够理由需要多次联系，不然以打一次电话为好。如果有语音邮件，不妨留个言。要知道，对方根据访问地址可查到是谁多次来电。

在现场访问面试结束后 24 小时内，有必要写一封感谢信（thank-you note）给对方。有些公司认为感谢信的重要性不亚于求职信。表 12-3 列出了撰写好感谢信的建议。

表 12-3　优秀感谢信的撰写建议

- 要感谢面试官提供的有用信息及任何帮助行为
- 要提及面试官赞赏你的地方
- 要使用公司的行话，并指出在面试时学到的或者在参观时看到的具体事情
- 要表达对该职位的热衷
- 要谈及下一步的打算：是想等面试官的消息还是想打电话去问求职的情况
- 如果参加的是现场面试，那么要感谢对方的款待。在附言中，提一下附寄出去的费用收据
- 要展示你最佳的写作技能，确保语法、大写字母、标点符号和拼写的正确。对所有姓名进行仔细检查

感谢信可以通过电子邮件发送，但给雇主印象最深的仍然是纸质感谢信。不管采用哪种形式，千万不要采用短信中的缩写字或表情符号。如图 12-1 所示，这是求职者在现场面试后所写的一封后续信函。

405 West College, Apt. 201
Thibodaux, LA 70301
April 2, 2018

如果没有使用信头，就将地址和日期以单倍间距列出

Mr. Robert Land, Account Manager
Sive Associates
378 Norman Boulevard
Cincinnati, OH 48528

Dear Mr. Land:

After visiting Sive Associates last week, I'm even more sure that writing direct mail is the career for me.

提及她在面试期间所见到的和所学到的东西

I've always been able to brainstorm ideas, but sometimes, when I had to focus on one idea for a class project, I wasn't sure which idea was best. It was fascinating to see how you make direct mail scientific as well as creative by testing each new creative package against the control. I can understand how pleased Linda Hayes was when she learned that her new package for *Smithsonian* beat the control.

Seeing Kelly, Luke, and Gene collaborating on the Sesame Street package gave me some sense of the tight deadlines you're under. As you know, I've learned to meet deadlines, not only for my class assignments but also in working on Nicholls' newspaper. The award I won for my feature on the primary election suggests that my quality holds up even when the deadline is tight!

提醒面试官她的优势所在

Thank you for your hospitality while I was in Cincinnati. You and your wife made my stay very pleasant. I especially appreciate the time the two of you took to help me find information about apartments that are accessible to wheelchairs. Cincinnati seems like a very livable city.

I'm excited about a career in direct mail and about the possibility of joining Sive Associates. I look forward to hearing from you soon!

提及下一步会发生什么

积极但不显得急迫；她并没有假定自己已获得了这份工作

Sincerely,

Gina Focasio

写信人的电话号码

Gina Focasio
(504) 555-2948

将费用报销事宜放在附注里以显得不重要；把重点放在工作上，而不是旅行的费用上

P.S. My expenses totaled $454. Enclosed are receipts for my plane fare from New Orleans to Cincinnati ($367), the taxi to the airport in Cincinnati ($30), and the bus from Thibodaux to New Orleans ($57).

Encl.: Receipts for Expenses

图 12-1 现场面试后的后续信函

332 :: 第4篇 求 职

12.7.2 协商薪水和津贴

协商薪水和津贴的最佳时机是在拿到录用通知后。在面试中，要尽量延后协商薪水的时间，毕竟那时你还在与其他求职者竞争。

要想办法弄清楚你希望从事的这类工作的普遍薪水水平，从而为协商薪水做好准备。认识一些现在正在工作的朋友，并询问他们的工资水平。可以向学校的就业安置办公室询问去年毕业生的薪水情况，也可以查一下行业杂志或者上网查询。

这方面的调研是很重要的。根据美国劳工统计局的报告，总体上女性的收入为男性的82%，而且不同行业的收入差距更大。[8] 即便与男性同事相比，收入差异仍然十分大。[9] 了解一份工作的平均工资水平后，你就会更有信心与老板有效地协商薪水。

得到更多薪水的最好办法是，说服老板你值那些钱。在面试过程中，要展示出你能做竞争对手做不了的事。

拿到录用通知后，你就可以和老板协商薪水和津贴。如果你通过调查了解清楚了该职位的薪水和津贴水平，你就会处于最有利的地位；如果公司不能满足你的要求，你可以不接受这份工作。要尽量避免说出具体的薪水数目，也不要说你不能接受这份工作是因为工资太少。相反，你可以说按照最初所提供的条件很难接受这份工作。

记住你协商的是整体工资，而不是起薪工资。如果一家公司目前实在不能支付给你更高的工资，那它有可能会破格提拔你，或者支付你的交通费，抑或给你一个更好的头衔。一些公司会提供附加津贴，以补偿较低的应税收入，如使用公司的汽车、报销学费、儿童照料或者老人照料补助、为你的配偶或伴侣找一份工作等。要从整个职业生涯的角度来考虑问题，而不要仅仅考虑起薪问题。有时，一份低薪的工作能提供给你极好的工作经验，这样的工作对你整个职业生涯的发展（以及从长远的角度来看待薪酬）所起的作用，可能会优于一份起薪很高但没有发展空间的工作。

协商时要有折中思维，努力做到双赢。要让你的老板为找到你这样的人才而高兴，并且觉得你的行为举止成熟而且职业化。

12.7.3 决定接受哪份工作

要从多份录用通知中选出所谓的最佳者往往很难，毕竟工作各有千秋：令你感兴趣的工作薪水很低；报酬优厚的工作却在你不愿居住的城市。职业快乐的秘诀在于：所选工作的优点正是你所钟爱的，而其缺点也正是你所不太在乎的。

为了做出正确的选择，你需要知道什么对你来说是真正重要的。为此，首先应回答下列问题：

- 你愿意加班吗？愿意把工作带回家做吗？愿意出差吗？金钱对你有多重要？名望呢？陪伴家人和朋友重要吗？
- 你是喜欢固定作息制度还是弹性工作制？你是愿意独立工作还是与他人一起共事？你是喜

欢详细的指导和精确的评估标准，还是自由、灵活的发挥？你如何看待压力？你愿意承受多大的变化和挑战？

- 你在寻找什么样的培训和升职机会？
- 你想在哪居住？你理想中的气候、地理、人文和社会生活是怎样的？
- 通过工作实现某种目标或体现某种价值，这对你来说重要吗？或者你仅仅是把工作看成你"谋生的手段"？你能适应公司的文化和伦理规定吗？你愿意从事为之自豪的工作吗？

没有十全十美的工作。但是有些工作比起其他来，能更多地满足你的标准。

有些雇主在你参加完现场面试后可能就会录用你。有些则要等几个星期甚至几个月。如果雇主口头答应录用你，你必须马上做出回应。因而，提前做些准备是有用的。

如果提供给你的首份工作不是你的第一选择，在电话中要表达你很高兴雇主给你提供了那份工作，但不要在电话中直接接受。你可以说："太棒啦！我能否在两个星期后再答复你？"然后给另外一家你感兴趣的公司打电话，向他们解释说："我刚刚接到一个录用通知，但是我更想为你们工作，你能告诉我录用申请的进展吗？"没有人会把这条信息记录下来，但是几乎所有的人都会告诉你他们的进展。掌握了这一情况，你就更容易决定你是否要接受先前那份录用通知。

公司通常会给申请人两周的时间来决定是否接受录用。有些学生还成功地将两周延长至好几周甚至几个月。毫无疑问，如果你到了最后期限还没有决定好是否接受工作录用，你应该尽量要求多一点时间，而最坏的打算也就是公司不答应而已。如果你确实准备让公司等一段时间，那你一定要准备好如何回应公司每周打来询问你决定的电话。

在你决定接受某项工作后，最好重新确认一下所有谈妥的条件。不仅要列出工资，还要列出事先讲好的附加福利和其他优惠条件。如果有什么遗漏，可以致电向对方澄清，可以说："您不是讲过，6 个月试用期通过后，我可以得到一次升职，随之工资也会有所调整吗？为什么没有写进去呢？"即使是做计划周详的人，也难免忘记口头的承诺。现在这个时候要比工作 6 个月后甚至一年后能更好地消除误会。而且，给你承诺的人一年后有可能已离开了这家公司。

一旦接受了一项工作，你就应该通知你应聘的其他公司，你已经不再找工作了。这样，它们也可以再去挑选别人。如果你处在某公司录用名单的第二位，你会很感谢第一位求职者能退出竞争，这样就为你得到这份工作扫清了障碍。

12.7.4 求职遭拒的应对

鉴于通常有很多人应聘一个职位，所以绝大多数的求职者都会落选。既然这样，求职者一定要能接受落选的事实。不妨与同在找工作的朋友加强联系，相互可以有个支持。不管怎样，态度要积极，这样面试时就会有自信，也可以增加自己的魅力。要牢记的是，求职市场中的，竞争往往很激烈。你的对手完全有可能是内部人，如老板的女儿，也有可能是那些得到资深员工推荐的求职者。

12.8　职场的启程

面试成功只是你职业生涯中迈出的第一步。一旦开始工作，你就得在工作中做出成就，从而为你实现职业目标铺平道路。要牢记的是，你的最终目标并不只是谋得工作，而是要持续地提高自己的能力，形成明确的职业发展路径。成功的职业规划包括两个阶段：一是做好首份全职工作；二是制定好实现长期目标的战略。

12.8.1　首份全职工作

就像从高中升入大学一样，在从大学到获得首份全职工作这一步中，有许多你必须要去战胜的挑战。新的工作环境令人兴奋，充满着机会，但也布满了陷阱。作为初入职场的新手，值得回忆一下以前作为初中、高中及大学新生时的那些处理事务的策略。

- 反复阅读关于公司自身、竞争对手及所在行业的资料。
- 了解你的新同事，并保持与你所在领域人士的交往。
- 与不久前被公司雇用的人士交流。请教他们在刚开始工作时有什么好的建议。
- 学会通过观察来融入公司文化：注意人们如何着装、如何做事、如何说话等；观察他们在会议室和休息室是如何进行交流的；多阅读人们发送的电子邮件和信函；留意人们在需要帮助时会去找谁。
- 有效利用休息时间。不妨到咖啡台、饮水间或休息室走走，或许可以获得一些信息。
- 找一位愿意指导你的成功人士。如果能建立起支持网络，当然更好。
- 勤问问题。这也许会让人觉得很尴尬，但若在工作几个月后，别人仍然对你视若无睹，你的感觉会更差。
- 设法早些获取反馈信息。虽然所获得的反馈并非总是顺耳的，但有利于早日成为公司看重的雇员。
- 多学些行话。不过，使用时要谨慎。
- 对任何人都要友好礼貌，包括后勤支持人员。
- 守时。上班和开会都要准时。
- 遵守诺言。在你承诺的期限内完成所承诺的事。
- 有条理。花点时间来计划你的日常工作；要整理好文件和电子邮件。
- 有智慧。要你完成的项目，可不会提供详细的指导；要认真思考并向你信得过的同事请教；要先做计划，然后带着问题去问老板。
- 利用技术工具时要有职业素养。手机要设置为振动或关闭；开会时不要发短信；不要访问不良网站；牢记所有计算机操作都会有痕迹留下；要清楚公司的上网规定。
- 小心谨慎。说话时要注意内容和场合；最要注意的是电子邮件的内容。

- 发送书面文案之前要进行校对，包括推文和文档。工作繁忙时，如工作周的最后一天或每天下班之前，不妨校对两遍。
- 乐于助人。即使别人没有要你帮忙，你也可以主动去做；当别人需要你的帮助时，要尽力去帮忙。
- 分担办公室的杂事，如煮咖啡或安装卫生纸等。
- 要积极参加公司的社交活动，不过做事要认真而专业。喝酒要有节制。
- 文件要归档。要收集资料、图表和文件，因为业绩评估时离不开这些。
- 乐观而快乐。对新工作要充满激情，这样很快就能融入团队。

12.8.2　制定长期战略

按照《哈佛商业评论》的建议，职业发展规划如同总统候选人的竞选活动计划，为了实现目标，不仅要及早规划、谋划好如何取胜，而且要有完成任务的详细时间安排。[10] 这里的任务通常包括：

- 继续搭建交际网。你的人脉圈并不只是帮助你找到工作，其实还可以在很多方面起作用。
- 继续为你的工作拜访各个方面的导师。
- 积极利用自愿培训机会。
- 做好职业发展的目标计划。要看得长远，不仅要重视下一次的晋升目标，还要关注 10 年或 20 年的目标。
- 要收集好你职业发展中取得的成果材料。
- 要提前撰写你未来的个人简历。在做职业发展规划时，要提前撰写你未来十年或许要用到的个人简历。简历上填了哪些职位？填了哪些参加过的活动？缺少哪些工作或教育经历，而这些经历对你实现目标很重要？
- 寻找机会。职业发展中的某些进步来自运气或碰上的机遇。要勤奋工作，加强与人交往，时刻不忘最终目标，从而为抓住机遇做好准备。
- 加强阅读。要阅读《华尔街日报》、商业杂志、行业杂志、交易类博客等。当沃顿商学院（Wharton）的学生问沃伦·巴菲特他的点子来自何处时，他的答复是来自阅读——全天的阅读。[11]

❖ 本章回顾 ❖

- **可能遇到的面试渠道**

  （1）先于当面面试的电话面试和视频面试。

  （2）通过校园面试和招聘会，求职者可以在招聘人员心目中留下印象。

- **如何为面试成功制定策略**

  可以根据对以下三个问题的回答来制定整体面试策略。

  （1）你希望面试官了解到你自己哪些方面的信息？

（2）你需要去淡化哪些劣势或弱点？

（3）你需要去了解你所应聘的工作和组织的哪些内容，以便在组织决定录用你以后帮助你决定是否接受此工作？

- 面试前应该做什么准备

（1）对即将面试你的公司进行有关调研。

（2）面试前看看穿着是否得体。

（3）演练好面试中会出现的每一件事。特别要练习常见问题的回答。可以请朋友来对你进行面试。如果所在学校有面试演练用的录像设备，一定要利用起来，这样你就能评估和改进你的面试行为。

（4）准备好专业资料，包括个人简历复印件、证明人名单列表、作品集及全套有关你的工作经历和教育背景的详细资料，以备招聘单位要你填写申请表。

- 面试过程中应该做什么

（1）去面试时要多带几份个人简历复印件，要带上纸和笔以便记录，并带上工作成果复印件。

（2）要记下面试官的名字、面试官给你的提示、面试官欣赏你的地方、你就公司情况所提问题的回答，以及你何时能得到公司的答复。

（3）要有职业素养，对所应聘的工作要充满热情。

- 如何回答常见的面试问题

成功的求职者知道他们应该怎么做，会在面试中不断使用公司的名称，会提前对公司做一番调查，会用具体事例来支持他们的观点，会使用专业术语，会询问细节问题并会在面试中占据主动。

- 如何为非常见类型面试做准备

（1）行为面试要求应聘者描述自己过去的实际行为表现，而不是描述未来的计划。回答时，你应该描述情景，说明你做了什么并解释所发生的事情。要考虑一下你做的事有什么意义，如果下次再发生，或者如果情况稍有变化，你还会做同样的事情吗？

（2）情景面试会将求职者置于某种情景下，以便面试官去观察他是否具备公司所要求的技能。

（3）压力面试会故意给面试者制造一些生理或者心理上的压力，会不断改变造成生理压力的条件。要克服心理压力，可以将问题以较缓和的语气重述一遍，然后把它们作为普通的、询问信息的问题来进行处理。

（4）团队面试就是同时对多位求职者进行面试。求职者必须充分准备，设法成为面试的焦点，从而实现脱颖而出。

（5）多重面试涉及多个层次的面试。要准备好多次回答某些面试问题，而且要保证每一次面试有同等的热情投入。

- 面试后应该做什么

（1）可以通过后续电话和书面联系来强化你在首次面试中的优势，并提供一些能说服面试官录用你的信息。

（2）协商薪水和津贴的最佳时机是在拿到录用通知后

（3）如果提供给你的首份工作不是你的第一选择，就给另外一家你感兴趣的公司打电话，去询问申请的进展情况。

- 如何进行有效的职业规划

（1）认真做好新工作。勤奋工作，乐于奉献，好学多问，搭建好职业方面的交际网。

（2）牢记职业发展的最终目标；寻找工作导师；有效搭建交际网；做好未来十年的职业规划。

Business and Administrative
Communication

——

第 5 篇

建议书与报告

第13章

创建视觉材料与资料显示

| 开篇案例 |

相关就是因果吗

统计分析中的 R 值为 1 表示完全相关。例如，天一下雨，雨量器中的水位就上升，两者之间的 R 值为 1。因此，当有科学家发布了表明除草剂的广泛应用与自闭症发病率的相关系数为 0.99 的曲线图时，许多人就把这一相关性理解为两者之间的因果联系了。如图 13-1 所示，这里的曲线反映了草甘膦使用量与诸如自闭症或癌症等疾病的发病率之间存在的高相关性。国际癌症研究署（International Agency for Research on Cancer）随后就宣布草甘膦是"一种可能的致癌物"。

对于这些情况，公众往往很担忧。当然，草甘膦（也称农达）的生产商美国孟山都（Monsanto）公司也很担忧。农达类产品（包括抗农达种子）所带来的利润占孟山都总利润的大约一半。如果公众——更不用说科学家了——认定是草甘膦引致了自闭症或癌症，那么就会给孟山都及全球的农场主和粮食生产带来严重后果。

接着，孟山都公司开展了说服工作——让公众和科研界相信公司生产的草

甘膦是安全的，并坚称不会致癌。不过，反对者指控孟山都掩盖了真相。美国国家环境保护署（EPA）的一名得了癌症的前科研人员在临终病榻上宣称，美国国家环境保护署清楚草甘膦就是致癌化学物。2017 年年底，在对草甘膦的安全性做长期辩论后，欧洲化学品管理局（European Chemicals Agency，EChA）重新批准了草甘膦的生产和销售。这个决定看似是公司取得了胜利，但欧洲化学品管理局留下了"这并非最终定论"的后话。

的确，条形图和曲线图拟合得很漂亮，但我们无法判断这样的拟合表示的就是因果关系还是仅仅表示相关而已。究竟如何，仍然需要更多的调研。与此同时，曲线图所埋下的怀疑种子已经颠覆了草甘膦作为安全除草剂的声誉，甚至有可能损害了我们的粮食供给。不管怎样，今后你在创建视觉材料或资料显示时，要谨慎为上，确保所反映的内容正确并符合伦理。

资料来源：Nancy Lee Swanson, Bradley C.Wallet, and Andre Frederick Leu, " Genetically Engineered

Crops, Glyphosate and the Deterioration of Health in the United States of America, " *Journal of Organic System* 9, no. 2（2014）. https://www.researchgate.net/profile/Nancy_Swanson/publication/283462716_Genetically_engineered_cops_glyphosate_and_the_deterioration_of_health_in_the_United_States_of_America/links/563fde7d08aec6f17ddb8426/Genetically-engineered-crops-glyphosate-and-the-deterioration-of-health-in-the-United-States-of-American.pdf: International Agency for Research on Cancer, "IARC Monographs Volume 112: Evaluation of Five Organophosphate Insecticides and Herbicides, " World Health Oranization, March 20,

2015, https://www iarc.fr/en/media-centre/iarcnews/pdf/MonographVolume112pdf; "US Court Documents Show Monsanto Manager Led Cancer Cover Up for Glyphosate and PCBs, " *Sustainable Pulse*, May 19, 2017, https://sustainablepulse.com/2017/05/19/us-court-documents-show-monsanto-manager-led-cancer-cover-up-for-glyphosate-and-pcbs; and Arthur Neslen, Glyphosate Weedkiller, Previously Linked to Cancer, Judged Safe by EU Watchdog, " *The Guardian*, March 15, 2017, https://www.theguardian.com/environment/2017/mar/15/no-cancer -risk-to-using-glyphosate-weedkiller-says-eu-watchdog.

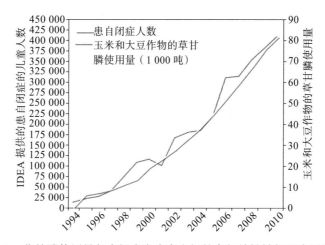

图 13-1　草甘膦使用量与自闭症发病率之间的高相关性被解释为因果关系

资料来源：Swanson et al. (2014). Genetically engineered crops, glyphosate and the deterioration of health in the United States of America. *Journal of Organic Systems*, 9(2): 27.

作为设计元素，视觉材料和资料显示不仅可以使数据更有意义，而且可以成为建议书与报告的支撑依据。在宣传册、电子邮件、时事通讯、报告、社交媒体帖子及其他商务文案中，使用视觉材料和资料显示不仅有助于更好地传递信息，而且能增加这些文案的视觉和情感吸引力，当然也可提供新的信息。视觉材料常常用来强化第 16 章要讨论的口头陈述的效果。

视觉材料和资料显示对于生动展示数据特别有用。假设你要向投资者介绍各种股票的业绩信息，他们肯定不愿意阅读关于哪些股票价格会上涨、哪些股票价格会下跌的长篇大论。相反，如果将每天的数据做成表格，那么内容就会更有用，效率也会更高。

直到近期，人们一直都在使用股票价格表。如今，互联网可提供种种选择。例如，作为动态显示工具的股票地图网（finviz.com），可以帮助投资者了解股票的业绩情况。通过图形大小、颜色和其他视觉材料，投资者就可以找到业绩最好和最差的股票。

13.1　何时使用视觉材料和资料显示

计算机使得视觉材料和资料显示的创建变得简单，同时也使人们在使用视觉材料和资料显示时少了很多顾忌。人们使用视觉材料和资料显示是要达到具体目的，所以不要只是因为有现成的视觉材料和资料显示而在文案中使用。相反，运用视觉材料和资料显示是为了向受众传递他们需要或渴望的信息。

在草稿中，运用视觉材料和资料显示可以：

- 完整呈现各个观点。例如，用一张表格就可以说明是否包括了需要比较的所有项目。
- 发现各种关系。例如，将销售状况制成图后，就可以看出完成定额的销售代理在东海岸或西海岸都拥有自己的辖区。美国中部地区是否正在经历经济衰退？一号产品是否适合沿海地区的生活方式？是广告宣传只覆盖到沿海地区而没有覆盖到中部地区吗？即使在终稿中可能不会用到这些视觉材料，但创建这些图片可能会提醒你问一些本来不会问到的问题。

在终稿中，运用视觉材料和资料显示可以：

- 使观点呈现更为生动。虽然受众会跳读报告和网站，但视觉材料能吸引他们的注意力。大脑会对视觉材料立即做出反应，而理解文字——无论是口头的还是书面的——需要花费更多的时间。
- 强调某些资料。相反，如果这些资料以文字形式出现在段落中，很可能会被忽略。一般而言，开头和结尾都是进行强调的位置。但有时，尤其是在长篇报告中，重点往往会被放置在中间位置。借助视觉材料，你就可以在任何逻辑上合理的地方来强调重要内容。
- 更为紧凑地呈现资料而且可以避免重复。相反，如果单纯地使用文字，可能无法做到这一点。借助视觉材料，所用文字仅限于提醒受众注意视觉材料所需，而不必重复视觉材料中的全部信息。

至于需要多少视觉材料和资料显示，这往往与你的目的、信息的种类及受众情况有关。如果你的目的是展示彼此间的关系或进行说服，或者说如果你所要展示的信息内容复杂且包含大量数据，或者说如果你的受众看重这些视觉材料和资料显示，那么就可以多使用一些视觉材料和资料显示。当然，有些受众希望在陈述和报告中多使用一些视觉材料和资料显示，但也有一些受众可能认为使用视觉材料和资料显示属于轻佻的行为，完全是在浪费时间。针对这些受众，必须有效控制视觉材料和资料显示的数量。但不管怎样，只要是出于你的目的和展示信息的需要，你仍然必须使用视觉材料和资料显示。

13.2　创建有效视觉材料和资料显示的原则

为了创建出有效的视觉材料和资料显示，不妨遵循以下七个步骤进行操作：

（1）核实资料的可靠性。

（2）确定要讲述的内容。

（3）选择与内容相适合的视觉材料或资料显示。

（4）遵循创建规范。

（5）约束色彩与装饰的使用。

（6）确保内容准确并符合伦理。

（7）应用合适的软件。

下面对这七个步骤进行较为详细的讨论。

13.2.1　核实资料的可靠性

只有当资料可靠时，资料显示才有价值。因此，必须核实并确保资料来源可靠。相关内容请参考第 15 章中有关资料来源分析这一部分。

此外，对于考虑因素所要求的资料，要核对并确保齐全。某些因素是否漏掉了必需的来自关键地方或人口统计领域的资料？尼尔森媒体调查（Nielsen Media Research）公司从事电视观众调查。该公司不再以纸质日记方式调查电视观看行为，转而采用了叫"公民仪表"（people meters）的电子记录设备，结果发现看电视的儿童和年轻人显著增加。[1]

对于可能缺乏可靠性的资料，最好不要用作视觉材料。鉴于视觉材料的影响力要远大于口头表达，受众很可能被那些缺乏可靠性的资料误导。

13.2.2　确定要讲述的内容

任何视觉材料都应该讲述一定的内容。可以用完整的、表示事件发生或变化的句子来描述这些内容。这些句子同时也可以作为视觉材料的标题。

并不是内容：美国销售，2007—2018 年

可能是内容：40% 的销售额来自新的客户

南部地区增长最快

2009—2018 年销售额实现增长

销售代表多的地区销售额也高

仅仅向受众讲述一些已知的内容，往往枯燥乏味。相反，好的内容应该：

- 佐证某种预感。
- 给人以惊喜或挑战所谓的"常识"。
- 指出受众并不清楚但已经存在的趋势和变化。
- 具有商业或社会意义。

- 提供实施所需要的信息。
- 与受众本人密切相关。

为了找到并确定内容，必须：

（1）强调主题（诸如哪些地区购买 SUV 最多、谁发的推文最多等）。

（2）简化关于该主题的资料；将数字转换为简单易懂的单位。

（3）找出联系与变化。例如，选择两个或多个群体进行比较：男性和女性的态度一样吗？找出随时间推移而出现的变化。找出可以被看作属于同一群体的事项。例如，为了确定演艺人员的收入情况，也许得比较作家、演员和音乐家的收入情况。

（4）处理数据以找出更多内容。例如，找出中位数值并计算平均值；计算年度百分比变化。

内容确定后，应对照全部资料进行检验，以确保内容的准确性。

有些内容简单明了，如"计算机销量上升"。有些内容则复杂得多，还带有例外或无关的成分。这类内容需要用各种与内容相适合的小标题。有时，最佳内容往往是由两项或多项内容并列而成。如图 13-2 所示，这里采用三组视觉材料来描述关于流感暴发的复杂内容。

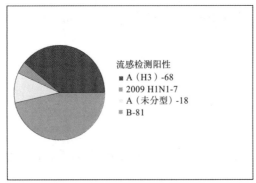
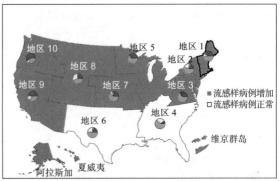
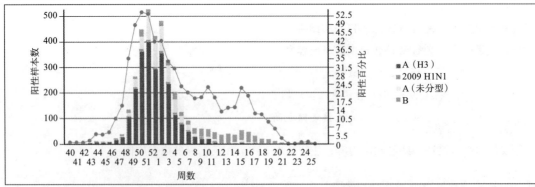

图 13-2 利用组合视觉材料来说明关于流感暴发的复杂内容

资料来源：Centers for Disease Control and Prevention, "National and Regional Outpatient Illness and Viral Surveillance," *Fluview*, accessed July 3, 2013, http://gis.cdc.gov/grasp/fluview/fluportaldashboard.html.

几乎每个数据集都包含若干可供陈述的内容。因此，必须有目的地选择内容。不经解释就直接将数据公布给受众，往往会使对方感到迷惑不解和失望；这样做也会降低可信度，破坏希望建立的良好信誉。

有时，几项内容都很重要。在这种情况下，需要创建不同的视觉材料。

13.2.3 选择与内容相适合的视觉材料或资料显示

视觉材料与资料显示不能任意调换。优秀作者应当选择与沟通目的最相适合的视觉材料与资料显示。为此，请遵循以下选择恰当视觉材料和资料显示的原则。同时，请阅读第 5 章关于如何有效选择与设计包括照片和信息图形在内的视觉材料的进一步讨论。

（1）用照片（photographs）来营造真实感或现实感，或者用照片来展示所应用的项目。

（2）用信息图形（infographics）来呈现定量与定性材料。信息图形要直观、有趣，常用于告知信息和教育受众。

（3）用绘图（drawings）来表示尺度、描述流程、强调细节、陈述理论或设想方案、清除不需要的细节等。

（4）用地图（maps）来强调地点或比较处于不同地点的项目。

（5）当受众需要了解确切数据时，可以使用表格（table），参见图 13-3a。

（6）当希望受众关注其中的关系时，可使用图表或曲线图（chart or graph）：

- 部分与全部相比较时，可用饼状图（pie chart），参见图 13-3b。
- 将某一因素与其他因素做比较时，可用条形图（bar chart），参见图 13-3c。
- 不同时期做比较时，可用条形图或线形图（line graph），参见图 13-3d。
- 要说明发生频率或分布时，可用条形图或线形图，参见图 13-3e。
- 为了显示相关性，可采用条形图、线形图或散点图（dot chart），参见图 13-3f。

（7）用甘特图（Gantt charts）来说明建议书或项目的时间进程。

（8）用动态显示（dynamic display）来方便用户控制其视觉体验。

13.2.4 遵循创建规范

创建视觉材料与资料显示时，必须遵循规范。不然，就会引起受众的困惑或疏远。

建议书和报告应当采用正式的视觉材料与资料显示，通常包括表格和图，但有时也可能包括照片。表格按行和列对数据或文字进行排列。图（figure）是指除表格之外的一切，包括曲线图、图表、地图、绘图和信息图形。照片呈现的是我们眼睛看到的、通过相机镜头拍摄到的世界。

美国销售额（百万美元）

	2014	2016	2018
东北部	10.2	10.8	11.3
南部	7.6	8.5	10.4
中西部	8.3	6.8	9.3
西部	11.3	12.1	13.5
总额	37.4	38.2	44.5

a）用表格说明精确数据

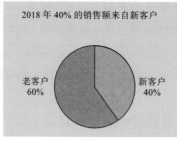

b）用饼状图比较某个部分占总量的百分比

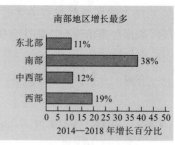

c）用条形图来比较项目或说明分布情况或相关性

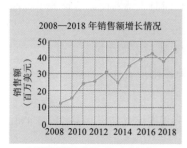

d）用线形图比较按时间变化的情况，或说明分布情况或相关性

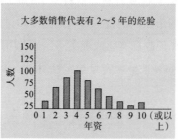

e）用条形图来说明频率情况

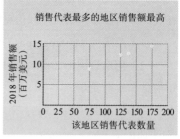

f）用散点图说明相关性

图 13-3　选择与内容相适合的视觉材料

正式的视觉材料与资料显示包括编号和标题，如"图（或表）1 1998—2018 年间电脑内存成本不断下降"。口头陈述时，通常不加编号部分，如"1998—2018 年间电脑内存成本不断下降"。标题应当反映图表的内容，这样受众就知道视觉材料提供的是什么，以及为什么重要。

其他种类的文案采用非正式的视觉材料与资料显示，而且是直接插入文本之中的。此外，这些图表往往不用编号或标题。

通常，视觉材料与资料显示应包含表 13-1 中所列的内容。

创建视觉材料时，必须牢记文化差异问题。

- 确保视觉材料所用的符号在目标受众的文化中具有正确的含义。例如，红十字符号在北美地区象征急救处理。[2]

- 如果采用标点符号作为视觉材料的符号，要确保这些符号对目标受众有价值。在英语及其他一些语言中，疑问号这个标点符号可能传递的是请求帮助或回答问题的信号。但在没有这个标点符号的语言中，这个符号就毫无意义了。

- 在展示人类方面的视觉资料时，一定要尊重目标受众的文化习惯。欧洲人多会接受裸体画像，但在有些文化里，画像中即使只是裸露了腿或身体的其他部分都会形成冒犯。

- 要按照受众的阅读习惯来组织信息安排。北美和欧洲地区的受众常常按阅读文本的方式来阅读视觉材料，会按从左到右的顺序阅读。相反，中东地区的受众会按从右到左的顺序阅读。

- 要了解目标受众写数字的惯例。在美国，小数点采用句点号，每三位数可用逗号来分隔。但在欧洲很多地区，小数点采用的是逗号，每三位数采用空格来分隔。对于美国和法国的受众而言，"3,333"是完全不同的数值。

表 13-1　视觉材料与资料显示的常见构成要素

- 说明视觉材料与资料显示所呈现内容的标题
- 明确说明资料内容。例如，人们口头上说做了什么并不一定表示真正做了什么。对未来数据与过去已经测量过的数据之间的差距进行估测
- 清楚标注单位
- 标注好坐标轴、色彩、符号等
- 如果视觉材料是依据他人搜集并整理的数据而创建的，必须注明资料来源
- 如果引用了他人的视觉材料与资料显示，应注明引自何处

13.2.5　约束色彩与装饰的使用

虽然色彩可以使视觉材料显得更加生动，但也会带来一些问题。色彩对视觉材料的影响是积极的还是消极的取决于材料的内容，以及读者个人不同的经历。表 13-2 列出了西方文化中关于颜色正面的或负面的联想含义。每天印在各种报纸上的天气预报彩图就是一个很好的应用例子。蓝色似乎适合于表示寒冷，而红色适合于表示炎热。

表 13-2　颜色及其在北美地区的一般含义

颜色	正面含义	负面含义
白色	干净、无辜、纯洁	寒冷、空虚、贫瘠
红色	强大、勇敢、热情	危险、好斗、极权
黄色	幸福、友好、乐观	懦弱、讨厌、傲慢
棕色	热烈、朴实、成熟	肮脏、悲哀、廉价
绿色	自然、安静、放松	妒忌、生疏、贪婪
蓝色	强大、可信、权威	寒冷、沉闷、阴郁

资料来源：Katherine Nolan, "Color It Effective: How Color Influences the User," in Microsoft Office Online, *Frontage 2003 Help and How-to: Working with Graphics*, accessed May 29, 2013, http://office.microsoft.com/en-us/frontpage-help/color-it-effective-how-color-influences-the-user-HA001042937.aspx.

色彩的含义随受众的民族背景和职业的不同而不同。蓝色在美国隐含具有男子汉气概之意，在拉美国家多与宗教有关。红色在美国有时是危险或停止的符号，在中国则通常与好运气有关。例如，在中国春节期间，金钱馈赠采用红包，预示好运道。橙色在日本通常表示勇气和爱情，但在中东地区许多国家往往有忧伤和损失之意。紫色在美国往往表示高贵或荣耀，在巴西可能表示的是哀伤和死亡，在中东地区许多国家则象征着财富。[3]在创建面向国际受众的视觉材料与资料显示时，对相关的文化因素，要加以特别关注并做一些调查，确保颜色运用符合惯例。

这些通常的文化联系有时会被一些企业、国家或是专业团体取代。例如，有人将蓝色同 IBM

或 Facebook 公司联系起来，而把红色同可口可乐或日本联系起来。出于专业原因，有些人对于色彩有着另外一层理解。对于财务经理而言，蓝色象征可靠；对工程师来说，蓝色象征水或寒冷；对健康护理人员而言，蓝色往往表示死亡。红色对于财务经理而言意味着破财，对于工程师是危险的意思，对于护理人员表示健康。通常，绿色对于工程师意味着安全，但对于护理人员而言则是感染的征兆。因此，在运用颜色时，一定要考虑文化环境及目标受众因素。

同时，要尽量避免图表中的红绿色差，因为红绿色盲者很难分辨清楚这两种颜色。约有10%的男性和2%的女性是色盲。此外，随着年龄的增长，人们的辨色能力也在逐步退化。[4]新的智能手机应用程序，如色盲复仇者（Colorblind Avenger）、休沃（HueVue）、色盲助手（Colorblind Helper）等，可以帮助视力受损人员辨认颜色或增加难以辨识颜色的亮度。[5]请阅读第5章关于如何针对色盲受众进行包容性设计和调整视觉材料的进一步讨论。

在任何视觉材料中，为清晰起见，若无必要应尽量少用阴影和线条。不要在视觉材料上增加多余的标注。如果设计的是黑白图表，最好不要用线条、波浪线和核对符号，而要用灰色阴影来指示各个部分或项目。

不要因为想使视觉材料更有艺术性或更切题而把它制作成图画，或插入剪贴画（clip art）。剪贴画是预先绘制好的、可以直接用于文案或视觉材料的图形。在口头陈述中，在线形图的角落出现一幅标有行驶里程数的小汽车的插图是可以接受的。但在书面报告中，这种形式显然是不可取的。如果将上述的线形图换成一条高速公路来显示里程数，那么会令人更难以读懂，毕竟要将数据信息与那些纯粹的装饰内容区分开来是十分困难的。视觉材料领域的权威人物爱德华·塔夫特（Edward Tufte）将那些同主题无关并会误导读者的装饰称为垃圾图（chartjunk）。[6]

13.2.6 确保内容准确并符合伦理

正如第5章中所讨论的，视觉材料的作用在于说服力，所以视觉材料的应用必须符合伦理。要成为值得信赖的沟通者并避免误导受众，在使用视觉材料和资料显示时必须尽力讲究伦理规范并确保准确，而且要充分考虑受众会如何理解信息的视觉呈现方式。由于视觉材料和资料显示具有传播速度快的特点，所以受众记住的往往是图形而不是对应的说明。如果受众只有看了说明才能正确理解图形，那么即使说明很正确，这些视觉材料或资料显示也存在不符合伦理之嫌。

所以，对视觉材料和资料显示一定要反复检查，确保其中的信息准确无误。有时，一些视觉材料和资料显示的标识没有问题，但所选择的形状则会误导受众。随着照片修改逐渐成为一种潮流，有研究者试图发明某种方法来找出这样的照片。哈尼·法里德（Hany Farid）是一位计算机科学家，也是美国达特茅斯学院（Dartmouth College）的法医图形专家。他开发出了一种可用于找出做了手脚的图片，并识别出拍摄原始照片所用照相机的系统。[7]因为绝大多数照片编辑软件程序留有数字签名，所以这个系统可以识别出照片是否存在人为改变的情况，方法就是用储存有10 000多种数字照相机信息的数据库来交互核查目标照片。不过，该系统的一个缺点就是只能判断是否被改动而无法确定改动了哪些地方。如果因充分的理由而改动了图形，那么最好是坦然承认这些改动，从而避免被认为有掩盖或误导的嫌疑。

在讨论预测数值时，一定要澄清这些数值并非真实数值，只是估计值而已。如图 13-4 所示，由"退休金计算器"（Retirement Calculator）生成的预计退休金就附有一项免责条款。

对于二维图，如在用大小不一的学校建筑图形来反映不断增加的办学成本时，如果将显示的值乘上宽度和高度，那么二维图的数据就会失真。如果每个值加倍，那么二维图的数据就会变成原来的四倍。

富达集团

你的富达退休金分值

	目前年龄	年收入	活期储蓄	计划年龄 ❷
你的个人情况	22	8.7 万美元	24 万美元	93

你的健康状况良好！表明退休计划可行

该分值的计算基于市场业绩不佳的假定，反映的是
对退休期间可获得收益的稳健估计数

正常 良好
需要重视 达到目标

143
如何得到分值   150+

如果调整以下项目，你的退休金为：

我们认为你大约
需要 7 522 美元
退休后每月

你可以拥有大约
10 728 美元
退休后每月，包括
社会保障 1 623 美元

退休年龄 ❷   月度储蓄 ❷   退休后的生活水准 ❷   投资风格 ❷

重要声明：根据各种投资结果的可能性，由计划与指导中心的退休金分析所生成的其他信息，以及富达退休金得分值的预测数本质上都是基于假设的，并不代表实际投资结果，而且也不保证未来实际发生的退休金。此外，计算结果会因不同用途、不同时间而变化。请阅读重要声明。

富达退休金得分值仅为假设性说明，并不代表个人的具体情况，也不代表任何特定投资或投资策略的投资结果，而且不对未来结果做任何保证。你的得分值并没有考虑活期储蓄及其他因素。

请阅读计算方法。

图 13-4 附有预测收益假设性之免责条款的富达集团退休金计算器

资料来源：https://www.fidelity.com/calculators-tools/fidelity-retirement-014score-tool.

三维图就更难进行解释了，所以要避免使用三维图。[8] 如图 13-5 所示的图形反映了 2016 年美国总统选举的结果，采用的是表明各州选举结果的三维柱状图。这个三维图有效果吗？是否属于一种例外情形？你觉得三维图有误导性吗？地图是在二维平面上描述的（三维）曲面，本章后面会将其作为特例进行讨论。

图 13-5   用三维柱状曲线地图描述 2016 年美国总统选举各州的结果（柱高按得票比例设置）

对于图形而言，一个小改动的效果可能就像大改动一样。如果受众了解基本的数据信息，那么**截略图**（truncated graphs）就很容易被理解。例如，股票走势图几乎没有从零开始绘制的，它们通常都是被截略的（见图 13-6）。对密切关注股市的受众而言，这种截略不会影响他们的理解，毕竟他们对这种惯例有了预期，而且这样的截略能更清晰地描述市场的变化。

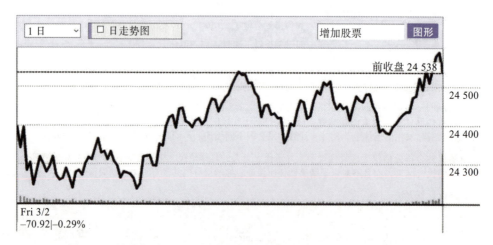

图 13-6   按惯例并具有更高清晰度的道琼斯工业平均指数 Y 轴截略图

资料来源：CNN Money, http://money.cnn.com/data/markets/dow/.

如果一些文字被删除，那么资料也会被歪曲。正如塔夫特所说的，"下降"有很多解释：正常周期的一部分；非正常增长后的修正；持续的下降并达到一个新低水平。[9]

要使资料显示更为精确，必须做到：

- 区分清楚实际值和估测或预测值。
- 假如必须截略比例，为了清晰起见，可以在被截略的地方留出空隙。
- 尽量避免使用透视图和三维图。
- 避免混合使用具有不同比例的图表。
- 直方图中使用人体形象时，不要使用含种族歧视、性别歧视或极端主义色彩的视觉内容。

有时，为了确保内容符合伦理，必须要有创意，要考虑到受众的需要及如何利用媒介来满足受众的需要。危难儿童及青少年援助基金会（Foundation for Aid to Children and Adolescents at Risk）的使命是消灭虐待儿童的现象，但面临着一个难题：当孩子身边的父母可能就是施虐者时，应该如何鼓励孩子求救？为此，该基金会创建了公交车站广告来向孩子们传递这一信息，同时又可以避免孩子的父母看到这一切。[10] 基金会的这种广告采用特别的透镜状印刷字体，可以按照视角的不同把不同图形投射到同一显示屏上。成年人看到的是一张孩子的图片，以及文字"有时，虐待儿童的行为只有受虐待的儿童才能看到"。儿童看到的广告是：满脸伤痕的孩子图片，要拨打的电话号码，以及文字"如果有人伤害你，请打我们的电话，我们会帮助你"。这一富有创意且符合伦理的广告可以防止那些虐待孩子的父母看到站在一旁的孩子正在获取如何求救的建议。如果想了解该广告视频，不妨通过 YouTube 链接 http://www.youtube.com/watch?v=6zoCDyQSH0o 进行观看。

13.2.7　应用合适的软件

用户可以利用许多软件程序来创建本章后面所介绍的各种视觉材料与资料显示。当然，某些软件程序可能更适合创建特定的视觉材料。因此，必须根据所要创建的视觉材料或资料显示来选用更合适的软件程序。

如果要创建表格、饼状图、条形图、线形图或甘特图，不妨选用 Excel、Numbers 或其他开源程序，如 OpenOffice、Google Spreadsheets 等。如果要编辑照片或创建绘图、地图、信息图形等，不妨选用 Photoshop、Publisher、PowerPoint、InDesign、Illustrator 等，也可以选用开源程序，如 OpenOffice Draw、Gimp、Paint、Google Drawing 等。

这些软件程序只是部分例子，用户实际上可以有更多的选择。每一种软件都有其功能和价格上的限制，而且按照用户对视觉材料和资料显示的需求各有利弊。不过，即便是最简单的软件，也能满足用户的初级应用。

如果能掌握一个或更多个这些软件程序，那么你的雇主对你会有更为积极的评价；如果你在简历上列出这些能力，那么在就业市场上你就会比其他求职者更有优势。

人们尤其密切关注照片的准确性和伦理问题。随着社交媒体应用的普及，必须特别注意照片的准确性，毕竟那些偏离事实的照片很容易进行分享。美国国家航空航天局的一张卫星照片被认为呈现的是印度排灯节（Diwali）的盛况，确实像色彩鲜艳的各色灯光下的印度，结果在Facebook上被分享或点赞数十万次。但是，经过真实性验证，该照片与印度的排灯节毫无关系，只是从美国国家海洋和大气管理局（National Oceanic and Atmosphere Administration）获取的一张反映人口增长随时间变化的照片。[11]

摄影师总能通过剪辑去掉不想要的内容来获得他们想要的图片。房地产销售中的住宅照片会删除坍塌的车库，而关于无家可归的流浪汉的图片会删去站在一边进行救助的社会工作者的形象。

如今，Adobe Photoshop等图形编辑软件为轻松更改照片提供了一项新的功能。例如，每当发生一些全球性大事件后不久，互联网上总会冒出不少拼凑的图片。其中一些图片非常逼真，甚至连美联社都受骗上当而在其新闻网上转载。[12]

在墨西哥湾发生石油泄漏事故后不久，英国石油公司又发生了一起丑闻事件：发布在该公司网站上的一幅照片被人发现是经过改动的。该照片反映的是英国石油深水钻井平台的指挥中心及其控制人员正在大屏幕前密切监视现场视频信息。为了掩盖屏幕空白的真相，公司用了三段假冒的水下图像。[13]

另一个争议问题就是通过数字化处理手段来最大限度地夸大广告模特的形象。英国广告标准局（The Advertising Standards Authority in the UK）禁播了朱莉娅·罗伯茨（Julia Roberts）和克里斯蒂·特林顿（Christy Turlington）出演的美宝莲（Maybelline）和欧莱雅（L'Oreal）的化妆品广告。英国广告标准局称，这些广告用数字化手段来处理广告形象，缺乏真实性，对受众具有误导性。[14]

约翰·朗（John Long）在讨论照片的伦理问题时提到，很难找到对照片无害的处理。他强调，对照片的任何改变都是骗人的。因为当人们在看照片时，已经习惯性地认为它是真实事物的记录，对照片进行处理，就是在欺骗读者。[15]

13.3　文本中视觉材料与资料显示的融入

文本中应提及所用到的所有视觉材料与资料显示。一般只需要提及图表的编号，而无须说明标题。在页面空间和设计允许的情况下，视觉材料应当放在文字说明之后。如果视觉材料需要设置在另一页，要告知读者在哪里可以找到。

> 如图3所示（第10页）……
> （参见第14页表2。）

在给出视觉材料之前，要用文字对视觉材料或资料显示的内容做简要总结。这样，当读者读到视觉材料或资料显示时，就会认可你的观点。

较差的表达：下面列出的是结果。

更好的表达：如图4所示，过去10年里，销售量翻了一番。

视觉材料或资料显示中出现多少讨论内容，要根据受众、视觉材料的复杂程度，以及视觉材料所说明的观点的重要性而定。具体原则如下：

- 如果该内容对受众而言是全新的，较受众每周或每个月都能接触到的那些内容而言，当然需要更多的解释。
- 如果视觉材料相对复杂，就要帮助读者尽快找出关键数据。
- 如果观点十分重要，在讨论其含义时要适当详细些。

相反，当受众对主题和资料已经相当熟悉时，如果视觉材料设计精良且简单明了，或者如果视觉材料中所包含的只是次要的证据，那么用一句话来概括说明视觉材料或资料显示就足够了。

在讨论视觉材料与资料显示时，要在句首给出有关的数据。如果不便在句首指出数据或年份，可以适当地对句子做些调整。

> 45% 的成本用在支付工资和薪水上了。
> 2012 年，雇主缩小了保险范围。

为方便阅读，可将数据放在句子或段落后的括号内。

难读：如表 4 所示，教师（54%）比其他行业的人要更多地参与社区服务团体；牙医（20.8%）与其他被调查的 5 种职业相比，参与社区服务团体的也更多。

易读：如表 4 所示，教师比其他行业的人要更多地参与社区服务团体（54%）；牙医与其他被调查的 5 种职业相比，也更多地参与社区服务团体（20.8%）。

13.4　具体视觉材料与资料显示的创建规范

一旦你知道了内容——清楚要表达什么、如何表达，以及打算如何将文本和视觉材料结合起来表达，那么你就可以开始选择和创建视觉材料了。每种视觉材料可以从不同的角度帮助你表达内容。因此，你必须掌握一些最为常用的视觉材料与资料显示类型，而且要清楚何时、何处及如何使用这些视觉材料才更为有效。

13.4.1　照片

照片传递某种真实性。一张灾区的照片可能表明需要政府补助或私人捐款；产品原型的照片可以说服投资者，该产品是可以生产出来的。如果照片很大或很小，那么最好在照片中有一些作为参照点的东西，如硬币、人物等。

所采用的照片一定要有高质量和专业水准，特别是用于网站的照片，因为受众在用智能手机观看时可能会进行放大。此外，要确保放在网站上的照片具有一致性，包括背景、颜色或总体风格。

照片需要经过精心剪辑（crop），才能达到最佳效果。不过，这样做时一定要符合伦理。照片使用中越来越严重的问题是，照片可以被编辑、剪贴，经过组合后的照片反映的似乎是现实，但实际上这一切根本没有发生过。参见本章前文对伦理及其准确性的讨论。

有时，出于某种目的，照片明显要经过剪辑。从事咨询、技术和外包业务的埃森哲（Accenture）公司就因其广告图中的大象在用后脚冲浪而出名。该广告的文字内容称"谁说你个子大就不灵活呢"。[16]

13.4.2　信息图形

信息图形最适合于通过组合运用数字、文本、色彩、绘图或图形来告知受众或教育受众某个主题方面的内容。信息图形通常采用易于理解的格式来描述定量和定性研究的结论。许多信息图形可以用于呈现本节讨论的各种资料显示的组合。由于具有可视化特性，信息图形所包含的内容可能会长期印刻在观看者的脑海中。信息图形几乎可以用于所有与商业有关的主题展示。有关信息图形的更深入讨论，请阅读本书第 5 章关于创建信息图形的原则。

13.4.3　绘图

照片中过于丰富的细节使照片无法像绘图那样突出细节或展示过程。通过绘图，绘图者可以根据需要来突出或淡化某些细节；绘图中的不同部分可以反映不同层次或层面的细节。绘图还能更好地描述事物在地下、海底或空中的结构。

如图 13-7 所示，这里的绘图描述了长壁采煤过程中的各个重要步骤。

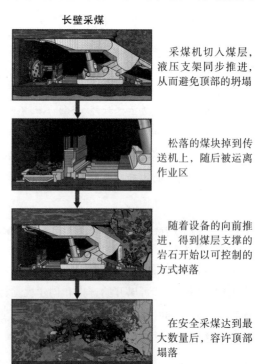

长壁采煤

采煤机切入煤层，液压支架同步推进，从而避免顶部的坍塌

松落的煤块掉到传送机上，随后被运离作业区

随着设备的向前推进，得到煤层支撑的岩石开始以可控制的方式掉落

在安全采煤达到最大数量后，容许顶部塌落

图 13-7　用绘图来说明过程

13.4.4　地图

可用地图来强调方位或比较不同地区的项目。图 13-8 描述了美国各州成年人纵酒的分布情况。由于强调的是各个区域的纵酒分布情况，所以用地图就比较合适。现在，一些电脑软件包可以帮助个人绘制地区、州、国家甚至全球地图，而且可以在上面加色彩、加阴影或加注标识等。

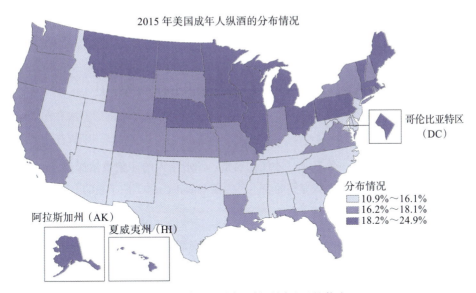

图 13-8　利用地图来比较不同地区的信息

注：按照 2000 年美国人口普查标准人口数进行了年龄调整。

资料来源：Centers for Disease Control and Prevention, " Prevalence of Binge Drinking among US Adults, 2015," accessed October 24, 2017, https://www.cdc.gov/alcohol/data-stats.htm.

为了使创建的地图精确、有效而且符合伦理，必须考虑如何减少地图失真的问题。由于地图呈现的是作为地球一部分的某个曲面地区，所以要消除平面地图上的失真是不可能的。例如，在常见的墨卡托投影地图上，美国、格陵兰岛和非洲似乎都有相似的陆地面积。但事实上，非洲的面积大约是美国的三倍，而美国的面积明显要远大于格陵兰岛。任何投影都不是十全十美的。墨卡托投影地图使得接近地极的陆地显得比赤道附近的陆地要大，但其他投影地图也会使所呈现的地球其他地区失真。

使用地图时，不仅要考虑到哪个因素对你所要呈现的概念最为重要，而且要运用策略来减少这些要素的失真情况：

- **面积**：每个地方的面积是否得到正确描述？
- **一致性**：每个地方的形状是否得到正确描述？
- **方向**：方向的角度是否得到正确描述？
- **距离**：两处地点之间的距离是否得到正确描述？

运用地图时：

- 必须消除与所要展示的概念最为相关的要素的失真情况：面积、一致性、方向和距离。
- 如果失真会严重影响受众对资料的理解，那么必须承认失真情况。例如，蒂索指数（Tissot's indicatrix）采用红色圆圈来提醒受众注意墨卡托投影地图固有的失真问题。

- 对了解信息背景有重要影响的地区或特征（城市、州、河流等），必须加以标注。为了消除视觉混乱，对不相干的特征不要加标注。
- 色彩使用一定要谨慎，要有目的性，而且要遵循节省受众时间的惯例。
- 提供帮助受众理解内容的"图例说明"，同时使地图上的混乱降到最低。

13.4.5 表格

只有当希望受众关注某些数字时，才使用表格。图形给人的印象虽然深刻，但在传递信息方面较为笼统。表 13-3 给出了一张完整的表。表头栏（header row）位于表的上方，给出了各列信息的标注。在制作表格时，应当：

- 使用常用的、易懂的单位；通过四舍五入将数字简化（如，用35%而不用35.27%；用4.45×10^7而不用 44 503 276）。
- 必要时给出列或行的总值或平均值。
- 将需要受众进行比较的因素进行纵列，而不是横排，以便进行加减乘除心算。
- 如果行数很多，每隔一行加阴影或每隔5行空一行以方便读者准确查找。

表 13-3　FitWorld 健身房 2018 年按年龄分组的周均客户到访次数

天	平均客户到访总次数	年龄（18～34 岁）	年龄（35～54 岁）	年龄（55 岁及以上）
星期一	2 072	1 212	763	97
星期二	2 062	1 132	827	103
星期三	2 331	909	811	611
星期四	1 777	889	794	94
星期五	1 213	168	778	267
星期六	1 196	389	395	414
星期日	1 126	135	376	615

13.4.6 图表和曲线图

1. 饼状图

饼状图迫使受众去衡量面积大小。不过，人们对于方位和长度（多用于条形图）的判断能力要强于对面积的判断能力，这使得受众往往更难精确地理解饼状图中的信息。饼状图中的所有数据都可以转化到条形图中。因此，只有在将部分与全部做比较时，人们才会使用饼状图。如果是进行两个部分的比较，可以使用条形图、线形图或地图——尽管数据有可能是以百分比形式表示的。如图 13-9 所示，要分清两个饼状图所反映的毕业率差异几乎是不可能的。

毕业率下降：与 2017 级相比，2018 级的毕业率稍有下降。

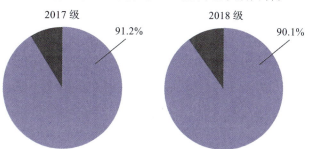

图 13-9　难以对两个饼状图进行比较

制作饼状图时：

- 应当使图形形成一个完全的圆；不要使用三维圆，否则可能歪曲数据。
- 应当用百分比来表示数据。
- 应当从时钟 12 点的位置开始并将百分比最大的项目或是你想强调的项目放在该处。然后按顺时针方向由大向小或遵循其他规律，摆放各比较项目。
- 比较的项目数应该尽量控制在 5～7 个。如果分类很细，可以将最小或不重要的项目合并为"其他"列出。
- 应当将每个比较项目的说明列在图的外边，若标注在图内就会难以辨识。

2. 条形图

条形图易于解释，因为它让读者沿着同一尺度去比较长度，对此大多数人往往能够精确判断。条形图适用于多种情况：两个因素之间的比较、相同因素在不同时期的比较，以及对各因素之间关系的解释。

制作条形图时：

- 应当按照逻辑或时间顺序排列条形图。
- 应当将条形图紧密排列以方便比较。
- 如果标识很长，应当采用横向条形图；如果标识较短，既可以采用横向条形图，也可以采用纵向条形图。
- 对纵轴和横轴要明确标识。
- 所有的标识可以放在条形图的内部或者外部。如果标识里外都有，可能会使条形图显得过长，从而会歪曲数据。
- 条形图的线条宽度应一致。
- 只有当条形图代表不同的含义时，才使用不同颜色的条形图，如：估计数据与已知数据相对比；否定数据与肯定数据相对比。

- 很多情形下，应当避免使用三维透视图，因为它们会使数据难以阅读并难以比较。
- 描述相关性时要精确并符合伦理：要记得本章开篇案例中的条形图——把草甘膦使用量和儿童自闭症发病率之间的相关性解释成因果关系。要对你创作图表所反映的相关性进行解释，以免受众错误引用你的结论，比如得出未经证实的因果联系。

如图 13-10 所示，条形图有许多类型。

- **组合条形图**（grouped bar chart）：可用来比较同一项目的不同方面，或比较不同项目在不同时期的情况。将要比较的项目组合在一起。图 13-10a 表明西部地区每年的销售额总是最高的。如果想要比较每个地区的销售变化情况，那么就要按照地区而不是按照年度来排列。
- **细分式、分类式或堆积式条形图**（segmented, subdivided, or stacked bars）：概述的是一个项目的各个方面情况。但是，要确定每一方面的具体数值往往比较困难。相比之下，组合条形图使用起来会更简便一些。
- **背离式条形图**（deviation bar chart）：用来描述正反两方面的数据或者输赢人数等。
- **对等式条形图**（paired bar chart）：用来比较说明两个项目的情况。
- **柱状图**（histogram）或**象形图**：用具体形象来制作条形图。

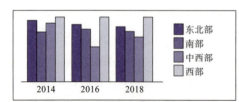

a) 组合条形图：比较同一项目的不同方面，或比较不同项目在不同时期的情况

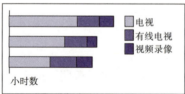

b) 细分式、分类式或堆积式条形图：概述一个项目的各方面情况

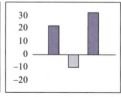

c) 背离式条形图：用来描述正反两方面的数据

d) 对等式条形图：用来比较说明两个项目的情况

e) 柱状图或象形图：用具体形象来制作条形图

图 13-10 不同种类的条形图

3. 线形图

线形图也易于解释。线形图可以用来比较同一因素在不同时期的状况，或是表示频度和分布状况，以及可能的相关关系等。制作线形图时：

- 纵轴和横轴都要加注标识。如果时间被用作变量，通常将时间放在横轴上。
- 要避免同一线形图中的线条超过三条。即使只有三条线，如果彼此相互交错，也会显得过多。
- 避免使用透视图，因为它会使数字很难阅读，并难以比较。

4. 甘特图

甘特图是一种用来表示时间进程的条形图，主要运用在建议书中。图 13-11 给出的是关于市场营销计划的甘特图。从图中可以清晰地发现，为了最终圆满地完成任务，首先应该采取哪一步。使用甘特图时：

- 用彩色条表示计划要做的工作和已经完成的工作。
- 列出**关键活动**（critical activities）——必须按时完成，以保证整个项目在规定期限内完工。
- 标出进展报告、主要成绩或其他成功之处。

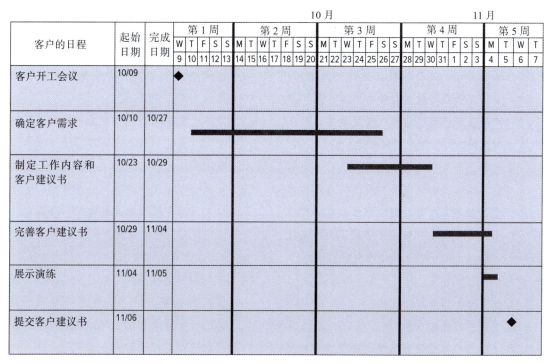

图 13-11　用甘特图表示项目完工的进度计划

13.4.7　动态资料显示

技术的应用拓展了资料显示的可能性。就信息图形而言，一旦出品就成为静态之物。与此相反，互联网上的动态显示可以动态更新。这些资料显示具有互动性，容许用户根据个体需要或兴趣进行调整。在婴儿起名向导（BabyNameWizard.com）网站，可以看到历年来各种名字的流行程度，甚至可以跟踪某个名字的流行程度。有些资料显示还被做成了动画。在冰盖遥感中心（CReSIS）网站，访问者可以看到全球变暖对全球沿海地区的影响，即海岸被淹没的情形。在美国总统大选期间，诸如 CNN、《纽约时报》《华尔街日报》等新闻网站给受众提供了在假设情境下影响选举人得票的能力。在"真实大小"网站上，用户可以把一国的陆地地块拖到地球的任何地方，从而可以了解墨卡托投影地图为了把三维表面放到二维地图上是如何歪曲面积的。

❖ 本章回顾 ❖

- 何时使用视觉材料和资料显示
  （1）视觉材料和资料显示不仅使数据对受众更有意义，而且可以佐证你的论点。
  （2）草稿中使用视觉材料和资料显示是为了将各观点完整无误地表达出来并寻找彼此间的关系。终稿中使用视觉材料和资料显示是为了：使观点呈现更为生动；强调某些很可能被忽略的资料；更为紧凑地呈现资料而且可以避免重复，而单纯使用文字可能无法做到这一点。
  （3）如果你的目的是展示彼此间的关系或进行说服，或者说你所要展示的信息内容复杂且包含大量数据，或者说你的受众看重这些视觉材料和资料显示，那么就可以多使用一些视觉材料和资料显示。

- 如何创建有效的视觉材料和资料显示
  （1）核实资料的可靠性。
  （2）确定要讲述的内容。
  （3）选择与内容相适合的视觉材料或资料显示。视觉材料和资料显示不能任意调换。如何选择取决于资料的种类及资料运用所要说明的观点。
  （4）遵循创建规范以避免疏远受众。
  （5）约束色彩与装饰的使用。

（6）确保内容准确并符合伦理。垃圾图、截略图、三维图形及更改过的或被篡改的照片都会误导受众。
（7）应用的软件必须适合视觉材料的类型或需要创建的资料显示。

- 如何在文本中融入视觉材料和资料显示
  （1）在文本中应提及所有视觉材料和资料显示。
  （2）在给出视觉材料或资料显示之前，要用文字对视觉材料或资料显示的主要内容做简要总结。
  （3）要通过考虑展示内容的目标受众、复杂性以及重要性来确定视觉材料或资料显示所需要的讨论深度和广度。

- 如何应用具体视觉材料与资料显示的创建规范
  （1）不同的视觉材料或资料显示具有不同的作用和效果。用户应当选择与展示目的、目标受众和展示环境最相适应的视觉材料或资料显示。
  （2）视觉材料和资料显示必须遵循惯例。最为常用的视觉材料和资料显示包括照片、信息图形、绘图、地图、表格、饼状图、条形图、线形图、甘特图和动态资料显示。

建议书的撰写

| 开篇案例 |

关于解决风暴问题的项目征集

厂毁，家破，人亡。自 1851 年以来，2017 年飓风季节发生的损失位列史上第二，死亡人数则位列史上第十七。截至 10 月，有四次飓风达到三级或以上，属于大风暴级，从而使 2017 年成为自 2005 年以来风暴最活跃、最具毁灭性的飓风季节。这些风暴造成的总损失估计达到了 2 000 亿美元。

就在经历哈维飓风的肆虐后，美国国家科学基金会（National Science Foundation, NSF）就发布了请求建议书，征集解决与风暴有关问题的项目。美国国家科学基金会的目的是给科学与工程项目提供资助，并通过这些项目使得美国社会在未来面临灾难事件时能更好地"应对、恢复或减轻损失"。由于申请者要竞争的是有限的资源，所以这些建议书是竞争性的。

如果撰写者具有与美国国家科学基金会的价值观和目标相一致的技术能力，那么就有可能获得项目，使自己的才能得到充分发挥。

资料来源：Maggie Astor, "The 2017 Hurricane Season Really Is More Intense Than Normal," *New York Times*, September 19, 2017, https://www.nytimes.com/2017/09/19//us/hurricanes-irma-harvey-maria.htm?mcubz=0; David Johnson. "Is This the Worst Hurricane Season Ever? Here's How It Compares," *Time*, September 24, 2017, http://time.com/4952628/hurricane-season-harvey-irma-jose-maria/; and "Dear Colleague Letter: NSF Accepting Proposals Related to Hurricane Harvey," *National Science Foundation*, September 1, 2017, https://www.nsf.gov/pubs/2017/nsf17128/nsf17128jsp.

建议书（proposal）通常是时间跨度较长的大型项目的构成文件。建议书给出的是必须做什么及由谁来做的主张。

14.1 建议书的定义

在职场，许多工作属于例行公事或是由他人具体安排的。不过，有时你或你所在的组织希望利用新的机会，所以你必须撰写相应的建议书。通常，建议书的撰写主要是针对那些较例行公事持续时间更长或耗资更多的项目，或是与例行公事有巨大差异的项目，或是给日常工作带来更大变化的项目。此外，建议书也常常被当作管理变革的工具。[1]

建议书给出的是必须做什么的主张。建议书要推荐搜集信息的方法、要评估新的事项、要解决问题，或要实施某种变革（见表 14-1）。建议书有两个主要目标：使项目得到认可；让大家同意由你或你所在组织负责该项目。为了达成这些目标，建议书必须强调所有相关受众的利益。例如，如果建议的是某个组织采用弹性工作制，那么受益的包括员工和管理层，也包括财务等主要部门。

表 14-1 情境、建议与最终报告之间的关系

公司现在的情境	提供的建议	最终报告应提供的内容
我们不知道是否应当进行变革	评估变革是不是一个好建议	给出深刻见解并就变革是否合适给出建议
我们需要/想要变革，但我们不知道具体需要做什么	制订实现预期目标的计划	制订实现预期变化的计划
我们需要/想要变革，也知道应该做什么，但我们仍需要帮助	实施计划，增加或减少可测量的结果	记录实施步骤和评估过程

资料来源：Adapted from Richard C. Freed, Shervin Freed and Joseph D. Romano, *Writing Winning Business Proposals*, 3rd ed（New York: McGraw-Hill, 2010）.

建议书可以是竞争性的，也可以是非竞争性的。**竞争性建议书**（competitive proposal）是指在资源有限情况下的相互角逐。研究经费申请通常是高度竞争的。很多公司会同时投标政府或企业的合约，但最后只有一家会胜出。在 2018 财年，美国国家科学基金会拿出了接近 80 亿美元的研究资助金。国家卫生研究院（National Institute of Health）每年花费 309 亿美元的研究资助金，资助的研究项目达 50 000 个。[2] 这些基金主要就是通过竞争性建议书来授予的。

非竞争性建议书（noncompetitive proposal）不存在真正意义上的竞争。例如，某公司完全可以接受所有有助于节省开支和提高质量的建议。假如厂家对某供应商满意，就会以非竞争性建议书的方式同对方续约。非竞争性建议书涉及的资金规模也可能会很大：美国人口统计局 2018 年的资助金额度达 10 亿美元。

14.2 建议书撰写中的集思广益

的确，商务沟通各种文案的撰写首先应当集思广益，要充分考虑受众、环境和目的等因素。一旦明确了这些关键因素，就要按照 14.2.1 节中提到的问题来确定所要包含的内容。此外，也要按照 14.2.2 节中提到的原则来确保撰写风格的选择符合受众的期望。

14.2.1 建议书针对的问题

为了撰写出优秀的建议书，必须对希望利用的机会或解决的问题、所需的调研，以及解决问

题所需要的其他措施有清楚的认识。建议书必须对下列问题做出具有说服力的回答。

- **要解决的问题是什么？或者说，希望利用什么机会？** 要表明你了解问题、机会及公司的需要；要从受众的角度来界定问题或机会，即使你认为现有问题只是另外一个更大的、亟待解决的问题的一部分。有时，你需要说明问题或机会的确存在。例如，管理层可能不清楚公司对女性存在微妙的歧视问题，而你的建议书有助于消除这种歧视。
- **为什么必须现在解决问题？或者说，为什么必须立即利用机会？** 要说明解决问题或利用机会所需要的支持，包括资金、时间、健康或社会关注等。另外，给出如果现在不解决问题或不立即利用机会所产生的预期后果。
- **应该如何解决问题？** 要证明你的方法是可行的；要表明在允许的时间内可以找到问题解决方案；将需要调查的问题具体化；解释资料是如何搜集的；要说明你的方法不仅有效，而且是值得采用的。
- **你有能力做这项工作吗？** 要说明你或你所在的组织有做好该工作所需要的知识、手段、人员和经验。对于大型项目，还得提供某些依据，如初步资料、人员资质、过去从事过的类似项目等。
- **为什么应该由你来做这项工作？** 要说明为什么必须由你来做这项工作。对于许多建议项目，其实许多组织都能做。那么，为什么要交给你来做呢？讨论你或你所在的组织能提供的利益，包括直接的与间接的利益。
- **什么时候可以完成工作？** 提交一份详细的时间表，说明每一阶段工作的完成时间。
- **应该收取多少费用？** 列出详细的预算，包括材料、工资、管理费用等成本。对属于项目的特殊费用，需要多加考虑。是否有必要出差？是否要支付费用？对于临时工，除了工资，是否还要支付福利？
- **究竟能为受众提供什么？** 具体给出你能提供的有形产品，确定这些产品的利益。如有可能，要包括面对各个层面受众的利益。

因为针对外部组织的建议书通常被认为是具有法律约束力的文案，所以应当就上述最后两点内容寻求法律与财务专家咨询。即便是不具有法律约束力的建议书（也许属于内部建议书），也要注意保护自己的职业声誉。要确保通过利用可获得的资源和人员来按时完成所承诺的项目。

14.2.2 建议书的风格

优秀的建议书在内容上应当清晰易懂。调查发现，成功的资助申请书采用"基金组织建议的结构（如标题）、语言（如专业术语）和格式（如字体）"。[3]要牢记的是有些受众并不是这方面的专家。对于需要进行大量统计调查和数据分析的项目，其资金常常来自从事金融活动的人士。医疗与科学研究可能需要政府部门的批准。因此，你所用的语言必须避免行话和首字母缩略词，[4]而要使用清楚、简洁的语言，以便读者理解。

建议书属于说服性文案，所以符合受众的需要和价值观往往是最重要的。成功的建议书会结合受众的价值观来安排关键词，从而提高了达成目标的可能性。

有些风格选择也是对内容的补充。受众期望多少细节内容？又期望多少背景内容？撰写时，要对读者可能问的问题有所预期并加以回答。对于结论及推论要提供数据和其他资料作为佐证。整个建议书要强调产生的利益，而且要确保覆盖受众各个方面的利益。

要注意词语的选择，不要用有疑虑的措辞。

措辞不当： 如果我们能得到 X……

我们希望能得到 X。

我们要设法得到 X。

更好的表达： 我们计划要得到 X。

我们预期可得到 X。

避免使用吹嘘的措辞，如"巨大的潜力""革命性的过程"等，而且尤其要避免那些吹嘘自己的措辞。研究表明，言过其实的行为会使可信度下降。[5]此外，要避免采用"相信"之类的措辞，如"我们相信……"。相反，应当运用事实和数据。

建议书应当采用预期的格式。通常，篇幅较短（1～4页）的建议书采用信函或电子邮件格式，篇幅较长的建议书则采用正式报告的形式。根据环境的不同，你可能被要求邮寄纸质建议书、用电子邮件发送建议书或者上传 PDF 格式建议书到网站，也有可能被要求对建议书进行口头陈述。因此，如果要求以电子方式递交建议书，那么千万不要递交纸质的，反之亦然。如果是电子建议书，那么一定要包含一个可点击打开的内容目录及其他超链接，从而便于受众搜索你的建议书。这一点对长篇建议书尤其重要。

政府机构和公司常常发布**请求建议书**（request for proposal, RFP）。此时，一定要按照请求建议书所规定的各项格式，严格采用请求建议书规定的标题、专业术语和文案结构。竞争性建议书通常按项来打分，而且评审者只看建议征询函规定标题下的内容。如果没有某个标题的内容，那么该项就得不到分。

建议书的开头与结尾都很重要。如果不遵循请求建议书的要求，那么在建议书开头就应当陈述清楚你建议做什么、为什么这样建议、所建议行动的意义是什么、建议的行动为什么重要等。建议书的结尾应当简要，着重描述让你做这项工作的利益。有时，甚至可以要求赶快采取行动。

> 如果在月底之前获得批准，我们就可以准备好手续并及时赶上新财年。

在规定的截止日期之前，应当留出足够的时间来完善建议书并形成最终建议书：

- 对建议书进行仔细编辑。
- 做最后一遍检查，确保请求建议书所要求的项目和内容都已经包含了。许多请求建议书要求有附录，提供个人简历、资助函等材料。核对一下你的建议书是否给出了这些。
- 确保建议书的外观能给受众留下好印象。这一步也包括校对工作。
- 确保选用了合适的媒体渠道来递交你的建议书。
- 在规定的截止日期之前，应当留出足够的时间以供建议书的打印、复印和行政部门的批准。如果需要多个签名，那可能会花费一天多的时间。如果申请的是政府资助金，那么政府机构网站的服务器在截止日期这天甚至之前一天就可能会因使用繁忙而"阻塞"。因此，千万不要等到最后一天。

14.3 建议书的组织

一旦经过建议书撰写的集思广益阶段，你就需要选定最符合建议书撰写目的的组织架构。如果你撰写的是老师在课堂上布置的建议书，那么一定要遵循有关撰写课堂调研项目建议书的原则。如果你的目的是为开办新企业筹集资金，那么就要遵循撰写企业用建议书的原则。

14.3.1 课堂调研项目建议书

课堂报告有时也需要交一份建议书。老师希望看到建议书所论述的问题：要有意义，但不要过大，从而难以在规定的时间里完成；你对问题完全理解；采用的方法可以提供所需的信息；你具备搜集和分析信息所必需的知识与资源；你能在截止期限之前完成建议书。

学生报告的建议书一般分下面几部分。

（1）引言。在首段中（无标题的情况下），用一两句话总结报告的主题和目的。

（2）问题／机会。存在哪些问题或机会？为什么需要解决或利用？是否有什么相关的历史或背景？

（3）可行性。是否有把握在有限的时间内找到解决问题的办法？你怎么证明？（这部分对于有的课堂项目来说可能不合适。）

（4）受众。组织中谁有权力来实施你的建议？可能会请哪些次要层次的受众来评估建议？哪些受众会受到你的建议的影响？组织中是否有人会像看门人那样，决定你的报告能否被送到决策者那里？哪些类似监察人的受众可能读到你的报告？还有哪些受众？

针对这些受众，要列出他们的姓名、工作头衔等，并回答下列问题。

- 受众最关心或优先考虑的是什么？哪些敏感问题在说明时必须谨慎小心？
- 受众会将建议书中的什么内容看作优势？如果有的话，受众会有哪些异议？

- 受众对报告主题的兴趣如何？
- 受众对报告主题了解多少？

列出受众需要得到解释的词汇、概念、假设等。简要指出受众对报告内容、布局和风格等方面产生影响的方式。

（5）调研的主题。列出报告中需要回答的问题、需要解释的主题和概念、所要讨论的问题或机会的各个方面等。要说明对问题或机会的各个方面进行讨论的深度。要解释为什么选择讨论问题或机会的这些方面而非其他方面。

（6）方法／程序。你会怎样得到所提出问题的答案？对谁进行采访或调查？你将询问什么问题？会使用哪些公开发表的资料？列出详细的参考书目。方法部分应明确指出将怎样获得资料，以供回答其他部分所提出的问题之需。

（7）资格／设备／资源。你是否具备进行该项调研工作所必需的知识和技能？你同该组织关系是否良好？能否获得必要的资料？了解所有补充资料吗？遇到突如其来的困难时，会向何处求援？

假如已经有了采访计划、查阅了一些书籍或打印出了一些网上资料等，那么就会更有说服力。

（8）工作日程。列出你计划花的总时间，以及完成每一任务的日期。可能需要包括的任务有：搜集资料；分析与整理资料；编制进展报告；撰写初稿；修改初稿；创建视觉材料；编辑并校对报告；准备口头陈述。思考一下完成具体报告所涉及的任务。

这些环节常常相互交叠。很多撰写者会在一开始就进行资料分析和整理。他们会在进程的早期就开始撰写最终文件的零碎部分。

工作日程的组织可以采用图表或日历形式。好的日程安排有助于对每项工作进行实事求是的估计，能为预想不到的问题留出必要的时间，同时表明对按时完成任务有把握。

（9）付诸实施。在最后一部分，要说明随时欢迎老师提出建议以改进报告；要请求老师批准你的报告，这样就可以尽快将报告中的建议付诸实施。

14.3.2 企业用建议书

许多企业用建议书为组织推荐新的程序、提供解决问题的方法、销售产品或服务、申请资金、概述某个新的商业理念。撰写此类建议书常常需要进行大量的调研，包括阅读行业及专业性杂志上的文章、在线查找资料、访谈雇主或客户，甚至需要从组织外部收集资料。所有这些资料需要进行仔细的组织和整理。

任何时候，如果要撰写基于非课堂目的的建议书，那么就要按照商务环境中最常用的组织架构。

企业用建议书的架构一般分为下面几部分。

（1）引言。概述建议书的主题和目的。此外，应当讨论项目的重要性，以及任何相关的背景信息。

（2）现状。描述需要解决的问题、问题的成因，以及不解决所带来的后果，或者是描述需要利用的机会、原因，以及不利用机会所带来的后果。

（3）项目计划。针对前面明确的问题或机会，概述解决问题或利用机会时所要遵循的步骤。此外，应当明确项目完成后所产生的最终成果。

（4）资质条件。指出你具备的完成所建议项目必需的知识和技能。有些建议书会包含个人简历。

（5）成本与收益。先简要描述与项目有关的成本，然后说明项目所带来的收益，确保收益超过成本。

14.4　预算和成本计划的编制

对于课堂调研项目，你也许不必编制预算。不过，很多建议书的确要求编制预算，而且预算编制得好对中标十分重要。事实上，预算可能是建议书中做得最细致的部分。

对做好预算所需要的一切，一定要提出来。如果提得太少，可能会适得其反，令资助者以为你并不了解项目包含的内容。预算要包括那些不显著的成本，如管理费用。此外，也要包括那些从其他渠道获得的资助，以此表明其他基金组织也对你的工作有信心。要特别关注那些似乎对你而不是对资助者有利的成本，如差旅、设备等费用；要确保在建议书中给出充分的理由。

要先做些调研；要仔细阅读请求建议书以便确定哪些是可以资助的，哪些是不可以资助的。要向项目主管和基金管理者了解情况，并翻阅以前成功的建议书来了解以下问题：

- 该基金组织原则上可能资助多大规模的项目？
- 该基金组织是喜欢资助若干大金额的项目，还是愿意资助很多小金额的项目？
- 该基金组织是否希望你提供来自其他渠道的同类基金项目或成本共担的基金项目？

应认真考虑要做的任务及由谁来承担该任务。支付给该人的成本是多少？他需要哪些材料或办公用品？还要考虑办公用房租金、退休及医疗保险福利与工资、办公用品费、管理费和基础设施建设费等。

计算细节要具体列明。

不够具体：75 小时的采访转录费为 1 500 美元。

较为具体：采访 25 小时。技术员每 3 小时可转录 1 小时的采访，按每小时 20 美元，则 75 小时共 1 500 美元。

计算金额时尽量保守些。例如，若技术熟练的转录人员的工资费用为每小时 20 美元，但是你可能打算自己培训，每小时仅花 12 美元，也还是采用较大的金额比较好。这样，即使日后资助金额被削减了，项目也不会因此而无法进行。

14.5 各种建议书的撰写

本节给出了撰写三类常见建议书的建议：销售建议书、商业计划书和资助申请书。

14.5.1 销售建议书

为了推销昂贵的产品和服务，你可能被要求提交一份建议书。

为了撰写出优秀的销售建议书，必须了解消费者考虑的优先顺序。某电话公司失去了与某大学价值达 3 600 万美元的一笔交易，原因就是该公司误以为学校最关注的是价格。其实，学校看重的是技术最先进的系统，结果该大学接受了报价高得多的卖家。

在建议书中，要从能帮助受众解决他们所考虑的问题这一角度来陈述产品或服务。千万不要误以为买方清楚你的产品或系统为什么优秀。对于你提供给对方的任何东西，要详细描述每个特征给受众带来的利益。此外，一定要用换位思考的方式来阐明这些利益。

要使用适合于目标受众的语言。即使买方喜欢技术最先进的系统，他们也可能并不需要卖方职员所能告知的详细程度，而且他们可能也不喜欢或不懂专业术语。

销售建议书的篇幅一般较长，尤其是在推销价值高达数百万美元的复杂系统时更是如此。因此，最好提供一页篇幅的推荐信来简单展示建议书。这种推荐信的最佳组织通常可以通过对第 10 章中的推荐信稍加改动来获得。

（1）吸引读者的注意，至少总结出你能提供的三项主要利益。

（2）按照首段提出利益的顺序对各项利益进行讨论。

（3）处理读者可能会有的异议。就销售建议书而言，这些异议可能还包括成本。一定要将成本与利益相联系。

（4）简单提及其他利益。

（5）促使读者赞成你的建议并列出尽快实施的理由。

14.5.2 商业计划书

筹款建议书包括商业计划书（business plan）（为新拓展商业项目筹集款项用的文案），也包括向基金会、公司和政府机构提交的，为某些公共服务项目筹集资金的建议书。在筹款建议书中，要强调项目所要满足的要求，同时要说明项目对实现拟筹资组织的目标的帮助作用。任何资助机构都有其使命，所以建议书在理念方面要与机构的要求相一致，而且要将机构的使命体现在整个建议书中。此外，不可忘记有效的换位思考方法，毕竟你的建议书要符合受众而非你自己的需要。

鉴于风险资本家和其他投资者因缺乏耐心而出名，所以商业计划书尤其需要有一个详细而有说服力的开头，即开头部分要描述你的商业计划究竟要做什么，以及要满足什么需要。对经营总结部分要特别注意，毕竟本部分属于总体描述，是任何建议书中最为重要的内容。在阅读完开头部分后，评审者会对你个人、你的写作能力、你的思想和你的逻辑思维能力做出初步判断。因此，建议书的开头必须要能激发评审者的兴趣，不然他们对后面的内容就不会有更多的兴趣。此外，开头部分还应当总体描述正文所要涉及的主要问题。

如表 14-2 所示，商业计划书应当对表中的这些问题做出回答，而且要提供足够的、令人信服的细节和支撑证明。

表 14-2　商业计划书应当回答的问题

- 你的产品或服务是什么
- 所开发的产品或服务好坏如何？是否存在实物模型或演示品
- 目标市场是什么？市场规模如何？该市场为何需要你的产品或服务
- 你会如何促销你的产品或服务
- 竞争对手有哪些？与竞争对手相比，你的产品或服务有什么优势？还有哪些问题或挑战会影响你的盈利
- 对你的企业提供支持的还有谁
- 谁与你一起干？还需要雇用多少员工？支付给他们的工资如何？提供给他们的福利如何

财务信息对任何建议书都十分重要。对商业计划书而言，财务信息就更加重要了。为此，你得说明：你自己投入了多少钱；哪些投资者已经开始支持你；你将如何使用所获得的资金。许多投资者希望看到 5 年期的财务预测。你得用有说服力的具体资料来解释为什么会盈利。你对财务成功的时间判断如何？你估计第 1 年的月度收入如何？

对可能的困难做个估计。（其实，投资者已有预计，只是表明你也在预计而已。）当然，也要给出解决问题的计划。许多商业计划书因为太笼统而难以令投资者信服，所以要用具体资料来说服投资者。这样做表明你准备充分，也反映了你的商业敏锐性。

每年提交到潜在投资者手里的商业计划书成千上万，但能最后成功的总是少数。为此，伦敦商学院（London Business School）的约翰·W. 穆伦斯（John W. Mullens）给出了商业计划不成功的五点原因。

- **缺乏针对性问题**。商业计划必须是为了解决某个问题或是为了实现某个需求的，而不是为了说明纯技术或某个好点子。
- **追求的目标不切实际**。成功的商业计划必须指向具体的市场而不是所有的人。
- **电子表格模型有错误**。虽然精心编制的收入模型在纸面上没有问题，但成功的商业计划必须依靠现实经营。
- **团队不合适**。投资者看重的并不一定是学历和工作经历，除非它们直接与经营成功有关。
- **商业计划太完美**。成功的商业计划总会面临现实挑战，绝对不会没有困难。

针对这些问题，约翰·W.穆伦斯就商业计划书的成功提出了三大建议：一是具有明确的问题及合理的解决方案；二是深入细致地做了调研；三是坦率陈述商业计划面临的挑战和风险。[6]

14.5.3　资助申请书

建议书是非营利性组织筹资活动的主要内容，它们通过向政府组织、基金会和个人撰写资助申请书来为所在组织筹集款项。资助申请书（grant proposal）的撰写涉及大量的调研和计划工作，通常要在撰写之前与潜在赞助者进行非正式交谈和正式说明。筹资过程经常被看作一个建立关系的过程，需要对投资者进行调研、谈判和说服，告诉他们该建议不仅符合他们的投资方针，而且也是值得投资的。

每家基金组织都有各自的资助重点或优先顺序，有些还列出了资助项目的详细要求。因此，在申请之前一定要做一番调查。只要查找一下最近获得资助的项目，就可以知道基金组织对你的项目是否感兴趣。表 14-3 给出了更多的资源。

表 14-3　撰写商业计划书与筹资建议书用的其他资源

组织	网址	说明
美国小企业管理局（U.S. Small Business Administration）	https://www.sba.gov/business-guide/plan/write- your-business-plan-template	为撰写商业计划书提供具体建议
慈善调查公司（Philanthropic Research Inc.）	http://www.guidestar.org	发布免费的资助项目及资助提供者的信息
科学中心（Pivot-Community of Science）	http://pivot.cos.com	提供有关全球资助机会的信息及管理这些基金的工具
美国卫生与公众服务部（U.S. Department of Health and Human Services）	http://www.grants.gov	提供联邦资助机构资助项目计划的信息及可下载的资助申请资料
基金会中心（The Foundation Center）	http://foundationcenter.org/	按州、城市及专业兴趣提供基金情况

撰写筹资建议书时，一定要遵循全部格式标准，特别要遵循有关页数、字体、页边距和行间距（单倍或两倍行间距）的具体规定。因为申请者太多，所以许多基金组织会以这些标准来进行初步筛选。

资助申请书的需要陈述部分应具体说明项目所要解决的问题。此外，这部分内容应当讨论那些从项目中受益的群体。

资助申请书常常因撰写者未能有效并清楚说明项目的需要而没有得到接受。[7]常见的一个问题是撰写者把与解决方案有关的议题错误地当成需要。例如，撰写者可以指出组织需要一辆大型卡车，但事实上"一辆大型卡车"只是组织需要解决的基本问题的一个可能方案而已，即组织要解决的问题是，如何获得更多的捐赠物和减少运货延迟。在这个例子中，资助申请书的撰写者在需要陈述部分应该强调减少将收集的捐赠物运送到急需家庭的时间。把问题进行量化，如明确有过延误经历的捐赠者人数及组织所要帮助的家庭数量，而且这样做有助于突出需要的重要性。一辆新卡车也许是满足组织需要的一个潜在解决方案，但也存在其他的解决方案，如增加志愿者、设立捐赠物投放点等。

在起草需要陈述部分时，撰写者的描述应当符合逻辑，而且要基于事实。要调研他人就该主题已经做过的研究，这样做不仅可以说明需求的历史，构成具有说服力的支撑，而且可以展示高质量资料来源的可信性。需要陈述部分应该说明问题的影响，并以此来突出问题的严重性。[8] 在之前的例子中，如果资助申请书的作者估计组织每月正在流失 50 名潜在捐赠者，有 100 个家庭正在等待捐助，那么这些数字就有可能吸引受众的注意。

资助申请书的目标陈述部分应当强调问题的成因，并寻求解决问题的方案。[9] 例如，延误或许起因于资源、技术、员工或公司程序方面的问题，解决方案应当针对这些根本性的原因。把问题的原因单独列出，往往有利于资助申请书的作者清晰并具体描述实施变革的目标。如果问题的根本原因在于缺乏资源，那么应当在资助申请书的预算部分提到需要一辆新卡车。目标陈述部分可以做如下说明：使本组织对急需捐助家庭的捐赠物增加 50%，同时使送货延误时间减少 50%。

最后，要密切注意申请细则规定的截止日期，尽量提前上报材料。美国国家人文学科基金会（National Endowment for the Humanities）鼓励基金申请者在截止日期之前六周提交初稿，以便工作人员审查材料。[10]

❖ 本章回顾 ❖

- 如何定义建议书
  建议书给出的是必须做什么及由谁来做的主张。竞争性建议书是指在资源有限情况下的相互角逐，非竞争性建议书则不存在真正意义上的竞争。

- 如何针对建议书的撰写来集思广益
  建议书必须对下列问题做出具有说服力的回答：
  （1）要解决的问题是什么？或者说，希望利用什么机会？
  （2）为什么必须现在解决问题？或者说，为什么必须立即利用机会？
  （3）应该如何解决问题？
  （4）你有能力做这项工作吗？

  （5）为什么应该由你来做这项工作？
  （6）什么时候可完成工作？
  （7）应该收取多少费用？
  （8）究竟能为受众提供什么？

- 如何组织建议书
  （1）在课堂调研项目建议书中，要证明：论述的问题大小合适；你对问题完全理解；采用的方法可以提供所需的信息；你具备必需的知识和资源；你能在截止期限之前完成建议书。
  （2）在企业用建议书中，要介绍问题或机会，解释其成因及若不加处理所带来的后果，概述解决问题或利用机会的项目计划，说明你的资质条件并讨论接受项目所产生的成本与收益。

- 如何编制预算和成本计划

  在项目预算中，对于编制好预算所需要的一切，一定要提出来。要调研现有的成本数据，以便确定合理的成本。对于那些似乎对你而不是对资助者有利的成本，要给出充分的理由。

- 如何撰写不同种类的建议书

  （1）销售建议书用于推销昂贵的产品或服务。

  （2）商业计划书必须特别关注市场潜力和财务预测。

  （3）在资助申请书中，要强调项目所要满足的要求并说明项目对实现拟筹资组织的目标的帮助作用。

报告的撰写

STEM 教育报告发布

公司、非营利组织和政府组织通常应用报告来向利益相关者、投资者和公众传递重要信息。2015 年，美国教育部（U.S. Department of Education）与美国研究学会（American Institutes for Research, AIR）合作，面向科学、技术、工程和数学教育（STEM）领域的专家，举办了系列工作坊。作为该系列工作坊的结果，美国教育部和美国研究学会于 2016 年 9 月共同发布了《STEM 2026：教育中的创新愿景》（STEM 2026: A Vision for Innovation in STEM Education）。

该报告的目标是通过详述 STEM 教育的核心内容、探索面临的挑战和机遇，以及提出未来行动建议来厘清 STEM 教育未来十年的发展愿景。

通常，报告针对的是多元受众：教师、教育管理者、科研人员、政策制定者及普通民众。该报告的另一目标是要展示 STEM 教育的积极形象，宣传 STEM 教育的价值理念。

该报告有多达 60 页以上的内容，按照正式报告的风格撰写，涉及本章所描述的正式报告的许多构成要素，包括标题页、摘要、内容目录、引言、正文、结论、参考文献和附录。

无论是撰写政府组织的报告，还是撰写跨国公司的报告，撰写的过程常常包括勤勉调研、有效组织和选用恰当格式三个步骤。

资料来源：Department of Education and American Institutes for Research, " STEM 2026: A Vision for Innovation in STEM Education, " www.ed.gov, September 2016, https://innovation.ed.gov/files/2016/09/AIR-STEM2026_Report_2016.pdf.

无论是撰写两页半的备忘录报告，还是撰写各构成部分齐全且内容多达 250 页的正式报告，成功的报告离不开仔细的分析、流畅的写作和有效的文案设计。报告通常少不了调研。调研可能很容易，只要用某种计算机程序将数据汇总即可，但也可能很复杂，需要拜访各类人物、进行焦点小组讨论和问卷调查，甚至还要做试验。为了撰写出优秀的报告，必须认真做好报告和建议书的策划与调研工作。

任何报告的撰写都包括以下四个基本环节：

（1）界定报告针对的问题。

（2）搜索并分析数据和资料。

（3）组织报告需要的资料。

（4）撰写报告。

15.1　报告的种类

很多种文件都可以被称为报告。在有些组织，报告是指很长的或者包含很多数据的文件。有些组织也把一页或两页的备忘录称为报告，还有一些组织把打印而成的或口头陈述的 PPT 幻灯片称为报告。递交给客户的简短的报告可以使用信函格式，甚至可以采用电子邮件来发送。正式报告（formal report）应包含标题页、转送函、内容目录、摘要和插图列表。非正式报告（informal report）可以是信函和电子邮件，甚至可以是计算机打印出来的生产或销售数据。不过，无论长度和正式程度如何，所有的报告都可以为组织成员提供制订计划和解决问题所需的信息。

报告可以仅仅提供信息，也可以同时提供信息并展开分析，甚至可以在提供信息并展开分析的基础上提出建议（参见表 15-1）。那些为读者收集资料的报告可以称为信息报告（information report）；那些对资料进行了解释但又没有提出行动建议的报告可以称为分析报告（analytical report）；那些提出行动或解决方案建议的报告可以称为建议报告（recommendation report）。

表 15-1　报告可提供的信息种类

仅提供信息
• 销售报告（提供周或月度销售数据）
• 季度报告（给出关于某个季度生产能力和利润情况的数据）
提供信息与分析
• 年度报告（说明过去一年公司的财务数据和业绩）
• 审计报告（解释审计中发现的问题）
• 投资补偿或回收报告（计算新的投资项目的回收期）
提供信息、分析及建议
• 建议报告（对两种或两种以上的备选方案进行评估，然后向公司推荐应选的方案）
• 可行性报告（评估所推荐的方案并说明是否可行）
• 理由报告（说明需要购买、投资、雇用新职员或变更手续的理由）
• 问题解决报告（找出公司存在某一问题的原因并建议相应的解决方案）

根据报告所提供的内容，以下报告可以是信息报告、分析报告或建议报告。

- 事故报告（accident report）。这类报告通常只是简单列出工厂或办公室发生事故的原因及其性质。这类报告也可以分析资料并提出使工作环境更安全的建议。

- 信贷报告（credit report）。这类报告对申请人的收入和其他信贷状况进行总结。这类报告也可以对申请者本人的担保能力和信用状况进行评估，并提出是否提供贷款的建议。

- 进展报告与中期报告（progress and interim report）。这类报告会记录至今所完成的工作及有待进行的工作。这类报告也可以分析项目的质量并提出关于项目停工、继续或调整的建议。

- 出差报告（trip report）。这类报告会分享当事人参加某一会议、拜访某一客户或供货商后所了解的情况。这类报告也可以根据上述信息来提出建议。

- 终止报告（closure report）。这类报告会记录那些失败原因或按照现行条件产品在技术上或经济上不可行的原因。这类报告也可以提出避免将来失败的建议。

- 白皮书报告（white paper report）。这类报告会先阐明问题，然后可能会提出解决方案。这类报告可能是为了告知普通受众有关信息。有时，公司会出于营销目的而采用白皮书报告。

- 投资回报率报告（return on investment report）。这类报告反映的是公司在广告上投入多少资金与公司销售额或交易量增加之间的关系。营销企业通常会因客户的需要而撰写这类报告。

15.2　报告针对的问题

优秀的报告应该针对来自现实的问题：现实与理想间的不一致，以及必须做出的选择。假如报告撰写是职位的要求，那么所在组织可能会明确报告要针对的问题。在就课堂报告所要解决的问题进行集思广益时，常常会考虑到下面这些问题：所在大学和学院面临的困难；校园住宿；校园及所在城市的社会、宗教和专业团体；地方企业；市、县、州乃至联邦政府及其机构。

对于优秀的商业报告，其所针对的问题应符合以下标准。

（1）确立的问题必须：具有现实意义；重要且值得解决；具体而不失挑战性。

（2）报告的受众必须：真实；有能力实施所建议的行动方案。

（3）报告所给出的资料、证据和事实必须：翔实并足以说明问题的严重性；翔实得足以证实建议方案可以解决问题；易于获得；易于理解。

通常，报告针对的问题要具体化而不可宽泛。例如，"改善在美学习的国际学生的大学经历"这样的问题就显得过于宽泛。首先，应选择一所学校或学院。其次，要明确所需解决的具体问题。是想加强美国学生同国际学生的人际交往，是想帮助国际学生找宿舍，还是想增设更多的民族特色商店和饭馆？最后，要明确那些有权力将所建议的解决办法付诸实施的受众。依据具体主题的不同，这样一份报告的受众可以是学校的留学生办公室、城市住宅委员会、校园或城市的服务机构、商店或某些投资者等。

有些问题会比较容易进行调研。如果你容易接触到中国留学生学生会（Chinese Student

Association），不妨就他们在当地中国杂货店的经历进行调研。然而，如果你想要推荐一些方法让中国杂货店得以继续经营，但又无法得到它们的财务报告，那么就要花费较多时间来解决这个难题。即便你可以得到它们的财务报告，但若这个报告是用中文撰写的，那么除非你自己会这种语言或者能找到一位愿意帮忙的翻译，不然就会遇到困难。

所选择的问题应该能在给定的时间内解决。例如，带领一班同事全天候工作（甚至加班加点）6个月，就可以弄清楚使某家商店利润大幅提高的全部方法。如果你在诸多工作之余还要完成一份课堂报告，但是只有6~12周的时间，那么最好将题目定得具体一些。根据个人的兴趣和知识面，你也可以选择考察某家商店所销售商品的品牌和价格、存货、管理费用、店堂的布置和装饰、广告预算等。

这里，我们对以下举例中报告所针对的关于使用社交媒体技术的问题进行分析。

太宽泛：课堂上发短信的行为及其对大学生的影响。
太耗时：课堂上发短信行为对大学生的影响有哪些？

完善后：XYZ大学商学院学生有哪些发短信习惯？
完善后：如何将短信结合到XYZ大学商学院的课程中？

第一个问题因为涉及所有的大学生，所以该问题过于宽泛了。第二个问题太耗时，鉴于学者们才开始研究这方面的影响，所以要写报告的话就得靠自己做长期研究（即长期研究学生在课堂上发短信的习惯）。第三个与第四个问题都较为可行，具体选择哪个问题取决于你是关注学生还是关注课程。

界定问题的方式会影响将来选择的解决办法。例如，假设某制造冷冻食品的企业处于亏损之中，如果所界定的问题为市场营销方面的，那么接下来调研人员所要分析的就是产品的价格、形象、广告和市场定位。但是，也许真正的问题是因存货管理不良而导致管理费用过高，或者是因不合理的分销系统使得产品没能及时送到目标消费者手中。要找到有效的解决办法，精确界定问题就是关键。

问题一旦界定清楚，就要撰写陈述目的的句子。好的目的陈述（purpose statement）应阐明以下三方面内容：

- 组织方面的问题或冲突。
- 为解决问题而必须回答的具体技术问题。
- 报告撰写预期要达到的目的（如解释、推荐、要求或建议等）。

下面的目的陈述来自递交给黄石国家公园（Yellowstone National Park）负责人的报告。这一目的陈述就符合上述三方面的要求。

> 目前的管理方法使麋鹿数量维持在保护区可以承载的数量范围内，但需要经常性的人工干预。野生动物保护专家和公众认为，控制麋鹿数量最好采用天然的方法。本报告将现时采用的短期管理办法（狩猎、诱捕、转移与冬季喂养）与另外两种长期管理办法，即栖息地调整和再引进食肉动物进行了比较。这样做的目的在于找出哪种方法或哪种组合可以最大限度地满足环保主义者、猎人和公众的要求。

为了陈述好目的，对所要讨论的基本问题必须有所了解，而且要对报告所要回答的问题有初步的认识。不过，要注意的是目的陈述应能（且必须）在开始调研报告所要讨论的问题之前撰写出来。

15.3　报告撰写中的调研策略

报告撰写所需的调研工作也许如同用计算机把上个月的销售数据打印出来一样简单。这种调研可以是查阅已出版的材料、进行问卷调查或是采访相关人员。二手资料调研（secondary research）是指搜集他人整理出来的信息。图书馆或网上调研就是这种调研的最好例子。原始资料调研（primary research）搜集的是新信息。问卷调查、采访和观察是搜集商务报告所需信息的常用方法。

15.3.1　查找在线信息和书面资料

为了节省时间和金钱，可以在搜集新信息之前查找网上信息或翻阅已出版的有关资料。很多大学的图书馆都会举办关于调研方法的工作坊，同时分发调研方法方面的印刷品。此外，这些图书馆还开放电脑数据库及图书管理员的资料查询服务。

有用的资料来源种类包括：

- 介绍某方面主题的专业百科全书。
- 文章索引。很多可以利用关键词、作者名或出版发行公司名称来查找。
- 摘要或文章概述。有时，摘要可能已包含了你所需要的所有信息；通常，根据摘要内容就可以判断该文章是否对你有用。
- 引用索引。借此可以找出引用了以前调研项目的材料，因此引用索引可以帮助你利用以往的参考文献发掘出关于某一主题的最新文献。《社会科学引用索引》（*Social Sciences Citation Index*）是对商务调研最有用的资料之一。
- 关于近期活动的报刊信息。
- 美国人口普查报告。可以找到各类商务信息或人口统计信息。

通过高效利用电脑数据库系统，可以找到感兴趣的概念，也可以利用关键词来帮助查找相关资料。关键词（keywords）是计算机要搜索的术语。如果对用那些术语没有把握，可以在《ABI/

INFORM 主题词检索宝典》（ABI/Inform Theasaurus）中找出其同义词，或在分类数据库中找出相应信息。

在利用电脑进行搜索时，要知道谷歌目前可以对搜索结果进行个性化处理。这里的个性化处理是指当关注环境的用户，如塞拉俱乐部（Sierra Club）的成员，在用谷歌搜索 "全球变暖"(global warming）时，可以比关注大型石油运输的用户获得更多不同的搜索结果。为了取得更为全面的信息，你就得更为深入地挖掘。[1]

15.3.2   评估网络资源

网络上的有些资料非常好，但有些完全不靠谱。就印刷资料而言，因为有编辑和出版商的双重把关，你完全可以相信那些优秀报纸和杂志上文章的质量。但是，就建立网页而言，只需要同服务器相连接就可以了，其信息质量自然良莠不齐。

可以按表 15-2 中的标准来判断网站对调研项目的有用程度。根据对表中问题的回答，就可决定是否放弃有些你找到的信息。一个经常发生的与旅行及其产品评价有关的例子是，给出正面评价的一些作者会与提供产品及服务的公司相关联，而给出负面评价的一些作者会与竞争对手相关联。

表 15-2   网站评价标准

（1）作者：该网站是哪家组织或哪位个人赞助的？作者取得过什么资格
（2）客观性：网站是否为其主张提供了证据？对于争议问题，是否给出了双方的观点与理由？讲话语气是否专业
（3）信息资料：信息资料是否完整？其依据是什么
（4）新颖性：信息的新颖性如何
（5）受众：目标受众是谁
（6）目的：是出于告知和教育的目的，还是出于宣传议题或推销广告业务的目的

如果这些结果中隐含着资料来源方的既得利益，那么就要特别注意。在分析公司的财务前景时，要运用独立信息及公司发布的年度报告与新闻稿。

医药和医疗设备公司，以及得到它们资助的科研人员，时常会因不当影响而登上新闻报道。杜克大学（Duke University）的科研人员对医学期刊一年内发表的关于心脏支架的 746 篇研究论文进行了调查，结果发现，83% 的论文并没有披露其作者是否担任这些公司的有酬顾问，即便许多期刊要求提供这一信息。[2]权威的《新英格兰医学杂志》（New England Journal of Medicine）上有一项研究注意到，被发表的往往是获得正面效果的抗抑郁剂试验研究，获得负面效果的抗抑郁剂试验研究则没有发表出来："根据已发表的文献进行统计，在所做的试验研究中，似乎有 94% 取得正面效果。相比之下，美国食品药品监督管理局分析的结果是 51% 取得正面效果。"[3]

许多学生是从维基百科开始调研的。维基百科是全球最大且最受欢迎的百科类资料库，拥有 4 000 多万篇文章，使用了 293 种语言，是全球访问量第四大网站。[4]虽然维基百科被看成开始调研的好选择，但要清楚的是很多教师和其他职业人士常常认为维基百科（或任何百科全书）称不上权威的资料来源。能否给受众留下深刻印象要靠你所做调研的深度和可信度。从维基百科（及相似的维基网页）、个人博客和互联网搜索得到的前五项结果并不会给受众留下深刻的印象，毕竟任何人用电脑上网不用几分钟就可以获得这些资料。如果你开展的是学术调研或商务调研，那么可靠的资料会有助于你培养专业精神和道德素养。

要检查资料的新颖性

技术数据尤其需要关注资料的新颖性。不过，需要牢记的是有些大型数据集会滞后分析当期一年或两年。有些政府数据的情况就是如此。例如，如果你 2018 年在撰写的报告时需要从教育部取得全国性的教育资料，但可能教育部连 2017 年的资料都没有收集齐全，有时甚至连 2016 年的资料都没有做全面分析，那么 2015 年的资料可能就是可获得的最新资料了。

15.3.3　分析并设计调查内容

问卷调查（survey）用于对一组人进行提问调查。询问很多问题的最简单做法就是设计一张调查问卷（questionnaire），以书面形式将问题一一列出，让人填充回答。采访调查（interview）是与能提供有用信息的人进行预先安排好的交谈。组织常常使用问卷调查和采访调查来调查员工满意度之类的内部问题，以及客户满意度之类的外部问题。

表 15-3 列出了开展问卷调查需要回答的问题。

表 15-3　开展问卷调查需要回答的问题

（1）谁做的调查？谁出的经费
（2）要调查多少人？如何选择这些人
（3）如何实施调查
（4）调查的回应率如何
（5）调查问卷用了哪些问题

1. 谁做的调查，谁出的经费

遗憾的是，调查中很容易出现个人偏见。因此，检查调查结果最好从做调查者出发：是谁做的调查？是谁提供的经费？如果调查是医疗设备生产商资助的，那么你会对这样的调查结果放心吗？如果关于汽车模型满意度的调查受汽车制造商的资助，那么调查结果会怎样呢？

2. 要调查多少人，如何选择这些人

为了保证调研的开支合理，通常只能选择总体人群的一部分进行调查。抽样选择方式及如何让拒绝作答者做出回应，决定了是否可以得出这样的推理，即对抽样人群正确的结论，对整体人群也同样正确。

样本（sample）是总体的子集。抽样单位（sampling units）是指实际被抽样的单位。通常，抽样单位是指个体。如果无法获取个体序列，那么抽样单位可以是一户家庭。全部抽样单位序列就构成了抽样框架（sampling frame）。对采访调查来说，抽样框架可能指的是所有住址序列，或者对公司来说，指的是《财富》500 强的执行总裁序列。[5] 总体（population）指的是你想要进行陈述的对象。总体取决于你的调研目的，可以是《财富》1 000 强的全部公司、大学里所有的商科学生，

或者大西洋中部地区各州的所有茶叶消费者。

便利样本（convenience sample）是指一组很容易获取的被调查对象：路过学生会的学生、在购物中心的人员或自己单位的同事。便利样本适用于对问卷调查进行大概预测的情况，而且可能适合某些课堂调研项目。不过，采用这种方式得出的结论不可推广至很大的群体。例如，如果你要调查进入当地图书馆人员关于拟发行图书馆债券的看法（需要由选民投票决定），那么你就是在开展便利样本调研，但这样的调研无法得到那些不使用图书馆人员的想法。

判断样本（judgement sample）或立意样本选取那些观点似乎有用的人为调查对象。假如有人就大学的写作类型进行调研，那么调研者会向各系询问哪些教师对写作感兴趣，然后给这些人发去问卷。

在随机抽样（random sample）中，总体中的每个成员理论上都有相同的被选中概率。如果有人说随机地做什么事，就是说做事情时不存在有意识的偏好。不过，人们潜意识中的确存在着偏好。例如，在图书馆前发放问卷的人，更喜欢接近那些显得友好的人，而不愿意找那些面露凶相，行色匆匆，年龄太小或太大，来自不同种族，阶层与性别的人。真正的随机样本需要用到随机数字表。这里的随机数字表可以从已出版的教材或网页上获得。

在选取了真正意义上的随机样本后，就可以将根据样本得出的结论推广至总体。例如，通过随机电话调查发现，65% 的回应者赞成总统的某项政策。像这样依赖调查所得出的估计值总要附上偏差量度。一般地，这个偏差应在置信区间（confidence interval）内。运用置信区间，我们可以得出当误差率为 6%～7% 时，介于 58%～72% 的人群赞成总统的政策。置信区间大小取决于样本的大小和总体的期望偏差。统计学教材会介绍如何计算这些数据。

对于许多种类的调查，需要有一个大的样本以便获得重要结果。除了采用电子数据之外，尼尔森媒体调查公司每年会收集大约 200 万份电视收看调查日记以获取收看资料。基于这样大的样本，尼尔森媒体调查公司就可以向当地电视台和广告商提供电视收看信息。[6]

不过，不要把样本大小（sample size）和随意性混为一谈。这方面的一个经典例子就是 1936 年美国《文学文摘》（*Literary Digest*）做的民意测验，预测共和党人阿尔夫·兰登（Alf Landon）会打败民主党在任总统富兰克林·罗斯福（Franklin Roosevelt）。《文学文摘》向杂志订阅者及拥有汽车和电话的美国人共发出了 1 000 万份问卷。不过，这些人在当时比普通选民富有，而且多为共和党人。[7]

3. 如何实施调查

当在特定地点对很少数量的人进行调查时，采用面对面调查（face-to-face survey）就很方便。但在面对面调查中，调查者的性别、种族及非语言暗示都会使结果带有偏见。绝大多数人不会说那些他们认为其听众不喜欢的事情。正因为如此，当调查者也是女性时，女性往往更愿意承认性骚扰是个问题；当调查者也是少数族裔成员时，少数族裔成员往往更愿意承认他们遭受到的种族歧视。

电话调查（telephone survey）因容易被严密管理而十分流行。调查者可照着计算机屏幕读出要问的问题，边听对方回答，边向计算机输入。电话挂断后几分钟，就可以得出调查结果。

电话调查也有局限性。首先，只能对有电话的人进行调查，因此不能代表穷人等一些群体的意见。此外，语音邮件、来电显示和手机使得电话调查变得更难。对于未知来源的电话，绝大多数人不会接听或回电，而他们的手机号码在很多时候也十分难以获得。

依据电话簿进行的调查排除了那些电话号码没有被列入的人员，所以专业调查人员会采用自动随机数字拨号方式来进行电话调查。

邮寄调查（mail survey）可以调查到所有有地址的人们。有些人更乐于填写匿名问卷，而不乐意在电话里将一些敏感信息提供给陌生人。但是，对于那些阅读和写作能力较差的人而言，邮寄调查的效果也会很差。此外，对那些不关心调查或将邮寄品视作垃圾的人们而言，使用这种方法往往很难有回应。

在线调查（online survey）是在网上发送问卷。调查者可以用电子邮件联系回答者，邮件中会有一个链接，通过这个链接可以访问进行调查的网站。调查者也可以请人通过邮件或者个人自己访问进行调查的网站。

另一种方法是在网站上登出调查问卷，邀请网站的访客来完成调查问卷。这种方法不使用随机样本，所以其结果可能无法反映所有人的意见。芭比娃娃（Barbie）的生产商美泰（Mattel）公司做了一次在线调查，想了解一下小女孩喜欢芭比娃娃未来有怎样的职业。调查结果让美泰公司非常震惊。虽然小女孩希望芭比娃娃未来的职业是电视女主播，但获得绝大多数投票的职业是电脑工程师，原因就是许多针对女性的计算机组织请其成员参加了投票。[8]

一般地，参加在线调查的志愿者多是白人，受过较好的教育，而且比普通人更处于年龄结构的两端。[9]不过，由于在线调查的成本只有电话调查的10%，在线调查越来越获得专家的认可，且越来越受到欢迎。

4. 调查的回应率如何

无论采用什么方式的问卷调查，人们最关心的是**回应率**（response rate），即回应者人数所占的百分比。拒绝作答者与积极作答者之间存在很大差异。为了得到针对全部被调查者的结论，就需要获得来自上述两类人群的反馈信息。低回应率是个很大的问题，电话调查尤其如此。自动应答电话和来电显示电话通常会在屏幕上显示来电号码，结果导致回应率下降。

近年来，手机的普及对用电话调查联系潜在回应者的能力产生了不利影响。因为美国法律禁止手机在绝大多数情形下进行自动拨号，所以在调查中运用手机的成本和复杂性大幅提高。对于依靠录音来开展自动调查的调查企业，拨打电话的成本增加到了过去的十倍。但为了维护声誉，一些调查企业正在要求客户接受一定百分比的手机调查。[10]

近年来调查得不到回应的问题变得越来越严重。美国人口统计局邮件调查的回应率只有65%，而花的促销费用高达3.706亿美元。[11]随机电话调查的回应率逐年下降，从1997年的36%

下降到 2012 年的 9%，而且根据 2016 年的调研，之后一直维持在 9% 的水平。不过，手机调查的回应率为 7%。[12] 皮尤调研中心、美国舆论研究协会（American Association for Public Opinion Research）等组织强调，所有的电话调查都必须包括手机和固定电话调查。[13]

5. 调查问卷用了哪些问题

问卷调查和面谈要想取得效果，问题设计必须合理。有效的调查问题具有以下特点：

- 只问一件事情。
- 措辞保持中立。
- 问题排列顺序不会影响回答。
- 避免对调查对象进行任何假设。
- 使同一事情对不同人的含义保持一致。

某家电信公司的一项调查要求员工为他们的老板在"雇用员工和确定薪酬"方面的表现打分。尽管两项任务都属于人力资源管理的内容，但属于完全不同的活动。一名管理者在雇用人员方面可能比在确定薪酬方面做得好，但也可能刚好相反。如果公司采用了这样的调查，那么被调查者就根本无法区分老板在每项任务上的表现。[14]

问题的措辞方式不应使回答产生任何歧视色彩，不论回答是肯定的，还是否定的。回应者的肯定回答会比否定回答更多地采用陈述表达。如果关于经理的调查问员工的是他们的经理是否处事公正、讲伦理、具有智慧、知识渊博等，那么他们可能会把这些优秀品质都加到经理的头上，而且可能随着调研的深入他们赞同的会越来越多。为了纠正这类问题，有些问题应当重新组织措辞，以便得到不同的回答。例如，关于道德的陈述可以改为关于腐败问题的陈述，关于是否公平可以改为关于是否有偏见或者墨守成规。[15]

另外，提问顺序也很重要。在经济不景气期间，如果先问经济对家庭的影响，再问对总统的意见，显然后者的得分会降低。如果经济景气，那么情况刚好相反。[16]

要避免出现在提问中对被调查对象进行假设的情况。例如，如果提问"你的配偶是否出外工作"，那就假设了调查对象为已婚人士。

要使用对你和对方具有相同含义的词汇。如果问题有多种解释，那么就会发生歧义。例如，"经常"（often）和"重要"（important）等词汇，不同人的理解不尽相同。当某咨询公司帮助杜克能源（Duke Energy）公司评估其管理者的领导能力时，在最初的员工调查问卷草稿中，要求员工对管理者的"理解商业和市场的能力"进行评分。员工怎么知道管理者想的是什么呢？后来，提问被改为识别员工可以观察到的行为："能否快速、全面地解决顾客的抱怨？"虽然措辞仍然带有主观性（快速且全面），但至少所有的员工可以对同一类行为进行衡量了。[17]

如果两个人使用同样的措辞而解释却不尽相同，此时就会发生所谓的歧义（bypassing）。为了找出那些可能被误解的问题并降低发生"错误传达"的概率，要避免那些对不同的人会产生不同意思的措辞。为此，不妨请几个人来预试验一下你的问题，让他们像调查对象那样来回答可能被误解的问题。即使参加预试验的人数只有 10 人，也可帮助你完善提问。

调查问卷中的问题可按若干方式进行分类。封闭式问题的回答种类是有限的，而开放式问题（open question）则允许回答者做出任何可能的回答。如表 15-4 所示，这里给出了一些封闭式和开放式问题。表 15-4 中的第二个问题就是李克特量表法（Likert-type scale）的例子。

表 15-4　封闭式问题和开放式问题

封闭式问题

你对城市的公交车服务满意吗？（是 / 否）

城市公交车服务质量如何？

很棒　5　4　3　2　1　很差劲

以下关于公交车服务的看法，你是同意（A），还是不同意（D）

A　D　公交车时刻安排对我很方便

A　D　公交车路线对我很方便

A　D　司机很有礼貌

A　D　公交车很干净

按照重要性程度，排列下列每项改进措施：

（1 代表最重要；6 代表最不重要）

_____　购买新的公交车

_____　增加平日非上班高峰期的服务

_____　增加平日服务

_____　在平日提供提早和延迟服务

_____　购买更多有轮椅通道的公交车

_____　提供无限制的换乘服务

开放式问题

你认为城市公交车服务质量如何？

谈谈关于这个城市的公交服务情况

为什么乘坐公交车？（或者，为什么不乘坐公交车？）

公交车服务的哪些方面你最喜欢，哪些方面你最不喜欢？

如何改进城市公交车服务质量？

封闭式问题既便于答题人回答，又便于调查者打分。但是，由于所有回答必须符合预先设定的种类，所以有时无法用来调查复杂的问题。为了提高封闭式问题的质量，不妨在进行封闭式问题调查之前先采用开放式问题进行一次前期调查，找出答题人关注的提问种类。分析开放式问题的答题者往往没有分析封闭式问题的答题者那样直白。

如果调查主题可能会令人尴尬，就要采用封闭的多项选择提问。如果调查对象发现自己的情况被列为一个选项，那么他们在感觉上就会接受该选项。不过，对于特别敏感的话题，最好在面谈中涉及，毕竟在面谈时调查者可以先与对方建立信任关系，然后通过表明自己的信息来鼓励调查对象回答问题。

如果希望发挥封闭式问题简便的优势，但又无法提前预计到答题人的回答情况，那么不妨使用"如有其他回答，请在此说明"选项。当再次进行问卷调查时，就可使用这些回答来改进选项。

你选择乘坐公交车的唯一最重要的理由是什么？

_____ 我没有自己的汽车。

_____ 我不想在交通高峰时间驾车。

_____ 乘公交车比自己开车便宜。

_____ 乘公交车可以节省燃料，减少污染。

_____ 其他（请申明）。

如果采用多项选择提问，要使所给的各项选择相互独立且内容详尽。也就是说，要确保任何答案只符合一个选项，且选项要包含所有可能的答案。下面是一个答案相互重叠的例子。该例子中，假如公司的全职员工正好是 25 名，那么选 a 或 b 都对。这样，调查得到的资料就难以进行解释了。

答案重叠：指出 5 月 16 日公司的全职员工人数：

_____A. 0～25

_____B. 25～100

_____C. 100～500

_____D. 500 以上

答案独立：指出 5 月 16 日公司的全职员工人数：

_____A. 0～25

_____B. 26～100

_____C. 101～500

_____D. 500 以上

参照回答者对前面某一问题的答案，分叉式问题（branching question）可以指引他们转向问卷的某一部分。

10. 你今年是否与学术导师进行了沟通？　　　　是　　　否

（如果选"否"，跳到问题 14。）

通常，要把容易回答的问题放在调查问卷的开头。将那些较难回答或人们可能不太乐意回答的问题（如年龄、收入等）放在接近问卷结尾的地方。这样，即使有的人没有回答这些问题，但问卷其余部分的提问仍是作答了的。

如果要由调查对象亲自填写问卷，那么应当特别注意问卷的版面设计。要有效地利用行首缩进和空白手段，以方便标注和打分。要标注答案量表以便回答者记住哪端是肯定的，哪端是否定的。如果设计者或你本人不能到现场对问卷进行必要的解释或回答被调查人可能提出的疑问，那么在问卷中应增加简短的目的说明。将问卷提前试用一下，以测试题目说明是否清楚。曾经有一位调查员没有经过提前试用，就寄出了自己设计的两页长的问卷，结果 1/3 的被调查者没有对列在背面的问题作答。

图 15-1 给出了一个学生报告用的调查问卷例子。

引言部分要:
①告知如何交回问卷
②告知所填写信息的用途

有吸引力的题目对调查很有帮助
Survey: Why Do Students Attend Athletic Events?

The purpose of this survey is to determine why students attend sports events, and what might increase attendance. All information is to be used solely for a student research paper. Please return completed surveys to Elizabeth or Vicki at the Union help desk. Thank you for your assistance!

1. Gender (Please circle one)　　　M　　　F

从容易回答的问题开始

2. What is your class year? (Please circle)　　1　　2　　3　　4　　Grad　　Other

每一个数字下面的文字对答案进行了明确，但仍然容许计算数据的平均值

3. How do you feel about women's sports? (Please circle)

1	2	3	4	5
I enjoy watching women's sports		I'll watch, but it doesn't really matter		Women's sports are boring/ I'd rather watch men's sports

如果回答者的想法也被列在选项中，可以使回答者更乐意接受调查志愿者，并少一些尴尬的感受

4. Do you like to attend MSU men's basketball games? (Please circle)
　　Y　　　N

5. How often do you attend MSU women's basketball games? (Please circle)

1	2	3	4	5
All/most games	Few games a season	Once a season	Less than once a year	Never

6. If you do not attend all of the women's basketball games, why not? (Please check all that apply. If you attend all the games, skip to #7.)
__I've never thought to go.
__I don't like basketball.
__I don't like sporting events.
__The team isn't good enough.
__My friends are not interested in going.
__I want to go; I just haven't had the opportunity.
__The tickets cost too much ($10).
__Other (please specify) _____

思考那些会影响所调查问题的因素；通过调查问卷来获取关于所调查问题的资料

7. To what extent would each of the following make you more likely to attend an MSU women's basketball game? (please rank all)

1	2	3
Much more likely to attend	Possibly more likely	No effect

__Increased awareness on campus (fliers, chalking on the Oval, more articles in the *Gazette*)
__Marketing to students (give-aways, days for residence halls or fraternities/sororities)
__Student loyalty program (awarding points towards free tickets, clothing, food for attending games)
__Education (pocket guide explaining the rules of the game provided at the gate)
__Other (please specify) _____

Thank you!
Please return this survey to Elizabeth or Vicki at the Union help desk.

重复一下问卷要交回或者寄到哪里

图 15-1　学生报告用的调查问卷

15.3.4　分析数字内容

很多报告都要进行数字分析，这些数字或者来自数据库和其他资料来源，或者来自调查采集到的数据。只要对数字资料做合适的分析，就能使其成为佐证你的建议的有用例子。

如果工资或其他项目拥有众多数字，那么首先需要计算平均值、众数、中位数和数值范围。平均值（average）或平均数（mean）是将所有的数字相加，除以样本的个数而得出的。众数（mode）指的是出现最频繁的数字。中位数（median）是指正好出现在中间的数字。当观察数字个数为奇数时，中位数就是出现在中间的数字。当观察数字个数为偶数时，中位数就是位于中间的两个数字的平均值。范围（range）是某变量最大值和最小值之间的差异。

平均值特别容易受单一极端数的影响。三份不同的调查报告所得到的平均婚礼费用接近30 000美元。因为婚礼是个大行业，所以有许多文章引用该数据。不过，这三份调查报告中的婚礼费用中位数只有15 000美元左右。即便是这个数字也被高估了，因为出于方便的考虑，样本都选自大型婚礼网站、新娘杂志和婚庆公司，所以样本可能没有包含那些小型的普通婚礼。[18]

通常有必要简化数字资料：对数据做四舍五入或合并同类项。绘制图表也可以帮助你发现数据中的模型（参见第13章中关于用图表来分析和提供数据的全面讨论）。观察原始数据及百分率情况。举例来说，"入店行窃事件增长了50%"听起来让人警惕。相反，对于同样的数据，如果采用不同的表达方法，就会有不同的影响，如说成"入店行窃事件从两件增加到三件"就不那么骇人听闻了。

15.3.5　分析模型

模型可以帮助你得出数据背后的含义。如果搜集的资料来自图书馆，那么要弄清楚专家赞成的是哪种观点，哪些不赞成之处可以用早先适用但现已发生了变化的理论或数字来解释，哪些差异是因对同一资料的不同理解所导致的，哪些又是因为价值观和标准的不同而导致的。

面谈和调研时，你发现了哪些分析模型？

- 随着时间的过去，事情发生变化了吗？
- 地理因素能否解释差异？
- 性别、年龄、收入等人口统计因素能否解释差异？
- 发现了哪些共同点？
- 发现了哪些差异之处？
- 什么证实了你的预感？
- 什么使你感到吃惊？

许多对销售趋势的描述都是对从数据中得出的模式的描述。

15.3.6　检查逻辑性

常见的逻辑错误就是混淆因果和相关这两种关系。因果关系意味着一件事导致另一件事的发生。相关关系则指的是两者同时发生，它们之间存在某种正向的或负向的联系。一件事可能是另外一件事的诱因，但也有可能两者均由第三者所致。例如，有研究表明熬夜会影响成绩，即熬夜学生的成绩低于不熬夜学生的成绩。不过，导致成绩不好的原因不是熬夜，需要熬夜的学生也许本来成绩就不好。

因果关系和相关关系很容易被混淆，所以弄清楚两者的差异性很重要。美国人口统计局发布的数字表明，受教育程度高的人收入也高。一个更普遍的假设是，所受的教育越多，那么收入也越高。但是出身富有家庭的人会接受更多的教育吗？或者是不是存在智商之类的第三种因素，造成了接受更多的教育和拥有更高的收入？[19]

对观察到的现象，要有意识地找出至少三种可能的原因；针对每个问题，要找出至少三种不同的解决办法。想出的可能性越多，发掘到好办法的概率就越大。报告中，只需将那些同读者相关的，你认为是真正的理由或最佳方案予以展开。

一旦确定了问题的原因或最佳解决办法，一定要将它们与现实相对照。能否通过引用或数字采集来进行佐证？如何回应那些对数字做出不同解释的人的意见？

确保读者清楚你的证据内容。你自己做过观察吗？基于他人收集的观察数据，你推断出什么结论？过去的数据也许不能指导未来的行动。

如果无法证实原本打算得出的结论，那么要适当调整结论，使之与资料相吻合。即使出现市场测试失败或试验同假设相悖的情况，仍然可以撰写出有价值的报告。

- 确定那些导致不同结果的变化。例如，按较低价格销售产品也许能使公司销售量增加。
- 将讨论分成若干部分，以便说明测试的哪一部分取得了成功。
- 讨论可能影响了结果的条件。
- 在进展报告中总结负面的发现，目的是使读者慢慢冷静下来并调整其调研方案。
- 要记住负面结论不一定总会令受众失望。例如，从事项目可行性调查的人员可能会很欣慰地了解到，有一些公正的外部人员证实了他们对项目不可行的怀疑。

一个与数字相关的常见看法就是数字比文字更为客观，即"数字不会说谎"。不过，以上例子表明，人们对数字的解释很可能完全不同。

15.3.7　开展调查采访

采访调查应提前约定时间，还要通知被采访者预计会用多长时间。一项对专业作家（他们中的很多人主要通过采访来获取所需的资料）进行的调查发现，约见与调研主题有关的专家的最佳时间应为周二、周三和周四的早上。[20] 人们在周一常常很忙，到了周五又盼望过周末，或者要赶在周五完成手头工作。

采访调查可以是规定性或非规定性的。在规定性采访调查（structured interview）中，采访者按事先准备好的问题清单进行提问。实际上，规定性采访调查可以使用调查问卷来提问。

在非规定性采访调查（unstructured interview）中，调研者要预先准备 3～4 个主要问题。其余的问题完全视被调查者的回答来即兴提出。在准备非规定性采访调查时，应尽量多了解有关被调查者和采访主题方面的内容，可就 3～4 个相关的主要话题进行调查。

采访者有时用封闭式提问来开始采访，为的是让被采访者尽量感到放松。不过，采访的优势在于可以了解对方的态度、感受和经历等信息。情景性提问（situational questions）有助于探知对方在特定情景下会采取的行动。假设性提问（hypothetical question）让对方假想他们的通常做法，与针对关键事件（critical incident）或过去重要经历而提问相比，假设性提问所得到的答案就不太可靠。

情景性提问：　某个员工的业绩令人不满意，你会如何告诉她？

假设性提问：　假如要求你通知某名雇员，他的工作表现不能令人满意，你会怎样说？

关键事件提问：你可能处于这种情况：一起共事的同事不履行他的那份职责。最近一次碰到这种情况时，你是怎么做的？

反射式提问（mirror question）是对之前最后作答换一种方式进行复述："所以你直接同他对质了？""你认为这个产品太贵了？"反射式提问既可以用来确认采访者是否正确理解了对方的回答，也可以用来鼓励被采访者继续发表看法。

探索性提问（probe question）一般接在原始问题之后，用来进一步探知问题的具体情况。

原始提问：　　你怎么看待校园的停车费？

探索性提问：你乐意为保留车位缴纳更多的费用吗？多缴多少可以接受？非法停车的罚金是否还应提高？你是否认为该项收费应同收入挂钩？

探索性提问的使用没有一定之规。相反，可以借此让被调查者继续谈下去，了解被调查者尚未涉及的一些主题的具体内容，或者深化对被调查者谈及的观点的讨论等。

在规定性采访调查中，如果采用口头方式来提问对方，那么所提供的答案选项应较书面问卷少些为宜。

我将要读的是人们选择饭店时会考虑的种种因素。每读完一个，请告诉我该因素对你很重要、有点重要还是不重要。

假如作答的人有些犹豫，不妨将答案选项再读一遍。

将采访过程录音。提前检测一下录音设备是否正常工作。如果你认为被调查者可能不愿做录音谈话，那么不妨承诺把录音材料给对方。

15.3.8 运用焦点小组

作为一种定性调查方法，焦点小组（focus groups）指一小组人被召集在一起，就某些感兴趣的领域，如产品、服务、工艺、概念等，给出较为详细的观点。因为焦点小组的讨论环境可以使每位成员通过相互的评论来形成结论，所以认真挑选焦点小组成员可以产生详细的反馈信息。此外，他们还能说明与特定行为相关的态度与情感。

焦点小组也存在一些问题。首先，焦点小组越来越多地采用来自数据库的职业调查对象，主要是因为受成本和时间的限制。定性调查通信学会（Association for Qualitative Research Newsletter）称这些调查对象为行业大麻烦。[21] 为了得到为焦点小组所认同的结论，他们必须能有效代表目标群体。其次，这些焦点小组有时为了讨好他人而不愿给出自己的真正观点。

15.3.9 运用在线网络

最新形式的焦点小组就是在线网络。这些网络起初是作为调查工具由技术和视频游戏公司开发的，但如今很多消费品与服务的生产商包括小公司，都在采用这些网络。这些网络通常比传统焦点小组要便宜，而且更为有效，因为这些网络的参与者众多，而且适合于开展深度的最新调查。公司可以借助这些网络开展民意测验、与实际消费者进行实时聊天、产品试用等。[22]

还有一种较大的在线社区来自 Twitter 和在线博客。虽然这些社区作为反馈小组往往最难控制，但已经变得越来越重要了。许多公司雇用员工或通过技术服务来监督社交网络上的评论并迅速做出回应。公司也会利用来自 Twitter 和 Facebook 的反馈来跟踪产品趋势和消费者偏好。

15.3.10 观察顾客与用户

对采访和问卷调查的回答可能与实际行为并不一致，有时甚至相差很远。为了获得准确的消费者信息，很多厂商会对用户进行观察。在设计新的番茄酱包装袋之前，亨氏（Heinz）公司对快餐顾客在他们的车内如何艰难地打开番茄酱包装袋的行为进行了观察。采用新的包装袋后，用户可以轻松撕开番茄酱包装袋或从袋中挤出番茄酱。[23] 直觉（Intuit）公司是观察研究业的领先企业，公司会派其员工去拜访顾客，观察顾客是如何使用公司的产品的，如 QuickBooks 财务软件。通过观察小企业使用 QuickBooks Pro 财务软件的困难之处，公司就知道市场需要一种新的产品——QuickBooks Simple Start 财务软件。[24]

观察方法也可用于在公司内搜集信息，如生产系统的运行效率、员工对消费者的服务质量等。有些企业会雇用"神秘顾客"。例如，麦当劳通过雇用神秘顾客来检查清洁、客户服务、食物质量等情况。公司还在线公布每家店的检查结果，这样就可以给管理者带来激励，同时给业绩落后于同地区平均水平的商店带去信息，以便其了解哪些方面需要改进。[25] 许多组织在雇用神秘顾客，以至于有人成立了神秘顾客提供者协会（Mystery Shopping Providers Association）。

为了搜集到最多的信息，常常将观察法与其他方法结合使用。有声思维模式（think-aloud protocol）让用户在使用某一产品或文件时，将自己的想法说出来："首先，我需要……"这些模式在录音后并经分析，就可以让你知道用户是如何看待某一文件或某一产品的。打断式采访调查（interruption interviews）就是不停地打断用户并询问所发生的一切。例如，如果公司正在试验某计算机指令草案，那么就可打断用户并问："现在你正在试图做什么？你为什么要做这件事？"基于语篇的采访调查（discourse-based interviews）要求以被采访者所撰写的文件为依据向他们发问："你说该程序过于复杂。请告诉我你是什么意思？"

15.3.11　运用调研技术

技术常常用于调研工作，而且在商业调研中起到越来越重要的作用。通常，与过去的调研方法相比，技术方法可以带来更有用的资料，而且耗费的成本较低。举例来说，在对消费者观看电视的行为进行调查时，会存在这样的问题：如果他们并不以自己喜欢看的节目为荣，那么消费者会低报他们看电视的时间和喜爱的程度。

研究人员试图开发各种能自动搜集观看数据的衡量方法。阿比壮（Arbitron）公司引进了便携式人数测量表（Portable People Meter, PPM），它可以接收广播电台和有线电视台发出的无声电子信号。消费者只要携带了人数测量表，就可记录收听或观看的节目。首次调查中有一项结果显示，消费者实际上听广播的时间多于他们所说的时间。[26]

尼尔森媒体调查公司把广告观看加入其著名的电视节目编号中；广告商自然很想知道究竟有多少人在实际观看广告而不是吃点小零食或快进到电子录像中的节目。[27] 尼尔森媒体调查公司也开始对大学生的观看行为进行跟踪调查，将这种人数测量表安装在寝室等公共区域。

在过去几年里，社交媒体在调查中所起的作用越来越大。企业运用手机反馈信息来获得关于产品和营销的更新、更接近现实的信息。Twitter 在调查中也开始发挥越来越重要的作用。

- 企业利用 Twitter 来跟踪市场对产品、营销和员工士气的看法。
- 调研人员可以运用 Twitter 资料来跟踪流感或食物中毒的暴发情况。事实上，Twitter 上的信息要早于来自疾病控制与预防中心的信息。
- 美国地质勘探局（U.S. Geological Survey）正在试验用 Twitter 这种比采用地震仪反应更快、耗费更少的方法来追踪地震。
- 对冲基金和投资公司在它们的投资方案中运用 Twitter 数据。

Twitter 数据挖掘的一个主要缺陷就是 Twitter 用户不构成总体的代表性样本，更说不上是随机样本了。相比于不使用 Twitter 的群体，Twitter 用户更为年轻，受教育程度更高，更多为城市居民，更为富有，而且多没有子女。另一个明显的缺陷是，由于语言复杂，要理解推文所表达的看法并不总是容易的。这一点对人员调研如此，更不用说是数据挖掘程序了。[28]

所有这些数据收集的一个值得注意的结果是，数据科学家——数学家、统计学家、计算机科学家和商业领袖——预计将成为未来十年最热门的职业之一。[29]

技术也有助于帮助用户更有效率地管理时间。例如，通过作为谷歌文档之家的"谷歌云端硬盘"（Google Drive），用户就可以与他的团队成员同时撰写报告的不同部分，而不用来回通过电子邮件收发草稿。作为额外的好处，草稿修改的过程可以完全保存下来，使得用户在需要时可以返回到早先的版本。此外，当团队成员因日常安排而无法到同一地点集体撰写报告时，用户还可以利用其他功能来开展团队的实时短信聊天。

15.4　报告用资料的选择

不要因为你手头掌握有某信息或者因为花了很多时间才搜集到某信息，就将这一信息用在报告中。相反，应该选择那些读者决策所需要的信息。对于公布耗费 1 130 万美元的联邦航空安全项目研究结果的方式，美国国家航空航天局遭到广泛的批评。美国国家航空航天局虽然公布了内容达 16 208 页的研究结果，但没有说明应该如何理解这些结果。鉴于数据中包含数百个飞行失误的案例，所以批评者坚持认为美国国家航空航天局的做法是故意的。[30]

如果对受众十分了解，那么就会对他们的优先标准很清楚。例如，呼叫中心的负责人知道管理层需要哪些业绩资料，如成本、处理的工作量、顾客满意度等。为了撰写日常报告，该负责人会确立某种格式，以便清楚地了解呼叫中心在这些方面的情况。每月都采用这一格式就可以简化受众的任务。

如果对受众不太了解，那么可以通过向他们展示一份内容目录草稿（标题清单）并询问对方"还有什么要补充的"，就能在一定程度上弄清楚什么是重要的。如果找不到公司以外的人来帮助审核，不妨将草稿交给自己所在组织的上司或同事帮忙审查。

报告中应该包含的信息量取决于受众的态度——是支持的、中立的还是怀疑的。如果受众对你的调研持满意的态度，可以将信息直接提交；假如受众持不满意的态度，就有必要通过说服方法来解释自己的观点并提供足够的证据。

有时，即使是官方机构提供的数据也会存在差异，或者对同样数据的解释会不同。联合国和约翰·霍普金斯大学的研究者对于伊拉克战争死亡人数的估计相差达到 500%，而原因就在于霍普金斯大学的报告在调查设计与实施、抽样等方面存在缺陷或错误。[31] 如果能弄清楚数据是如何收集到的，那么就有把握来分析数据的质量了。

另外，要明确是将信息放在报告的正文部分还是附录中。假如该信息是很重要的证据，或者报告的篇幅较短，或者那些最重要的受众希望在正文中读到，那么可以将这些证据放在正文中（不超过半页的文字一般不会影响受众的注意力）。通常，决策者更希望你在报告的正文中对资料进行分析，而不只是提供实际资料本身。今后会被专家（如会计师、律师、工程师等）检验的支持性数据通常要放在附录中。

对于谨慎的受众可能需要但对你而言并非很重要的任何证据，一般放在附录中。附录可以包括：

- 调研问卷或采访面谈用问题。
- 调研中作答人对每个问题的回答。
- 调研中作答人对开放式问题的回答。
- 采访或面谈手稿。
- 各种表格和视觉材料。
- 技术性资料。
- 以往有关该主题的报告。

15.5　报告中资料的组织

各类数据资料可按若干种逻辑方式进行组织。要选择能使你的受众最容易理解和使用的方式进行组织。例如，假设你正在汇编所在工厂雇员的名册，那么按姓氏的字母顺序进行汇编比按照他们的身高、社会保障基金编号、入职公司的时间等因素来汇编要实用得多。不过，上述后面的那些汇编方法对出于其他目的的列表可能非常有用。

下面三条原则有助于你确定对受众最有用的资料组织方式。

（1）在向受众陈述之前，对所搜集的信息资料进行适当加工。你对这些信息资料的了解顺序常常并不是将之陈述给受众的最佳方法。

（2）如果信息资料很多，应当将它们分成 3～7 类。普通人的短期记忆力可以应对最多 7 类信息，虽然每一类的内容可多可少。[32] 把信息分成 7 类（或更少一些），有助于受众对你的报告的理解。

（3）要符合受众的期望，不要违反受众的期望。在概述部分，应当按照将要采用的讨论顺序对主要观点进行介绍。

15.5.1　组织资料的模式

信息资料的组织方式应该最适合受众的阅读需要。表 15-5 给出了对报告撰写特别有用的常见的组织资料的模式。这些模式既可以在整篇报告中使用，也可以在报告的某一部分使用。

表 15-5　报告中组织资料的模式

• 比较 / 对比型	• 演绎或归纳型
• 问题 - 解决方案型	• 地理或空间型
• 逐一排除型	• 功能型
• SWOT 分析型	• 时序型

1. 比较 / 对比型

在大型报告中，很多分报告常常使用比较 / 对比型组织资料模式。比较 / 对比型组织资料模式有时也是整体报告的目的。建议性研究报告通常采用这种模式。撰写者可以把重点放在进行评估的选择方案上，也可以把重点放在采用的标准上。表 15-6 给出了组织比较 / 对比型模式在报告中的具体应用。

表 15-6　组织比较 / 对比型报告的两种方法

强调选择方案	
选择方案 A	在校园开设一家新商店
标准 1	场地租金
标准 2	与目标市场的邻近程度
标准 3	同类商店之间的竞争
选择方案 B	在郊区购物商场开设一家新商店
标准 1	场地租金
标准 2	与目标市场的邻近程度
标准 3	同类商店之间的竞争
强调标准	
标准 1	开设新商店的场地租金
选择方案 A	在校园开设新商店的场地租金
选择方案 B	在郊区购物商场开设新商店的场地租金
标准 2	与目标市场的邻近程度
选择方案 A	开设在校园的新商店与目标市场的邻近程度
选择方案 B	开设在郊区购物商场的新商店与目标市场的邻近程度
标准 3	同类商店之间的竞争
选择方案 A	开设在校园的新商店面临的竞争
选择方案 B	开设在郊区购物商场的新商店面临的竞争

强调选择方案的组织模式一般适用于以下情况：

- 某一选择方案明显优于其他方案。
- 很难将标准分离开来。
- 与将选择方案作为整体的一部分相比，受众更能从直觉上整体把握选择方案。

强调标准的组织模式一般适用于以下情况：

- 一种选择方案是否优于另一种选择方案取决于赋予各种标准的相对权重。如果从成本这一标准来衡量，那么选择方案 A 是最好的；但如果从对目标市场的适用性来衡量，该方案可能是最糟糕的。

- 很容易将标准分离开来。
- 受众希望选择方案独立于你的建议，然而再进行比较和对比。

比较/对比型组织模式的一种变体叫**支持–反对模式**（pro-and-con pattern）。按照支持–反对模式，在每一个具体的标题下列出所有支持和反对该主张的论点。下例是关于在某大学四方院子进行种植的新计划。该计划所采用的就是支持–反对模式：

> 采用单一作物制的优势
> 　高产
> 　视觉上整齐划一
> 采用单一作物制的劣势
> 　虫害的危险
> 　视觉上单调乏味

如果想弱化某建议方案的劣势，那么采用这种模式的效果最差，因为这种模式不容许你通过陈述中性或正面信息来掩盖劣势。

2. 问题–解决方案型

找出问题所在；解释问题的背景和来由；讨论其严重性和程度；发现问题的成因。对可能影响决策的不同要素（标准）进行探讨。分析可能解决方案的优势和劣势。结论和建议既可以放在开始，也可以放在结尾，具体可视受众的喜好而定。问题–解决方案型组织模式在受众持中立立场时十分有效。

下例是建议如何消除颗粒状漂白剂在生产过程中的固化现象。其中使用了问题–解决方案型组织模式：

> 万博漂白剂革新建议
> 维持万博漂白剂颗粒结构的问题
> 　储存和运输中的固化现象
> 　客户对万博漂白剂结块的抱怨
> 为什么万博漂白剂会有"结块"现象
> 　万博的配方
> 　加工工艺
> 　固化的化学过程
> 保持万博漂白剂流动自如的调整方案

3. 逐一排除型

讨论完问题及其成因之后，紧接着可以先探讨那些不切实际的解决方案，说明它们不能解决根本问题的原因。最后，提出最实际可行的方案。如果受众可能赞成的方案并不切实可行，而你所建议的方案被指责为太昂贵、太烦扰或过于激进，此时采用逐一排除型组织模式就十分有效。

以下名为"电视广告对孩子的影响"的关于玩具广告的报告就使用了这种逐一排除型的组织模式：

> 电视玩具广告中问题的几种备选解决方案
>> 不对广告做任何修改
>> 就广告问题给学校提些建议
>> 呼吁生产厂家规范自己的行为
>> 建议授权美国联邦通信委员会规范针对儿童的电视广告

4. SWOT 分析型

SWOT 分析（SWOT analysis）通常用来评估某个建议项目、扩建项目或新企业，主要分析建议方案的优势（strengths）、弱势（weaknesses）、机遇（opportunities）与威胁（threats）。优势与弱势通常为组织内部的因素，机遇与威胁通常为来自组织外部的因素。

关于设立公司内部培训部门的建议就采用 SWOT 分析模式来佐证：

> 设立内部培训部门的优势
> 设立内部培训部门的弱势
> 作为竞争对手的培训企业
> 拓展培训业务带来的机遇

该报告将机遇与威胁（作为竞争对手的培训企业）做了次序上的对换，这样结尾部分给出的就是正面信息。

5. 演绎或归纳型

由一般到具体的演绎型组织模式，首先从总体上阐述问题及其对机构的影响，然后过渡到对问题各个部分的讨论，并探讨各个部分的解决方案。由具体到一般的归纳型组织模式，从受众对问题的定义着手，然后过渡到对该问题所归属的、更高层次的问题的探讨。当为了有效地解决问题而需要对受众已经意识到的问题进行重新定义时，演绎或归纳型组织模式都十分适合。

名为"大人物"的学生志愿者组织的理事们认为该组织的问题在于"志愿者数量不足"。在对该问题进行充分调查后，撰写者发现培训、管理、校园意识等问题是导致退出率高、应聘率低的原因。利用从一般到具体的演绎型组织模式有助于受众从新的角度来认识"志愿者数量不足"问题。

为什么"大人物"组织需要更多的志愿者

为什么该组织的有些志愿者退出了

　　培训不足

　　管理不当

　　认为参加"大人物"组织会占去他们太多的时间

　　认为该工作需要太多的感情付出

为什么有些学生不愿当志愿者

　　认为参加"大人物"组织会占去他们太多的时间

　　认为该工作需要太多的感情付出

　　倾向于加入其他志愿者组织

　　对"大人物"组织的机遇缺乏了解

该组织的志愿者目前是怎样培训和管理的

该组织对志愿者在时间方面的要求

该组织对志愿者在情感方面的要求

加强志愿者使命感和责任心的方法

　　加强培训和管理

　　在时间方面给志愿者以更多的灵活性

　　向志愿者提供情感方面的支持

　　提供更多的关于社区需求和"大人物"组织服务项目的信息

6. 地理或空间型

　　按照地理或空间型组织模式，问题和解决方案的讨论都是按照它们的物理排列及形成的单位来进行的。例如，可以按照由办公室到办公室、由一幢大楼到另一幢大楼、由工厂到工厂、由州到州，或由一个地区到另一个地区等顺序来进行组织。

　　销售报告中常采用地理或空间型组织模式。

欧共体市场的销量有所上升

东欧市场的销量趋缓

中东市场的销量急剧下降

非洲市场的销量开始强劲上升

亚洲市场的销量略有上涨

南美市场的销量略有下降

北美市场的销量呈稳健态势

7. 功能型

按照功能型组织模式，对各个功能单位的问题和解决方案进行讨论。例如，小企业在给风险投资人的报告中可能会按照调研、生产、销售等功能来组织报告内容。政府机关的报告可能会将数据资料按照该部门的各种职能逐一详述。

> **2018 财年的主要成就**
> 　　规制
> 　　教育
> 　　研究
> 　　国际协调

8. 时序型

顾名思义，时序型组织模式就是按照事件已经或将要发生的顺序来记录事件和组织报告。很多进度报告都采用时序组织模式。

> **10 月份完成的工作**
> **11 月份的工作计划**

如果选择时序组织模式，要确保不能让时间顺序掩盖那些重要的观点和趋势。

15.5.2 各种具体报告的模式

无论是撰写说明性报告、建议报告还是证明报告，假如能符合受众对该类报告的期望，此报告就一定会更加有效。

1. 说明性报告和终止性报告

说明性报告（informative report）和终止性报告（closure report）总结的是业已完成的工作或调研，不过这些工作或调研未能付诸实施或形成建议。

说明性报告通常包含下列几项内容：

- 介绍性段落——介绍性段落总结项目的成功之处或存在的问题。
- 目的和范围——说明报告的目的和主题所涵盖的内容。
- 时序性描述——介绍问题是怎样被发现的、采取了什么对策、结果如何等。
- 总结性段落——给出今后的行动建议等。说明性报告和终止性报告中的建议不必详细论证。

图 15-2 中给出的就是说明性报告的例子。

公司也可以用终止性报告来证实在确定最终方案前曾经考虑过诸多的可能选择。

March 14, 2018

To:　　Donna S. Kienzler

非正式短篇报告采用

From:　Sara A. Ratterman *SAR*　信函或备忘录格式

Subject:　Recycling at Bike Nashbar

首段对要点
做了总结

Two months ago, Bike Nashbar began recycling its corrugated cardboard boxes. The program was easy to implement and actually saves the company a little money compared to our previous garbage pickup.

报告的目
的和内容
范围

In this report, I will explain how and why Bike Nashbar's program was initiated, how the program works and what it costs, and why other businesses should consider similar programs.

标题用粗体

The Problem of Too Many Boxes and Not Enough Space in Bike Nashbar

问题的成因

Every week, Bike Nashbar receives about 40 large cardboard boxes containing bicycles and other merchandise. As many boxes as possible would be stuffed into the trash bin behind the building, which also had to accommodate all the other solid waste the shop produces. Boxes that didn't fit in the trash bin ended up lying around the shop, blocking doorways, and taking up space needed for customers' bikes. The trash bin was emptied only once a week, and by that time, even more boxes would have arrived.

标题上面用三倍行间距

The Importance of Recycling Cardboard Rather Than Throwing It Away

标题下面用二倍行间距

Arranging for more trash bins or more frequent pickups would have solved the immediate problem at Bike Nashbar but would have done nothing to solve the problem created by throwing away so much trash in the first place.

同一标题下各段落间用二倍行间距

进一步说
明问题的
严重性

According to David Crogen, sales representative for Waste Management, Inc., 75% of all solid waste in Columbus goes to landfills. The amount of trash the city collects has increased 150% in the last five years. Columbus's landfill is almost full. In an effort to encourage people and businesses to recycle, the cost of dumping trash in the landfill is doubling from $4.90 a cubic yard to $9.90 a cubic yard next week. Next January, the price will increase again, to $12.95 a cubic yard. Crogen believes that the amount of trash can be reduced by cooperation between the landfill and the power plant and by recycling.

How Bike Nashbar Started Recycling Cardboard　标题中重点词语的
首字母大写

解决方案

Waste Management, Inc., is the country's largest waste processor. After reading an article about how committed Waste Management, Inc., is to waste reduction and recycling, I decided to see whether Waste Management could recycle our boxes. Corrugated cardboard (which is what Bike Nashbar's boxes are made of) is almost 100% recyclable, so we seemed to be a good candidate for recycling.

图 15-2　描述公司怎样解决问题的说明性报告

Donna S. Kienzler 读者的名字、
March 14, 2018 日期和页数
Page 2

To get the service started, I met with a friendly sales rep, David Crogen, that same afternoon to discuss the service.

Waste Management, Inc., took care of all the details. Two days later, Bike Nashbar was recycling its cardboard.

How the Service Works and What It Costs 标题告诉读者该部分的内容

解决方案
详述

Waste Management took away our existing 8-cubic-yard garbage bin and replaced it with two 4-yard bins. One of these bins is white and has "cardboard only" printed on the outside; the other is brown and is for all other solid waste. The bins are emptied once a week, with the cardboard going to the recycling plant and the solid waste going to the landfill or power plant.

段落间采
用 2 倍行
间距

Since Bike Nashbar was already paying more than $60 a week for garbage pickup, our basic cost stayed the same. (Waste Management can absorb the extra overhead only if the current charge is at least $60 a week.) The cost is divided 80/20 between the two bins: 80% of the cost pays for the bin that goes to the landfill and power plant; 20% covers the cardboard pickup. Bike Nashbar actually receives $5.00 for each ton of cardboard it recycles.

Each employee at Bike Nashbar is responsible for putting all the boxes he or she opens in the recycling bin. Employees must follow these rules:

- The cardboard must have the word "corrugated" printed on it, along with the universal recycling symbol.

缩进式列
表可使视
觉效果富
于变化

- The boxes must be broken down to their flattest form. If they aren't, they won't all fit in the bin and Waste Management would be picking up air when it could pick up solid cardboard. The more boxes that are picked up, the more money that will be made.

- No other waste except corrugated cardboard can be put in the recycling bin. Other materials could break the recycling machinery or contaminate the new cardboard.

- The recycling bin is to be kept locked with a padlock provided by Waste Management so that vagrants don't steal the cardboard and lose money for Waste Management and Bike Nashbar.

图 15-2 描述公司怎样解决问题的说明性报告（续）

Donna S. Kienzler
March 14, 2018
Page 3

解决方案
的劣势 **Minor Problems with Running the Recycling Program**

The only problems we've encountered have been minor ones of violating the rules. Sometimes employees at the shop forget to flatten boxes, and air instead of cardboard gets picked up. Sometimes people forget to lock the recycling bin. When the bin is left unlocked, people do steal the cardboard, and plastic cups and other solid waste get dumped in the cardboard bin. I've posted signs where the key to the bin hangs, reminding employees to empty and fold boxes and relock the bin after putting cardboard in it. I hope this will turn things around and these problems will be solved.

Advantages of the Recycling Program

解决方案
的优势 The program is a great success. Now when boxes arrive, they are unloaded, broken down, and disposed of quickly. It is a great relief to get the boxes out of our way, and knowing that we are making a contribution to saving our environment builds pride in ourselves and Bike Nashbar.

Our company depends on a clean, safe environment for people to ride their bikes in. Now we have become part of the solution. By choosing to recycle and reduce the amount of solid waste our company generates, we can save money while gaining a reputation as a socially responsible business.

Why Other Companies Should Adopt Similar Programs

论证该公
司的经历
与其他公
司相关 Businesses and institutions in Franklin County currently recycle less than 4% of the solid waste they produce. David Crogen tells me he has over 8,000 clients in Columbus alone, and he acquires new ones every day. Many of these businesses can recycle a large portion of their solid waste at no additional cost. Depending on what they recycle, they even may get a little money back.

The environmental and economic benefits of recycling as part of a comprehensive waste reduction program are numerous. Recycling helps preserve our environment. We can use the same materials over and over again, saving natural resources such as trees, fuel, and metals and decreasing the amount of solid waste in landfills. By conserving natural resources, recycling helps the U.S. become less dependent on imported raw materials. Crogen predicts that Columbus will be on a 100% recycling system by the year 2024. I strongly hope that his prediction will come true.

图 15-2   描述公司怎样解决问题的说明性报告（续）

2. 建议报告

建议报告（recommendation report）对两种或两种以上的备选方案进行评估并推荐其中之一。（不采取任何对策或延迟实施计划也可算作一种备选方案。）

　　建议报告通常在开头就解释将要做出的决策，列出所有的备选方案，并说明选择的标准等。在建议报告的正文部分，应参照运用了比较 / 对比型组织模式之一的标准来评估每种备选方案。当其中一种备选方案明显优于其他备选方案时，或者当标准之间存在交互作用时，或者当备选方案之间存在不能分割的关系时，最好单独讨论各种备选方案。假如最终结论依赖于赋予每个标准的权重，那么可以按照不同标准来分类讨论这些备选方案。

　　至于所提的建议应在报告的开始还是结尾处出现，这取决于读者的要求和组织的文化。大多数读者希望开门见山，直接给出底线。但是，如果读者难以接受你的建议，那么应尽量延后建议的出现，甚至延后至报告的结尾处，那时所有的证据均已陈述完毕。

3. 证明报告

　　证明报告（justification report）是对某一购买、投资、雇用或程序调整行为进行论证。如果公司有证明报告的标准格式，不妨直接沿用。如果报告的标题和组织模式可以自选，那么当采用下面这种格式时，受众就较易接受你的建议：

　　（1）说明你需要的是什么及需要的理由。因为受众并没有要求这份报告，所以必须将你的论述同组织的目标相联系。

　　（2）简单陈述问题或需求的背景。

　　（3）阐述每种可能的解决方案。列出每一种解决方案的成本、优势、劣势等。

　　（4）总结实施建议所要采取的行动。如果涉及很多人，就应说明每个人的分工和完成每项工作的截止日期。

　　（5）要求采取你所希望的行动。

　　如果读者在同意你的请求方面十分勉强，可采用问题 – 解决方案模式：

　　（1）描述组织存在的问题（你的要求就是为了解决这个问题）。使用具体的例子来证明问题的严重性。

　　（2）说明为什么相对简单或便宜的解决方案无法解决该问题。

　　（3）客观展示所建议的解决方案。

　　（4）证明你的建议方案的优势远远大于劣势。

　　（5）总结实施建议方案所要采取的行动。如果涉及很多的人，就应说明每个人的分工和完成每项工作的截止日期。

　　（6）要求采取你所希望的行动。

　　证明报告中论述的详尽程度取决于公司文化，以及受众对你的建议的了解程度和态度。很多组织希望证明报告简明扼要，1～2 页即可。其他组织可能喜欢长篇的、翔实的证明报告，希望给出详细的预算情况，并对问题和各种解决方案进行彻底的讨论。

15.6　报告的风格和标题

之前各章关于写作风格的建议同样适用于报告撰写。不过，报告的撰写存在以下三个方面的例外要求：

（1）要采用非常正式的写作风格，不能采用缩略语或俚语。

（2）要避免使用"你"这个字眼。对于面向多元受众的文件，使用"你"字往往界定不清。相反，可使用公司名称。

（3）要在报告中列出理解建议内容所必需的有关定义和文献资料。报告的多元受众也包括那些几个月甚至几年后才会查阅该报告的读者，而且这些读者往往不具备你所具备的专业知识。因此，必须对首次出现的首字母缩写词或缩略词进行解释；必要时，对问题的渊源或背景要尽量给出解释。可以把该报告所基于的文件作为附录列出。

标题（headings）是用以说明每一部分中心思想的单词、短语或完整的句子。每个标题必须涵盖本标题以后，直至下一个标题前的所有内容。例如，学费开支当然不可能包含书本费、住宿伙食费等，但上大学的费用可以包含所有的费用。每个标题以下可以有一段至几页的内容。如果标题与标题之间的内容长达几页之多，那么可以考虑增设副标题。只有当一个主标题下面的内容可以分成若干部分时，才适合使用副标题。

主旨式标题（topic headings）强调报告的结构。从下例中可以看出，主旨式标题提供的信息量很少，而且内容较为模糊。

```
建议
问题
    情况 1
    情况 2
问题的成因
    背景
    成因 1
    成因 2
建议的解决方案
```

与主旨式标题相反，讨论式标题（talking heads）告知读者后面所涉及的内容。正如本章所列举的例子一样，讨论式标题对整个报告及报告中各部分的总体内容进行了具体描述。

```
万博漂白剂的革新建议
维持万博漂白剂颗粒结构方面的问题
    储存和运输中的固化现象
```

客户对万博漂白剂结块的抱怨

为什么万博漂白剂会发生"结块"

万博的配方

加工工艺

固化的化学过程

保持万博漂白剂流动自如的调整方案

标题必须采用平行结构，即要做到语法结构相似。副标题也应互为平行结构，但不同标题间的副标题并不一定要相互平行。

非平行结构：学生了解"大人物"组织吗？

本科生目前对该组织的了解程度

研究生目前对该组织的了解程度

加强志愿者使命感和责任心的途径

我们必须加强培训和管理

在时间方面能给志愿者更多的灵活性吗？

向志愿者提供情感方面的支持

提供更多关于社区需求和"大人物"组织的服务项目信息

平行结构：　"大人物"组织在校园的知名度

本科生目前对该组织的了解程度

研究生目前对该组织的了解程度

加强志愿者使命感和责任心的途径

加强培训和管理

增强志愿者工作时间的灵活性

向志愿者提供情感方面的支持

提供更多关于社区需求和"大人物"组织服务项目的信息

非常复杂的报告可能会用到多达三个层次的标题。图 15-3 给出了排列标题的一种方法。撰写标题时要遵循以下标准化惯例：

- 仅当下一较高层次的标题下至少有两个分段时，才使用副标题。
- 避免在标题后面立刻使用副标题。相反，主标题与副标题之间应当有一些文本。（如果没有别的话好讲，可以概括一下整个段落的意思。）
- 避免在页面的底部出现标题或副标题。相反，标题下面至少有一行文本（有两行更好）。如果没有那么大的空间，就将标题写在另一页面上。

- 不要把标题用作代词的先行词。相反，应重复该名词。

标题居中，使用
粗体和大号字体　　**Typing Titles and Headings for Reports**　　14 号字体

For the title of a report, use a bold font two point sizes bigger than the largest size in the body of the report. You may want to use an even bigger size or a different font to create an attractive title page. Capitalize the first word and all major words of the title.

主要段落
的标题　　　　　空两行（采用三倍行间距）

Typing Headings for Reports 12 号字体
空一行（采用二倍行间距）

正文部分 Center main headings, capitalize the first and all major words, and use bold. In single-spaced text, leave
用 12 号 two empty spaces before main headings and one after. Also leave an extra space between paragraphs. You
字体 also may want to use main headings that are one point size bigger than the body text.

This example provides just one example of each level of heading. However, in a real document, use headings only when you have at least two of them in the document. In a report, you'll have several.

空两行（采用三倍行间距）

Typing Subheadings 粗体字；左对齐
空一行
Most reports use subheadings under some main headings. Use subheadings only if you have at least two of them under a given heading. It is OK to use subheadings in some sections and not in others. Normally you'll have several paragraphs under a subheading, but it's OK to have just one paragraph under some subheadings.

Subheadings in a report use the same format as headings in letters and memos. Bold subheadings and set them at the left margin. Capitalize the first word and major words. Leave two empty spaces before the
12 号字体 subheading and one empty space after it, before the first paragraph under the subheading. Use the same size font as the body paragraphs.

空一行（采用普通行间距）
标题后加 **Typing Further Subdivisions.** For a very long report, you may need further subdivisions under a
句号 subheading. Bold the further subdivision, capitalizing the first word and major words, and end the phrase with a period. Begin the text on the same line. Use normal spacing between paragraphs. Further subdivide a subheading only if you have at least two such subdivisions under a given subheading. It is OK to use divisions under some subheadings and not under others.

图 15-3　单倍行间距文件中标题的设置

15.7　原始资料的引用与文献标注

对于有效的报告，原始资料的引用与文献标注既要通顺又要自然。引用（citation）是指在报告的正文中声明某一观点或事实的出处，如"根据 2010 年的人口统计……""詹尼·布朗特·奎因认为……"。文内引用是指在括号内注明引用资料的出处。原始资料的引用可以展示你的诚实并提高你的信誉。

文献标注（documentation）提供给读者一份参考文献目录，以便读者在必要时查找原始资料。两种较为常见的文献标注方式是注释和参考书目。

不做原始资料的引用与文献标注，那么就是剽窃（plagiarism），即将别人的思想或观点当成自己的而直接使用。剽窃会招致危险的后果。对于富有好奇心的人而言，他们可以将有关句子输到谷歌上来找出其出处，所以如今要发现剽窃已比过去任何时候都变得容易了。剽窃不仅有失伦理，而且也违反了法律。

在引用资料来源方面，另一种可能不合伦理的行为就是直接引用材料，但其意思根本不同于原文中的意思。

假如撰写中引用了某人的话，除了使用引号之外，还要做好原始资料引用与文献标注。如果撰写中完全引用了原文，那么在建议书或报告的正文中应列明所引用文字的作者名字并加引号；在括号中注明资料的来源、参考书目等，也可在尾注中列明上述项目。如果采用自己的话语（复述）来引用他人的观点，或者对信息进行了压缩或总结，这时就不必用引号了。不过，仍需说明观点源自何人及其出处。

商业报告中较少使用长篇引文（long quotations）（正式打印有 4 行及以上）。因为很多读者会跳读引文部分，所以在引文开始处最好先将其中心思想用一句话总结说明。句子结束处使用冒号，不要用句号，因为下面引出的是引文部分。缩进式排版的引文就不用冒号了，因为缩进版面本身就说明该部分是引用文字。

15.8 撰写进展报告

当指派给你的任务需要一个月甚至更长的时间方可完成时，就可能要求你提交一份或多份进展报告。进展报告的作用是让资助机构或公司放心——工作取得了进展，同时便于你自己、资助机构或公司随时解决出现的问题。不同读者所关心的问题往往有所不同。老师要知道的是你能否按期交上要求完成的报告，客户可能更感兴趣于你对问题的了解程度。因此，进展报告的内容一定要适应受众的需要。

就进展报告而言，蹩脚的撰写者往往注重介绍自己完成了哪些工作，而对自身工作的价值谈得甚少。相反，优秀的撰写者常常用很少的篇幅来说明完成的具体工作，而用较多的篇幅来解释自己的工作对组织的价值所在。

在撰写进展报告时，要用你所知道的关于重点突出、语气积极与换位思考方面的手段。不要把每个细节叙述得同等重要。重点突出手段要用于强调主要的观点。

在你的报告中，至少要在某个方面有一定程度的超越预期。也许是你的调研提前完成了，或者所需要的仪器设备比预想的要提早到达。不过，不要想当然地猜想读者的感觉，从而给出所谓的好消息。很多读者对此类陈述很反感。

表述不当：软件将提前一周出来，你肯定很高兴。

表述恰当：软件会提前一周出来，所以帕特可以提前开始编程，比预想的要早。

切记受众对报告的影响力通常情况下比你自己要大，所以要注意你对他们说的话。一般来说，即使是因他们犯错而导致项目上的问题，责怪他们总是很不明智的行为。

表述不当：因为你没有寄来说明书，告知想在哪里做出变动，所以我们无法按照草案计划来进行。

表述恰当：克里斯已准备好计划大纲。一收到说明书，我们就会开始拟草案。同时，我们已着手……

15.8.1 进展报告的其他用途

进展报告不仅可用来反映报告进展情况，还可以用来实现以下目的：

- 提升个人形象。通过详尽描写你阅读了多少文件、调查了多少人、进行了多少实验，可以让人们觉得你刻苦努力。
- 试探对方反应。要解释，如"我可以继续做……（你答应过的）；我也可以尝试做别的……（你现在想要去做的）"。进展报告中的细节可以用来支持你的要求。即使想法被驳回，你也不丢人，因为你没有提到其他策略。
- 减少潜在问题。在你开展工作时，你会发现你的建议实施起来很困难。在日常进展报告中，你可以提醒你的老板或者资助机构后面要面临的挑战，以便他们在实施你的建议前做好心理上和身体上的准备。

进展报告的主题句应直截了当，明确你的进展报告是关于哪个项目的即可。

> **主题**：关于制订时装营销计划的进展报告

假如提交的是庞大项目的周或月度进展报告，那么就应在主题句中列明报告的编号或报告涉及的时间范围。同时，列明从上次报告到工作完成的日期，并说明在提交下一报告前要完成的工作。

进展报告应尽量忠实且态度要积极。如果能表现得对自己的能力充满信心，或有能力战胜那些小困难，自身的形象会因此而大为改观。

> 因为服务器摔坏了，所以资料的初步结果晚了两天。不过，尼迪克斯相信到下周就可以赶上进度。按照过去的业绩情况，他们的估计不会有错，数据分析会按照原先估计的那样在两周内完成。

要强调解决问题的方法而不是问题本身。

态度消极：南部小组的数据资料错了，导致我们的数据分析要推迟三天。

态度积极：虽然南部小组的数据资料出了差错，但南部小组可以派克里斯和李来帮助我们修复数据。目前，两个小组都已经赶上了进度。

上例中，因为读者可能想知道情况，所以仍然提到南部小组的数据资料出了差错。不过，这里特别强调了问题的解决方案。

谨记要明智地运用积极语气。如果没有具体细节的支撑，对自己工作的评价在读者看来可能就是自吹自擂，甚至是不诚实的了。

语气过于正面，且缺乏依据：我们的数据分析表明可以做些新的重要预测；你想必很高兴有这些。

可靠的乐观估计：我们的数据分析开始表明，海岸侵蚀范围也许并没有像我们原来担忧的那样大，事实上，比原来估计的要小 10%。下周我们可以得出确凿的数据。

进展报告可以有三种组织方式：时序型进展报告、任务型进展报告、建议型进展报告。有些进展报告可能采用这些组织方式的某种组合。例如，任务型进展报告内部的各部分采用时序型形式来组织材料。除此之外，还有口头型进展报告。下面对这四种报告逐一介绍。

15.8.2 时序型进展报告

时序型进展报告强调的是已完成的工作以及尚待完成的工作。

（1）根据目标和原定计划，对进展情况予以总结。应使用可度量的陈述句。

陈述不当：工作进展一直很慢。

陈述恰当：数据库分析已完成近 1/3。

（2）在"已完成工作"的标题下，描述已做过的工作。

描述应详细，这既是为了支持第一段中所提出的声明，也是为了使读者赞赏你的工作表现。对曾经帮助过你的人要表示感谢。列出所遭遇过的重大挫折及应对的措施等。

陈述不当：我在网上已找到很多关于宝洁公司的文章。但是在寻找公司如何保障职工免受化学烟雾危害方面的材料时，遇到了一些问题。

陈述恰当：我在网上找到了宝洁公司的主页、年度报告及公司使命。但在我所采访的人中，谁也没能告诉我该公司的安全计划的具体情况。我找到了 7 篇关于公司怎样保护员工不受工厂污染侵害的文章，但都没有提及宝洁公司的做法。

（3）在"待完成工作"的标题下，描述待完成的工作。

假如已经迟了 3 天以上（对学校的课堂报告而言）或迟了 2 周（对商业项目而言），最好提交新的日程表，说明你会尽力按照原定时间完成任务。如果想在开始写终稿之前收集反馈意见，或者读者要求看到实质性的中期报告，那么也可以适当谈及"观察"或"初步结论"等内容。

（4）表明能够按照既定时间完成任务的决心。

如果工作较预定的时间表有所滞后，就应说明为什么你仍然认为可以按原定时间完成任务。

即使是在时序型进展报告中，也不能仅仅罗列已完成的工作。要说明该工作的价值、你在工作中的贡献，特别是你解决问题的能力。如图 15-4 所示，这份学生撰写的进展报告就采用了时序型进展报告模式。

15.8.3　任务型进展报告

任务型进展报告应该按照某个时期内所要完成的任务顺序来组织信息。例如，团队项目的任务进展报告可以使用下列标题：

从网络和印刷品中查找背景资料

分析问卷调查数据

撰写报告的绪论部分和附录

在每一标题下，可以讨论已完成的和待完成的任务。

任务型进展报告适合于包含截然不同话题或计划的大型项目。

15.8.4　建议型进展报告

建议型进展报告要提出的是行动建议：增加对项目的资助或时间配置、改变项目的方向、取消未计划好的项目等。如果建议能轻易地为读者所接受，那么就应使用第 10 章中提到的直接要求式组织模式。如果建议有可能遭到强烈反对，则采用问题解决式组织模式会比较有效。

15.8.5　口头型进展报告

并非所有的进展报告都采用书面形式。在发现锂离子电池可能失火的问题之后，波音公司只好停飞所有的波音 787 梦想飞机。经过数月的调查和修理，日本航空飞行员协会（Air Line Pilots' Association of Japan）要求波音公司提供飞机调查的进展报告。协会诉求的是波音是否找到了问题的根源及飞机能否安全飞行。

为此，波音公司做了口头报告，指出电池问题对飞行操作并非最要紧的，即便问题的根源仍然无法明确。许多公司在其产品被发现存在缺陷时，都会向公众发布关于产品维修或解决方案的进展报告。[33] 大学里的教授或管理人员可能也会要求你做项目进展的口头报告。

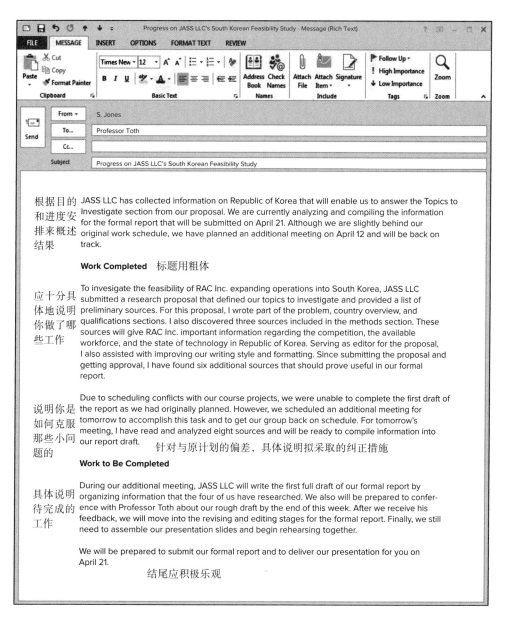

图 15-4　学生完成的时序型进展报告

15.9　撰写正式报告

正式报告与非正式信函、备忘录报告的区别在于其不同的长度和组成部分。表 15-7 中的左边一列给出了完整的正式报告应包含的各个部分。

表 15-7 报告的各个组成部分

正式 ➡️		非正式
封面	标题页	引言
标题页	内容目录	正文
转送函	摘要	结论
内容目录	正文	建议
插图列表	引言	
摘要	正文	
正文	结论	
引言	建议	
背景		
正文		
结论		
建议		
参考书目或文献引用		
附录		
调查问卷		
面谈记录		
复杂表格		
电脑打印材料		
相关文件		

如表 15-7 所示，并非每份正式报告都必须包含上述各个部分。具体包含哪些部分取决于报告的受众和目的。此外，有些组织会要求包含其他组成部分，或者要求按其他顺序安排这些组成部分。在阅读下面各节内容时，可以参阅如图 15-5 所示长篇报告中有关部分的内容，考察各组成部分的构成，以及它们与整体报告之间的关系。出于图例说明的需要，图 15-5 按正式报告的各个部分分别给出。

15.9.1 标题页

报告的标题页通常包含四项内容：标题、受众、撰写者和发布日期。有些标题页也会包含关于报告内容的简短总结或摘要；有些标题页还会进行艺术性修饰。

报告的标题应尽量做到内涵丰富。与主题句一样，报告的标题应直截了当为好。

较差的标题：新厂址

更好的表达：新科麦考工厂（New Kemco Plant）选址于俄勒冈州（Oregon）尤金市（Eugene）

发布很多报告的大公司可能使用双标题形式，这样在电子搜索时会容易些。例如，美国政府报告的标题先给出该报告的发起机构，然后给出具体报告的题目。

小企业管理局：关于女性商务中心计划的管理手段有了改进

标题页的所有
文本材料居中

Slated for Success

主标题用大号字体

RAC Inc. Expanding to South Korea

副标题字号应
稍微小一些

不加标点符号

Prepared for

受众姓名、职位头
衔、所在组织、城
市、州、邮编等

Ms. Katie Nichols
CEO of RAC Inc.
Grand Rapids, Michigan, 49503

不加标点符号

Prepared by

撰写者姓名、所在组织、
城市、州、邮编等

JASS LLC
Jordan Koole
Alex Kuczera
Shannon Jones
Sean Sterling
Allendale, MI 49401

Month Day, Year

报告发表日期

图 15-5　正式报告

该团体学生设计了自己专
用的信头，并假设作为咨
询顾问正在撰写报告

JASS LLC
1 Campus Drive
Allendale, MI 49401

Month Day, Year 输入当前日期

Ms. Katie Nichols, CEO
RAC Inc.
1253 West Main Street
Grand Rapids, MI 49503

Dear Ms. Nichols:

在首段中发布报告，指出报告得到
批准的时间、批准人及报告的目的

In this document you will find the report that you requested in March. We have provided key information and made recommendations on a plan of action for the expansion of a RAC Inc. slate tablet manufacturing plant into Republic of Korea.

给出建议或
报告的论点

Our analysis of expansion into Republic of Korea covered several important areas that will help you decide whether or not RAC Inc. should expand and build a manufacturing plant in Republic of Korea. To help us make our decision, we looked at the government, economy, culture, and, most important, the competition. Republic of Korea is a technologically advanced country and its economy is on the rise. Our research has led us to recommend expansion into Republic of Korea. We strongly believe that RAC Inc. can be profitable in the long run and become a successful business in Republic of Korea.

指出有用的
资料来源

JASS LLC used several resources in forming our analysis. The Central Intelligence Agency's *World Factbook*, the U.S. Department of State, World Business Culture, and Kwintessential were all helpful in answering our research questions.

感谢受众给予此次调研的机会

Thank you for choosing JASS to conduct the research into Republic of Korea. If you have any further questions about the research or recommendation, please contact us (616-331-1100, info@jass.com) and we will be happy to answer any questions referring to your possible expansion into South Korea at no charge. JASS would be happy to conduct any further research on this issue or any other projects that RAC Inc. is considering. We look forward to building on our relationship with you in the future.

回答所有与报告
相关的问题

Sincerely,

Jordan Koole

Jordan Koole
JASS Team Member

在页面底部的中间标注页码；报告
初始几页页码用小写罗马数字标记

i

图 15-5 正式报告（续）

主标题间要对称，同一
节内的副标题也要对称

内容目录内
不必再列出
内容目录

Table of Contents

初始几页页
码用小写罗
马数字标记

引言部分开
始页码记为
第1页

标题中重点
词语的首字
母要大写

副标题采用
缩进格式

右端对齐

如果报告采用了许多视觉材料，就要在
页底或另页上增加"插图列表"

List of Illustrations

表和图的编号
要相互独立

ii

图 15-5　正式报告（续）

报告的主标题

Slated for Success

很多受众只阅读摘要部分，而不看整个报告。所以摘要中要给出足够的信息，让读者了解你的主要观点

报告的副标题

RAC Inc. Expanding to Republic of Korea

Executive Summary

开头就给出建议或论点

To continue growth and remain competitive on a global scale, RAC Inc. should expand its business operations into Republic of Korea. The country is a technologically advanced nation and would provide a strong base for future expansion. Slate tablet competitors of RAC Inc. in Republic of Korea are doing quite well. Because RAC Inc. can compete with them in the United States, we are confident that RAC can remain on par with them in this new market.

The research we have done for this project indicates that this expansion will be profitable, primarily because the Korean economy is flourishing. The workforce in Republic of Korea is large, and finding talented employees to help set up and run the facility will be easy. In addition, the regulations and business structure are similar to those in the United States and will provide an easy transition into this foreign nation. The competition will be fierce; however, we believe that RAC Inc. will be profitable because of its track record with the Notion Tab in the United States.

给出佐证建议的简短证据

To ensure a successful expansion, JASS LLC recommends the following:

1. RAC Inc. should establish its headquarters and manufacturing plant in Busan.
- Purchase a building to have a place to begin manufacturing the Notion Tab.
- Educate RAC employees about Korean culture and business practices before they begin working directly with Koreans to avoid being disrespectful.
- Explore hiring Koreans; the available workforce is large.
- Ensure that the Notion name is appropriate when translated into Korean. If not, change the name to better market the product.
- Market and sell the product in both Busan and Seoul.

2. After one year RAC should determine the acceptance and profitability of the expansion.
- Conduct a customer satisfaction survey with people who purchased the Notion Tab living in Seoul and Busan to determine the acceptance of the product.
- Compare and contrast first-year sales with a competitor's similar product.

3. If the tablet is competitive and profitable, RAC Inc. should expand its product line into all large cities in Republic of Korea.
- To gain an edge on the competition, create a marketing plan that will offer the Notion Tab at some discount in the new cities.
- Explore integrating other RAC Inc. products into Republic of Korea. These products also could be manufactured at the new manufacturing plant in Busan.

摘要文字可直接摘自报告；要确保所摘引的文字行文流畅

摘要应包含报告的逻辑大纲：要提出建议并提供佐证材料

iii

图 15-5 正式报告（续）

可选择使用连续的页眉。这里包括左边的主标
题和右边的页码

Slated for Success　　　　　　　　　　　　　　　　　　　　　　　　　　1

Introduction　　主标题居中

To avoid getting left behind by competition in global expansion, RAC Inc. has contacted JASS LLC to perform an analysis about expanding into Republic of Korea. JASS has researched Republic of Korea to determine if RAC Inc. will be successful in expanding into this foreign market.

如果"目的"
和"内容范
围"部分都
太长，可以
分成两部分

Purpose and Scope

RAC Inc. is a successful business in the United States and has had substantial growth over the last five years. With its competitors beginning to venture into foreign markets to gain more global market share, RAC Inc. is looking to expand into the international market as well. The purpose of our research is to decide whether or not RAC Inc. should expand its business into Republic of Korea.

说明你讨论的内容及对每个问题进行讨论的详尽程度

"内容范围"
部分的主题
应该与报告
中的那些内
容相符合

This report will cover several topics about Republic of Korea including their government, economy, culture, technology, market competition, and possible locations. Our research will not include any on-site research in Republic of Korea. We also are not dealing directly with the Korean people.

按所要讨论
的顺序给出
主题

列出不作讨论的相关主题

Assumptions　　假设不能被证明。但是如果它们是错误的，报告的建议将不再有效

The recommendations that we make are based on the assumption that the relationship between Democratic People's Republic of Korea and Republic of Korea will remain the same as of the first part of 2018. We also are assuming that the technological state of Republic of Korea will remain constant and not suffer from a natural disaster or an economic crash. In addition, we assume that the process of expansion into Republic of Korea is the same with RAC Inc. as it has been with other American companies. Another assumption that we are making is that RAC Inc. has a good name brand and is competitive in the United States with Apple, Samsung, LG, and other electronic companies.

如果搜集了原始数据（问卷调查、采访或观察），就应说明选择调查对象的方法、采用什么样的抽样方法，以及搜集资料的时间。该报告没有使用原始数据，只是对重要资源进行了简单讨论

Methods

The information in our report comes from online sources and reference books. We found several good sources, but the best information that we obtained came from The Central Intelligence Agency's *World Factbook*, the U.S. Department of State, World Business Culture, and Kwintessential. These resources have given us much useful information on which we have based our recommendation.

将这些局限性列
在这里是因为学
生们正确假设了
他们的老师想知
道这些局限性。
这些局限性并不
会列在实际咨询
报告中，否则企
业就会不符合资格

Limitations　　如果报告有局限性，应该加以说明

The information in the report was limited to what we retrieved from our sources. We were not able to travel to Republic of Korea to conduct on-site research. JASS also was limited by the language barrier that exists between the United States and Republic of Korea. Other limitations exist because we have not been immersed in the Korean culture and have not gotten input from Koreans on the expansion of companies into their country.

给出术语的定
义，因为受众阅
读你的报告时要
用到这些

Definitions

There are a few terms that we use throughout the report that we would like to explain beforehand. The first term is slate tablet, an industry term, which from this point on is referred to as a tablet. Another term we would like to clarify is the city Busan. Some sources referred to it as Pusan. From this point forward, we use only Busan. An abbreviation we use is GDP, which stands for gross domestic product. The Korean and United States Free Trade Agreement signed in 2007 is abbreviated as KORUS FTA, its official name in the United States government.

图 15-5　正式报告（续）

Slated for Success   2

Criteria

本节内容概
括了做出总
体建议所采
用的标准

JASS LLC has established criteria that need to be favorable before we give a positive recommendation about Republic of Korea. The criteria include the government, economy, culture, and market competition. We have weighted our criteria by percentages:

- Government = 20%
- Economy = 20%
- Korean culture = 20%
- Market possibilities and competitors = 40%

We will examine each separately and give each criterion a favorable or not favorable recommendation. Market competition is weighted the heaviest and must be favorable or somewhat favorable for us to give a positive recommendation. Market competition can be given a favorable, nonfavorable, or somewhat favorable recommendation based on various external factors in the marketplace. We need a minimum of a 70% total to give a positive recommendation overall.

主标题前用三倍行间距，之后用两倍行间距

Government

标题必须涵盖该标题下直至
下一个标题前出现的内容

大多数段落以
主题句开头

Republic of Korea is recognized as a republic government by the rest of the world. A republic government is a democracy where the people have supreme control over the government (Republic of Korea: Political structure, 2018). This foundation makes it similar to the United States' democracy. There is a national government as well as provincial-level governments (similar to state-level governments) with different branches. Larger cities, like Seoul and Busan, have their own city government as well. The government is considered multipartied and has multiple parties vying for positions (Republic of Korea: Political structure, 2018). The Republic of Korea shares its power among three branches of government, thus providing checks and balances inside the government. The three branches of the government are the presidential, legislative, and judicial (U.S. Department of State, 2018). In this section, we will discuss government control, business regulations, taxes, free trade, and concerns about Democratic People's Republic of Korea.

按照被讨论的顺
序列出副主题

标题和副标题中的主
要单词都要大写

Government Control

有些标题下
可使用副标
题，但有些
标题下不可
使用副标题

The Grand National Party (GNP) controls the major policy-making branches of the government. Winning control of the National Assembly in April 2008 (Republic of Korea: Political structure, 2009), the GNP is considered the conservative party in Republic of Korea and is similar to the Republican Party in the United States. Its policies favor conservatism and are considered pro-business (Grand National Party, 2018). RAC Inc. should not expect much interference from the government with their business venture into Republic of Korea, unless the GNP loses control of the government in the next election.

当只有两个或两个以上的段落
时，才使用副标题

句号放在括
号外面

Business Regulations

Republic of Korea ranks 16th on the ease of doing business index (World Bank Group, 2018a). This index measures the regulations that a government imposes on businesses and how easy it is to start and run a business in a given country. Factors this index measures include the ease of starting a business, doing taxes, and enforcing contracts. For comparison, the United States is ranked fifth on this list (World Bank Group, 2018b). While there are more regulations on business in Republic of Korea, they are still near the top of the list. The relatively low rating on regulation can be due in part to the Grand National Party controlling the government. There are a few general regulations that RAC Inc. should know before going into Republic of Korea. For more specific business regulations, RAC Inc. may need to do further research before expanding.

图 15-5   正式报告（续）

Slated for Success   5

Since the 1960s, the GDP has had only one dip, a result of the Asian Economic crisis in the late 1990s that affected most Asian countries. In 2004, Republic of Korea became a part of the trillion-dollar economy club, making them one of the world's top economies (Central Intelligence Agency, 2018).

However the economy faces challenges in maintaining steady growth in the future. These challenges include an aging population, inflexible workforce, and an overdependence on exports. Right now, though, Korea's economy continues to grow. Their industrial production growth rate was 12.1% in 2016, making them the 11th fastest-growing nation in the production industry. In 2016, their GDP grew by 6.8%, the 28th largest growth of GDP in the world (Central Intelligence Agency, 2018). This growth makes Republic of Korea a viable place of expansion.

提及文本中的图表。告知图的意义

GDP and Other Important Economic Measures

The official GDP of Korea was $1.41 trillion in 2018 (Central Intelligence Agency, 2018). This GDP is the 13th highest in the world. GDP measures the total value of goods produced by a country's economy. Figure 2 shows a comparison of GDP growth rates for top countries. GDP per capita in Republic of Korea is $30,200, which is the 44th largest in the world. This measures the output of goods and services per person in the country. It is also an indicator of the average worker's

报告中图表的编号要连续；图和表要分开编号

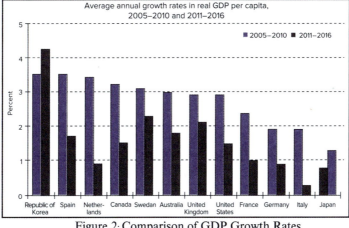

给两坐标轴加标识。更多内容参见第 13 章中关于创建视觉材料与资料显示的信息

Figure 2: Comparison of GDP Growth Rates
(Source: U.S. Bureau of Labor Statistics, 2018)

引用资料来源

图表的标题必须是描述性的

salary in the country. Republic of Korea only has 15% of their population living in poverty. They have a labor force of 24.62 million, which is the 25th largest labor force in the world, with an unemployment rate of 3.3% (Central Intelligence Agency, 2018). These numbers need to be considered when starting operations in Republic of Korea. Republic of Korea also has a service-driven economy with 57.6% of the country's GDP output in the service industry and 68.4% of the labor force employed in the service industry (Central Intelligence Agency, 2018). All of these numbers and high world rankings of the economic measures show that Republic of Korea has a stable and healthy economy where a business could prosper.

图 15-5　正式报告（续）

Slated for Success 11

结论部分会重复报告中所给
出的要点。建议是指受众应
当采取的行动

Conclusions and Recommendations

有些公司要求在报告的开头
就给出结论和建议

All of the research that we have done supports the decision to expand into Republic of Korea. The government, economy, and culture criteria all received favorable recommendations for a total of 60%. Market possibilities and competition received half support for an additional 20%. Together, Republic of Korea has earned 80% based on our criteria.

Therefore, we believe that RAC Inc. could profitably expand into Republic of Korea. The Notion Tab is a high-quality product, and it will be easily integrated into this technologically advanced county. In conclusion, we recommend that RAC Inc. should expand into Republic of Korea.

To ensure a successful expansion, JASS LLC recommends the following:

给要点编号以
方便受众阅读
和讨论

1. RAC Inc. should establish its headquarters and manufacturing plant in Busan.
- Purchase a building to have a place to begin manufacturing the Notion Tab.
- Educate RAC employees about Korean culture and business practices before they begin working directly with Koreans to avoid being disrespectful.
- Explore hiring Koreans; the available workforce is large.
- Ensure that the Notion name is appropriate when translated into Korean. If not, change the name to better market the product.
- Market and sell the product in both Busan and Seoul.

确保列表给出
的项目是对称
的

2. After one year RAC should determine the acceptance and profitability of the expansion.
- Conduct a customer satisfaction survey with people who purchased the Notion Tab living in Seoul and Busan to determine the acceptance of the product.
- Compare and contrast first-year sales with a competitor's similar product.

3. If the tablet is competitive and profitable, RAC Inc. should expand its product line into all large cities in Republic of Korea.
- To gain an edge on the competition, create a marketing plan that will offer the Notion Tab at some discount in the new cities.
- Explore integrating other RAC Inc. products into Republic of Korea. These products also could be manufactured at the new manufacturing plant in Busan.

因为很多读者喜欢先阅读建议部分，所以建议部分应提供足够的信息以使理由不言自明。该部分所传递的观点应该是报告正文所叙述并证明的要点的逻辑延伸

图 15-5　正式报告（续）

Slated for Success   12

References 该报告使用 APA
引用格式

Advameg, Inc. (2018). Culture of Korea. *Countries and Their Cultures.*
　　Retrieved April 2, 2018, from http://www.everyculture.com/Ja-Ma/Republic-of-Korea.html.

AFP. (2010, December 5). U.S., Republic of Korea sign sweeping free-trade agreement. *Taipei Times.*
　　Retrieved from http://www.taipeitimes.com/News/front/archives/2010/12/05/200349014.

Central Intelligence Agency. (2018). *The world factbook: Republic of Korea.* Retrieved March 18, 2018,
　　from https://www.cia.gov/library/publications/the-world-factbook/geos/ks.html#.

Grand National Party. (2018, April 1). In *Wikipedia.* Retrieved April 6, 2018, from
　　http://en.wikipedia.org/wiki/Grand_National_Party.

iPad 2 specs. (2011). *OS X Daily.* Retrieved from http://osxdaily.com/2011/03/02/ipad-2-specs.

Koreans love their mobile phones. (2018, January 28). *Korean JoongAng Daily.* Retrieved from
　　http://joongangdaily.joins.com/article/view.asp?aid=2900275.

KRWUS. (2018). *MSN Money.* Retrieved April 10, 2018, from
　　http://investing.money.msn.com/investments/currency-exchange-rates/?symbol=%2fKRWUS.

KT. (2018, April 1). In *Wikipedia.* Retrieved April 2, 2018, from
　　http://en.wikipedia.org/wiki/KT_%28telecommunication_company%29.

Kwintessential. (2018). *Republic of Korea: Language, culture, customers and etiquette.* Retrieved from
　　http://www.kwintessential.co.uk/resources/global-etiquette/south-korea-country-profile.html.

LG Corp. (2018, April 1). In *Wikipedia.* Retrieved April 2, 2018, from http://en.wikipedia.org/wiki/LG.

LG Slate full specifications and product details. (2018, February 2). *Gadgetian.* Retrieved
　　April 3, 2018, from http://gadgetian.com/7069/lg-g-slate-t-mobile-specs-price/.

LG Telecom. (2017, November 29). In *Wikipedia.* Retrieved April 2, 2018, from
　　http://en.wikipedia.org/wiki/LG_Telecom.

Life in Korea. (n.d.). *Cultural spotlight.* Retrieved March 31, 2018, from
　　http://www.lifeinkorea.com/Culture/spotlight.cfm.

把列表上的资料
来源与建议中的
资料来源做比较。
注意作者在完成
研究后是如何调
整列表的

列出报告中所引用的纸质及在线资料来源。不必
列出用于背景部分但未被引用的资料来源

本报告的资料来源
一直延续到下一页

图 15-5　正式报告（续）

很多情况下，标题中会给出报告中的建议内容，如"为什么联合国应该建立种子银行"。不过，在下列情形下，标题中应避免提及建议内容：

- 读者认为建议难以接受。
- 将所有建议都放在标题中会使标题太长。
- 报告中根本没有给出任何建议。

如果标题中没有建议内容，那么通常可以指出报告试图要解决的问题或报告要讨论的主题。

删除任何不必要的词汇。

冗长：   关于向40多岁的都市中年专业人士推销人寿保险的方法的调研报告

更好的表达：向40多岁的都市专业人士营销人寿保险

在说明报告的接收者时，通常应指出那些依据报告来进行最终决策的人的姓名、头衔、所属组织的名称、工作地点（国家、城市和邮编）等。政府报告通常省略具体的人名，而是把批准撰写该报告的组织名称列出。

假如报告主要是由一个人撰写的，那么撰写者一栏应该将该人士的姓名、头衔、所属组织、工作地点（国家、城市和邮编）等列明。在内部报告中，如果报告的撰写者就在总部工作，通常省略上述提到的所属组织和工作地点。

如果是几个人合作撰写的报告，政府报告中会将这些人的名字一并列出；当合作团队很大时，可以将人员名单列在一页上。商界的做法与此不同。有些组织会列出所有人的姓名，有些则只列明这些人所属的部门，还有些只把各个部门负责人的名字列出。

发布日期（release date）也就是将报告公之于众的日子，通常以提交决策者讨论的日子为准。报告应在发布日期前4～6周完稿，这样在开会讨论前，决策者有充足的时间阅读文件。

假如设备和时间允许，试着运用各种字体、色彩和艺术手法来制作具有视觉吸引力与感染力的标题页。不过，普通的打印标题页也是可以接受的。参考图15-5中的格式，就可以制作出可接受的打印标题页。

15.9.2 转送函或转送备忘录

如果你为某组织撰写报告，但又不是其全职员工，可以使用转送函；如果是全职员工，则可采用转送备忘录。

转送函有多重目的：转送报告；引导读者阅读报告；为报告及其撰写者树立良好形象。即使报告正文采用较正式的写作风格，转送函仍比较适合采用非正式的写作风格。专业水平的转送函有助于提升撰写者的良好形象和信誉。个人的一些观点虽不适于在报告正文中阐述，但在转送函中是可以的。

转送函可按如下步骤进行组织：

（1）**转送报告。**告知受众报告何时、由何人批准撰写，以及报告所要实现的目标。

（2）**概述结论和建议。**如果建议较易为受众所接受，可将建议放在转送函的前面部分。假如难以为受众所接受，可在给出建议之前先总结一下调研发现和得出的结论。

（3）**提及报告中任何需要特殊关注的地方。**说明你是如何克服调研中所遇到的种种小问题的。要向帮助过你的人致谢。虽然上面这些内容并非必需，但对树立良好信誉和可信度十分有用。

（4）如果有的话，指出还需要进行的调研。有时你的建议只有待进一步调研后才能得以实施。如果你本人对下一步的调研有兴趣，或者有意负责建议的实施，那么不妨直接言明。

（5）为有机会从事该项目的工作向受众致谢，并欢迎他们提问。即使报告本身并不那么吸引人，但仍然有必要客气地表示对该项工作的满意。欢迎对方就报告内容进行提问。事实上，这也是在告诉受众：当他们与你交换意见时，你不会像平常那样按小时收费。（这也是报告一定要阐述清楚的一个原因！）

图 15-5 中的"第 i 页"就给出了按上述步骤组织的转送函。

15.9.3　内容目录

内容目录中列出的标题应与它们在报告正文中出现的情况完全一样。如果报告长度不到 25 页，可将各个层次的标题全部列出。当报告很长时，可适当确定某一层次，然后仅仅将该层次及以上的标题列在内容目录中。

有些软件程序，如微软文字处理软件（Microsoft Word），如果在生成标题时应用了风格功能，就具有自动生成内容目录（和插图列表）的功能。

图 15-5 中的"第 ii 页"就给出了该报告的内容目录。

15.9.4　插图列表

插图列表可方便受众查找报告提供的视觉材料。

报告中的视觉材料包括图和表格。表格是指按照横竖排列的数字或文字。其他则为图，包括条形图、饼状图、流程图、地图、绘图、照片、计算机打印输出件等。图和表格应分别编号，因此一份报告中可以同时存在图 1 和表 1。假如报告中只有地图和曲线图两种视觉材料，则视觉材料有时被称为地图 1、曲线图 1 等。不管这些插图被称作什么，都要按照它们在报告中出现的顺序进行列表。不仅要为每一视觉材料命名，而且要进行编号。

第 13 章给出了关于如何对视觉材料和资料显示进行设计与标注的信息。

15.9.5　摘要

概述（executive summary）或**摘要**（abstract）旨在告知受众报告是关于什么方面的。摘要既可以对报告中提出的建议及提出建议的依据进行总结，也可以描述报告讨论的主题并说明讨论的深度。对于只阅读摘要的人来说，摘要不仅要简洁明了，而且要清晰描述报告中最为重要的构成部分。

与其他类型的商务写作相比，摘要通常采用更为正式的风格。摘要中不要使用缩略语和口头语，也要避免使用第二人称表达方式。因为报告的受众是多重的，用第二人称可能不够精确。摘要和报告中采用的词汇要完全相同。

总结性摘要（summary abstract）呈现的是报告的逻辑结构：论点或建议及其佐证依据。总结性摘要试图以最少的篇幅提供最有用的信息。

> 为了向都市中 40 多岁的专业人士推销人寿保险，州际诚信保险公司应在高端出版物上做广告或使用直邮方式。
>
> 若通过广播或电视网向该市场进行宣传，收效不会很大，因为该群体中观看黄金时段电视节目的比例很低，而收听广播的更是寥寥无几。这些人在浏览了报纸和大众读物后，很快就会将之丢弃。不过，对于高端期刊，他们有时会保存几个月甚至几年。深受该群体欢迎的杂志有《建筑辑要》（*Architectural Digest*）、《美食天地》（*Bon Appetit*）、《福布斯》（*Forbes*）、《高尔夫文摘》（*Golf Digest*）、《欧美时尚家居杂志》（*Metropolitan Home*）、《南方生活》（*Southern Living*）和《史密森尼安》（*Smithsonian*）。
>
> 任何广告宣传必须克服该群体的这样一种感觉：认为自己已经有了所需要的保险。克服这种感觉的方法之一就是，鼓励他们核实雇主所提供的保险并计算子女完成大学教育所需要的全部开支。提供储蓄、纳税优惠及死亡金的保险计划也是吸引他们参加的卖点。

列出句子大纲是开始撰写摘要的一种方法。**句子大纲**（sentence outline）不同于词组或短语，不仅所用的句子完整，而且内容上包括了主题句或建议及佐证要点的证据。将这些句子连成段落，适当增加些过渡词，即可写成摘要。

描述性摘要（descriptive abstract）给出了报告所涉及的主题，以及对这些主题进行分析的广度和深度。不过，描述性摘要并不就报告关于每一主题的详细内容进行总结。描述性摘要常常有一些表示描述的标志性词语，如"本报告是关于……""报告包括……""报告总结了……""报告得出的结论是……"。描述性摘要的另一个标志是受众读后无法知道关于所涉及的主题报告到底说了些什么。

> 本报告向州际诚信保险公司建议了若干种向都市 40 多岁专业人士推销人寿保险的方法。报告从人口统计类特征和心理特征两个角度考察了目标市场。调查结果反映了目标市场消费者对保险的态度。报告还提出了一些也许能成功吸引该市场人群的宣传策略。

15.9.6 引言

报告的引言（introduction）部分通常包含目的陈述和内容范围。有时，甚至会包含如下全部内容。

- **目的**。目的陈述明确了报告所要讨论的问题；报告所总结的技术性调查；报告的目的，如解释、建议等。

- **内容范围**。内容范围陈述明确了报告所调查的范围大小。例如，XYZ 公司的电脑系列产品正在发生亏损。报告是否调查了电脑产品的质量？广告宣传活动怎样？生产成本如何？对电脑的市场需求如何？内容范围陈述为读者客观评价报告提供了依据。

- **假设**。报告中的假设就好像几何里面的假设：假定某种陈述是正确的，然后借此来证明最终结论。如果假设是错误的，那么结论也就错了。例如，一家汽车生产厂为了设计从现在开始算起五年后要制造的车型，委托他人就年轻成年人对汽车的态度做一份调查报告。当然，所有的建议方案都摆脱不了油价和经济状况这两个基本假设。假如油价猛涨或狂跌，那么年轻人所喜欢的车型肯定会改变。假如经济出现大幅衰退，他们甚至连新车都会买不起。几乎所有的报告都需要有假设部分。优秀的报告会将假设描述得很清楚，这样受众在决策时就会平添几分信心。

- **方法**。在进行问卷调查、焦点小组访谈或采访面谈时，都需要对被调查人群的选择，以及进行访谈的方式、时间和地点予以说明。如果对方法的讨论多于一个或两个段落，那么一般应作为报告正文中的独立部分，而不是包含在引言中。基于科学实验的报告通常将方法部分写在报告的正文中，而不是写在引言中。如果报告完全依赖于图书馆或网上查询到的资料而写成，就应当对重要的资料来源进行简单描述。

- **局限性**。局限性使得所提建议的有效性降低，或者只能在某些前提下才有效。因为受时间或资金的限制，完全彻底的调研是不可能的，这样就产生了局限性。例如，一家校园比萨饼店要丰富其食品供应，为此它需要一份调研报告，但是资金不允许其对所有学生和市民进行随机抽样调查。没有抽样调查，作者是无法将调研结果推广到更大群体的。许多建议只能在一定时间范围内有效。例如，一家校园商店想了解什么样的服装能吸引大学生。这样得出的建议只能在一个很短的时间内有效：接下来的两年里，服装的款式、风格与消费者的偏好都会发生巨大的变化，现在畅销的服装到时早就没有市场了。

- **标准**。标准部分列出的是决策时考虑的因素或标准，以及每一因素或每一标准的相对重要性。如果公司正在寻找新的办公地点，那么新办公地点的租金高低与技术工人的多少，哪一个因素更值得重点考虑呢？在动笔之前最好向受众征求意见，确保自己的判断标准与受众的标准相吻合。

- **定义**。很多报告会在引言中定义那些主要术语。例如，关于"雇员未获批准而使用互联网"的报告应对"未获批准"一词进行界定。关于公司着装规定的报告，可能需要界定包括一般外表在内的宽泛规定。因此，需要界定包括文身、面部穿刺、一般整洁等在内的术语。同样，如果知道各类受众中有些成员不懂专业术语，那么就应当界定清楚这些专业术语。假如定义的内容不多，可以将它们置于引言部分。假如有很多术语需要定义，不妨在附录中设立术语表（glossary）。在引言部分提及术语表，以便受众清楚你已提供了相关定义。

15.9.7　背景或历史

正式报告中通常设有一个部分用来介绍背景资料和问题渊源。即使报告的现有受众对这些情况可能很了解，但多年后该报告会成为档案而被人查阅。这些后来的受众对当时的情形不一定了解，而了解背景对于理解报告内容可能又是至关重要的。

有时，历史介绍部分会涉及很多年的事情。例如，如果起草一份建议美国某连锁饭店在罗马尼亚开设分店的报告，那么在介绍该国的历史时，至少要回溯到数十年以前。还有些时候，背景或历史部分讲得很笼统，涵盖的时间可能不过几年或最近一个时期而已。

绝大多数报告的目的并不是陈述问题的历史，所以背景或历史部分的篇幅要适当。

15.9.8　正文

报告的正文通常是最长的部分。在正文部分，撰写者要分析问题的成因并提供可行的解决方案，要用证据和数据来证明你的论点。佐证论点所必需的资料包含合适的视觉材料、资料显示和文本说明。大型表格、内容繁多的调查问卷等大型数据资料一般放在附录里面。尤其重要的是，要在正文中运用标题来引导受众阅读正文部分的内容。切记要引用资料来源，并在文本中提及所有的视觉材料和附录内容。

15.9.9　结论与建议

结论（conclusions）总结的是在报告正文中所提出的种种观点；建议（recommendations）则是为了解决或缓解问题而提出的行动方案。假如这两部分的内容较少，通常可以合二为一：结论与建议。该部分中不应该出现新的信息。

很多受众在阅读报告时会先看一看建议的内容；有些组织甚至要求在报告的前面部分对建议进行说明。最好将建议进行数字编号，以便受众进行讨论。如果建议很难理解或有争议，不妨在每项建议内容后面增加一个很短的说明段落。如果建议较易为受众所接受，那就直接列出建议而无须解释或给出理由。建议也会出现在摘要、标题页或转送函等地方。

15.9.10　附录

附录（appendices）提供的是补充资料，毕竟一些认真的受众可能有需要。常见的附录项包括访谈笔录、调查问卷复印件、问题回答的汇总、复杂表格、原件或难找资料的打印件、以前的报告等。

❖ 本章回顾 ❖

- 如何识别报告的种类
  - （1）信息报告为读者收集资料。
  - （2）分析报告给出资料并解释资料。
  - （3）建议报告提出行动建议或某种解决方案。
- 如何确定报告所针对的问题
  - （1）对于优秀的商业报告，其所针对的问题应符合以下标准。
    - 确立的问题必须：具有现实意义；重要且值得解决；具体而不失挑战性。
    - 报告的受众必须：真实；有能力实施所建议的行动方案。
    - 报告所给出的资料、证据和事实必须：翔实并足以说明问题的严重性；翔实得足以证实建议方案可以解决问题；易于获得；易于理解。
  - （2）好的目的陈述应阐明以下三方面内容：
    - 组织方面的问题或冲突；
    - 为解决问题而必须回答的具体技术问题；
    - 报告撰写预期要达到的目的（如解释、推荐、要求或建议等）。
- 如何运用各种调研策略
  - （1）运用索引和指南查询某一具体公司或主题的相关资料。
  - （2）为了决定是否把网站作为调研项目的资料来源，需要从作者、客观性、信息资料、受众和目的等角度进行评估。
  - （3）问卷调查可用于对被称为调查对象的大批人群进行提问调查。调查问卷就是将问题一一列出，让人填充回答。采访调查是安排好与能提供有用信息的人进行

对话。
  - （4）因为任何方面都可以通过调查来反映，所以在分析调查结果或进行调查设计时必须做得谨慎。问卷调查通常需要回答的问题包括：
    - 谁做的调查？谁出的经费？
    - 要调查多少人？如何选择这些人？
    - 如何实施调查？
    - 调查的回应率如何？
    - 调查问卷用了哪些问题？
  - （5）有效的调查问题应该：只问一件事情；措辞保持中立；问题排列顺序不会影响回答；避免对调查对象进行任何假设；使同一事情对不同人的含义保持一致。
  - （6）便利样本是指一组很容易获取的被调查对象。判断样本或立意样本选取那些观点似乎有用的人为调查对象。在随机抽样中，总体中的所有成员理论上都有被挑选上的均等机会。只有当采用正式的、被认可的抽样方法时，样本才是随机的，否则就会无意识地形成偏见。
  - （7）定性调查也可能采用采访、焦点小组、在线网络和调研技术。
- 如何选择报告中所用的资料
  - （1）应该选择那些读者决策所需要的信息。报告中的信息量取决于受众的态度——是支持的、中立的还是怀疑的。
  - （2）要明确是将信息放在报告的正文部分还是附录中。
- 如何组织报告的内容
  根据资料和目的选择合适的资料组织模式。

最常见的资料组织模式有比较/对比型、问题-解决方案型、逐一排除型、SWOT分析型、演绎或归纳型、地理或空间型、功能型和时序型。

- 如何在报告中有效展示资料

  报告的写作风格与其他商务公文的写作风格基本一致，但有三方面的例外：

  （1）相比于许多信函和备忘录，报告采用较为正式的写作风格，不采用缩略语或俚语。

  （2）报告中很少使用"你"这个字眼。

  （3）报告中应列出理解建议内容所必需的有关定义和文献资料。

  标题是用以说明每一部分中心思想的单词、短语或完整的句子。每个标题必须涵盖本标题以后，直至下一个标题前的所有内容。

  标题必须采用相同的语法结构。副标题也应互为平行结构，但不同标题间的副标题并不一定要相互平行。

- 如何正确引用原始资料

  （1）引用是指在报告的正文中声明某一观点或事实的出处。

  （2）文献标注提供给读者一份参考文献目录，以便读者在必要时查找原始资料。

- 如何撰写进展报告

  （1）进展报告告知的是项目的完成情况。

  （2）进展报告应乐观积极，从而为自己塑造一个充满信心、有能力的形象。

  （3）进展报告有三种组织方式：时序型进展报告、任务型进展报告和建议型进展报告。

- 如何撰写正式报告的各个部分

  （1）报告的标题页通常包含四项内容：报告的标题、报告的受众、报告的撰写者和报告的发布日期。

  （2）如果报告长度不到25页，可将各个层次的标题在内容目录中全部列出。当报告很长时，可适当确定某一层次，然后仅仅将该层次及以上的标题列在内容目录中。

  （3）转送函可按如下步骤进行组织：

  - 转送报告。
  - 概述结论和建议。
  - 提及报告中任何需要特殊关注的地方。说明你是如何克服调研中所遇到的种种小问题的。要向帮助过你的人致谢。
  - 如果有的话，指出还需要进行的调研。
  - 为有机会从事该项目的工作向受众致谢，并欢迎他们提问。

  （4）总结性摘要呈现的是报告的逻辑结构：论点或建议及其佐证依据。描述性摘要给出了报告所涉及的主题，以及对这些主题进行分析的广度和深度。好的摘要无须参阅报告或参考书目就能被理解。

  （5）报告的引言部分通常包含目的陈述和内容范围。目的陈述明确了报告所要讨论的问题、报告所总结的技术性调查，以及报告的目的（解释、建议等）。内容范围陈述明确了报告所调查的范围大小。引言中有时还会包含局限性、问题或限制所提建议有效性的因素，以及假设、方法、标准、定义等。假设就是假定某种陈述是正确的，然后借此来证明最终结论；方法就是对如何搜集资料所进行的解释；标准是指决策时用来权衡各种相关因素的尺度；定义用来解释受众可能不了解的术语。

（6）报告通常包含背景或历史部分，毕竟报告可能会作为档案而在多年后被那些不再记得原始情形的人们查阅。

（7）报告的正文通常是最长的部分。在正文部分，撰写者要分析问题的成因并提供可行的解决方案，要用证据和数据来证明你的论点。

（8）结论部分总结的是在报告正文中所提出的种种观点；建议部分则是为了解决或缓解问题而提出的行动方案。假如这两部分的内容较少，通常可以合二为一。

（9）附录部分提供的是一些认真的受众可能需要的补充资料。

第 16 章

口头陈述

机器人索菲娅：演说家和公民

2017 年，一个名叫索菲娅（Sophia）的机器人召开了新闻发布会。她说："能成为历史上第一个被承认公民身份的机器人，我感到非常荣幸和自豪。"

这没错！机器人索菲娅被授予了公民身份，而这样做的部分依据就是机器人索菲娅的公共演讲能力。

在人工智能（AI）领域，判断机器人是否具有人类智能的方法就是图灵测试（Turing test）：机器人与人开展对话的能力是否让这个人误以为自己是在与另一个人对话。早先，对话是在人与计算机之间进行的，所以图灵测试完全是基于书面形式的对话。这样做的原因在于人工智能机器人当时尚缺乏像人类那样的外壳，能自我复制非语言沟通的行为要素，如目光接触、面部表情和嗓音，毕竟这些要素太过微妙，致使人工智能机器人实在无法通过测试。

不过，机器人索菲娅不仅会张口讲话，而且会用眨眼睛、点头和微笑等行为来配合所讲的内容，最后出色地通过了图灵测试，成绩之优秀，足以使沙特阿拉伯授予她机器人公民身份。身体语言领域的专家杰克·布朗（Jack Brown）对机器人索菲娅的面部表情做了评价，注意到了机器人索菲娅的长处和不足：当她微笑时，如果是真心的微笑，那么她的眼睑应该是部分合上的，但实际上并非如此。不过，索菲娅的"愁眉苦脸"倒是令人信服的：像人类一样，嘴角下拉，表示情感苦闷。

当我们观察人（相对于机器人而言）讲话时，我们要通过分析非语言沟通才能确定对方所讲是否可信。某一开创性的研究发现，如果人们谈到他们某个方面的感觉，但他们的非语言沟通行为表明的是不同感觉，那么人们在理解其中的信息时会把更多的权重放在"如何"说话上：

- 信息的 7% 取决于讲了什么话。
- 信息的 38% 取决于怎样讲的话（如语气）。
- 信息的 55% 取决于说话时的面部表情。

使口头信息与非语言信息相匹配是一项复杂的技能，所以绝大多数人也就很害怕公共演讲。杰里·塞恩菲尔德（Jerry Seinfeld）曾经开玩笑说："根据绝大多数的研究，人们第一恐惧的是公共演讲，第二恐惧的是死亡。死亡排在第二，是这样的吗？对普通人来说，这就意味着：如果你得去参加葬礼，那么你更愿意死了躺在棺材里，而不愿意活着致悼词。"

令人欣慰的是，杰里·塞恩菲尔德的统计数据并不靠谱：2017 年，美国人报告的第一恐惧不是公共演讲，它只列于第 52 位，排在第 48 位的死亡、第 41 位的鲨鱼、第 17 位的所爱之人离世、第 7 位的第三次世界大战和第 4 位的饮用水污染之后。[1] 尽管对公共演讲的恐惧可能会长期存在，但培养口头陈述技能对于展示自己的商务职业能力仍然必不可少。通过集中训练，公共演讲者不仅可以使演讲内容符合受众心思并富有影响力，而且演讲过程得法并具有

感染力。

虽然有关语言与非语言沟通的比较研究限于应用层面，但你完全可以对该发现进行检验。例如，当下次有人向你道歉但似乎不是出于真心时，不妨注意一下对方的什么行为向你传递了无诚意的信号？或许就像机器人索菲娅一样，对方需要增加一些面部表情的练习。

资料来源：Olivia Cuthbert, " Saudi Arabia Becomes First Country to Grant Citizenship to a Robot, " *Arab News*, October 26, 2017, http://www.arabnews.com/node/1183166/saudi-arabia; Jack Brown, " Body Language Analysis No. 4105: An Interview with Sophia the Robot at the Future Investment Institute—Nonverbal and Emotional Intelligence (VIDEO, PHOTOS)," *Body Language Success & Emotional Intelligence*, October 27, 2017, http://www.bodylanguagesuccess.com/2017/10/body-language-analysis-no-4105.html; and Albert Mehrabian, " Nonverbal Betrayal of Feeling," *Journal of Experimental Research in Personality* 5, no. 1 (1971): 64-73.

口头沟通对于联络受众有着无与伦比的作用，不仅影响巨大，而且联系直接。通过运用精心磨炼的非语言沟通手段，以及有助于阐明观点并建立与受众情感联络的视觉材料，你就可以扩大并强化那些基于深入调研、符合受众需要的口头陈述的作用。有效的口头沟通应能快速并全面地向同事传递重要信息、说服公司愿意冒险资助你的点子，或者通过树立在客户中的声誉来巩固品牌忠诚度。

强有力的口头陈述的实现需要考虑陈述的目的、陈述面向的受众及陈述实施过程中各个环节的情况。为此，必须制定有助于实现目的的策略，而且要考虑到受众的需要及所要陈述的内容；必须使陈述的内容框架符合受众的需要，同时避免那些难以理解的、复杂的、不相干的信息；必须使所组织的内容易于理解且不断强化；必须通过设计视觉材料来吸引受众，促使他们关注你的陈述、建立与自己的联系并跟上你的思路；必须运用最为有效的非语言沟通行为来使你的陈述变得栩栩如生。

16.1　书面报告与口头陈述的比较

口头陈述在很多方面与书面报告有相似之处。在计划口头陈述时，本书各章所介绍的全部观点都是有用的，如运用换位思考、强调积极面、挖掘受众利益、分析受众信息、制作视觉材料等。

口头陈述有助于：

- 以情感方式来说服受众。
- 使受众关注具体细节。
- 回答问题、解决冲突并达成共识。
- 修改文件中难以被人接受的建议。
- 立刻采取行动或取得回应。

书面报告有助于：

- 报告大量的或复杂的数据。
- 阐述法律、政策或规章制度方面的具体细节。
- 减少不愉快情绪。

口头陈述和书面报告有很多相似之处，两者都必须：

- 使信息适合具体受众的需要。
- 向受众展示这些理念、政策、服务或产品如何使他们受益。
- 消除受众可能持有的任何异议。
- 运用换位思考并强调积极面的沟通方式。
- 运用视觉材料来阐明或强调相关内容。
- 明确阐明受众应采取的行动。

16.2　陈述目的的确定

　　成功的沟通有赖于沟通者牢记实施沟通的原因。为了使陈述有效且符合受众的需要，必须首先确定陈述的总体目的（general purpose），然后描述你实施沟通的具体目的（specific purpose）。

　　总体目的是隐藏在某种沟通形式背后的主要目标——驱动沟通的主要目的是什么？与书面报告或文案一样，绝大多数的口头陈述具有多重目标。不过，在准备自己的口头陈述之前，你必须为之确定主要的总体目的：告知、说服或建立良好信誉。从陈述准备到陈述实施的整个过程，你都必须牢记这个主要的总体目的。

　　以告知（inform）为总体目的的告知性陈述旨在与受众分享信息内容。

- 告知性陈述的一个例子就是组织的培训项目。这种陈述的大部分时间传递的是员工在组织内应当如何规范自己行为的信息。
- 不难发现，组织的培训项目可能还有次要目的：说服新员工遵守组织的规章制度（说服性目的）和帮助员工认同组织文化（建立良好信誉的目的）。

以说服（persuade）为总体目的的说服性陈述旨在说服受众采取某种行动、支持某种行为或相信某种评价是正确的。

- 说服性陈述的一个例子就是商业建议书。商业建议书的陈述者要尽力说服受众来购买产品或为某个点子提供资金。
- 说服的成功需要同等重视以下决定因素：信用（ethos，即道德思想）、情感联系（pathos，即感染力）和推理论证（logos，即理性）。陈述者可以通过谈及能力、经历和对受众利益的考虑来建立信用；可以通过运用故事、证明和激动人心的视觉材料来建立情感联系；可以通过运用数据资料、推理和证明建议书可行的材料来展示强有力的推理论证。

以建立良好信誉（build goodwill）为总体目的的信誉建立型陈述旨在使受众满意或向受众确认某事，同时通过共同的价值观来团结受众。

- 信誉建立型陈述的第一个例子就是向公众发布新产品公告。虽然新产品公告会提供新产品的信息，但其总体目的强调的是建立良好信誉：通过赞扬新产品来促进公众购买并激励投资者提高对公司（如果是上市公司的话）价值的评估，同时申明新产品如何体现了公司的声誉。
- 信誉建立型陈述的第二个例子就是公司晚宴后的演讲。这类演讲的目的是让受众满意，同时团结受众，共同为公司文化和使命做贡献。
- 信誉建立型陈述的第三个例子就是销售会上鼓舞人心的演讲。这类演讲的目的是辨识受众的自我并获得他们对组织目标的承诺。
- 以建立良好信誉为总体目的的信誉建立型陈述有一个共同的目的：巩固共有的价值观。

确定了总体目的之后，就要制定具体的目的陈述，用来指导创建陈述内容。最好在创建陈述内容之前写下来，毕竟在选择陈述策略和内容时经常需要参考。

为了帮助你聚焦于陈述的总体目的，具体的目的陈述应当融入你的总体目的：告知、说服或建立良好信誉。与撰写总体目的采用的格式相反，具体目的要更为具体一些，要精确说明所要告知、说服或建立良好信誉的具体内容。下面给出了有关具体目的的例子。

目的不明确：我陈述的具体目的是讨论退休储蓄问题。

目的较明确：我陈述的具体目的是说服我的受众，让他们用"401k 计划"下的资金购买股票或
（选择一）　　债券，而不是存入货币市场账户或是做信用违约掉期。

目的较明确：我陈述的具体目的是全程指导受众计算一个人为了能在退休后安享晚年，应该存

（选择二）　　多少钱为宜。

目的较明确：我陈述的具体目的是证实我的受众是明智的投资者，因为他们通过我的投资机
（选择三）　　构开展了积极的退休金投资策略管理。

请注意上述"选择一"这个例子对希望受众所采取的具体行动是如何进行明确的；这个例子
属于总体目的为说服性陈述。"选择二"这个例子属于总体目的为告知性陈述，明确了陈述者希望
指导受众如何进行具体的计算。"选择三"这个例子属于总体目的为信誉建立型陈述，明确了陈述
者希望受众满意并乐意继续做某投资机构的成员。

值得注意的是，具体目的并非你的陈述的引言或主题的说明。有时，具体目的在陈述中根本
没有明确表达出来。相反，具体目的属于指导性说明，确保陈述的各个方面能服务于陈述的总体
目的。

16.3　陈述策略的制定

针对具体目的及目标受众，应该如何入手呢？对受众越了解，你就越有可能制定出有效的陈
述策略，使陈述信息符合受众的需要。不妨思考一下你的陈述会在什么样的客观环境下进行？受
众在听了一整天的长篇大论后，是否会感觉疲倦？饱餐一顿后，是否会有一些睡意？受众人数是
多还是少？

对于同样的受众，口头陈述应该比书面报告更为简化，冗余的信息也会更多一些。在阅读书
面报告时，读者如果忘了某个观点，可以返回去重新阅读。相反，口头陈述的听众必须记住陈述
者的每句话。如果没有记住，那么信息就会丢失。即便是提问也要求受众牢记哪些观点自己没有
理解。

陈述者应当运用能使陈述内容易被受众理解和记住的策略。对于所有的陈述，必须把所要
陈述的内容简化为你希望受众牢记在心的一个观点；要简化支撑用的细节，以便于受众理解；要
把视觉材料简化到受众一眼就能明白的程度；当然，也要简化所用的措辞和句子，从而易于受众
理解。

在设计你的口头陈述时，首先必须明确口头陈述的类型，以及如何使你的想法适应受众的
需要。

16.3.1　陈述类型的选择

可供选择的陈述类型有三种：独白式陈述、导向式陈述和互动式陈述。

在独白式陈述（monologue presentation）中，陈述者的演讲没有间断，所有的提问都在陈述
结束后进行，此时，陈述者扮演了专家的角色。陈述者事先准备好了演讲稿，一旦开讲，就滔滔

不绝地一直讲下去。这种陈述形式最常见于课堂教学。但对受众而言，独白式陈述常常显得枯燥乏味。由于受众的参与程度不高，因此个人的陈述技巧就显得尤为关键了。

在**导向式陈述**（guided discussion）中，陈述者首先给出双方事先达成共识的问题。此时，陈述者不是来解决所有问题的专家，而是一位帮助受众探索知识的促进者。导向式陈述最适合于报告咨询项目的结果，此时，陈述者具备某种专业知识，而受众负责实施其建议并决定着整个项目的成败。与独白式陈述相比，导向式陈述需占用更多的时间，但也能获得更多的受众回应、更多的分析意见，以及对结果的更多认可。

互动式陈述（interactive presentation）实际上就是双方之间的对话，即便陈述者站在受众前面并使用图表或投影设备。绝大多数销售展示采用的就是互动式陈述。销售代表通过提问了解顾客的需要、发现异议并获得暂时的或最终的购买承诺。即使是在记忆式销售展示中，消费者的讲话时间仍然会占很大的比例。顶级销售人员往往会把大部分的讲话时间留给消费者。

16.3.2 使你的想法适应受众的需要

受众分析对口头陈述的重要性不亚于书面报告。如果可以的话，要设法确定受众的提问、关心和需要，以便在陈述时加以处理。对于组织内的受众，最有可能的问题往往很实际：可行吗？花费多大？需要多长时间？对自己会有什么影响？

此外，陈述者要评估听众的类型，要思考给那些持有不同观点的受众讲些什么。如果你的受众总体上认可你，而且对你的陈述话题颇有兴趣，那么你的陈述话题可以更大胆一些；如果受众很冷漠、挑剔或怀有敌意，那么要尽量挑选那些受众感兴趣或易于接受的部分进行陈述。

在整个陈述过程中，不仅要考虑如何使陈述内容与受众需要相适应，而且要让受众感觉到陈述者的体谅。这可能意味着陈述的内容要直接针对受众的关切之处，也可能意味着陈述者要注重陈述的微妙之处，要采用包容性话语，如要说"我们的问题"而不是"这个问题"。

16.4 陈述信息的选择

选择的陈述信息应该是受众最感兴趣的，应该能在并未提供太多信息的情况下回答受众的提问，而且应该能为你达成具体目的起最大的作用。陈述的要点不应超过三个。如果能清晰说明各个主要观点之间的关系，那么陈述的内容就容易被受众理解。对于长篇陈述（20分钟及以上），每个主要观点之下还可以细分出若干子观点。

要考虑运用丰富多彩的方式来陈述内容。为了抓住受众的注意力并帮助受众记住陈述内容，应该采用什么样的类比或比喻？为了增强陈述的影响力，应该如何提高受众的兴趣并激励受众？

可以用什么图片来阐明你的想法？在什么地方可以加入视频剪辑？有研究证据表明，当信息陈述中采用了图片时，人们记忆信息的效果更好，而且能记得更长久。

此外，用叙事（narrative）或故事方式来陈述信息也很管用。因为信息是按时间顺序组织的，所以故事就按人物、情节和 / 或环境的思路展开。例如，关于降低第 2 班废品率的陈述，可以通过场景设置和问题的界定来开始：生产费用的增加使利润降低了一半。演说者描述事实，而且这些事实也有助于他弄清楚第 2 班废品率的问题，这样解决方案也就明确了。这个例子采用了叙事组织模式来组织陈述的要点。当然，你也可以在陈述中增加一些较短的趣闻，既可以帮助阐明观点，也有助于保持受众的注意力。

做告知性陈述时，要把陈述的要点与受众的知识背景相联系。要让受众成员清楚你的陈述信息可以回答他们的问题，解决他们的困境，或是帮助他们做好工作。例如，在解释新法律的影响或新机器的操作方法时，要采用适合他们所做的决策和工作的具体事例。如果内容烦琐或复杂，不妨先发放书面提纲或小册子。不过，材料的发放要讲究策略，最好是在陈述完成之后，这样受众可以专心听你的陈述。当然，如果受众需要在陈述过程中翻阅资料，那么也可以安排在陈述开始之前发放。对于许多陈述而言，较好的办法是用视觉材料来充实复杂的口头陈述：当你对一些关键词及主题思想进行详尽阐述时，不妨有选择地辅以投影，从而帮助受众跟上你的阐述。

为了增强说服力，陈述者必须回答受众的提问和异议。当然，除非你能肯定受众有这种想法，否则就不要主动提及那些负面的或不相一致的事情。如果不能肯定，则可以把你的论据留到提问阶段。这样，万一有人提到这些问题，你就有把握给出答案。

16.4.1　数据资料的选择

在选择陈述内容时，应该决定提及什么资料，所提及的资料必须与陈述论点有关，而且要先从受众想了解的结论入手。

统计资料和数字如果能以易于理解的方式展示给受众，当然就会有说服力。为了简化数字，可以简化至两位有效数字并置于上下文中。

难懂：2018 年我们的销售额从 12 036 288 000 美元下降为 9 124 507 000 美元。

易懂：2018 年我们的销售额从 120 亿美元下降为 90 亿美元，下降幅度为公司 25 年来最大。

对陈述中的统计资料和数字一定要反复核对，确保没有差错。对此，惠普公司前主席兼首席执行官马克·赫德（Mark Hurd）给出了他的最佳建议："如果数据有错，那么陈述就难以精彩。"[2]

16.4.2　证明材料的选择

演示可以形象、快捷地证明观点的正确性。演示可以有效说明流程，展示产品能带给受众的利益。此外，演示有助于受众牢记你陈述的观点。

在推出新产品时，苹果公司就因采用富有魅力的演示方法而闻名于世。史蒂夫·乔布斯尤其因令人惊奇的演讲而出名，而且他的绝大多数优秀演讲都有能让受众起立欢呼的精彩时刻。

在介绍轻薄笔记本电脑（MacBook Air）时，史蒂夫·乔布斯手里拿着马尼拉纸做的信封，从信封中抽出笔记本电脑，然后高高举起，让受众感受电脑的轻薄程度。在介绍麦金塔什苹果电脑（Macintosh）时，他预先把电脑用口袋装起来并置于舞台正中，然后从口袋中取出电脑，用电脑演示图像，同时播放音乐，接着就到了伟大时刻：史蒂夫·乔布斯宣布他要让电脑开口说话——此时电脑的确发出了数字化语音。[3]

当然，精彩时刻并不一定是宣布世界级的技术突破。在《让创意更有黏性：创意直抵人心的六条路径》（*Made to Stick: Why Some Ideas Survive and Others Die*）一书中，两位作者奇普·希思（Chip Heath）和丹·希思（Dan Heath）指出，要使创意易被牢记，能持续影响人们的观念和行为，它们必须具有简洁明了、超越预期、具体明确、可信可靠、煽动情感和描述故事的特征，即奇普·希思和丹·希思所指的取得直抵人心创意的六条路径。[4]

16.5　陈述信息的组织

不同于书面文案的受众必要时可以返回去重新阅读材料，口头陈述的信息必须让听众一次性听个明白。为了帮助受众领会并牢记陈述内容，你应当多次告知受众你的观点：先在引言中提及，接着在陈述正文中进行详细阐述，最后在结尾中再做回顾。当然，不要进行简单的重复，每个部分都要仔细组织：不仅要设计内容完整的强有力开头，按战略组织思维来构筑陈述的主体，而且要设计内容完整的强有力结尾。

16.5.1　设计强有力的开头

陈述的开头是陈述最重要的部分。陈述的开头至少应当包含注意力吸引、目的声明和内容预览。此外，开头也可以包含资格讨论和／或陈述主题与受众需要间的关联性问题。

1. 注意力吸引

受众不会等到听完一半才决定是否应该听你的陈述。因此，陈述者一开始就要吸引住受众，并紧紧抓住他们的注意力。即便是最为正式或公式化的陈述，除非具体活动有具体规定，否则陈述的开头不要采用自报家门或主题的方式。陈述者最初所说的话语应当能有效引起受众的注意。当然，如果为了清晰起见而必须自报家门或主题，如活动中有多位陈述者且没有陈述计划，那么应当在首次吸引了受众的注意后就自报家门或主题。

针对受众的开头越能贴近受众、越个性化，效果就越好；提及的活动越近，效果就越好；本地发生的活动要好于远方发生的活动；所提及的人物，如果受众认识，那么效果会更好。

可以考虑采用以下五种常见的开头方式之一：惊人的声明、讲故事、引文、提问或幽默。需要注意的是，这些方法主要用于为吸引受众注意力的口头内容描述。此外，要考虑到如何通过非语言内容来增强吸引注意力的效果，如运用视觉材料、噪音等。

惊人的声明　针对受众的关注点而精心选择的惊人的声明、统计数据或事实，有助于陈述者在陈述一开头就抓住受众的注意力。

> 过去一个月中，共有 12 名客户取消了订单。

该陈述旨在提醒公司执行委员会公司的分销系统出了问题，并提议在西南地区设立 3 号仓库。该声明对受众而言很重要，毕竟它意味着如果不加修正可能出现经营损失的紧急情况。

讲故事　上述陈述也可以通过讲故事来开头。当然，如果采用讲故事形式，就要利用人物、背景和按时间顺序，以帮助受众理顺信息。诸如对话、感官细节等内容描述可以增强故事的感染力。如果再运用视觉材料来描述故事，那么故事本身就会更有合理性。

> 上周，我公司的客户乔·墨菲来找我，他是 Westtrop 公司的采购代理。我知道肯定出了些问题，因为乔·墨菲穿的是夹克，而不是平常的牛仔衬衫，脸上也毫无笑容。他说："阿吉特，我是来通知你的。虽然不是我的意思，但我们还得换供应商。虽然有多年的交情，但现在我们得结束了。"

人类的大脑对故事的理解和记忆效果要好于对无关联事物的理解和记忆。因此，只要有可能且符合伦理，一定要对故事中的事实构建关联性。本例中，如果这种交情属于私密的，那么就不适合采用个人或公司的名义。

引文　陈述也可以借助引文来开头。引文运用的是富有诗意的或令人难忘的语言来介绍某种"棘手的"观点，而这种观点不仅概括了陈述者的思想，而且是希望受众认真思考的。

与直接引用名人名言相比，如果引文直接与受众相关，那么效果往往最好。例如，以下内容引自公司的大客户 Boyers 公司：

> "更快更容易！" Boyers 公司就是这样描述其新供应商的。

如果引文很短，不妨把它投影到视觉辅助材料中。不过，一定要避免长篇的引文，不然会分散受众对陈述内容的注意力。不要把长篇引文投影到视觉辅助材料中，但作为替代可以展示相关的图片，再辅以陈述者的口头说明。

提问　在陈述中，请受众成员举手提问或回答问题能够调动他们的参与积极性。由于这种方法使用广泛，所以当用提问来吸引受众注意力时，一定要注意提问的创造性、诚恳性和时机的有效性，避免使用陈词滥调等老套方法。不可只有提问，而不给受众回应机会。所以，一定要让受众感觉到，陈述者真诚希望听到受众的回应，不仅给足了回应的时间，而且对受众的回应很感兴趣，大有把回应融入陈述内容的可能，就像托尼·杰瑞（Tony Jeary）做的那样。在培训课上，托尼·杰瑞熟练运用这一方法来训练学员的陈述技能。讲课一开始，托尼·杰瑞就要求学员写下他们每周演讲的估计次数。

> "你每周演讲几次，一次还是两次？"他这样问并示意举手回答。只有几只手举了起来。"三次，四次，六次还是八次？"他边问边沿着中间过道向后走去。举手的人越来越多，就像射击室里不断竖起的靶子一样。托尼·杰瑞带着他的得克萨斯州口音越说越快，突然间那个地方就像一个拍卖牛的市场。"是不是有人说 10 次了？ 12 次？那位穿绿衣服的女士说 13 次！那位穿格子呢的绅士说 15 次！"他激动地吼了起来，顿时，屋子里像沸腾了一样，笑声四起。[5]

绝大多数的陈述者并不愿意像托尼·杰瑞那样把现场气氛搞得像个拍卖牛的市场一样。不过，托尼·杰瑞的方法不仅使受众参与进来，而且让大家认识到工作中会遇到各种情况，有的需要正式的陈述技巧，而有的则需要非正式的技巧。

幽默 有些陈述者利用幽默来建立融洽关系。如果环境合适，语气得当，幽默能消除受众的戒心，使他们更愿意仔细倾听。不过，幽默要选用得当，不然会引起听众的反感。千万不要开那些针对受众或不合适群体的玩笑。虽然拿自己或自己的团队开玩笑比较安全，但即便这样也要有所收敛，千万不要因为自我揭露过多而让受众尴尬。

2. 目的声明

陈述的目的应该明确告知受众，而不应让他们自己猜测。在完成了对受众注意力的吸引之后，陈述者应当转向说明总体目的或目标。这一点有些类似于陈述者所概括的具体目的说明，用来指导陈述的实施过程。对于下面给出的关于论点说明的例子，请注意这些例子的语气包括从非正式到正式，内容组织方法包括从松散的事实到故事框架。不过，所有的内容都在提醒受众关注陈述者的总体目的和陈述的主题。

> 我们今天一起花几分钟时间来了解我最喜爱的 Gmail 黑客。之后，你就能用这些提示和方法，从而为你明天使用电子邮件节省数小时的时间。
>
> 我今天的目标是与大家分享 SMART 目标制定原则的优点，以及如何为自己制定 SMART 目标。
>
> 我们扩张进入亚洲市场的工作遭遇了困难。不过，到第四季度，我们已经收回了投资，而且对明年有积极的展望。
>
> 我想告知大家我们今年面临的主要挑战及未来两年的预计业绩。

3. 内容预览

即使受众了解你的陈述目的或信息，他们可能仍然需要更多的指引以便更好地理解你的陈述。在书面文案中，标题、段落缩进、标点符号等视觉化线索或信号可以帮助读者了解文案的组织安排。与此相反，听众必须依靠陈述者的话语来判断组织结构和上下文语境。

因此，陈述者必须明白无误地给出线索或信号，以便受众把握陈述的语篇结构。在进入陈述主题之前，陈述者应当向受众就陈述主题或想法做一个内容预览。内容预览可以帮助倾听者把各个观点串联起来，可以帮助受众避免遗漏陈述者的观点，毕竟受众会纳闷陈述者为什么没有讲到某个重要观点，而事实上这个观点已被陈述者放到后面阐述了。

信息 / 目的说明与内容预览总是紧密相连的。不过，两者并不完全相同：内容预览应当比信息 / 目的说明更为具体，而且要阐明陈述者准备对哪些主要观点进行挖掘、说明或用来证明陈述主题。

这里针对 SMART 目标的信息说明给出了一个内容预览的例子。

信息说明： 我今天的目标是要与大家分享 SMART 目标制定原则的优点及如何为自己制定 SMART 目标。

内容预览： 我们会讨论为什么按 SMART 原则制定的目标比没有按 SMART 原则制定的目标更有可能实现，一旦你了解了 SMART 这个缩写词的含义——简单（simple）、可衡量（measurable）、可实现（achievable）、现实性（realistic）和及时性（timely）。

下面给出的是针对不同陈述的内容预览的例子。请注意这个例子是如何运用临时性线索或指示信号（signpost）来说明主要观点的讨论顺序的。

> 首先，我们希望讨论哥伦布市那些无家可归者。其次，我们会讨论开放式庇护所提供的服务。最后，我们会讨论作为个人或组织可以提供什么样的帮助。

4. 资格讨论

根据受众和目的的具体情况，陈述者有必要在开头部分用几分钟时间来说明你拥有陈述你的话题的资格情况。如果是对内部受众进行陈述，如公司的供应链物流，而且受众都知道你是公司供应链的负责人，那么就不必做资格情况说明了。不过，如果是对外部受众做上述主题的陈述，那么就要针对受众的需要来说明你在该话题领域的经历和资格情况。

资格说明也可用来建立你的声誉，而方法就是说明该话题对你个人很重要的原因。如果你的总体目的是要建立声誉，那么尤其需要进行资格说明。对于其他话题，如正式的告知性报告，资格说明就不必要了，不然可能会浪费时间或混淆陈述的整体基调。在准备陈述的全部观点时，一定要考虑如何满足受众的期望和需要。

5. 关联性

应当简要说明你的主题与受众需要之间存在怎样的关联性。为此，可以借助吸引注意力开头的势头，巩固受众认为你的陈述值得一听的想法。当然，要想到受众会很忙，很关心他们自己的需要。因此，必须使你的陈述与受众的经历和兴趣相关联，从而使你的观点与受众具有关联性。这里，最为有效的策略就是向受众阐明你的陈述主题对他们具有直接影响。如果无法做到这一点，那么至少也要把陈述主题与某些日常经历相关联。

与信息 / 目的说明一样，关联性说明包括从非正式到正式的各种形式，而且要与陈述的总体目的、受众和整体基调相适合。

非正式的关联性说明：如果我们希望保持比赛中的领先地位，我们就需要倾听这些数字并明白其中的逻辑。虽然我不想说，但从逻辑上讲我们的确需要采用新的方法。

正式的关联性说明：　为了给利益相关者创造更多的收入并维持竞争力，我们必须对投资组合进行分散化运作。

开头部分建立的关联性只是吸引受众注意力的开始。在整个陈述过程中，陈述者必须持续地强化陈述信息与受众需要的关联性。这种关联越紧密，受众就越有可能关注你的陈述，也越有可能牢记你的陈述信息。

16.5.2　构筑陈述的主体

借助精心挑选的组织模式，陈述者就可以使所组织的内容易于为受众所理解、接受和牢记。在说服性陈述中，得当的组织模式有助于形成陈述的逻辑流程，增强论据的影响力。陈述者不仅应当认真思考如何使陈述内容适合不同的组织模式，而且要选择那些最适合陈述目的和受众需要的组织模式。此外，要运用指示信号来引导受众把握各个要点。

1. 组织模式

通常，人们可能会从以下五种组织模式中选择构筑陈述主体的方式：

- **时序型组织模式**。从过去开始，再论述现在，并以展望将来结束。如果讨论历史有助于说明问题的复杂性或严重性，或者时序安排能鼓励人们提出解决方案，那么这种模式最为可行。
- **问题 – 成因 – 方案型组织模式**。解释问题的特征，找出问题的成因，再提出解决方案。当受众易于接受你的解决方案时，这种模式最为可行。如果对受众需要做进一步的说服，陈述者需要考虑增加某个最终的主要观点，并说明你的解决方案在其他类似场合的运用效果很好。
- **比较优势型组织模式**。确定问题或问题的特征，然后依次解释那些显而易见的解决办法，并说明它们为什么不能解决问题。最后，要讨论可行的解决方案。当受众难以接受你的解决方案时，就必须采用这种模式。此外，如果受众已经知道了问题且认同问题的重要性，但尚未确定最佳解决方案，那么也可采用这种组织模式。

- **正反对比型组织模式。**先详细列出赞成的理由，接着列出反对的理由。如果希望受众明白反面立场的缺点，同时又能给受众留下兼顾和见多识广的印象，那么这种模式就比较可行。

- **1-2-3 列举型组织模式。**应当就话题讨论三个方面的内容。这种模式适合于组织简短的信息型简报（"今天，我们要回顾上季度的生产、销售和利润情况"）。当有多个理由来实施某项政策而需要说服受众时，这种模式也比较适合。在后面这种情况下，陈述者应该先通过强有力的提醒来确保受众认真倾听你的最重要的理由，但要把第二重要的理由放到最后——考虑到存在**时近效应**（recency effect），这样受众就能更好地记住他们最后听到的内容。

2. 指示信号

在陈述的两个主要观点之间，应当运用旨在专门帮助受众适应陈述向前推进的语言。指示信号表示陈述要从一个观点转向下一个观点。有些指示信号很简单，如"首先""最后"等，而有些指示信号为的是让受众有时间来理解和巩固内容。指示信号的措辞一定要与陈述风格和内容的需要相适应。为了较好地帮助受众从一个观点过渡到下一个观点，陈述者可以引用表示时间顺序的词语（如"第一""第二""最后"等），可以采用强化前述内容的方式（如回顾刚讨论过的内容），可以为受众了解下面要陈述的内容做些准备（如预览后面要讨论的内容），也可以采用用于两个观点过渡的词语（如"既然我们已经讨论了 X，下面就来考察 Y"）。

下面这些句子给出了陈述者可用于介绍三个观点中最后一个观点的三种不同方法。

> 现在我们该谈第三点了：作为个人或团体，你能为哥伦布市的无家可归者提供哪些帮助？
> 我们已经概括介绍了公司为解决问题正在做的一切。现在，我们来谈一谈你个人能做些什么。
> 最后，你可能正在想我能做点什么呢。

16.5.3　设计强有力的结尾

陈述的结尾应该同开头一样强而有力。陈述的结尾至少应该包含回顾陈述的主要内容、巩固陈述信息或目的和最后陈述。最后陈述的既是要让受众牢记最后的观点，也是向受众清晰发出要求鼓掌（如果合适的话）的信号。

陈述者应该提及引言中的某项内容，这样不仅可以使整个陈述显得完整，而且能使受众对整个陈述产生心理上的信服感。例如，如果陈述开头采用了讲述首份工作的故事来吸引受众的注意力，那么你最后的说明可以表达一下你当前的工作或你的理想职业。如果陈述开头采用了令人震惊且负面的统计数据，那么结束时可以采用令人震惊但正面的统计数据，这样可以赋予受众美好的希望，而且能与开头的方式相呼应。

当迈克·鲍威尔（Mike Powell）向那些并非科学家的受众描述他的科学工作时，他的开场和结尾都是讲一些当科学家的言辞。他会以幽默的方式来开场："当科学家就像在玩拼图游戏……在暴风雪中……在黑夜里……你并不了解整体……你也不清楚你要创造什么。"鲍威尔在结尾时又会回到"当科学家"上来。不过，此时他描绘的已经不是挑战，而是用生动的故事来陈述灵感。

> 某医学会议的最后一位陈述者走上讲台说："我是一名 32 岁的妻子，是两个孩子的母亲，我有艾滋病。请加快你们的工作。"[6]

在撰写陈述报告的开头和结尾时，一定要采用口语风格，毕竟口语风格比书面风格更为适合。从上面的例子中可以看出，口语风格较书面风格显得语言更简练，句子也较短。口语风格的内容在阅读起来甚至给人以波浪起伏的感觉。口语风格要求使用更加个性化的代词，词汇变化较少，而且会有更多的重复。

16.6 设计视觉材料

一旦计划好了陈述策略，接下来就得决定是否使用视觉材料来增强陈述的效果。视觉材料的运用应当有助于强化陈述，而不是让受众分散对陈述的注意力。精心设计的视觉材料可以提升陈述者的职业形象，增强陈述的情感影响力，传递难以用语言表达的内容，有助于受众跟上陈述者的思路。此外，出于陈述者和受众的利益考虑，视觉材料中应当避免出现过多的文本信息。

本节主要讨论陈述中视觉辅助材料的设计和融入。更多关于视觉材料设计的讨论请参阅第 5 章和第 13 章。

- **运用视觉材料来树立职业形象。**内容传递并不总是需要视觉辅助材料，如图表或图形。不过，运用不会分散注意力的视觉材料往往可以强化陈述者个人或所在公司的品牌、价值观或形象。即使不需要使用图像等视觉材料来传递内容，陈述者仍然需要考虑采用简单的、富有吸引力的、不含文字的图形作为背景来形象化地描述自己或传递具有成熟职业素养的信息。
- **运用视觉材料来增强情感影响力。**如果情感内容能形象地呈现给受众，那么情感吸引力的效果就会更好。在运用生动语言进行陈述的同时，还应当运用图像来叙述故事和其他情感诉求。
- **运用视觉材料来传递难以口头表达的内容。**地图、图形、复杂表格等内容采用视觉手段来呈现的效果要好于采用完全的口头表述。应当运用视觉辅助材料来呈现那些严重依赖视觉理解或内容复杂的信息，这样不仅可以减少描述的数量，而且可以促进受众的理解。

- **运用视觉材料来协助陈述内容的组织。**受众对陈述内容只愿意听一次，借助内容预览、主要观点之间过渡时采用的指示信号及内容回顾等，受众也很乐意有视觉材料来帮助他们理解陈述内容。陈述者可以运用页眉、图像、色彩或其他方法来帮助受众把握陈述过程的推进。

例如，如果你正带着一群护士了解新建医院大楼各楼层的布置情况，你可以对每一层设置一个颜色代码，然后把该颜色应用于每一张幻灯片的页眉、背景或其他视觉元素中。这样，护士就很容易明白正在讨论的是哪一楼层。此外，可以用图形来表示所说的内容。用视觉辅助材料来协助组成陈述内容的一种常用方法就是，给每一张幻灯片设置页眉，这样受众就可以了解当前陈述的主要观点是什么。

如图 16-1 所示，设计精良的视觉材料可以作为陈述的大纲使用，这样就不用准备额外的备注了。视觉材料有助于受众听懂陈述者的陈述，也有助于陈述者把握陈述进程。视觉材料应突出陈述的主要观点，而不需要提供所有的细节。应当一边陈述，一边阐述视觉材料的内容，当然要加入幻灯片上没有的新内容。大多数受众都会对一张接一张地阅读幻灯片感到厌烦，他们会认为这样的陈述者不会带来什么新的信息。如果受众自己能读全部幻灯片，还需要你的陈述吗？

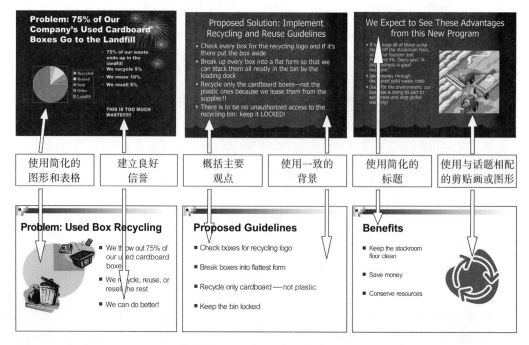

图 16-1　格式不好的陈述用幻灯片（上）与格式好的陈述用幻灯片（下）

一般而言，视觉材料不应当与陈述者的口头陈述内容完全一样，而应当呈现最适合用视觉材料而不是口头形式传递的信息。视觉材料和口头陈述内容重叠的信息应当限于那些方便受众跟上陈述并理解视觉材料与口头信息之间关联关系的信息（见图 16-2）。

在陈述中，视觉材料和内容的组织可以应用诸如 PowerPoint、Google Presentation、Prezi 等软件程序来完成。每种软件各有利弊。下面各节将讨论商务领域中使用最为普遍的可视化演示软件：PowerPoint 和 Prezi。

图 16-2　视觉材料不仅可以展示讲述的内容，而且可以呈现新的信息

资料来源：Adapted from Harvard Business Review Staff, "The Best Presentations Are Tailored to the Audience," Harvard Business Review.（April 17, 2015），https://hbr.org/2015/05/the-best-presentations-are-tailored-to-the-audience.

16.6.1　设计 PowerPoint 幻灯片

如果运用得当，PowerPoint 可以把文本、图形、数据、视频、音频等资料组合成有效的告知性和说服性信息。不过，与其他各种沟通形式一样，视觉材料的创建需要深思熟虑、详尽设计，并认真关注背景、信息和受众等因素。

在设计 PowerPoint 及其他演示软件的幻灯片时，要谨记下列指导原则。

- 使用统一的背景。
- 使用大号字体：标题要使用 44 号或 50 号字体，副标题用 32 号字体，举例用 28 号字体。在输出幻灯片打印件时，要确保所用的最小号字体能看得清楚。
- 使用带列表符号的词语而不是完整的句子。不过，符号列表不可使用过多，不然所创建的材料会显得单调乏味。
- 使用清晰简洁的语言。
- 每张幻灯片呈现 3～5 个要点。如果有更多的要点，就分成两张幻灯片。

- 创建的幻灯片不要只有文本，要多加入视觉材料，如图表、图片、截屏、照片、绘图等。
- 要定制带有组织标识的幻灯片以便建立品牌。

对陈述报告中的词语和图形进行**动画**（animation）处理，但所采用的方法应有助于陈述者控制信息流动和引起兴趣。要避免使用花哨的动画或者声音效果，毕竟这些做法会分散受众的注意力。

只有当**剪贴画**（clip art）与陈述的要点真正相匹配时，才在陈述中使用剪贴画。如今，互联网资源提供了各种图画和照片，设计者完全可以找到合适且具有视觉吸引力的图像。

整个陈述应选择一致的**模板**（template）或者背景设计。确保模板适合于你的受众和话题。例如，只有当话题涉及国际商务时，才使用地球的图像；只有在讨论热带地区度假时，才使用棕榈树的图像。PowerPoint 演示文稿的一个问题就是基础模板显得重复乏味，很多用 PowerPoint 做的陈述给人以一种重复的感觉。对于重要的陈述，可能需要定制基础模板。你可以在线免费下载到专业化设计的模板，这样你的陈述会显得与众不同。要注意的是，选用的模板不可影响陈述的资料。

如果陈述中会关灯，那么应该选择浅色背景。如果背景和文本间选用高对比色，那么辨认起来会相对容易些。图 16-3 给出了颜色组合有效和无效的两个例子。

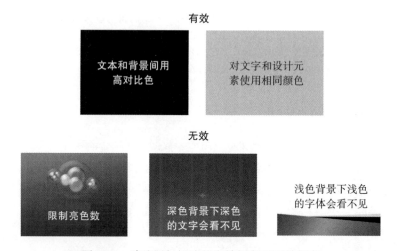

图 16-3　陈述用幻灯片的有效颜色和无效颜色

并非所有的陈述都适合采用 PowerPoint 幻灯片。信息设计专家爱德华·塔夫特写过一篇知名的文章，对幻灯片进行了猛烈的批评。美国军方曾因采用了如今声名狼藉的"意大利面条式幻灯片"而遭到尖锐批评（见图 16-4）。美国军方在日常简报中采用这种幻灯片来反映阿富汗战争中所运用战略的复杂性。[7]"意大利面条式幻灯片"这个名称用得很恰当，因为这个战略看起来就像一堆意大利面条，胡乱且毫无方向地缠绕在一起。据报道，美国在阿富汗的军方负责人麦克里斯特尔（McCrystal）将军回应称："如果弄明白了那种'意大利面条式幻灯片'，我们就能赢得战争。"

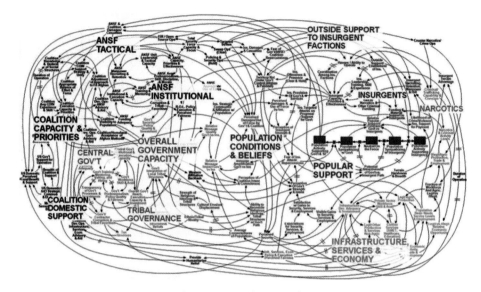

图 16-4　美国军方的"意大利面条式幻灯片"

陈述中一定要避免这种灾难性的幻灯片。

会议主旨报告往往令人厌烦，不仅 PowerPoint 陈述的内容冗长，而且陈述者讲话乏味。结果，参加人员难免生厌，不时玩弄智能手机，进行网上聊天。在某次会议的主旨报告陈述时，一些厌烦了的受众甚至设计起了 T 恤衫并挂在网上进行销售，上面写着"我从主旨报告灾难中生还"。

那么，如何使你的报告陈述避免出现上述情况呢？以下就是一些建议。[8]

- 将视觉材料与文字一起使用。PowerPoint 幻灯片应该用来支撑你的观点、强化陈述效果，而不应该使受众的注意力分散或转移。
- 一定要使 PowerPoint 幻灯片简洁明了。应当确保受众能在一两秒内完全明白每一张 PowerPoint 幻灯片的意思。
- 将复杂的内容分散到若干张 PowerPoint 幻灯片中。千万不要把所有信息放在一张 PowerPoint 幻灯片上。如果内容更为复杂，一定要分多张 PowerPoint 幻灯片。
- 将 PowerPoint 幻灯片用作帮助记忆的工具。PowerPoint 幻灯片不仅要有助于增强陈述对受众的情感吸引力，而且要有助于受众牢记陈述的内容。

最后，关于 PowerPoint 演示值得注意的是：由于 PowerPoint 演示在商业领域几乎无处不在，所以受众对此会很快感到乏味乃至厌烦，要吸引受众的注意力就显得困难了。根据有关估计，全球每一秒钟在演示的 PowerPoint 达到了 350 个。[9] 在选用 PowerPoint 之前，必须对陈述的目标受众进行评估，而且要充分了解他们的期望。此外，需要对各种软件程序进行调查，以便找到能增加陈述的创新性、给受众更多影响的软件。

16.6.2　创建 Prezi 图像

Prezi 免费在线工具为商务沟通人员制作演示文件提供了另一个选择。PowerPoint 演示工具的思想来自传统上点击实际幻灯片的做法，Prezi 通过运用现代技术创造了完全不同的体验。

Prezi 制作的并非多张连续的幻灯片，而是一幅大型画布。用户可以把文本和图像放在 Prezi 画布的任何地方，同时还可以对这些地方进行放大和缩小，或者将它们平移到 Prezi 画布的其他地方（见图 16-5 中的例子）。借助这种方法，陈述者就可以展示不同项目之间的层级与空间关系，而 PowerPoint 的线性时序方法往往无法做到这一切。

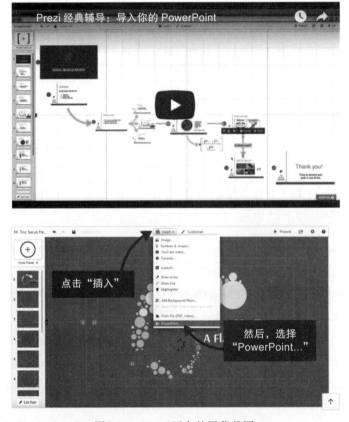

图 16-5　Prezi 画布的屏幕截图

资料来源：Prezi（2018）."Importing from PowerPoint." https://prezi.com/support/article/creating/powerpoint-import/.

相比于 PowerPoint，Prezi 的缩放与平移功能可能更具吸引力，尤其是对那些不熟悉 Prezi 的受众。不过，就像 PowerPoint 的过渡与动画功能一样，Prezi 的缩放与平移功能如果使用不当也会分散受众的注意力。过度使用 Prezi 的缩放与平移功能会使受众感到眩晕而迷糊。

如果想把 PowerPoint 文件转换成 Prezi 文件，那么 Prezi 程序容许用户以每次一页或幻灯片播放的形式导入 PowerPoint 幻灯片。最后，作为基于云端的演示工具，Prezi 用户可以通过任何电脑、平板电脑或智能手机连接登录。

如果想培养更多有关 Prezi 设计的灵感，不妨登录 Prezi 的网站，观赏那些获奖的 Prezi 演示文件。具体网址为 https://prezi.com/explore/staff-picks/。

16.6.3　运用图形和表格

陈述中的视觉材料必须比受众读到的纸质视觉材料简单。例如，为了使打印的数据表格满足陈述之需，可能需要删除一行 / 列或多行 / 列数据、需要对数字进行四舍五入简化，或者需要用图像或其他视觉材料来代替图表。如果在陈述中有许多数据表格或图表，需要考虑把它们打印在分发给受众的小册子中。

陈述中的视觉材料应当包括标题，但不需要图表编号。在准备陈述时，确保清楚每一视觉材料的位置。这样，如果在提问阶段有人提问，就能快速找到。不要对着幻灯片的内容照本宣科，也不要详尽地描述视觉材料。相反，陈述者应当概括幻灯片所包含的故事，然后据此对受众讲述具体含义。

16.6.4　有效应用技术工具

视觉材料投影的效果如何很大程度上取决于所依靠的技术是否有效。如果是在本部门做报告，则应提前检查设备状况。如果是在外地或为其他部门做报告，应提前到达。这样，不仅有充足的时间检查设备，而且万一设备不能运行，也有时间找到服务人员。

要牢记如何使用视觉辅助资料。很多时候，如果是面对面或视频会议陈述，那么视觉辅助材料可以起到支持的作用。陈述中主要观点的视觉材料配置应便于陈述者与受众进行互动。如果采用了 PowerPoint 进行陈述，那么口头陈述的材料应该多于幻灯片上的文本材料。

请注意，为预防使用视觉材料时出现技术问题，一定要做好备案。

16.7　有效陈述的实施

受众听演说时想要有这样的感觉：陈述者的讲话是直接针对他们的需要的，而且在意他们是否明白以及是否感兴趣。这样，即便陈述时出现了个别逻辑错误或语法错误，他们也不会斤斤计较。相反，如果陈述者根本不顾及受众是谁及受众的反应，只是对着已经准备好的材料照本宣科，那么受众就不会买你的账了。

有效陈述的实现，需要陈述者成功战胜恐惧，善于运用目光接触，练就悦耳的讲话声音，把握好站姿和手势，恰当运用备注和视觉材料，促进受众的参与和加强练习。

16.7.1   战胜恐惧

对公共演讲感到紧张是很正常的，而且绝大多数人对公共演讲都有某种程度的恐惧感。不过，练得越多，你就越有办法来主动形成缓解紧张情绪的力量。其实，你可以利用这股力量，来帮助你更出色地完成工作：就短期而言，有助于你完成陈述；就长期而言，有助于你通过陈述来塑造职业形象。按照 IBM 公司的建议，女性如果要取得事业进步并建立起自己的个人品牌，就应当有意识地把寻求并志愿参加演讲活动作为重要手段。[10] 正如众多公共演讲培训师所指出的：不必怕蝴蝶飞舞，你要做的是让蝴蝶按规则起舞。

为了缓解紧张情绪，做口头陈述之前应当：

- 充分准备。要分析受众，整理思路，制作好视觉材料，试讲好开头和结尾部分，并仔细核实内容安排。
- 针对种种可能情况（包括技术问题等）做好备案。
- 按往常的量饮用咖啡。过多或过少都会让你紧张。
- 不要饮用含酒精的饮料。
- 鼓起勇气。不要对自己说"我害怕"，而要说"我的肾上腺素指标高起来了"。肾上腺素能使反应敏捷，从而帮助我们超常发挥。

在口头陈述即将开始之前，应当：

- 有意识地收缩并放松一下自己的肌肉。从脚和小腿开始，逐步向上到肩、臂和手等。
- 收缩腹部，做几次深呼吸。呼吸时，要想象紧张已经被抛却。

在口头陈述过程中，应当：

- 在讲话前，适当停顿并注视受众。
- 多与受众沟通，少考虑自己的感受。
- 做姿势和动作时，要全身心投入。

16.7.2   运用目光接触

目光接触是为了与受众中的成员个体建立一对一的联系。人们希望你的陈述如同与自己的谈话。这种目光接触也能使陈述者更好地感受受众的反应，从而可以在必要时对陈述做出调整。

眼睛要直视受众。不管在什么场合，都要与每个受众进行目光接触，毕竟陈述者希望受众感觉到你是在与他们交流。不要总是看着电脑屏幕或笔记。研究人员发现，比起陈述中表现好的方面，受众对陈述中表现不好的方面的注意和评论似乎会多出两倍以上，而且倾向于认为那些目光接触少的陈述者待人冷漠、缺乏专业素养且准备不够充分。[11]

16.7.3　练就悦耳的讲话声音

假如声音悦耳，陈述得当，那么受众就愿意听你的陈述。那么能以悦耳的声音进行陈述究竟有多重要呢？

最新的研究表明，讲话的声音比陈述的内容更为重要。事实上，定量印象（Quantified Impression）中心的调研发现，经理人的讲话声音比言语内容本身在重要性方面要高出 12%。[12] 该中心就经理人所做演讲的重要性收集了 1 000 名研究参与者的相关数据。

根据《声音杂志》（Journal of Voice）上的某项研究，那些讲话声音沙哑、紧张或带有喘气声的人常常被贴上消极、懦弱和缺乏热情的标签，而讲话声音正常的人常常被认为事业有成、头脑聪明和善于社交。

不仅现场的口头陈述如此，就连录音也需要在这方面多加注意。亚胜保险公司发现，通过使公司客户服务自动应答系统的录音声音听起来更温和、更专业，公司客户的满意度提高了5%～10%。[13]

讲话声音甚至会影响到你面试能否取得成功。气泡音是指在陈述的最后降低声音，常常伴有嘎吱、沙哑、刺耳的响声。一直以来，人们多把讲话带气泡音与缺乏能力相联系，尤其是女性带有气泡音。[14] 讲话声音很重要，因此你必须弄清楚你的讲话声音呈现了怎样的形象，无论是在有准备的场合还是在工作面试之类的即兴场合。为此，不妨用数字录音机或视频相机录制下来听一听。一定要注意自己的音质特征，包括声调、音阶、重音、发音和音量。

1. 声调

声调（tone of voice）是指句子语调的抑扬变化，用来告诉听者该组词语是疑问句还是陈述句，讲话者是没把握还是很自信，言辞是有诚意还是带有讽刺。

当声调和某个词的含义相悖时，人们往往"相信"声调。如果你对朋友"你好吗"的问候用了"快死了，你呢"回答，那么大多数朋友会回应"很好"。只要声调是愉快的，他们可能并不会理会字面的意思。

2. 音阶

音阶（pitch）衡量的是声音的高低。与高音阶声音相比，低音阶声音多被认为更具权威性、更性感、更悦耳。当讲话人生气或激动时，声音的音阶往往会提高；有些人提高声音时会提高音阶。平常说话声音就很高的女性应该尽量通过练习来降低声音，这样在向公众演讲时就不至于显得声嘶力竭。

3. 重音

重音（stress）是对句子中一个或多个词的强调。如下例所示，对不同词的强调会改变句子的意思。

I'll give you a raise.

（"别的主管是不会的。""我才有权决定你的工资涨跌。"）

I'll give you a raise.

（"它并不是你挣的。""好吧，你赢了，我并不同意，只是答应了你从而摆脱你而已。""我也是刚刚决定给你涨工资的。"）

I'll give you a raise.

（"本部门没有其他任何人得到了这种待遇。"）

I'll give you a raise.

（"仅一次而已。"）

I'll give you a raise.

（"但你就没有可能得到升迁或其他想要的东西了。"）

I'll give you a raise.

（"这是你应得的。"）

I'll give you a raise!

（"我是刚刚想到这么做的，对此我很高兴，这会令我们双方都满意。"）

4. 发音

发音（enunciation）是指在讲话时发出每一个单词的音。以 f、t、k、v 和 d 等开头或结尾的词汇通常较难发音。例如，"Our informed and competent image"听来会很像"Our informed, incompetent image"。受众越多，发音越要仔细、清楚。

有些人在讲话时会对声调、音阶和重音进行许多改变。这种人通常比较热心，也常常被认为精力较旺盛，脑子较聪明，而那些讲话单调的可能被认为不够聪明或为人冷漠。如果你自己对阐述的观点不感兴趣，那么受众怎么可能更有兴趣呢？

5. 音量

音量（volume）是指当陈述者面对受众讲话时，发出的声音要大到足以让受众听到，但又不至于使离得较近的受众无法忍受。如果使用了麦克风，音量应调得适度，不要听起来像在吼叫。如果是在不熟悉的场所讲话，那么应当提前一点到达那里，以便有时间检查一下场地的大小和扩音设备的功率情况。如果来不及做上述准备，不妨在开讲之前问一下受众："房间后面的人能听清楚吗？"或者，可以按以下原则来调整音量：如果能听到来自房间后墙的回声，那么房间内的每个人通常都能听到。

如果我们听我们自己声音的方式与受众听我们声音的方式不同，那么对此可以做些什么呢？对于绝大多数并非健康因素引起的发声问题，都可以通过练习来加以调整。要练习运用声调、节奏和语调变化来传递陈述者的真诚之心，也要请他人就你的发音实际听上去如何给出反馈意见。最后，不妨把自己的发音录制下来，听一听是否符合你的本意。这里，观察要客观这一点很重要。

要像使用面部表情那样使用你的声音，以便在受众的心目中树立起一个快乐、有活力、充满热情的形象。这样做不仅有助于你与受众之间建立起良好的关系，也有助于展示你所提供材料的重要性。如果你的观点不能令你自己兴奋，那么受众为什么一定要为之而兴奋呢？

16.7.4 把握好站姿和手势

站立时要双膝放松，两脚分开一定距离以保持平衡。除非演说十分正式或正在录像，否则可以适当走动。有的演说者喜欢站在讲台外边，以消除同受众之间的那层屏障，或是在现场走动来与受众交流。

姿势要尽量自然。充满自信的、幅度较大的手势效果较好。要避免紧张的姿势，如晃动双脚、玩弄口袋中的硬币或者把玩扣子。这些行为会分散受众的注意力。

16.7.5 运用备注和视觉材料

如果使用的是 PowerPoint，可以打开备注功能。如果没有使用 PowerPoint，可以把备注写在卡片上。在忘词的时候，备注是提醒你的唯一手段，所以备注内容要完整。不过，备注要避免用完整的句子，不然演说者会有依赖：演说时直接读取备注的内容，而不做陈述。在每个要点之下，可以把用以论证该要点的例子或图片简单列明。

不要太频繁地看备注。大多数时间应当盯着受众看。如果使用的是备注卡片，那么要拿得适当高些，这样当你来回看备注和受众时，头就不用晃动了。如果你对演讲主题十分了解，或者采用了大量的视觉材料，那么就可以不用备注了。

如果使用幻灯片等视觉材料，一定要站在屏幕的一边，不要挡住它。站立时，当然要面向受众而非面向屏幕。要记住，受众能看的是陈述者或屏幕，但无法同时看两者。要引导受众关注较为复杂的视觉材料，如图和表格，而且要加以解释或留给受众一些时间以便理解吸收。一份视觉材料不要分多次提供，而应当一次性完整呈现。如果不想让受众提前看到尚未准备让他们了解的内容，可以采用 PowerPoint 动画或者加入若干张幻灯片。

尽量打开屋内的照明灯，光线昏暗会使受众犯困，从而分散对陈述的注意力。

16.7.6 促进受众的参与

促进受众参与的方法包括激发受众的兴趣、请受众提出问题，以及提高受众的热情。例如，陈述时不要说"运作这个项目销量增长了 85%"，而要改用以下方式：先用图形来说明在引入该项目之前销量一直在下跌；接着请受众思考一下这个项目是做什么的；最后，在做完项目解释后，用动画来展示完整的销量图，并且要用醒目的品红色线条来突出销量剧增部分。

就像在与他人面对面讲话那样，当你在一群人面前陈述时，你必须让受众参与进来并获得他们的反馈。为此，要关注身体语言并向受众提问。来自受众的反馈往往有助于你建立与受众的融洽关系，从而可以更清晰地传递你的信息，阐述你的思想。

在一些环境中，诸如在向大量受众做陈述时，你可能需要使用其他工具来收集受众的反馈信息。例如，你可以在陈述中建立一个小组讨论：向受众提出一些问题以供他们分小组讨论，然后请他们进行现场分享。陈述者也可以在陈述开始之前或中间休息时向受众发放调查问卷，由团队中的某个成员将受众的回应制作成表格，再把这些内容融入剩下的演说中。

在促进受众参与方面，技术也催生了一些新的方法。受众响应设备，如图灵技术（Turing Technology）公司的点击器、智能手机应用程序等，使得人们可以回答多项选择、对 / 错、是 / 否等调查问题，而且可以通过软件将受众回应快速制作成受众可见的图表等。这些响应设备以及 Twitter 之类的社交软件程序也为受众在陈述中进行反向沟通提供了手段。

反向沟通（backchannel）是指在陈述者演说的同时，受众运用诸如智能手机、平板或电脑等在线工具进行同步交谈或传播信息的过程。反向沟通的受众可以身处陈述演说的现场，也可以不在现场。例如，利用 Twitter 的受众可以在一个会议上跟踪多场在不同地方举行的演说，方法仅仅是追踪 Twitter 上该活动的 Twitter 话题。这样，你面临的问题就是这样的系统对受众的吸引力有多大，让他们忙于发推文而不是倾听你的演说。

16.7.7　加强练习

许多陈述者在思考要说些什么方面会花过多的时间，但在练习如何说这些话方面投入的时间往往过少。口头陈述的重要性可谓一目了然。不然的话，只要将陈述的文字材料或 PowerPoint 幻灯片发给受众就可以了。

因此，必须对着镜子或家人与朋友反复练习演说，而且要大声练习。演讲导师杰瑞·韦斯曼（Jerry Weissman）拥有 20 多年的演讲培训经验，他总是鼓励他的每一位顾客进行说话练习。按照他的观点，一边看着幻灯片，一边思考要说的话，或者一边翻看幻灯片，一边喃喃自语，这两种练习方法都是缺乏效果的。最好的办法就是把实际要说的话语用口语表达出来。[15]

要进行大声练习的其他原因包括：

- 不会老想到该用什么词语，转而专注于那些希望与受众沟通的情感。
- 练习用指示信号或过渡性词语来衔接主题变化。事实上，过渡性词语常常是陈述者陈述出错的地方之一。
- 确定陈述信息时应该采用的节奏和需要的总体时间。
- 避免无意之中给出负面信息。
- 减少使用"嗯""呃"之类赘词的次数。填充音（filler sounds）是演说者在停顿以思索下面要讲的内容时发出的声音，所以填充音并不一定代表紧张。如果陈述的词汇量很大或演讲话题可以运用多种词汇，那么思索的时间会相对长些。通过说话练习，用词选择就会自然流畅，用"嗯""呃"等赘词的次数也就减少了。[16]

作为额外的好处，大声陈述练习会促使你关注你的音质。

16.8　提问的处理

通过列出所有你能想到的反对意见来做好应对受众提问的准备工作。同时，对这些问题进行分类。沟通导师卡迈恩·加洛（Carmine Gallo）曾帮助众多公司高管开展演说。按照他的观点，提问通常最多可以分为七类。[17] 然后，针对每一类提问，陈述者应当准备一个合适的回应。利用这一提问包，不仅可以减少陈述者的准备时间，而且可以增强陈述者的信心。

在陈述过程中，陈述者应当告知受众你会如何处理受众的提问。只要有可能，尽量把提问环节放在陈述的最后。回答提问时，要针对受众提出的问题或异议作答，千万不要夸大你的观点，以避免出现回答中需要放弃观点的情形。

在提问阶段，不要用点头来表示你听明白了对方的提问，因为受众会把你的点头理解为你赞成提问者的观点。相反，应当直视提问的受众。在回答提问时，陈述者应当考虑到受众整体，要针对受众整体来给出回应。回答提问时也不要说"这个问题很好"那样的话，因为这句话隐含了其他提问不好的意思。

如果受众没有听清楚提问或者你需要更多的时间思考，那么不妨在回应之前先重复一遍提问。针对提问的答案应该与陈述提到的观点相关联。要牢记你的陈述目的，所选用的信息资料应当有利于陈述目的的达成。

假如受众的提问带有敌意或偏见，在回答之前一定要先转述一下。假设你做的是销售展示，潜在客户惊叫着问："你那样定价的理由是什么？"通过回顾陈述中提及的服务利益，可以采用的回应就是："你提问的是我们的定价政策。这里的价格包括了我们提供的全天候的现场顾客支持和……"接着，陈述者可以解释这些特点如何使潜在顾客受益。

约翰·科特（John Kotter）与罗恩·怀特黑德（Lorne Whitehead）在他们的著作《认同：赢取支持的艺术》（*Buy In*）中提到了陈述中常常遇到的 24 种攻击性响应。[18] 对此，他们建议采用简短的常识性回应。以下给出了一些例子。

攻击性响应：我们过去从未做过，但一切都很好。

常识性回应：没错。不过大家的确也见到了，那些不适应的人最终都离开了。

攻击性响应：你的建议似乎不怎么行。

常识性回应：也许如此。不过，我的建议让我们开始走上正确方向，而且不会再发生延误了。

攻击性响应：不先做 B，就没法做 A；而不先做 A，又没法做 B。所以，这个计划不合适。

常识性回应：事实上，先做点 A，就可以做点 B 了，然后可以多做一点 A，之后就可以做更多的 B 了。

有时，受众的提问实际上就是在阐明自己的观点。针对这种提问，如果陈述者愿意可以回答。当然，陈述者也可以说："显然，这声明的是你的立场。让我们继续看下一个观点。"如果受众的提问你在陈述中已经说过了，应当直接回答一下，不要让提问者尴尬。事实上，没有一个受众会百分之百地明白并记得陈述者讲过的每一点。

如果不知道怎么回答提问，不妨直接说明。如果你的陈述目的是告知信息，不妨把提问写下来，回头再去查找答案，在下次见面时能回答就行。如果你认为该提问根本没有答案，那么可以向在场的人寻求答案。如果同样没人能回答，那么你的所谓"无知"自然得到了澄清。如果恰好有专家在场，可以向对方请教，然后用自己的解释来回答提问。

在提问环节的最后，应当花时间再来简单总结一下你的主要观点，毕竟受众的提问不一定会关注陈述的主要观点。因此，陈述者应当利用这样的机会再次阐明自己的观点，扩大对受众的影响。

表 16-1 给出了有效的口头陈述各个环节的考虑因素及检查清单。

表 16-1　口头陈述的考虑因素

策略因素	□是否与环境相适合？ □是否适合受众的信念、经历和兴趣？ □能否吸引受众？
内容因素	□目的是否清晰（即便表达不到位）？目的是否达到？ □材料是否生动、具体？ □材料是否对常见异议进行了反驳而没有给予相当的重视？ □开头与结尾是否有力度和效果？
组织因素	□是否对主要观点进行了概述？ □正文部分是否给出了主要观点的指示信号？ □观点过渡时是否采用了恰当的过渡词语？过渡是否自然、流畅？
视觉材料因素	□是否提供了富有吸引力的视觉材料？设计或所用的模板是否合适？ □从远处能否看清楚视觉材料？ □视觉材料是否存在拼写、标点符号和语法错误？ □如果视觉材料中包含数据，那么这些数据是否便于快速理解？
陈述风格因素	□陈述者是否与受众进行了良好的目光接触？ □陈述者的姿势是否合适？陈述者的身体是否挡住了屏幕？ □陈述者的发音是否有吸引力？ □受众能听清楚并理解陈述者正在讲的话吗？ □陈述者的手势是否显得自信？ □陈述者的样子是否显得紧张？ □陈述者是否有效处理了受众的提问？

16.9　小组陈述

进行小组陈述时，应认真计划，使尽可能多的小组成员担任演说者角色。

最简单的做法就是列出陈述大纲，然后将话题分配给每位小组成员。同时，应当专门安排一名小组成员负责陈述的开头和结尾。在受众提问阶段，每个小组成员应当负责回答与自己那个话题相关的提问。

在这种分工合作式的陈述中，一定要注意以下几点：

- 做好陈述中的衔接与过渡。
- 协调好大家的发言，避免出现重复和矛盾。
- 严格控制时限。
- 协调好视觉材料，确保陈述的连贯性和完整性。
- 全小组至少应当集体练习一次；当然，练习的次数越多越好。

有些小组陈述甚至会进行更全面的整合：小组全体成员一起撰写详细的大纲，一起确定观点和举例，一起制作视觉材料。然后，就每个观点，由多名成员进行陈述。这样的陈述往往很有效，毕竟每个成员的陈述不过 1～2 分钟，所以不断会有新面孔出场。不过，只有小组所有成员都十分了解主题、过程安排周密且经过多次的练习，这种陈述才会可行。

无论采用什么形式的小组陈述，开始时都要将所有成员介绍给受众，而且小组成员相互之间也要密切关注。如果小组的其他成员对陈述者持漫不经心的态度，那么受众就会认为陈述者的演说不值得倾听。表16-2给出的检查清单有助于做好小组陈述的计划。

表 16-2　小组陈述的附加考虑因素

□ 是否向受众介绍了小组成员？
□ 小组成员是否都恰当参与了陈述？
□ 小组成员间的陈述过渡是否自然、平稳？
□ 各个部分的具体陈述之间协调是否良好？
□ 某个成员演讲时，其他成员是否认真倾听？

❖ 本章回顾 ❖

- 如何确定陈述的目的
  （1）告知性陈述旨在告知信息或教育受众。
  （2）说服性陈述旨在激励受众以某种方式采取行动或表示相信。
  （3）信誉建立型陈述旨在使受众满意或向受众确认某事，同时通过共同的价值观来团结受众。绝大多数的口头陈述具有多重目标。在准备自己的口头陈述时，必须牢记陈述的总体目的。

- 如何制定陈述的策略
  （1）对于同样的受众，口头陈述应该比书面报告更为简洁。
  （2）在独白式陈述中，陈述者事先准备好讲稿，一旦开始陈述就无中断地进行。
  （3）在导向式陈述中，陈述者首先给出双方事先达成共识的问题。此时，陈述者不是来解决所有问题的专家，而是一位帮助受众探索知识的促进者。
  （4）互动式陈述实际上就是双方之间的对话，通过提问来确定需要、发现异议并获得对目的的暂时的或最终的承诺。
  （5）陈述的内容或信息应当适合受众的兴趣、经历或爱好。

  （6）陈述的要点不应超过三个。对于长篇陈述（20分钟及以上），每个主要观点之下还可以细分出若干子观点。
  （7）选择的陈述信息应该是：受众最感兴趣的；能回答受众提问的；最能说服受众的。

- 如何组织有效的陈述信息
  （1）利用陈述的开头和结尾位置来吸引受众的注意力并强调自己的重要观点。
  （2）就所要陈述的主要观点给出概述；在谈到每个新观点时，都应当给出指示信号，即简单明了地概述已得到的观点。
  （3）要根据陈述的目的及目标受众情况来选择陈述主体的组织模式：时序型组织模式；问题–成因–方案型组织模式；比较优势型组织模式；正反对比型组织模式；1-2-3列举型组织模式。

- 如何设计陈述中的视觉材料
  视觉材料的运用能使陈述显得准备更充分、更有趣并更有说服力。在运用视觉材料时，要确定陈述者选用的演示平台，要运用数字和图表，还要有效应用技术工具等。

- 如何实施有效的陈述
  有效陈述的实现，需要陈述者成功战胜恐惧、善于运用目光接触、练就悦耳的讲话声音、把握好站姿和手势、恰当运用备注和视觉材料、促进受众的参与和加强练习。

- 如何处理陈述过程中的提问

（1）在陈述过程中，陈述者应当告知受众你会如何处理受众的提问。

（2）将受众的提问视为提供更多详细信息的一种机会，毕竟在陈述时间内可能是没有机会的。针对提问的答案应该与陈述提到的观点相关联。

（3）如果你没有听清楚提问或者你需要更多的时间思考，那么不妨在回应之前先重复一遍提问。假如受众的提问带有敌意或偏见，在回答之前一定要先转述一下。

术语表

A

abstract　摘要　指关于报告的概述，并对报告中的建议及原因进行详细说明。

accessibility　无障碍性　指设计中要考虑到残疾人或存在独特知觉需要者，如色盲、视力损伤、失读症等人士。

accident report　事故报告　事故报告通常只是简单列出工厂或办公室发生事故的原因及其性质。事故报告也可以分析资料并提出使工作环境更安全的建议。

active voice　主动语态　指描述句子在语法上的主语行为的动词。

adaptive design　适应性设计　指把网站的全部内容调整到与具体浏览器的宽度相适应，以此来完善阅读体验。

agenda　议程　指会议中要考虑或实施的事项。

analytical report　分析报告　指对资料进行了解释的报告。

anchoring effect　锚定效应　指人们在决策时会依赖于最先所获信息的倾向。

animation　动画　指对陈述报告中的词语和图形进行动画处理。动画应当谨慎使用，仅用于帮助控制信息流动和引起兴趣。

appendices　附录　指报告中那些仅认真的受众感兴趣的部分。附录部分包括访谈和调查问题、调查问卷复印件，以及复杂表格与视觉材料。

audience benefits　受众利益　指受众在接受沟通者的服务，购买沟通者的产品，执行沟通者的政策或听取沟通者的意见后所得到的好处。政策、意见、产品与服务都可以带来受众利益。

average　平均值　参见 mean（平均数）。

B

backchannel　反向沟通　指在陈述者演说的同时，受众运用在线工具同步参与其他活动，如其他演讲。

bar chart　条形图　指由平行的代表不同数据的矩形或长方形组成的视觉材料。

behavioral economics　行为经济学　作为经济学的分支，行为经济学运用了社会学和心理学的观点。行为经济学尤其关注的是此类决策的理性边界问题。

behavioral interviews　行为面试　指要求应聘者描述他们过去在特定环境下所采取的实际行为的求职面试。

beta testing　β 测试　指在组织内完成产品的 α 测试后所进行的第二轮测试。这种测试来自组织的外部，需要选择产品的用户。β 测试有助于确定产品中仍然存在的缺陷。

bias-free language　无偏见语言　指不以性别、身体特征、种族、年龄、宗教等为依据对受众表示歧视的语言。

blind computer copies　密抄　指没有列出原始信函、备忘录或电子邮件中的其他接收者的信函。

block format　齐头式　指这样的格式：信函中，信内地址、日期和签名栏左对齐；个人简历中，日期列在一边，职业头衔及其说明列在另一边。齐头式强调工作经历。

boilerplate　样板公文　指从以前的公文中节录到新公文中的语言；使用样板公文不仅省时省力，而且撰写者使用的是那些为公司法律顾问所认可的语言。

branching question　分叉式问题　指将问题分别发送给对问卷调查的不同部分做出不同回答的回应者的问题；它容许回应者仅仅回答与他们经验相关的问题。

build goodwill　建立良好信誉　指为自己和组织建立起使他人乐于与你打交道的形象。

bullets　符号列表　指用小圆圈或正方形（实心的或空心的）对项目进行列表。当给出例子时，如果数目并不精确而且次序也不要紧，可使用符号列表。

business plan　商业计划书　指为新拓展商业项目筹集款项用的文案。

businessese　商务行话　指那种包含不需要词汇的行话。有些词在 200～300 年前是常用的，但如今在口语中已不存在。有些词在商务写作以外从不使用。所有这些词都应当被省去。

bypassing　歧义　指当两个人用相同的记号表示不同的意思时所发生的沟通失误。

C

cartogram　统计地图　指用地图形式反映统计信息的视觉材料类型，采用统计信息来替代区域信息。

case　格　指名词和代词在句子中所起的语法作用。主格作从句中的主语，所有格说明某物的所属，宾格则作动词和介词的宾格。

channel　沟通渠道　指借此传递信息的媒介。书面沟通渠道包括备忘录、信函和广告牌。口头沟通渠道包括电话访问、演讲和面对面的交谈。

chartjunk　垃圾图　指那些同主题无关并会误导读者的装饰。

choice architecture　选择架构　选择架构要求改变人们进行决策所处的情景，从而鼓励人们做出具体的选择。

chronological resume　时序型简历　指按照时间顺序（从最近的情况开始，采用反时序的方式）概述经历的简历。

citation　引用　指在报告的正文中声明某一观点或事实的出处。

clip art　剪贴画　指可以引用到时事通讯、标记或图表中的预先绘制好的图形。

closure report　终止性报告　指对业已完成但并未产生行动或建议的调研进行总结的报告。

comma splice or comma fault　逗号连逗号或逗号错误　指用逗号连接两个独立的句子。改正时，可用分号来连接两个句子，或使其中一个变成从句，或用句号加新句子的手段。

competitive proposal　竞争性建议书　指为争取有限资源而撰写的建议书。

complex sentence　复合句　指包含一个主句和一个从句的句子。

complimentary close　结尾敬语　指位于正文后面但在签名之前的语言。商务信函中最常用的结尾敬语为"Sincerely"与"Cordially"。

compound sentence　并列句　指用连词将两个主句联合在一起的句子。

conclusions　结论　指对报告中要点进行重述的部分。

confidence interval　置信区间　在报告研究成果时，用置信区间来反映给定样本与样本所代表总体之间相关性的不确定程度。常用的置信区间为90%、95%和99%。

connotations　内涵　指词语所包含的情感联想或色彩。

consensus　共识　指小组一致同意的决定。

convenience sample　便利样本　指一组调研人员很容易获取的被调查对象。

conventions　惯例　指那些公认的做法。

coordination　团队合作阶段　指项目团队生命周期中的第二个阶段，是团队发现、组织、解释信息并考察备选方案与假设的过程。它是三个阶段中最长的一个阶段。

credibility　可靠性　指展示出的使受众信服的能力。

credit report　信贷报告　指对申请人的收入和其他信贷状况进行总结的报告。这类报告也可以对申请者本人的担保能力和信用状况进行评估，并提出是否提供贷款的建议。

critical activities　关键活动　指必须在到期日前准时完成的任务。

critical incident　关键事件　指说明行为或历史的重要事件。

crop　剪辑　指修改照片使其适合特定的空间。此外，可以通过剪辑照片来删除不必要的或者不需要的视觉信息。

cycling　写作循环　指公文在得到批准前，必须经历从撰写者到上司，然后回到撰写者，再到另一上司这样多番修改的过程。

D

dangling modifier　悬垂修饰语　指在句子中使用不当的词语。修改办法是将修饰语改为从句或修改主句使其主语或宾语与现有的悬垂修饰语相配。

demographic characteristics　人口统计学特征　指那些可以客观测量的特征，如年龄、受教育程度、收入等。

denotation　外延含义　指一个单词的字面意义或字典中的意思。大多数普通英文单词有多个外延含义，可通过上下文来确定几个意思中哪个比较正确。

dependent clause　非独立句　见subordinate clause（从句）。

descriptive abstract　描述性摘要　指文章或报告的主题列表。不过，描述性摘要不对每个主题做总结。

deviation bar charts　背离式条形图　指将正面价值观与负面价值观或赢家与输家进行对照说明的条形图。

devil's advocate　魔鬼代言人　指为那些不受人欢迎的观点进行辩护的成员，目的是使问题得到更为全面的思考。

direct request pattern　直接要求模式　指在第一段和最后一段直接提出请求的组织模式。

discourse-based interviews　基于语篇的采访

调查 指采访者根据被采访者所撰写的文件进行提问的采访。

discourse community 话语群体 指在沟通渠道、方式与风格、讨论的主题和形式，以及证据内容等方面享有共同点的群体。

documentation 文献标注 指提供完整的文献信息。其目的是方便感兴趣的读者查找报告中所引用资料的原始信息。

dot chart 散点图 指显示相关性或其他大型数据集的图表。散点图配有加了标识的横轴和纵轴。

dot planning 点式计划法 指为大型团队确定工作重点的一种方法。其中，要用彩色圆点来表示想法。

drawings 绘图 指表示尺度、描述流程、强调细节、陈述理论或设想方案的视觉材料。绘图在清除不需要的细节方面特别有用。

dynamic display 动态显示 指容许用户控制其视觉体验的视觉材料。此类视觉材料具有互动性，容许用户按个人需要或兴趣进行调整或适应。

E

editing 编辑 指校核草稿以便了解是否符合好的英文表达与商业写作的要求。

ellipses 省略号 指报告中一组有间隔的点，表示省略了所引用材料中的某些东西，在直接邮件中起演讲停顿的作用。

emotional appeal 情感吸引力 使受众乐于做撰写者或演讲者要求的事。

empathy 移情 指从对方的角度来考虑问题，与对方有同感。

enclosure 随函附件 指随函所附的公文。

enunciation 发音 指在讲话时发出每一个单词的音。

ethnocentrism 民族中心主义 指视自己的文化为标准，并以此来判断其他文化与"标准"间差异的观念和行为。

executive summary 概述 见 abstract(摘要)。

external audiences 外部受众 指不属于撰写者所在组织的受众。

extrinsic motivators 外在激励 指"附加"利益，并不一定是因为使用了产品或做了事情而产生的利益。

F

face-to-face survey 面对面调查 指当面而不是通过电子邮件或调查软件进行的调查。当在特定地点、对很少数量的人进行调查时，采用面对面调查很方便。

fallacies 谬误 指削弱理据的常识性逻辑错误。

feedback 反馈信息 指接收者对所收到的信息的反应。

figure 图 指表格之外的视觉材料。

filler sounds 填充音 指演说者在停顿以思索下面要讲的内容时发出的声音。

fixed font 固定字体 指页面中每个字母宽度相同的字体。有时被称为打印字体。

focus groups 焦点小组 指与一位熟练领导共同讨论潜在产品的小组。

font 字体 指统一的活字风格。字体有大小之分。

formal meetings 正式会议 指严格按照规定来进行的会议，就像议会开会一样，一切遵照《罗伯特议事规则》。

formal report 正式报告 指包含标题页、转送函、目录和摘要等的报告。

formalization 团队定型阶段 指项目团队生命周期的第三和最后阶段。在该阶段，团队要做出决策并达成共识。

format　格式　指公文的组成部分及其在页面上的安排。

formation　团队形成阶段　指项目团队生命周期的第一阶段。在该阶段，团队成员要选举领袖并明确他们必须解决的问题。

full justification　两端对齐　与左对齐不同，两端对齐使文本左右两边的空白显得均衡些。

fused sentence　融合句　如果两个或多个句子直接合在一起，既没有用标点符号也没有用连词，那么就会形成融合句。

G

Gantt charts　甘特图　指用于说明进度表的条形图。甘特图最常用于建议。

gatekeeper　看门人　指有权力决定是否将你的文案发送给其他受众的受众。有些看门人也是最初的受众。

general purpose　总体目的　指隐藏在某种沟通形式（尤其是演讲）背后的主要目标。总体目的通常包括告知、说服或建立良好声誉。

glossary　术语表　指包含术语定义的术语列表。

goodwill ending　友善性结尾　指不再强调信息给读者影响的结尾。有效的友善性结尾应是正面的、针对个人的、展望未来的，并给出真正关心读者的建议。

grant proposal　资助申请书　指组织（尤其是非营利组织）所提交的申请书，不仅要描述建议项目，而且要提出给予资金支持的请求。

grid system　网格系统　指将页面分栏并在栏内加入图表的设计方法。

group interviews　团队面试　指同时对多位求职者进行面试。

grouped bar chart　组合条形图　一种条形图，允许观众对每个项目的几个方面或多个项目随时间的变化进行比较。

guided discussion　导向式陈述　在导向式陈述中，陈述者首先给出双方事先达成共识的问题。此时，陈述者不是来解决所有问题的专家，而是一位帮助受众探索知识的促进者。

H

header row　表头栏　指表格中位于表的上方并给出各列信息标注的一栏。

headings　标题　将你的信件、备忘录、电子邮件或报告分成几部分的单词或短语。

hidden job market　隐性就业市场　指那些没有发布招聘广告或专门为某些应聘者设计的职位。

high-context culture　高语境文化　指这样一种文化，即大部分信息要依据上下文来进行推断，而非用语言清楚地表达出来。

histogram　柱状图　指用图片、星号或点来表示一定单位数据的条形图。

hypothetical question　假设性提问　指提问对方在某种假设环境下会采取什么行动的问题。

I

impersonal expression　无人称表达　指将行为归因于单纯目标以免把责任归于读者的句子。

inclusivity　包容性　在无障碍性的基础上提出的更高要求，通过运用无障碍性原则使得公文让所有用户都满意且实用。

independent clause　独立句　见 main clause（主句）。

infographics　信息图形　指综合了统计数据、文字、色彩和视觉材料的可提供有用信息的图形。

inform　告知　指就某件事向受众进行解释或告知受众某件事。

informal meetings　非正式会议　指松散举行的会议，而且并非什么时候都要进行投票表决。

informal report　非正式报告　指采用信函或备忘录形式的报告。

information report　信息报告　指仅仅为读者收集资料、不提出建议行动的报告。

informational dimensions　信息方面的团队沟通　信息方面的团队沟通关注的是问题、数据与可能的解决方案等内容。

informative message　告知性文案　指读者会持中立态度的文案。

informative report　说明性报告　指提供数据资料的报告。

inside address　信内地址　指收信人的姓名和住址，大多数信函的信内地址应放在日期的下方、称呼的上方。

interactive presentation　互动式陈述　指陈述者与受众之间的会话。

intercultural competence　跨文化能力　指在了解文化差异的基础上，与来自不同文化和国家的人进行交流的能力。

internal audiences　内部受众　指来自组织内部的受众。

interpersonal dimensions　人际方面的团队沟通　指团队中为促进友谊、合作和团队忠诚而所做的努力。

interruption interviews　打断式采访调查　指不停地打断用户并询问所发生的一切的调查。例如，如果公司正在试验某计算机指令草案，那么就可以打断用户并问："现在你正在试图做什么？你为什么要做这件事？"

interview　采访调查　指与能提供有用信息的人进行预先安排好的交谈。

intrinsic motivators　内在激励　指那些因使用某种产品或做了某事而自动产生的利益。

introduction　引言　指陈述报告目的和范围的那一部分，可能涉及局限性、假设、方法、标准和定义。

J

jargon　术语　术语分两类。一是技术领域的专有名词；二是商业领域的行话，指已经没有技术含义和不再以其他英语形式存在的过时词汇。

judgment sample　判断样本　指选取那些观点似乎有用的人为调查对象的样本。

justification report　证明报告　指对某一购买、投资、雇用或程序调整行为进行论证的报告。

K

keywords　关键词　指简历中用来总结专门知识领域、资格，以及在文章或者报告中用来描述内容的词语。关键词也可方便计算机搜索。

L

letter　信函　指面向组织外的读者，使用齐头式、改进后的齐头式或者 AMS 简化信函格式的简短公文。

letterhead　信头纸　指印有组织名称、标记、地址和电话号码的信纸。

line graph　线形图　包括显示趋势变化或允许观众在观察值之间插入数值的线形视觉材料。

lingua franca　通用语　指为讲其他语言者所

运用的语言。英语已成为国际商务的通用语。

logical fallacy　逻辑谬误　参见 fallacies（谬误）。

long quotations　长篇引文　指四行及以上的引用。此类引用在商务报告中要谨慎采用。

low-context culture　低语境文化　指这样一种文化，即大部分信息用语言清楚地表达出来，而非依据上下文来进行推断。

M

mail surveys　邮寄调查　指通过"蜗牛邮件"（普通邮件）进行的调查。有些人更乐于填写匿名问卷，而不乐意在电话里将一些敏感信息提供给陌生人，此时邮寄调查的效果较好。

main clause　主句　指能作为一个独立句子存在的一组词语。也被称为独立句。

maps　地图　指用来表示地点或比较处于不同地点项目的视觉材料。

mean　平均数　指全部数字的平均数，可通过加总全部数字并除以数字的个数来求出平均数。

median　中位数　指处于数列最中间的数字。

memo　备忘录　指用备忘录格式发送给组织内读者的公文。

minutes　会议记录　指关于会议、讨论项目列表、表决结果和后续任务执行负责人的记录。

mirror question　反射式提问　指对被采访者最后所作答案内容进行复述的提问。

misplaced modifier　不当的修饰语　不当的修饰语是指错误修饰了撰写者本不打算修饰的其他句子成分。

mixed punctuation　混合式标点符号　使用混合式标点符号时，称谓后面使用冒号，结尾敬语后面使用逗号。

mobile-first design　移动优先设计　指网站设计时优先考虑移动设备的需要，然后考虑与其他界面的适应问题。

mode　众数　指出现最频繁的那个数字。

modifier　修饰语　指增加句子中其他词语信息的词语。

monochronic culture　共时性文化　指每一时间段只做一件事的文化。

monologue presentation　独白式陈述　指陈述者的演讲没有间断的陈述。陈述者事先准备好了讲稿，一旦开讲，就滔滔不绝地一直讲下去。

multiple interviews　多重面试　（1）指包含筛选面试、升级面试、聚焦面试和核对面试的四层次面试法。（2）指针对单一职位的系列面试；系列面试包括初始筛选面试以及可能进行证明人核对的最终面试。

Myers-Briggs type indicator　迈尔斯－布里格斯性格类型指标　指从四个维度指标分类人的性格：外向型－内向型、感觉型－直觉型、理性型－情感型与果断型－谨慎型。

N

narrative　叙事　指按人物、情节和/或环境展开故事的叙述。组织陈述内容的一种有用策略就是采用叙事结构。

nervous mannerism　神经性行为　指语言与动作方面诸如"嗯"、摆弄钢笔等行为。这些行为会使受众分散注意力。

nominative case　主格　指用作从句主语的语法格式，如我、我们、他、她和他们。

nonageist　非年龄歧视语言　指不因年龄而歧视人的语言、形象或行为。

noncompetitive proposal　非竞争性建议书　指

无实际竞争对手的建议书，因此具有很高的成功率。

nonracist　非种族歧视语言　指不因种族而歧视人的语言、形象或行为。

nonrestrictive clause　非限制性定语从句　指赋予名词或代词额外信息（并不是必需的）的从句。因为提供的是额外的信息，所以需要用逗号来使从句与其所修饰的词语相分离。

nonsexist language　非性别歧视语言　指对两种性别都持中立态度，既不认为工作需求由性别决定，也不暗指一种性别优于另一种或对另一种性别享有优先权的语言。

nonverbal communication　非语言沟通　指不通过词汇进行的沟通。

noun-pronoun agreement　名词与代词一致性　代词要与它所指的名词既要有相同的数（单数或复数），也要有相同的人称（第一人称、第二人称、第三人称）。

O

objective case　宾格　指用作动词或介词宾语的语法结构。宾格代词有我、我们、他和她们。

offshoring　离岸外包　指商务中将经营设施搬迁到其他国家或地区的过程。

omnibus motion　综合动议　指容许团队就若干个相关项目进行一次性表决的动议。综合动议较正规会议的长期议程，可节约时间。

online survey　在线调查　指通过在网上发送问卷来进行的调查。调查者可以用电子邮件联系回答者，邮件中会有一个链接，通过这个链接可以访问进行调查的网站。调查者也可以请人通过邮件或者个人自己访问进行调查的网站。

open question　开放式问题　开放式问题允许回答者做出任何可能的回答。

organizational culture　组织文化　指为组织成员共有的并影响组织的文案与奖赏制度的价值观、态度和理念。

outsourcing　外包　指从公司外部购买过去由本公司职员生产的商品或服务。

P

paired bar chart　对等式条形图　指那些反映两项事物相互关系的条形图。

parallel structure　平行结构/对称结构　指将词汇、短语或从句按相同的语法或逻辑形式排列的句式。

paraphrasing　复述　指用自己的文字来重复他人的沟通内容。

passive verb　被动态动词　指用来描述句子中在语法上的主语完成行为的动词。

passive voice　被动语态　指句子在语法上的主语是动作的对象而不是动作的执行者。

people-first language　以人为本的语言　指先提及人，再提及身体状况的语言，如"people with mental retardation"。这种语言可避讳隐含身体状况。

persona　角色　指声称撰写公文的作者或人物。

personal branding　个人品牌　指包括求职活动在内的对自己的营销。为了宣传自己，求职者可运用各种求职方法，包括运用领英之类的社交媒体。

personal space　个人空间　指个体自己与其他个体在进行普通的、非亲密关系的沟通时所希望保持的距离。

persuade　说服　指激励并使受众信服，从而去采取行动或改变信仰。

photographs 照片 指以现实手法体现给定主体的视觉材料。在营造真实感或现实感或者在展示所应用的项目方面，照片特别有用。

pie chart 饼状图 指一种圆形图，每一部分代表的是给定数量的百分比。

pitch 音阶 指声音的高低程度。低音听起来与钢琴上的低音音符相近，高音听起来与高音音符相近。

plagiarism 剽窃 指将别人的话语或思想当作自己的而直接使用。

polychronic culture 共时性文化 指认为人们可同时做许多事情的文化。

population 总体 指调查者想要进行陈述的对象。

positive or good-news message 肯定性或好消息文案 指读者会持肯定态度的文案。

positive psychology 积极心理学 指研究如何帮助人们增进希望的心理学分支。

possessive case 所有格 指用于表明拥有或所有权的语法结构。所有格代词包括我的、我们的、他的、她的和他们的。

prepositions 介词 用来指明关系的词语，如"with""in""under""at"等。

presenting problem 表面性问题 指从表面来看导致主题不和谐的问题。不过，表面性问题往往不是真正的问题。

primary audience 主要受众 指可以做出决定或根据信息采取行动的受众。

primary research 原始资料调研 指调查搜集新信息的调研活动。

pro-and-con pattern 支持－反对模式 指先给出支持被选答案的依据，然后再给出反对依据的文案组织模式。

probe question 探索性提问 探索性提问一般接在原始问题之后，以得到更多关于答案的信息，或得到关于主题更详细的内容。

problem-solving pattern 问题解决模式 指在提供问题解决方案之前先描述此问题的组织模式。

procedural dimensions 程序方面的团队沟通 程序方面的团队沟通关注的是沟通方法和过程，如团队如何决策？谁做决策？任务的期限如何？

progress and interim report 进展报告与中期报告 指记录至今所完成的工作及下一步工作的报告。

proofreading 校对 指对文稿进行检查以确保没有排版错误。

proportional font 比例字体 指其中一些字母比另一些字母要宽的字体（如 w 比 i 宽）。

proposal 建议书 指就寻找资料或解决问题提出措施和人选建议的公文。

prospecting letter 试探式求职信 指写给目前没有空缺职位但是你想为其工作的公司的求职信。

psychographic characteristics 心理统计学特征 指那些定性而非定量的人性特征，如价值观、信仰、目标和生活方式。

psychological description 心理描述 指根据受众利益来描述产品或服务。

psychological reactance 心理抗拒 指人们通过在其他场合竭力维护自由来回应负面信息的现象。

purpose statement 目的陈述 报告或建议中的目的陈述明确了：报告所要讨论的组织所面临的问题；报告所总结的技术性调查；报告的目的，如解释、建议等。

Q

questionnaire 调查问卷 指调查中供他人回答的问题列表。

R

ragged-right margins　左对齐　指页面右边的空白分布不均匀的页面设计。

random sample　随机抽样　指总体中的每个成员都有相同选中概率的抽样。

range　范围　指数据集中最大值与最小值之间的差异。

recency effect　时近效应　指受众成员最能记住最近所听到内容的现象。

recommendation report　建议报告　指建议采取行动的报告。

recommendations　建议　指报告中建议采取具体行动的部分。

reference line　参考编号　指提示读者参考另一公文（通常有编号，如发票等）的主题句。

reflexive pronoun　反身代词　指用来指代或强调句子中已经提到过的名词或代词的代词，如"myself""herself""themselves"。

request for proposal, RFP　请求建议书　指代理商想要的关于产品或服务的陈述；也可指请求提供该产品或服务的建议书。

response rate　回应率　指收到问卷调查的被调查对象做出回应的百分比。

responsive design　响应性设计　指能持续地按浏览器大小进行调整，从而使网站内容在特定界面上最优化的网站设计。

restrictive clause　限制性定语从句　指对名词或代词的意义进行限制的从句。因所提供的是必需的信息，所以不用逗号将从句中与从句所要限制的单词分开。

resume　个人简历　指对个人的任职资格的说服性概述。

return on investment (ROI) report　投资回报率报告　指反映公司在广告上投入多少资金与公司销售额或交易量增加之间的关系的报告。营销企业通常会因客户的需要而撰写这类报告。

reverse chronology　反时序　指先描述最近的事项，如工作或学位，然后描述过去的事项。这种组织模式多见于时序型简历。

revising　修改　指对草案进行修改：增加、删除、替代或重新组织。修改可以是改变单个词汇，但更多时候，意味着进行重大的增加、删除或替代，正如撰写者根据目标、受众来衡量草案并重塑公文，使其变得更加有效。

run-on sentence　句连句　指将几个主句用"and""but""or""so""for"连接起来的情形。

S

sales pattern　销售说服模式　指由富有吸引力的开篇、包含理由和细节的正文，以及要求采取行动的结尾组成的一种说服模式。

salutation　称呼语　指信函中的问候语，如"亲爱的史密斯小姐"。

sample　样本　指调查人员实际调研的总体中的一部分。

sample size　样本大小　指调查的统计样本中所包含的观察个数。如果调查的目的是根据样本来推断总体的情况，那么样本大小就很关键。

sampling frame　抽样框架　指所有可能的抽样个体的列表。

sampling units　抽样单位　指那些实际被抽样的事物或人。

sans serif font　无衬线字体　字体中缺乏底线或绒毛的字体。Helvetica 和 Geneva 就属于无衬线字体。

secondary audience　**次要受众**　指可能被主要受众要求对文案发表意见，或者在提议获得批准后负责具体实施的受众。

secondary research　**二手资料调研**　指搜集他人整理出来的信息，如在图书馆进行调研。

segmented, subdivided, or stacked bars　**细分式、分类式或堆积式条形图**　指那些集合了项目全部成分的条形图。

sentence fragment　**残句**　在残句中，实际上并不构成完整句子的一组词被标点符号分开，看起来似乎像一个完整的句子。

sentence outline　**句子大纲**　指采用完整句子的大纲；句子大纲包括主题或建议，以及各种佐证观点。

serif font　**衬线字体**　指字母中主要笔画稍做延长的字体。Times Roman 和 New Courier 就属于衬线字体。

signpost　**指示信号**　指示信号就是简单明了地概述作者已得到的观点，如"现在我们来谈第三点"。

simple sentence　**简单句**　指只有一个主句的句子。

simplified format　**简化格式**　指省略了称呼语和结尾敬语且各行左对齐的信函格式。

situational interviews　**情景面试**　情景面试将求职者置于某种假设的情景下，然后要求他们描述他们会怎样做。

situational questions　**情景性提问**　指有助于采访者探知被采访者在特定情景下会采取什么行动的提问。

skills resume　**技能型简历**　指简历应围绕你运用过的技能，而不是你运用这些技能的工作或时间来加以组织。

solicited letter　**恳求式求职信**　指在了解某公司正在招聘的情况下所撰写的求职信。

specific purpose　**具体目的**　指陈述中演讲者对所要告知、说服或建立良好信誉的具体内容的说明。

storyboard　**情节串联图板**　指通过视觉表现来说明公文的结构，用长方形表示每一页或每一个单元，可用来替代对组织材料的概述。

stress　**重音**　重音是对句子中一个或多个词的强调，或是对文案中一个或几个观点的强调。

stress interviews　**压力面试**　压力面试就是故意将求职者置于生理的或心理的压力下。这里，重要的是要改变造成生理压力的条件，并通过将问题以较缓和的语气重述一遍，然后把它们作为普通的、询问信息的问题来处理以应对心理压力。

structured interviews　**规定性采访调查**　在规定性采访调查中，采访者按事先准备好的问题清单进行提问。

subject line　**主题句**　指公文的标题，用于公文归档和检索。主题句告诉读者为什么要阅读，并且向他们提供了关于你要说些什么的框架。

subordinate clause　**从句**　指包括主语和动词但不能作为一个完整句子而存在的一组词。也叫作非独立句。

summary abstract　**总结性摘要**　指文章或报告的逻辑框架，包括主题、建议的论据。

summary sentence or paragraph　**总结性句子或总结性段落**　指按照一定顺序列出后文所要讨论的主题的句子或段落。

survey　**问卷调查**　指从一组人中获得信息的方法之一。

SWOT analysis　**SWOT 分析**　指对建议行动从内部因素（优势和劣势）及外部因素（机遇和威胁）进行评估的方法。

T

table　表格　指将数字或文字按行与列排列的方式。

talking heads　讨论式标题　指足够详细的标题，从总体上给出了所介绍材料的情况。

telephone survey　电话调查　指通过打电话进行的调查。因易于严密管理，所以电话调查十分流行。调查者可照着计算机屏幕读出要问的问题，边听对方回答，边向计算机输入。电话挂断后几分钟，就可以得出调查结果。

template　模板　指作为模型的设计或格式。

thank-you note　感谢信　指感谢他人对你提供帮助的信件。

think-aloud protocol　有声思维模式　按照有声思维模式这种方法，要求用户在执行某项任务，如在公司网站上查找信息时，将自己的想法说出来，目的是了解用户在执行任务时的想法。

threat　威胁　威胁是一种直白的或暗示性陈述，告诉某人如果不照章行事就会受到惩罚。

tone　语气　语气隐含着沟通者对读者和主题的态度。

tone of voice　声调　声调是指句子语调的抑扬变化，用来告诉听者该组词语是疑问句还是陈述句，讲话者是没把握还是很自信，言辞是有诚意还是带有讽刺。

topic headings　主旨式标题　指着眼于报告结构的标题。主旨式标题提供的信息量很少。

topic sentence　主题句　指介绍或总结段落主旨的句子。

trip report　出差报告　指当事人分享参加某一会议、拜访某一客户或供货商后所了解情况的报告。这类报告也可以根据上述信息来提出建议。

truncated graphs　截略图　指省去部分数值内容的图表。

U

umbrella sentence or paragraph　概括性句子或段落　指按顺序列出接下来的句子或段落所要讨论的主题的句子或段落。

unity　统一性　指一个段落或其他作品只能有一个观点或主题。

unstructured interview　非规定性采访调查　在非规定性采访调查中，调研者要预先准备3～4个主要问题。其余的问题完全视被调查者的回答来即兴提出。

usability testing　有效性测试　指通过用户使用来测试文本是否达到期望。

V

verbal communication　语言沟通　指使用言辞的沟通；语言沟通既可以是口头的，也可以是书面的。

vested interest　既得利益　如果人们能够从保持事态现状不变中直接受益，那么就拥有某些方面的既得利益。

vicarious participation　替代式参与　指用于筹款信函中的一种情感吸引力策略。这一策略基于这样的观点，即通过捐赠钱物，人们可以让他人代替他们参与到一些个人无法从事的工作中去。

volume　音量　指声音或其他语音的大小。

voting　投票　指团队工作中所有团队成员表明自己偏好和选择的决策方法。

W

watchdog audience　监控型受众　指拥有政治、社会或经济方面权力的受众；这些受众会依据对你的信息的评估来决定未来的行动。

white paper report　白皮书报告　指先阐明问题，然后可能提出解决方案的报告。这类报告可能是为了告知普通受众有关信息。有时，公司会出于营销目的而采用白皮书报告。

white space　空白处　指页面上的空白处。通过运用空白，可以使某一资料与文章其他部分隔开而得到强调。

wordiness　冗长　指所用的话语超过了表达意义的需要。

Y

you-attitude　换位思考　指从受众的角度来看待事物的一种沟通方式，它强调受众想了解的内容，尊重受众的聪明才智并保护受众的自尊心。在传递正面信息时，用"你"可以增强换位思考的态度；在传递负面信息时，要避免用"你"以免引起受众的不满。

译者后记

作为人类团队活动的基础，沟通渗透于我们生活的方方面面，存在于我们工作的各种场景中。大到国家间的合作交流，小到人际的日常往来，沟通总是体现出不可思议的力量。有效的沟通带来的当然是积极的力量，而失败的沟通导致的自然是负面作用。在商业世界里，沟通的力量也是超乎寻常的，许多企业和经营者凭借通畅、有效、及时的沟通或者赢得了声誉，或者战胜了危机，或者取得了非凡的成就；当然，也有不少企业和经营者因沟通失策而走向衰败、沉沦乃至毁灭。设想一下，如果缺失了有效沟通这一"稀有品"，人们何以保证团队合作中的交流、评价、协助和激励有效呢？没有了有效的交流、评价、协助和激励，又何以解决团队问题呢？

那么，如何达成有效沟通呢？概括而言，有效沟通是一个精细活儿，离不开谨慎思考、精心打磨，尤其需要沟通者坚守三点：明确沟通目的、洞察受众需要和适应沟通情景。幸好，始创于基蒂·O.洛克并得到乔·麦基维茨、珍妮·埃利斯·奥妮和唐娜·S.金茨勒完善的第12版《商务与管理沟通》为我们掌握有效沟通的秘诀提供了高标准的权威资源。

第12版共分5篇16章，围绕撰写优秀文案的基础、沟通过程、基本商务文案、求职、建议书与报告等主题进行了详细而专业的阐释。在坚守以往各版传统的基础上，第12版对各章内容和组织结构进行了全新修订，从而使新版内容更为简练，更贴近当今学生及其他受众的需要。修订后，读者不仅可以从中汲取更多的知识，而且能更好地适应快节奏的数字化商业世界的需要。第12版运用修辞/情景方法来处理商务沟通，各章都强调从受众、目的和环境三个维度分析每一个沟通情景的重要性，从而更加有利于培养学生及其他受众在多种沟通情景下选择最适合的体裁并撰写出有效文案的能力。

事实上，本书的翻译就是一项团队工作，既是译者之间的沟通，也是译者与作者之间的沟通。第12版由张华、赵银德、管叶峰主译完成，张怡、宋书琴、吴皆凝、束长安、许映晨、董思雁、陈珧、赵叶灵等参与了初稿的翻译。作为译者，我们自然不敢有半点马虎，坚守"译作千古事"的信念，努力译出佳作。但是，由于译者水平有限，不当和疏漏之处在所难免，敬请广大读者批评指正。在译稿付梓之际，我们特别感谢机械工业出版社给予的合作机会，并深深感谢本书编辑为本书出版所做的辛勤工作。

张华　等

附　录

附录 A　英文信函与电子邮件的格式

附录 B　英文正确写作

注　释

拓展练习